동아시아 농업사農業史상의 똥人糞 생태학

Manure ecology in the agricultural history of East Asia

동아시아 농업사農業史상의 똥人糞 생태학

1판 1쇄 인쇄 2016년 12월 9일
1판 1쇄 발행 2016년 12월 15일
—
지은이 ㅣ 최덕경
발행인 ㅣ 이방원
—
발행처 ㅣ 세창출판사

신고번호 · 제300-1990-63호ㅣ주소 · 서울 서대문구 경기대로 88 냉천빌딩 4층

전화 · (02)723-8660 ㅣ 팩스 · (02)720-4579

http://www.sechangpub.co.kr ㅣ e-mail: sc1992@empal.com

ISBN 978-89-8411-652-8 93910

이 도서의 국립중앙도서관 출판시도서목록(CIP)은 e-CIP홈페이지(http://www.nl.go.kr/ecip)와 국가자료
공동목록시스템(http://www.nl.go.kr/kolisnet)에서 이용하실 수 있습니다. (CIP제어번호: CIP2016028727)

동아시아 농업사農業史상의 똥人糞 생태학

Manure ecology in the agricultural history of East Asia

최덕경

세창출판사

동아시아 농업의 가장 큰 특징은 인간이 매일 일정량을 배출하는 똥오줌을 폐기물이 아닌 농업비료로 이용하여 생산력을 증대시켜 수많은 인구를 부양했다는 점이다. 이 책은 왜 동아시아에서만 똥오줌을 농업자원으로 활용할 수 있었는지에 대해 역사학적인 관점에서 검토해 보고자 한다.

기존의 분뇨에 관한 연구는 똥오줌을 여러 비료 중의 하나로 취급하였거나 인류학적인 관점에서 접근한 경우는 있었지만, 똥오줌에 대한 역사학적인 검토는 중국과 일본학계에서도 거의 찾아볼 수 없다. 때문에 민간에서 측간이 언제부터 건립되고, 저류된 분뇨는 언제부터 이용하기 시작했으며, 이러한 지혜를 갖게 된 사상·경제적인 배경은 무엇이고, 분뇨의 가치와 효용성은 어떠했는가? 그리고 사회발전에 따라 제기된 분뇨비료의 한계성과 이를 극복하기 위한 방안은 무엇이었으며, 특히 근대화 이후 똥오줌이 자원에서 폐기물로 변한 배경이 무엇이었는지? 등을 살핀 연구가 거의 없었다.

이 책에서 인분을 연구주제로 삼은 것은 역설적이게도 서양 학자들에 의해 자극받은 바가 크다. 20세기에 접어들면서 서구의 몇몇 연구자들은 분뇨를 자원으로 재활용했던 아시아인들의 지혜를 경이로운 눈으로 보면서, 실제 그들 가정에서 똥오줌의 자원화를 실천하고 있다는 정보를 접했다. 당시 동아시아인들은 조상이 발견한 자연친화적인 생태농업의 지혜를 이미 폐기처분하다시피 했지만, 서구인들은 도리어 동아시아의 전통 속에서 새로운 가치를 찾아 생활 속에서 이용하고 있다는 말이다. 이에 대한 자괴감으로 인분뇨의 실체에 대한 연구를 하게 된 것이다.

본서는 다음과 같은 문제의식을 갖고 똥오줌의 이용과 변용과정의 사료를 찾아 나섰으며, 본서를 통해 옛 사람의 지혜를 오늘날 다시 새롭게 회복할 수 있는 방안을 독자와 함께 모색하기를 기대한다.

첫째, 중국 고대의 경전과 사서에 등장하는 분糞은 어떤 의미로 사용되었을까? 이것은 똥거름 시비의 기원과 관련되기에 매우 중요한 문제이다. 흔히 분糞의 사전적인 의미는 대개 똥으로 해석되는데, 모든 사례가 그와 같은지가 궁금하다. 사실 똥에는 사람의 것 이외에 가축 똥도 있으며, 또 거름(또는 거름 주다)의 의미나 더럽다는 뜻도 동시에 내포되어 있다. 때문에 분에 관한 사료가 등장한다고 하여 일찍부터 사람 똥을 비료로 이용했다고 결론짓기는 곤란하다. 따라서 시대별 분糞의 용례를 살펴 분이 어떤 의미로 사용되었는지를 검토해 볼 것이다.

둘째, 동아시아인들은 왜 역겹고 냄새나는 똥, 특히 사람 똥까지 저장하여 비료로 사용했을까? 그 배경은 어디에 있었을까? 어느 책에서도 이런 문제의식을 제시하지는 않았다. 하지만 동식물은 일찍부터 똥 속에 남아 있는 영양분[餘氣]을 감지했던 것 같다. 개와 돼지가 항상 똥 가까이 있었으며, 탈분脫糞한 똥 속의 씨앗이 분기糞氣를 받아 충실한 열매를 맺는 것을 볼 수 있다. 그 외에도 모든 자연물은 생태계의 일부라는 천지인天地人의 사상과도 관련 있었을 것이다. 하늘과 땅이 작물을 자라게 할 때 생태계의 모든 자연물이 그 자람을 돕는다는 순환적인 인식은 자연스럽게 똥오줌이 땅을 기름지게 하는 비료로 사용되었을 것이라는 가정을 하게 한다. 게다가 똥거름의 부숙과정도 포도주와 마찬가지의 발효과정을 거쳤다는 젠킨스J. Jenkins의 지적에 대해서도 발효식품이 유독 발달한 동아시아의 문화와 어떤 관련이 있었는지를 살펴볼 것이다.

셋째, 사람의 똥이 언제부터 비료로 사용되었을까이다. 선진先秦, 진한시대에는 대체로 사람 똥보다는 가축의 똥이 비료로 사용되었다. 『제민요술』에는 돼지우리[溷]의 숙분을 거름으로 사용했다는 기록이 보인다. 사람 똥오줌의 이용은 무엇보다 측간의 출현과 밀접하게 관련된다. 빈터나 은밀한 공간에 함부로 탈분脫糞하지 않고, 측간을 이용하기 시작한 것은 어떤 이유였을까? 한대 화상석畫像石에서 보이듯, 초기의 측간은 돼지우리와 결합된 구조를 하고 있어 인분이 돼지의 먹이로 돼지똥[猪糞]과 섞여 사용되고, 찌꺼기는 비료로 사용되었음을 간접적으로 이해할 수 있다. 하지만 이것은 사람의 똥을 비료로 직접 사용한 경우는 아니다. 때문에 이 문제는 한 시대에 국한하지 않고 시대를 넘어 다양한 사료를 찾아 확인해 봐야 할 것이다. 그리고 사람 똥이 처음에는 어떤 작물의 비료로 사용되기 시작했으며, 초기의 주의사항은 무엇이고, 어떻게 다른 작물로 확대될 수 있었는지도 살펴보아야 할 것이다.

특히 송대 『진부농서陳旉農書』에 이르면 이전의 농서에서 볼 수 없었던 '분전糞田'이라는 항목이 독립된 장으로 등장하여 시비의 중요성을 일깨운다. 이것은 분糞의 기운이 토양 음양의 균형을 조절하여 지력을 보충하고, 작물의 성장을 돕는다는 인식이 자리 잡았음을 의미한다. 이 같은 인식은 원대 『왕정농서王禎農書』에도 이어진다. 사대부의 권농문에도 측간건립과 똥오줌이 토지생산성을 높인다고 하여 시비를 권장하고 있다. 뿐만 아니라 송대에는 똥오줌을 저장하는 '분옥糞屋'이란 말과 똥이 땅의 약이라는 '분약糞藥'이란 단어도 등장한다.

이처럼 당송시대를 거치면서 농업환경에 어떤 변화가 있었기에 똥오줌이 갑자기 주목을 받게 된 것인가? 흔히 송대 이후 인구의 남천과 더불어 강남개발을 많이 지적하고 있는데, 이들과 똥오줌의 비료와는 어떤 관련을 지녔을까? 그리고 송대에는 측간구조의 변화와 함께 측신廁神 신앙도 크게 확산되었는데, 이러한 변화는 농업조건의 변화와 어떤 관련이 있는지를 검토해 볼 것이다.

넷째, 원대의 『왕정농서』 「분양糞壤」편에 등장하는 비료를 보면 화북 밭농사의 비료와 함께 논농사지역의 비료도 동시에 제시하여 강남지역을 병합한 이후 똥오줌 비료의 전면을 살필 수 있다. 이러한 상황이 명청시대에 이르면 농업의 지형은 큰 변화가 없었지만, 선진의 농업기술이 확산되고, 지역의 독자성이 강화되면서 지역의 특성에 적합한 다양한 비료가 등장하게 된다. 실제 강가의 경우 강바닥의 진흙비료와 바닷가의 각종 굴, 조개류 껍데기로 만든 석회비료가 생산된 것이 그것이다. 흥미로운 것은 명청시대에 다양한 비료가 출현했음에도 불구하고, 청초에는 똥오줌을 최고의 비료라고 인식했으며, 19세기 일본의 『배양비록培養秘錄』에서도 사람 똥을 세계 제일의 비료라고 평가하였다. 이는 문헌상으로도 사람 똥이 동아시아 최고의 비료로 자리 잡았음을 의미한다.

다섯째, 똥오줌의 가치를 확인할 수 있는 것은 똥오줌이 바로 매매의 대상이 되었다는 점이다. 똥장수의 등장은 송대부터 출현했지만 본격적으로는 명청시대에 구체화되었다. 명말청초의 『보농서補農書』를 보면 똥배[糞船]를 이용하여 똥오줌을 구입한 상황을 볼 수 있으며, 청초에는 강남지역 마을에 똥장수를 대상으로 한 소설이 등장한다. 소설 속에는 측간을 건립하여 휴지를 제공하면서 그곳을 이용하게 하고, 똥오줌을 수거하여 그것으로 은전이나 곡물, 채소 등을 받고 다시 판매하여 부를 축적하는 장면이 구체적으로 묘사되어 있다. 비슷한 양상은 일본의 에도시대에도 등장하는데, 분뇨상인들이 도시의 똥오줌을 조직적으로 수거하여 매매했다. 같은 시기 조선에서는 한양에 똥장수가 등장하여 수거한 똥오줌을 근교의 채소 재배에 공급했으며, 그 대가로 부를 축적하는 모습을 볼 수 있다. 이처럼 똥이 농업생산의 중요 자원으로서 판매 대상으로 전변하면서 황금처럼 인식된 상황을 살펴볼 것이다.

여섯째, 명청시대에는 똥오줌의 효용가치가 정점을 찍는 것과 동시에 또 다른 문제에 봉착하게 된다. 그중 가장 큰 문제는 똥오줌이 운반과 처리과정이 곤란했다는 점이다. 똥오줌은 우선 측간에서 수거하여 부숙하고, 이를 토지에 운반하고 시비하는 과정에서 노동력이 많이 들고 매우 번거롭다. 특히 명 중기 이후에는 잠상과 과채果菜 등 상품작물이 발달함에 따라 노동력을 고용하기가 쉽지 않게 되면서 힘들고 귀찮은 일을 기피하거나 태업하는 사태가 발생했다. 이런 사회적 배경 속에서 비록 똥오줌은 가치와 효용성이 높았다 할지라도 취급이 곤란하여 환영을 받지 못하였던 것이다. 그 결과 기존 똥오줌에 곡물과 비상[砒信]을 배합한 새로운 형태의 복합비료를 모색하게 된 것이다. 그 비료는 냄새가 적고 운반이 간편하며, 적은 양으로도 거름 효과가 뛰어났을 뿐 아니라 제초작용도 지닌 과거에 볼 수 없었던 새로운 양상의 비료였다. 하지만 이 융복합 비료가 결국 보급이 확산되어 중국 근대농업을 선도하지 못하였다. 그 원인은 무엇이며, 그 대신 금비金肥, 즉 구입비료인 콩깻묵[豆餠]이 등장하면서 그 역할을 대신하게 된 배경이 어디에 있었는지를 살펴볼 것이다.

일곱째, 19세기 동아시아가 서구근대화의 영향을 받기 시작하면서 똥오줌 비료는 크게 굴절을 겪게 된다. 가장 문제시된 것이 위생과 청결의 문제였다. 우선 똥오줌을 즐겨 시비하는 과정에서 똥독으로 피부병에 걸리거나 기생충감염자가 늘어났다는 사실이다. 또 다른 문제는 갑작스런 도시인구의 증가로 인해 아직 배수시설이 미비한 상태에서, 똥오줌을 정기적으로 수거하지 못하게 되자 근처 강가나 하수구에 폐기하는 일이 잦아지면서 도시는 악취로 가득하고, 각종 위생문제와 전염병에 노출되었던 점이다. 당시 서양인의 눈에 비친 아시아의 대도시는 가장 불결하고 지저분했을 것이다. 당시 농촌에는 여전히 비료가 부족한 상태였지만 도시의 똥오줌의 수거가 원활하게 이루어지지 못했으며, 도시에는 근대문물이 들어오면서 점차 전통적인 화장실구조도 변하게 되었다. 이런 현상은 농촌에도 영향을 주었으며, 신세대들은 똥오줌으로 재배한 작물을 원천적으로 꺼리는 경향까지 생겨나게 된다. 그 결과 오랫동안 농업의 소중한 자원으로 인식되었던 똥오줌이 점차 화학비료와 농약으로 대체되고, 측간의 구조도 변화되는 결과를 낳게 된다. 이런 점에서 아시아 측간구조의 변천은 문명과 사회경제적 변화를 동반했음을 알 수 있다.

여덟째, 측간과 더불어 동아시아에서 중시된 것 중 하나가 측신厠神 신앙이다. 이 신앙은 언제 어떤 의미로 생겨났으며, 농업의 발전에 따라 측신은 어떤 작용을 하게 된 것일까? 측신의 모습은 6세기 『형초세시기荊楚歲時記』에 처음 등장하지만, 그 신앙이 구체화된 것은 송대 이후부터이며, 점차 남북과 인접국가로 확산되었다. 측신은 초기에는 가정의 풍년과 안전을 좌우하는 신이었지만 점차 집안의 가장 중요한 신으로 자리 잡으면서 가정사 일체에 영향을 미치게 된다. 다만 측신에 대한 연구는 관련 사료가 주로 민담이나 민속학 자료로 이루어져 역사적인 접근이 매우 곤란하다. 본서에서는 측신의 기원과 함께 측신 신앙이 확산되게 된 배경을 밝히고, 그들의 거주공간인 측간의 구조변화가 농업의 발전과는 어떤 상관관계를 지녔는지를 인접한 한국과 일본의 측신 신앙을 상호 비교하여 검토해 보고자 한다.

아홉째, 오늘날 동아시아에서 분뇨는 농업자원이 아니라 가장 보기 싫은 폐기물로 변해 버렸다. 측간도 수세식 화장실로 변했다. 이젠 화장실에서 탈분脫糞과 함께 가능한 빨리 자신의 주변에서 멀리 사라지기를 원한다. 오랜 시간동안 동아시아의 중요한 농업자원이었던 똥오줌은 백 년 전을 전후하여 점차 폐기물로 변해 버린 것이다. 그리고 우리 생명을 위협하는 불결과 비위생의 이름으로 청산되었던 똥오줌의 자리를 대신한 것은 바로 농약과 화학비료였다. 결국 질 좋은 상품보다 더 많은 생산을 하는

데 관심을 가지면서 우리 건강과 생명은 이전보다 더욱 심각한 위험에 직면하게 되었다. 혹자는 최근 농작물의 생산방식과 소재의 질에 따라 값이 엄청나게 차이가 나면서 식품이 점차 신분을 구분하는 기준이 되는 사회로 나아가고 있다고 한다.

비록 근대화 과정에서 동아시아는 똥오줌을 청결과 위생의 이름으로 청산하였지만, 건강한 유기식품을 생산하기 위해서는 똥오줌을 오늘날의 과학의 힘을 빌려 되살릴 필요가 있다. 왜냐하면 인간은 매일 일정량의 똥오줌을 배설한다. 이것을 소중한 자원으로 인식하느냐 폐기물로 인식하느냐는 미래의 우리의 먹거리와 생태환경의 보존을 넘어 인류의 생명과도 직결되기 때문이다.

이상과 같은 분뇨, 측간의 변천사는 곧 동아시아 문명의 형성과 발전의 역사이면서 농업생태계와 사회경제의 변화도 동시에 살필 수 있다는 점에서 의미 있는 주제라고 생각된다. 그 변천을 효과적으로 관찰하기 위해 본서에서는 4부로 나누어 접근을 시도하고자 한다. 제1부에서는 "고대 중국 분뇨시비의 출현과 확산"을 다루었으며, 그 속에서 분이 지닌 의미와 효용성, 가축분에서 사람 똥으로 비료가 확대되는 것에 주목했다. 제2부에서는 송대 인분뇨의 정착과 명청비료의 특징을 다루었다. 주된 내용은 송대 똥오줌의 정착과정과 명청시대 상품작물의 재배와 비료가 다양해지는 것에 대해 언급하였다. 제3부는 명청대 농업환경의 변화와 융복합 비료 및 금비金肥의 출현에 대해 살폈다. 주된 내용은 사회경제의 발달에 따른 노동자들의 인식변화, 그에 따른 기존비료의 문제점과 변용에 대해 논했다. 똥오줌을 배합해서 만든 융복합 비료인 분단糞丹이 어떤 배경 속에서 어떻게 만들어졌으며, 최초의 금비인 콩깻묵이 강남지역에 급속히 확산되게 된 사회경제적 배경을 살폈다. 아울러 근대화과정에서 똥오줌이 어떻게 청산의 대상으로 되었는지를 살폈다. 제4부에서는 조선과 일본에서의 똥오줌 비료이용실태와 측간의 모습을 다루었다. 여기에서는 조선과 일본이 지닌 독특한 비료양상과 똥오줌 매매실태를 분석하였다. 그리고 마지막으로 측간구조의 변화와 측신을 통해 논농사지역의 확산에 따른 측간구조의 변화와 측신 신앙의 확산을 살펴 중국과 인접지역 간의 똥오줌비료의 확산과 측간문화의 교류를 구명함으로써 이상에서 제기한 문제를 논증하고자 했다.

그동안 본서의 출판을 위해 부산대 사학과 박희진 선생님과 대학원생인 안현철 군의 도움이 컸다. 장, 절 간의 용어통일과 문장상의 중복과 같은 번거로운 작업을 정리하는 데에 도움을 주었다. 고마움을 전한다. 그리고 작은 책 한 권을 출판하기 위해 기울인 부산대 사학과 조교들의 노고역시 잊을 수 없다. 복사 등 각종 궂은일을 도와준 것에 대해 이 자리를 빌려 감사드린다. 그리고 가족의 고마움도 잊을 수 없다. "출근 당일에 꼭 퇴근해 달라"면서 집안일을 도맡아 준 아내(이은영)에게 고마움을 전하며, 늦게 돌아오는 사위를 언제나 따뜻하게 맞아 주신 초당草堂 배구자 님께도 감사드린다. 그리고 항상 아빠를 믿고 따라 준 혜원, 진안이에게도 조그만 즐거움이 되었으면 한다. 특히 난해한 영문번역을 맡아 고생한 Chicago대학 Thomas Christensen 교수에게도 진심으로 감사를 전한다.

끝으로 시장성을 고려하지 않고 인문학 서적의 출판을 흔쾌히 허락해 주신 세창출판사 사장님께 감사드린다. 김명희 실장님의 친절한 안내와 꼼꼼한 교정과 편집이 있었기 때문에 이 책이 세상의 빛을 볼 수 있었다.

2016년 9월 28일 김영란법의 시행 첫 날을 지켜보며

2016. 9. 28.

부산대학교 미리내 언덕 6층 연구실에서 저자 씀

일러두기

1. 본문과 각주의 한자는 가능한 한 한글로 표기했다. 이때 본문의 경우 한글과 음이 동일한 한자는 약간 작게 하여 병기했지만, 그렇지 않을 경우나 원문이 필요할 경우 번역문 뒤에 [ ]에 넣어 처리했다. 그러나 각주의 경우 글자의 크기가 작아 한글과 음이 동일한 한자는 ( )속에 넣어 처리했다. 그리고 각주 속의 저자와 서명은 가능한 한 한글 음을 함께 병기했지만, 논문명은 연구자를 위해 번역하지 않고 원문을 그대로 부기했다.

2. 각주에 등장하는 저자명과 저서명은 가능한 한 한글로 표기하였다. 다만 저서명은 한글로 표기하더라도 원저의 명칭에 변화가 없을 경우로 한정하였다. 그리고 논문이나 편명은 한글로 번역하지 않고 원문을 그대로 두었음을 밝혀 둔다.

3. 독자의 이해를 돕기 위해 본문 사이에 그림을 배치하였다.

4. 일본의 경우, 인명과 지명은 일본어 발음을 표기하는 것을 원칙으로 하였다. 그리고 참고로 한자표기도 병기하였다. 다만 한/중/일이 함께 사용하는 한자어는 일본어로 표기하지 않았다. 예를 들면 문화(文化)라든지 사회(社會) 등.

5. 중국어와 일본어 표기는 한글 맞춤법 외래어 표기법에 따랐다. 그리고 참고로 한자 표기도 병기해 두었다.

| 차례 |

결론　동아시아 분뇨시비의 변천사　　　　　551

제1부

고대 중국 분뇨시비의
출현과 확산

제1장

동아시아에서의 분糞의 의미와 그 효용성

I. 머리말

　이 장에서는 사람의 똥오줌을 토지의 거름으로 이용하여 농업에 적극적으로 활용한 상황을 살피면서, 그것이 왜 동아시아에서만 폐기물이 아닌 자원으로 활용가능 했는지를 생태학적인 측면에서 검토해 보고자 한다.

　주지하듯 농작물을 재배하면 자연적으로 토양 중의 광물질의 함량이 줄어들고, 아울러 토양의 구조가 변화하기 마련이다. 농민들은 예부터 이런 사실을 지각하고, 지력을 회복하여 작물의 생장을 도와 높은 생산량을 올리려고 애써 왔다. 거름 주기는 바로 이런 지력회복 작업의 일환이다. 하지만 외양간거름[廏肥]과 퇴비를 만들기 위해서는 재료를 수집하고 조제하는 데 적지 않은 시간과 노동이 소요된다. 이런 상황 속에서 발견한 유기질 비료가 바로 똥오줌이었던 것이다.

　기존의 분뇨에 관한 연구는 분뇨를 주로 여러 비료 중의 하나로 취급하여 언급해 왔으며,[01] 똥오줌에 대한 전론은 매우 드물다.[02] 게다가 농민이

01　천량줘[陳良佐], 「我國歷代農田之施肥法」, 『사학·선진사연구논집(『史學·先秦史研究論集』)』,

똥오줌[糞尿]을 언제부터 이용하기 시작했으며, 왜 이러한 지혜를 갖게 되었는지, 똥오줌에 대한 가치는 어떠했는지를 검토한 논문은 거의 없었다.

게다가 최근 아시아인들은 똥오줌을 자원으로 이용했던 지혜를 폐기처분하였다. 이에 반해, 서구인들은 오히려 그 가치를 인정하고 분뇨의 자원화를 실천하고 있다. 근대 이후 우리가 버렸던 전통적인 지혜를 그들은 자연친화적인 생태자원으로 활용하고 있다는 말이다. 본 연구는 이에 자극받아 다시금 분뇨문제에 주목하게 된 것이다.

그렇다면 어째서 아시아인들은 혐오스럽고 냄새나고 더러운 똥오줌을 2천년 이전부터 소중하게 여기게 되었을까? 이 장에서는 이를 위해 우선 시대별로 분糞이 어떤 의미를 지녔으며, 가축이나 사람의 똥이 어떤 원인으로 점차 중시되게 되었는지를 살펴볼 것이다. 똥오줌의 가치는 어느 정도였으며, 그것이 어떻게 활용되었는지를 밝히기 위해서는 먼저 똥오줌을 저류貯留하는 시설에 대한 이해가 필요하다. 그 시설, 즉 측간厠間의 존재와 그 구조를 통해 이용방법과 생산의 정도를 살펴볼 것이다. 그리고 똥오줌관련 자료가 많이 남아 있는 조선시대의 측간기록을 살펴 당시 측간은 배설 공간 이외에 어떤 용도로 활용되었는지도 알아볼 것이다. 특히 주목한 것은 혐오스런 똥오줌을 어떻게 토지의 비료로 이용하여 자원화할 수 있었느냐는 것이다. 그 사상적인 토대는 어디에 있었을까를 살피면서, 실제 똥오줌시비의 가치와 효용성을 검토해 보고자 한다.

이런 사실을 살핌에 있어 사료부족의 한계를 극복하지 않으면 안 된다. 실제 한반도의 경우, 조선시대 이전의 분뇨의 활용실태를 살피기가 매우 곤란하다. 이 때문에 중국측 기록을 차용하여 유사한 시기의 한국의 모습

대陸雜誌史學叢書 제5집 제1책, 大陸雜誌社, 1976; 민성기(閔成基), 「朝鮮時代의 施肥技術研究」, 『부산대인문논총(釜山大人文論叢)』 24, 1983.

02 전경수, 『똥이 자원이다: 인류학자의 환경론』, 통나무, 1992. 같은 책도 있지만, 이것은 구체적인 시공을 등한시한 인류학적인 접근으로 역사적인 서술이라고 보기에는 곤란하다.

을 연계하여 살피려고 한다. 반면 조선시대의 사료에는 똥재[糞灰]와 사람의 똥오줌에 대한 적지 않은 기록이 남아 있다. 이런 쌍방의 자료를 통해 똥오줌이 어떻게 자원화되고, 똥의 가치와 효용성은 어떠했는지를 밝히는 것은 조선과 중국, 나아가 아시아 농업에서 똥오줌의 실체를 밝히는 데 매우 중요하다.

II. 분糞의 의미와 그 변천

1. 시대별 분의 의미와 그 변천

'분糞'의 본래 사전적 의미는 이미 선진시대부터 '소제하다(제거하다)',[03] '똥[屎]',[04] '시비하다[肥田]',[05] '비료肥料'[06] 등으로 다양하게 사용되었다. 그리고 분토糞土나 분전糞田의 의미도 처음부터 땅을 기름지게 하는 시비의 의미로 사용한 것 같지 않다. 한대 이전에는 대개 "더러운 흙",[07] "보잘것없는

---

03 『전국책(戰國策)』「진책오(秦策五)」, "負秦之日, 太子爲糞矣." 吳師道補正 "糞, 棄除也.";『禮記』「曲禮上」, "凡爲長者糞之禮, 必加帚於箕上, 以袂拘而退, 其塵不及長者, 以箕自鄕而扱之."

04 한(漢) 조엽(趙曄),『오월춘추(吳越春秋)』「구천입신외전(勾踐入臣外傳)」, "今者臣竊嘗大王之糞.";『자치통감(資治通鑑)』後唐明宗長興元年, "朕昔爲小校, 家貧, 賴此小兒拾馬糞自瞻.";『농사직설(農事直說)』「종대소맥(種大小麥)」, "薄田, 倍加蒿草, 如末及刈草, 用糞灰."

05 『노자(老子)』「도덕경(道德經)』제46장, "天下有道, 却走馬以糞.";『예기(禮記)』「월령(月令)」, "(季夏之月) 可以糞田疇, 可以美土疆."

06 명(明) 서광계(徐光啓),『농정전서(農政全書)』권6, "劚起宿土, 雜以蒿草, 火燎之, 以絶蟲類, 倂得爲糞.";『행포지(杏蒲志)』(1829), "底糞法, 以昨年穀根爲糞也. 齊民要術云, 穀田菉豆小豆底爲上. 麻黍胡麻次之. 蕪菁大豆爲下. 今農家以大豆底爲最肥. 俗謂大豆底爲黑根, 黍粟爲白根. 歲易其種, 與賈說冾異(杏蒲志).";『농사직설(農事直說)』「종대소맥(種大小麥)」, "春夏間, 剉細柳枝, 布牛馬廐, 每五六日取出, 積之爲糞, 甚宜於麥."

07 『논어(論語)』「공야장(公冶長)」, "宰予晝寢. 子曰, 朽木不可雕也, 糞土之牆不可杇也, 於予與何誅.";『사기(史記)』「중니제자열전(仲尼弟子列傳)」, "朽木不可雕也, 糞土之牆不可圬也." 배인집해인왕숙왈(裴駰集解引王肅曰) "圬, 墁也.";당 두보(杜甫),『증왕시어계사십운(贈王侍御契四十韻)』, "送終惟糞土, 結愛獨荊榛."

물건",[08] "열악한 환경"[09]과 "거름을 주다"는 의미 등으로 사용되었다.[10] 게다가 분糞 속에 가축이나 사람의 똥의 의미를 포함하고 있지 않은 것도 적지 않다. 예컨대 "어리석은 신하[糞土愚臣]"의 의미 속에는 후대에 볼 수 있는 똥의 의미가 포함되어 있지 않다. 하지만 당시 분토가 그만큼 혼하여 하찮은 것으로 인식되고 있는 점은 주목된다. 또 『한서漢書』「서역전西域傳·계빈국罽賓國」에 "오곡과 포도 등의 여러 과일을 파종하고 그 땅에 거름[糞]을 주어 다스렸다."[11]는 사실에서도 분이 어떤 종류의 거름인지는 알 수 없다.

그런가 하면 후한 응소應劭의 『풍속통風俗通』에는 섬서성 중부 위하渭河의 지류인 경수涇水의 수질을 설명하면서 "물에 황토성분이 많아 그 물이 곧 분이 되어 기장과 조[黍稷]를 자라게 했다."라고[12] 한다. 이때의 분 역시 똥오줌과는 거리가 먼 '비료'의 의미로 사용되고 있다. 어쨌든 초기의 분의 의미는 다양하지만, 대개 비료 또는 거름 주기의 의미로 많이 사용되어 토양을 기름지고 살찌게 하는 용도로 이용되고 있다. 하지만 인간의 측면에서 볼 때 분은 결코 고귀하고 향기 나는 것과는 거리가 먼, 흔하고 보잘

---

08 『한서(漢書)』권65 「동방삭전(東方朔傳)」, "糞土愚臣, 忘生觸死, 逆盛意, 犯隆指, 罪當萬死."; 남조송(南朝宋) 유의경(劉義慶), 『세설신어(世說新語)』「文學第四」, "殷曰, 官本是臭腐, 所以將得而夢棺屍. 財本是糞土, 所以將得而夢穢汙. 時人以爲名通."; 『좌전(左傳)』「양공14년(襄公十四年)」, "衛侯其不得入矣, 其言糞土也."; 『진서(晉書)』권21 「예지 하(禮志下)」, "皇帝嘉命, 訪婚陋族, 備數采擇 … 前太尉參軍都鄕侯糞土臣何琦稽首頓首, 再拜承詔."; 『사기(史記)』권129 「화식열전(貨殖列傳)」, "貴上極則反賤, 賤下極則反貴. 貴出如糞土, 賤取如珠玉. 財幣欲其行如流水." 司馬貞索隱: "夫物極貴必賤, 極賤必貴. 貴出如糞土者, 既極貴後, 恐其必賤, 故乘時出之如糞土."; 『송서(宋書)』권72 「문구왕(文九王)·유섭전(劉燮傳)」, "遇其所生, 棄若糞土. 檻褸比於重囚, 窮困過於下使."

09 한 사마천(司馬遷), 『보임소경서(報任少卿書)』, "所以隱忍苟活, 幽於糞土之中而不辭者, 恨私心有所不盡, 鄙陋沒世, 而文彩不表於後世也."

10 『한어대사전(漢語大詞典)』, 漢語大詞典出版社, 1994.

11 『한서(漢書)』권96 「서역전상(西域傳上)·계빈국(罽賓國)」, "種五穀, 蒲陶諸果, 糞治園田." 이 사료의 분(糞)은 서역이라는 지역적인 특성으로 미루어 가축분이었을 가능성이 높다.

12 후한 응소(應劭)의 『풍속통(風俗通)』「산택(山澤)·거(渠)」에 의하면 "涇水一石, 其泥數斗, 且漑且糞, 長我稷黍."라고 한다.

것없는 것이었음을 알 수 있다.

토지에 대한 비료의 필요성은 토지이용[用地]방식의 변화에 따른 지력유지[養地]와의 모순 속에서 생겨난 것으로 볼 수 있다.[13] 경작활동을 통해 생산력을 높이는 전통적인 방법은 크게 용지와 양지의 변화와 생산수단의 개선 등에서 찾을 수 있다. 이 중 용지用地는 생산수단을 이용하여 경작지의 작무作畝, 즉 이랑과 고랑의 폭을 효율적으로 갈아엎고 흙을 덮어 관리하는 방식으로 토지이용도만큼이나 많은 지력地力을 요구한다. 한편 양지養地는 관개나 비료 등을 통해 토양의 비력을 보강하여 생산력을 높이는 방식이다. 전자, 즉 용지의 방식은 밭농사[旱田]의 경우 이미 청동기시대부터 줄곧 시행하여 한 무제武帝 때에는 고랑과 이랑이 동일한 대전법代田法 단계로까지 발전했으며, 한반도에도 일찍부터 이런 작무법이 자리 잡았던 것을 확인할 수 있다.[14] 양지가 뒷받침되지 못한 초기단계에서, 생산력의 제고는 주로 정기적으로 휴한하거나 간작間作의 방식을 통해 포장圃場 내에서 연간 파종의 횟수를 늘리는 방식으로 이루어졌다. 이렇게 토지에 대한 이용도가 늘어나면서 지력이 소모되고 토지의 저항력도 약화되었으며, 그로 인해 병충해 발생도 빈번해지면서 자연스럽게 지력의 보충을 위해 양지養地의 방식을 도모할 수밖에 없었다.[15] 특히 인구증가 등에 의해 식량 소모량이 늘어나거나 재난 등으로 토지가 황폐화되면 양지의 중요성은 더욱 커지게 된다. 이때 비료의 중요성이 자연스럽게 강조되며, 손쉽게 구할 수 있는 비료에 관심을 기울이게 되었던 것이다. 그 외에도 지력을 회복하는 방식 중에 관개수로를 확보하는 일이 있다. 다만 이것은 엄청

---

13 꿔원타오[郭文韜], 『중국경작제도사연구(中國耕作制度史硏究)』, 河海大學出版社, 1994, pp.342-343.

14 최덕경, 「古代韓國의 旱田 耕作法과 農作制에 대한 一考察」, 『한국상고사학보』 37, 한국상고사학회, 2002.

15 최덕경, 「中國古代 농작물의 害蟲觀과 蝗蟲 防除기술의 變遷」, 『역사민속학』 제39호, 2012, pp.235-242.

난 인적·물적 기반이 요구되기 때문에 개인보다 지방 및 중앙정부의 힘에 의지하지 않을 수 없었다. 개인이 토양을 개량할 수 있는 효과적인 방법은 바로 거름을 통해 지력을 회복하는 것이었다.

한대漢代 이전 중국고대사회에서 흔히 등장하는 비료로는 녹비綠肥: 묘분苗糞,[16] 재거름[灰糞], 초목분草木糞, 토분土糞, 가축분家畜糞, 똥, 외양간거름[廐糞], 지종漬種법 등이 있다. 이들은 대부분 생산과정에서 얻거나 인근에서 쉽게 구할 수 있는 비료로서 모두 지력회복에 탁월한 효과가 있다.[17] 그러나 비료의 생산량이 많지 않고, 적지 않은 노력이 필요하여 지속적으로 공급하기 곤란했다. 무엇보다 당시에는 비료가 지력회복에 큰 도움을 준다는 인식이 자리 잡지 못하였다. 그 결과 농업생산력 향상에 크게 기여하지 못했다고 볼 수 있다. 위의 거름 재료 중 원시농경에서 가장 흔히 이용되었던 시비법은 화경수누법火耕水耨法에서 볼 수 있듯이, 곡물 줄기나 초목을 불태워 자연스럽게 거름으로 이용한 재와, 휴경이 불가피한 조건에서 지난해에 자란 풀을 거름으로 이용했던 초분草糞을 들 수 있다.[18] 하지

---

16 콩과식물의 풋거름은 뿌리 근류 속의 균의 힘으로 공기 중의 질소를 고정하여 토양 속의 질소 성분을 증가시키며, 또한 땅속 깊숙이 들어가 다른 작물이 이용하지 못하는 양분까지 흡수하여 이것을 흙 바깥으로 가져와 토양을 개선한다. 조선의 『농가월령(農家月令)』 「유월중대서(六月中大暑)」에서도 "收旱黍旱粟.(根種當用大麥 田品漸薄. 不若種菉豆, 俟其茂盛, 反耕埋菉豆, 即播秋麥, 則收麥倍簁, 地亦稍饒.)"이라고 하여 6월에 서속전(黍粟田)은 목맥(木麥)을 그루갈이[根耕]하는 것이 통례였으나 전품(田品)이 척박해지기 때문에, 목맥 대신 녹두를 심어 무성해지면 갈아엎어 추맥전으로 삼는 것은 수확이 배가되고 토질도 좋아지는 시비법이라고 소개하고 있다.

17 분(糞)과 관련된 대표적인 비료는 화분(火糞: 흙과 초목을 함께 태운 재), 초분(草糞), 묘분(苗糞), 똥재[糞灰], 오줌재[尿灰], 숙분(熟糞), 외양간거름[廐糞], 갈잎거름[杼葉糞], 사람 똥, 가축 똥, 누에똥, 지종법(漬種法), 객토(客土) 등이 있다. 그리고 19세기 말 『농정신편(農政新編)』 「분저법(糞苴法)」에는 당시에 주로 사용되었던 거름 36가지를 제시하고 있는데, 이는 사람 똥, 짐승의 털 등을 포함한 생물류의 거름 12가지, 초비(草肥), 초목재[草木灰] 등 초목류 거름 12가지, 그을음, 생석회(生石灰) 등 흙이나 석회 종류의 거름 12가지이다. 이것은 민간에서 사용하는 비료가 대부분 인근에서 쉽게 구할 수 있는 재료를 이용했으며, 그것은 최근까지 거의 동일했음을 의미한다.

18 『장자(莊子)』 「양왕(讓王)」, "道之眞以治身, 其緖餘以爲國家, 其土苴以治天下."에 대해 육덕

만 이런 거름 주기도 재생산을 위한 처리과정에서 발생한 불가피한 조치이기도 하였다. 게다가 농경기술과 토지이용도가 증가하면서 곡물의 짚은 다른 용도로 사용되고, 잡초는 사전에 중경제초를 거치면서 더 이상 거름으로 활용될 수 없었으며, 실시된다고 해도 그 양이 부족하였다. 이런 점 때문에 아시아 사회가 일찍부터 가축분과 사람 똥오줌에 주목했던 것이 아닌가 한다. 이들은 지속적으로 일정량을 안정적으로 공급할 수 있다는 점에서 다른 거름들과는 차이가 있다.

그렇다면 언제부터 분이 사람과 가축의 똥오줌의 의미로 주로 사용되었을까? 6세기에 쓰인 『제민요술』은 고대 중국농업의 백과전서이다. 여기에는 아직 "분糞", 비료에 관한 독립적인 조목은 없지만, 그 속에는 다양한 분의 용례가 등장한다. 이를 살펴보면 외양간의 쇠두엄법[踏糞法]을 비롯하여, 거름을 넣어 시비[加糞糞之]한다거나, 분종糞種, 숙분熟糞, 분택糞澤, 양똥[羊糞], 미분美糞, 분기糞氣, 분주糞疇, 누에똥[蠶矢糞], 돼지우리 숙분으로 시비[溷中熟糞糞之],[19] 누에똥[蠶糞], 소똥[牛糞], 거름 5되[糞五升], 생똥[生糞], 토분土糞, 악초생분惡草生糞, 분지糞地, 분토糞土, 나귀·말똥 및 사람오줌[驢馬糞及人溺],[20] 말똥오줌[馬糞溺] 등을 찾을 수 있다. 사용된 분糞의 의미는 주로 '비료', '시비하다'와 '똥[屎]'이다. 이 분은 주로 양과 소, 말, 나귀 등의 가축의 분비물로서 당시 유목적인 시대 상황에 따라 가축분도 다양해졌음을 알 수 있다. 그리고 이들 사료에서 측간[溷]의 똥을 부숙하여 거름으로 삼았다는 것도 확인할 수 있다.

이처럼 분糞이 대개 토지에 시비하기 위해 사용된 것으로 보면, 당시 사

명(陸德明)은 '토저(土苴)'는 바로 분초(糞草)라고 한다.

19 『제민요술(齊民要術)』「종마자(種麻子)」, "氾勝之書曰, 種麻, 豫調和田. 二月下旬, 三月上旬, 傍垧種之. 麻生布葉, 鋤之. 率九尺一樹. 樹高一尺, 以蠶矢糞之, 樹三升. 無蠶矢, 以溷中熟糞糞之亦善, 樹一升."

20 『제민요술』「종자초(種紫草)」, "其棚下勿使驢馬糞及人溺, 又忌煙, 皆令草失色."

람들은 시비를 통해 단위당 생산력을 높이려 했음을 알 수 있다. 이러한 사실은 여러 사료를 통해 확인할 수 있는데, 전국 후기에 『여씨춘추』의 농법이 도입되고, 특히 한 무제 때 대전법代田法이 실시되면서 고랑과 이랑[壟畝]을 통한 토지이용률이 확대되며, 전한 말 『범승지서氾勝之書』의 구전區田법에서 볼 수 있는 바와 같이 집중시비와 집약농법이 구체화되어, 지력소모가 커지면서 시비에 대한 요구가 많아졌을 것으로 생각된다.[21] 따라서 비료의 재료와 이에 대한 관심도 확대되면서 자연스럽게 가축과 사람의 똥오줌이 주목되었을 것이다. 물론 당시 이미 사람 오줌은 치료제로 쓰이기도 하여 전혀 혐오스런 물질만은 아니었던 것 같다.[22] 그러던 것이 당말 『사시찬요』 단계에 이르면 사람 똥이 소똥과 함께 일부 채소의 비료로 사용되고 있는 모습을 볼 수 있다.[23]

이처럼 당송唐宋 변혁기를 거치면서 비료상의 가장 큰 특징은 사람의 똥오줌을 본격적으로 이용하기 시작했으며, 비료가 농업의 독자적인 항목으로 자리 잡았다는 것이다. 실제 남송 때 편찬된 『진부농서陳旉農書』(1149년)에 「분전지의편糞田之宜篇」이라는 독립된 조목이 처음으로 등장한다. 이것은 『제민요술』 단계에서는 볼 수 없는 특징이다. 그리고 각 편에 등장하는 분糞의 용례를 보면, 거름[糞]을 촘촘한 체에 쳐서 종자와 섞어 시비[篩細糞和種子][24]한다거나, 토분土糞,[25] 분양糞壤, 똥오줌[糞汁], 분전주糞田疇, 분토전糞土田, 생똥[大糞], 화분火糞: 소토초목회燒土草木灰,[26] 겨분[糠糞: 곡물껍질로 만든 비료],[27]

21 최덕경, 『중국고대농업사연구(中國古代農業史硏究)』, 백산서당, 1994.
22 『제민요술』「양우마려라(養牛馬驢騾)」, "又方, 剪去毛, 以鹽湯淨洗去痂, 燥拭. 於破瓦中煮人尿令沸, 熱塗之, 卽愈."
23 『사시찬요(四時纂要)』「이월(二月)」, "二月初, 取出便種. 忌人糞. 如旱, 放水澆. 又不宜苦濕. 須是牛糞和土種, 卽易成."
24 『진부농서(陳旉農書)』「육종지의편(六種之宜篇)」, "篩細糞和種子, 打壟撮放, 唯疏爲妙."
25 『진부농서』「육종지의편(六種之宜篇)」.
26 『진부농서』「선기근묘편(善其根苗篇)」.
27 『진부농서』「선기근묘편」.

흙과 거름을 태운 비료[燒土糞以糞之],[28] 분저糞苧, 초목재[草木灰], 초분草糞, 묘분苗糞, 욕분蓐糞: 쇠두엄[踏糞][29]을 사용하는 등의 모습에서 『제민요술』과 마찬가지로 "시비하다", '비료' 및 '똥'의 의미로 사용되었음을 알 수 있다. 다만 주목되는 점은 농작물과 토양이 서로 부합되어야 함을 강조한 것과 흙의 차이에 따라 거름[糞]을 달리 시비한 것이다. 이때 등장하는 분은 소똥[牛糞], 양똥[羊糞], 사슴똥[鹿糞], 큰사슴똥[麋糞], 담비똥[貆糞], 여우똥[狐糞], 돼지똥[豕糞], 분분蕡糞, 개똥[犬糞] 등 다양한 동물의 것으로, 이들은 토양과 재배작물과 밀접한 관계를 지닌다. 따라서 저마다 토양의 성질에 따라 달리 시용施用할 것을 주장하고 있는 것이[30] 마치 병에 따라 약을 처방하는 것과 같다고 하여 송대 민간에서는 '분약糞藥'이라고 표현하고,[31] 사람(또는 가축의) 똥과 거름을 수집하기 위해 분옥糞屋[32]을 설치하고 있다.

이와 같은 인식은 조선 후기 박지원朴趾源(1737-1805년)이 『과농소초課農小抄』에서 그대로 인용하여 "지금 농가에서 분약이라고 하여 분糞을 쓰기를 약과 같이 사용하고 있다."고[33] 지적한 것은 분이 토양개량에 탁월하다는 사실이 이미 후대까지 폭넓게 확산되었음을 말해 주는 것이다. 물론 분을 토지 치료제로서 인정하였다는 점은 그 방법을 제대로 사용하지 못하면

---

28 『진부농서』「육종지의편」.

29 『진부농서』「목양역용지의편(牧養役用之宜篇)」, "於春之初, 必盡去牢欄中積滯蓐糞."에서 '욕분(蓐糞)'이 곧 쇠두엄[踏糞]이 아닐까 생각된다.

30 『진부농서』「분전지의편(糞田之宜篇)」, "別土之等差, 而用糞治. 且土之騂剛者, 糞宜用牛, 赤緹者, 糞宜用羊. 以至渴澤用鹿, 鹹潟用貆, 墳壤用麋, 勃壤用狐, 埴壚用豕, 彊㯺用蕡, 輕㯺用犬, 皆相視其土之性類, 以所宜糞而糞之, 斯得其理矣."

31 『진부농서』「분전지의편」, "皆相視其土之性類, 以所宜糞而糞之, 斯得其理矣. 俚諺謂之糞藥, 以言用糞猶藥也." 이런 이유 때문인지 증웅성[曾雄生], 「適應和改造: 中國傳統農學中的天人關係略論」, 『중국경제사상적천인관계(中國經濟思想的天人關係)』, 農業出版社, 2002, p.61에서 송대에는 분종(糞種)에서 '분약(糞藥)'으로 발전했다고 한다.

32 '분옥(糞屋)'에 대한 사료적 해석은 간단하지 않다. 후술하는 『진부농서』「분전지의편」의 사료에 의하면 분옥은 각종 거름을 부숙하여 저장하는 거름간으로 이해할 수 있는가 하면, 후술하는 청초의 자료에는 분옥을 똥오줌을 저류하는 측간의 의미로 해석하고 있다.

33 『과농소초(課農小抄)』「분양(糞壤)」, "今田家謂之糞藥, 言用糞猶用藥也."

상반된 효과를 가져올 수 있다는 것을 의미하기도 한다.

일찍이 토양과 분糞의 시비에 대해 『주례周禮』「지관地官」편에서, 소똥[牛糞]은 적색의 강토剛土에 사용되며, 양똥[羊糞]은 붉은색 토지에, 돼지똥은 점성의 흑토에, 가벼운 토지에는 개똥을, 부드러운 땅에는 큰사슴똥을, 물기 많은 땅은 사슴똥을, 소금기가 많은 토지에는 담비똥을, 성긴 땅에는 여우똥을 각기 토양의 성질에 따라 사용할 것을 제시하였다.[34] 실제 가축분의 성질을 보면, 소똥과 돼지똥은 냉비冷肥라고도 하는데, 수분이 많고 밀도가 높아 분해하는 속도가 늦으며, 발열이 어렵다. 말똥은 열비熱肥라고 하며 수분이 적고 거칠어 분해가 빨라 온상의 발열재료로 쓰인다.[35] 그런가 하면 양똥은 수분이 적고 밀도가 높아 소똥과 말똥의 중간 정도이다.[36] 또 양의 똥은 밭에, 돼지 똥은 논에 적합하다고[37] 한다. 이러한 기록은 당시 다양한 토지개간과 용지에 대한 사회적 요구로 인해 지력소모가 많아지면서 이를 보충하기 위해 가축분에 대한 관심이 높아졌음을 의미한다.[38] 이때 짐승의 똥은 토양의 색과 온도 및 건습의 성질에 따라 냉·열성

---

34 『주례(周禮)』「지관(地官)·초인(草人)」, "掌土化之法以物地, 相其宜而爲之種. 凡糞種, 騂剛用牛, 赤緹用羊, 墳壤用麋, 渴澤用鹿, 鹹潟用貆, 勃壤用狐, 埴壚用豕, 彊檻用蕡, 輕爂用犬." 鄭玄注, "凡所以糞種者, 皆謂煮取汁也 … 鄭司農云, 用牛, 以牛骨汁漬其種也, 謂之糞種."

35 『농정신편(農政新編)』「퇴분(堆糞)」에 의하면, 되새김질하는 짐승은 그 배설물이 다 소화된 것이므로 즉시 채소밭에 거름으로 쓸 수 있지만, 말똥은 그 배설물이 다 소화되지 못한 것이기 때문에 반드시 쌓아 두었다가 사용해야 한다. 말 목장의 풀은 항상 누렇게 시들어 있고, 소 목장의 풀은 항상 싱싱하고 부드러운 이유는 그 배설물의 질이 다르기 때문이라고 한다.

36 농업계전문대학교재편찬위원회(農業系專門大學敎材編纂委員會), 『비료학(肥料學)』, 學文社, 1986, p.129.

37 『보농서(補農書)』「운전지법(運田地法)」, "羊壅宜於地, 豬壅宜於田."

38 이는 작물마다 필요한 양분과 토양 또한 양분흡수에 대한 강약이 다르기 때문이다. 예컨대 소똥은 유채(油菜)와 차잎, 개똥은 차잎에 대한 영향이 있다. 이런 이유 때문에 화곡류(禾穀類)는 질소비료를 많이 주는 것이 좋으며, 두류(豆類)는 칼륨과 석회비료를 많이 사용하는 것이 좋고, 근채류(根菜類)는 칼륨과 인산비료를 많이 시비해야 하며, 과수류(果樹類)는 인산과 석회비료를 많이 주고, 뽕나무, 차, 및 채소 등 잎을 필요로 하는 작물은 질소비료가 많으면 좋다. 그래서 두류는 초목회(칼륨비료), 소채와 뽕, 차나무에는 사람의 똥오줌 등을 사용하였다. 천량줘[陳良佐], 「我國歷代農田之施肥法」, 『사학·선진사연구논집(史學·先秦史

의 조화를 맞추었다는 점이 주목된다. 이런 인식을 송대 『진부농서』에서 재인용하여 적용하고 있는 것을 보면 가축의 똥오줌과 인분人糞의 객관적인 인식의 변화와 함께 이들 비료가 토양 개량에 중심적인 위치를 차지했음을 말해 준다. 무엇보다 사람의 똥오줌은 어떤 다른 비료보다 누구나 손쉽게 얻을 수 있는 '평등한 비료'로서, 이것이 송대 이후 중심적인 역할을 하기 시작했다는 점에서 의미가 있다.

2. 수도작의 발달과 인분

주목되는 것은 이러한 가축분에 대한 관심과 함께 송대가 되면, 사람의 똥오줌에 대한 관심이 높아진다는 점이다. 그래서 "농가 곁에는 반드시 거름간[糞屋]을 설치하였는데, 낮은 처마와 기둥을 설치하여 비바람을 피하기 위함이다. 비가 안으로 스며들면 쌓아 둔 거름은 비료기가 없어진다. (그래서) 소옥小屋의 땅을 깊이 파서 벽돌로 벽을 쳐 주어 스며들지 않게 해야 한다."라고 하였다. 그리고 그 속에서 "청소한 후의 찌꺼기를 태운 재와 곡물의 쭉정이 짚이나 낙엽을 쌓아 태우고 똥오줌[糞汁]을 끼얹어 오랫동안 숙성시킨다."라고 하고, "파종하고자 할 때에는 (그중) 고운 것을 골라 종자와 고루 섞어 움켜쥔 상태에서 뿌리고, 싹[苗]이 자란 후에 또 뿌려 주면 두 배로 수확할 수 있다."라고[39] 한다. 이처럼 주거지 모퉁이에 똥재[糞灰]나 사람의 똥오줌을 저장할 수 있는 분옥, 즉 퇴비를 저장, 부숙하는 사옥舍屋을 준비하였던 것이다. 그리고 남송의 농촌에는 "토양에 시비할 거름[糞壤]을 거

研究論集)」, 大陸雜誌史學叢書 제5집 제1책, 大陸雜誌社, 1976, p.103 참조.
39 『진부농서』「분전지의편」, "凡農居之側, 必置糞屋, 低爲簷楹, 以避風雨飄浸. 且糞露星月, 亦不肥矣. 糞屋之中, 鑿爲深池, 甃以磚甓, 勿使滲漏. 凡掃除之, 燒燃之灰, 簸揚之糠秕, 斷藁落葉, 積而焚之, 沃以糞汁. 積之旣久, 不覺其多. 凡欲播種, 篩去瓦石, 取其細者, 和勻種子, 疏把撮之. 待其苗長, 又撒以壅之. 何患收成不倍厚也哉."

두어 집집마다 산처럼 쌓아 두고 도시의 거리[市井之間]에는 이들을 쓸어 주워 남겨 둔 것이 없다."라고[40] 한 것을 보면, 거리에 흩어져 있던 각종 가축 똥과 사람 똥, 쓰레기 등을 거름간[糞屋]이 아닌 건물 밖[舍外]에도 쌓아 저장하였으며, 이런 모습이 집집마다 있었던 것을 보면 비료가 당시 일반화되었음을 말해 준다. 다만 건물 밖에 퇴적하는 것[舍外堆積法]은 비가 많은 지역의 경우, 비료의 손실이 크기 때문에 비가 적은 지역에서부터 이용했을 것이며, 거름간이 설치되기 이전에는 주로 이 방식이 행해졌을 것이다. 따라서 『제민요술』「잡설雜說」편의 쇠두엄[踏糞]도 부숙하는 과정에서 이 방법으로 저장했을 가능성이 크다.

그 외에도 축사 내에 외양간거름을 쌓아 부숙하는 심구법深廐法도 있다. 이는 먼저 외양간 바닥을 깊이 파고 다량의 분과 욕초蓐草를 쌓아 두었다가 1년에 2-3차례 꺼내는 방식이다. 이 방식으로 제조한 외양간거름은 비바람과 햇볕도 받지 않아 부숙의 진행속도도 완만하여 양분의 손실이 적고 비료성분도 높다. 이렇게 생산된 비료를 이용하여 토양에 시비하면 토양을 기름지게 하여 벼의 뿌리가 가뭄에 잘 견뎌 좋은 쌀알을 생산한다고 송대 『명수집洺水集』은 전하고 있다. 아무튼 송대에 분옥을 건축하여 사람의 똥오줌과 재[灰]를 비축하기 시작했다는 것은 사람의 똥오줌에 대한 가치와 용도가 분명해졌음을 의미한다. 그리고 『진부농서』 단계에 이르면 가축분을 토지의 성질에 따라 다양하게 활용하고 있는 모습도 볼 수 있다. 이처럼 사람의 똥오줌에 대한 저장 시설을 만들어 시비에 대비하고 있는 것은 앞 시대에서는 볼 수 없는 특징이며, 이후 똥오줌이 어떻게 활용되었는지를 짐작할 수 있게 한다.

초기 비료의 대부분은 파종 전의 밑거름[基肥]으로 사용되었다. 하지만

---

40 정필(程珌), 『명수집(洺水集)』(1215年) 「집부별집(集部別集)」 권19, "每見衢婺之人, 收蓄糞壤, 家家山積, 市井之間, 掃拾無遺. 故土膏肥美, 稻根耐旱, 米粒精壯."

송대가 되면 논의 녹비綠肥나 뽕밭의 소변, 모시밭의 겨분[糠糞], 밀밭과 삼[枲麻]⁴¹ 및 배추밭[菘菜田]의 분糞 등을 덧거름으로도 사용한 명확한 기록이 『진부농서』의 여러 곳에서 발견된다.⁴² 비록 『진부농서』에 밑거름[基肥]이나 덧거름[追肥] 등의 용어는 보이지 않지만, 논에 녹비, 밀밭에 분糞, 무·배추밭에 토분土糞과 석회, 삼밭에 분, 뽕밭에 소변·액분·녹비, 모시[苧麻]밭에는 겨분[糠糞] 등을 덧거름했던 사실이 확인된다. 특히 「육종지의편六種之宜篇」에서 맥전麥田에 자주 김을 매고 자주 거름을 주면 종자가 견실하고 수확도 배가 된다고⁴³ 지적한 것이나, 「종상지법편種桑之法篇」에서 3-5치[寸] 자란 뽕나무 묘목을 가지치기 한 후 5-7일에 한 차례씩 물에 소변을 타서 뿌려 주면 성장이 촉진된다고⁴⁴ 하는 것 등을 보면 작물에 대한 덧거름의 효능도 이미 잘 알고 있었음을 알 수 있다. 대개 중국의 덧거름 기술은 원예 과수작물부터 먼저 시용된 이후 논밭으로 확대되고 있다. 실제 처음 덧거름이 사용된 것도 원예 중의 뽕[桑], 채소[蔬菜] 등의 잎을 필요로 하는 작물에서 비롯되고 있다.⁴⁵ 이것은 집근처에서 재배하는 원예작물이 곡물보다 손쉽게 분뇨 시비를 할 수 있었기 때문일 것이다.

원대 『농상집요農桑輯要』(1273년) 단계에서도 마찬가지로 "척박한 땅에는 시비[地薄者糞之]"나 '분주糞疇'⁴⁶ 등이 등장하는데, 그 의미는 '시비하다'는 뜻

---

41 '시마(枲麻)'를 한국에서는 모시라고 하지만, 중국에서는 열매를 맺지 않는 수삼[雄麻]으로 불린다.

42 오사와 마사아키[大澤正昭], 『陳旉農書の硏究』, 農山漁村文化協會(이하 農文協으로 약칭함), 1993, pp.63-66.

43 『진부농서』「육종지의편(六種之宜篇)」, "八月社前, 即可種麥. 宜屢耘而屢糞. 麥經兩社, 即倍收, 而子顆堅實."

44 『진부농서』「종상지법편(種桑之法篇)」, "待苗長三五寸, 即勤剔摘去根槾四傍樸蔌小枝葉, 只存直上者幹標葉. 五七日一次, 以水解小便澆沃, 即易長. 此第一段也."

45 천량줘[陳良佐], 앞의 논문, 「我國歷代農田之施肥法」, p.104에는 서주시대부터 재배되어 온 부추[韭菜]는 숙근(宿根)식물로서 한 번 심으면 매년 베어 먹을 수 있다. 벤 이후에 신속하게 자라게 하기 위해서는 분비를 시비한다. 그 방식으로 볼 때 원칙상 덧거름이었을 것으로 생각된다.

그림 1_ 고대 화분(火糞)제조

이나 '세분細糞'과 '분기糞氣' 같이 '비료'의 의미로도 사용되었으며, '쇠두엄법[踏糞法]', "나귀 말과 사람오줌[驢馬糞及人溺]", 소똥, 생소똥[生牛糞], 숙분熟糞, 말똥, 희분稀糞, 분종糞種, 말생똥 등에서는 가축의 '똥[屎]'의 의미로도 사용되었다. 이때 비료의 중심을 이루고 있었던 것은 여전히 가축분이나 두엄이었다.

하지만 주목되는 것은 생분生糞과 사람 똥[大糞; 人糞]도 거름으로 적극 이용했고, 남방에서는 밭머리에 똥오줌 구덩이를 만들어 오랫동안 부숙하여 논농사[水田]에 활용했으며, 북방에서도 이를 모방하여 사용했다는 점이다. 당시 농언農諺에 "거름 주는 것이 땅을 사들이는 것보다 낫다.[糞田勝如買田.]"라고 할 정도로 똥오줌에 의한 시비의 중요성을 제기하였고, 분양糞壤을 거두기 위해 수레를 동원하여 운반할 정도로 적극적이었다는 사실을 살필 수 있다. 똥오줌은 본래 혐오스럽고 기피하는 물건이지만, 이것을 당시 논밭에 효과적으로 사용하여 기름진 땅을 얻게 되면서 "똥을 황금처럼 아낀다.[惜糞如惜金.]"고 할 정도로 똥[糞]을 귀하게 여기게 된 것이다. 그 결과 사람의 똥오줌의 퇴비화가 적극적으로 추진되었던 것은 주목할 만한 점이다.

또한 주목할 것은 이때에도 작물과 토양에 맞는 거름의 사용을 지적했다는 점이다. 예컨대 흙을 쌓아 초목과 함께 태워 식으면 잘게 부수어서 만든 화분火糞은 토양 속의 산류酸類를 없애 주기 때문에 음습한 땅에 시비하면

---

46 『농상집요(農桑輯要)』 권2 「마(麻)」.

매우 적합하였다. 실제 『왕정농서』(1313년) 「분양편糞壤篇」에는 "강남은 물이 많고 땅이 차서 화분火糞을 사용한다."라고[47] 하여 물이 많은 강남의 찬 토양에 사용하였다고 한다. 이는 토양개량을 가축분에만 의존하지 않고, 강남지역의 토양에 맞게 비료를 개발하였다는 점에서 주목된다.

그리고 「분양편糞壤篇」에는 묘분苗糞, 초분草糞, 화분火糞, 강바닥 진흙 거름[泥糞] 등의 비료가 소개되어 있다. 이때 분糞은 주로 "시비하다"와 '거름'과 '똥'의 뜻을 담고 있다. 이상과 같이 송원시대로 접어들면서 점차 강남의 논농사지역에서 그 지역에 적합한 화분과 같은 새로운 비료가 개발되었고, 더불어 논농사에 사람의 똥오줌의 역할이 증대되었던 것은 새로운 변화였던 것이다.

명청시대 강남지역에서 사용된 비료를 보면 기본적으로 송원시대의 비료를 계승하고 있다. 이런 상황을 잘 말해 주는 농서가 명말청초에 편찬된 『보농서補農書』이다. 이를 통해 당시 분糞의 활용이 앞의 시대와 어떻게 달라졌는지를 살펴보자.

『보농서』에 가장 많이 등장하는 거름은 남니闌泥이다. '남闌'은 하천의 진흙을 건져 내는 일종의 공구인데, '남니'란 건져 낸 하천의 진흙을 말한다.[48] 진흙 속에는 각종 유기물이 집적되어 미생물의 활동을 촉진시켜 암모니아 질소를 만들어 내기 때문에 비료효과가 크다. 바로 강남지역에서 쉽게 구할 수 있는 강바닥의 진흙이 논농사의 비료로서 널리 사용되었다는 것이다. 실제 『보농서』「축월사의逐月事宜」편에서는 거의 매달 맑고 구름이 낀 날이면 하천의 진흙을 건져 내었으며, 2, 3월에는 건져 낸 진흙을

---

47 『왕정농서(王禎農書)』「분양편(糞壤篇)」, "其火糞, 積土同草木堆疊, 燒之. 土熟冷定, 用磟碡碾細用之. 江南水多地冷, 故用火糞."; 천량쥐[陳良佐], 「我國歷代農田之施肥法」, 『사학·선진사연구논집(史學·先秦史研究論集)』, 大陸雜誌史學叢書 第5집 제1책, 大陸雜誌社, 1976, p.103에서 완궈딩[萬國鼎], 「토지개량법(土地改良法)」을 인용하여 화분(火糞)은 흙과 각종 쓰레기를 태운 비료로서, 습한 토지가 지닌 유해한 산류(酸類)를 제거하는 데 이용된다고 한다.

48 최덕경, 『보농서 역주』「축월사의(逐月事宜)」, 세창출판사, 2013, p.38, 각주 5번 참조.

객토客土하여 지력을 높이는 것을 볼 수 있다.[49] 이러한 강바닥 진흙 거름은 이미 송대 소주蘇州 지방에서 이용된 예가 발견되지만, 『진부농서』에 기재되지 않은 것은 그 같은 실태가 송대 강남지역에 아직 일반화되지 않았기 때문인 듯하다.[50]

명청시대 '남니'와 함께 흔하게 등장하는 비료가 바로 똥[糞]이다. 마로磨路(소똥 생산), 돼지똥, 소똥, 인분, 신(인)분[新(人)糞], 좌갱분坐坑糞: 사람의 똥오줌이 사용되고 있으며, "똥오줌을 수시로 뿌려 새로운 뿌리가 나오게 한다."[51]거나 "시비를 충분히 해 주고 부지런히 돌본다."라고[52] 했으며, "똥은 대부분 값이 싸니 품을 들여서라도 많이 구입"하였다고[53] 한다. 실제 인근 거름 저장구덩이의 구매[租糞窖][54] 등에서 보듯 대부분의 거름이 똥오줌이며, 그중에서 가축분 못지않게 사람의 똥오줌이나 물과 똥을 배합한 거름이 적극적으로 활용되고 있다는 점이 『보농서』 거름의 특징이다. 사람의 똥오줌의 출현이 증가하고 있는데, 이것은 명대 시대적인 상황과도 관련된다.

사실 유목적인 전통과 그 요소가 강하게 남아 있었던 원대와 그 이전에는 전술한 바와 같이 가축분이 적지 않았지만, 명대 이후에는 상황이 다르다. 게다가 강남농업은 논농사와 함께 누에치기와 뽕나무재배[蠶桑]가 중심이었기 때문에 유목적 성격과는 더욱 무관하다. 장강 하류지역은 송대

---

49 17세기 초, 『한정록(閑情錄)』에서 하천이나 연못의 진흙토나 콩깻묵 등을 비료를 쓰라고 한 것은 이제까지는 보이지 않았던 내용으로, 중국 강남지역의 농업기술이 조선에 영향을 끼친 부분이라고 볼 수 있다.

50 오사와 마사아키[大澤正昭], 앞의 책, 『陳旉農書の硏究』, p.61.

51 『보농서(補農書)』「운전지법(運田之法)」, "根不必多, 刷盡毛根, 止留線根數條, 四方排穩, 漸漸下泥築實, 淸水糞時時澆灌, 引出新根."

52 『보농서』「운전지법」, "凡種田總不出糞多力勤四字, 而墊底尤爲緊要."라 하여 농사짓는 데에는 거름을 많이 주고 부지런하게 돌봐야 한다는 것이 중요한데, 그중에서 밑거름을 많이 주는 것이 중요하다고 한다.

53 『보농서』「운전지법」, "在四月十月農忙之時, 糞多價賤, 當幷工多買."

54 『보농서』「축월사의(逐月事宜)」, "租窖各鎭."

이후 양잠이 주요 산업으로 발달했으며, 전통적인 벼농사와 더불어 남천 이후 밀의 재배가 확대되면서 강남지역에서는 벼와 맥의 이모작이 광범 위하게 실행되었다. 이렇게 토지이용도가 확대되면서 자연 토질의 비옥 도를 유지하기 위해 상당한 양의 비료가 요구되었다. 때문에 보다 손쉽게 구할 수 있는 사람의 똥오줌, 강진흙[河泥], 깻묵 등이 비료로 이용되었던 것이다.[55]

시비방식도 파종 전에 토양의 지력을 보강하는 밑거름[基肥]뿐만 아니라 파종 후 덧거름[追肥]을 통해 벼나 뽕나무의 세력을 확대하는 방향으로 나아갔다. 실제 뽕나무 밭에 똥이나 똥오줌[淸水糞]을 덧거름하여 새로운 뿌리를 촉진하는 모습은 『보농서』의 여러 곳에서 살필 수 있다. 『보농서』 「운전지법運田地法」에 의하면, 밑거름은 작물의 생장발육을 촉진하고, 토양을 부풀려 부드럽게[疏鬆] 하기 때문에 중시한다고 하였다.

그래서 오전에는 가까운 읍내[鎭]에서 똥오줌[坐糞]을 구입하여 오후에 이를 뿌리는 모습도 보인다.[56] 당시 똥의 공급이 많아 값이 싼 경우도 있지만, 점차 "똥값이 비싸고 인건비도 오르며, 특히 똥을 운반하는 데 비용이 많이 들어 저류하고 있는 똥을 몰래 훔쳐 가는 폐단도 많아졌다. 똥오줌의 양이 부족하자 각종 쓰레기에 똥을 섞어 저장하는 거름 구덩이[租窖]에만 의지하여 농사지을 수 없으므로, 돼지와 양을 길러서 분을 만들어 거름을 보충하는 일을 제기하기도 하였다. 옛 사람의 말처럼 '농사를 지으면서 돼지를 기르지 않는 것은, 수재秀才가 되려 하면서 책을 읽지 않는 것과 같다.'고 하여 돼지와 양을 기르는 것은 농사를 하면서 해야 할 가장 중요한 일이다."라

---

55 F. Bray, "*Science and Civilisation in China*," Vol. 6, part II: *Agriculture*, Cambridge Univ. Press, 1986, p.16, pp.18-19. 장강 하루와 비슷한 경제적 여건을 지니고 있는 사천(四川)지역에서도 논의 지력을 높이기 위해 사람 똥을 광범하게 사용했다고 한다.

56 『보농서』 「운전지법」, "只在近鎭買坐坑糞, 上午去買, 下午即澆更好."; 「운전지법」, "羊壅宜於地, 豬壅宜於田."이라고 하여 양의 똥은 밭에 적합하고, 돼지의 똥은 무논에 시비하는 것이 좋다고 한다.

고[57] 하였다.

이것은 똥의 사용량이 크게 증대된 것과 더불어 그 부족분을 메우기 위해 가축을 길러 똥을 보충해야 하는 사정을 잘 말해 주고 있다. 무엇보다 똥의 값이 상승하고, 그것을 운반하는 인건비, 몰래 훔쳐 가는 폐단 등과 가축분을 통해 똥을 보충해야 한다는 지적은 명청시대 강남지역의 경우, 똥이 비료의 중심에 위치하게 되었음을 말해 주는 것이다.

그리고 거름을 확보하기 위해 똥오줌과 잡동사니를 저류하는 시설인 분교糞窖를 주거지 밖에 설치한 것도 『보농서』에 보인다. 이것은 송대 『진부농서』에서 집안에 분옥과 분지糞池를 만든 것과는 규모면이나 활용도에서 다소 차이가 있다.

이상과 같이 분은 시대에 따라 조금씩 그 의미를 달리하고 있으며, 분이 다양한 의미에서 점차 사람이나 가축의 똥오줌의 의미로 바뀐 것은 분뇨가 적극적으로 시비에 활용되면서부터이다. 가축의 똥오줌이 비료로 이용된 것은 이미 선진시대부터이지만, 이것은 간헐적이고 소극적으로 이용되었으며, 특히 분이 똥의 의미로 적극적으로 사용된 것은 남송대 『진부농서』에서 발견된다. 송대에는 똥재를 모으기 위해 집 곁에 분옥을 만들어 분뇨를 보관했으며, 사람 똥오줌의 퇴비화가 보다 구체화되었다. 『왕정농서』 단계를 거쳐 명 후기의 『보농서』 단계에 이르면 똥이 논농사에 적극적으로 이용되었는데, 이때부터 점차 똥의 가치가 상승하여 매매와 공급에 있어 첨예한 문제점이 대두하게 되었다.

이처럼 송원시대 이후 똥오줌이 크게 주목되고, 16세기를 전후하여 분뇨의 매매가 활발해지고 그 가치가 더욱 상승하게 된 것은 강남의 논농사에서의 역할과 밀접한 관련이 있는 듯하다. 특히 명청시대 강남의 논

---

57 『보농서』「운전지법」, "租窖乃根本之事, 但近來糞價貴, 人工貴, 載取費力, 偸竊弊多. 不能全靠租窖, 則養豬羊尤爲簡便. 古人雲, 種田不養豬, 秀才不讀書, 必無成功, 則養豬羊, 乃作家第一著."

농사에서 보이듯 전략적으로 똥을 구매하고, 이를 밑거름과 덧거름으로 적극적으로 활용한 것을 보면 점차 사람의 똥오줌이 시비의 중심이 되었음을 알 수 있다. 이러한 환경은 중국과 인접하고 있는 조선에서도 비슷했다.

3. 똥오줌 시비의 확대와 조선

일찍이 『삼국지』「위서魏書·동이전東夷傳·읍루전挹婁傳」에서는 "사람들이 불결하여 집 한가운데 측간[溷]을 두고 그 주위에 빙 둘러 모여 살았다."고[58] 한다. 주택 내의 이러한 측간구조는 북방과 남방지역에서 많이 나타나는데, 남방의 경우 주강珠江 유역의 간난식干欄式 주택에서도 아래층 가축우리 근처에 측간이 있었다고 한다.[59] 읍루의 서쪽에 위치한 고구려의 측간은 그 존재가 분명하지 않다. 다만 『삼국사기』「고구려본기高句麗本紀」에 의하면, "요동분토신모遼東糞土臣某"[60]라고 하여 하찮은 신하의 의미로서 '분토糞土'를 사용하고 있다. 동북 요동지역과 연해주지역에서 일찍부터 측간이 존재한 것을 보면 그와 국경을 같이한 고구려에서도 측간이 존재했을 가능성이 크다. 다만 분糞이 냄새나고 보잘것없다는 의미로 사용된 것을 보면 그 이용이 적극적이지는 않았음을 말해 준다.

그 후 고려시대가 되면, 『고려사高麗史』에는 "속담에 봄 가뭄은 밭에 거

---

58 『삼국지(三國志)』권30 「위서(魏書)·동이전(東夷傳)·읍루전(挹婁傳)」, "其人不潔, 作溷在中央, 人圍其表居." 주석에 의하면 『위서(魏書)』「물길전(勿吉傳)」과 『당서(唐書)』「흑수말갈전(黑水靺鞨傳)」에서 말갈인들은 오줌으로 얼굴을 씻는다고 한 것을 보면, 그와 습속이 비슷한 읍루(挹婁) 역시 오줌으로 세수를 했을 것으로 보고 있다. 오줌은 일종의 세제로서, 가옥 가운데 변기를 두고 오줌을 받아 세탁하거나 짐승의 가죽을 부드럽게 무두질하는 데 이용되었을 것으로 보고 있다.

59 펑웨이[彭韋], 「秦漢時期厠所及相關的衛生設施」, 『심근(尋根)』, 1999-2, p.18.

60 『삼국사기(三國史記)』권20 「고구려본기(高句麗本紀)」 영양왕(嬰陽王) 9年.

름을 주는 것과 같다."[61] 또는 "거름더미에 누워 있다."[62]거나 "거름 주는 자가 밥을 먹는 것"[63]이란 표현들이 등장한다. 즉 봄 가뭄에 밭에 거름을 주었다거나 거름더미 속에 누워 있었다는 것으로 보아 거름더미를 쌓아두고 시기에 맞추어 시비하였음을 짐작할 수 있다. 특히 토지에 비료하는 것이 농언農諺에도 등장하고 있는 것을 보면 늦어도 최소한 12세기 명종 이전부터 분糞을 토지에 시비했으며, 원 간섭기에는 시비가 일반화되었음을 알 수 있다.

다만 이 분이 사람 똥인지, 가축분인지 또는 똥재[糞灰]인지 마구간거름인지는 알 수 없다. 오직 거름더미 위에 누워 있었다는 사실에서 갓 건져낸 똥이나 가축분이기보다 마른 가축분이거나 짚들과 함께 섞어 부숙한 두엄이었을 것으로 생각되며, 봄 가뭄기에 시비를 거론한 것을 보면 파종 전 밭농사의 밑거름이었을 가능성이 크다. 봄철은 건조하고 기온이 여전히 낮아 이런 부숙한 비료를 시비하면 발생한 열기가 습기를 흡수하여 더욱 가뭄을 재촉하는 결과가 되기 때문에 화북華北지역의 경우, 『범승지서』 구종법區種法을 제외하고는 가물 때에는 대개 밑거름을 주지 않았다. 다만 비가 온 후 습기가 있는 상태에서 밑거름을 하면 속효성이 있어 작물[苗]이 쉽게 흡수할 수 있다는 장점도 알고 있었던 듯하다.[64]

농서가 남아 있는 조선시대에 접어들면 똥의 활용에 대해 좀 더 구체적으로 알 수 있다. 15세기에 간행된 『농사직설農事直說』에는 분糞을 척박한

---

61 『고려사(高麗史)』 권20 「세가(世家)·명종(明宗)」, "野諺曰, 春旱與糞田同."

62 『고려사』 권128 「반역열전(叛逆列傳)·조원정(曹元正)」, "臥糞壤中."

63 『고려사』 권121 「양리열전(良吏列傳)·정운경(鄭云敬)」, "行見餉糞田者, 又見耘田者."

64 천량쥐[陳良佐], 「我國歷代農田之施肥法」, 『사학·선진사연구논집(史學·先秦史硏究論集)』, 大陸雜誌史學叢書 제5집 제1책, 大陸雜誌社, 1976, pp.101-102에서 진진(秦晉) 농언을 인용하여 기후와 비료와의 관계를 설명하고 있다. 즉 여름철은 기온이 높고 비가 많아 퇴분[堆糞: 草糞], 녹비[綠肥: 黃糞], 니분(泥糞)과 같은 지속성 비료가 적합하며, 가을은 화분(火糞)을 사용하여 잡초의 뿌리와 종자, 해충과 알과 병균의 포자를 제거하고, 겨울에는 뼈, 석회[蛤], 모피[皮毛] 등의 비료를 시비할 것을 강조하고 있다.

논에 활용하고 있다.[65] 『농사직설』에서 확인할 수 있는 거름을 보면 초소草燒, 객토[新土], 사토莎土, 갈나무잎[連枝杯葉], 소마구간거름[牛馬廐], 누에똥[蠶沙], 오줌재[尿灰]와 똥재 및 사람 똥 등이 있는데, 이들은 크게 초목분草木糞, 객토 및 똥오줌재[糞尿灰]로 대별되며, 주로 밭농사 작물의 비료로 사용되었다. 밭농사의 경우 대개 소말똥, 똥재와 숙분 등이 주된 비료였으며, 논농사에는 객토[新土], 초목분, 소말똥 및 사람 똥이 많이 사용되었다. 똥재는 밭작물에 많이 시용되기는 했지만, 똥 그 자체를 사용한 것은 정월 늦벼[晩稻]에 시비한 것을 제외하고는 조선의 경우에 명대 『보농서』에서 본 것만큼 아직 그 쓰임새가 많지는 않았던 것 같다.[66]

17세기 초 『농가월령農家月令』 단계에 이르면, 잡초의 재와 사람의 똥오줌을 혼합한 똥재가 정월 맥전麥田에 시비되고 있다. 사람의 똥오줌은 직접 비료를 제조하는 발효제로 이용되기 시작했으며, 3월에는 전년도에 베어 낸 깨깍지[胡麻殼]를 대소변에 적셔 모판의 비료[秧肥]로 사용하기도 하였다.[67] 이때부터 점차 분을 만드는 과정에서 사람의 똥오줌의 중요성이 드러난다는 것이 주목된다.

17세기 중엽의 『농가집성』에도 초목재와 똥을 섞은 똥재를 밭벼[旱稻] 모판의 밑거름으로 사용하는 비슷한 모습을 볼 수 있다.[68] 그리고 당시 거름

---

65 『농사직설(農事直說)』 「종도조(種稻條)」, "晩稻水耕 … 正月氷解耕之. 入糞入土. 與早稻法同. … 瘠薄, 則布牛馬糞及連枝杯葉. (鄉名加乙草)人糞蠶沙亦佳."

66 똥과 재를 섞은 '똥재[糞灰]'의 비료성분에 대해 다양한 견해가 존재한다. 대부분의 연구자는 이렇게 혼합하면 비료 중의 질소 성분이 감소한다고 한다. 천주꾸이[陳祖棨], 「中國文獻上的水稻栽培」, 『농사연구집간(農史研究集刊)』 第二策, 1960; 중국농업과학원(中國農業科學院)편, 『중국농학사(中國農學史)』 하(下), 科學出版社, 1948, p.43; Wagner Wilhelm, 다카야마 요키치[高山洋吉] 譯, 『중국농서(中國農書)』, 하(下), 刀江書院, 1972, pp.51-53 참조.

67 민성기(閔成基), 「朝鮮時代의 施肥技術 硏究」, 『부산대인문논총(釜山大人文論叢)』 24, 1983, pp.192-193.

68 『농가집성(農家集成)』 「조도앙기(早稻秧基)」, "以灰和人糞, 布秧基, 而假如五斗落, 多年秧基, 則和糞灰三石. 若初作秧基, 則和糞灰四石適中. 和糞時極細調均. 若糞塊未破. 穀著其上. 反致浮釀. (慶尙左道行之)."

에 이용된 재료를 보면 15세기보다 그 수가 늘어났음을 알 수 있다. 늘어난 것은 소마구간 오줌[牛馬廐池尿], 갈아엎은 풀[掩草], 잡초, 면화씨와 외양간오줌[木綿子和廐尿], 백두옹초白頭翁草, 말똥, 갈대, 거름흙[糞壤] 등이다. 이시기의 특징적인 현상은 무엇보다 사람의 똥오줌의 쓰임이 증가되고, 아울러 초분草糞과 외양간 퇴비의 생산이 본격화되었다는 점이다.

18세기 말 『천일록千一錄』 단계에 이르면 거름의 종류는 더욱 늘어난다. 앞 시대의 것에 추가된 거름은 인뇨, 구들토[久突土], 닭똥[鷄糞], 황토, 사토沙土, 구벽토舊壁土, 초소草燒, 예초용분刈草用糞, 초분草糞, 개똥[狗糞], 고초분藁草糞, 깻묵, 사초莎草 등이 있다. 앞 시대보다 가축분의 종류가 늘어나고, 거름기가 있다고 판단되는 재료는 모두 시비용으로 사용하고 있는 점이 눈에 띄는데, 이것은 인구증가와 더불어 토지이용도가 증가되어 지력 보전을 위해 거름의 필요성이 증가되면서 생긴 현상일 것이다. 특히 사람의 똥오줌의 비율이 증가한 것을 중국의 경우와 비교해 볼 때, 조선시대 역시 논농사와 그 덧거름의 확대, 작부作付 체계의 변화, 뽕나무와 채소 같은 상품 작물재배와 과실수의 등장으로 토지이용도가 증가된 것과 관련이 있을 것으로 짐작해 볼 수 있다.

또 『산림경제山林經濟』에 「수분收糞」편을 신설한 것이나, 동시대의 박지원이 『과농소초課農小抄』에서 「분양糞壤」편을 신설한 것은 그만큼 똥의 중요성과 그 독자성에 주목했기 때문일 것이다. 그리고 1885년에 편찬된 『농정신편農政新編』 「인분人糞」편에서 똥을 소개하면서 "양분이 되는 기운이 매우 강하여 초목이 싹트고 생장하는 기세를 왕성하게 해 준다."라고[69] 말하고 있는 것은 19세기 말까지 똥의 가치가 어떠했는지를 잘 보여 주고 있다.

---

69 『농정신편(農政新編)』 「분저법(糞苴法)·인분(人糞)」, "人糞者, 含溫熱滋潤之脂膏, 揮發之透竅 釀鹽, 故照育資養之氣甚强, 草木發生之勢極壯."

더불어 주목할 것은 후술하는 바와 같이 18세기 『산림경제』에 소개된 다양한 민간의 습속에서 보듯이 똥이 각종 형태의 질병 치료제로 사용되고 있다는 점이다. 뿐만 아니라 똥을 맛봄으로써 부모나 윗사람의 건강을 체크하는 것은 오래전부터 한중 양국에서 효의 실천으로 여겨 왔다. 이런 모습은 혐오의 대상인 똥이 차츰 인간과 친숙한 대상으로 다가와 있었음을 의미한다.

이상에서 볼 때, 거름 중 똥오줌이 차지하는 비중은 나날이 증대되어 갔으며, 똥이 농업생산의 비료로 적극성을 보이기 시작한 시기는 중국의 경우 송대 이후부터이고, 명청대 강남지역의 논농사와 잠상에서 사람의 똥오줌이 적극적으로 활용되면서 그 수요가 급증하게 되었음을 알 수 있다. 이러한 현상은 조선시대의 경우도 크게 다르지 않았다. 10세기 무렵 고려시대의 경우 분이 밭농사의 시비로 사용되었다는 점이 주목된다. 하지만 16-17세기는 조선에서도 향촌 지식인들에 의해 농서와 잠서蠶書가 널리 출판되었다는 점에서 전국적으로 논농사와 양잠이 확대되는 시기라고 볼 수 있으며,[70] 이는 바로 명말청초의 『보농서』 분위기와 일치한다. 이 때가 되면 논농사와 상전桑田에서 사람의 똥오줌의 역할은 양국이 동일해진다.

이처럼 사람의 똥오줌이 다양한 형태의 비료로, 또는 질병치료에 활용되었다는 점은 가축과 사람의 배설물이 단순한 폐기물로 취급되지 않고, 인간에 보다 친숙한 모습으로 다가와 각종 자원으로서 적극적으로 그 가치가 인정되었음을 의미한다. 바로 이 속에 아시아인들의 참된 지혜가 담겨 있었던 것이다.

---

70 남미혜(南美惠), 『조선시대양잠업연구』, 지식산업사, 2009, p.177.

III. 측간과 똥

1. 측간의 역사와 똥

일찍이 똥오줌을 농업의 자원으로 활용했다는 사실은 당대 사람들이 이러한 지혜를 미리 알아, 사람의 배설물인 똥오줌조차 아무렇게나 폐기하지 않고, 일정한 장소에 저류貯留했다는 의미이다. 분을 모아 둔 공간을 흔히 측간厠間이라 하며, 한국의 경우 뒷간[thikan; 後屋]이라고 말한다.

음식물의 섭취가 인간의 본능이듯 배설 또한 이런 기본 본능에 대한 속성이다. 때문에 똥오줌을 저류하는 측간은 주택건축의 일부분으로 자리잡게 되었다. 하지만 글자가 지닌 의미로 미루어 볼 때, 측간은 주택의 중심부가 아닌 가장자리에 위치했음을 알 수 있다. 아마 측간에서 나는 냄새와 구더기 등으로 인해 본래부터 거실과는 떨어진 구석진 곳에 위치했을 것으로 짐작된다. 흔히 뒷간은 뒤쪽에 위치하고 있는 공간을 말하며, 뒤쪽이기 때문에 어둡고 그늘지고 은밀한 음성적인 요소가 강한 부정적인 의미를 지니고 있다.

측간의 위치에 대해 이미 전국후기 운몽雲夢 수호지睡虎地 『일서日書』의 민간의 금기에도 구체적으로 묘사하고 있다.

"(돼지우리 겸)측간을 서북쪽에 두며 돼지에게는 좋으나 사람에게는 좋지 않다."[71] "측간을 서북쪽에 두면 길하다."[72] "측간이 동북에 있으면 처가 병이 잦다."[73] "측간이 남쪽에 있으면, 개는 좋으나 험담이 많다."[74] "측간이

---

71 『수호지진간일서(睡虎地秦簡日書)』20背, "園居西北西, 利豬, 不利人."
72 『수호지진간일서』21背, "園居正北, 吉."
73 『수호지진간일서』22背伍, "園居東北, 妻善病."
74 『수호지진간일서』23背伍, "園居南, 宜犬, 多惡言."

집 뒤에 있으면 길하다."[75] "측간이 집 앞에 있으면 길하지 못하다."[76]

이들 『일서』의 내용을 보면, 돼지우리나 측간은 정북이나 거처의 뒤쪽에 위치하면 길하지만, 동북이나 남쪽, 거처의 앞쪽에 위치하면 불길하여 처가 병에 잘 걸리고 나쁜 소문을 많이 듣게 된다고 한다. 이것은 돼지우리나 측간은 이미 선진시대 때부터 밝고 햇볕이 잘 드는 동, 남쪽이 아닌 어둡고 그늘진 북쪽에 주로 위치했음을 말해 준다.

조선시대에도 똥을 배설하고 이를 모으는 장소를 측간이라고 했다. 당시 측간은 대개 거주지 뒤쪽이나 구석진 곳에 위치한다고 하여 북수간北水間 또는 뒷간이라고 불리었다. 그래서 가능한 우물이나 부엌과는 떨어져 그 반대쪽에 위치하였다. 사실 냄새나고 혐오스런 대소변을 모아 둔다는 것 자체가 괴로운 것이다. 그렇다고 집 밖에 아무렇게나 탈분하게 되면 그역시 공동체 간에 문제가 심각해진다. 측간을 만들어도 생활공간과 멀리 떨어져 있으면, 급할 때나 밤에는 매우 불편할 것이기에 집안에서 가장 쓸모없고 구석진 공간에 측간을 만들었을 것이다. 문제는 측간의 공간이 넓지 못한데, 매일 가족이 일정량을 탈분하면 곧 차게 된다는 것이다. 그 이후가 또 문제다. 초기에는 분명 앞의 측간으로 사용된 구덩이를 폐기하고 그 옆에 새로운 측간을 만들었을 것이다. 하지만 이 역시 한계가 있다. 그래서 고안한 것이 후술하는 바와 같은 측간과 돼지우리와의 결합이 아니었을까 생각된다.

『인간의 배설물에 대한 인식과 그 처리방식의 변천사(Von Donnerbalken und Innerer Einrehr)』를 보면, 유럽 각국의 경우 18세기 이전까지 일정한 측간시설을 갖추고 있지 않고 아무 곳에서 배변을 하거나 아무렇게나 버리

---

75 『수호지진간일서』 14背陸, "屛居宇後, 吉." 『광아(廣雅)』「석궁(釋宮)」에 의하면 청(圊), 환(圂)과 병(屛)은 곧 측(厠)을 뜻한다고 한다.
76 『수호지진간일서』 15背陸, "屛居宇前, 不吉."

는 것이 일상적인 일처럼 보인다.[77] 물론 고대 로마에서는 3-4년 된 숙분熟糞을 농업에 이용한 사례도 등장하고, 노르웨이의 경우 10세기 궁정에 공동화장실이 있었다는 기록도 보인다. 하지만 대부분의 유럽국가에서는 배설물을 폐기물로 인식했으며, 이런 모습은 일찍부터 똥오줌을 재생산에 적극적으로 활용했던 동아시아 지역과는 많이 다르다.

똥이 농업에 이용되기 위해서 어떤 과정을 통해 수집되고 이용되었는지를 살펴보아야 할 것이다. 이를 위해서는 우선 동아시아의 측간의 역사를 잠시 살펴볼 필요가 있다.

중국은 고대부터 대소변을 받은 공간을 칭하는 명칭이 환圂, 혼溷, 측厠, 권圈, 뇌牢, 청圊, 청淸, 헌軒, 옷 벗는 방[更衣之室] 등과 같이 다양하게 사용되었으며,[78] 그중 환圂은 일찍이 상주시대의 갑골문에서도 찾을 수 있다. 우선 이들 단어가 어떻게 사용되었는지 살펴보자.

상대商代 사람들은 소, 양의 우리는 뇌牢라고 하고 돼지의 우리는 환圂이라고 했다. 그리고 갑골문의 "숙소에 측간을 만들다.[作圂于傳.]"[79]라는 사료에서 '전傳'은 전사傳舍의 의미로서, 오고가며 휴식을 취하는 초대 공간이었다. 그 속에 환을 건립한 것은 돼지우리가 아니고 바로 측간이었을 것으로 보고 있다.[80] 그리고 후한의 정사농鄭司農은 『주례周禮』「천관天官·총재家宰」에 나오는 '언匽'을 도로가의 공중변소인 '노측路厠'으로 주석했으며, 정현鄭玄은 이에 대해 도시의 환경위생을 위해 웅덩이를 만들어 그곳으로

77 Jacob Blume[박정미 역], 『화장실의 역사(Von Donnerbalken und Innerer Einrehr)』, 이룸, 2005.

78 『급취편(急就篇)』, "屏厠淸溷糞土壤", 顔注, "厠淸溷 其實一耳."; 『석명(釋名)』「석궁실(釋宮室)」, "厠, 或曰溷, 言溷濁也. 或曰圊, 言至穢之處, 宜常修治, 使潔淸也. 或曰軒, 前有伏, 似殿軒也."; 『논형(論衡)』「행우편(幸偶篇)」, "均之土也. 或基殿屋. 或涂軒戶."; 『논형(論衡)』「사휘편(四諱篇)」, "更衣之室."

79 "貞, 呼作圂于傳, 勿作圂于傳." (『을(乙)』 811).

80 리언쥔[李恩軍], 「中國古代城鄕糞肥收集與處理的若干啓示」, 『고금농업(古今農業)』, 2009-2, pp.52-53.

오물이 흘러들도록 하여 궁내의 더러운 것을 제거하고, 또 악취가 나는 물건은 없앴다고[81] 한다. 『좌전』 성공成公 10년의 기록에도 진후晉侯가 측간에 떨어져 죽은 기록이 있다. 이것은 춘추시대 귀족의 주거지에도 깊은 구덩이를 판, 전용 측간이 존재했음을 알 수 있다.[82]

춘추전국시대에 이르면 『논형論衡』「길험吉驗」, 『좌전左傳』 성공成公 10년, 『광아廣雅』「석궁釋宮」, 『장자莊子』「제물론齊物論」, 『국어國語』「진어晉語」 등에도 혼溷, 측厠, 권圈, 뇌牢, 청圊 등의 명칭이 등장한다.[83] 그리고 『묵자墨子』「수성守城」편에는 성벽에는 "오십 보마다 측간이 하나씩 있었으며, 그 아래에는 돼지우리[溷]가 있었고, 측간에 가는 자는 (누구라도) 말릴 수가 없었다."라고[84] 하여 이미 춘추전국시대에는 측간이 생활에 필요한 시설이었으며, 상당한 정도로 보급되었음을 말해 준다. 이처럼 궁정, 관부官府, 이사吏舍는 물론이고 성벽 위에도 일정한 지점에 측간을 설치하여 필요에 대비했지만, 당시 물질자료는 거의 발견되지 않고 있다.[85] 천수天水 방마탄放馬灘 진간갑종秦簡甲種 『일서』에서는 구덩이를 파서 분토糞土를 그 속에 감추었다고 하는데,[86] 이는 측간의 모습을 떠올리게 한다. 그런가 하면 『사기』「만석장숙열전萬石張叔列傳」에서는 똥을 받는 도구를 '측투厠牏'라고 하였다. 진송晉宋시대의 서광徐廣은 이를 담장으로 둘러친 은폐된 측간으로 주석했는가 하면, 남조 유송劉宋시대의 배인裴駰은 『사기』를 집해하면서

---

81 『주례(周禮)』「천관(天官)·총재(家宰)」의 정현(鄭玄)의 주에는 "宮人爲其井匽, 除其不蠲, 去 其惡臭."라고 하였다. 흔히 측간의 악취를 제거하는 방법으로 석회를 뿌리거나 북방의 경 우 탄재[炭灰]를 뿌리기도 한다.

82 『좌전(左傳)』「성공 10년(成公十年)」, "六月丙午, 晉侯欲麥, 使甸人獻麥, 饋人爲之, 召桑田巫 示而殺之. 將食, 張如厠, 陷而卒. 小臣有夢負公以登天, 及日中, 負晉侯出諸厠, 遂以爲殉."

83 궁리앙[龔良], "「圂」考釋: 兼論漢代的積肥與施肥」, 『중국농사(中國農史)』 14-1, 1995.

84 『묵자(墨子)』「수성편(守城篇)」, "五十步一厠, 與下同溷, 之厠者不得操."

85 쟝지엔린[張建林] 외 1인, 「淺談漢代的厠」, 『문박(文博)』 1987-4, p.53.

86 『천수방마탄진간갑종(天水放馬灘秦簡甲種)』「일서(日書)」31: 放30, "盜者中人取之, 臧穴中糞 土中, 爲人鞍面小目, 目(百)(百), 廣煩, 袁圓目. 盜也, 所與矣, 不得."

삼국시대 위 맹강孟康의 말을 인용하여 동남지역 사람들은 나무의 중간을 파서 구유[槽]처럼 만들어 이를 유窬로 삼았다고 한다.[87]

주목되는 것은 『광아廣雅』「석궁釋宮」에는 청과 환을 모두 측으로 보고 있으며, 『옥편玉篇』「구부口部」에는 환을 돼지우리로 보고 있다. 『국어國語』「진어晉語」에서는 '시뢰豕牢'를 돼지우리라는 뜻으로 사용하며, 이를 측廁이라고 주석하고 있다. 또 『설문해자說文解字』에서도 환을 측이라 해석하고, 『옥편玉篇』「광부廣部」에는 측廁을 청혼圂溷이라고 하고 있다. 즉 선진시대의 측간은 대개 돼지우리[猪圈]와 상호 관련하여 존재했음을 알 수 있다. 그리고 『사기』「고후기高后紀」의 "척부인의 손과 발을 잘라서 측중廁中에 기거하게 했다."라는[88] 기록에서 '측중廁中'은 똥통에 빠트렸다는 것이 아니라 측간과 연결된 돼지우리에서 돼지와 함께 기거하도록 한 것을 말해 준다. 이처럼 한대의 사료와 위·진·송나라 사람들[魏晉宋人]의 주석에 의하면 적어도 전국시대 이후의 측간은 담장 옆에 땅에 구덩이를 파고 지붕을 만들고,[89] 그 아래에 돼지우리를 만들어 사람의 배설물로 돼지를 키웠음을 알 수 있다.

그 외에도 소제昭帝 원봉元鳳 원년(기원전 80)에는 "연왕궁燕王宮 내의 좁은 거리에서 키우던 돼지가 우리를 나와 시루를 걸어 둔 부뚜막을 부수었다."라는[90] 기록과 같이 돼지가 측간에서 뛰쳐나와 돌아다녔다는 기록이 있는가 하면, 『후한서』「당고열전」에서는 '군사혼헌郡舍溷軒'[91]이라고 하여

87 『사기(史記)』권103 「만석장숙열전(萬石張叔列傳)」, "取親中帬厠牏, 身自浣滌" 裴駰集解引三
    國魏孟康曰 "厠, 行清. 牏, 行中受糞者也. 東南人謂鑿木空中如曹謂之窬." 서광(徐廣; 351-
    425)은 '투(牏)'는 짧은 판자를 둘러친 것으로 해석하여 '측투(厠牏)'는 담장으로 둘러친 은폐
    된 측간이라고 주석하기도 한다.
88 『사기』권9 「여태후본기(呂太后本紀)」, "乃斷戚夫人手足, 居之厠中."
89 샹빙허[尙秉和], 『역대사회풍속사물고(歷代社會風俗事物考)』, 岳麓書社, 1991, p.286.
90 『한서(漢書)』권27 「오행지(五行志)」, "昭帝元鳳元年, 燕王宮永巷中豕出圂, 壞都竈." 師古曰,
    "圂者, 養豕之牢也. 都竈, 烝炊之大灶也."
91 『후한서(後漢書)』권67 「당고열전(黨錮列傳)」, "臧罪狼藉, 郡舍溷軒有奇巧, 乃載之以歸."

혼헌圂軒 곧 측간이 단독 건물로 등장한다. 이런 측면에서 보면 고대 측간은 돼지우리와 결합되거나 분리된 두 구조가 존재한 듯하다.

보다 사실적인 자료는 바로 한대의 장의葬儀 예술인 화상석과 무덤의 부장품인 명기明器의

그림 2_ 한대의 혼측(圂厠)

돼지우리[猪圈]에 잘 묘사되어 있다. 이들 명기는 당시 사람들의 생활과 밀접하게 관련되며, 도측陶厠은 창고[倉], 부엌[竈], 우물[井]을 묘사한 도지기와 더불어 각 지역의 한묘에서 출토되어 주택의 구조를 이해하는 데 귀중한 자료가 되고 있다.

그러면 주택구조에서 돼지우리[猪圈]와 측간은 어떻게 구성되었는가. 우선 측간이 돼지우리와 분리된 구조를 보자. 이것은 북방과 중원지역에서 쉽게 발견되며, 측간은 주택에 부속되어 건축되는데, 뜰을 갖춘 원락院落 구조와 누방樓房 구조에서 모두 출현한다.

누방 구조에서 측간은 대개 뒤뜰[後院]의 누각에 설치한다. 뜰을 갖춘 원락구조의 측간은 후한 후기의 산동 기남沂南 화상석에 잘 드러난다. 그곳에는 일자日字형 원락院落이 보이고, 그 집의 좌측 담 너머 모퉁이에 독립된 소형 건축물이 있는데, 이를 측간이라고 한다.[92] 그 외에도 회양우장淮陽于莊이 전한 전기묘에서도 후원의 돼지우리와 떨어진 거리에 측간이 등

---

92 쑨지[孫機], 『한대물질자료도설(漢代物質資料圖說)』, 文物出版社, 1991, p.190. p.212에는 그 것을 측간이라고 설명하고 있다. 하지만 중국화상석전집편집위원회편(中國畵像石全集編輯委員會編), 『중국화상석전집(中國畵像石全集)』 1, 山東畵像石, 山東美術出版社, 2000에는 어디에도 이것을 측간이라고 말하고 있지는 않다. 만약 측간이라면 담장 밖에 있고, 망루(望樓) 등의 구조물로 미루어 매우 이용이 불편했을 것이다. 그리고 대개 한대의 측간이 대개 담장 안에 설치되어 있는데, 이것과도 어긋난다.

장한다. 이들 건축의 높이는 간난식干欄式 주택의 측간보다 높다. 동교東郊 마응강麻鷹崗 후한묘에는 거실을 가운데 두고 양측에 측간, 축사를 설치한 요凹자형 주택이 등장한다. 그런가 하면 정주鄭州 남관南關 전한 후기묘에서 출토된 도원락陶院落 중의 측간은 문방門房, 궐루闕樓, 창루倉樓, 정방正房, 주방廚房, 측간과 돼지우리 등 6곳이 조합된 사합원의 구조를 하고 있는 것도 있다.[93]

그 외에도 하남 동백桐柏 전한묘, 절강 용유龍游 전한묘, 호북 양번襄樊 후한묘, 무한武漢 후한묘, 호남 익양益陽 후한묘, 호남 대용大庸 후한묘에서 돼지우리가 보이지만 측간이 달려 있지 않다. 이것은 지역에 따라 측간과 돼지우리가 떨어져 있었음을 의미한다. 그렇더라도 돼지우리 부근에 측간이 건축되었을 것으로 보는데, 그 이유는 주택구조상 냄새나는 곳을 분산시키는 것보다 한 곳에 모으는 것이 위생상으로도 좋았을 것이며, 처리하기도 효과적이기 때문이다. 실제 귀족들의 측간조차 냄새 때문에 측간에 말린 대추[乾棗]를 준비하여 코를 막았다고 하니[94] 측간의 위생상태를 충분히 상상해 볼 수 있다. 뿐만 아니라 양자가 가까이 있으면 인분을 이용하여 돼지를 양육하거나 똥이나 거름을 수거하여 처리하기에도 용이했을 것이다.

그런가 하면 남쪽 광주廣州에서 출토된 전한 후기의 누각식樓閣式 도옥陶屋은 측간, 돼지우리와 방옥이 한 건물 안에 존재한다. 즉 측간이 후원의 상층에 설치되어 있고 그 좌측은 방이며, 아래층은 모두 돼지우리이다. 비슷한 구조는 광주 동교東郊 홍화강紅花崗 한묘漢墓에서도 발견된다. 주목되는 것은 하남 남양南陽 양관사楊官寺 후한묘의 경우인데, 평면은 방형方形에 가깝고, 앞뒤 면으로 건축되어 있다. 앞면에는 낮은 담을 쳐 두르고 정면

---

93 장지엔린[張建林] 외 1인, 앞의 논문, 「淺談漢代的厠」, p.56.

94 『세설신어(世說新語)』 「비루제34(紕漏第三十四)」, "王敦初尙主, 如厠, 見漆箱盛乾棗, 本以塞鼻, 王謂厠上亦下果, 食遂至盡."

에는 두 개의 문이 있으며, 뒷면은 2층 누각으로 지붕에는 공기창[氣窗]이 설치되어 있다. 정면의 좌측문은 뒷면 누각의 여자측간[女厠]과 통하고, 우측문은 전방의 우측 상단부의 남자측간[男厠]과 통하게 되어 있다. 여측이 집안 쪽에 자리 잡아 남녀측男女厠으로 구분되어 있는데, 양자는 모두 똥통[糞池] 아래 돼지우리와 상통하도록 설계되어 있다.[95] 이 남녀 측간은 두 개가 좌우로 병렬하고 있으면서 그중 하나는 측간변기[便坑] 앞에 오줌통[尿槽]이 있고, 다른 하나에는 없다. 입식과 좌식 소변이 동시에 존재했다는 의미이다.

안휘성 수현壽縣 출토의 후한 도누陶樓 측간도 3칸으로, 칸막이와 문이 있는 것과 호남 장사長沙 오가령伍家嶺에서 출토된 돼지우리를 사이에 둔 대칭형 고대 측간 역시 남녀의 것으로 구분된 것이 아닌가 한다. 그리고 일반적인 서민 주택에도 측간에 문 두개가 나란히 설치된 것이 적지 않았던 것으로 미루어 남녀구별이 있었던 것 같다.

측간의 면적은 진한시대 각종 건축, 즉 문방門房, 창고, 궐闕, 정방正房, 주방 중 가장 작아, 측간 면적은 정방의 1/3 정도이며, 주방의 1/2에도 미치지 못했다. 서주徐州 북동산北洞山의 전한 초왕묘楚王墓의 궁실건축에 보이는 측간은 천상天上의 사자死者를 위한 것으로 아래로 직사각형태의 구멍이 뚫린 변기 위에 두 개의 디딤돌이 올려져 있고 우측에는 옷을 얹거나 손을 잡을 수 있게 횡목을 설치할 수 있도록 설계되어 있고,

그림 3_ 서주(徐州) 사자산(獅子山) 전한 초왕묘 측간

95 쑨지[孫機], 위의 책, 『한대물질자료도설(漢代物質資料圖說)』, p.212.

사방으로 벽이 둘러싼 구조이다. 그 면적은 5m²이었으며, 기남沂南 한화상
석묘漢畵像石墓의 측간은 면적이 3.2m², 높이가 1.48m에 달한다. 분명 보통
서민의 측간 면적은 이보다 작았을 것으로 보이지만, 그 내부에는 재래식
변소를 갖추고 있는 설비가 보인다.[96]

주택에 부속된 측간 이외에도 한대 명기明器에는 거주하는 주택의 외각
에 돼지우리와 측간이 설치된 것도 볼 수 있다. 강소 동산銅山 출토 도저권
陶豬圈, 안휘 수현壽縣 출토의 한대 도누측陶樓厠 모형은 아래는 돼지우리,
위는 측간이며, 하남 초작焦作 후한 묘도측권墓陶厠圈, 산동 사수泗水 후한
도측권陶厠圈, 요양遼陽 삼도호三道壕 전한 촌락유지의 측소厠所, 호북, 절강
등지에서 출토된 한대漢代 측간 역시 마찬가지의 구조로 되어 있다.

이들 명기에 보이는 돼지우리와 측간의 평면은 방형 또는 장방형이며,
양자가 상하로 결합된 하나의 건축구조[圈厠合一]를 이루고 있다. 상층은
측간, 하층은 똥통[糞坑]인데, 이 똥통이 돼지우리의 일부로 설계되어 있
다. 아마 이런 이유 때문에 권圈의 의미 속에 돼지우리와 측간의 이중적인
의미가 존재했던 것이 아닌가 한다. 『한서漢書』 「무오자전武五子傳」에 기록
된 "측간 속에서 돼지들이 무리로 나와 대관大官의 부뚜막을 부수었다."라
는[97] 상황은 전한 중기의 귀족의 주택 속에도 측간 속에 돼지들이 존재했
음을 보여 준다. 이를 통해 돼지우리와 측간이 동일 구조였음을 살필 수
있고, 또 돼지우리와 결합된 측간이 진한시대의 보편적인 현상이었던 사
실도 알 수 있다. 아무튼 이러한 구조로 인해 돼지우리 속에는 돼지똥오
줌, 사람의 똥오줌과 사료 찌꺼기와 각종 잡동사니가 혼합되어 부숙되었
을 것이다. 『범승지서』 중의 "측간 속의 숙분[溷中熟糞]"은 이런 상황을 말해
주는 것이 아닌가 한다. 이 같은 측간구조는 『양서梁書』 「유림열전儒林列傳」

---

96 펑웨이[彭韋], 앞의 논문, 「秦漢時期厠所及相關的衛生設施」, pp.18-19.
97 『한서(漢書)』 권63 「연자왕유단전(燕刺王劉旦傳)」, "厠中豕群出, 壞大官竈."에 대해 안사고(顏
師古)는 "厠, 養豕溷也."라고 하였다.

의 '분혼지측糞溷之側',[98] 『수서隋書』「동이전東夷傳」의 '분지측혼糞之厠溷'에서[99] 찾을 수 있고, 그 후에도 줄곧 측간과 돼지우리가 결합되어 존재했음을 알 수 있다. 그리고 『남사南史』「범진전范縝傳」의 "자리 위에 휘장이 저절로 떨어지고, 울타리 담장이 측간[糞溷] 중에 떨어진다."라는[100] 기록을 통해 볼 때, 남북조시대의 측간인 분혼糞溷도 돼지우리와 결합되었으며, 위쪽 측간 위에는 눈, 비를 가리도록 담장이 처져 있었던 것 같다.

민가의 돼지사육은 이미 전국시대 『맹자孟子』「양혜왕장구상梁惠王章句上」에서 보듯 백성들이 때를 잃지 말고 닭, 돼지, 개 등을 기를 수 있도록 가르쳐 왔다.[101] 수호지睡虎地 진간秦簡 『일서』에도 기축己丑과 계축癸丑일에 돼지우리[厠圂]를 축조했는데, 특히 계축일에 만들면 부자가 된다는 민간의 속설을 보아도 돼지사육이 일반화된 것을 알 수 있다.[102] 뿐만 아니라 전한시대 공수龔遂가 발해태수가 되었을 때나 후한 동종僮種이 현 산동성의 현령이 되었을 때, 백성들에게 돼지와 닭을 기르게 하여 부업으로 삼도록 유도하였다.

측간과 돼지우리[猪圈]가 일체화된 '권측합일圈厠合一' 또는 '혼측합일溷厠合一'의 측간건축 방식은 전용 측간과 함께 발전했으며, 오늘날 호남, 섬서

---

98 『양서(梁書)』 권48 「유림(儒林)·범진(范縝)」, "自有拂簾幌墜於茵席之上, 自有關籬牆落於糞溷之側."

99 『수서(隋書)』 권82 「동이(東夷)·백제(百濟)」, "後遂生一男, 糞之厠溷, 久而不死, 以爲神, 命養之, 名曰東明."

100 『남사(南史)』「범진전(范縝傳)」, "人生如樹花同發, 隨風而墮, 自有拂簾幌墜於茵席之上, 自有關籬牆落於糞溷之中"; 『양서(梁書)』「유림전(儒林傳)·번진(范縝)」, "子良(竟陵王蕭子良)問曰, 君不信因果, 世間何得有富貴, 何得有賤貧. 縝答曰, 人之生譬如一樹花, 同發一枝, 俱開一蔕, 隨風而墮, 自有拂簾幌墜於茵席之上, 自有關籬牆落於糞溷之側. 墜茵席者, 殿下是也. 落糞溷者, 下官是也. 貴賤雖復殊途, 因果竟在何處. 子良不能屈, 深怪之."

101 『맹자(孟子)』「양혜왕장구상(梁惠王章句上)」, "五畝之宅, 樹之以桑, 五十者可以衣帛矣. 鷄豚狗彘之畜, 無失其時, 七十者可以食肉矣."

102 류러씨엔[劉樂賢], 『수호지진간일서연구(睡虎地秦簡日書研究)』, 文津出版社, 1994, p.382에 "圂忌日, 己丑爲圂厠", "凡癸丑爲屏圂, 必富."(190貳)에 대한 주석에서 병(屏)은 측(厠)이며, 환(圂)은 저측(猪厠)이라고 한다.

및 사천 등지에 그대로 남아 있는데,[103] 한반도 남쪽지역 및 제주도, 일본의 오키나와 그리고 필리핀 등의 민간 주택에서도 볼 수 있다. 이런 측간 구조는 냄새를 풍기고 모기 등을 불러들이는 비위생적인 원인을 제공하기도 하지만, 똥의 오염원을 줄이고, 청소가 용이하며, 공간의 효율성이나 자원의 순환이용과 같은 좋은 면도 있다.

하지만 '권측합일圈厠合一'의 건축양식이 돼지의 양육이 목적인지 똥오줌 집적이 중심인지는 분명하지가 않다. 만약 똥오줌이 중심이었다면 똥오줌을 이때부터 적극적으로 비료로 활용했어야 하는데, 이에 대한 기록을 찾기가 쉽지 않으며, 6세기 『제민요술』에도 가축의 똥과는 달리 사람의 똥오줌을 적극적으로 활용했다는 기록은 거의 없다. 하지만 가축의 똥을 일찍부터 토양의 비료로 사용한 것과 같이 돼지우리에 돼지와 사람의 똥이 뒤섞여 쌓이면서 부숙되고, 가득 차면 이를 꺼내 아무렇게나 폐기하지 않고 가축의 똥과 마찬가지로 토지에 시비했을 가능성이 크다. 실제 광동 불란석佛瀾石 후한 수전모형水田模型 중에는 거름더미[糞堆]가 있는데, 이것은 당시 경지에 밑거름으로 사용되었음을 말해 준다. 특히 대전법 이후에는 동일 포장圃場에서 고랑과 이랑[壟畎]의 휴한이 시행되고, 『범승지서』「구전법」에서 보듯 집중 시비가 행해지면서 비료에 대한 수요가 확대된 것도 권측합일의 구조가 지속된 원인일 것이다. 실제 『제민요술』에서 전한말 『범승지서』를 인용하여 돼지우리의 숙분을 시비했다는 기록이나[104] 가축우리에서 만들어진 쇠두엄이 『제민요술』 단계에서 적극적으로 비료로 이용되었다는 사례는 이것을 잘 입증한다.

그러나 이 같은 고대의 측간이 이후에도 동일하게 존속된 것은 아닌 듯하다. 명말의 사조제謝肇淛(1567-1624년)가 편찬한 『오잡조五雜組』「지부地部」

---

103 공리앙[龔良], 앞의 논문, 「"圂"考釋-兼論漢代的積肥與施肥」, p.93.
104 『범승지서(氾勝之書)』「종마(種麻)」, "樹高一尺, 以豬矢糞之, 樹三升. 無豬矢, 以溷中熟糞糞之亦善, 樹一升."

편을 보면, 측간은 더럽고 냄새나는 것이지만 옛사람들이 중히 여겼는데, 예컨대 춘추시대 진晉 경공景公, 한漢 무제武帝, 북제北齊 문선제文宣帝 등의 군주도 반드시 측간에 가서 볼일을 보았다고 한 기록이 이를 입증한다. 하지만 명대의 제왕은 실내용 정기淨器; 馬桶에서 변을 보게 되면서 측간이 필요 없게 되었다. 그러나 남방의 경우 수전水田의 비료로 똥오줌이 거래될 정도였기 때문에 반드시 측간이 필요했다. 반면 강북江北에서는 수전도 없고 그에 따라 똥거름이 필요 없었기 때문에 측간을 더 이상 짓지 않았다. 특히 지독한 냄새와 접촉으로 인한 질병 발생 등으로 인해 점차 측간에 가는 것을 꺼렸다고 한다.[105] 이것은 위진 남북조시대 이후 남방, 북방 간의 경제조건의 차이와 지배층의 인식변화에 따라 기존의 단독 혹은 권측합일의 측간의 존재가 점차 지배층과 도시를 중심으로 변화가 있었음을 말해 준다.

논농사지대인 남방의 경우 전술한 바와 같이 측간의 중요성이 더욱 증가한 반면, 북방에서는 이전 혹은 남방보다 그 중요성이 상대적으로 줄어들었다. 다만 권측합일圈厠合—의 측간 구조가 오늘날까지 일부 도서지역에 여전히 존재하는 것은 논에 비료를 공급하기 위해서라기보다 돼지사육[養猪]용이었을 가능성이 크다.[106] 사실 식량이 부족한 상태에서, 특히 소농민이 양식의 일부를 가축에게 제공하기는 쉽지 않았을 것이다. 결국 더러운 측간 속에서 돼지는 다양한 질병과 기생충에 그대로 노출되고, 그것을 식용한 인간 역시 또 다른 기생충에 감염되었을 것이지만, 당시의 의식

---

105 『오잡조(五雜俎)』 권3 「지부일(地部—)」, "厠雖穢濁之所, 而古人重之. 今大江以北人家, 不復作厠矣. 古之人君, 便必如厠, 如晉景公如厠陷而卒, 漢武帝如厠見衛青, 北齊文宣令宰相楊愔進厠籌, 非如今淨器之便也. 但江南作厠, 皆以與農夫交易. 江北無水田, 故糞無所用, 俟其地上乾, 然後土以漑田."

106 장호웅, 「한국 통시문화의 지역적 연구」, 『대한지리학회지』 30-3, 1995, p.266에서는 제주도 등지에서 볼 수 있는 집 밖에 조성한 '권측합일(圈厠合—)'의 구조는 남방의 통시문화라고 하고, 집 안에 만들어진 것은 북방의 통시문화라고 한다.

속에는 그다지 문제가 되지 않았던 것 같다.[107] 이상과 같이 측간의 변화는 주거환경 및 경제조건에 따라 차이가 있었지만, 일찍부터 존재하여 돼지 사육과 함께 비료의 생산을 동시에 도모했음을 부인할 수 없다.

2. 한국과 일본의 측간구조

한반도와 일본에서도 고대 측간의 흔적을 발견할 수 있다. 한국의 경우 최근 익산 왕궁리王宮里 유적에서 백제 무왕(600-641년) 때의 측간 3곳이 발굴되었으며, 일본에서도 1990년에 후쿠오카[福岡]시의 고로칸[鴻臚館] 지역에서 8세기의 측간이 발견된 것을 비롯하여 나라[奈良]현 후지와라쿄[藤原京]에서도 694-710년 사이의 측간이 발견되었고, 같은 지역의 헤이조쿄[平城京]에서도 8세기의 측간, 아키타[秋田]현 아키타성[秋田城] 유적에서도 8세기 전반기의 측간 유구가 발견되고 있다.[108] 당시 일본에서 측간을 '가와야[厠]', 즉 '물 위의 집'이란 의미로 사용했는데, 712년에 찬술된 『고사기古事記』 신무천황神武天皇의 설화에서 물 위에서 대소변을 보고 흘려보냈다는 사실에서도 이를 알 수 있다. 이러한 모습은 마치 오늘날 베트남과 같은 동남아시아 주민들이 물 위에서 배변하는 것과 같아, 논농사를 짓는 남방에서 측간문화가 들어왔을 가능성이 있다고[109] 한다.

---

107 전근대 서양의 의사 중에도 똥은 중요하고 필수적인 것으로 사람의 주변에 있어야 한다고 주장하는 의사들이 있었다. 즉 "치명적인 질병이 발생하는 이유는 공기 중에 항상 존재하고 있는 병원균을 유인할 수 있는 똥오줌을 길가 하수로에 남겨 두지 않기 때문이다."라고 한다. 거리에 똥오줌을 뿌려 놓으면 공기 중의 병원균이 똥에 유인되어 사람들에게 달려들지 않을 것이라고 의사들은 생각했다. 심지어 뒷간을 부엌 바로 옆에 지음으로써 부엌의 모든 병균이 뒷간에 모이고 음식은 안전하게 유지될 것이라고 생각하였다. J. Jenkins[이재성 역], 『똥 살리기 땅 살리기』, 녹색평론사, 2005, p.146.

108 국립부여문화재연구소, 『왕궁리 발굴중간보고Ⅴ』, 2006; 일본의 측간에 대한 부분은 김광언, 『동아시아의 뒷간』, 民俗苑, 2002; 최덕경, 「近世일본의 肥料와 糞土施肥: 糞尿를 중심으로」, 『역사학보』 제226집, 2015.6을 주로 참조하였음을 밝혀 둔다.

109 기타 도시오[北見俊夫], 「日本便所考」(오노 모리오[大野盛雄] 외1 編, 『アジア厠考』, 勁草書房,

일본 고대 측간의 구조는 고로칸을 통해 대강을 살필 수 있다. 이것은 한반도나 당송에서 온 상인들의 숙소로 사용되었다고 하는데, 3개의 측간이 남북으로 일직선상에 1.8m 간격으로 배치되어 있고, 깊이는 4m이다. 구덩이의 크기는 남북과 동서의 길이가 남쪽은 2.6×0.6m, 중앙은 1.35×1.25m, 북쪽은 1.3×1.4m이었다. 재미있는 것은 배변 후 뒤처리하는 도구가 종이를 사용하기 이전에는 나무로 만든 측주厠籌[110]가 사용되었으며, 고로칸에도 73점이나 발견되고 있다는 점이다. 그 크기는 길이 18cm, 폭 1cm, 두께 4mm이다. 비슷한 물건이 백제의 왕궁리 유적에서도 발견되었으며, 진晉 배계裵啓『어림語林』과 『북사北史』「제기齊紀・문선제文宣帝」편의 "비록 양음楊愔이 재상이 되었을지라도 (측간에) 측주를 넣어 주었다."[111]란 사료를 통해 비슷한 시기에 중국에서도 측주를 사용했음을 살필 수 있다. 게다가 17세기 조선의 『묵재일기默齋日記』에는 안봉사安峯寺의 승려 혜자惠慈가 이문건에게 두 차례 측목厠木 다발을 보낸 기록이 있는데, 그 상황으로 미루어 상류층 사람들은 종이가 등장한 이후에도 오랫동안 측주를 밑씻개로 사용했음을 알 수 있다.[112] 원래 측주는 승려가 사용한 것으로 인도에서 불교가 전래된 이후 중국에서 사용되기 시작했다고 한

1994), p.20.

110 왕궁리의 측주(厠籌)는 6점이 출토되었는데, 나무를 반으로 쪼갠 반원형으로 하고, 대변을 처리하는 부분은 둥글게 다듬어져 있으며 길이는 26.3-30.3cm이다. 일본에서는 측주(厠籌), 주목(籌木)이라 불렸으며, 주로 전나무[檜木]로 깎아 만들었으며, 대개 방형 혹은 장방형으로 후지와라쿄[藤原京] 측간의 경우 크기가 길이 18cm, 폭 1cm, 두께 4mm이었다. 김광언, 위의 책, p.307에 의하면 측주(厠籌)는 측균(厠箘), 측궐(厠橛), 측간(厠簡), 측간자(厠簡子), 정목(淨木), 정주(淨籌), 주자(籌子) 등으로 불렸다고 한다.

111 『북사(北史)』「제기(齊紀)・문선제(文宣帝)」, "以楊愔爲宰輔, 使進厠籌."; 샹빙허[尙秉和], 앞의 책『역대사회풍속사물고(歷代社會風俗事物考)』, p.289. 『원사(元史)』「후비전(后妃傳)」에 의하면 유종제(裕宗帝)의 황후는 태후를 효경하여 측간에서 사용하는 종이도 비벼 부드럽게 하여 건넸다고 하는 기록을 보면 원대에는 측간에서 종이를 사용하기 시작한 듯하다. 하지만 종이가 등장한 이후에도 일반 민간에서는 측주(厠籌), 짚, 나뭇잎이나 마른 풀과 돌멩이 등을 밑씻개로 활용했을 것으로 생각된다.

112 정연식, 『일상으로 본 조선시대 이야기2』, 청년사, 2002, p.231.

다. 그런데 전한 감숙성 마권만馬圈灣에서 출토된 목간木簡은 분변糞便과 함께 출토되었다. 보고서에는 이것이 바로 측간廁簡: 廁籌으로 폐기된 목간의 서사書寫자료를 뒤처리하는 데 사용한 것으로 보고 있다.[113] 측간의 뒤처리용으로 종이[休紙]가 유행한 것 역시 남북조 이후라고 한다.[114] 흥미로운 것은 이 시기부터 서사재료도 죽목간이 아닌 종이가 사용되었다는 것이다. 결국 뒤처리도구도 이 시점부터 죽목간에서 휴지로 바뀌었음을 의미한다. 그런데 6세기 안지추顔之推는 그의 『안씨가훈顔氏家訓』「치가治家」편에서 "고지故紙에는 오경五經의 사의詞義와 선현의 이름이 적혀 있으니 함부로 (측간의 뒤처리와 같은) 더러운 용도로 사용할 수 없다."라고[115] 하였다. 이런 이유로 한동안 서사용 폐지를 쉽게 측간의 뒤처리용으로 사용하지는 못했을지라도 측간의 뒤처리도구가 책과 습자의 재료와 궤를 함께했다는 것은 주목된다.

일본의 후지와라쿄[藤原京]의 측간은 외부에 저류시설이나 건축물을 세우는 것 없이 간단하게 깊이 1m 정도의 땅을 파고 나무 두 개를 걸쳐 그 위에 걸터앉아 배변한 것으로 추정된다. 특히 후지와라쿄의 것은 1.6× 0.5m인 소형측간이 일정 간격으로 떨어진 채로 발견된 것을 보면, 7-9세기 측간 중에는 여러 사람이 동시에 배변할 수 있는 공동의 측간도 존재했음을 알 수 있다. 비슷한 사례는 고로칸에서도 발견되는데, 이곳에서 신라와 백제의 이름이 적힌 목간이 나온 것을 두고, 신라와 백제 사람들이 궁궐 건축공사에 참여한 것은 물론이고, 뒷간 문화도 한반도에서 건너간 것으로 일본학자들은 보고 있다.[116]

헤이조쿄의 귀족 측간의 경우, 길옆 도랑물을 반원형 형태로 집안으로

---

113 우렁량[吳礽禳] 등 석교(釋校), 『돈황한간석문(敦煌漢簡釋文)』, 甘肅人民出版社, 1991.
114 리링[李零], 「天不生蔡倫: 說中國的廁所和廁所用紙」, 『만상(萬象)』, 2005.3.
115 『안씨가훈(顔氏家訓)』「치가(治家)」, "其故紙有五經詞義, 及賢達姓名, 不敢穢用也."
116 김광언, 앞의 책, 『동아시아의 뒷간』, p.369.

끌어들여 도랑에 나무판자를 걸치고 그 위에 앉아 배변하고, 다시 흘려보내는 구조를 하고 있다. 그런가 하면 아키타 성 유적의 측간은 약간 높은 지점의 건물 내에 설치하여 배변한 후에는 준비해 둔 물을 쏟아 붓거나 우물에서 물을 흘려 아래쪽 도랑으로 떠내려가도록 한 구조를 취하고 있다. 오물이 내려가 모이는 곳인 변호便壺의 깊이는 80cm이고, 수로의 길이는 5.5-6.5m이며, 그 끝에는 폭 2.7m, 깊이 1m인 저류고[沈殿池]를 파 두었다. 그 외에도 벽 없이 지붕이 달린 건물 안에서 3-4명이 공동으로 배변할 수 있는 측간도 있었다고 한다.

이처럼 일본의 측간은 대개 도랑물 등을 이용한 수세식이다. 간혹 흘러간 똥오줌이 저류된 듯한 공간도 보이고, 혹자는 측간 자체를 똥오줌의 저류 시설이라고 봐야 한다는 견해를 제시하기도 한다. 하지만 물 위에 분변이 그대로 떠내려가는 구조나 많은 물로 씻어 내어 비료효과를 떨어트린 점으로 미루어 당시 이를 모아 비료로 활용하지는 않은 듯하다. 그리고 12-13세기의 사료에는 굽 높은 나막신을 신은 남녀노소가 거리에 나앉아 똥을 누는 장면이 나오는데, 이를 보건대 서민들 집에는 14세기 이전에는 뒷간이 없었던 것 같다.

한반도의 경우 백제에도 측간이 존재했다는 사실은 이미 『수서隋書』 「동이전東夷傳·백제전百濟傳」의 동명東明의 기사에서 확인된다. 즉 "사내아이를 낳아 측간[厠溷]에 버렸는데, (그곳에서) 오랫동안 죽지 않았다."라는[117] 기록으로, 이는 백제 초기에도 측간이 존재했으며, 측간의 구조는 알 수 없지만 아이가 쉽게 발견되지 않을 정도로 구덩이가 깊은 분뇨저류 공간이 있었음을 말해 준다.

왕궁리王宮里 유적은 이러한 백제의 측간을 좀 더 구체적으로 보여 준

---

117 『수서(隋書)』 권82 「동이(東夷)·백제(百濟)」, "後遂生一男, 棄之厠溷, 久而不死, 以爲神, 命養之, 名曰東明."

그림 4_ 7세기 백제 왕궁리(王宮里) 측간유적

다. 즉 대형측간은 동서방향으로 길이를 달리하여 일직선상에 배치되어 있으며, 측간의 규모가 상당히 크고[118] 내부 공간도 나무기둥에 의해 분리되어 한꺼번에 여러 사람이 함께 사용할 수 있는 공동측간의 성격을 띠고 있다. 측간은 수로와 연결되어 있으며, 제시된 측간도면에서 수로 전체 길이는 17.5m, 폭은 0.9m, 깊이는 0.9-1.02m이다. 수로의 단면은 역사다리꼴이며, 동서로 석축石築으로 쌓아올린 배수로와 접해 있는 부분은 잡석으로 빈틈없이 채워져 있다. 이것으로 보아 화장실 오수가 수로를 통과하여 동서의 석축배수로를 빠져나가는 과정에서 일정 부분 정화되었을 것으로 추정된다.[119] 이것은 외부에서 물을 끌어들이지 않고 측간 내부에서 똥오줌을 일정 기간 저장했다가 내용물이 일정 높이까지 차면 자연 수로를 통해 석축배수로를 통과하여 서쪽 벽 밖으로 빠져나가는 구조를 지녔던 것 같다. 이 구조는 3차례의 정화단계를 거쳤는데, 일차적으로 토광내부에서, 그리고 수로를 통과하면서 마지막으로는 동서 석축배수로를 거치면서 정화가 이루어졌다. 이처럼 왕궁리 유

118 왕궁리유적의 대형측간1의 규모는 동서길이 10.8m, 남북 1.7-1.8m, 잔존 깊이는 3.1m였고, 대형2, 3의 측간과 함께 고려하면 각진 부분이 없는 장방형으로 생각된다.
119 전용호, 「益山 王宮里유적의 화장실에 대한 일고찰」, 『백제학보』 2권, 2010, p.40.

적의 수로는 대형화장실의 크기에 비하여 넓고 깊게 형성되어 있으며, 그 길이도 매우 길어 수로의 조성에 많은 신경을 썼음을 알 수 있다.[120]

이처럼 일본과 한국의 화장실을 볼 때, 귀족과 궁성의 측간이라는 한정된 측면은 있지만, 7-9세기 무렵에는 똥을 보관하는 저류시설이 분명하지 않고, 도랑물이나 수로를 통해 성곽 외부로 흘려보낸 것을 보면 당시에는 사람의 똥오줌을 적극적으로 시비에 활용하지는 않은 듯하다. 중국의 경우 남송의 『진부농서』단계에 비로소 똥오줌이 적극적으로 활용되었다는 점을 보면 동아시아의 사람의 똥오줌은 대개 당송시대를 거치면서 적극적으로 이용된 것이 아닌가 생각된다.

10세기 이후에는 『진부농서』에서 본 바와 같이 민가에 거름간[糞屋], 똥통[糞池]이 설치되었고, 명말의 『보농서』에는 분뇨 쓰레기저장고[糞窖]가 등장하고, 청대 진강기陳康祺의 『낭잠기문郎潛紀聞』에서는 저호底號라고 하여 구덩이를 파서 똥오줌을 저장한 것을 보면,[121] 돼지우리와는 무관한 전용 저장시설이 존재했음을 알 수 있다. 이것은 돼지우리를 활용하여 돼지와 사람의 분뇨를 비료로 만드는 것이 아니라 직접 사람의 똥오줌을 이용하여 시비하는 단계로 발전했음을 의미한다.

17세기 초 조선에서 편찬된 『농가월령』(1619년)의 「잡령雜令」조에도 "측간을 수 자[尺]나 파고 커다란 항아리를 묻어 두고 대소변이 가득 차면 잘 뒤섞어서 길어 내어 재와 섞어 작물을 재배하면 큰 부자가 될 수 있다."라고 하였다. 그리고 17세기 초 안동 임하면臨河面에서는 커다란 질그릇 옹기를 측간에 설치하여 똥과 오줌을 모아 가득 차면, 자루가 긴 나무바가지로 끄집어내어 풀과 섞어 말려 임시가옥[假家]에 습기가 차지 않게 보관했다. 이런 초분草糞 30-40섬[石]을 만들면 보리 100섬을 거두는 데 전혀 문

---

120 국립부여문화재연구소, 『왕궁리 발굴중간보고 V』, 2006, p.297; 전용호, 앞의 논문, 「益山 王宮里유적의 화장실에 대한 일고찰」, pp.48-49.
121 청 진강기(陳康祺), 『낭잠기문(郎潛紀聞)』권10, "一曰底號, 糞溷之窩. 過猶唾之, 寢處則耶."

제가 없었다는[122] 것으로 보아 똥을 이용하여 만든 똥재와 초분의 시비가 보편화되었음을 알 수 있다. 이것은 똥재가 농업생산력의 제고에 크게 기여했다는 것을 뜻한다. 게다가 빨래하고 남은 물도 거름기가 있기 때문에 버리지 말고 반드시 대소변을 모으는 항아리 속에 넣어 똥오줌의 양을 늘려 줄 것도 강조하고 있다. 유기질이 다소 남아 있는 물까지 측간에 부어 똥오줌의 양을 증가시킨다는 것은 분뇨시비의 수요가 확대되고 있다는 좋은 증거이다.

일본의 경우도 14세기부터 도시의 똥오줌을 사서 거름으로 사용했으며, 이런 현상이 16세기에는 거의 전국적으로 확산되었다고 한다. 1567년에 편찬된 『청량기淸良記』에 보이는 "뒷간에 똥오줌을 저장하면 텃밭의 채소가 잘 자라며, 논밭을 기름지게 가꾸는 농부가 훌륭하다."라는 말은 이를 두고 하는 지적이다. 또 17세기 연보延寶 8년(1680) 『백성전기百姓傳記』에서는 토민들은 똥오줌의 유용성을 강조하여 곳곳에 변소를 구비했다.[123] 변소 위치는 응달보다 부패를 위해 햇볕이 잘 드는 모옥母屋 근처를 선택했으며, 바닥을 잘 다져 거름기가 한 방울도 흙속으로 배지 않도록 주의하였다고 하는데,[124] 이들은 모두 측간 저류시설의 중요성을 잘 지적한 말이다. 이처럼 측간의 중요성이 강조된 것은 사람의 똥오줌을 시비로 활용하면서부터였을 것이다.

이상의 측간 구조를 통해 고대 한국과 중국의 측간구조는 대개 사방으로 막힌 독립된 공간이었으며, 돼지를 양육할 경우 측간 아래 돼지우리를 두는 것이 일반적이었음을 알 수 있다. 『제민요술』에서 "돼지우리의 숙분으로 시비했다.[溷中熟糞糞之.]"라고 한 『범승지서』의 내용을 인용한 것을 보

---

122 유진(柳袗), 『위빈명농기(渭濱明農記)』, 농촌진흥청, 2004, p.90.
123 『백성전기(百姓傳記)』 제6권, 『일본농서전집(日本農書全集)』 제16권, 農文協, 2001, pp.227-228.
124 『백성전기』 제6권, pp.229-230. 최덕경, 「近世 일본의 肥料와 糞土施肥: 糞尿를 中心으로」, 『역사학보』 제226집, 2015.6, p.376 참조.

면, 위진남북조의 측간에서도 똥오줌을 수거하여 시비한 듯하다. 하지만 측간의 구조로 볼 때, 당대 이전에는 가축의 똥오줌을 짚이나 초목 등과 함께 섞어 퇴비화하거나 외양간거름[廐肥]을 생산하는 것이 일반적이었고, 직접 똥오줌을 활용하여 시비로 활용한 사례는 많지 않았다. 하지만, 점차 사람 똥오줌의 중요성이 강조되면서 측간에 저류 시설이 갖추어지고 돼지우리[猪圈]와 분리되는 구조로 발전하게 되었던 것이다.

3. 측간의 역할

상술한 바와 같이 고대 측간은 단순히 대소변을 해결하는 배설의 공간이나 돼지를 키우기 위한 시설로서, 비록 냄새나고 더럽지만 나름대로 다양한 용도로 이용되었음을 살필 수 있었다.[125] 조선시대의 실록에는 중국보다 다양한 뒷간의 모습이 그려지고 있다. 조선의 뒷간의 모습을 통해 동아시아의 뒷간이 어떤 작용을 했는지를 살펴보자.

첫째, 뒷간은 회피와 피신의 공간이었다. 조선 태종은 정전에서 의정부 삼공신三功臣을 불러 전에 오르게 하고, 이무李茂의 죄를 의논하였다. "내가 이무의 말을 듣고 본래 의심하고 있었는데, 사변事變이 이상함을 보고, 변소에 간다고 핑계대고 마침내 도망쳐 나왔다."라고[126] 한다. 또 연산군이 내쫓길 때 "폐주廢主가 옷을 붙잡는데도 뿌리치고 나가는 자가 있는가 하면 수구로 혹은 뒷간[廁]구멍으로 도망가기도"[127]했다. 그런가 하면 정사에 싫증을 느낀 임금이 "뒷간에 간다는 핑계를 대고"[128] 빠져나왔다는 말도 있고, 또 "세자가 주강晝講에 참석하였다가 빈객賓客 성현成俔에게 이르기를,

---

125 본 내용은 조선왕조실록의 내용을 참고하여 다소 수정 재편성하였음을 밝혀 둔다.
126 『태종실록(太宗實錄)』 9년(1409) 10월 1일.
127 『중종실록(中宗實錄)』 4년(1509) 9월 5일.
128 『연산실록(燕山實錄)』 3년(1497) 7월 1일.

'주상께서 지금 자주 측간에 가시는 것을 보아 너무 피로해 보이십니다.' (중략) 내가 정강停講하여 시약侍藥하려고 합니다."라고[129] 하여 뒷간을 핑계 삼고 있다. "성종 때 김제신金悌臣은 형방 승지承旨였다. 이에 대간이 일을 아뢰자, 그는 뒷간에 가서 오랫동안 나오지 않았다."라고[130] 하여 회피의 공간으로 뒷간을 이용하였다. 또 "승지 윤장 등은 바깥 동정을 살핀다고 핑계하고 모두 흩어져 달아났다. 이때 더러는 실족하여 뒷간[溷厠]에 빠지기도 했다."라는[131] 사실에서 뒷간으로 숨어든 것을 알 수 있다. 그리고 "병인년 가을 김준손金駿孫 등이 남쪽 사람과 더불어 계책을 내어 성상을 추대하려 하였다. 준손이 격서를 주며 약속을 재촉하자 광주 목사 이줄李茁은 오히려 얼굴을 붉히며 준손을 결박하고 위에 알리려 들었다. 준손은 겨우 뒷간으로 빠져나가 화를 면했다."라는[132] 기록 등에서 측간이 피신의 공간으로 이용되었음을 살필 수 있다.

둘째, 외부인에게 정보를 전달하고 지시하려 할 때 뒷간을 이용했다. "일을 아뢸 때 혹 미처 식사를 하지 않았다거나 혹 뒷간[厠]에 간다고 하여 여러 신하에게 잠시 물러나 있으라고 명하지만, 그 사이는 짧은 시간에 불과하다."라고[133] 하였다. 또 "유세기兪世基는 이미 자호字號를 입송入送한 것으로 승관承款하였고, 뒷간에서 글을 전한 사실을 조대수趙大壽 역시 감히 숨기지 못하였지만, 그 문장은 취할 만하다는 말을 이미 자복自服하였다."라는[134] 사례를 보면 뒷간을 오가며 서로 정보나 문서를 전달하고 있다는 것을 알 수 있다.

셋째, 뒷간은 숙고의 장소였다. 태조 7년 제1차 왕자의 난으로 숙청당

129 『성종실록(成宗實錄)』 25년(1494) 11월 20일.
130 『중종실록』 8년(1513) 2월 24일.
131 『연산실록』 12년(1506) 9월 2일.
132 『중종실록』 2년(1507) 5월 13일.
133 『숙종실록(肅宗實錄)』 33년(1707) 1월 25일.
134 『숙종실록』 37년(1711) 9월 21일.

할 때, 정안군(훗날 태종이 됨)이 "배가 아프다고 핑계하고 서쪽 행랑 문 밖으로 나와 뒷간에 들어가 앉아서 한참동안 생각하고 있었다."라는[135] 기록이 있는데, 이는 일을 계획하고 고려하는 장소로 뒷간을 이용했음을 뜻한다.

넷째, 뒷간은 부정한 일을 벌이는 은밀한 장소로도 활용되었다. "이순몽李順蒙의 얼자 이석장李石杖은 아비의 첩을 간음하였다. 첩이 아이를 낳다가 발각되자 그를 감옥에 가두었다. 그러나 옥중에 있으면서도 매양 뒷간에 가서 간통하였고, 여자가 아이를 밴 것이 드러나 결국 장에 맞아 죽었다."라든가,[136] 또 "예로부터 임금의 마음을 고혹시킨 아름다운 여자는 비천한 데에서 많이 나왔으며, 거기에 빠져 헤어나지 못한 이가 많습니다. 뒷간에서 한 번 가까이 함에 드디어 사랑을 받게 되었고, 창가의 비천한 계집종도 궁액宮掖에 올랐다."라는[137] 것이 그 예이다.

다섯째, 뒷간은 복수와 저주의 장소이기도 했다. "저주의 방법은 여맹女盲에게서 배웠습니다. 대개 매화나무 위에 쥐 찢어 걸기, … 동궁의 담장에 돼지와 허수아비[羽쏬人] 그리기, 대전 마루 밑에 자라 묻기, 뒷간 밑에 두 발과 두 날개를 자른 까마귀 두기 등이었습니다."라는[138] 기록이 있다. "권진權縉은 변덕이 심하고 사독邪毒했다. 유생시절 이산해李山海와 홍여순洪汝淳을 미워하여 산사에서 독서하면서 뒷간에 두 사람의 이름을 써 붙이고, 갈 때마다 이름을 불러 천시하고 미워하였다."라는[139] 내용도 전해진다. 또 수찬 조태채趙泰采가 정유악鄭維岳을 석방시키자 "그는 고상신故相臣 김육金堉의 사우祠宇를 형옥으로 바꾸고 제기 곡간을 오물을 저장하는 뒷간[溷廁]으로 만들었습니다."라고[140] 하여 복수의 의미를 담고 있다. 그 외

---

135 『태조실록(太祖實錄)』 7년(1398) 8월 26일.
136 『단종실록(端宗實錄)』 1년(1453) 6월 25일.
137 『중종실록』 12년(1517) 7월 24일.
138 『광해실록(光海實錄)』 7년(1615) 2월 18일.
139 『선조실록(宣祖實錄)』 34년(1601) 8월 13일.
140 『숙종실록』 21년(1695) 5월 5일.

에도 측간에서 일을 볼 때는 무방비 상태가 되기 때문에 사람을 해치는 공간으로도 활용되었다.

여섯째, 측간은 은닉의 장소였다. "신축년 일이 어찌 나라를 위해 정책을 편다는 뜻에서 나온 것이겠습니까? 역적들의 초사招辭를 보건대, (중략) 이것이 어찌 털끝만큼이라도 왕실을 위한 마음에 가깝겠습니까? 백망白望이 비수를 끼고 측간에 숨은 것과 이이명이 사행 중에 독약을 산 일이 드러났으며, 덕양군德讓君으로 봉한다고 한 의논에 이르러서는 모두 이이명을 추대하는 데 뜻이 있었습니다."라고[141] 한 것이 그 예이다.

일곱째, 측간은 옷을 벗거나 갈아입는 공간으로 알려져 왔다. 『세설신어』에는 진晉의 부호 석숭石崇의 측간을 소개하면서 변을 보고난 뒤에 악취 때문에 측간에 가지 못하는 손님들을 위해 새 옷을 준비하여 부를 과시했다고 한다. 게다가 고대의 의복은 포의袍衣라서 폭이 넓어 장의長衣를 벗지 않으면 측간에서 일을 보기가 매우 곤란하였다. 때문에 먼저 옷을 벗고 대소변을 보았을 것으로 보고 있다.[142] 실제 『논형』 「사휘四諱」편에서는 "옷 벗는 방[更衣之室]"을 악취가 나는 측간으로 보고 있다.[143] 17세기 일본의 영주들도 중국과 마찬가지로 옷을 벗고 배설했으며, 매번 새 옷으로 갈아입고 버선이나 허리띠 등도 새것으로 바꾸어 입었다고 한다.[144]

여덟째, 측간시설의 건축은 윗사람에 대한 공경의 표현이기도 했다. "권지는 순행巡幸할 때에 측간[溷厠]을 만들지 아니했으니, 본래 위를 공경하는 마음이 없었다. 사헌부로 하여금 추국推鞫하여 아뢰게 하라."라고[145] 한 것은 측간의 건설은 곧 윗사람에 대한 배려와 공경의 표시로서 인식되었

---

141 『영조실록(英祖實錄)』 1년(1724) 11월 8일.
142 샹빙허[尙秉和], 앞의 책, 『역대사회풍속사물고(歷代社會風俗事物考)』, p.288.
143 『논형』 「사휘(四諱)」, "夫更衣之室, 可謂臭矣."
144 김광언, 앞의 책, 『동아시아의 뒷간』, p.380.
145 『세조실록(世祖實錄)』 7년(1461) 8월 19일.

다는 뜻이다.

그 외에도 측간은 최근에는 해탈의 장소, 사색의 장소이며 근심을 푸는
장소로도 쓰이며, 뒷간은 어둠(죽음)의 공간으로도 이용되면서 현재에 이
르고 있다. 위와 같은 조선시대 뒷간의 역할은 동아시아 각국에서도 모두
비슷하게 작용했을 것으로 생각된다.

IV. 똥에 대한 인식과 똥거름의 효용성

1. 삼재三才사상과 똥오줌

그렇다면 사람이나 가축의 똥[糞]을 이용한 지혜는 어디에서부터 비롯
되었을까? 가축이나 사람의 똥이 식물의 성장에 유익하다는 사실을 처음
부터 알지는 못했을 것이다.

농촌생활에서 쉽게 경험할 수 있듯, 산과 들에 배설한 가축이나 사람의
배설물에서 과일이 자라 열매를 맺는 것을 흔히 볼 수 있다. 이것은 외피
로 잘 싸인 씨앗이 똥과 함께 배출되면서, 그 속의 영양분을 받아 자란 것
이다. 이것은 음식물이 신체에 100% 흡수 소화되는 것이 아니기 때문에
똥 속에는 적지 않은 비료성분[糞氣]이 남아 있다는 증거이다.[146]

---

[146] 똥은 식물 중 소화가 덜 된 부분으로 질소는 주로 단백질이며, 오줌은 소화 흡수된 양분이
여러 가지 변화를 거쳐 나오는 것이다. 주목되는 것은 동양인의 경우 서양인들보다 칼륨
성분이 많지만, 질소와 인산 성분이 다소 낮다고 한다.

〈표〉 뒷거름의 성분

( )는 오줌의 수치 (조백현 감수, 1964)

종류	水分	有機物	窒素(N)	인산(P)	칼리(K)	소다	염소
人糞(尿)	96.42(94.67)	0.14(0.30)	0.42(0.57)	0.05(0.11)	0.28(0.29)	0.55(0.50)	0.76(0.70)
牛糞(尿)	83.5(92.3)	15.0(5.7)	0.59(1.50)	0.28(0.15)	6.14(1.55)		
猪糞(尿)	80.0(96.6)	16.0(2.3)	0.60(0.64)	0.60(0.16)	0.50(0.30)		
馬糞(尿)	75.0(92.6)	23.0(4.1)	0.56(1.52)	0.03(_)	0.33(1.65)		

그런가 하면 사람 똥을 흔히 개나 돼지가 다시 섭취하거나 동남아시아의 경우 측간을 양어장 중간이나 가에 설치하여 물고기를 기르는 현상은 지금도 쉽게 볼 수 있다. 이것 역시 똥 속에 가축이나 물고기가 섭취할 수 있을 정도의 유기물질이 남아 있다는 증거이기도 하다. "측간에서 돼지들이 나왔다.[厠中群豕出.]"라는[147] 사료는 측간 아래 돼지우리[猪廐]를 설치한 것으로, 전술한 한대 묘장墓葬의 명기나 화상석의 자료 속에 잘 남아 있다. 우리나라에서도 제주도에서는 근래까지 측간 아래 돼지우리가 존재했었는데, 이것은 똥 속에 유기 영양분이 남아 동물에게는 유기질을, 식물에게는 유기비료를 제공하였음을 뜻한다.

유기질 비료란 동식물의 유체나 분변 등이 부숙한 후 생기는 물질로서, 그 속에 식물이 생장하는데 필요한 각종 영양분이 함유되어 있고, 유기질은 미생물의 작용을 거치게 되면 부식질로 변하게 되어 토양을 개량하는 작용을 한다. 특히 똥오줌 속에는 중국의 토양에는 부족한 질소[Co(NH₂)₂], 인산[3Ca(H₂PO₄)], 칼륨[K₂SO₄]과 유기물질이 상당량 함유되어 있어[148] 지력을 보전하고 토양을 개량하는 데 좋은 작용을 했다. 그러면 토양개량에 이런 똥을 이용하게 된 아시아인들의 사상적 배경은 어디에서 찾을 수 있을까?

토양을 변화시키는 시비施肥에 주목하게 되는 배경은 무엇보다 토양과 그에 적합한 작물에서 찾을 수 있다. 토양과 생물 간의 관계에 대해 오래 전부터 알려지고 있는 것은, "귤은 회북淮北으로 옮겨 심으면 탱자로 변하고, 구관조는 북쪽 제수濟水로 넘어 날아가지 않으며, 맥貉은 북쪽(산동성) 문수汶水를 넘어가면 곧 죽는다. 이것은 땅의 기운이 그러하기 때문이다."라는[149] 사실이다.

---

147 『한서(漢書)』 권63 「연자왕유단전(燕刺王劉旦傳)」, "厠中群豕出."에 대한 주(注)에는 "厠, 養豕圂也."라고 하여 측간과 돼지우리의 관계를 잘 보여 주고 있다.
148 F. Bray, "*Science and Civilisation in China*," Vol.6, part II: *Agriculture*, p.298.
149 『주례(周禮)』 「동관(冬官)·고공기(考工記)·총서(愍敍)」, "橘逾淮而北爲枳, 鸜鵒不逾濟, 貉逾

그런가 하면 "숭채菘菜는 북쪽 땅에서는 자라지 않는다. 어떤 사람이 그 종자를 북쪽에 심었는데 처음 1년은 무청이 반쯤은 자라더니 2년이 되자 종자가 모두 끊겨 버렸다. 무청을 남쪽에 심으니 이 또한 2년이 되자 모두 변해 버렸다. 이는 토지의 적합성에 의한 것이다."라고[150] 한다. 이것은 선진시대부터 땅의 기운[地氣]은 풍토에 따라 생물의 유전성과 변이성이 존재한다는 물성관物性觀에 근거하고 있다. 이는 토지의 적합성[土宜]과 풍토에 따라 작물의 생장이 결정된다는 사실을 알고 있었음을 말해 준다.

상술한 지기地氣와 토지의 적합성은 모두 기후변화를 포함한 토양 조건을 가리키며, 토양이 변이를 이끄는 근원이었음을 말해 준다.[151] 결국 작물은 토양에 의해 결정되며, 인간은 토양의 성질과 지력地力에 적합한 작물을 재배하고, 토양의 힘은 시비[糞氣]를 통해 달라지고 개량될 수 있다는 인식이 자리 잡은 것 같다. 이것은 마치 고대 농업이 시비를 통해 농업조건을 개조하는 것처럼 보이지만, 당시 농업에 대한 기본적인 인식에는 토양의 비료도 지기의 운행과 음양의 균형에 영향을 끼치는 천지자원의 일부로서 자연에 순응하여 자원을 절용節用하고, 재활용하는 물질이라는 순환관이 자리 잡고 있었던 것이다.

그리고 『관자管子』「팔관八觀」편에는 "곡식은 땅이 아니면 자라지 않고, 땅은 사람이 아니면 움직이지 않고, 사람은 힘을 쓰지 않으면 재물을 이룰 수 없다. 천하 만물의 소생은 사람이 힘을 쓰면서 생겨난다."라고[152] 한다.

汶則死. 此地氣然也."

150 서광계(徐光啓), 스성한[石聲漢] 교주, 『농정전서교주(農政全書校注)』(中), 臺北: 明文書局印行, 1990, p.717. "唐本草注云: 菘菜不生北土. 有人將子北種, 初一年, 半爲蕪菁, 二年, 菘種都絶. 有將蕪菁子南種, 亦二年都變. 土地所宜."

151 혹자는 전국시대인들이 이미 토양과 기후가 생물종류에 대한 영향을 인식했다고 하지만, 이러한 인식은 현대인들의 해석이며, 고대인들은 그 변이의 원인을 토양에 있다고 여겼다고 한다. 증숭성[曾雄生], 앞의 논문, 「適應和改造: 適應和改造: 中國傳統農學中的天人關係略論」, p.50.

152 『관자(管子)』「팔관(八觀)」, "穀非地不生, 地非民不動, 民非用力毋以致財. 天下之所生, 生于

이러한 지적은, 농업생산은 사람의 땅에 대한 노력의 여하에 따라 결정된다는 것과 관련된다. 토지에 대한 이용과 관리는 생산을 위한 가장 중요한 인간의 노력이며, 지력을 높이는 것은 바로 땅을 움직이게 하는 힘이다. 그 시비원을 찾으려는 노력은 천지에 순응하는 인간 그 자체였던 것이다.

이러한 인식은 이미 선진시대 작품으로 알려져 있는 『황제서皇帝書』「경법經法·군정君正」 속에서도 발견할 수 있다. 즉 "사람의 근본은 토지에 있고, 토지의 근본은 농작물과 토질의 적합함에 있다. 토질이 농작물 생장에 합당하기 위해서는 농시를 어기지 않아야 하며, 적합한 시기에 경작하는 것은 농민에게 달려 있다. 농민의 작용은 몸과 마음을 다하는 데 있으며, 민력民力을 발휘하기 위해서는 힘을 헤아려 쓰고 힘을 아끼는 데 있다."라고[153] 하여 천시天時와 지리地利에 순응하여 민력民力을 다하는 것이 바로 농업임을 구체적으로 제시하고 있다.

『순자荀子』「천론天論」편에서도 "하늘에는 때를 관리하는 직분이 있고, 땅에는 자원을 생산하는 직분이 있으며, 인간은 사회를 안정시키는 직분이 있어 능동적으로 참여한다."라고[154] 하였는데 천지인天地人에 의한 삼재三才의 이론은 바로 인간과 자연의 관계를 잘 말해 주고 있다. 즉 인간과 자연이 서로 협조하여 상호 대항하지 않는다는 것이다. 이는 곧 천지만물의 화해와 통일을 의미한다. 바로 이러한 관념 속에서 천지에 순응하며 자연자원을 합리적으로 이용하고 아끼는 사상이 출현한 것이다.

실제 『여씨춘추』「심시審時」편에는 "무릇 농사란 그것을 짓는 것은 사람이고, 이를 자라게 해 주는 것은 땅이며, 이를 길러 주는 것은 하늘이

用力."

153 『황제서(皇帝書)』「경법(經法)·군정(君正)」, "人之本在地, 地之本在宜. 宜之生在時, 時之用在民. 民之用在力, 力之用在節." 웨이치펑[魏啓鵬], 『마왕퇴한묘백서 황제서전증(馬王堆漢墓帛書『黃帝書』箋證)』, 中華書局, 2004, pp.25-29.

154 『순자(荀子)』「천론(天論)」, "天有其時, 地有其財, 人有其治, 是之謂能參."

다."라고[155] 한다. 여기서 사람은 농업생산의 주체이며, 천과 지는 농업생산 환경의 조건이다. 농업은 바로 천지인을 구성요소로 하여 이루어지며, 농업은 농작물, 금축禽畜의 생장, 발육, 성숙과 번식의 기초가 되며, 자연의 재생산인 것이다. 이런 측면에서 볼 때 농업은 농작물, 자연환경과 사람이 상호 의존하고 상호 제약하는 생태계의 경제체계이며, 이것은 곧 농업의 본질인 것이다.[156]

이 같은 사실에서 볼 때, 농민의 똥의 시비화 과정이나 정경세작精耕細作은 인간의 땅에 대한 책무로서, 지극히 자연스럽고 천지에 순응하는 생태순환의 실천과정이라고 볼 수 있다. 이것에 기반하여 더럽고 냄새나는 똥까지도 가축의 사료로 사용하고, 그 가축의 고기는 다시 사람이 먹게 되고, 우리[廐]에서 생산되는 퇴비는 재차 전지田地의 비료로 사용하여 곡물을 재배한다는 의식이 등장한 것이다. 이것이 바로 서양인들과는 다르게 동양인이 지닌 독특한 사유체계이다. 천지에 순응하고, 사람도 천지를 존재하게 하는 중요한 구성요소라는 천지인 삼재사상과 순환관이 똥오줌까지도 생태자원의 일부라는 인식을 만들어 준 것이다.

이 같은 생태순환의 실천은 여러 곳에서 찾아볼 수 있다. 예컨대 한대 초월楚越 지역의 '반도갱어飯稻羹魚'는 수도水稻 재배와 물고기의 공생을 떠올리는 농경방식으로 식물의 종식種植기술과 양식기술을 투종套種한 농법이며, 사람과 토지의 긴장관계를 해소하기 위한 방안으로 채택했다. 그런가 하면 송대의 '상기어당桑基魚塘'[157] 역시 상잠업桑蠶業과 양어養魚를 상호 보완한 농경방식으로, 연못의 기름진 진흙의 분기糞氣로 뽕나무 밭을 시비

---

155 『여씨춘추(呂氏春秋)』「심시(審時)」, "夫稼, 爲之者人也, 生之者地也, 養之者天也."
156 리건판[李根蟠] 외, 『중국경제사상적천인관계(中國經濟思想的天人關係)』, 農業出版社, 2002, pp.9-10.
157 '상기어당(桑基魚塘: mulberry fish pond)'은 『광동신어(廣東新語)』에 처음 등장하며, 그것은 광동성 주강 삼각주 일대의 독특한 농경방식이다. 상기어당의 기원은 송대설과 17세기 명말 청초에 흥기하여 줄곧 발전했다는 설이 있다.

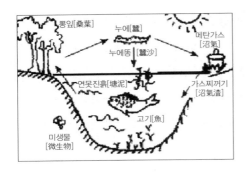

그림 5_ 상기어당(桑基魚塘)

하고, 그 땅에서 자란 뽕잎으로 누에를 치며, 누에똥[蠶屎] 속의 양분은 연못의 고기에게 먹임으로써 생태계를 상호 보완하며 재순환시키는 농경방식이다.[158] 이 농법은 곡물의 파종과 양식을 결합한 것으로 명청시대에는 비교적 널리 행해졌다. 오늘날에도 이 같은 생태순환농업의 원리를 되살려, 농업[耕種]과 축산을 결합한 농목[耕畜]업이 등장하였다. 이들의 특징은 농업을 통해 천지인의 자연생태계를 순환시키고자 하는 인식이 내재되어 있는 것이다.[159]

이러한 자연친화적인 생태순환관은 만물은 생명을 유지시키는 데 각종 요소로 연계되어 있으며, 그런 점에서 입으로 들어가는 음식물과 배설되는 똥오줌 역시 결국 분기糞氣의 순환 고리 중의 일부라는 인식으로 자리 잡게 되었다. 즉 똥은 원래의 천지인의 작용에 의해 땅에서 식품으로 생산된 것이 생명을 지탱하는 소화 작용을 거쳐 발생한 결과물이며, 땅에 다시 이용되어 지기地氣를 증강시키면 더 많은 식량을 생산하는 값진 자원이 된다는 것이다. 여기에서 퇴비화가 등장하며, 그 결과 가장 혐오스럽고 더럽고 냄새나며 어두운 똥오줌조차도 생명을 존속시키는 중요한 자원의 일부라는 사상으로 자리 잡아 소중하게 다루어졌던 것이 아닌가 한다. 따라

158 쉬왕성[徐旺生], 「農業文化遺産和農業的可持續發展: 以稻田養魚爲例」, 『AASA Beijing workshop on agricultural culture and sustainable development in Asia 2009』, 中國科學院, 2009.8, p.83.
159 최덕경, 「전근대 농업문화의 유산과 지속가능한 발전의 모색―조선시대 농업을 중심으로―」, 『역사학연구(歷史學硏究)』 37, 2009, p.220.

서 똥오줌을 이용한 생산 활동은 이런 삼재관, 순환관 및 절용사상이 밀접하게 관련되어 나타났던 것이다.

동아시아인들이 똥을 재순환하기 위해 전통적으로 사용해 왔던 방법에는 여러 가지가 있다. 우선은 생똥과 오줌을 섞어 바로 작물의 시비로 일정한 기간 동안 사용하는 방법, 재를 섞어 각종 똥재[糞灰]를 이용하거나 곡물의 짚을 부숙할 때 필요한 미생물의 작용을 돕기 위해 똥오줌을 그 위에 끼얹어 사용하는 방법, 일정한 기간 똥오줌을 부숙하여 시비하는 방법, 또 사람이나 가축의 똥을 말려 가루로 만들어 시비하거나 종자를 똥오줌에 섞거나 담가 시비[糞種]하는 방법 등이다. 그 외 한대의 명기에서 볼 수 있는 것처럼 측간과 돼지우리를 연결시켜 그 퇴비를 활용하는 법 등 매우 다양하다.

이러한 방법은 오늘날의 관점에서 보면 위생이나 기생충의 감염 등의 측면에서 적지 않은 문제점을 내포하고 있지만 천지인이 일체된 농민 생활의 관점으로 볼 때, 이 같은 똥오줌의 이용은 다소 불편하기는 해도 극히 자연스러운 것이었다. 무엇보다 중요한 것은 토지에서 지력의 중요성을 인식하고, 그 비료원肥料源을 똥에서 찾았다는 데 있다. 동아시아 농민들이 이런 생태순환계를 적절하게 활용했기 때문에 토양의 영양분을 고갈시키지 않아 생장이 왕성하여 휴한의 극복은 물론이고, 일찍부터 집약농업을 통하여 생산력을 제고하고 많은 인구를 부양할 수 있었던 것이다.

2. 똥거름의 시비와 분糞의 효용성

후호쉔[胡厚宣]에 의하면, 상대商代의 복사 중에 자주 등장하는 '시屎'자는 '사람이 똥 누는 모습'이라고 하며, 이에 근거하여 그는 무정武丁 때의 복사 卜辭인 '시서단전屎西單田'의 시屎를 분전糞田, 즉 토양에 시비한다는 의미로 해석하고 있다.[160] 그리고 갑골문상의 '분糞'자는 "손에 쓰레받기를 들고서 분변糞便을 받는 형상"이라고 해석하고 있다.[161] 이러한 사실은 사람의 똥오줌을 이용한 시비가 이미 상대부터 이용되었음을 말해 준다. 그런가 하면 『범승지서』 「구전법區田法」에 의하면 "은대 탕왕湯王 때 이윤伊尹이 구전區田을 만들어 백성들에게 종자에 시비하는 법을 가르쳤으며, 이러한 구전은 거름기가 많아 좋은 땅이 아니더라도 무관했다."라고[162] 한다. 그리고 『회남자淮南子』 「인간훈人間訓」에서 후직后稷은 황무지를 개간하고, 거름 주어 곡식을 심는 것[糞土種穀]을 가르쳐 백성들의 가계를 넉넉하게 했다고[163] 한다. 이런 기록들은 초기국가시대부터 이미 분의 시비를 통해 토양의 비력을 높여 곡물을 재배하는 방법을 알았음을 의미한다. 다만 이들 문헌상의 분糞이 사람의 똥오줌이나 가축분뇨의 분인지 아니면 거름의 통칭인지가 분명하지 않으며, 갑골문에 대한 해석 또한 주관적이라 언제부터 사람의 똥오줌을 거름으로 이용했는지를 밝히기는 쉽지 않다.

이런 분糞이 본격적으로 농업에 활용되기 시작한 것은 전국시대 이후이다. 분이 시비로 사용된 기록을 보면 『맹자孟子』 「만장장구하萬章章句下」에는 "한 호주戶主가 100무의 땅을 수전하여 그 땅에 시비했다."라는 기록이 보이는데, 이에 대해 조기주趙歧注에는 부부 노동으로 100무의 토지를 경작하고, 이 땅에 분糞으로 시비하여 곡식을 수확하여 9사람을 부양했다고[164] 한다. 이 기록만으로 보면 수전授田한 소농들의 토지에는 분비糞肥가

---

160 후호쉔[胡厚宣], 「殷代農作施肥說」, 『역사연구(歷史研究)』 1955-1; 후호쉔, 「殷代農作施肥說補證」, 『문물(文物)』 1963-5, p.31; 리샤오딩[李孝定], 「甲骨文字集釋」, 『역사언어연구소전간(歷史語言研究所專刊)』 50, 臺北: 中央研究院, 1970.

161 쟝지엔린[張建林] 외 1인, 「淺談漢代的厠」, 『문박(文博)』 1987-4, p.53에서 재인용.

162 『범승지서(氾勝之書)』 「구전법(區田法)」, "湯有旱災, 伊尹作爲區田, 敎民糞種, 負水澆稼, 區田以糞氣爲美, 非必須良田也."

163 『회남자(淮南子)』 「인간훈(人間訓)」, "古者溝防不修, 水爲民害, 禹鑿龍門, 辟伊闕, 平治水土, 使民得陸處. 百姓不親, 五品不愼, 契敎以君臣之義, 父子之親, 夫妻之辨, 長幼之序. 田野不修, 民食不足, 后稷乃敎之辟地墾草, 糞土種穀, 令百姓家給人足. 故三后之後, 無不王者, 有陰德也."

164 『맹자(孟子)』 「만장장구하(萬章章句下)」, "一夫百畝, 百畝之糞, 上農夫食九人."에 대해 趙歧注:

보편화된 듯하다. 그러나 이 사료는 몇 가지 의문을 제기하게 한다. 부부 노동으로 수전授田한 100무의 넓은 땅을 어찌 휴경 없이 경작할 수 있었으며, 그 땅을 전부 집약적으로 시비하는 일이 가능했을까? 이때 비료는 어떤 종류였는가?[165] 등이다.

만약 조방粗放 농업을 통해 이삭만 수확하고 불 질러 재거름[灰糞]을 시비했다면 현실적으로 가능했을지도 모른다. 하지만 '백무지분百畝之糞'은 후대와 같이 사람의 똥오줌이나 외양간거름을 이용하여 토지를 전면 시비한 것으로 해석하기에는 곤란하다. 다만 이 경우 100무를 경작하여 9명의 가족을 부양했던 것을 보면 그는 상농부上農夫였을 것이며, 거름을 많이 모으고 매우 부지런한 자[糞多力勤者]였을 것이다.

실제 후술하는 바와 같이 『제민요술』에는 소가 있는 농가일 경우, "겨우내 한 마리 소가 30수레[車]의 거름을 밟으며, 무[小畝]당 5수레씩의 거름을 주게 되면, 모두 6무의 토지에 거름을 줄 수 있었다."라고[166] 한다. 이는 『맹자』 속의 '백무지분百畝之糞'과 거리가 있다. 『맹자』의 토지면적이 100보步 소무제小畝制라고 할지라도 소가 없을 경우 이마저도 외양간거름, 즉 쇠두엄[踏糞]을 생산할 수 없었을 것이다. 그런 점에서 『맹자』 속의 '백무지분'은 분명 외양간거름이나 후술하는 사람의 똥오줌을 이용한 비료는 아니었을 것이다.

"一夫一婦佃田百畝. 百畝之田, 加之以糞, 是爲上農夫, 其所得穀, 足以食九口."라고 하였다.

165 『천일록(千一錄)』「농가총람(農家摠覽)·직설종도조(直說種稻條)·부관(附管)」, "人之溲便, 必盛甕久腐, 然後方沃. 宜以大甕數三, 埋之地中, 又以瓦盆四五列, 置戶庭之僻處, 收聚溲便, 注之甕中. 自初冬至正月望前, 則注于秋牟田. 自正月望後, 則皆和灰釀曝, 以爲水旱田加糞之具.(若盡取一年內家人溺便, 則足可爲百畝田之糞.)"에서 18세기 후기에는 1년간의 가족의 소변을 취하면 100무 토지에 충분히 거름으로 사용할 수 있다고 한다. 이것이 『맹자』의 이상적 농경방식을 수용한 것인지, 아니면 이때 시비한 소변이 물을 뿌리듯 흩뿌리는 방식이었기 때문에 가능했는지는 좀 더 검토해 봐야 할 것 같다. 아무튼 전국시대에 퇴비를 만들어 100무의 땅에 전면 시비하기는 현실적으로 곤란했을 것이다.

166 『제민요술』「잡설(雜說)」, "(其踏糞法) 計經冬一具牛, 踏成三十車糞. 至十二月, 正月之間, 卽載糞糞地. 計小畝畝別用五車, 計糞得六畝."

그렇지만 분명한 것은 『맹자』의 다른 장이나 비슷한 시기의 『예기禮記』, 『순자荀子』와 『주례周禮』 등에도 '분기전糞其田', '분전주糞田疇', '다분비전多糞 肥田' 등의 사료가 있는 것을 보면 경작토지에 어떤 종류의 비료인지는 분 명하지 않지만 '시비'가 이루어졌던 것은 분명하다.[167] 뿐만 아니라 전국시 대 후기에 접어들면서 시비施肥가 농업의 가장 중요한 요소였음도 알 수 있다. 『순자荀子』 「부국富國」에는 제초와 "거름을 많이 하여 토지를 기름지 게 하는 것[多糞肥田]"이 농부들의 주된 일로 여겨지고 있으며,[168] 『범승지서』 에는 "무릇 경작의 근본은 농시農時를 쫓아 토양을 부드럽게 하고 시비와 보습保濕에 힘쓰고, 일찍 김매고 일찍 수확하는 데 있다."라고[169] 하여 경작 하는 것이 곧 농업의 원칙으로 인식되고 있다. 『제민요술』 「경전」편에도 경작은 곧 '화토和土', 즉 토양환경을 개량하는 데 있다고 하였다. 결국 경 작의 주된 부분의 하나는 바로 부드럽게 토양환경을 바꾸는 것이며, 시비 가 중시된 것은 바로 이런 까닭이었다. 즉 시비는 농업발전에 당면하는 지 력저하 문제를 해결할 뿐 아니라 동시에 토양을 개량하는 작용을 했던 것 이다. 그래서 후한 장형張衡의 『문선文選』 「동경부東京賦」에 의하면, 천하에 도道가 있으면 무기는 사용하지 않고, 도리어 말을 달려 분을 날라 농전農 田에 힘쓴다고[170] 하였다.

　이 같은 시비와 토양에 관한 인식은 선진시대에도 있었다. 『주례周禮』 「지관地官・초인草人」편의 "초인草人이 토화지법土化之法을 관장했다."라고 한다. '토화지법'에 대해 한대 정현鄭玄의 주에는 "토양을 바꾸어 기름지게

---

167 『맹자』 「등문공장구상(滕文公章句上)」, "凶年, 糞其田而不足, 則必取盈焉."; 『예기(禮記)』 「월 령(月令)」, "(季夏之月) 燒薙行水, 利以殺草, 如以熱湯, 可以糞田疇."; 『순자(荀子)』 「부국(富 國)」, "刺草殖穀, 多糞肥田, 是農夫衆庶之事也."

168 『순자』 「부국(富國)」, "刺草殖穀, 多糞肥田, 是農夫衆庶之事也."

169 『범승지서』 「경전(耕田)」, "凡耕之本, 在於趣時, 和土, 務糞澤, 早鋤早穫."

170 장형(張衡), 『문선(文選)』 「동경부(東京賦)」, "却走馬以糞車, 何惜騕褭與飛兔."에 대해 설종주 (薛綜注) "却, 退也. 老子曰, '天下無道, 戎馬生於郊. 天下有道, 却走馬以糞.' 河上公曰, 糞者, 糞田也. 兵甲不用, 却走馬以務農田."이라고 하였다.

한다."라고 했으며, 7세기 중엽 가공언소賈公彦疏에는 "기름지게 바꾼다는 것은 만약 붉은 강토라면 소똥을 사용하여 강토를 기름지게 바꾼다는 것이다."라고[171] 주석하고 있다. 모두 '토화지법'이 토양을 기름지게 한다는 점에서 동일하다. 다만 후한 말 정현은 이에 대한 구체적인 방법은 제시하지 않았지만, 가공언은 강토剛土에 소똥을 시비하면 기름지게 된다는 사실을 제시하고 있다. 후술하는 바와 같이 토화지법은 서로 다른 성질의 토양에 상이한 종류의 동물의 똥을 시비하여 개량하는 것이기 때문에 이것을 종자에 시비하기[糞種]라고 했다.[172] 이처럼 토양과 작물의 관계 및 토양의 개량에 대한 인식은 선진시대부터 매우 명확하였다. 비슷한 지적은 『여씨춘추』「변토辯土」의 "노토壚土와 식토埴土는 어두운 색이니, 이같이 강하고 딱딱한 토지는 부드럽게 만든 이후에 파종한다."라는[173] 것에도 보인다. 고유高誘는 "토양이 단단하면 거름을 주어 부드럽게 한 후에 파종한다."라고 주석하여 토지가 딱딱할 경우 시비하여 토질을 부드럽게 한 후에 파종한다고 했다. 이는 분의 작용이 토양에 영양을 제공하여 부드럽고 기름지게 토양의 구조를 개량하는 것임을 말해 준다.

　『범승지서』에서도 소, 양, 돼지, 닭 등의 가축분변을 수집하면 비료로 사용했으며, 누에똥[蠶矢] 혹은 잠사蠶沙도 유효한 비료였음을 여러 곳에서 지적하고 있다. 그런가 하면 북위北魏의 가사협賈思勰은 "박전薄田이라 거름을 줄 수 없는 곳은 원잠元蠶: 두잠 누에의 똥을 곡식의 씨와 섞어서 파종하면 조[禾]에 벌레가 생기지 않는다."라고[174] 하여 비료의 시비가 해충방지와

---

171 『주례(周禮)』「지관(地官)·초인(草人)」, "草人掌土化之法"에 대한 정현(鄭玄)의 주에는 "土化之法, 化之使美."라고 했으며, 가공언소(賈公彦疏)에는 "化之使美者, 謂若騂剛, 用牛糞種, 化騂剛之地, 使美也."라고 하였다.
172 『주례』「지관·초인」.
173 『여씨춘추』「변토(辯土)」, "壚埴冥色, 剛土柔種."
174 북위 가사협(賈思勰), 『제민요술』「종곡(種穀)」, "薄田不能糞者, 以原蠶矢雜禾種種之, 則禾不蟲."

도 관련되어 있다.

이러한 인식은 송대 『진부농서』「분전지의편糞田之宜篇」에도 이어져, "흙이 피폐하게 되면 초목이 자라지 못하고, 3-5년 경작한 토양은 지력이 피폐하고 땅의 기운이 쇠해져 생물이 결실을 맺지 못한다. 만약 시기에 맞추어 새롭게 토양에 분으로 시비하면 지력이 다시 왕성해져 쇠락을 방지할 수 있다."라고[175] 한다. 『왕정농서王禎農書』에도 "토지에는 양전良田과 박전薄田이 있고, 토양에도 기름지고 척박한 것이 있으며, 농사를 지음에 있어 긴요한 사항은 토지에 시비하는 것이다. 비료를 주는 것은 박전을 양전으로 변화시키는 것이며, 메마른 흙을 기름진 토양으로 만드는 것이다."라고[176] 하여 토양에 시비하는 이유를 잘 말해 주고 있다. 그리고 원대 왕운王惲의 『권농시勸農詩』「분전糞田」편에는 "밭에 거름을 주면 뿌리가 건장하게 성장하여 수재와 가뭄이 있더라도 풍성하게 수확할 수 있다."라고[177] 시비하는 구체적인 원인과 중요성은 시대를 초월하고 있다.

토양 시비는 사후 관리도 매우 중요하다. 즉 파종 이후, "마른 거름이나 액체 비료는 폭우로 인해 물이 넘치면 비료기운이 떠내려갈 우려가 있다. 항상 천시天時를 살피는 것이 경험 있는 농부의 마음이다."라고[178] 하여 비료한 이후에도 일기日氣로 인해 비료기운이 손실될까봐 세심한 주의를 기울였다.

특히 거름은 그 속의 미생물이 항생물질을 분비하여 토양의 질병을 막아 줄 뿐 아니라 지렁이를 끌어들이고 식물이 생장촉진제를 생산하도록

---

175 『진부농서』「분전지의편(糞田之宜篇)」, "或謂土敝則草木不長, 氣衰則生物不遂, 凡田土種三五年, 其力已乏. 斯語殆不然也, 是未深思也. 若能時加新沃之土壤, 以糞治之, 則益精熟肥美, 其力常新壯矣, 抑何敝何衰之有."

176 『왕정농서(王禎農書)』「분양편(糞壤篇)」, "田有良薄, 土有肥磽, 耕農之事, 糞壤爲急. 糞壤者, 所以變薄田爲良田, 化磽土爲肥土也."

177 원(元) 왕운(王惲), 『권농시(勸農詩)』「분전(糞田)」, "田果糞餘根本壯, 縱遭水旱亦豊收."

178 명 송응성(宋應星), 『천공개물(天工開物)』「도공(稻工)」, "凡糞田, 若撒枯澆澤, 恐霖雨至, 過水來, 肥質隨漂而去. 謹視天時, 在老農心計也."

도와주며 병원성 해충을 억제하는 데 도움을 준다. 그리고 무엇보다 분에는 각종 요소가 골고루 갖추어져 있고, 유익한 미생물의 번식을 도와주어 진흙을 부드럽게 하고, 모래흙을 차지게 해 주며, 토양의 온도를 높여 주는 효과가 있다. 또 토양의 양분 흡수력과 수분 보존력이 증가되며, 계속해서 사용하면 지력이 증진된다.[179] 이상과 같은 경험적인 이유로 인해 분비糞肥를 지력地力을 높이는 자원으로 이용해 왔으며, 이것은 동아시아인들의 지혜이자 신념이었다.

Ⅴ. 맺음말

동아시아 사회는 왜 일찍부터 똥오줌을 농업의 시비로서 자원화했던 것일까? 『여씨춘추』 「심시審時」편에는 농업은 천지인의 조화로 이루어지는 산업임을 역설하고 있다. 이것은 생태계의 일부인 인간이 천지인에 조응할 때 농업생산이 가능함을 지적한 것이다. 인간이 땅에 모든 것을 되돌려 줄 때 땅은 식물을 싹트게 하고, 하늘은 이를 자라게 한다. 이는 천지인이 상호 유기적으로 연관되어 있음을 뜻하며, 땅을 위한 인간의 노력이 비료를 만들어 내고, 사람의 똥오줌도 땅의 시비施肥로 사용하게 된 것이다.

이런 점에서 보면, 농업은 농작물, 자연환경과 사람이 서로 의존하고 제약하는 생태의 시스템이며, 이것이 곧 농업의 본질임을 알 수 있다.[180] 그런 점에서 농업은 일종의 자연순환형 생태계의 재생산인 것이다. 따라서 인간이나 가축의 배설물조차 작물을 자라게 하는 생태계의 일부라는 인식이 자리 잡게 되었으며, 모든 유기물은 다시 자연 속으로 되돌린다는 것

---

179 조백현, 『토양비료』, 수도문화사, 1964, p. 103.
180 리건판[李根蟠] 외, 앞의 책, 『중국경제사상적천인관계(中國經濟思想的天人關係)』, p. 9.

이 자연스러웠다. 그래서 일찍부터 똥오줌을 저류하는 측간厠間이 만들어졌으며, 똥오줌이 폐기물이 아닌 작물의 자원으로 농업에 순환 활용될 수 있었던 것은 동양의 이러한 삼재사상이 있었기 때문이었다.

똥거름은 처음에는 가축분을 중심으로 시비되었지만, 송원시대 이후부터는 사람의 똥오줌의 역할이 증대되었다. 특히 강남지역의 논농사가 활발히 이루어지고, 뽕나무밭이 개발되면서 똥은 밑거름 또는 덧거름으로서 그 용도가 많아져 점차 중심 비료로서의 역할을 점하게 되었다는 것을 『진부농서』와 『보농서』를 통해서도 알 수 있었다. 똥오줌을 이용하여 만든 퇴비는 단순히 척박한 농지[薄田]를 양전良田으로 변화시키는 것에서 머물지 않는다. 똥오줌시비는 작물의 뿌리가 건장해져 수재와 가뭄에 견디는 힘이 강해지게 하고, 퇴비 속에 남겨진 미생물이 식물의 생장을 촉진하도록 도와주며 병원성 해충을 억제하는 데에도 도움을 준다. 그리고 무엇보다 똥거름은 그 속에 각종 거름의 요소가 골고루 갖추어져 있어, 유익한 미생물의 번식을 도와주어 진흙을 부드럽게 해 주는 유기질 비료였던 것이다. 또한 똥오줌은 집안의 각종 농업부산물과 땔나무, 초목 등을 깨끗하게 정리하여 이를 부숙시키는 촉진제였다. 그 결과 토양의 비력을 유지하여 휴한을 극복하게 됨으로써 많은 인구를 부양할 수 있게 되었으며, 더구나 똥오줌을 거주지 주변이나 도로가에 마음대로 폐기 처리하여 악취를 풍기는 현상을 크게 줄여 주기도 하였다.

이처럼 인간과 가축의 배설물인 분뇨糞尿를 재활용해서 재배한 작물들은 오늘날의 관점에서 보면 바로 유기농산물로서 생명의 원천인 것이다. 따라서 동아시아들의 생태친화적인 지혜는 지속가능한 미래지향적인 농업을 위해서라도 계속 존중되어야 할 것이다.

제2장

쇠두엄에서
인분人糞 시비의 확대

I. 머리말

농업의 백과전서인『제민요술齊民要術』의 주된 무대는 밭농사 중심지인 화북華北이며, 이에 반해『진부농서陳旉農書』는 강남 지역의 논농사가 중심을 이룬다. 여기에 걸쳐 있는 시대는 역사의 전환기라고 불릴 정도로 정치·경제적으로 많은 변화를 겪었다. 이 장에서는 밭[旱田]에서 논[水田]으로 변하는 시기의 농업상의 변화, 그중에서도 생산력의 토대가 되는 비료와 시비법에 어떠한 변화가 존재했는지를 살펴 그 시대 동력의 일단을 살펴보고자 한다.

중국사에 있어 농업에 비료가 사용되기 시작한 것은 은주시대부터였으며, 춘추전국시대에는 구체적인 모습을 띠기 시작했다. 하지만 이때에 사용된 '똥[糞]'의 의미는 다양하여[01] 시비의 실태를 파악하기가 곤란하다. 이에 반해 6세기의『제민요술』에는 다양한 분糞과 그 제조방법 및 시비법이

---

01 최덕경,「東아시아에서의 糞의 의미와 人糞의 實效性」,『중국사연구(中國史硏究)』 68, 2010, pp.67-68.

제2장 쇠두엄에서 인분(人糞) 시비의 확대 81

등장하는데, 이는 시대마다 다소 차이가 있어 당 말의 『사시찬요四時纂要』
와 남송의 『진부농서』에서도 제각기 다른 모습을 띠고 있다.

중국의 경우, 명말청초 이전에는 현금을 지불하고 구입하는 금비金肥가
없었기 때문에 비료는 대개 해당 농가에서 쉽게 구할 수 있는 것을 활용하
여 제조하였다. 하지만 시대의 흐름에 따라 새로운 품종이 도입되기도 하
고, 기존의 작물이 다른 작물로 대치되기도 하며, 게다가 관개배수시설이
용이해지면서 동일한 작물이 상전上田, 하전下田을 자유롭게 넘나들게 된
다. 이로 인해 자연스럽게 토양과 작물에 대한 인식이 발달하면서 해당 지
역에 적합한 비료를 찾게 되기도 하였다. 이런 점에서 전통시대의 비료는
그 지역과 시대의 산물이라고 말할 수 있다.

실제 『제민요술』과 『사시찬요』에서 소똥[牛糞], 양똥[羊糞], 닭똥[鷄糞], 나귀
똥[驢糞] 등 다양한 가축분이 이용되었던 것은 유목 문화의 접촉과 무관하
지 않을 것이다. 특히 소·말·돼지[牛馬猪]의 우리를 이용한 두엄이 『제민요
술』에서 등장한 것은 농업사회에 목축업이 결합되면서 나타난 산물이라고
볼 수 있다.[02] 그런가 하면 강남지역에서는 광범하게 발달된 충적토인 강
바닥 진흙 거름을 비료로 활용하였으며, 사람 똥[人糞]을 저류구貯留區에 모
아 부숙腐熟하여 이를 전지田地의 자원으로 활용하는 등 화북지역과는 차
이를 보이고 있는데,[03] 『진부농서』는 이런 강남지역 농촌의 분위기를 잘 보
여 주고 있다. 당시 강남의 농업은 '강남선진론', '송대혁명론'의 견인차 역
할을 했는데, 이런 농업생산력의 발전을 도모했던 비료가 어떻게 제조되
고, 어떤 특징을 띠었는가를 살피는 것은 흥미로운 주제가 아닐 수 없다.

이 장에서는 이를 검토하기 위해, 각각 그 시대의 요구와 함께 등장한

---

02 북위의 토지 소유는 대토지와 소토지 소유가 상호 결합된 형태로서 균전제 실시 이전의 경
　우 개별 농민과 목민(牧民)은 토지만 점유했지만, 황제, 관부 및 대지주와 대목주(大牧主)는
　예속민을 통해 방대한 경지(耕地)와 목지(牧地)를 점유하고 있었다.
03 『오잡조(五雜俎)』 권3, 「지부일(地部一)」.

『제민요술』과 『진부농서』를 분석하여, 그 속에 나타난 경작법과 재배작물의 변화에 따라 시비법이 어떻게 변모되었는가를 살펴보려고 한다. 특히 송대에는 지력이 끊임없이 감퇴되는 것이 아니라 비료를 이용하여 보충하면 언제나 새롭게 변한다는 분약糞藥과 '지력상신장地力常新壯'의 인식이 강하게 자리 잡게 된다. 무엇보다 이 같은 지력에 대한 인간의 의지는 분의 성질을 정확히 파악하고, 사람의 똥오줌조차도 비료자원으로 활용하여 거름을 집적하기 위해 별도의 집을 짓게 된 배경이 되었던 것이다. 그로 인해 다양한 작물을 윤작복종하게 됨으로써 당송대 경제발전의 동력으로 작용했다는 것을 밝혀 보고자 한다.

II. 『제민요술』 쇠두엄법[踏糞法]의 출현 배경과 분전糞田

1. 쇠두엄의 생산과 재료

『제민요술』의 쇠두엄[踏糞]은 타작 후 생긴 곡물의 짚과 겨를 가축우리에 매일매일 깔아 퇴비로 만든 것을 말한다. 가축우리에 퇴비를 깔아 준 기록이 언제부터 시작되었는지 알 수는 없지만, 갑골문에 이미 가축의 우리와 측간이 등장했다는 지적이 있고, 각종 제자서諸子書에 다양한 분토糞土나 분전糞田의 기록이 보인다. 더구나 전국 말 수호지睡虎地 진간秦簡『일서日書』에서 "소 우리의 초목草木 아래에 숨겨 두었다."라는[04] 기록을 볼 때, 당시 이미 우리에 초목을 깔았음을 알 수 있다.

가축의 우리 속에 초목을 까는 이유는 가축들이 아무렇게나 배설하여

---

04 최덕경, 「朝鮮시대 糞尿施肥와 人糞: 古代中國의 糞尿利用과 관련하여」, 『역사학연구(歷史學研究)』40, 2010. p.61.

질퍽한 똥오줌 위에서 생활하게 되면 여름에는 각종 벌레가 들끓고 냄새가 진동하며, 겨울에는 추위로부터 신체를 보호할 수 없기 때문이다. 우리 속에 깔개를 깔아 주면 가축에게 쾌적한 환경을 만들어 줄 수 있다. 유목민의 경우 우리를 옮기면서 이러한 문제를 해결할 수 있었지만, 가축의 우리가 고정된 농경민은 간혹 방목하여 햇볕에 말려 주는 경우를 제외하면, 정기적으로 짚이나 초목을 교체해 주어야 한다. 이때 똥오줌에 젖은 쓰레기를 처리하는 문제가 발생하는데, 초기에는 분명 퇴비를 끌어내어 우리 근처에 모아 두었을 가능성이 크다. 이것이 모여 쌓이면 썩어서 그 냄새는 점차 사라지고 부드러워지게 된다. 주대周代부터 널리 행해졌던 분전糞田이 이 두엄을 사용했는지는 알 수 없지만 적어도 전국시대 중기 이후에는 사용되었을 가능성이 있다. 『여씨춘추呂氏春秋』「임지任地」편의 '경지대방耕之大方'에는 "척박한 땅은 비옥하게 하고, 지나치게 비옥한 땅은 다소 거칠게 해야 한다."라고[05] 하여 시비의 중요성을 제시하고 있고, 「변토辯土」편에는 "땅이 너무 비옥하면 가지와 잎이 무성하여 쭉정이가 많아진다."라고[06] 한 것을 통해 시비에 의한 시행착오를 살필 수 있다. 이러한 경험이 『범승지서氾勝之書』「경전耕田」편의 "무릇 농경의 기본 원칙은 제때를 맞추고 토양을 부드럽게 하여, 비옥한 수분을 유지하는 데 힘쓰며, 일찍 김매고 일찍 수확하는 데 있다."라는[07] 것으로 발전하고 있다.

그렇다면 왜 『제민요술』「잡설雜說」편의 첫머리에 두엄법[踏糞法]을 구체적으로 묘사하고 있는 것일까? 분명 이 두엄은 『제민요술』이 편찬되는 6세기 이전부터 실시해 왔던 방식을 체계적으로 정리한 것일 것이다. 그리고 당시 가축우리는 그들의 휴식공간이면서 퇴비생산의 공간이었음을 알 수 있다. 그 공간에 깔아둔 매개물이 바로 초목인 것이다.

---

05 『여씨춘추(呂氏春秋)』「임지(任地)」, "棘者欲肥, 肥者欲棘."
06 『여씨춘추(呂氏春秋)』「변토(辯土)」, "肥而扶疏則多秕."
07 『범승지서(氾勝之書)』「경전(耕田)」, "凡耕之本, 在於趣時和土, 務糞澤, 早鋤早獲."

쇠두엄의 생산과정을 통해 퇴비생산의 실태를 살펴보자. 우선 ① 타작 후의 짚과 겨 확보 → ② 집 안팎에 저장 → ③ 매일 소 우리에 넣기 → ④ 아침에 수거하여 별도의 장소에 쌓아 부숙 등 대개 4단계를 거쳐 쇠두엄을 만들고 있다. 그리고 사료 중에는 매일 우리에 3寸(1尺≒28cm[08]) 즉 약 8.4cm 두께로 쌓아 두어 겨울이 되면 소 한 마리가 '30수레의 분의 쇠두엄[三十車糞]'을 생산할 수 있다는 사실도 제시하고 있다.

이렇게 만든 퇴비를 시비하는 시기는 봄이 되기 전인 12월에서 1월 사이이며, 1소무小畝 당 5수레의 퇴비가 소요되기 때문에 연간 6무畝의 토지에 시비할 수 있었다고 한다. 쇠두엄의 시비는 파종 전에 땅에 고르게 펴서 갈이하여 분기糞氣가 물에 씻겨 가거나 휘발성을 막기 위해 이를 흙으로 덮되, 뒤집어서는 안 된다고 하여 땅 속에 묻어 시비하고 있다. 주목할 만한 점은 땅을 갈아 거름을 덮어 주고, 땅이 마르면 정오 무렵에 재차 갈아 덮어 주고, 갈이 후에는 다시 횡으로 한 차례 더 고무래질하여 덮어 준다는 것이다. 그리고 정월과 2월에 또 다시 한 차례 갈아엎는다. 그런 후에 토지의 상태를 살펴 조粟(2월 상순이 상시上時)나 기장(3월 상순이 상시上時)을 파종하였다.[09]

이상과 같은 두엄의 사료를 통해 짐작할 수 있는 것은 우선 날마다 짚이나 겨를 교체한 것으로 보아 타작한 짚의 대부분을 퇴비로 사용했음은 물

---

08 치우꽝밍[丘光明], 『중국역대도량형고(中國歷代度量衡考)』, 科學出版社, 1992, p.68에는 남북조시대 북조의 척(尺)은 남조보다 길며, 한척(漢尺)보다 2-3치[寸] 길다고 한다. 오늘날 전해지는 북조의 척은 북위의 경우 전기에서 후기로 가면서 27.88cm에서 29.59cm로 점차 커지며, 후주(後周)의 경우 29.24cm, 옥척(玉尺)은 26.7cm이다. 그래서 이 책의 p.520에서는 평균 남조 24.7cm, 북위 28cm, 북주는 29cm, 동위는 30.2cm로 계산하여 제시하고 있다.

09 『제민요술(齊民要術)』「잡설(雜說)」, "其踏糞法, 凡人家秋收治田後, 場上所有積穀穢等, 竝須收貯一處. 每日布牛脚下, 三寸厚, 每平旦收聚堆積之. 還依前布之, 經宿卽堆聚. 計經冬一具牛, 踏成三十車糞. 至十二月正月之間, 卽載糞糞地. 計小畝畝別五車, 計糞得六畝. 勻攤, 耕, 蓋著, 未須轉起. 自地亢後, 但所耕地, 隨餉蓋之. 待一段總轉了, 卽橫蓋一遍. 計正月二月兩箇月, 又轉一遍. 然後看地宜納粟."

론이고, 당시에 지력 회복을 위해 요구되는 퇴비량도 매우 많았다는 사실이다. 이것은 토지 이용도에 따른 지력유지가 달라졌음을 말해 준다.

그런데 이때 시비로 사용된 짚은 어떤 곡물의 짚이었을까? 『제민요술』에서 곡[穀; 粟]의 파종 때 가장 좋은 토양으로 "대체로 녹두나 팥을 심었던 땅이 가장 좋고 삼, 기장, 참깨를 심었던 곳이 그다음이며, 순무[蕪菁]나 콩을 심었던 곳이 가장 나쁘다."라고[10] 한 점으로 미루어 곡穀 재배 이전의 작물이 존재했음을 알 수 있다. 〈표 1〉의 우측을 보면 『제민요술』에서는 재배작물의 전, 후작물이 다양하게 윤작되었음을 제시하고 있다. 이 같은 윤작은 『제민요술』 이전부터 토지이용도가 증가되어 지력 소모가 늘어났음을 말해 준다.

〈표 1〉 고대 월별 작물의 파종 및 수확시기

구분 월별	『범승지서』 파종	『사민월령(四民月令)』			『제민요술』 主穀의 파종시기				輪作 前 ↔ 後 작물
		파종	수확	비고	主穀	上時	中時	下時	
1월		春麥. 埤豆			穀(粟)	2월 상순 (麻菩, 楊生種者)	3월 상순 (淸明節 桃始花)	4월 상순 (棗樹葉生 桑花落)	菉豆, 小豆 ↔ 黍穄
2월	麻(2월 하순- 3월 상순) 瓜(冬至 後 90- 100일; 2월 하 순-3월 초순)	春麥. 稙禾. 苴麻. 大豆. 埤豆. 胡麻			黍穄	3월 상순	4월 상순	5월 상순	大豆 ↔ 穀
3월	旋麥(춘맥) 穀(粟) 大豆 (高田; 春大豆) 秔稻	稙禾. 秔稻. 苴麻. 大豆. 胡豆. 胡麻. 藍			春大豆	2월 중순	3월 상순	4월 상순	麥↔穀

---

10 『제민요술』 「종곡(種穀)」, "凡穀田, 綠豆小豆底爲上, 麻黍胡麻次之, 蕪菁大豆爲下."

4월	秫稻 (冬至 後 110일; 4월 중순)	禾. 黍. 大小豆. 胡麻	穬麥 大麥	糴麥廣 及大麥	小豆	夏至 後 十日 (5월 말)	初伏 이전 (6월 중순)	中伏 이전 (6월 말)	麥, 穀 ↔ 穀, 麻
5월	黍 (先夏至二十日; 5월 상순) 小豆(椹黑時)	禾. 黍. (秫)稻 (別) 牡麻. 胡麻. 藍(別)	穬麥 大小麥	糴麥廣 大小麥	麻	夏至 前 十日 (5월 중순)	夏至	夏至 後 十日 (6월 초)	小豆 ↔ 穀
6월	大豆 (夏至 後 20일; 6월 중순)	冬藍	穬麥 小麥	糴麥廣 小麥	麻子	3월	4월	5월	
7월			麥 (小麥. 春麥)	糴麥	大麥	8월 中 戊社前	下戊前	8월 말 9월 초	黍 ↔ 大豆
8월	宿麥 (夏至 後 70일; 8월 중순)	穬麥. 大小麥.	黍	糴黍	小豆	8월 上 戊社前	中戊社前	下戊前	
9월					水稻	3월	4월 상순	4월 중순	
10월			禾(粟). 麻子 (苴). 大小豆	糴粟大 小豆麻 子	旱稻	2月 半	3월	四月 初及半	
11월			禾(粟) 秫稻. 麻子. 小豆	糴秫稻 粟小豆 麻子	胡麻	2, 3월	4월 상순	5월 상순	
12월					瓜	2월 상순	3월 상순	4월 상순	小豆 ↔ 穀

* 別: 옮겨 심는다는 뜻.
** 糴: 구매시기는 주로 수확기였기 때문에 수확기로 대체했다.

그렇다고 이들 곡물의 '양곡직(穰穀穬)',[11] 즉 줄기나 껍질을 모두 가축우리의 퇴비생산에 이용했다고 보기는 곤란하다. 특히 매일 일정한 두께로 깔고 교체했다는 것은 가축우리 주위에 쌓아 두고 이용했음을 뜻한다. 가축우리의 깔개로 이용하기 위해서는 일단, 똥오줌의 흡수력이 좋고 줄기가 거세지 않아 가축을 따뜻하게 감싸 주며, 잘 썩는 재질이 좋다. 매일 부드러운 초목을 베어 깔아 줄 수도 있겠지만 이는 결코 쉬운 일이 아니며, 또 갓 베어 온 초목은 말과 소의 먹이로는 좋을지언정 거름으로 이용하기는 곤란하다. 그 때문인지 최근까지도 가축우리의 깔개로 가장 많이 사용된 것은 마른 볏짚이나 보릿짚이다. 그렇다면 이것들이 고대에 쇠두엄의 재료로도 사용되었을까? 우선 당시 쇠두엄의 재료에 적합한 농작물부터 살펴보자.

『제민요술』의 지적과 같이 쇠두엄을 시비하기 위해서는 겨울에 갈이했을 것이다. 겨울갈이가 좋다는 것은 『사시찬요』와 마찬가지로 평시(平時)의 갈이보다 '일당오(一當五)'의 효과가 있었기 때문이다.[12]

겨울갈이를 했다는 것은 겨울에 전지가 비어 있었다는 의미이다. 따라서 〈표 1〉의 『사민월령(四民月令)』에서 보는 바와 같이, 겨울맥[冬麥]인 숙맥(宿麥) · 동맥[鼕麥] 등이 재배되고 있는 상황에서는 12월에서 1월에 시비하는 『제민요술』에서 지적한 두엄의 적용대상이 되지 않는다. 겨울맥을 제외하고, 두엄을 이용하여 2월, 3월에 춘파(春播) 가능한 작물을 보면 〈표 1〉과 같이 『사민월령』에는 춘맥(春麥) · 직화(稙禾) · 저마(苴麻) · 콩[大豆] · 비두(豍豆) · 깨[胡麻] · 메벼[秔稻]가 있고, 『범승지서』에는 삼[麻] · 외[瓜] · 선맥[旋麥; 春麥] · 곡[穀;

---

11 '양곡직(穰穀穬)'의 '직(穬)'이 무엇인지 구체적으로 알 수 없다. 스성한[石聲漢] 교석(校釋),
   『제민요술금석(齊民要術今釋)』(상), 中華書局, 2009에서도 이 글자가 사전에도 없는 글자라
   고 하여 뜻풀이를 제대로 하지 못하고 있다.
12 『사시찬요(四時纂要)』「정월(正月)」, "齊民要術云, 比月耕地一當五."; 『사시찬요』「이월(二
   月)」, "耕地此月耕地一當五也."

粟] 및 메벼[秔稻], 『제민요술』에는 조[穀; 粟]·춘대두春大豆·밭벼[旱稻]·깨[胡麻]·서제黍穄·삼씨[麻子]·벼[水稻]·외[瓜] 등이 있어 주요 곡물이 모두 춘파되고 있다. 결국 쇠두엄을 이들 작물의 시비에 이용했다는 말이 된다.

〈표 1〉의 우측을 보면, 작물과 교대한 전년의 재배 작물을 보면 벼[稻]는 보이지 않고, 대두·맥麥·녹두菉豆·소대두小大豆 등이 보인다. 비록 지역차는 있겠지만 춘파작물이 거듭 재배되고 있는 것을 볼 수 있다. 이처럼 파종시기만으로 보면 당시 동일 포장圃場에서 춘파는 물론, 4-6월에 하는 여름 파종과 겨울맥과 같이 가을 파종작물이 동시에 보이기도 하고, 〈표 1〉의 좌측에서 보듯 춘동맥春冬麥·춘하두春夏豆도 있고, 조만도早晩稻·조만서早晩黍·조만화早晩禾도 보여 토지를 다양하게 이용할 수 있는 조건을 갖추고 있다.

그럼 이들 작물 중 우리에서 쇠두엄으로 이용 가능한 작물을 보자. 깨나 삼 등은 줄기가 강하여 수확 후 쇠두엄으로 사용하기 곤란하다. 대소두의 줄기 역시 수확 시기에는 나무처럼 단단해져 깍지와 마른 잎을 제외하고는 쇠두엄으로 만들기에 적당하지 않다. 이는 곡[穀; 粟], 기장[黍]의 줄기도 마찬가지이다. 이것들은 잎이 푸르고 익지 않았을 때는 줄기가 물러 가축의 먹이로도 사용되고, 쇠두엄의 소재로도 사용 가능하겠지만, 수확기에는 잘게 부수지 않으면 잘 썩지도 않는다. 따라서 태워서 재거름[灰糞]으로 사용하지 않는 한, 부숙하여 전지의 시비용으로 사용하기에는 한계가 있다. 그렇다면 결국 쇠두엄이 가능한 작물은 대·소맥류와 벼류[稻類; 水旱稻, 秔稻]만이 남게 된다.

벼는 이미 전국시대 후기 『여씨춘추』「심시審時」편에서부터 주곡작물로 분류되었으며, 『범승지서』「도稻」편에는 3월에 파종하는 메벼[秔稻]와 4월에 파종하는 찰벼[秫稻]의 품종부터 논 관리와 물을 대고 수온을 조절하는 방식까지 다양한 부분을 상세히 묘사하고 있다. 이는 『사민월령』에서도 마찬가지로 3-5월에 갱도를 파종하여 11월에 수확하는 늦벼[晩稻]를 제시하고 있다. 『제민요술』단계에 이르면 색, 형태와 수확기가 다른 다양한 벼[水稻]의 종류가 보이고, 논과 밭으로 구분하여 경지선택과 이앙방식을 구체적으로 소개하고 있다. 이것은 시간의 흐름에 따라 화북지역에도 벼농사가 점차 중시되고 있음을 말해 준다. 다만 화북지역은 피택지陂澤地가 적어 하천의 만곡 부분이나 샘이 솟는 지역과 물이 잘 고이는 저지대 등에 벼농사[稻作]가 제한될 수밖에 없었다.[13] 이처럼 벼는 까다로운 경작조건으로 인해 화북에 널리 보급되지는 못했을 것이며, 따라서 짚의 생산도 많지 않았을 것이다. 뿐만 아니라 볏짚은 가축의 먹이나 저장공貯藏孔의 재료,[14] 보온재, 땔감 등 다목적으로 사용되었고, 일부는 추고세芻稾稅로 국가에 납입되기도 하여[15] 쇠두엄으로 사용되었을지라도 그 양은 날마다 일정한 높이로 깔아 줄 정도는 되지 않았을 것으로 보인다. 게다가 습도가 적은 화북지역의 경우 볏짚의 부숙 속도는 맥류보다 늦고, 썩은 비료도 부드럽게 흩어지지 않아 대표적인 자동파종구[耬車]와 마평숙토摩平熟土 작업 끌개[勞]를 사용하기가 맥류보다는 곤란하다. 그런 것을 보면, 쇠두엄의 재료는 맥류가 중심이었을 것으로 짐작된다.

2. 쇠두엄의 시비 작물과 출현 배경

그렇다면 쇠두엄을 사용하여 춘파春播한 곡물은 어떤 작물이었을까? 앞서 제시한 바와 같이 조[粟]·기장[黍]·삼씨[麻子]·춘대두春大豆·봄보리[春

---

13 『제민요술』「수도(水稻)」,「한도(旱稻)」참조.
14 『범승지서(氾勝之書)』「호(瓠)」,"掘地深一丈, 薦以藁, 四邊各厚一尺. 以實置孔中, 令底下向."이라고 하여 곡식을 구덩이에 저장하기 위해 두텁게 둘러싸 보관, 저장하는 데 이용되고 있다.
15 『운몽수호지진간(雲夢睡虎地秦簡)』「창률(倉律)」에서 추고(芻稾)는 곡물과 더불어 창고에 보관하였다가 출입 시에는 일일이 내사(內史)나 현정(縣廷)에 보고한 것을 보면 당시 볏짚은 다양한 용도로 사용되었을 것으로 짐작된다.

麥]와 메벼[秔稻]·올벼[早稻] 등으로 압축할 수 있다. 이 모두에 쇠두엄을 시비했다면 '30수레 분의 쇠두엄[三十車糞]'의 양으로 턱없이 부족하게 된다. 사실 대두는 예부터 '흉년대비' 작물로서 구종區種하지 않는 한 특별한 시비를 하지 않았다.

쇠두엄을 이용한 농작물이 무엇이었는가를 살피기 위해 『제민요술』의 쇠두엄법[踏糞法]을 천착해 보자. 쇠두엄의 재료인 맥麥[16]은 『여씨춘추』에서도 중심작물로서 자리 잡았던 것을 볼 수 있다. 하지만 그때부터 쇠두엄으로 사용되었다고 볼 수는 없다. 왜냐하면 쇠두엄은 앞에서 살핀 바와 같이 겨울갈이를 통해 시비한 거름을 덮어 주고, 1-2월에 다시 번토翻土하는 것이 기본인데 이러한 노동은 수노동농구로는 불가능하기 때문이다. 우경을 이용하여 전지를 전면적으로 일구어야 가능하다는 의미이다. 우경이 민간에 보급되기 시작한 것은 전국 중기 이후이지만, 대전법代田法이 확대되면서 우경의 중요성이 커졌다는 것은 주지의 사실이다.[17]

그렇다면 대전법에서 외양간에서 만든 쇠두엄을 시비할 경우 그 경작과 파종방식은 어떠했을까? 대전법에서 우리耦犁와 누거耬車(파종기)[18]를 어떻게 조합하여 사용했느냐가 당시 비료의 사용과 관련된다.

우리耦犁는 보습의 폭이 1자[尺] 정도의 발토發土용 쟁기이며, 누거耬車는 종

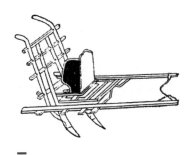

그림 6_ 자동파종기 누거(耬車)

---

16 샤웨이잉[夏緯瑛]의 주석에 의하면, 고서(古書) 가운데 맥(麥)자만 있으면 소맥(小麥, Triticum aestivum L.)을 말한다고 한다.

17 최덕경, 『중국고대농업사연구(中國古代農業史研究)』, 백산서당, 1994.

18 『제민요술』 「경전(耕田)」편에 등장하는 '만누(挽耬)'에 대해 묘치위[繆啓愉]는 『제민요술교석』, 농업출판사, 1998, p.53에서 '누(耬)'는 파종구가 아닌 파종후의 복토용 농구라고 설명하고 있는데, 이는 적합한 해석이 아니다.

자상자가 달리고 3개의 쟁기 이빨(보습)을 가져 발토, 조파條播 및 복토를 동시에 행할 수 있는 자동 파종공구이다. 토양이 부드러울 경우 3개의 보습이 달린 삼각루三脚耬만으로 파종과 복토가 가능하다. 그렇지 않을 경우 대개 우리耦犁로 일구어 정지한 후 누거로 파종했을 것이다. 이 경우 두 작업을 행하는 데에 『제민요술』「경전耕田」편에서는 6명의 노동력이 소요되었다고 한다. 또 다른 방법은 후대의 기록에서 자주 보이듯 종자를 넣지 않은 빈 누거로써 일구고 파종은 손으로 직접 흩뿌리고 복토하는 방법이 있다.

문제는 대전법으로 시비하는 방식이다. 만약 시비를 했다면 폭 6자[尺] 넓이에 3무畝 3견畎의 작무를 만들어 고랑畎에 쇠두엄을 밑거름으로 시비하고 복토한 후, 그 위에 누거로 얕게 파종한다면 문제되지 않는다. 하지만 갈이하고 시비한 상태에서 누거를 이용하여 깊게 작조와 파종할 경우, 쇠두엄이 누거의 발에 걸리며, 그로 인해 종자나 비료가 한쪽으로 쏠려 시비효과도 없어지고, 파종하기가 매우 곤란해진다.[19] 이것은 대전법과 같은 작무에서 누거로 깊게 파종할 경우 쇠두엄의 시비는 사실상 곤란하다는 말이다. 그 때문인지 대전법을 설명하고 있는 『한서』「식화지食貨志」나 『제민요술』「경전」편의 어디에도 시비했다는 내용은 없다. 특히 대전법과 같이 쟁기로 갈이한 후 복토 없이 파종을 동시에 진행할 경우 시비할 시간이 없을 뿐 아니라 중간에 시비했을지라도 누거사용이 곤란하다.

물론 1자[尺] 크기의 대전리代田犁나 누거를 사용하지 않았다면 전혀 문제가 되지 않는다. 실제 고랑과 이랑[壠畎]이 1자인 대전법이 한대에 어느

---

19 만약 작무(作畝)한 땅에 쇠두엄을 밑거름 하여 누거로 파종하게 된다면, 쇠두엄이 누거의 이빨에 걸려 한쪽으로 밀리거나 앞으로 나가기도 힘들기 때문에 쇠두엄시비와 누거파종을 동시에 진행하기는 곤란하다. 특히 볏짚을 부숙한 경우에는 이런 현상이 더욱 쉽게 발생하며, 맥분(麥糞)의 경우도 완전히 부숙되어 부서지지 않을 경우에는 누거로 파종하기가 곤란해진다.

정도 보편화되었는지 현재로는 알 수 없다. 최근 하남성 내황현內黃縣 삼양장三楊莊 유적에 보이는 작무법은 이랑과 고랑의 폭이 약 60cm로서[20] 무제武帝 때의 대전법의 작무와는 판이하다. 여기에서 출토된 철제보습 역시 길이 47cm, 폭 40cm의 보습, 길이 40cm, 폭 33cm의 거형巨形으로, 이러한 보습으로는 1자의 고랑과 이랑을 만들기는 부적합하다.[21] 이런 작무법에는 쟁기로 발토 후 쇄토碎土와 마평摩平과 복토작업을 거친 후 삼각三脚의 누거를 이용해 자동 조파하는 것이 좋다. 삼양장 유적을 보면 대전법이 처음 실시된 무제武帝 때와 그다지 멀지 않은 왕망시기에[22] 중원지역인 하남지역에서조차 대전법이 제대로 실시되지 않았던 것이다. 이것이 사실이라면 많은 지역에서 대전리代田犁나 누거를 이용하여 일구거나 파종을 하지 않았음을 의미하며, 그렇다면 쇠두엄의 시비도 크게 문제되지 않는다.

다만 『제민요술』「한도旱稻」편에는 "싹눈을 틔운 볍씨를 파종구인 누리로 갈면서 조파條播하고 흙으로 종자를 덮는다."라고[23] 했으며, 「대소맥大小麥」편에서는 "산지와 단단한 토지에는 누거를 이용하여 파종"한 것을 볼 수 있다. 이것은 밭벼와 밀, 보리를 갈이하면서 동시에 누거로 파종했음을 의미한다. 환언하면 이런 작물은 쇠두엄으로 시비하지 않했음을 말해 준

---

20 한통챠오[韓同超], 「漢代華北的耕作與環境: 關於三楊莊遺址內農田壟作的探討」, 『중국역사지리논총(中國歷史地理論叢)』제25권, 2010, p.7.

〈삼양장(三楊莊) 유적의 고랑과 이랑 길이〉

21 리우싱린[劉興林], 「河南內黃三楊莊農田遺跡與兩漢鐵犁」, 『북경사범대학학보(北京師範大學學報)』제5期, 2011, p.77.

22 하남성문물고고연구소 등(河南省文物考古研究所等), 「河南內黃縣三楊莊漢代庭院遺址」, 『고고(考古)』제7期, 2004에는 하남 내황현 삼양장 유적의 형성 시기를 왕망의 3년(11)쯤으로 보고 있다

23 『제민요술』「한도(旱稻)」, "漬種如法, 裛令開口. 耬構種種之."

다. 그것 때문인지 전한 말 『범승지서』의 삼밭[麻田], 맥전麥田, 박[瓠]의 시비에 모두 누에똥[蠶矢]을 사용하거나 대두나 조[粟]를 구종區種할 때는 종자와 함께 부드러운 미분美糞을 섞어 파종하거나 분종糞種하고 있다. 누에똥이나 잘 부숙된 숙분을 시비한 후 누거로 파종하더라도 경작과정에서 전혀 문제되지는 않는다.

그렇다면 『제민요술』「잡설雜說」에서 겨울동안 소 한 마리가 30수레의 쇠두엄을 생산하여 6무에 시비했다고[24] 하는 것은 봄에 쇠두엄을 하는 조[粟], 기장[黍] 등이거나 누거로 파종하지 않은 작물이었을 것으로 추측된다. 이것은 『제민요술』의 쇠두엄법에서 외양간 두엄을 이용하여 조를 파종했다는 전술한 내용과도 부합된다. 다시 말해 조가 위진 남북조시기에도 여전히 주곡 중 하나로 중시되었음을 뜻한다. 사실 조[粟; 禾], 기장은 『범승지서』는 물론 『제민요술』에도 농작물 중 첫머리에 기록될 정도로 당시 화북지역에서 중시되었던 작물이며, 『범승지서』에서는 이들의 생산을 높이기 위해 종자에 시비하거나 구전區田과 같은 다양한 방식을 적용하기도 하였다. 두엄도 그 일환 중의 하나였을 것으로 생각된다.

조, 기장에 쇠두엄을 시비할 때, 그 비료는 장기간 잘 부숙한 숙분이었을 가능성이 크다. 실제 대소맥의 짚은 연해서 가축의 똥오줌과 잘 썩혀 밖에서 오랫동안 보관하면 볏짚보다 쉽게 부숙한다. 이렇게 보면 『제민요술』 단계의 쇠두엄은 어떤 곡물에나 적용되지는 않았음을 알 수 있다.

하지만 조, 기장은 화북지역의 건조지대나 고지高地, 강토彊土에서도 잘 자라는데다가[25] 밭[旱地]을 전면적으로 일구기도 쉽지 않았을 것인데, 굳이 두엄을 사용할 필요성이 있었을까 하는 의문이 생긴다. 물론 한대 이후 토지이용도가 증대하면서 지력이 약화되고, 그 결과 생산량도 떨어져 척박

---

24 『제민요술』「잡설(雜說)」, "(其踏糞法) 計經冬一具牛, 踏成三十車糞. 至十二月, 正月之間, 即載糞糞地. 計小畝畝別用五車, 計糞得六畝."

25 『범승지서(氾勝之書)』「화(禾)」, 「서(黍)」.

한 땅의 비력을 유지할 필요가 있었을 것이다. 그리고 만약 누거를 이용하여 파종하지 않고 갈이 후 손으로 파종하고 복토했다면 춘대소맥春大小麥이나 춘대두春大豆와 같은 작물의 밑거름에도 충분히 사용될 수 있다.

당시 춘맥春麥은 〈표 1〉과 같이 『사민월령』에는 정월과 2월에 파종하여 7월에 수확하는 것으로 되어 있다. 흥미로운 것은 『범승지서』, 『사민월령』의 춘맥과 동맥[虋麥]과는 달리 『제민요술』에는 대소맥이 모두 겨울맥[冬麥] 중심으로 바뀌고 있다는 사실이다. 물론 맥의 재배 지역이 따뜻한 남쪽으로 점차 확대되었다고 생각할 수도 있겠지만, 무엇보다 맥의 월동이 가능할 정도의 조건을 갖추었기 때문일 것이다.

춘맥과 겨울맥 재배는 대개 기후대에 의해 결정된다. 한랭하여 월동할 수 없는 북부지역의 경우 보통 춘맥을 재배하는 것이 일반적이다. 그런데 동일한 화북지역에서 춘맥이 겨울맥 중심으로 변한 것은 우선 조건이 달라졌음을 의미한다. 쥬커젼[竺可楨]의 기후도에 의하면 『범승지서』 단계는 온난했던 기후가 하강하는 시기이고, 『사민월령』의 2세기 중엽은 한랭한 시기이며, 6세기 중엽의 『제민요술』의 시기는 한랭한 한계점을 지나 점차 기온이 상승하는 시점이다. 여기에서 가장 추위를 느끼는 시점은 기원전 1세기의 『범승지서』 단계였을 것이다. 그 때문인지 『범승지서』에는 춘맥春麥의 파종시기가 『사민월령』의 1-2월보다 늦은 3월이었으며, 『제민요술』 단계에는 춘맥春麥도 소개되어 있지만, 춘맥보다 겨울맥이 중심을 이루고 있다. 그러나 위진남북조시대에는 춘맥을 재배하지 못할 정도로 한랭하지는 않았던 것 같다. 실제 7세기가 되면 다시 고온다습한 기후로 변한다.[26]

경작기술의 변화 또한 겨울맥 재배에 적지 않은 영향을 주었다. 예컨대 작물이 얼지 않도록 잘 보호해 주거나 토지의 온도[地溫]를 유지할 수 있는

---

26 류자오민[劉昭民], 『중국역사상기후지변천(中國歷史上氣候之變遷)』, 臺灣商務印書館, 1992, pp.99-100.

조치가 그것이다. 누에똥, 가축분 및 쇠두엄 등을 시비하면 눈과 서리에 의해 푸석푸석해진 토지를 부드럽게 하여 뿌리를 깊게 내리게 할 뿐 아니라 토양을 보온하여 잘 얼지도 않게 해 준다.[27] 게다가 이런 땅을 심경하여 고랑에 줄지어 파종[畎中條播]하게 되면 종자가 적당한 습기와 온도를 유지할 수 있으며, 특히 쇠두엄이 조금씩 분해되면서 양분을 공급해 주기 때문에 춘맥이나 춘대두의 생산력이 높아진다.

월동 주곡작물을 화북지역에서 재배한다는 것은 겨울에 비워 둔 토지 이용도를 높이고, 그로 인해 다른 작물과의 교대도 다양해졌음을 보여 준다. 이것은 바로 양지養地를 위한 새로운 국면에 접어들었음을 의미한다. 그런 점에서 두엄의 출현은 조와 기장의 지력 회복은 물론이고 화북지역의 두豆, 맥의 봄갈이와 월동 작물의 재배가 구체화될 수 있는 조건을 제공했다고 볼 수 있다. 실제 한대 제분 공구의 발달과 함께 밀[小麥], 콩[大豆]의 보급이 급증한 것은[28] 두엄의 등장과 무관하지는 않을 듯하다.

이상에서 한대 대전법과 두엄의 출현 배경을 살폈는데, 쇠두엄이 비료로서 효과를 발휘하기 위해서는 또 다른 조건이 필요하다. 바로 쇠두엄과 파종조건이 맞아야 한다. 전술한 것처럼 두엄의 보급은 기본적으로 마소[馬牛]의 보급과 경작방식에 변화가 있었기 때문에 가능했다. 앞서 한대 대전법이 우경의 확산에 기여했다고 했지만, 대전법은 그 단위 경작면적이 5경頃이고, 노동조직도 '소 두 마리에 사람 세 명[二牛三人]'이었기 때문에[29] 소농민이 이용하기에는 적합하지 못하였다. 『제민요술』에서 제시한 두엄을

---

27 『진부농서(陳旉農書)』「선기근묘편(善其根苗篇)」, "俾霜雪凍沍, 土壤蘇碎. 又積腐藁敗葉, 刈薙枯朽根荄, 徧鋪燒治, 卽土暖且爽."

28 최덕경, 「漢唐期 大豆 가공기술의 발달과 製粉業」, 『중국사연구(中國史硏究)』69, 2010, pp.191-194. 그리고 『범승지서(氾勝之書)』「구전법(區田法)」에서는 맥(麥), 대두(大豆)의 대량 생산을 위해 구전법(區田法)도 실시하고 있다.

29 『제민요술』「경전」편의 대전법 노동조직을 보면, 갈이와 누거로 파종하는 작업에 "소 한 마리에 세 사람"이거나 요동지역의 경우 "소 두 마리에 여섯 사람"이 동원되고 있다.

사용하기 위해서는 겨울에 쟁기로 쇠두엄을 갈아엎고 흙으로 덮어 주어야 한다. 이것은 단순히 파종구를 만드는 누거耬車: 作條犁가 아니라 볏[鐴]이 부착된 번토리翻土犁여야 한다. 볏은 전한 때부터 등장한다. 그런데 후한의 화상석에는 쟁기의 형태도 '소 한 마리에 쟁기 한 대[一牛一犁]'로 발전하고 있는 것을 보면 건강한 소농민도 우경을 이용했을 것으로 보인다.[30] 이렇게 보면 전면 발토가 곤란했던 전한의 대전법 및 『범승지서』 단계에는 『제민요술』과 같은 방식의 두엄시비가 행해지기는 쉽지 않았을 것으로 보인다.

분전糞田은 이미 주대 이전에도 등장하지만, 똥을 이용하여 거름을 제조하는 구체적인 방식에 대한 기록은 두엄이 처음이다. 이 이후부터 집안의 잡다한 쓰레기를 태워 재로 만들거나, 가축의 우리 속에 넣어 똥오줌과 결합시키면서 1차적으로 분비糞肥가 만들어지고, 이를 우리 밖에서 오랫동안 보관하면서 부숙시켜 전지의 거름으로 탈바꿈했다.[31] 초기의 똥은 누에똥[蠶矢], 미분美糞, 재거름 등으로 주로 밑거름으로 사용되었는데, 그중 부드러운 숙분은 누거파종을 위한 밑거름에도 사용되고, 거친 비료의 경우 구전이나 논농사의 밑거름으로 사용되었을 것으로 보인다.

후대의 거름이 다양한 형태로 발전했던 이유는 비료효과가 입증된 것은 물론이고, 당시 한 농가에서 생산된 쇠두엄의 양이 연간 6무畝 정도에 불과했기 때문일 것이다. 이것으로 보유토지의 일부와 재배작물의 일부만 시비가 가능했기 때문에 그 후 농가에서는 다양한 재료를 이용하여 거름을 제조했던 것 같다.

---

30 최덕경, 『중국고대농업사연구(中國古代農業史研究)』, 백산서당, 1994, pp.151-156.
31 곡물의 짚이 가축분과 결합하면서 미생물의 작용으로 썩게 되며, 오랜 시간 썩히면 분에서 열이 발생하여 유해한 해충을 죽이고, 속효성 비료의 효과도 크다.

III. 송대 분분糞에 대한 인식 변화와
   '지력상신장地力常新壯'론의 등장

1. 『진부농서』의 거름 제조와 분옥糞屋, 분약糞藥

남송 정필程泌의 『명수집洺水集』(1215년) 「집부별집集部別集」에는 『제민요
술』시대 이후 두엄의 모습을 엿볼 수 있다. 즉 "수집한 분양糞壤을 집집마
다 산처럼 쌓아 두고, 도시의 거리[市井之間]에는 (각종 쓰레기를) 깨끗이 수
습하여 남아 있는 것이 없었다. 덕분에 토지는 기름지고 벼뿌리[稻根]는 가
뭄에 잘 견뎠다."라고[32] 한다. 이것을 보면 남송시대에도 집집마다 쇠두엄
을 생산했으며, 그것을 산처럼 쌓아 두었다는 것은 그 전통이 계속 이어
졌음을 말해 주며, 생산된 쇠두엄이 도전稻田에 이용되었다는 것을 알 수
있다.

송대 대표적인 농서인 『진부농서』(1149년)에는 그 후 두엄의 모습이 잘
남아 있다. 『진부농서』「목양역용지의편牧養役用之宜篇」에는 "때에 순응하여
소를 잘 키우는 것이 좋다. 봄이 시작되면 반드시 외양간에 쌓여 있는 지
푸라기와 쇠똥을 모두 걷어 낸다. 반드시 봄이 아닐지라도 10일에 한 번
소제해야만, 더러운 냄새와 축축한 것들로 인해서 역병과 창질瘡疾이 생기
고 또한 발굽이 오물에 잠겨 생기는 질병을 면한다. 또 상스럽지 못한 것
은 마땅히 없앰으로써 소가 거처하는 장소를 깨끗하고 상쾌하게 해 주면
좋다."라고[33] 하여 『제민요술』의 두엄과는 다소 다른 느낌을 준다.[34] 『제민

---

32 정필(程泌), 『명수집(洺水集)』(1215年) 「집부별집(集部別集)」 권19, "每見衢婆之人, 收蓄糞壤,
家家山積, 市井之間, 掃拾無遺. 故土膏肥美, 稻根耐旱, 米粒精壯."

33 『진부농서』「목양역용지의편(牧養役用之宜篇)」, "且四時有溫涼寒暑之異, 必順時調適之可也.
於春之初, 必盡去牢欄中積滯蓐糞. 亦不必春也, 但旬日一除, 免穢氣蒸鬱, 以成疫癘. 且浸漬
蹄甲, 易以生病. 又當祓除不祥, 以淨爽其處乃善."

34 천량줘[陳良佐]는 이 문장을 '외양간 거름[牛廐肥]'의 예로 들고 있다(「我國農田施用之堆廐肥」,

요술』의 경우 쇠두엄의 제조방식에 중점을 두었지만 『진부농서』는 소 외양간의 청결에 초점이 맞추어져 있다. 하지만 이 역시 외양간[牛廐]에서 퇴비를 생산한 것은 마찬가지이다.

그 두엄 생산방식을 보면, 봄에는 소 우리에 쌓인 퇴비[積滯蓐糞]를 모두 걷어 내어 대청소를 하는데, 봄이 아닐지라도 10일에 한 번은 소제한다고 하여 퇴비를 생산했다는 것을 알 수 있지만, 『제민요술』처럼 생산된 퇴비의 처리에 대한 설명은 전혀 없다.[35] 아마도 강남지역이었기 때문에 깔개는 분명 볏짚이 중심을 이루었을 것이며, 깔개도 매일이 아니라 최소한 열흘에 한 차례씩 걷었다는 것으로 보아, 쇠두엄의 양도 많지 않았을 것이다. 그런데 쇠두엄을 쌓아 둔 양이 집집마다 엄청났던 것을 보면, 어린 나뭇잎과 가지도 가축우리에 넣어 밟게 한다거나 구덩이에 잡다한 쓰레기를 쌓아 외양간 오줌을 끼얹어 비료로 만들기도 했던 것 같다.[36] 이것은 화북지역도 마찬가지였을 것이다.

10일에 한 번 짚을 갈아 주었다는 기록은 강남지역의 경우 물소[水牛]를 일소[役牛]로 이용했기 때문에 매일 교체할 필요는 없었던 것 같다. 그리고 생산된 쇠두엄은 기존의 조, 기장, 맥은 물론이고, 벼와 콩대도 퇴비로 사용되었는데 주곡작물의 변화로 인해 맥류와 더불어 볏짚이 주재료로 사용되었을 것이며, 도시의 거리에 남아도는 쓰레기조차도 퇴비생산에 이용되었다.

단지 『진부농서』의 쇠두엄에 대한 안내가 구체적이지 않다고 하여 송대

『대륙잡지(大陸雜誌)』 52-4, 1976). 충분히 존중해야 할 지적이지만, 『진부농서』에는 이러한 구비의 사용법에 대해 특별히 언급하고 있는 곳은 없다. 일반적으로 말해지는 '분(糞)' 속에 포함되어 있는 것인지, '분전지의편(糞田之宜篇)'에서 언급한 비료의 원료로 사용되고 있는 것인지, 혹은 다른 뭔가의 이유로 언급하지 않은 것인지는 상세하지 않다.

35 이러한 현상은 송대의 역우가 물소[水牛]였기 때문에 매일 가축우리를 청소할 필요가 없었다거나 또 논의 경우 밭보다 쇠두엄의 밑거름[基肥]이 많이 필요치 않았기 때문일 수도 있다.

36 최덕경, 「朝鮮시대 糞尿施肥와 人糞: 古代中國의 糞尿利用과 관련하여」, 『역사학연구(歷史學研究)』 40, 2010, pp.56-62.

에 똥과 토양의 비료를 소홀히 취급한 것은 아니었다. 『진부농서』에는 이전과는 다른 강남의 풍부한 흙과 초목을 태워 만든 토분[土糞; 燻土], 화분火糞[37]과 강바닥 진흙 거름[泥糞], 기름을 짜고 남은 찌꺼기를 이용한 깻묵, 겨분[糠糞], 초목재[草木灰], 녹비綠肥, 석회石灰, 쇠두엄[踏糞], 묘분苗糞, 초분草糞, 똥오줌[糞尿] 및 동물의 털과 뼈 비료 등이 다양하게 등장한다.[38]

이것은 당 말에 편찬되었다고 하는 『사시찬요』와 비교해도 큰 차이가 있다. 『사시찬요』에 등장하는 비료는 대부분 소똥, 양똥, 나귀와 말똥, 닭똥, 누에똥[蠶沙; 矢] 등의 가축분과 소회燒灰, 석회石灰, 재거름, 건만예어즙乾鰻鱧魚汁, 쌀뜨물[米泔], 숙분熟糞, 난분爛糞 등인데, 이 중에서 소똥[牛糞]이 가장 많이 사용되었으며, 비료의 종류는 『제민요술』과 큰 차이를 보이지 않는다. 하지만 송원대에는 깻묵[餠肥], 사비渣肥, 니토비泥土肥, 무기비료 등이 추가되고 종류도 46종이나 늘어났다.[39] 더구나 『진부농서』에는 관개가 '용분用糞'보다 낫다고 하여 논의 중요성을 역설하면서[40] 농업환경의 변화에 따라 해당 지역과 그 작물의 특색에 맞게 독특한 비료가 개발되고 있다. 특히 주목할 만한 것은 비료가 토양과 작물에 어떤 작용을 하며, 그

---

37 화분(火糞)에 대한 설명은 『진부농서』의 어디에도 찾을 수 없다. 다만, 『왕정농서(王禎農書)』에는 흙을 초목과 함께 태운 거름이라고 한다. 비슷한 사례는 『진부농서』에서 찾을 수 있다. 「분전지의편(糞田之宜篇)」에서 "무릇 소재한 흙, 태운 재, 키질한 쭉정이, 자른 볏짚과 떨어진 낙엽을 쌓아서 태운다."라고 하며, 「육종지의편(六種之宜篇)」에서는 "토분(土糞)을 태워서 시비한다."라고 하는가 하면, 「종상지법편(種桑之法篇)」에서는 "거름 구덩이에서 태운 토분을 시비한다."라고 한 것으로 미루어 화분 역시 토분과 유사한 형태가 아니었을까 생각된다. 묘치위[繆啓愉], 『진부농서선독(陳旉農書選讀)』, 農業出版社, 1981에서는 화분을 초니회(焦泥灰)로 해석하고 있으며, 오사와 마사아키[大澤正昭], 앞의 책, 『陳旉農書の硏究: 12世紀東アジア稲作の到達點』, 農山漁村文化協會, 1993, pp.54-57에서는 쌓은 흙과 초목을 함께 섞어 불 질러서 만든 거름이라고 해석하고 있다.

38 오사와 마사아키[大澤正昭], 위의 책, 『陳旉農書の硏究』, pp.53-63.

39 최덕경, 「『補農書』를 통해 본 明末淸初 江南農業의 施肥法」, 『중국사연구(中國史硏究)』 74, 2011, pp.245-246.

40 『진부농서』 「호운지의편(薅耘之宜篇)」, "然後作起溝缺, 次第灌漑. 夫已乾燥之泥, 驟得雨卽蘇碎, 不三五日間, 稻苗蔚然, 殊勝於用糞也."

효과는 어떠했는가에 대한 분명한 인식이 있었다는 점이다. 이런 중요성 때문인지 『진부농서』에서는 「분전지의편糞田之宜篇」이라는 독립된 비료관련 장이 등장하기에 이르렀다. 이 같은 현상은 『진부농서』 이전 단계에는 볼 수 없었던 특징이다.

『진부농서』에는 『주례』 「초인草人」의 "토지를 개량하는 방법은 땅의 형색을 보고 판단하며, 그 적합함을 살펴서 파종해야 한다."라는 사실을 재확인하고 있다. 예컨대 흙 중에서 붉고 굳센 토양[騂剛]의 시비에는 소를 이용하고, 붉은빛 토양[赤緹]의 시비에는 양을 이용한다는 것처럼 토양의 성질에 상응하는 동물을 지정하고 있는 것이 특징이다. 이들 동물 중에는 소, 양, 돼지 및 개와 같은 가축은 물론이고, 사슴, 오소리, 큰사슴, 여우와 같은 짐승도 있다. 문제는 위의 사료에서는 동물을 이용한다고만 했을 뿐 그 똥을 그대로 시비했는지 아니면 분종糞種에서처럼 해당 동물의 뼈 즙에 종자를 담가 시비한 것인지는 제시하고 있지 않다. 그리고 들짐승의 뼈 즙을 내어 종자에 시비한다는 것은 일일이 실험하지 않는 한 (실험을 한다는 것도 이상하지만) 믿기가 곤란하다. 그나마 해당 동물의 똥오줌물[糞汁]에 종자를 담가 토양을 다스린 것은 오랜 경험을 통해 자연스럽게 알 수 있다. 그런 점에서 '용用'은 동물의 분즙에 담근다고 하는 것이 좋을 듯하다.[41] 그렇지만 토양의 성질과 짐승을 연결시켰다는 그 자체는 어떤 과정을 거쳐 나

---

41 『주례(周禮)』 「지관(地官)·초인(草人)」편의 '분종(糞種)'에 대해 정사농(鄭司農)은 '소뼈 삶은 즙에 종자를 담그는 것'으로 해석하고 있다. 그는 『범승지서(氾勝之書)』 「수종법(溲種法)」의 '골즙분즙수종(骨汁糞汁溲種)'법을 자세하게 안내하고 있다. 즉 가축의 뼈를 부수어 눈물[雪汁]과 섞어 세 번 끓여 즙액을 받아 부자(附子)를 넣어 5일 동안 담가 두었다가 부자는 건져 내고, 이 속에 양이나 누에똥 등을 넣고 저어 종자를 담가 뒤섞고, 이후 햇볕에 말려 씨앗이 즙액을 흡수하도록 하여 파종했다는 것을 근거로 삼고 있다. 하지만 완궈딩[萬國鼎]은 『범승지서(氾勝之書)』 「구전법(區田法)」편의 '교민분종(敎民糞種)'에 대해 각주에서 "區田以糞氣爲美, 非必須良田也."와 "區種粟二十粒, 美糞一升, 合土和之."라는 사료를 근거로 '분종(糞種)'의 분(糞)은 밑거름을 중시한다는 말이지 골즙을 끓여 양똥이나 누에똥을 섞어 종자 자체에 시비하는 것이 아니라고 하면서 분종은 단순히 "시비하고 파종한다."라는 의미로 해석하고 있다. 완궈딩[萬國鼎] 집석, 『범승지서집석(氾勝之書輯釋)』, 農業出版社, 1980, p.62 참조.

온 결과인지는 알 수가 없다. 중요한 것은 「분전지의편」의 지적과 같이 모든 토양은 제각기 다른 성질을 띠고 있어서 그에 합당하게 거름을 주었다는 점이다. 그래서 민간에서는 거름은 '분약糞藥'이라고 표현하고 있다. 이는 당시 농부들이 토양에 거름 주는 것을 마치 사람의 체질에 따라 진단하여 약을 쓰는 것처럼 세심한 주의를 기울였다는 점을 나타낸다.[42] 민간에 이미 이러한 인식이 존재했다는 것은 강남농업에 있어 비료에 대한 인식이 남달랐음을 말해 준다.[43]

실제로 동물의 똥은 저마다 성질이 다르기 때문에 함부로 똥을 시비할 경우 곡물을 해칠 수도 있다. 따라서 토양의 성질에 따라 달리 거름을 주어야 한다. 이러한 인식은 이미 『주례』에서부터 시작되었다고 하더라도, 『진부농서』에서 이를 재차 강조하여 "토양의 기氣와 맥脈은 그 유형이 하나같지 않아서 비옥하기도 하고, 척박하기도 하여, 좋고 나쁨이 같지 않기 때문에 그것을 다스리는 데도 각각 적합한 도리가 있다."라고[44] 한 것이다. 이것은 토양의 기맥 조절을 중시했음을 뜻하며, 그 결과 토양의 기맥을 치료하고, 곡물의 성장을 담보하는 약으로 똥을 인식하였다는 점은 주목된다. 이것은 송대의 똥이 『제민요술』 단계나 그 이전과 같이 단순히 지력을 높여 생산력을 제고하는 수준을 넘어 토양과 작물에 있어 필요불가결한 것이었음을 말해 준다.

---

42 『진부농서』 「분전지의편(糞田之宜篇)」, "『周禮』 「草人」 '掌土化之法以物地, 相其宜而爲之種', 別土之等差而用糞治. 且土之騂剛者糞宜用牛, 赤緹者糞宜用羊, 以至渴澤用鹿, 鹹潟用貆, 墳壤用麋, 勃壤用狐, 埴壚用豕, 彊㯺用蕡, 輕㼱用犬, 皆相視其土之性類, 以所宜糞而糞之, 斯得其理矣. 俚諺謂之糞藥, 以言用糞猶藥也."

43 완궈딩[萬國鼎], 「陳旉農書評介」, 『진부농서교주(陳旉農書校注)』, 農業出版社, 1965, p.7에서 진부(陳旉)는 구릉지대인 양주(揚州) 부근의 서산(西山)에만 줄곧 살았던 것은 아니고, 일찍이 다른 곳에서도 살았던 적이 있다. 이 농서에서 언급된 농업의 상황은 장강 하류의 비교적 광범위한 지역을 대표한다고 한다.

44 『진부농서』 「분전지의편(糞田之宜篇)」, "土壤氣脈, 其類不一, 肥沃磽埆, 美惡不同, 治之各有宜也."

그 때문에 『제민요술』의 두엄에서와 같이 노천에 거름을 쌓아 저장했던 방식과 함께 일정한 장소를 만들어 거름을 보관, 저류하는 방식도 발전하였다. 『진부농서』「분전지의편糞田之宜篇」에 따르면, 농가의 곁에 반드시 거름간[糞屋]을 설치했는데, 처마와 기둥을 낮게 하여 바람에 휘날리거나 비가 들이치는 것을 막았다. 거름을 노천에 쌓아 두면 밤의 이슬과 음기[星月]에 노출되어 거름기가 손실된다는 사실을 알고,[45] 분옥 속에 깊은 구덩이를 파서 그 주변에 벽돌로 담을 쌓아서 거름기가 새거나 빠져나가지 못하게 하여[46] 한 방울의 거름물도 아끼려고 했다.

그러면 이때 보관한 거름은 어떤 것이었을까? 바람에 휘날리지 않게 한다는 것을 보면 불에 태운 재거름[灰糞] 종류도 있었고, 거름기가 빠져나가지 못하게 한 것을 보면 부숙 과정에서 물이나 분뇨를 끼얹어 부식을 촉진한 거름도 있었던 것 같다. 실제 『진부농서』「분전지의편糞田之宜篇」에는 청소하면서 생긴 흙, 불에 태운 재, 탈곡 후에 까불러서 생긴 곡물의 쭉정이, 흐트러진 볏짚과 떨어진 낙엽은 쌓아 두었다가 태워서 똥오줌을 뿌려 오랫동안 저장하게 되면 부숙하면서 풀이 죽어 그것이 많다는 것을 깨닫지 못하게 된다고[47] 지적한 바를 볼 때,[48] 이 거름간 속에는 이미 잘 부숙된 숙분熟糞뿐만 아니라 재거름을 주로 보관한 듯하다.[49] 그리고 이런

---

45 이것은 노천(露天)에서 비료를 생산하거나 저장하면, 거름이 햇볕을 쬐고, 빗물에 젖고, 바람에 노출되어 비료의 효과를 잃게 된다는 의미로 해석할 수 있다.

46 『진부농서』「분전지의편」, "凡農居之側, 必置糞屋, 低爲簷楹, 以避風雨飄浸. 且糞露星月, 亦不肥矣. 糞屋之中, 鑿爲深池, 甃以磚甓, 勿使滲漏."

47 『진부농서』「분전지의편」, "凡掃除之土, 燒燃之灰, 簸揚之糠粃, 斷稿落葉, 積而焚之, 沃以糞汁, 積之旣久, 不覺其多."

48 이러한 비료의 제조 방법은 최근까지 한반도 남부지역에서는 퇴비생산의 한 방법이었다. 하지만 천주꾸이[陳祖槼], 「中國文獻上的水稻栽培」, 『농사연구집간(農史硏究集刊)』 2, 1960에서 재와 분뇨의 혼합은 비료 중의 질소분을 상실하게 하여 비력을 저하시킨다는 지적도 있지만, 분뇨에 재를 섞으면 비료효과도 오래가며 엉긴 토질이 풀려 흙을 부드럽게 한다는 견해가 존재한다. 최덕경, 「朝鮮시대 糞尿施肥와 人糞: 古代中國의 糞尿利用과 관련하여」, 『역사학연구(歷史學硏究)』 40, 2010, p.82 참조.

부드럽고 농도 짙은 비료를 분약으로 사용한 재배작물도 존재했을 것으로 보인다.[50]

　이 외에 구덩이를 이용한 거름 제조방식은 「종상지법편種桑之法篇」의 구지법漚漬法에서도 볼 수 있다. 이것은 부엌에서 생긴 부산물을 모아 거름으로 활용하기 위해 부엌의 모퉁이에 거름구덩이를 파서 벽돌을 쌓아 물이 스며들거나 빠져나가지 못하게 하고, 쌀을 찧을 때마다 등겨와 왕겨를 모아, 썩은 볏짚과 나뭇잎 등과 함께 웅덩이 속에 넣고, 또 그릇을 씻고 난 구정물[肥水]과 쌀뜨물[泔水] 등을 구덩이 속에 넣어 자연스럽게 부패시키는[51] 방식이다. 「선기근묘편善其根苗篇」에 보이는 '구덩이에서 썩힌 곡물의 줄기나 겨[窖爛麤穀穀]' 및 '겨분[糠糞]'은 바로 이런 거름웅덩이에서 썩힌 비료였을 것이다.[52]

　그런가 하면 후술하는 바와 같이 대분大糞, 즉 생똥[生糞]을 사용하면 작물과 인체에 해롭기 때문에 화분火糞과 섞어서 오랫동안 거름구덩이 속에서 부숙시켰던 것으로 보아,[53] 부엌 밖에도 똥이나 잡다한 쓰레기를 부숙하는 구덩이가 있었던 것 같다. 게다가 「선기근묘편善其根苗篇」에는 깻묵을 잘게 부수어 화분과 섞어 누룩처럼 만들어서 구덩이 속에 넣고 발효시키는 방법도 보인다.[54] 이처럼 당시에는 거름구덩이를 이용하여 각종 유기물을 부숙시켰으며, 구지법을 통해 액체거름을 만들기도 하였다. 이런 현상

---

49 청초(淸初) 서진(徐震)의 소설인 『굴신갱간귀성재주(掘新坑慳鬼成財主)』에서는 '貼在這糞屋壁上', '三間糞屋', '糞屋門', '糞屋邊', '糞屋鎖', '便將糞屋做了茶廳' 등으로 표현하여 분옥(糞屋)을 오직 똥오줌을 저류하는 측간으로 이해하고 있다.

50 이것은 양이 많지 않아 과채류(瓜菜類)나 구전(區田)의 밑거름이나 덧거름[追肥]으로 사용되었을 가능성이 크다.

51 『진부농서』 「종상지법편(種桑之法篇)」, "聚糠棄法, 於廚棧下深闊鑿一池, 結甃使不滲漏, 每春米卽聚礱簸穀殼, 及腐棄敗葉, 漚漬其中, 以收滌器肥水, 與滲瀝泔淀, 漚久自然腐爛浮泛."

52 『진부농서』 「선기근묘편(善其根苗篇)」, "亦必渥漉田精熟了, 乃下糠糞, 踏入泥中, 盪平田面, 乃可撒穀種."

53 『진부농서』 「선기근묘편」.

54 『진부농서』 「선기근묘편」, "若用麻枯尤善. 但麻枯難使, 須細杵碎, 和火糞窖罨, 如作麴樣."

은 이전에는 없었던 것으로 송대 거름 만드는 방법[製糞法]의 특징으로 볼
수 있다.

송대에는 거름 줄 때에도 세심한 주의를 기울였다. 예컨대 뽕나무를 옮
겨 심을 때 구덩이를 파고 밑거름한 후, 뽕나무 주위에 뾰족하게 깎은 나
무로 못을 박듯이 구멍을 내어 오줌이나 물이 바로 뿌리까지 미치도록 덧
거름을 주고 있다.[55] 그런가 하면 뽕나무밭에 모시를 심고 거름을 줄 때도
왕겨, 등겨, 볏짚이 구덩이 속에서 서로 배합되어 반쯤 썩은 상태에서 시
비하였다.[56] 목면을 재배할 때도 『사시찬요』에는 3월 재오줌[溺灰]에 목면
종자를 잘 섞어 주물러서 파종한 후에 분기糞氣 보전을 위해 소똥을 흙으
로 덮어 주어야지, 그렇게 하지 않고 먼저 소똥을 거름한 후에 갈이하면
그 땅은 2, 3년 내에 지력이 쇠퇴한다고[57] 한다. 한편 원대 『농상의식촬요農
桑衣食撮要』에는 종자를 잿물에 담가 싹을 틔운 후에 거름을 준 땅에 한 자
[尺] 간격으로 구덩이를 파서 파종할 것을 요구하고 있다.[58] 이처럼 시대에
따라 파종법이 다소 차이는 있지만, 비료를 시비할 때도 작물의 성질과 토
양을 고려하여 비료를 만들거나 시비한 것을 보면 생태자원에 대한 깊은
이해와 상당한 지식이 있었음을 알 수 있다.

이 같은 비료에 대한 인식의 변화는 거름 주는 경험이 많이 축적된 결과

---

55 『진부농서』 「종상지법편」, "於次年正月上旬, 乃徙植 … 然後於穴中央植一株, 下土平墳緊築,
　　免風搖動 … 仍以棘刺絆縛遶護, 免牛羊挨挱損動也. … 以大木斫槳周迴釘穴搖動爲十數次,
　　穴可深三四尺. 又四圍略高作塘塍, 貴得澆灌時不流走了糞, 且蔭注四傍, 直從穴中下至根底,
　　卽易發旺而歲久難摧也."

56 『진부농서』 「종상지법편(種桑之法篇)」, "若桑圃近家, 卽可作牆籬, 仍更疏植桑, 令畦壟差闊,
　　其下徧栽苧. … 糞苧宜甕爛穀殼糠槀." 이 사료 중 '옹(甕)'자를 지부족재총서본(知不足齋叢
　　書本)에서는 '추(䍃)'로 쓰고 있는 데 반해, 함해본(函海本)에서는 '옹(甕)'자로 쓰고 있다.

57 『사시찬요(四時纂要)』 「삼월(三月)·종목면법(種木棉法)」, "節進則穀雨前一二日種之. … 以綿
　　種雜以溺灰, 兩足十分揉之. … 又種之後, 覆以牛糞, 木易長而多實. 若先以牛糞糞之, 而後
　　耕之, 則厥田二三歲內土虛矣."

58 『농상의식촬요(農桑衣食撮要)』 「삼월(三月)」, "先將種子用水浸灰拌勻, 候生芽於糞地內, 每一
　　尺作一穴, 種五七粒."

이기도 하지만, 비료에 대한 수요가 이전보다 늘어났음을 말해 주는 것이기도 하다. 송대 민간에서 분약이란 용어를 사용한 것은 똥과 분즙糞汁의 가치와 효용성이 크게 증대되었음을 단적으로 말해 준다. 때문에 거름간[糞屋]을 건립하고 부엌바닥에 구덩이를 파서 구정물과 각종 쓰레기를 부숙하여 분약을 만들어 전지를 관리했던 농민의 심정을 충분히 느낄 수 있다. 특히 숙분과 구지법漚漬法으로 부숙된 거름물은 작물에 속효성速效性이 크기 때문에 밑거름보다 덧거름에 탁월한 효과가 있다. 『진부농서』단계에 갑자기 덧거름이 확대된 것은[59] 이 같은 구지법의 출현과도 상관관계가 있었을 것으로 생각된다.

2. '지력상신장'론

앞에서 송대 비료는 토양의 분약으로 사용되었다는 사실을 지적했다. 토양은 대개 3년이나 5년을 파종하면 그 지력이 바닥나서 초목이 자라지 않고, 곡물은 충분한 결실을 맺지 못한다. 그런데 진부陳旉는 이 같은 지적은 합당하지 않으며, 깊이 생각하여 나온 결론도 아니라고 단언하고 있다. 그는 만약 때맞추어 신선하고 비옥한 토양을 넣어 주고, 비료를 주어 관리한다면 토양은 더욱 부드럽고 비옥해져서 지력이 항상 새롭게 왕성해져 땅이 쇠퇴하지 않는다고[60] 하는 '지력상신장地力常新壯'론을 제시하였다.[61] 문제가 되는 것은 땅이 아니고 인간의 경작방법에 달렸음을 지적한 말이다.

---

59 최덕경, 앞의 논문, 「東아시아에서의 糞의 의미와 人糞의 實效性」, p.75.
60 『진부농서』「분전지의편(糞田之宜篇)」, "若能時加新沃之土壤, 以糞治之, 則益精熟肥美, 其力常新壯矣, 抑何敝何衰之有."
61 『진부농서』「분전지의편」, "或謂土敝則草木不長, 氣衰則生物不遂, 凡田土種三五年, 其力已乏. 斯語殆不然也, 是未深思也. 若能時加新沃之土壤, 以糞治之, 則益精熟肥美, 其力常新壯矣, 抑何敝何衰之有."

『진부농서』의 서술상 가장 큰 특징 중의 하나는 기존의 잘못된 인식을 지금까지 지니고 있거나 과거의 정신을 소홀히 여기거나 변화를 제대로 활용하지 못하고 있는 것들을 진부가 직접 지적하고 있다는 사실이다. '지력상신장'론도 그중 하나에 속한다. 「분전지의편」에서 진부는 기존의 토지점감론土地漸減論을 부인하고 똥오줌을 통한 거름 주기야말로 땅이 쇠퇴하는 것을 막아 휴한을 극복할 수 있다는 확신을 잘 보여 주고 있다.

이때 진부가 비교대상으로 삼은 시기는 좁게는 당시의 현실만을 뜻하는 듯하지만, 구체적으로는 그 이전의 시점이었을 것으로 이해된다. 그러니까 남송 이전에는 시비를 하여도 농작물 재배에 따라 지력이 점차 감소한다고 인식했지만, 진부는 그런 인식을 잘못된 것으로 파악하고, 지력은 언제나 거름 주기를 통해 개선될 수 있다는 확신을 가졌던 것이다. 『진부농서』의 서문에서 『제민요술』을 부정적으로 평가한 것을 보면, 남방의 진부는 북방의 『제민요술』과는 다른 생각을 가졌음이 분명하다.[62] 사실 이런 인식은 완궈딩[萬國鼎]도 지적했듯이 과거 중국의 오랜 역사에서 없었던 생각이었다. 게다가 중국은 수천 년 동안 경작과 파종을 해 왔음에도 불구하고, 결코 지력이 소모되거나 점진적으로 퇴화하지는 않았다. 당시 진부가 이미 한 점의 의심도 없이 이같이 실용적인 원칙을 제시했던 것은 평소 분전糞田을 통한 토지 관찰과 더불어 거름 주기의 효용과 중요성을 크게 인식했기 때문일 것이다.[63]

그런가 하면 진부는 「분전지의편」에서 거름 주기의 효용성에 대해서도 잘 지적하고 있다. 즉 거름 주기를 많이 하여 토지가 지나치게 비옥하면 싹은 무성하나 열매는 견실하지 못해 새로 캐낸 흙을 가져다 섞어 비력을

---

62 『진부농서』, 「진부자서(陳旉自序)」, "如齊民要術四時纂要, 迂疎不適用之比也."
63 완궈딩[萬國鼎], 「陳旉農書評介」, 『진부농서교주(陳旉農書校注)』, 農業出版社, 1965, pp.11-12.

조절해 부드럽고 굳센 정도를 적당하게 만들어야 한다고[64] 하였다. 그리고 척박한 땅은 메마르고 좋지 않지만, 거름을 두 배로 늘리면 그 토양이 비옥해져 싹이 무성해지고 열매도 견실해진다고 하였다. 무조건 비료를 많이 준다고 좋은 것이 아니라 토양의 성질에 따라 합당하게 관리해야만이 바라는 바를 모두 얻을 수 있다고[65] 한다.

비록 당시 진부가 제시한 이론은 명청대에서 보듯 때와 토양 및 물성物性의 조건에 따라 거름을 주는 삼의관三宜觀이나 비료원소의 생리작용에까지 발전하지는 못했지만,[66] 그가 제기한 시비와 토양 및 작물에 대한 기본 원칙은 탁월하다. 이 같은 기본 원칙은 중국농민의 토양관리와 개량에 대한 풍부한 경험과 지식 축적의 기초 위에 만들어진 것이며, 이러한 원칙 속에는 사람의 힘으로 지력을 재생할 수 있다는 강한 확신이 내포되어 있음을 알 수 있다.[67] 즉 갈이하고 거름을 주어 땅을 잘 관리하면 지력은 언제나 새롭게 갱생하여 만물이 발육한다는 '지력상신장'의 확신을 가지고 있었던 것이다.[68] 땅을 소모품으로 간주한 것이 아니라 비료라는 기름을 넣어 주면 또다시 생산을 지속할 수 있는 생산 공장으로 인식하였던 것으로, 결국 토지에 대한 인간의 노력이야말로 생산력의 향상에 직결된다고 본 것이다.

---

64 『보농서(補農書)』「운전지법(運田地法)」에 의하면 만약 비옥한 땅에 퇴비를 시용하면 토양이 너무 부풀려져 물이 빠져나가게 되어 꺼리고, 가뭄도 이기지 못하며, 간혹 열매를 맺지도 못한다고 한다.

65 『진부농서』「분전지의편」, "且黑壤之地信美矣, 然肥沃之過, 或苗茂而實不堅, 當取生新之土 以解利之, 卽疏爽得宜也. 蹺埆之土信瘠惡矣, 然糞壤滋培, 卽其苗茂盛而實堅栗也. 雖土壤 異宜, 顧治之如何耳, 治之得宜, 皆可成就."

66 최덕경, 앞의 논문, 『補農書』를 통해 본 明末淸初 江南農業의 施肥法」, pp.249-250.

67 완궈딩[萬國鼎], 앞의 논문, 「陳旉農書評介」, p.11에서는 시비야말로 사람의 힘으로 자연을 개조할 수 있다는 강력한 정신을 말해 주는 것이라고 한다.

68 『진부농서』「분전지의편」, "或謂土敝則草木不長, 氣衰則生物不遂, 凡田土種三五年, 其力已 乏. 斯語殆不然也, 是未深思也. 若能時加新沃之土壤, 以糞治之, 則益精熟肥美, 其力常新壯 矣, 抑何敝何衰之有."

그래서 『진부농서』에서는 최선을 다해서 비료공급원을 찾아내고, 비료를 축적했으며, 비료의 효과를 증진시킴으로써 지력의 손실을 막으려 했던 것을 알 수 있다. 특히 "베어 낸 마른 풀뿌리를 잘라서 모판에 두루 깔아 태우면 흙이 따뜻해지고 또한 부드러워진다."거나 "깻묵은 사용하기가 어려워 반드시 공이로써 잘게 부수어 화분火糞과 섞어서 구덩이에 넣고 덮어서 누룩과 같이 만들어 비료로 사용한다."라는[69] 등의 기술과 지천에 널려 있는 흙으로 화분과 토분을 만들었던 것은 결코 간단하게 알아낼 수 있는 방식은 아니었다. 이러한 창조적인 제분법은 송대 농민이 주어진 상황에 순응만 한 것이 아니라, 강남지역의 특성을 이용하고 그 한계를 극복하여 상당한 수준의 거름을 주는 기술을 만들어 냈음을 뚜렷하게 보여 주고 있는 것이다.[70]

이처럼 송대에는 『제민요술』 단계와는 다른 토지에 대한 비료의 가치와 중요성을 인식하면서 비료와 거름기를 보전하는 것을 중요시하였다. 거름간이나 각종 거름구덩이를 이용하여 제분製糞했던 방식은 『제민요술』의 옥외에 거름을 쌓아 보관했던 방식보다 부숙이나 거름기를 잘 보존한다는 측면에서 한 단계 더 발전한 방식이다. 이러한 인식은 그대로 농업에 적용되어 분약糞藥이란 인식을 만들어 내었으며, 명청시대를 거치면서 지역에서 생산된 산물로 그 지역에 적합한 비료를 더욱 많이 개발하게 되면서 비료의 종류는 크게 증대되었고, 그 결과가 『보농서』에 잘 담겨져 이어지고 있다.[71]

---

69 『진부농서』 「선기근묘편」, "刈薙枯朽根荄, 徧鋪燒治, 卽土暖且爽."; "但麻枯難使, 須細杵碎, 和火糞窖罨, 如作麴樣."
70 완궈딩[萬國鼎], 위의 논문, 「陳旉農書評介」, pp.14-15.
71 최덕경, 「『補農書』를 통해 본 明末淸初 江南農業의 施肥法」, 『중국사연구(中國史硏究)』74, 2011.

IV. 당송대 시비의 발달과 도맥 윤작

1. 밑거름에서 덧거름의 확대

『진부농서』에서는 거름을 주는 방법에도 변화가 보인다. 『범승지서』에서 종자에 직접 거름을 주었던 분종법糞種法은 『제민요술』에서도 일반적으로 사용되었지만, 『진부농서』에서는 이를 크게 주목하지 않은 것은 거름 주는 방법에 변화가 있었던 것으로 볼 수 있다.

한대 대전법과 구전법에서 보듯 기존의 파종 방식은 대개 파종처의 확보에 치중한 경작방식이었으며, 거름을 주는 방법도 파종 전에 흙 아래[土下]에 밑거름[基肥]을 하거나 분종과 같이 종자에 직접 뼈 즙 등을 거름으로 주어 토화土化를 통해 싹이 트는 것에 대비하였다. 『제민요술』에는 뼈 즙 이외에 소똥이나 누에똥 속에 외씨[瓜子], 박씨[瓠子], 농익은 복숭아[熟桃]를 넣어 분종했으며, 이 같은 밑거름 방식은 남송대에도 여전히 유용했다. 예컨대 부엌 가에 만들어 둔 거름웅덩이에서 생산된 겨분[糠糞][72]은 밑거름으로도 사용되었다. 그 방식은 파종직전에 밟아 진흙 속에 겨분을 넣고, 고무래[田盪][73]로 잘 골라 평평하게 하여 파종하여 비전肥田하였다. 하지만 진부는 전대前代와 같이 종자에 거름 주는 법에 대한 구체적인 설명을 덧붙이지는 않고 있다.

그런데 우경이 발달하여 토지의 전면 발토가 이루어지면서, 특히 강남 논농사의 경우 벼를 이앙한 후 뿌리를 내리도록 하기[着根] 위해 일정한 조

---

72 '겨분[糠糞]'은 곡물의 껍질을 물에 담가서 만든 비료이며, 만드는 법은 「종상지법편」에서 보인다.

73 '탕(盪)'은 땅을 골라 주는 농구로서 고무래와 유사한 형태이다. 『왕정농서(王禎農書)』「농기도보집지육(農器圖譜集之六)·파팔문(杷杌門)」에 등장하는데, 묘치위(繆啓愉)의 주석에서는 『농서(農書)』「종식편(種植篇)」을 『진부농서』「선기근묘편(善其根苗篇)」으로 보고 있다.

치가 필요했다. 이 경우 거름 주기도 싹을 틔우기[出苗] 위해서가 아니라 건강한 작물을 지속적으로 보전하기 위해 중요시되었다.

주지하듯 덧거름은 밑거름의 성질을 보완하기 위해 흙 위[土上]에 시비한 것이다. 덧거름이 처음 등장하는 것은 『범승지서』「종마種麻」의 기록으로, 모[苗]가 한 자 정도 자랐을 때 누에똥[蠶矢]을 거름했다는 것이[74] 그것이다. 덧거름은 밑거름의 부족을 보충하기 위해 액체 상태로 거름을 주는 경우가 많았는데, 그것은 물기에 의해 분기糞氣가 뿌리에 쉽게 흡수되어 영양분이 식물체에 고르게 전달되도록 하기 위함이었다. 당말에 찬술된 『사시찬요』에도 생강, 양하蘘荷, 부추, 쇠무릎을 파종할 때나 오동나무와 차나무를 재배할 때 소똥, 누에똥과 사람의 똥오줌으로 덧거름을 주고 있는 것을 볼 수 있다. 그런가 하면 『진부농서』「종상지법편種桑之法篇」에는 구정물이나 쌀뜨물을 한 해에 3, 4차례 퍼내서 뽕밭에 심은 모시에 거름을 주어 기력을 보충함으로써 한 가지 일로 두 가지의 작물을 무성하게 만들기도 하였다. 진부가 실제로 이 같은 일을 실천하자 이웃은 특이한 것에 감탄하여 서로서로 본받지 않음이 없었다는[75] 것으로 미루어 보아 당시 모든 작물에 덧거름이 보편화되지는 않은 듯하지만, 송대부터 적극적인 관심을 가진 것은 분명하다. 다만 『제민요술』 단계까지의 덧거름은 주로 아욱[葵], 부추[韭]와 같은 채소류에 국한되고 곡류에는 행해지지 않았으며 이것은 『사시찬요』 단계에서도 마찬가지였지만, 『진부농서』에는 맥麥, 벼[稻]에까지 똥오줌과 녹비綠肥 등으로 덧거름하고 있다.[76]

---

74 『제민요술』「종마자(種麻子)」, "氾勝之書曰, 種麻, 豫調和田. 二月下旬, 三月上旬, 傍雨種之. 麻生布葉, 鋤之. 率九尺一樹. 樹高一尺, 以蠶矢糞之, 樹三升. 無蠶矢, 以溷中熟糞糞之亦善, 樹一升."

75 『진부농서』「종상지법편」, "一歲三四次出以糞苧, 因以肥桑, 愈久而愈茂, 寧有荒廢枯摧者. 作一事而兩得, 誠用力少而見功多也. 僕每如此爲之, 此鄰莫不歎異而胥效也."

76 최덕경, 「東아시아에서의 糞의 의미와 人糞의 實效性」, 『중국사연구(中國史研究)』 68, 2010, p.75.

덧거름 기술은 밑거름처럼 단순하지가 않았던 것 같다. 후대 『보농서』의 「운전지법運田地法」에 의하면, "덧거름을 할 때는 반드시 계절, 기후를 고려하고, 싹[苗]의 색깔을 살펴야 하는데, 이는 농가를 위해 가장 중요한 일이었다. 가난한 농가는 거름을 적게 주어 낮은 생산 때문에 고생하였고, 거름이 많은 농가에서는 거름을 많이 주어 이삭이 웃자라 쭉정이가 많은 것을 근심하였다."라고[77] 하였는데, 이것은 덧거름을 위해서는 세심한 농작물의 관찰이 필요하다는 사실을 역설한 것이다.

송대의 덧거름 사례를 보면, "정월에는 삼[麻枲]을 파종하고, 열흘 간격으로 한 번씩 거름을 준다." "겨울맥[冬麥]을 파종하고, 여러 차례 김매고 여러 차례 거름을 준다."[78] "호미로 (뽕나무) 뿌리 아래를 파서 거름을 주는 것을 '개근분開根糞'이라고 하며, 해마다 2차례씩 호미로 파내어 거름을 준다."[79] "(옮겨 심은 뽕나무) 사방에 구멍을 내어 거름[澆]이나 물을 주입[灌]하면 바로 구멍을 통해서 뿌리 아래까지 미치게 되어 나무가 왕성해진다." "모시에 거름을 주게 되면 뽕나무 또한 거름의 효과를 얻게 되어서 상호이익이 된다."[80] 그리고 "물을 대면 진흙이 부풀어 부서지게 되어 벼의 모는 무성해져서 특별히 거름을 주는 것보다 좋다."[81] 등이 있다. 마지막 사례는 직접 벼 모에 거름을 준 것은 아니지만 문장의 내용으로 보아, 벼에도 덧거름을 뿌렸음을 알 수 있다.

이상과 같이 송대에는 다양한 작물에 덧거름을 하였다. 앞에서 살폈듯이 송대 거름 제조 방식을 보면, 대개 거름간[糞屋]을 설치하고, 구지법漚漬

---

77 『심씨농서(沈氏農書)』「운전지법(運田地法)」, "蓋田上生活, 百凡容易, 只有接力一壅, 須相其時候, 察其顏色, 爲農家最緊要機關. 無力之家, 旣苦少壅薄收, 糞多之家, 患過肥穀秕, 究其根源, 總爲壅嫩苗之故."

78 『진부농서(陳旉農書)』「육종지의편(六種之宜篇)」.

79 『진부농서』「종상지법편(種桑之法篇)」.

80 『진부농서』「종상지법편」.

81 『진부농서』「호운지의편(薅耘之宜篇)」.

法을 이용하거나 거름구덩이 속에서 숙분과 거름물을 많이 생산하였다. 이들 거름은 비력이 높아 속효성 비료에 아주 적합하다. 또한 이런 비료는 밑거름보다 작물의 상황에 따라 분약으로 사용하기가 용이하다. 예컨대 「종상지법편種桑之法篇」에서 "싹이 3-5치[寸] 자라면 … 5 내지 7일에 한 번 물에 소변을 타서 거름을 주면 비옥해져서 잘 자란다."라는 것처럼 덧거름의 효용성을 경험적으로 알고 있었던 것이다. 이것은 당시 생산된 거름물 등이 덧거름에 적합했다는 의미이다. 따라서 비료 저장 시설이 송대 크게 늘어났던 것은 당시 거름 주는 법이 밑거름에서 점차 덧거름 방향으로 전향된 것과 유관했음을 알 수 있다.

2. 채소[瓜菜] 중심에서 벼·밀·뽕나무[稻麥桑] 재배를 위한 시비

그러면 당송시대 똥은 주로 어떤 용도로 사용되었는지를 살펴보자. 우선 『제민요술』의 분전糞田과 관련된 기록을 보면, '가분분지加糞糞之', 분종糞種, 숙분熟糞, 분택糞澤, 양똥[羊糞], 미분美糞, 분기糞氣, 분주糞疇, 누에똥[蠶矢糞], '혼중숙분분지溷中熟糞糞之', 누에똥[蠶糞], 소똥[牛糞], 토분土糞, 악초생분惡草生糞, 생분生糞, 분지糞地, 분토糞土, '나귀·말똥 및 사람오줌[驢馬糞及人溺]',[82] 말똥오줌[馬糞溺] 등이 보인다. 그런가 하면 남송 때 편찬된 『진부농서』(1149년)에 보이는 분糞의 용례를 보면, 토분土糞,[83] 분양糞壤, 분즙糞汁, 분전주糞田疇, 분토전糞土田, 사람생똥[大糞], 화분[火糞; 燒土草木灰],[84] 겨분[糠糞](곡물의 겨로 만든 비료),[85] 분저糞苧, 초목재[草木灰], 초분草糞, 묘분苗糞, 욕분蓐糞; 踏糞,[86] '흙과 잡동사니를 태운 거름[燒土糞以糞之]'[87] 등이 있으며, '체에 거

---

82 『제민요술』「종자초(種紫草)」, "其棚下勿使驢馬糞及人溺, 又忌煙, 皆令草失色."

83 『진부농서』「육종지의편(六種之宜篇)」.

84 『진부농서』「선기근묘편(善其根苗篇)」.

85 『진부농서』「선기근묘편」.

름을 곱게 쳐서 종자와 섞어서[篩細糞和種子]'[88] 시비하기도 하였다. 양자의 차이를 보면, 『제민요술』에는 주로 가축의 똥, 누에똥과 쇠두엄이 중심이었지만, 『진부농서』에는 토분·분즙·사람 생똥[大糞]·화분火糞·겨분[糠糞] 등과 같이 비료의 재료와 그 제작방식이 확대되었던 것이 주목된다.

『제민요술』에서 이들 비료가 사용된 용례를 보면, 조와 기장[粟黍], 찰기장·차조[穄粱秫], 대·소두 및 대·소맥·벼[水稻] 등의 화곡禾穀 작물에도 시비한 흔적을 볼 수 있지만, 외[瓜]·박[瓠]·토란[芋]·아욱[葵]·부추[韭]·난향蘭香·생강[薑]·양하蘘荷·미나리[芹]·산초[椒]와 복숭아와 능금[桃柰], 배[梨] 등 채소류와 과실수만큼 적극적으로 시비가 이루어지지 않았음을 살필 수 있다. 그리고 『제민요술』에 숙분, 생분이 동시에 등장하는 것을 보면, 가축과 사람의 생똥도 부숙하여 이용했음을 알 수 있다. 이런 현상은 『사시찬요』에도 마찬가지이다. 〈표 2〉와 같이 『사시찬요』에는 봄에 파종하는 과채瓜菜류가 이전의 어떤 농서보다 많이 제시되고 있으며, 이들에 대한 시비도 잘 소개하고 있다. 예컨대 1월에 파종한 작물은 염교[薤], 외[瓜], 동과冬瓜, 아욱[葵]이며, 2월에는 파[葱]·달래[蒜]·외·박[瓠]·아욱[葵]·여뀌[蓼]·거여목[苜蓿]·토란[芋]·부추[韭]·산약[薯預]과 장미류[薔薇類], 3월에는 깨[胡麻]·삼씨[麻子]·외·생강[薑]·율무[薏苡] 등을 파종했으며, 파종 때 사용한 거름을 보면 '하수가분下水加糞', '분수관지糞水灌之', '지맥종漬麥種', 소똥, 누에똥, 사람똥[人糞], 분토糞土, 분종糞種 등을 볼 수 있다. 이 똥의 명칭 만으로는 거름의 성질을 모두 알 수 없지만, 흥미로운 것은 쇠두엄을 제외하고 소똥이 가장 많이 등장하며, 봄 이외에는 거름을 준 기록이 거의 보이지 않는다는 점이다.[89] 심지어 8월 대소맥의 파종 때에도 거름을 준

---

86 『진부농서』, 「목양역용지의편(牧養役用之宜篇)」, "於春之初, 必盡去牢欄中積滯蓐糞."에서 '욕분(蓐糞)'이 곧 쇠두엄[踏糞]이 아닐까 생각된다.

87 『진부농서』, 「육종지의편」.

88 『진부농서』, 「육종지의편」, "篩細糞和種子, 打壟撮放, 唯疏爲妙."

기록이 (누락되었거나) 보이지 않는 것을 보면, 봄에 지력 유지를 위해 밑거름을 집중적으로 시비하였거나 종자에 직접 파종했음을 알 수 있다.

어쨌든 〈표 1〉의 좌측 한대 파종작물과 비교해 보면 당대에는 과채류, 향유香油, 염색 작물은 물론이고, 삼, 뽕 및 목면 등의 섬유 작물과 과수류의 재배가 크게 늘어난 것을 살필 수 있다. 이것은 『제민요술』에도 마찬가지이며, 이는 이후 비료에 대한 인식이 달라지고 그 수요가 늘어나게 된 요인으로 작용했다. 즉 재배 작물이 다양해지면 지력소모의 속도가 빨라져 이를 보완하기 위해 시비가 불가피하다. 이러한 현상이 곧 새로운 비료 재료의 발견과 제분법을 낳게 된 것이다. 게다가 『사시찬요』의 작물 구성, 파종 및 거름 주기 방식도 『제민요술』과는 큰 차이가 없다. 이것은 농업환경과 그 구조에는 큰 변화가 없었음을 뜻한다. 다만, 수분水糞과 같은 덧거름과 사람 똥의 이용이 늘어나고 있다는 점은 이후 토양과 작물에 대한 인식의 변화를 엿보게 한다.

송대가 되면 이미 전술한 바와 같이 제분 방식과 비료 소재면에서 적지 않은 변화가 보이게 된다. 송대의 『진부농서』는 단순한 토양 비료의 확대만이 아니라 거름 주기에 대한 인식이 체계화되고 있다. 뿐만 아니라 『진부농서』는 『제민요술』이나 『사시찬요』와는 달리 저자의 풍부한 경험과 지식을 토대로 하여 안타까운 심정으로 당시 농업의 문제점을 읽어 내고, 그 해결방법도 농작물의 정황을 살펴 어루만지며 비료를 통해 치료하고 있다는 것이 특징이다.

---

89 『사시찬요(四時纂要)』에 의하면 1-3월 사이에 파종하는 과채류나 곡물에는 대부분 시비를 했지만, 그 이후에는 6월에 무를 파종할[種蘿蔔] 때에 거름을 주고, 7월에 황무지를 개간하면서 불 질러 시비하고, 거여목 파종할[種苜蓿] 때에 거름 주고 물을 뿌렸으며, 8월에 거름 물에 담가 맥을 파종하고 마늘을 심을 때에 '거름 주고 물을 준 것뿐으로 〈표 2〉에서 보듯 4-12월까지는 파종한 작물 수에 비해 시비가 매우 적다. 이것은 단순한 누락인지 알 수 없지만, 주로 봄에 시비가 집중되고 있는 것을 볼 수 있다.

예컨대 "7월에는 거듭 거름을 주고 호미질을 해 주며, 8월 사일社日[90]전에 겨울밀[冬麥]을 파종하고, 여러 차례 김매고 거름을 주어야 한다."라는 사실에서 볼 수 있듯이,[91] 진부는 특히 6월에 풀을 제거하여 진흙 속에 묻어 거름으로 사용하였다. 이것은 이미 『시경』[92]에도 제시되어 있는데, 지금의 농부들은 뿌리나 씨로 번식하는 잡초를 잘 몰라 혹 잡초의 피해를 입을까 두려워 그것을 멀리 폐기하고 비료로 이용하지 못하고 있는 사실을[93] 안타까워했다. 그런가 하면 쌓아 둔 썩은 볏짚과 나뭇잎, 그리고 베어 낸 마른 풀뿌리를 잘라서 모판에 두루 깔아 태우면 흙이 따뜻해지고 부드러워진다는 점도 제시하면서 잡초는 물론 각종 쓰레기조차 적극적으로 비료로 이용할 것을 강조하고 있다. 특히 겨울밀[冬麥] 재배를 위한 거름 주기에 특별한 관심을 기울였다.

　　「선기근묘편善其根苗篇」에서는 벼를 모판에 파종하기 전, 가을과 겨울에 두세 차례 깊이 갈아엎어 주고, 월동하면서 푸석푸석해진 토양에 거름을 주어 부드럽게 한 후, 초봄이 되면 다시 두 차례 갈아엎고 써레질하여 부드럽게 평탄 작업을 한 뒤 거름을 주어 배토할 것을 강조했다. 다만 이때 절대 똥[大糞]을 바로 사용해서는 안 되며,[94] 잘 부숙 발효시킨 깻묵[麻枯][95]이

90　완궈딩[萬國鼎]은 '사(社)'는 '사일(社日)'을 가리킨다고 하였다. 입춘 후 다섯 번째 무(戊)일을 '춘사(春社)'라고 하고, 입추 후 다섯 번째 무일을 '추사(秋社)'라고 한다.

91　『진부농서』「육종지의편」, "七月治地, 屢加糞鋤轉. 八月社前卽可種麥. 宜屢耘而屢糞. 麥經兩社, 卽倍收而子顆堅實."

92　『시경(詩經)』「주송(周頌)·양사(良耜)」, "以薅荼蓼, 荼蓼朽止, 黍稷茂止."

93　『진부농서』「호운지의편」, "春秋傳曰, 農夫之務去草也, 芟夷蘊崇之, 絶其本根, 勿使能殖, 則善者信矣, 以言盡去稂莠, 卽可以望嘉穀茂盛也. 古人留意如此, 而今人忽之, 其可乎."

94　『진부농서』「선기근묘편」, "今夫種穀, 必先脩治秧田. 於秋冬卽再三深耕之, 俾霜雪凍冱, 土壤蘇碎. 又積腐槀敗葉, 剗薙枯朽根荄, 徧鋪燒治, 卽土暖且爽. 於始春又再耕耙轉, 以糞壅之, 若用麻枯尤善. 但麻枯難使, 須細杵碎, 和火糞窖罨, 如作麴樣 … 切勿用大糞, 以其瓮腐芽蘗, 又損人腳手, 成瘡痍難療. 唯火糞與燖豬毛及窖爛麤穀殼最佳. 亦必渥漉田精熟了, 乃下糠糞, 踏入泥中, 盪平田面, 乃可撒穀種."

95　앞에서 제시한 완궈딩[萬國鼎]의 『진부농서교주(陳旉農書校註)』에 의하면, '마고(麻枯)'는 깨를 짠 후의 깻묵으로, 함유된 기름을 다 짜고 말렸다는 것을 의미한다고 한다. 사용방법은

116　제1부 고대 중국 분뇨시비의 출현과 확산

나 돼지 털[96] 및 구덩이에 넣어서 썩힌 겨분[糠糞]이 좋으며, 거름을 준 후에는 발로 밟아 진흙 속에 넣고 고무래[田盪]로써 지면을 평평하게 한 후 파종한다는 사실을 안내하고 있다. 이는 논[水田]의 모판에서도 비료를 하지 않으면 안 된다는 것을 말해 준다.

또 논을 관리할 때는 거름 주기 못지않게 중요한 것이 관개라는 사실을 전제하면서, 관개는 토양을 부풀리고, 벼의 성장을 촉진하고 제초에도 용이하며,[97] 필요시 논을 말리고 물을 순환시켜야 한다고 하였다. 그리고 벼만 단독으로 재배하는 것보다 두豆·맥麥·채소[蔬茹]와 상호 윤작하면 토양이 부드러워지며 비옥해진다고[98] 하여 논농사[水田]의 지력보전을 위해 관개와 두·맥 등과의 윤작을 강조하고 있다. 이 방식 역시 동일 작물을 계속 재배하여 야기된 지기地氣의 손실을 작물의 교체를 통해 음양을 조절한 것이라고 볼 수 있다. 『진부농서』에서는 채소·삼[麻]·맥麥·조[粟]·콩과식물을 심을 수 있는 땅으로[99] 고개나 비탈진 땅을 들고 있다.[100] 바꾸어 말하

깻묵을 화분과 섞어 발효시켜 사용했다. '화분(火糞)'은 쌓은 흙과 초목을 함께 섞어 불 질러서 만든 거름이다. 「분전지의편(糞田之宜篇)」에는 "무릇 소제한 흙, 태운 재, 키질한 쭉정이, 자른 볏짚과 떨어진 낙엽을 쌓아서 태운다."라고 한다. 이것은 오늘날 절동(浙東)지역의 '초니회(焦泥灰)'를 태워서 만드는 방법과 유사하며, 아마도 진부가 말하는 화분은 바로 이같이 태워서 만들었을 가능성이 있다. 태울 때는 단지 연기를 무릅쓰고 그것에 불꽃을 나지 않도록 하여 태워서 검게 변할 때 태우기를 멈추고 재로 만들어서는 안 된다. 그 속에는 흙이 있는데 그 함량이 적지 않아서 이 때문에 토분(土糞)이라고 일컫는다. 「육종지의편(六種之宜篇)」에서 말하는 "토분을 태워서 시비한다."라고 하는 것과 「종상지법편(種桑之法篇)」에서는 "거름 구덩이에서 태운 토분을 시비한다."라고 하는데 여기서의 토분(土糞)은 대개 화분(火糞)이다.

96 완귀딩의 『진부농서교주(陳旉農書校註)』에 의하면, 가축의 털을 뽑는 것을 '심모(撏毛)'라고 하며, '심저모(撏豬毛)'는 끓인 물로 뽑은 돼지털을 가리킨다고 한다.

97 『진부농서』「호운지의편」, "然後作起溝缺, 次第灌溉. 夫已乾燥之泥, 驟得雨卽蘇碎, 不三五日間, 稻苗蔚然, 殊勝於用糞也. 又次第從下放上耘之, 卽無鹵莽滅裂之病. 田乾水暖, 草死土肥, 浸灌有漸, 卽水不走失. 如此思患預防, 何爲而不得乎."

98 『진부농서』「경누지의편(耕耨之宜篇)」, "早田穫刈纔畢, 隨卽耕治晒暴, 加糞壅培, 而種豆麥蔬茹. 因以熟土壤而肥沃之, 以省來歲功役, 且其收又足以助歲計也."

99 『진부농서』「지세지의편(地勢之宜篇)」.

100 이 부분의 '하지(下地)' 즉 낮은 지대의 땅은 쉽게 침수되기 때문에, 반드시 제방을 높게 쌓아

면 벼농사[稻作]의 후작물로 콩[豆], 맥麥을 윤작할 수 있는 밭[旱田]이 대개 이런 땅이었던 것이다.

벼[稻]와 두맥豆麥과 같은 주곡 작물의 윤작은 이전의 농서에서는 볼 수 없었던 특징이다. 진부는 윤작은 단순히 지력 유지의 차원을 넘어 토양을 개량하고 노동력을 절약하며, 가계 수입을 높일 수 있는 길이라는 점에서 매우 중요시하고 있다. 그러나 이에 못지않게 화곡 작물의 윤작은 지력을 많이 소모하는데, 이를 해결하기 위해서는 거름 주는 시기와 방법이 깊게 연관되어 있다.

하지만 도맥稻麥의 윤작이 동일한 포장에서 이루어지기 위해서는 무엇보다 상호 수확과 파종 시기가 맞아야 한다. 전술하였듯이 『제민요술』의 윤작작물을 보면 〈표 1〉과 같이 주로 콩과식물과 찰기장·메기장[黍穄], 혹은 콩[豆]과 곡穀, 맥과 곡으로 이루어져 있다. 그러나 벼[稻]와 두맥豆麥 간의 윤작은 보이지 않는다. 이런 현상은 『사민월령』에서도 마찬가지이다.

송대 강남지역의 도맥稻麥 윤작 문제를 둘러싸고 다양한 견해가 존재한다.[101] 그 도맥 윤작의 실체를 알기 위해 『사민월령』에 보이는 곡물의 생장

서 토지를 감싸 돌도록 한 것을 보면 배수 및 관개시설이 쉽지만은 않은 듯하다. 하지만 리견판[李根蟠], 「長江下流稻麥復種制的形成和發展: 以唐宋時代爲中心的討論」, 『역사연구(歷史研究)』 2002-5, pp.9-11에서와 같이 저지대에서 도맥(稻麥)을 윤작한 많은 사료가 등장하는 것을 보면 『진부농서』가 다양한 지역에 대한 정보를 일일이 기술하지는 않은 듯하다.

101 송대 강남지역 도맥 윤작(稻麥輪作)에 대한 주된 논쟁점은 동일 포장(圃場)에서의 윤작인가. 강남 저전(低田)에서 도맥을 윤작할 수 있을 정도의 배수와 관개의 기술수준이 갖추어졌는가. 겨울맥[冬麥]과 윤작한 벼의 품종이 올벼[早稻]인가 늦벼[晚稻]인가 등의 문제와 더불어 다양한 사료문제, 이론과 실제의 문제, 보급의 안정성과 국한성의 문제 등이 그것이다. 이를 둘러싸고 일본 및 중국에서는 지금도 논쟁이 계속되고 있다. 대표적인 논문은 다음과 같다. 가토 시게루[加藤繁], 「支那に於ける稻作特にその品種の發達に就いて」, 『支那經濟史考證』(下), 東洋文庫, 1974; 아다치 게이지[足立啓二], 「宋代以降の江南稻作」, 『アジア稻作文化の發展: 多樣と統一』, 小學館, 1987; 오사와 마사아키[大澤正昭], 『陳旉農書の研究』, 農文協, 1993, pp.74-78; 리견판[李根蟠], 「長江下流稻麥復種制的形成和發展: 以唐宋時代爲中心的討論」, 『歷史研究』 2002-5; 증숭성[曾雄生], 「析宋代'稻麥二熟說」, 『역사연구(歷史研究)』 2005-1; 리견판[李根蟠], 「再論宋代南方稻麥復種制的形成和發展: 兼與曾雄生先生商榷」, 『역사연구(歷史研究)』 2006-2; 리보쫑[李伯重], 「宋末至明初江南農業技術的變化:

기를 살펴보자. 메벼[秔稻]의 파종 시기는 3-5월이고 수확 시기는 11월이며, 맥의 경우 춘맥春麥이 1-2월이고, 수확이 7월이다. 겨울맥[冬麥]은 8월에 파종하여 이듬해 4-6월에 수확하는 것으로 되어 있다. 콩과 작물은 2-4월에 파종하여 11월에 수확하는 것으로 되어 있어 벼와 두맥의 윤작은 곤란하고, 맥류와 콩과류의 윤작도 시기가 겹쳐 있다.

당대 편찬된 『사시찬요』를 보면, 〈표 2〉와 같이 춘맥의 파종 시기는 1월, 수확 시기는 7월이며, 겨울맥의 파종은 8월이며, 수확 시기는 이듬해 4-5월이다. 춘대두는 1-3월에 파종하고, 5-7월에 수확했으며, 여름 대소두[夏大小豆]는 5-6월에 파종하여 9-11월에 수확하는 것으로 되어 있다. 이에 반해 윤작할 대상인 벼[稻]를 보면 밭벼의 경우 파종 시기가 2월, 4-5월이며, 5-6월에 이앙하여 11월에 메벼[粳稻]를 수확했다. 벼[水稻]는 3월에 파종했다고만 할 뿐 수확 시기를 밝히지 않고 있다. 다만 파종시기의 폭이 넓은 것으로 미루어 볼 때, 적어도 올벼와 늦벼가 있었던 것 같다. 만약 『사시찬요』 9월조에 수확하는 '오곡五穀' 속에 벼가 포함되어 있다고 한다면 벼[水稻]의 수확 시기는 9-10월이 된다.[102] 이것은 당대 양세법兩稅法의 규정에서 수확한 후 하세夏稅는 6월, 추세秋稅는 11월을 넘겨서는 안 되는 것과 관련하면 수확시기가 일치한다. 이렇게 보면 밭벼는 생장기가 5-6개월 이상이 되며, 논벼[水稻]의 경우도 6개월 이상이 된다. 이런 조건으로는 벼[稻]와 두맥의 윤작은 『제민요술』처럼 불가능하다. 『사민월령』과 『사시찬요』를 대조해서 살펴보아도, 지역과 기후 조건에 따라 차이는 있었겠지만, 조,

---

十三, 十四世紀江南農業變化探討之二」, 『중국농사(中國農史)』 1998-1.

102 명대 초 편찬된 소주(蘇州) 지방지에서 인용하고 있는 『오문사류(吳門事類)』의 벼 파종시기도 『사시찬요(四時纂要)』의 시기와 큰 차이가 없다. 다만 수확시기가 명시되어 올벼는 3월 중순에 파종하여 7월 후반기에 수확하고, 중도(中稻)는 6월 초순에 파종하여 9월 초순에 수확, 늦벼는 6월 하순에 파종하여 10월 초순에 수확하는 것으로 구분하고 있다. 하지만 이들 도품(稻品) 역시 8월에 맥을 파종하여 이듬해 4월에 수확하는 시기를 맞추지 못한다. 아다치 게이지[足立啓二], 「宋代以降の江南稻作」, p.214.

기장과 8월에 파종하는 겨울맥이 시간상 윤작 가능한 것을 제외하고는 동일 포장圃場에서의 윤작은 쉽지 않다.

<표 2> 『사시찬요』와 『진부농서』의 월별 파종 및 수확 시기

구분 월별	사시찬요		진부농서		
	파종작물	수확	파종	수확	시비방법
1월	治薤畦. 春麥播種. 瓜播種. 種冬瓜. 種葵. 秧薤. 雜種(脾. 豆葱. 芋. 蒜. 瓜. 瓠. 葵. 蓼. 苜蓿. 薔薇之類). 種桑. 種藕.		정월에는 麻枲를 파종[種麻枲]		열흘 간격으로 한 번씩 거름을 준다.
2월	種穀(粟). 種大豆. 大豆區種法 種早稻. 種瓜. 種胡麻. 種韭. 種薤. 種茄. 種蜀芥芸薹. 種署預.		2월에 粟을 파종.[種粟]		高田의 올벼는 파종에서 수확까지 5, 6개월 소요.(地勢之宜)
3월	種穀. 種大豆. 種麻子. 種黍稷. 種瓜. 種水稻. 種胡麻. 種冬瓜萵苣. 種薑. 種石榴. 栽杏. 種薏苡. 種木綿法.		조생종 깨를 파종.[種早麻]		물 또한 거름이 된다.(耕耨之宜) 糞種. 糞汁. 火糞. 腐棄. 糠糞. 大糞.
4월	種穀. 種黍, 稻, 胡麻. 移椒.	·剪冬葵 ·麥 수확(種子用 麥 저장) ·수확- 收蔓菁子 ·茶 수확	4월이 되면 두류를 파종.[種豆]		
5월	種小豆. 種苴麻. 種麻. 種胡麻. 種晚越瓜. 밭벼 이앙(栽早稻). 뽕나무 씨파종-種桑椹. 種諸果種.	·麥地 건조 ·收蔓種, 豌豆, 蜀芥, 胡荽子	5월 중순 이후에는 만생종 깨를 파종.[種晚油麻] 망종절(양력 6월 5일)이 지나 黃綠穀(생장기 짧은 메벼)을 湖田에 파종.	5, 6월에는 삼을 수확. 黃綠穀은 파종에서 수확에 이르기까지 60-70일밖에 걸리지 않음.(침수 우려 없음)	깨를 수확할 때는 하루 이틀 밤 쌓아서 덮어 준 이후에 시렁을 세워서 햇볕에 말려서 다시 거꾸로 세워 털어 낸다.

6월	種小豆. 種晚瓜와 올벼이식(竝同五月). 種秋葵. 宿根蔓菁. 種蕎麥. 種蘿蔔. 種小蒜. 種柳.	•수확[雜事]: 芥子【中秋後種】, 收苜蓿, … 糶蕎麥.			
7월	耕茅田. 開荒田. 煞穀地. 種苜蓿. 種葱薤. 種蔓菁. 種爥芥. 芸薹. 種桃柳. 造豉. 種小蒜蜀芥. 分薤.	•收瓜子 •雜事(麥/ 晚麻수확): 糶大小豆糶麥 … 刈蒿草 … 漚晚麻, 耕菜地.	사일(社日) 전에 맥류[冬麥]를 파종.	7, 8월이면 조생종 깨 [早麻]를 수확. 7월에 豆를 수확.	7월에 땅을 다스리고 거듭 거름을 주고 호미질 해 준다.
8월	種大麥. 種小麥. 漬麥種. 種苜蓿. 葱薤葱同五月法. 薤同二月法. 種蒜. 種蘿. 種諸菜[채소파종]: 萵苣芸薹胡荽], 竝良時.	•수확: 地黃, 牛膝子. •수확[雜事]: 蕢菣, 葵藜子, 角蒿, 韭花, 胡桃, 棗. 開蜜 … 收油麻, 秫, 豇豆.	칠월칠석[음력 7월 7일] 이후에 무와 배추를 파종.[種蘿蔔, 菘菜] 8월이 되어서 社日전에 冬麥을 파종.[種冬麥]		고운 거름을 체에 쳐서 종자와 섞어서 이랑에 흩어 뿌리되, 드문드문하게 뿌려 주는 것이 가장 중요. 土糞을 태워 시비. 장어 머리뼈를 삶은 즙에 담가 파종.
9월	채소의 겨울철 저장 준비: 備冬藏	•수확[收五穀種]: 是月, 五穀擇好穗刈之. •收菜子: 韭子, 茄子의 종자 거둠 •밤수확: 收栗種	早田에 벼의 수확을 마치면 즉시 갈이하여 햇볕에 말려 거름을 주고 배토하여 豆, 麥, 蔬茄를 파종.(耕耨之宜)	早田에 벼의 수확.	물 또한 거름이 된다.
10월	翻區瓜田. 種冬葵. 種豌豆. 區種瓠. 種麻. 區種茄.	•수확[覆胡荽] •수확: 冬瓜, 枸杞子. •雜事(수확-粟及大小豆麻子五穀): 粟及大小豆麻子五穀等 … 收槐實梓實, 收牛膝地黃, 造牛衣 … 收諸穀種大小豆種.		『詩經』에 이르기를 10월에 禾穀類를 수확하는데 黍, 稷의 만생종. 조생종이 있고, 禾, 麻, 菽, 麥과 같은 품종도 있다.	10월이 되어 禾穀類를 수확하면 한 해의 일이 끝난다.
11월	이듬해 종자선별: 試穀種	•雜事(수확물: 粳稻, 粟, 大小豆, 麻子, 胡麻): 糶粳稻粟大小豆麻子胡麻等.			늦게 벼를 수확하고자 하는 晚田은 봄에 갈이.

12월	[장 담그는 법: 造醬]: 魚醬. 免醬 [농기구제작손질: 造農器]: 收連加犁樓磨鑺鑿鋤鎌刀斧. 向春人忙, 宜先備之. [잡다한 일: 雜事]: 造車, 貯雪, 收臘槽, 造竹器, 碓磑, 糞地, 造餳蘗, 刈棘屯墻, 貯草, 貯皂莢, 縛笤箒. 祀竈.				

하지만 『제민요술』이나 『사시찬요』를 보면, 겨울에도 겨울맥을 재배하였다. 겨울맥은 8월에 파종하여 이듬해 4월에 수확하고, 바로 5월에 밭벼를 파종하면 시간적으로 별문제가 없지만 벼의 수확시기가 11월이기 때문에 그해 겨울맥의 파종 시기를 놓치게 되어 지속적인 도맥稻麥의 윤작은 불가능하게 된다. 따라서 『사시찬요』 시대까지는 주곡작물은 상호 윤작하는 것보다 봄여름과 가을에 집중 재배된 다양한 과채류와 윤작하거나 다른 공간에서 동시에 재배했을 것으로 짐작된다.

그런데 『진부농서』에서는 어째서 벼농사[稻作] 이후에 콩[豆], 맥麥, 채소[蔬茹]와 상호 윤작 재배하도록 유도했을까? 주곡 작물의 윤작은 단순한 농업생산력을 넘어 그것을 완수하기 위해서는 많은 시비가 필요하기 때문에 좀 더 살펴볼 필요가 있다. 지적한 바와 같이 윤작이 불가능한 주된 원인은 논벼, 밭벼의 생장 기간이 5-6개월 이상이었다는 것이다. 이것은 『진부농서』의 "고전高田의 올벼[早稻][103]는 파종에서 수확까지 5, 6개월밖에 걸

---

103 고전에서의 올벼[早稻], 늦벼[晚稻] 및 도맥 이모작에 관한 연구는 복잡한 양상을 띠고 있다. 완궈딩[萬國鼎]의 교주에 의하면, 『지부족재총서본(知不足齋叢書本)』에는 '한도(早稻)'라고 쓰여 있는데 이는 분명 '조도(早稻)'의 잘못이다. 왜냐하면 여기에서 말하는 것은 수전(水田)이고 또한 벼의 생장기를 볼 때 올벼[早稻]이기 때문이라고 한다.

리지 않는다."[104]라고 하는 것과도 부합되며,[105] 올벼[早稻]가 아닌 품종의 경우 이보다 길었다는 것이 된다. 이런 종류의 벼는 현실적으로 다른 곡물과의 지속적인 윤작은 곤란하다. 그런데 『진부농서』에는 또 다른 벼 품종이 등장한다. 이른바 황록곡黃綠穀이다. 이 황록곡은 파종에서 수확까지 60-70일밖에 걸리지 않는다고 한다. 생장기간이 두 달 약간 넘어 그전의 올벼보다 3-4개월이나 짧다. 그렇다면 3-5월에 벼를 파종하여 수확한 후에도 충분히 8월에 겨울맥을 파종할 수 있으며, 이듬해 4월에 겨울맥을 수확하고도 또다시 벼를 심을 수 있어 벼[稻], 맥의 윤작에 시간적으로 아무런 방해를 받지 않는다.

이 황록곡은 『왕정농서王禎農書』에는 황류곡黃穋穀이라고 쓰여 있으며,[106]

현재 이에 대한 중국의 연구 성과를 정리하자면, 증웅성[曾雄生]은 고전(高田)은 쉽게 가물기 때문에, 그 시기가 다른 논에 비해 일찍 시작한다고 하여 한전(早田)이라 부른다고 하였다. 점성도(占城稻)는 바로 이 같은 고전의 생산 수요를 위해 도입했다고 한다. 대개 강남의 만도는 음력 9-10월에 수확하는데, 어떤 경우에는 11월까지 늦어지기도 한다. 늦벼[晚稻]를 늦게 수확하여 동맥(冬麥)의 파종시기에 영향을 미치기 때문에, 동맥과 함께 이모작을 실시한 벼 품종은 올벼(早稻)라고 주장하였다. 이에 대해 리건판[李根蟠]은 증웅성이 올벼와 늦벼의 이앙을 혼동하여 생긴 현상이라고 반론을 제기했다. 올벼의 파종은 대략 2월에서 3월 초에 실시하며, 3월 하순에서 4월 하순에 모내기를 한다. 이 기간은 맥을 수확하기 이전이므로 도맥 이모작이 형성되지 않지만, 늦벼는 그렇지 않다. 만도는 9-11월에 수확하여 정지한 후 맥을 파종할 수 있다. 특히 송대의 만도는 성숙기가 다양한 품종이 많았고, 그중 8월에 수확하는 조숙 늦벼[晚稻]가 이미 우위를 차지하였다. 또 늦벼가 올벼보다 생산량이 많았기 때문에 늦벼가 동맥과 결합하여 이모작 되었을 것으로 보고 있다. 이에 대한 연구논문으로는 증웅성[曾雄生], 「析宋代"稻麥二熟"說」, 『역사연구(歷史研究)』 2005年 1期; 리건판[李根蟠], 「再論宋代南方稻麥復種制的形成與發展: 兼與曾雄生先生商榷」, 『역사연구(歷史研究)』 2006年 2期; 리건판[李根蟠], 「長江下游稻麥復種制的形成餘發展: 以唐宋時代爲中心的討論」, 『역사연구(歷史研究)』 2002年 5期 등이 있다.

104 『진부농서』 「지세지의편」, "高田早稻, 自種至收, 不過五六月."

105 묘치위[繆啓愉], 『진부농서선독(陳旉農書選讀)』, 農業出版社, 1981에서 말하길, 이 문장은 올벼이기 때문에 3, 4개월의 잘못이라고 한다. 조선(早籼)과 조갱(早粳)은 파종과 수확까지 일반적으로 100일에서 130일 전후이다. 단지 늦메벼[晚粳]의 생장기의 경우는 155-175일이 걸린다고 한다. 그러나 증웅성은 『진부농서』에 보이는 올벼는 생육기간이 150-180일이기 때문에, 실제로는 올벼가 아니라고 보았다. 증웅성[曾雄生], 「試論占城稻對中國古代稻作之影響」, 『自然科學史研究』 1991年 第1期, p.63.

106 완궈딩[萬國鼎], 『진부농서교주(陳旉農書校注)』, 農業出版社, 1965, p.26.

생장기가 매우 짧은 메벼 종류라고 소개되어 있다. 『제민요술』「수도水稻」 편에는 다양한 논벼 종류가 소개되어 있는데, 거기에는 메벼, 찰벼와 줄기 색깔이 다른 것도 있고, 5, 6, 7월에 각각 수확하는 품종도 있으며, 한 해에 두 번 수확하는 고회도菰灰稻도 있지만, 황류곡은 보이지 않는다. 이들은 모두 맥두麥豆와 윤작하기에는 모두 생장기간이 조금씩 중첩된다. 실제 『범승지서』「도稻」조에는 "동지 후 110일이 지나면 벼를 파종할 수 있다." 고 하면서 "3월에는 메벼를 파종하고, 4월에는 찰벼를 파종한다."라고 하 여 파종 시기에 따라 메벼[粳稻]와 찰벼[秫稻]로 구분하고 있다.

그런데 17세기 베트남에서 편찬한 것으로 보이는 『농가술점경험요결農 家述占經驗要訣』「도품론稻品論」에 의하면, 찰벼[糯]에는 까끄라기가 없고 메 벼[粳]에는 있으며, 메벼의 작은 품종을 선秈이라 하는데 선秈이 조숙하기 때문에 올벼[早稻: 小稻]라고 하며, 갱粳은 늦게 익기 때문에 벼[稻: 大稻]라고 하였다. 주목되는 것은 제시된 벼 품종 중에는 60일도日稻, 80일도, 100일 도와 60일선日秈, 80일선, 100일선의 품종이 있는데, 모두 점성占城에서 왔 다는 것이다. 점성도占城稻는 까끄라기가 없고 알맹이가 가늘고 긴데, 그 중에는 4월에 파종하여 7월에 수확하는 금성도金城稻라는 것도 있었다고[107] 한다. 송대 강남의 일부지역을 중심으로 도맥 윤작이 이루어질 수 있었던 것은 분명 남쪽에서 이 같은 새로운 품종이 유입되었기 때문에 가능했던 것 같다. 실제 『농가술점경험요결』에 등장하는 송강松江지역의 신품종 중 에는 적미赤米, 승홍련勝紅蓮, 향갱香秔, 소백도小白稻, 대백도大白稻, 냉수결 冷水結, 조중추도早中秋稻, 냉립나冷粒糯 등이 있었는데, 이들은 대개 4월에 파종하여 7-8월에 수확하였다. 게다가 송 진종 때 양절兩浙에 가뭄이 들었 을 때, 복건福建에서 점성도 3만 곡斛을 들여와 절서浙西에 나누어 보급했

---

107 진옥탁(陳玉琢), 『농가술점경험요결(農家述占經驗要訣)』. 이 책의 대강은 최덕경, 「占候를 通 해 본 17·18세기 東아시아의 農業 읽기」, 『비교민속학(比較民俗學)』 32, 2006, pp.323-324 참조 바람.

으며, 심는 법은 전운사轉運司를 내려보내 백성들에게 보급하였던 것과도 관련이 있을 것이다. 이처럼 점성도의 도입으로 점차 도맥 윤작이 확대되었을 것이지만, 당시 강남지역의 저低, 고전高田에까지 안정적으로 보편화될 수 있었던 것은 아니었던 것 같다. 그 때문인지 『진부농서』 「호운지의편耡耘之宜篇」에서는 관개와 배수가 가능하여 도맥을 재배할 수 있는 곳으로 산파山坡 지역의 계단식논[梯田]을 들고 있다. 게다가 지력 소모가 많은 화곡 작물을 지속적으로 동일 포장圃場에서 재배하기 위해서는 충분한 비료가 뒷받침되어야 하며, 동시에 저전에서 겨울맥이, 고전에서 벼[水稻]를 재배할 수 있는 조건이 갖추어졌어야 한다.

『진부농서』에서 이런 벼[稻], 맥麥 윤작과 더불어 주목했던 것이 바로 잠상업蠶桑業의 발달이다. 진부는 단일 항목으로는 잠상을 가장 구체적으로 표기할 정도로 중요시하고 있다. 물론 진한시대에도 양잠업은 중시되어 소농가의 대문 앞 울타리 주변에까지 뽕나무를 심었다는 기록이 있다.[108] 『진부농서』에는 잠상의 중요성을 더욱 현실적으로 역설하고 있다. 즉 담장에 뽕나무를 드물게 심고 이랑을 다소 넓게 하여 그 아래에 두루 모시를 옮겨 심는다. 뽕나무 뿌리는 깊게 심고 모시 뿌리는 얕게 심어 상호 방해를 받지 않게 하여, 모시에 거름을 주게 되면 뽕나무 또한 거름의 효과를 동시에 얻게 되어서 이익은 2.5배가 된다고 한다. 또 모시에 거름을 줄 때는 왕겨, 등겨, 볏짚이 반쯤 썩은 것이 좋다고 하여 모시와 뽕나무에 효과적인 배합 거름까지 제시하고 있다. 그리고 잠상에 토분土糞[109]을 시비하면 흙의 기운이 잘 소통되어서, 진흙탕이 되거나 물이 고여 있지 않게 되

---

108 『수호지진묘죽간(睡虎地秦墓竹簡)』「봉진식(封珍式)·봉수(封守)」, "門桑十木."

109 '토분(土糞)'의 의미에 대해 오사와 마사아키[大澤正昭]는 『진부농서』「분전지의편(糞田之宜篇)」의 "燒土糞以糞之."의 '소(燒)'는 '분(焚)'의 의미가 아니고, "발효하여 열이 나는 것"을 의미한다고 말한 당시 일본의 중국유학생 야오리핑[姚莉萍]의 견해에 동의하고 있다. 『陳旉農書の硏究: 12世紀東アジア稻作の到達點』, 農文協, 1993, p.58 참조.

며, 또 오랫동안 가뭄이 들어도 땅이 굳거나 메마르지 않게 될 뿐더러 비록 서리와 눈이 많이 내리더라도 얼어붙지 않는다고[110] 하여 오랜 시비경험에 입각하여 잠상업에 주목할 수 있는 길을 열었다. 이렇게 부지런히 뽕나무밭에 거름을 주어 관리하면 1년에 3번 수확할 수 있어서 중소의 가정에는 이 한 가지의 농사일만으로도 세금을 내고 비단옷을 마련할 수 있다고[111] 한다. 주목되는 것은 진부가 이처럼 적은 노력으로 한 가지 일을 하면서 두 가지의 작물의 이득을 얻는 방식을 실천하면서 이웃에게 그 방식을 직접 보급했다는 데 있으며, 그 수입의 중심에는 작물에 따른 맞춤형 시비법이 있었던 것이다.

이상과 같이 『제민요술』과 『진부농서』에서 보듯이 초기에는 다양한 거름의 개발로 단일 작물이나 과채업瓜菜業이 크게 발달했지만, 송대 이후에 강남지역에는 새로운 도맥의 윤작과 잠상업이 보급되기 시작하면서 전지의 이용도가 증가된 것은 물론이고, 그에 걸맞은 거름간[糞屋]을 중심으로 새로운 숙분과 똥오줌물[糞汁] 같은 거름 제조 기술이 발달하게 되었다. 벼농사와 잠상업이 발달하면서 『진부농서』에서 보는 바와 같은 토분, 분즙, 대분, 화분火糞, 겨분[糠糞] 등과 같은 강남지역 특유의 비료가 등장하게 된다. 분뇨를 이용한 시비법이 송대에 크게 확산된 것도 송대 농업이 지닌 특성과 무관하지는 않을 듯하다.

---

110 『진부농서』「종상지법편」, "至當年八月上旬, 擇陽顯滋潤肥沃之地, 深鉏. 以肥窖燒過土糞以糞之, 則雖久雨, 亦疎爽不作泥淤沮洳. 久乾亦不致堅硬磽埆也. 雖甚霜雪, 亦不凝凜凍冱. 治溝壟壠町畦, 須疎密得宜."

111 『진부농서』「종상지법편」, "若桑圃近家, 卽可作牆籬, 仍更疎植桑, 令畦壠差闊, 其下徧栽苧. 因糞苧, 卽桑亦獲肥益矣, 是兩得之也. 桑根植深, 苧根植淺, 竝不相妨, 而利倍差. 且苧有數種, 唯延苧最勝, 其皮薄白細軟, 宜緝績, 非麤澀赤硬比也. 糞苧宜瓮爛穀殼糠稟. 若能勤糞治, 卽一歲三收, 中小之家, 只此一件, 自可了納賦稅, 充足布帛也."

3. 인분뇨人糞尿 시비의 확대

사람 똥이 언제부터 전지의 시비로 활용되었는지는 분명하지 않다. 실제 『맹자孟子』「만장장구하萬章句下」의 '백무지분百畝之糞'이나 『순자荀子』「부국富國」'다분비전多糞肥田' 속의 '분糞'이 어떤 형태의 비료를 어떻게 시비한 것인지 분명하지 않다. 보다 분명한 기록은 『범승지서』의 기록을 인용하고 있는 『제민요술』의 "돼지우리 숙분으로 시비[以溷中熟糞糞之]"하여 삼[麻子]을 재배할 때에 측간의 숙분熟糞을 사용했던 사실에서 볼 수 있다. 한대 화상석에는 측간과 돼지우리[猪圈]가 하나로 결합된 그림이 등장하는데, 이때 혼중溷中에서 생산된 숙분은 돼지똥과 사람 똥이 결합된 형태의 비료였을 것으로 생각된다. 하지만 그것이 직접 비료로 전지에 사용되었다는 기록은 보이지 않는다.

그런데 전술했듯이 『사시찬요』2월조에는 '인분人糞'이란 단어의 등장과 함께 시비로 사용했을 듯한 기록이 보인다. 즉 "2월 초 산약山藥: 署預의 종자를 꺼내 파종한다. 그러나 사람 똥(의 직접적인 시비)은 꺼린다. 만약 가물면 물을 뿌려 주는데[如旱, 放水澆], 또 너무 습하면 좋지 않다. 소똥에 흙을 섞어 파종하면 좋다."라고[112] 한다. 여기서 사람 똥의 시비를 꺼린다는 점은 이전부터 비료로 이용했음을 의미하며, 생똥보다는 부숙해서 시비할 것을 요구한 것이다. 그리고 '방수요放水澆'에서 '요澆'는 보통 거름물을 뿌릴 때 사용되는데, 그냥 물을 뿌릴 때는 보통 '관灌'을 쓴다.[113] 이런 사례는 『보농서』에 자주 등장한다.[114] 비록 '사람 똥을 꺼려' 곡물에 직접 사람 똥을

---

112 『사시찬요(四時纂要)』「이월(二月)·종서예(種署預)」, "二月初, 取出便種. 忌人糞. 如旱, 放水澆. 又不宜苦濕. 須是牛糞和土種, 即易成."

113 와타베 다케시[渡部武], 『사시찬요역주고(四時纂要譯注稿)』, 安田學園, 1882, p.53에는 '요수(澆水)'라고 해석하고 있지만, 세심한 검토가 필요하다.

114 『보농서(補農書)』「축월사의(逐月事宜)」, 正月 '澆菜麥', 二月 '澆菜秧', 三月 '澆桑秧', 四月 '澆桑秧', '澆瓜茄', 五月 '澆桑秧. 澆瓜.' 등 거의 매월마다 이런 사례가 등장하는데, 모두 거름

시용하지는 아니했겠지만, 부숙한 사람 똥[人糞]을 물이나 소변에 타서 모두 덧거름으로 사용했을 가능성이 높다.

이와 더불어 같은 2월의 「종차種茶」조에는 차나무를 구덩이에 파종한 후, 가물면 쌀뜨물[米泔]을 뿌려 준다고 한다. 차나무는 햇볕을 싫어하기 때문에 뽕나무나 대나무 그늘 아래 파종하는 것이 좋으며, 2년이 지나 김매기를 할 때에는 소변에 똥이나 누에똥[蠶沙]을 희석하여 뿌려 주고 흙을 북돋아 준다고[115] 했다. 목면파종법에도 소변에 재[溺灰][116]를 섞어 목면종자를 파종하며, 파종 후에도 소똥을 흙으로 덮어 주면 분기糞氣가 휘발되지 않아 잘 자라고 열매도 많아진다고 한다.[117] 보다 구체적인 자료는 8월의 「종산種蒜」조에 보인다. 달래[蒜]를 파종한 후 '똥오줌물을 위에 뿌려 주며[上糞水澆之]', 가물면 물을 준다. 해마다 이 똥오줌을 주면 계속 파종할 수 있다.[118] 그리고 「수우슬자收牛膝子」조에도 봄에 파종하여 가을에 거두면서 채소재배와 같이 '똥과 물을 뿌려[上糞澆水]' 덧거름을 해 주며,[119] 순무파종[種蔓菁]에서는 동지 후 땅을 일구어 '상분上糞'하고 무는 2월 초에 상분한 것을 보면 항상 똥오줌을 저류하여 준비해 두었음을 알 수 있다.

비슷한 현상은 곡물이나 나무 재배에도 보이는데, 『사시찬요』의 구전법

물을 뿌려 주는 것으로 해석된다. 물론 『사시찬요』에도 '수요(水澆)', '정수요지(井水澆之)', '이수요지(以水澆之)' 등은 물을 뿌려 준 것이 분명하다.

115 『사시찬요』「이월(二月)·종차(種茶)」, "旱即以米泔澆. 此物畏日, 桑下, 竹陰地種之皆可. 二年外, 方可耘治. 以小便稀糞蠶沙澆擁之."

116 와타베 다케시[渡部武], 『사시찬요역주고(四時纂要譯注稿)』, p.84에서 '오줌재[溺灰]'는 오줌[尿]과 재[灰]를 혼합한 것으로 보고 있다.

117 『사시찬요』「삼월(三月)·종목면법(種木棉法)」, "種木綿法. 節進則穀雨前一二日種之. … 以綿種雜以溺灰, 兩足十分揉之. … 又種之後, 覆以牛糞, 木易長而多實."

118 『사시찬요』「팔월(八月)·종산(種蒜)」, "種蒜良軟地耕三遍, 以樓構, 逐壠下之, 五寸一株. 二月半鋤之, 滿三遍止. 無草亦須鋤. 不鋤即不作窠. 作行, 上糞水澆之. 一年後看稀稠更移, 苗麤如大筯. 三月中即折頭, 上糞, 當年如雞子. 旱即澆, 年年須作糞次種, 不可令絶矣."

119 『사시찬요』「팔월·수우슬자(收牛膝子)」, "要術云, 秋間收子, 春間種之. 如生菜法, 宜下濕地. 上糞澆水, 苗生剪食之."

區田法에는 콩[大豆]을 재배하면서 사방에 깊이 6치의 구덩이를 파서 소똥과 물을 1:3의 비율로 섞어 밑거름한 후 3알의 콩을 파종하여 복토하고,[120] 2월 오동나무[桐]를 심을 때도 숙분에 흙을 덮어 싹이 나면 자주 거름물을 주어 모종을 윤택하게 했다고 한 것을 보면,[121] 당 말에는 사람의 똥오줌뿐 아니라 소와 양 등의 가축분도 거름물을 만들어 추비할 수 있도록 언제나 준비하여 두었음을 알 수 있다.

그 외 당대 초중기에는 사람 똥을 비료로 이용한 다른 사례를 찾기가 쉽지 않다. 다만 『당률소의唐律疏議』에서 함부로 사람과 가축의 배설물을 투기하면 엄벌했던 것을 보면 대도시에서 사람 똥의 처리가 심각했음을 알 수 있다.[122] 그리고 무후武后 때의 『조야첨재朝野僉載』에 의하면 장안의 나회羅會는 분糞을 수집하는 것을 부업으로 하여 거만의 부를 축적했다고[123] 한다. 이 똥은 사료만으로는 가축의 똥인지 사람의 것인지 분명하지 않다. 다만 장안이란 대도시에서 똥의 처리가 엄격했던 것을 보면 이것은 사람의 똥이었을 가능성이 크다.[124] 게다가 이 똥을 통해 부자가 되었다는 것은 단순히 도시위생을 해결한 대가라기보다는 근교 농촌에서 이를 비료로 필요로 한 자가 많았기 때문에 수입을 올릴 수 있었을 것이다. 앞의 『사시찬요』에서 당 말에 산약, 차나무와 무 등 채소와 과일나무에 사람 똥이 비료로 사용된 것을 보면 이때부터 가축 똥의 부족분을 사람의 똥오줌으로

---

120 『사시찬요(四時纂要)』 「이월(二月)·구종법(區種法)」, "坎方深各六寸, 相去二尺許. 坎內好牛糞一升, 攪和. 注水三升. 下豆三粒. 覆土, 勿令厚, 以掌輕抑之, 令土, 種相親."

121 『사시찬요』 「이월(二月)·종동(種桐)」, "九月收子, 二月三月作畦種之. 治畦下水, 種如葵法. 五寸一子. 熟糞和土覆. 生則數數澆令潤性."

122 최덕경, 「東아시아 糞尿시비의 전통과 生態農業의 屈折」, 『역사민속학』 35, 2011, p.265.

123 『조야첨재(朝野僉載)』 권3, "長安富民羅會, 以剔糞爲業, 里中謂雞肆, 言若歸之因剔糞而有所得也. 會世副其業, 家財巨萬."

124 물론 이 똥이 가축 똥일 가능성도 없지 않다. 『조야첨재(朝野僉載)』에서 보집(補輯)의 "小府監裴匡舒奏, 賣苑中官馬糞, 歲得錢二十萬貫."; 『구오대사(舊五代史)』 권46 「말제기상(末帝紀上)」, "明宗曰, 朕爲小將校時, 家徒衣食不足, 賴此兒荷石灰, 收馬糞存養."이라는 기록으로 보면 말똥 역시 생계를 유지하거나 큰돈을 버는 수단이 되었음을 알 수 있다.

대신하였던 것이 아닌가 한다.

하지만 남방지역의 농서인『진부농서』단계에 이르면, 사람 똥을 토양의 시비에 활용한 사례는 적지 않게 등장한다. 우선「분전지의편糞田之宜篇」에는 청소하면서 생긴 흙과 각종 쓰레기와 낙엽 등을 태워 똥오줌을 뿌려 오랫동안 저장해 두었다가 그중 곱고 부드러운 것을 취하여 종자와 잘 섞어 파종하면 수확이 배가 된다고 하였다.[125] 뿐만 아니라 전술한 바처럼 각종 농업부산물과 재 등을 태운 것에 똥오줌[糞汁]을 뿌려 발효 저장하는 데 사용하기도 하였다. 이 같은 방식 등은 최근까지 한국의 농촌에 일반적으로 존재했던 제분법製糞法이다.

뽕밭[桑田]에도 사람 똥오줌의 시비가 많이 등장한다.「종상지법편」에 따르면, 뽕나무 밭에 모시[苧麻]를 심고, 그것들에 똥을 시비를 하면, 뽕나무도 비료의 효과를 보게 된다. … 만약 부지런히 분치糞治한다면, 1년에 3번 수확할 수 있어서 납세는 물론 삼베옷과 비단옷을 충분히 마련할 수 있었다고[126] 한다. 이것은 송대 뽕나무 재배가 가정 경제에서 차지하는 비중을 잘 말해 주며, 그 생산력을 높이는 것이 바로 '분치'였던 것이다. 여기서 '분치'는 단순한 시비의 의미라기보다는 전술한 뽕나무밭의 시비의 사례로 미루어 사람 똥이나 오줌이었을 것으로 보인다.

이상과 같은 상황으로 볼 때 당 말에서 비롯된 사람 똥오줌의 시비는 주로 수종樹種, 약재 및 밭작물에서 비롯되었지만, 송대에는 중심 작물인 벼와 뽕나무에 분뇨가 사용되면서 그 보급이 급작스럽게 확대되었을 것이

---

125 『진부농서』「분전지의편」, "凡掃除之土, 燒燃之灰, 簸揚之糠秕, 斷稿落葉, 積而焚之, 沃以糞汁, 積之旣久, 不覺其多. 凡欲播種, 篩去瓦石, 取其細者, 和勻種子, 疏把撮之. 待其苗長, 又撒以壅之. 何患收成不倍厚也哉."

126 모시로 짠 포(布)는 가치가 높았던 것으로 생각된다. 시대는 약간 내려가 원나라의『농상집요(農桑輯要)』권2,「저마(苧麻)」의 항목에는 "此麻, 一歲三割 … 目今陳蔡間, 每斤價鈔三百文, 已過常麻數倍 … 其布, 柔靭潔白, 比之常布, 又價高一二倍."라고 되어 있고, 보통의 마나 포와 비교해서 2배에서 몇 배의 가격이었다고 한다.

다. 실제 남송판「경직도耕織圖」를 초사한 청대 강희康熙와 옹정雍正의「경직도」에는 벼의 성장을 돕기 위해 사람 똥에 물을 탄 청수분清水糞을 뿌리는 장면이 잘 묘사되어 있다.[127]

그런가 하면「선기근묘편善其根苗篇」에는 사람 똥을 직접 시비하는 경우도 보인다. 사람 똥은 부숙 과정에서 열이 발생하기 때문에 작물이 직접 접촉하면 그 열에 의해 타 죽게 되며, 사람도 그 독에 의해 손발의 손상을 입을 수도 있다. 만약 똥을 사용할 경우에는 먼저 생똥[大糞; 生糞]을 화분火糞과 섞어 분옥과 같은 구덩이에 넣어 오랫동안 부숙하는 것이 좋다고 한다. 소변도 그대로 사용하면 작물이 손상을 입게 된다고[128] 하여 생똥과 소변을 비료로 활용할 때의 주의 사항과 더불어 각각 별도로 활용했을 가능성을『진부농서』에서 제시하고 있다. 진부가 농서를 통해 강조한 것은 사람의 똥오줌은 반드시 숙성시킨 후에 사용하라는 것이었으며, 이것은 일찍이『범승지서』와『제민요술』에서의 숙분과는 달리 똥오줌을 부숙하여 사용할 것을 강조했다는 점에서 주목된다.[129]

사람의 분뇨는 원래 남방의 농가에서는 일찍부터 광범위하게 비료로 사용했는데,[130] 그때에도 논머리에 담潭이나[131] 분교糞窖과 같은 똥이나 거름구덩이를 만들어 부숙한 후에 논밭에 거름을 주었다. 북방에서는 이를 모방하여 큰 이익을 거두었다고 한『왕정농서』「분양糞壤」편의 지적으로

---

127 최덕경, 앞의 논문,「東아시아 糞尿시비의 전통과 生態農業의 屈折」, p.279.
128 『진부농서』「선기근묘편(善其根苗篇)」, "候其發熱, 生鼠毛, 卽攤開中閒熱者置四傍, 收斂四傍冷者置中閒, 又堆窖罨. 如此三四次, 直待不發熱, 乃可用, 不然卽燒殺物矣. 切勿用大糞, 以其瓮腐芽蘖, 又損人脚手, 成瘡痍難療. 唯火糞與燖豬毛及窖爛礱穀殼最佳. … 若不得已而用大糞, 必先以火糞久窖罨乃可用. 多見人用小便生澆灌, 立見損壞."
129 완궈딩[萬國鼎],「陳旉農書評介」, 『진부농서교주(陳旉農書校注)』, 農業出版社, 1965, p.15.
130 완궈딩[萬國鼎], 위의 논문, p.15.
131 『보농서(補農書)』「운전지법(運田地法)」, pp.58~59의 '제9단(第九段)'에는 남방에는 거름이나 물을 저장하는 대담(大潭)과 심담(深潭)이 존재했으며, 작물을 파종하기 위해 판 구덩이는 소담(小潭)과 천담(淺潭)으로 불렀다고 한다.

미루어[132] 전지田地에서의 사람 똥의 활용은 남방 지역에서부터 비롯된 듯하다. 실제 진부량陳傅良(1137-1203년)의 기록에 의하면 남방 민절閩浙지역은 토지가 척박하여 사람 똥을 시비하게 되면서 비로소 양전良田이 되었다고 한다.[133] 명청시대가 되면 사람 똥오줌의 비료는 논과 뽕밭에서 그 비중이 더욱 증가되는데. 이것은 명말청초에 편집된 『보농서』에 잘 묘사되어 있다. 이런 점에서 보면 인간의 배설물까지 자원으로 환원시켜 시비로 활용한 것은 당송대에 비로소 현실화되었음을 알 수 있다.

V. 맺음말

『제민요술』단계를 거쳐 남송의 『진부농서』에 이르면 비료와 거름을 주는 방법에 몇 가지 변화가 나타난다. 우선 가축분을 주로 분종糞種, 구전법區田法의 형태로 파종처나 종자에 직접 거름으로 주던 방식에서, 『제민요술』시대에는 점차 퇴비를 이용하여 전지田地의 전면에 거름을 주는 형태로 발전하였다. 이것은 토양 개량이나 숙토熟土에 보다 깊은 관심을 가졌다는 것이다. 그리고 쇠두엄의 보급은 유상유벽리有床有鐴犁[134]의 등장으로 인한 전면 발토發土와 관련 있으며, 남송시대에 집집마다 쇠두엄이 산더미처럼 쌓여 있었다는 것은 월동작물의 재배가 확대되면서 쇠두엄 비료의 가치와 효용성이 증대되었음을 의미한다.

송대 제분법製糞法의 특징은 바로 거름간이나 거름구덩이 속에서 거름을 부숙하여 제조했다는 점이다. 이 비료는 속효성이 컸기 때문에 각종

---

132 『왕정농서(王禎農書)』「분양(糞壤)」, "大糞力狀, 南方治田之家, 常於田頭置磚檻, 窖熟而後用之, 其田甚美. 北方農家, 亦宜效此, 利可十倍."

133 진부량(陳傅良), 사고전서본(四庫全書本) 『지재집(止齋集)』 권44 「계양군권농문(桂陽軍勸農文)」.

134 유상유벽리(有床有鐴犁)는 술바닥과 볏이 부착된 쟁기를 뜻한다.

농작물과 과채류 및 뽕나무·수목樹木에 많이 뿌렸다. 때문에 송대 이후에는 자연스럽게 속효성이 있는 덧거름의 발달이 촉진되었던 것이다. 중국 고대의 거름은 밑거름이 기본이었는데, 『범승지서』에 처음 덧거름이 등장했지만, 『제민요술』 단계에서도 덧거름은 과일채소류에 국한되고 곡류에는 잘 시비되지 않았다. 그러다 『사시찬요』 단계에서 덧거름이 수목에까지 폭넓게 사용되다가 『진부농서』 단계에는 맥麥, 벼에까지 덧거름이 자연스럽게 확대되었다. 덧거름은 건강한 작물을 지속적으로 보전하는 것이 중요했기 때문에 주로 흡수력이 빠른 거름물 형태로 거름을 주는 경우가 많았다. 그런 점에서 똥오줌을 많이 생산했던 『진부농서』 시대에 덧거름이 일반화되었다고 볼 수 있다.[135] 이 시기에 토양 성질에 따른 맞춤형 분약糞藥이 등장했던 것은 한 방울의 거름물조차 소중하게 여겼음을 의미한다.

사람 똥 역시 당송시대부터 적극적으로 비료로 사용되었다. 사람 똥이 비료로 사용되었을 가능성은 한대 화상석의 측간 구조나 『제민요술』의 '혼중숙분분지溷中熟糞糞之'의 기록에서는 추정할 수 있을 뿐이지만, 실제 사용된 것은 『사시찬요』의 여러 기록에서 볼 수 있다. 다만 당 말까지 사람의 똥오줌은 주로 수종樹種, 약재 및 채소 등에 주로 시용되었지만, 송대에는 논과 뽕밭에까지 확대되었다. 인간의 배설물까지 비료로 전환하여 전지의 지력을 변화시켰다는 점에서 '지력상신장地力常新壯'의 종결이라고 할 수 있으며, 천지인의 순환의 생태 관념도 당송 전환기에 현실적으로 구체화되었다고 볼 수 있을 것이다.

비료의 발달과 관련해서 등장한 송대의 큰 변화 중의 하나가 벼, 맥의 윤작이다. 당송대 도맥복종稻麥復種과 윤작, 그 출현 시기에 대해서는 다양

---

[135] 다만 『진부농서』 「종상지법편」에는 뽕밭에 심은 모시밭에서 덧거름할 때 많은 사람들이 신기하게 생각한 것을 보면 그 까다로움 때문에 여전히 덧거름이 모든 작물에 일반화된 것은 아니었던 것 같다.

한 논의가 있다. 하지만 60-70일 만에 수확할 수 있는 점성도占城稻의 등장과 지력 소모가 많은 화곡 작물을 재배하는 데 필요한 다양한 밑거름, 덧거름이 존재했던 것은 도맥 윤작의 조건이 성숙되었음을 말해 준다. 이것은 본격적인 주곡 작물의 변화와 토지생산성의 증가를 가져왔음을 말해 준다. 다만 저고전低高田에서 벼, 맥을 안정적이고 지속적으로 폭넓은 지역에 윤작하기 위해서는 배수와 관개 문제가 선결되어야 하는데, 이런 강남의 구조적이고, 공학적인 문제를 해결하기 위해서는 또 다른 시간을 기다릴 수밖에 없었다.[136]

---

136 앞서 제시한 중국과 일본의 연구자 가운데 리건판[李根蟠]은 강남의 도맥윤작복종제(稻麥輪作復種制)가 당대(唐代)에 비롯되었다고 하는가 하면, 증승생[曾雄生]과 리보쭝[李伯重]은 송대에도 널리 보급된 것은 아니라고 한 데 반해, 일본학자들은 명청시대에 가서야 주도적 지위를 점했다고 하는 것도 이런 이유 때문일 것이다.

제2부

송대 인분뇨의 정착과
명청비료의 특징

제3장

송대 이후 남방지역 분뇨비료의 정착과 지역화

I. 머리말

이 장에서는 송원시대 이후 생산력의 토대 중 하나였던 남방지역 비료의 특성과 지역별 비료의 실태를 살필 것이다. 송원대 이후 남방지역의 비료는 구체적인 특성이 나타나기 시작하는데, 당시 어떤 특징을 지녔으며, 그것은 이후 명청시대의 비료 발전에 어떠한 영향을 끼쳤고, 그 지역별 양상은 어떻게 전개되었는지를 살펴보고자 한다.

주지하듯이 비료의 발전은 농업생산력 발전과 밀접하게 관련된다. 비료는 토양을 개량하고 지력을 변화시키는 수단이며, 이는 곧 지속적인 생산과 더불어 생산력의 향상과 직결된다. 따라서 당시 생산력의 발전을 논하기 위해서는 그 토대가 되는 비료의 양상을 우선적으로 살펴야 할 것이다.

당송변혁기라는 인식 아래 그동안 송대 이후 사회경제상의 변화는 오랜 논쟁거리였었다. 그 변화의 토대가 되었던 농업기술상의 변화는 신품종 벼, 곡원리曲轅犁나 쇠스랑[鐵搭]과 같은 생산도구의 출현 및 관개, 배수시설을 통한 강남江南 논농사의 개발과 그로 인한 연간 벼 2작 혹은 2년3작의 도맥稻麥 복종제復種制 등이 주된 내용이었다. 그렇지만 이러한 기술은 이전부터 부분적으로 존재해 왔던 것으로 송대 이후 양적 증가로 인한 생산력의 변화를 설명하기에는 어려운 점이 많다. 무엇보다 토지 이용도가 증가된 이후에도 휴경을 하지 않고 지속적으로 생산 가능했던 것은 끊임없이 지력을 보완해 줄 수 있는 비료가 있었기 때문이다.

이 장에서는 송대 이후 남방지역 생산력의 변화를 유도했던 대표적인 수단이 비료인 것으로 판단하고, 특히 강남의 논농사 개발이 구체화되면서 거름 주기의 양상이[01] 어떻게 달라졌으며, 이런 비료가 명청시대 이후 남방지역의 농업에는 어떻게 보급되고 사용되었는지를 전체적인 측면에서 조망해 보고자 하는 것이다. 이제까지 한 지역이나 한 작물에 천착하여 생산력이나 시비를 밝힌 연구는 적지 않았다. 사실 토지나 생산력의 문제는 아무리 세분화해도 한계가 있다. 왜냐하면 토지마다 경작 여건이 다르고 매년 기후조건에 차이가 있기 때문에 생산량에서 차이가 발생할 수밖에 없기 때문이다. 그렇다고 허상인 평균치를 근거로 전체적인 윤곽을 잡거나 해당토지를 규정하는 것도 문제이다.[02] 따라서 우선 남방지역 전체의 거름을 주는 형태와 분전糞田 기술이 어떻게 변했는가를 살펴보고, 단위 면적당 시비량의 상승에 따라 어떤 비료자원을 개발하고 시용 기술을 개진했는가를 검토하는 것이 보다 정치한 지역연구를 위해 의미 있는 작업이라 판단된다.

주지하듯이 거름 주는 법은 토지이용도의 증가, 지역별 토양 및 환경조

---

01 리우옌웨이[劉彦威], 「我國古代水稻土的培肥措施」, 『고금농업(古今農業)』, 1992年 2期에서 중국고대 수전(水田)에는 4가지의 배비(培肥)조치가 있는데, 그것은 "耕作改土, 施肥改土, 輪作改土, 灌漑改土."이며, 본고에서는 주로 시비를 중심으로 했음을 밝혀 둔다.
02 해당지역의 토지생산력은 일정하지 않다. 지역마다(아니 각 토지마다) 생산환경과 투입한 노동력이 다르고 자연환경 또한 일정하지 않아 동일한 경지에도 매년 생산량에 차이가 있다. 무당 평균생산량은 단지 참고에 불과하고, 일괄적으로 규정하기는 곤란하다. 그렇다고 소유한 단위 토지마다 생산력의 변화를 연구할 수도 없다. 간혹 중국사를 연구하는 학자 중, 한 지역의 생산력과 연구방식을 다른 지역에도 적용하여 상호 비교하여 나름의 의미를 부여하는 경우도 있다.

건 및 경영방식의 변화와 밀접하게 관련된다. 예컨대 강남지역같이 물이 많은 하전下田이나 건조한 산전山田은 그 토양조건에 알맞은 새로운 비료가 요구된다. 그리고 이런 비료 역시 생산력과 인구 증가에 따른 도시의 발달과 경영형태의 변화에 상호 기인하는 바도 적지 않다.

대개 송대 이후의 강남지역은 인구증가와 함께 산지 등의 개간이 확대되면서 지력 회복을 위해 비료의 수요는 더욱 요구되었다. 하지만 명 중기 이전의 비료는 외양간 두엄과 같이 대개 노동집약적으로 생산되었다. 때문에 제조과정에 적지 않은 노동력과 시간이 소요되었다. 지역적 기반이 동일한 송원시대의 남방지역 역시 예외는 아니었다.

그런데 명말청초 장강하류지역의 경우 인구증가로 단위당 토지경작면적은 축소된 반면, 견면직업 등 상품작물의 발달로 토지이용도가 증가되면서 상대적으로 비료의 수요가 증가하게 되었지만, 고용노동자의 노동조건의 변화로 인하여 기존의 노동집약적인 비료생산으로는 수급이 곤란하게 되면서 새로운 비료가 모색되었다.[03] 이러한 영향은 그 후 다른 지역에도 미쳐 지역물산에 관심을 갖게 되면서 독자적인 생산기반을 구축하기 위해 새로운 비료개발을 하게 된다.

이 장의 내용은 이 같은 남방 논농사[水田] 지역의 비료의 실태를 파악하기 위해 송원대의 경우 주로 『진부농서陳旉農書』, 『왕정농서王禎農書』를 근거로 했으며, 명청시대에는 앞시대와의 비료의 연속성과 본시대의 특징을 밝히기 위해 각 지방지地方志에 등장하는 다양한 비료와 서광계徐光啓의 『농서초고農書草稿』에 등장하는 비료 등을 상호 대조하면서 검토하였다. 다만 남방지역이 워낙 방대하여 경제조건의 차이에 따라 장강 하류, 내륙지역 및 동남해안 지역으로 구분하여 그 대강을 살폈음을 밝혀 둔다.

---

03 최덕경, 「『補農書』를 통해 본 明末淸初 江南 農業의 施肥法」, 『중국사연구(中國史硏究)』 第74
    輯, 2011, pp.170-280.

II. 송원대 인분뇨의 정착과 남방비료

분전糞田의 역사는 선진先秦 시대부터 비롯되었지만, 진한시대에는 주로 농시農時, 변토辨土 및 작무법作畝法과 월령月令을 더 중시하고, 거름 주는 법을 체계적으로 제시하지는 못하였다. 이러한 상황은 『제민요술齊民要術』 단계에서도 예외는 아니었다. 『제민요술』에서는 다양한 곡물과 각종 음식소재 및 생활습속에 대해서는 다양하게 소개하고 있지만 당시에도 분전은 체계적으로 제시하지는 못했다.

남송 때 편찬된 『진부농서』(1149년)에 이르러서야 비로소 「분전지의편糞田之宜篇」이란 독립된 항목이 처음으로 농서 상에 등장한다. 이것은 비료의 중요성과 함께 비료가 일정정도 체계화되었음을 의미한다. 다만 당시의 『진부농서』는 150년 후에 편찬된 원대 『왕정농서』 「분양편糞壤篇」에서만큼 비료를 체계적으로 모아 소개하지 못하고, 비료의 내용이 편마다 분산되어 나타나고 있다. 『진부농서』에 소개된 비료의 주된 내용은 토지의 성질[土性]과 비료 간의 전통적인 인식과 함께 지력 회복을 위해 시비가 무엇보다 중요하다는 사실을 역설하고 있다. 반면 『왕정농서』 「분양편」의 첫머리에는 먼저 선진시대 이래 분전법糞田法과 지력유지방법을 소개한 후, 비료를 쇠두엄[踏糞], 묘분苗糞, 초분草糞, 화분火糞, 강바닥 진흙 거름과 사람과 가축의 똥[人畜糞] 등 6가지로 분류하여 체계적으로 제시하고 있는 것이 특징이다.

송원시대 비료의 성격을 이해하기 위해 비록 양자 간의 시간차는 있지만, 『왕정농서』 역시 송대의 경험을 토대로 작성되었음을 감안하여 남송대의 『진부농서』와 동일선상에서 송원시대 비료가 지닌 특징 중에서 이전시대의 연속성을 살피고, 나아가 후대와의 관련성도 검토해 보기로 한다.

1. 밭작물 비료의 계승과 논 비료의 체계화

송원시대 강남지역 비료의 특징은 우선 화북지역의 밭농사[旱田] 비료인 분종糞種과 두엄 등은 송원시대에도 그대로 이어졌다는 것이다. 특히 『진부농서』는 전통적인 토양성질에 따라 시비하는 법을 그대로 계승하고 있다. 「분전지의편」에서는 『주례周禮』 「초인草人」편에 근거하여 토지의 성질에 따라 금수禽獸의 골즙분骨汁糞을 달리 사용하여 종자에 시비하는 법을 제시하고 있다.[04] 그리고 『왕정농서』 「분양편」에서는 전지田地와 뽕나무밭의 지력보존을 위해 기존 가축분과 외양간 두엄의[05] 중요성을 제시하고 있는 것이 주목된다. 이것은 화북 지역에서 생겨난 분종법과 두엄이 송원시대에도 그대로 활용되었다고 볼 수 있다. 물론 송원시대에도 북방지역에서는 여전히 『제민요술』 「잡설雜說」편에 보이는 것과 같은 두엄이 만들어진 것에 반해, 명대 『보지권농서寶坻勸農書』에 따르면, 소[牛]·양羊·돼지[豕]를 기르는 남방의 농가에서는 매일 우리 속에 재[灰]를 넣어 가축들이 밟게 하고, 각종 썩은 초목[草柴]을 모아 우리 속에 깔아 주어 두엄이 우리 속에 가득 차게 되면 꺼내 쌓아 두고 거름으로 활용했다고 한다. 두 지역의 두엄 제조방식을 보면, 북방의 경우 매일 외양간에 깔아 준 짚을 다음날 아침 걷어 내고, 주로 소똥[牛糞]을 중시한 반면, 남방의 경우 우리[欄]에 분糞이 가득 차야 꺼냈으며, 돼지와 양똥도 매우 소중하게 여겼다는 데서 그 차이가 있다.[06] 『진부농서』나 『왕정농서』 등에서 외양간 두엄이 중요한 비

---

04 『진부농서(陳旉農書)』 「육종지의편(六種之宜篇)」에는 "更能以鰻鱺魚頭煮汁漬種, 尤善."이라고 하여 장어 머리뼈를 삶은 즙에도 담가 파종하기도 하였다. 『사시찬요(四時纂要)』 권4, 「칠월(七月)·종만청(種蔓菁)」의 조항에 인용된 『산거요술(山居要術)』에는 "此月上旬種之, 欲陳者, 以乾鰻鱺魚汁浸之, 曝乾種, 必無蟲矣."라고 하여 마른 뱀장어의 즙에 적셔, 종자를 햇볕에 말리면 반드시 해충이 없어진다는 말도 있다.

05 쇠두엄법[踏糞法]에 대한 연구는 최덕경, 「『齊民要術』과 『陳旉農書』에 나타난 糞과 糞田의 성격」, 『중국사연구(中國史研究)』 81, 2012에서 자세하게 설명하고 있다.

06 『보지권농서(寶坻勸農書)』 「분양 제칠(糞壤第七)」, "南方農家凡養牛羊豕屬, 每日出灰于欄中,

중을 점하고 있지 않는 것은 단위당 경지면적의 축소로 인해 소농가에서 소의 역할이 줄어들고,[07] 양잠으로 인해 농업구조가 변화된 것과 관련 있을 듯하다.[08]

묘분苗糞과 초분草糞 역시 『제민요술』 이전부터 화북華北 지역에서 널리 행해졌던 비료인데, 이런 묘분과 관련해서 주목할 만한 점은 대두가 값쌀 때 황두黃豆를 밭에 뿌려 시비하면 곡물의 수확이 배가되었다고 한다.[09] 초분은 대개 땅고르기[整地]나 사이갈이[中耕] 과정에서 생긴 잡초를 거름으로 삼은 것이다. 『진부농서』 「종상지법편種桑之法篇」에 보이는 '엄탁罨擇'은 6-7월에 뽕밭에 김맨 잡초를 썩혀 10월에 거름으로 만든 것인데, 『왕정농서』 「간경편墾耕篇」에서도 여름철에 개간지의 무성한 풀을 갈아엎어 '엄청薶青'을 만들어 초분으로 삼기도 하였다.

둘째, 수전의 관리와 거름 주기에 주목하였다. 무엇보다 '모판관리[治秧田]'에 대해 주목하였는데, 『진부농서』 「선기근묘편善其根苗篇」에는 가을갈이[秋耕]와 겨울갈이[冬耕]를 통해 토양이 '푸석하고 부드럽게 하는[蘇碎]' 것을 강조하였다. 그리고 각종 부숙한 나뭇잎이나 짚과 풀뿌리를 모아 전지에 고루 펴서 태워 모판을 따뜻하고 부드럽게 해 주며, 초봄에는 갈이하고 써레질하여 마고麻枯 등을 거름으로 줄 것을 제시하고 있다. 이처럼 모판[秧田]에 썩은 교목[薙]의 가지와 낙엽 및 풀을 태워 그 재로써 토지의 온

使之踐踏, 有爛草腐柴, 皆拾而投之足下. 糞多而欄滿, 則出而疊成堆矣. 北方猪羊皆散放, 棄糞不收, 殊爲可惜." 이 내용은 18세기 중엽에 편찬된 청대 『수시통고(授時通考)』 권35 「공작(功作)·어음(淤蔭)」편에도 그대로 전재됨. 정쇼우선[鄭守森] 등 교주, 『보지권농서 거양수리 산거쇄언(寶坻勸農書 渠陽水利 山居瑣言)』, 中國農業出版社, 2000 참조.

07 최덕경, 「韓半島 쇠스랑[鐵搭]을 통해 본 明淸시대 江南의 水田농업」, 『역사민속학』 제37호, 한국역사민속학회, 2011, pp.453-458.

08 증슝성[曾雄生], 『중국농업통사(송요하금원권)[中國農業通史(宋遼夏金元卷)]』, 農業出版社, 2014, pp.521-522에서 가축 똥이 중요한 지위를 점하지 못한 것에 대해 중국의 농업구조가 농상(農桑)의 결합구조인 데 반해 서방은 농목(農牧)구조였기 때문이라고 한다.

09 송응성(宋應星), 『천공개물(天工開物)』 권上 「내립(乃粒)」.

도[土溫]를 높여 모판의 모종이 쉽게 발육할 수 있도록 주의했다. 이와 같은 사실을 『진부농서』「경누지의편耕耨之宜篇」에서 다시 한 번 되풀이하고 있으며,[10] 『왕정농서』「분양편糞壤篇」에서도 곡물의 껍질[穀穀]과 같은 소재를 결들여 또다시 강조하고 있다. 명대의 『보지권농서寶坻勸農書』에서는 진일보하여 아궁이 속의 재거름[灰糞]은 남방에서는 모두 논의 거름으로 사용했는데, 이것은 석회와 마찬가지로 하전下田의 토양을 따뜻하게 하여 모[苗]가 잘 자라고[11] 토양을 부드럽게[疏鬆] 한다. 여기서도 마찬가지로 재거름을 이용한 모판관리에 대해 특별히 주목하였음을 알 수 있다. 『제민요술』에서는 주로 논의 파종시기와 제초에 주목하고 시비법에는 거의 주목하지 않았던 것에 비해, 『진부농서』에서는 그 시비법이 강조되고 있는 것은 커다란 변화이다. 이것은 시대의 흐름에 따라 지력을 중시하는 농업으로 기울어지고 있음을 말해 주는 것이기도 하다.

그리고 논의 비료확보와 관련하여 주목되는 것은 전술했듯이 논의 잡초까지 거름으로 활용할 것을 제시했다는 점이다. 즉 이미 『예기禮記』에도 잡초를 태워 전지의 거름으로 사용한 기록이 있는데, 당시 진부陳旉는 남송의 농민들이 김을 맨 논의 잡초를 활용하지 못하고 딴 곳에 버렸다는 사실을 안타까워하고 있다. 또한 진부는 여름철 논에서 김맨 잡초를 벼 뿌리 깊숙이 묻어 두면 썩어 비료가 된다는 사실을 농민들에게 일깨우고 있다.[12] 이 같은 내용을 『왕정농서』「분양편」에서 다시 한 번 강조하여, 강남지역에서는 3월이 되면 논에 자란 풀을 베어 바로 밟아 땅속에 넣어 비료로 삼는데, 해마다 이렇게 하면 지력이 왕성해진다는 것이다. 이것은 잡초

---

10 『진부농서(陳旉農書)』「경누지의편(耕耨之宜篇)」, "當始春, 又徧布朽薙腐草敗葉以燒治之, 則土暖而苗易發作."
11 『보지권농서(寶坻勸農書)』「분양 제칠(糞壤第七)」, "灰糞者, 竈中之灰, 南方皆用壅田, 又下曰[田]水冷, 亦有用石灰爲糞, 使土壤而苗易發."
12 『진부농서』「호운지의편(薅耘之宜篇)」.

가 지력을 빼앗아 작물에 해를 입히기도 하지만, 이를 베어 거름으로 사용하면 도리어 토양을 비옥하게 한다는 사실을 강조한 것이다.

셋째, 물이 많은 강남지역에 적합한 비료인 깻묵류[餠肥類], 토분土糞과 화분火糞[13]이 자주 등장한다. 『진부농서』에 등장하는 비료 중 주목되는 것 중의 하나가 깻묵류이다. 이는 기름을 짜고 남은 곡물의 찌꺼기로서 주로 마고麻枯가 많이 등장한다. 깻묵은 생똥[大糞]과 더불어 열이 많은 비료로서 물이 많은 강남지역의 토온을 높이기에 적당한 비료이다. 「선기근묘편」에 의하면, 삼씨 깻묵에 열이 발생하여 쥐털 같은 곰팡이가 생겨나면 열이 나지 않도록 잘 펴서, 열이 발생하지 않을 때 시비한다. 만약 열이 날 때 거름을 주면 작물이 그 열에 타서 죽게 된다고 한다. 삼씨 깻묵은 비력이 좋을 뿐만 아니라 운반과 취급이 편리하다. 때문에 잘게 부수어 화분火糞과 같이 섞어 움푹 파인 용기에 넣고 덮어서 누룩처럼 만들어 저장해 두고 사용했다고 한다.[14] 송원대에는 깻묵과 콩깻묵[麻豆餠]을 모판이나[15] 산약山藥, 토란[芋], 생강[薑], 모시[苧麻]와 연뿌리[池藕] 등의 비료로 사용했음을 볼 수 있다.[16] 이 사실로 미루어 대량의 질소성분을 함유한 깻묵과 콩깻묵은 발열작용을 하기 때문에 수중 작물이나 물가 근처에 재배하는 작물 등의 성장을 촉진하기 위한 덧거름으로 효과가 있었음을 알 수 있다.

토온과 관련된 비료 중 주목되는 것은 『진부농서』에서 보이는 화분과 토분土糞인데 그 실체가 분명하지 않다. 다만 태운 토분을 시비하면 서리와 눈이 와도 작물이 시들지 않는다고[17] 하였으며, 「종상지법편種桑之法篇」에는 "거름간에서 태운 토분을 거름으로 주면, 비록 오랫동안 비가 내리더

13 토분과 화분에 관해서는 2장의 주석을 참조.
14 『진부농서』「선기근묘편(善其根苗篇)」.
15 『진부농서』「선기근묘편」, "(秧田)用麻枯尤善."
16 『왕정농서(王禎農書)』「농상통결(農桑通訣)」, "池藕, 二月間取帶泥小藕 … 或糞或豆餠壅之, 則茂盛";『농상의식촬요(農桑衣食撮要)』「유월(六月)·운도(転稻)」, "用灰糞麻籸相和, 撒入田內."
17 『진부농서』「육종지의편(六種之宜篇)」, "燒土糞以糞之, 霜雪不能彫."

라도 흙의 기운이 잘 소통되어서 진흙탕이 되거나 물이 고여 있지 않으며, 오랫동안 가뭄이 들어도 땅이 굳거나 메마르지 않고, 비록 서리와 눈이 많이 내리더라도 얼어붙지 않는다."라고[18] 하였다. 그런가 하면 부숙한 화분은 대분을 중화하는 작용이 있어 함께 거름을 주면 작물의 손상을 막을 수 있다고[19] 하였다.

이러한 화분火糞의 제조방식을 『왕정농서』 「분양편」에서는 "풀과 나무와 흙을 함께 포개 쌓아 태운다."라고[20] 하는데, 화분을 별도의 비료항목으로 설정하고 있는 것은 남송 이후 이 비료의 용도가 크게 증대되었음을 말해 준다. 또한 「분양편」에서는, "강남지역은 물이 많아 토양이 차갑기 때문에 화분을 시비한 후 맥과 채소를 파종하면 더욱 좋다."라고 하였다. 이것은 화분이 물 때문에 토온土塭이 낮은 강남지역에 적합한 비료임을 강조한 것으로, 맥麥과 채소 파종에 더욱 적합하다고[21] 한다. 게다가 명대 『보지권 농서』에서도 강남지역의 경우, 매번 풀뿌리를 흙이 달린 채 잘라 쌓아 두었다가 여기에 불을 질러 비료로 사용하면 토지를 아주 따뜻하게 한다고[22] 하였다. 이는 「분양편」에서와 같이 흙과 풀을 모아 때워 비료로 만들어 토양의 비력과 지온地溫을 높이는 데 사용하였음을 보여 주고 있다. 흙을 태워 비료로 삼는 또 다른 방법으로는 토맥土脈이 굳어 있는 이랑의 경우, 갈이를 하여 그 흙덩이에 나무를 쌓아 불을 지르면 효과가 좋다고[23] 한다. 이 것은 깻묵, 똥과 토분이 이미 송대 이후 강남지역의 논, 밭은 물론 채소밭

---

18 『진부농서』 「종상지법편」, "以肥窖燒過土糞以糞之, 則雖久雨, 亦疎爽不作泥淤沮洳, 久乾亦 不致堅硬碻坲也, 雖甚霜雪, 亦不凝凓凍互."

19 『진부농서』 「선기근묘편(善其根苗篇)」, "若不得已而用大糞, 必先以火糞久窖罨乃可用. 多見 人用小便生澆灌, 立見損壞."

20 『왕정농서』 「분양편」, "積土同草木堆疊, 燒之."

21 『왕정농서』 「분양편」, "江南水多地冷, 故用火糞, 種麥, 種蔬尤佳."

22 『보지권농서』 「분양 제칠(糞壤第七)」, "江南每削帶泥草根, 成堆而焚之, 極暖田."

23 『천공개물』 권上 「내립(乃粒)」, "土脈堅緊者, 宜耕壟, 疊塊壓薪而燒之. 埴墳松土不宜也." 다만 진흙땅에는 이 방법이 적합하지 못하다고 한다.

의 비료로 토지의 성질에 따라 유용하게 사용되었음을 말해 준다.

넷째, 수전의 토분과 관련하여 덧붙이고 싶은 것은 강바닥 진흙 거름 [泥糞]이라는 독특한 비료이다. 물론 북송대에도 전통적으로 강바닥의 진흙[泥沙]이 다량 함유된 황하의 혼탁한 물[渾水]를 관개하여 염기성 토양을 개량한 어전淤田이 등장했다.[24] 『진부농서』에도 진흙을 이용하여 화분이나 토분土糞을 제조했던 것이 보이지만, 송대에는 적극적으로 강바닥 진흙 거름을 채취하고 활용한 사례는 보이지 않는다. 하지만 『왕정농서』「분양편」에 의하면, 니분泥糞은 배를 타고 하천에서 대바구니로 건져낸 청니靑泥로서 말려 잘게 부수어 대분과 함께 사용하면 비료효과가 일반적인 거름보다 훨씬 좋았다고 한다.[25] 흥미로운 것은 『보지권농서』 상에는 강바닥 진흙 거름이 강남 지역 농가의 비료이며, 북방의 하내河內에도 진흙이 많아 채취가 용이했다고 한다. 그리고 진흙과 분 혹은 진흙과 풀과 섞어서 사용하면 수토水土와 풀이 한열寒熱의 음양을 조절하여 더욱 효과가 있으며, 다른 거름은 간혹 해가 되기도 하지만 오직 강바닥의 진흙은 중성이고 이익만 가져다주어 최고의 비료라고[26] 평가하고 있다. 이것은 강남지역에서 쉽게 채취할 수 있는 특유의 니분이 원대 이후 비료로 구체화되었음을 말해 주며, 이 니분을 단독으로 혹은 똥과 풀을 섞어서 새로운 비료를 제조하기도 하였으며, 점차 화북의 강가주변에도 보급

---

24 어전(淤田)에 대한 기록은 이미 전국초 위인(魏人) 서문표(西門豹)의 기록에서 등장하며, 진한시대의 정국거(鄭國渠)나 백거(白渠) 역시 강바닥 진흙이 뒤섞인 탁한 물[泥沙渾水]을 관개한 방식이었는데, 북송 때 특히 황하하류지역의 탁한 물을 끌어들여 관개하는[引渾灌漑] 것이 대규모로 행해졌다고 한다. 신종(神宗) 때 왕안석(王安石)은 신법을 통해 어전(淤田)은 농업생산을 제고하는 중요한 조치로 인식했으며, 그 결과 옛 관개수로[舊渠]의 물길[河道]을 소통하여 어관(淤灌)을 실시하기도 했다.

25 『왕정농서(王禎農書)』「분양편(糞壤篇)」, "又有泥糞, 於溝港內, 乘船以竹夾取靑泥, 杴潑岸上. 凝定, 裁成塊子, 擔去同大糞和用, 比常糞得力甚多."

26 『보지권농서』「분양 제칠(糞壤第七)」, "泥糞者, 江南田家, 河港內乘船, 以竹爲稔, 挾取靑泥, 鍬撥岸上, 凝定裁成塊子, 擔開用之. 北方河內泥多, 取之尤便, 或和糞內用, 或和草皆妙. 他糞或有害田者, 惟泥糞最中和而有益, 故爲第一也."

되었음을 알 수 있다.

니분을 『왕정농서』에서 대표적인 비료의 하나로 설정하고 있는 것을 보면 하천의 퇴적물이 발달한 장강하류지역을 근거로 삼은 듯하다. 이 비료가 바로 명말청초 강남지역의 대표적인 비료의 하나였던 남니嵐泥인 것이다.[27] 송 모후毛珝의 「오문전가십영吳門田家十咏」에서 '죽남竹嵐'을 만들어 하천에서 강진흙[河泥]을 건져 내어 비료로 사용했음을 볼 수 있다.[28] 따라서 진흙[泥]을 채취하기 위한 전문적인 도구가 송대에 이미 만들어졌음을 알 수 있다.

남니는 부패된 동식물의 유기물질이 강바닥에 침전되고, 빗물을 따라 흘러간 비료성분이 더해져 만들어진 것으로 뽕밭이나 논[稻田]의 중요한 밑거름의 재료로 이용되었다. 『심씨농서沈氏農書』「축월사의逐月事宜」를 보면, 그 당시 한여름을 제외하고 거의 매월 맑고 흐린 날을 가리지 않고 강바닥에서 '남니'를 파내 거름을 만들 정도로 중시되었던 비료였다. 이러한 것을 보면, 송대 이후부터 비료로 사용하기 시작한 니분이 원대 『왕정농서』의 단계에서는 대표적 거름으로 자리 잡았으며, 명대 『심씨농서』의 단계에 이르면 진흙의 채취가 전문화되고 구체화되었음을 알 수 있다.

2. 똥오줌의 저장법과 비료에 대한 인식의 변화

다섯째, 『진부농서』에는 가축 똥과 더불어 인분의 시비가 보다 구체화되고 있다. 「선기근묘편」에서는 똥[大糞]의 사용법을 제시하면서 "절대 생똥을 직접 사용해서는 안 되는데, 똥독[糞毒]이 싹을 썩게 하고, 또한 사람

---

27 명청시대 남니(嵐泥)의 채취와 그 노동력의 변화에 대해서는 이미 최덕경, 「『補農書』를 통해 본 明末淸初 江南 農業의 施肥法」, 『중국사연구(中國史硏究)』 74, 2011에서 상술한 바 있다.

28 모후(毛珝), 『남송군현소집(南宋群賢小集)』「오죽소고(吾竹小稿)」, "竹嵐兩兩夾河泥, 近郭溝渠此最肥. 采得滿船歸揷種, 勝如賈販嶺南歸."

의 손발을 손상시키며, 상처를 치료하기가 쉽지 않다. 때문에 반드시 화분이나 구덩이에 넣어 썩힌 곡물 껍질[穀殼]과 함께 섞어 시비하는 것이 좋다. 만약 그렇지 않으면 물을 충분히 뿌려 토지를 부드럽게 하여, 이내 겨분[糠糞]을 뿌려 발로 밟아 진흙 속에 묻고 고무래[盪]로써 지면을 평평하게 한 후 종자를 흩어 뿌린다."라고[29] 하였다. 이것은 독성이 있는 똥을 어떻게 활용했는가를 자세하게 안내하고 있다. 주희朱熹도『권농문勸農文』에서 농한기에 풀뿌리[草根]를 햇볕에 말려 태운 재를 똥과 섞어 종자에 넣어 흩어 뿌리면[散播] 좋다고[30] 한다. 또 다른 사용법은 똥을 화분과 섞어 구덩이에 넣고 덮어서[窖罨] 중화시켜 부숙하는 것이 좋다고 하였다. 소변도 마찬가지였다. 바로 사용하면 작물이 손상된다는 사실을 잘 안내하고 있다.[31] 이것은 대소변이 비록 독성이 있는 배설물이지만, 그 비료효과가 좋다는 것을 알았기 때문에 이를 중화시켜 사용하는 방법을 제시한 것이다.

다만『진부농서』에서는 똥이 어떤 성질의 비료인지를 분명하게 제시하지 않았지만,『왕정농서』「분양편」을 보면, 이 분을 생똥[生糞]이라고 명시하고, 생똥을 지나치게 많이 사용하면 분력糞力이 너무 강하여 작물이 타죽게 되어 도리어 해를 입는다고 하였다.[32] 이처럼 강남 지역의 농민들은 대분의 시비가 지력을 왕성하게 해 준다는 사실을[33] 이미 알았기 때문에 일찍부터 생똥의 부숙에 주목했던 것 같다.

이러한 비료의 부숙을 위한 설비로, 이미『진부농서』에는 저장구덩이

---

29 『진부농서』「선기근묘편(善其根苗篇)」, "切勿用大糞, 以其瓮腐芽蘖, 又損人脚手, 成瘡痍難療. 唯火糞與燒豬毛及窖爛麤穀殼最佳. 亦必渥漉田精熟了, 乃下糠糞, 踏入泥中, 盪平田面, 乃可撒穀種."

30 주희(朱熹), 『권농문(勸農文)』, "其造糞壤, 亦須秋冬無事之時, 預先劃取土面草根晒曝燒灰, 施用大糞拌和, 入種子在內, 然後撒種."

31 『진부농서』「선기근묘편」, "若不得已而用大糞, 必先以火糞久窖罨乃可用. 多見人用小便生澆灌, 立見損壞."

32 『왕정농서』「분양편(糞壤篇)」, "若驟用生糞, 及布糞過多, 糞力峻熱, 即燒殺物, 反爲害矣."

33 『왕정농서』「분양편」, "大糞力狀."

[窖]란 단어가 '곡간 움집[囷窖]', "구덩이[窖]에 넣어서 썩힌 왕겨", "구덩이에 쌓아서 덮어 준다", "구덩이[窖]에 넣어서 썩힌 왕겨", "먼저 화분과 섞어서 오랫동안 구덩이[窖]에 넣고 덮어 두고", "움푹 파인 거름간에서 태운 토분 土糞"과 같이 몇 차례 등장하는데,[34] 이것은 대개 움푹 파인 곳에 똥오줌이나 각종 거름을 넣어 저장하거나 부숙하는 용도로 사용되고 있다. 그러나 똥오줌만을 넣어 보관한 것은 보이지 않는다.

하지만 『왕정농서』에는 농가가 분양糞壤을 확보하기 위해 소나 당나귀에 작은 분거糞車를 채워 곳곳에서 분을 거두어들여 오랫동안 쌓아 두고 부숙하여 농상農桑과 과실수의 비료로 사용했음을 볼 수 있다.[35] 특히 이러한 분교糞窖 시설은 논농사를 주로 하는 남방의 산물이며, 당시 북방에서도 이를 모방하여 10배나 되는 이익을 거두었다고 한다.[36] 즉 논에서의 분교 시설이 남방에서 비롯되었으며, 그 확실한 효과 때문에 원대에는 북방에서도 이 시설을 모방했다는 점은 똥오줌시비가 점차 북방으로 확산되었음을 말해 주고 있다.

그러나 『진부농서』와 동시기에 편찬된 섬서陝西 양현洋縣의 권농문에서는 개별 농가에 측간厠間이 설치된 것이 아니고, 농촌과 도시[村市]에 남녀의 '정측井厠'을 건립하여 똥오줌이 쌓이면 토지에 시비했다고 한 것을 보면[37] 아직은 북방지역에서는 똥오줌시비가 널리 보편화되지 않았음을 알 수 있다. 하지만 원대 『왕정농서』「분양편」에는 남방에서 분교시설이 등

---

34 『진부농서』「절용지의편(節用之宜篇)」, "約有者囷窖箱篋之藏."; 『진부농서』「선기근묘편(善其根苗篇)」, "窖爛麤穀殼最佳."; "和火糞窖罨"; "又堆窖罨"; "及窖爛麤穀殼."; "必先以火糞久窖罨"; 『진부농서』「종상지법편(種桑之法篇)」, "以肥窖燒過土糞以糞之."

35 『왕정농서』「분양편」, "凡糞田之家, 欲要計置糞壤, 須用一人一牛或驢, 駕雙輪小車一輛, 諸處搬運積糞. 月日旣久, 積少成多, 施之種藝, 稼穡倍收, 桑果愈茂, 歲有增羨, 此肥稼之計也."

36 『왕정농서』「분양편」, "然糞田之法, 得其中則可, 若驟用生糞, 及布糞過多, 糞力峻熱, 即燒殺物, 反爲害矣. 大糞力狀, 南方治田之家, 常於田頭置磚檻, 窖熟而後用之, 其田甚美. 北方農家, 亦宜效此, 利可十倍."

37 천쉔웬[陳顯遠], 「陝西洋縣南宋勸農文碑再考釋」, 『농업고고(農業考古)』 1990年 2期, p.169.

장하여 똥을 수집하면서 황금처럼 귀하게 여겼으며,[38] 이러한 사실은 명
대 『보지권농서寶坻勸農書』에도 그대로 이어지고 있다.[39] 다만 『보지권농서』
「분양糞壤」편에서 지적하는 것과 같이 북방 지역의 경우 여전히 똥오줌을
수거하지 않아 거리는 더럽고, 악취가 코를 찔렀으며 우물물은 염분이 많
았다고 한다. 게다가 도시에 인구가 집중되면서 오염물질이 늘어나고 질
병이 나날이 늘어났던 것을 보면[40] 북방 지역에서는 명 중기까지만 해도
외양간에서 생산되는 퇴비 이외에 버려진 돼지와 양 똥을 원교지역에서
는 적극적으로 활용하지는 못한 것으로 보인다.[41] 이것은 어쩌면 오랫동안
농업에 상대적으로 익숙하지 못했던 북방민족의 지배가 낳은 풍속[遺習]의
일부라고도 볼 수도 있을 것이다.

분교糞窖 시설이 설치된 위치에 대해 『왕정농서』「분양편」에서는 남방
지역 농가의 경우 "항상 논머리[田頭]에 거름기가 땅속으로 빠져나가지 않
도록 벽돌을 쌓아 만든 분교에서 똥오줌을 부숙한 이후 사용했다."라고[42]
한다. 이것은 일종의 똥통으로, 논머리에 설치하여 그곳에서 일정시간 부
숙하여 근처 논에다 시비했음을 뜻한다. 그리고 청대 『수시통고授時通考』

---

38 『왕정농서』「분양편」, "所謂惜糞如惜金也."
39 『보지권농서(寶坻勸農書)』「분양 제칠」, "窖糞者, 南方皆積糞于窖, 愛惜如金."
40 Isabella B. Bishop[이인화 역], 『한국과 그 이웃나라들』, 살림, 1994, pp.52-53에 의하면 (도
  시인구증가하고 농촌과 연계되어 똥오줌처리가 곤란해지면서) 19세기에도 북경시내에는 냄새
  와 쓰레기로 가득했다고 한다. 반면 포세신(包世臣), 『안오사종(安吳四種)』 권25上 「농정(農
  政)」편에 의하면, 18-19세기 안휘성 경현(涇縣)의 경우 도성 주변의 농민들에게 항아리[缸
  桶]를 준비하여 성에서 똥을 운반하여 비료로 사용했다. 관에서도 거리마다 크고 작은 도
  랑[溝: 하수구]을 만들어 성 밖으로 통하게 하고, 그곳에 큰 구덩이[坑]를 만들어 이를 저장
  하여 향민들이 똥의 운반과 저장을 편리하게 했다. 그 결과 거리에는 냄새가 나지 않고 전
  염병도 발생하지 않았으며, 오염물이 강을 더럽히지도 않아 물을 마셔도 병이 생기지 않았
  다고 한다. 19세기 성곽주변의 사람들이 읍내로 들어와 똥오줌을 수집한 사실은 강소성 단
  도현(丹徒縣)에서도 볼 수 있다. 「각성농사술(各省農事述)·단도(丹徒)」, 『농학보(農學報)』 제
  31기, 광서(光緒) 24년(1898) 4월上.
41 『보지권농서』「분양 제칠」, "北方猪羊皆散放, 棄糞不收, 殊爲可惜."
42 『왕정농서』「분양편」, "南方治田之家, 常於田頭置磚檻, 窖熟而後用之, 其田甚美."

에는 만약 집안에 분교를 만들 수 없다면 논머리[田首]에 설치해도 좋다는 지적을 보면[43] 분교 시설을 통해 똥오줌을 확보하고 비축했던 노력이 얼마나 적극적이었던가를 볼 수 있다. 그것은 후술하는 '농가곁[農居之側]'에 비슷한 구조로 설치했던 분옥과는 차이가 있었던 것으로 보인다. 실제 『보지권농서』에서는 분옥을 분교와 구분하여 '증분蒸糞' 시설이라고 하는데, 설치지역은 농민이 거주하고 있는 곳뿐 아니라 점차 '공한지[空閑之地]'[44]로 확대되고 있는 것을 볼 수 있다. 그런가 하면 청대 강남 지역의 경우 집집마다 분측糞厠이 있었는데, 분糞이 흘러넘치면 구덩이에 고이도록 한 것을 보아 측간 근처에 설치한 듯하다. 분옥 시설은 송대 『진부농서』에 이미 구체적으로 묘사되어 있다. 즉 구덩이를 파고 벽돌을 쌓은 것은 거름기가 밖으로 새거나 빠져나가지 못하게 한 것이며, 기둥과 처마를 낮게 하여 지붕, 즉 분옥糞屋을 설치한 것은 바람에 거름이 휘날리거나 비가 들이치는 것을 막기 위함이었다. 대개 거름기는 밤이슬과 음기[星月]에 노출되면 손실되기 때문에 지붕으로 덮어 주었던 것이다.[45] 그 속에는 소제掃除하여 생긴 흙, 불에 태운 재, 탈곡 후에 까불려 생긴 곡물의 겨나 쭉정이, 흐트러진 볏짚과 떨어진 낙엽 등을 쌓아 적당히 태우고, 그 위에 똥오줌을 뿌려 한동안 저장하게 되면 부숙하면서 자연 풀이 죽어 거름이 된다는 것이다.[46] 명대의 『보지권농서』「분양」편에는 증분법蒸糞法은 분옥을 분교와 구분하여 처마를 낮게 만들고 뚜껑을 덮어 증기의 힘으로 썩게 하는 방식이라고[47] 한다. 분교가 대개 똥오줌을 주로 보관한 곳이었다면, 분옥은 퇴비

---

43 『수시통고』 권35 「공작·어음」, "家中不能入窖者, 田首亦可."

44 『보지권농서』 「분양 제칠」.

45 『진부농서』 「분전지의편」, "凡農居之側, 必置糞屋, 低爲簷楹, 以避風雨飄浸. 且糞露星月, 亦不肥矣. 糞屋之中, 鑿爲深池, 甃以磚壁, 勿使滲漏."

46 『진부농서』 「분전지의편」, "凡掃除之土, 燒燃之灰, 簸揚之糠粃, 斷稿落葉, 積而焚之, 沃以糞汁, 積之既久, 不覺其多."

47 『보지권농서』 「분양 제칠」, "蒸糞者, 農居空閑之地, 宜誅茅爲糞屋, 簷務低, 使蔽風雨, 凡掃除之土, 或燒燃之灰, 箕揚之糠粃, 斷蒿落葉, 皆積其中. 隨即栓盖, 使氣薰蒸糜爛."; 청 건륭

를 비롯하여 각종 잡동사니들이 썩으면서 생기는 발열을 이용하여 부숙시키는 공간이라고 볼 수 있을 것이다.

분교糞窖의 구조를 보면, 『진부농서』에서처럼 야외의 논머리에 설치했을 때는 분옥처럼 지붕을 만들지 않았을 가능성이 크다. 비록 눈비 등으로 인해 거름기나 거름의 농도가 감소할 수도 있지만, 송판 「경직도耕織圖」에서 보는 바와 같이 벼의 성장을 돕기 위해 인분에 물을 탄 청수분淸水糞을 모[稻苗]에 추비했던 것을 보면[48] 물이 유입되는 것은 큰 문제가 되지는 않았을 것 같다. 하지만 명청시대처럼 집안에 점차 분교를 설치하기 시작하게 되면 문제는 달라진다. 냄새와 각종 벌레를 차단하고, 거름기를 보호하고 나아가 가축과 사람의 안전과 도난사고를 막기 위해 지붕을 설치하여 분옥의 용도로도 사용했을 가능성이 크다.

이처럼 송대 이후 똥오줌은 그 자체를 거름으로 사용했는가 하면, 똥오줌을 각종 쓰레기더미에 끼얹어 미생물의 작용을 촉진시켜 부숙시키는 용도로도 사용하였다. 이처럼 똥오줌의 수요가 증대되면서 남송대 강남지역에서는 분옥을 만들어 똥오줌을 소중하게 보호했으며, 이러한 인식은 『왕정농서』 단계에 이르면 똥오줌을 황금처럼 중히 여겼다는 표현으로까지 발전하고 있다. 그 결과 똥오줌을 수집, 보관하는 각종 시설물은 보다 구체화되었던 것으로 보인다. 이는 농업생산에서의 똥오줌 시비의 위치를 충분히 짐작할 수 있게 해 주며, 이러한 인식이 원대 이후 점차 북방에까지도 영향을 주었다는 사실은 아주 주목할 만한 부분이다.

여섯째, 생활 속에서 생긴 각종 생활 폐기물이 비료의 소재로 이용되었다. 앞에서 농업활동과정에서 생긴 각종 쓰레기와 소제하면서 생겨난 잡

(乾隆) 2년에 찬술된 『수시통고』의 「공작·어음」편에도 같은 기록이 보이는 것을 보면 이후에도 증분법(蒸糞法)을 위한 분옥(糞屋)이 만들어진 듯하다.

48 최덕경, 「東아시아 糞尿시비의 전통과 生態農業의 屈折: 糞尿의 衛生과 寄生蟲을 중심으로」, 『역사민속학』 35, 한국역사민속학회, 2011, p.279.

동사니와 흙, 불에 탄 재나 낙엽까지 거름으로 만들어져 농업자원으로 환원되었음을 이미 확인하였다. 『진부농서』「종상지법편」에서도 겨와 볏짚을 초분草糞으로 만들기 위해 "부엌의 모퉁이에 깊고 넓은 웅덩이를 파고 벽돌담을 쌓아서 물이 새어나가지 못하게 하고, 쌀을 찧어 체질할 때 생기는 곡식 껍질과 썩은 짚, 나뭇잎 등을 그 웅덩이 속에 넣고, 또 식기食器를 씻은 구정물과 쌀뜨물까지 구덩이 속에 넣어서 오래 담가 두면 자연스럽게 내용물이 부패되어 위로 떠오르면서 거름이 된다."라고[49] 하였다.

그런가 하면 남송의 『몽량록夢梁錄』을 보면 항주에는 쓰레기와 분토를 싣는 배가 무리를 지어 이들을 교외로 운반했으며, 매일 경각두傾脚頭라는 마통馬桶의 똥[糞便]을 수거하는 자가 가져갔기 때문에 함부로 관할구역을 침탈하지도 못했으며, 때로는 소송이 벌어지기도 하였다.[50] 『왕정농서』「분양편」에서는 이렇게 썩힌 거름을 매년 3-4번씩 퍼내어 뽕밭 사이사이에 재배하고 있는 모시[苧]에 거름을 주면 뽕밭 역시 자연스럽게 비옥해진다고[51] 하여 그 용도를 구체적으로 설명하고 있다. 이같이 농민들은 생활 속의 각종 유, 무기물질을 토양의 양분[糞氣]으로 만들어 작물의 특성에 맞게 사

그림 7_ 고대 마통(馬桶)

---

49 『진부농서』「종상지법편(種桑之法篇)」, "聚糠粜法, 於廚棧下深闊鑿一池, 結甃使不滲漏, 每春米卽聚礱簸穀殼, 及腐粜敗葉, 漚漬其中, 以收滌器肥水, 與滲漉泔淀, 漚久自然腐爛浮泛."

50 오자목(吳自牧), 『몽량록(夢梁錄)』; 최덕경, 위의 논문, 「東아시아 糞尿시비의 전통과 生態農業의 屈折: 糞尿의 衛生과 寄生蟲을 중심으로」 참조.

51 『왕정농서』「분양편」, "漚久, 自然腐爛. 一歲三四歲, 出以糞苧, 因以肥桑. 愈久愈茂, 而無荒廢枯摧之患矣."

용함으로써 토질을 개량하고 수확량을 높였던 것이다.[52] 명대 『보지권농서』 「분양」편에서는 이러한 방식이 마치 분을 사용하여 양조釀造하는 방식과 유사하다고 하여 양분법釀糞法이라[53] 하고 있다.

이들 외에도 송원시대에 드물게 등장하기는 하지만 동물의 털을 비료로 사용한 사례도 보인다. 『진부농서』 「선기근묘편」에 의하면, 돼지를 잡아 끓는 물로 벗겨낸 털을 화분火糞과 함께 구덩이에 넣어서 썩혀 비료로 만들었으며,[54] 『왕정농서』의 단계에 이르면, 다소 발전하여 모든 짐승의 털과 날개는 기름기가 많아 거름으로 사용하면 초목이 잘 자란다고[55] 하면서 털이 좋은 비료의 재료가 될 수 있음을 말하고 있다. 명대에 이르면, 동물의 털을 비료로 사용하는 경우가 더욱 구체적으로 나타나고 있는 것을 볼 수 있다.

사람들은 대개 생활 속에서 생겨나는 각종 쓰레기나 썩은 오물과 배설물을 경시하고 피해 다니지만, 『왕정농서』의 지적과 같이 이들을 부숙하여 논밭에 효과적으로 사용하면 땅을 기름지게 하여 많은 수확을 할 수 있다는 사실을 알게 되면서, "황금을 아끼듯이" 분토糞土를 아끼는 인식이 자리 잡게 된다. 그래서 구덩이[窖]나 분옥을 설치하여 한 방울의 거름기[糞氣]도 빠져나가거나 증발하지 못하게 소중하게 관리하였던 것이다. 이러한 인식이야말로 폐기물이나 배설물을 폐기하지 않고 농업자원으로 환원시킨 소중한 지혜였던 것이다. 그러한 지혜가 바로 농언農諺의 "땅을 구입하는 것보다 땅에 거름 주는 것이 낫다.[糞田勝如買田.]"는 지적과 같이 토지의 면적을 넓히는 것 못지 않게 분전糞田을 통한 경영이 더 중요하다는 사

---

52 『왕정농서』 「분양편」, "凡區宇之間, 善於稼者, 相其各處地理所宜而用之, 庶得乎土化漸漬之法, 沃壤滋生之效, 俾業擅土農矣."
53 『보지권농서』 「분양 제칠」.
54 『진부농서』 「선기근묘편」, "唯火糞與燖豬毛及窖爛麤穀殼最佳."
55 『왕정농서』 「분양편」, "又凡退下一切禽獸毛羽親肌之物, 最爲肥澤, 積之爲糞, 勝於草木."

실을 깨닫게 해 준 것이다.[56]

일곱째, 분전糞田을 마치 인간의 몸의 상태에 따라 치료하는 약과 같이 인간과 자연을 일체화하여 표현하고 있다. 이것은 『진부농서』「분전지의편」의 '분약糞藥'에서 잘 드러나고 있는데, 당시 민간 농언에서 "비료를 '분약糞藥'이라 이르는 것은 (농작물에) 거름을 주는 것이 마치 (허약한 사람에게) 약을 쓰는 것과 같다."[57]라고 하여, 토지에 시비하는 분糞이 마치 체질[氣]에 따라 쓰는 약처럼 토지의 성질[地氣]에 따라 사용되었음을 살필 수 있다. 「선기근묘편」에도 비슷한 부분을 볼 수 있는데, 벼 뿌리[苗根] 관리의 중요성을 지적하면서 적시에 파종하고 거름을 주는 것이 중요하며, 묘근이 건강하면 각종 재난을 극복하여 결실이 좋아진다고 한다. 만약 묘근이 좋지 않게 되면 시들고 약해지는데, 이는 마치 뱃속의 태아가 병이 들게 되면 기氣와 혈血이 약해지고 말라서 고통이 끊이지 않게 되는 것과 같으며, 설령 조금씩 차도가 있다고 하더라도 겨우 호흡만 연장될 뿐 건강해지기는 어렵다고[58] 한다. 여기서도 벼 뿌리의 건강상태를 뱃속의 태아와 비유하여 농사일을 마치 사람의 건강을 돌보듯 중히 여기고 있는 것이다.

이러한 분약의 인식 속에서 거름이야말로 토지를 지속적으로 치유하여 지력을 보전할 수 있는 토대가 된다는 관념이 자리하면서 『왕정농서』의 단계에 이르러 비료가 체계적으로 정리된 것 같다. 고대의 경작방식을 보면 대부분의 토지는 3-5년을 경작하면, 그 지력[地氣]이 다하게 되어 윤작輪作하거나 휴한休閑할 수밖에 없었다. 하지만 분약이란 인식이 생기면서 때맞추어 거름을 주고 새로운 흙을 넣어 주면, 토지는 다시 부드럽고 비옥

---

56 『왕정농서』「분양편」, "夫掃除之猥, 腐朽之物, 人視之而輕忽, 田得之爲膏潤. 唯務本者知之, 所謂惜糞如惜金也, 故能變惡爲美, 種少收多. 諺雲, 糞田勝如買田. 信斯言也. 凡區宇之間, 善於稼者, 相其各處地理所宜而用之, 庶得乎土化漸漬之法, 沃壤滋生之效, 俾業擅上農矣."
57 『진부농서』「분전지의편」, "俚諺謂之糞藥, 以言用糞猶藥也."
58 『진부농서』「선기근묘편」, "若初根苗不善, 方且萎頓微弱, 譬孩孺胎病, 氣血枯瘠, 困苦不暇, 雖日加拯救, 僅延喘息, 欲其充實, 蓋亦難矣."

해져 지력은 새롭게 왕성해진다[地力常新壯]는[59] 이론이 나오게 된 것이다. 이것은 분약을 통해 토지를 지속적으로 음양을 조절하고 양분을 보완[保養]해 주면 윤작이나 역전易田하지 않고도 건강한 농산물을 계속적으로 재배할 수 있다는 인식을 갖게 되었음을 말해 준다.

3. 비료형 살충제의 등장

마지막으로 송원시대 비료의 또 다른 특징은 거름 주기와 더불어 살충제에도 깊은 관심을 보이기 시작했다는 사실이다. 사실 당대 이전에는 해충에 대한 구체적인 대책이 없었다. 그래서 주로 농시, 선종選種, 농작법을 통해 작물의 기초체력을 강하게 하는 방안이 강구되었다. 물론 인력으로 잡거나 천적에 의존하기도 했지만 한계가 있었다. 당 초의 재상 요숭姚崇에 의해 황충蝗蟲을 직접 타격해서 박멸해야 한다는 인식의 전환이 있기는 했지만, 『진부농서』「기보편祈報篇」에서 보듯, 남송시대에도 여전히 충재蟲災를 신의 영역으로 이해하여 제사를 통해 기원하고 보답[祈報]하는 방식이 없지 않았다.[60]

이런 상황 속에서 『진부농서』에서는 적극적인 살충의 모습을 시비를 통해 해결하고 있다. 그 살충제로 대표적인 것이 석회였다. 「경누지의편耕耨之宜篇」에 의하면, 석회를 뿌려 그것이 진흙 속에 스며들면 명충螟蟲의 피

---

59 『진부농서』「분전지의편」, "凡田土種三五年, 其力已乏. 斯語殆不然也, 是未深思也. 若能時加新沃之土壤, 以糞治之, 則益精熟肥美, 其力常新壯矣, 抑何敝何衰之有."

60 최덕경, 「中國古代 농작물의 害蟲觀과 蝗蟲 防除기술의 變遷」, 『역사민속학』 39, 2012. 『진부농서(陳旉農書)』「기보편(祈報篇)」에서는 "『시경(詩經)』「대전(大田)」의 시에 이르기를, 줄기를 먹는 명충(螟蟲)과 잎을 먹는 등충(螣蟲) 및 뿌리를 먹는 모충(蟊蟲)과 마디를 갉아먹는 적충(賊蟲)을 제거하시어 우리 밭의 어린싹을 해치지 않게 하소서. … 라고 하였다. 이것 또한 기원의 축사이다.[大田之詩言, 去其螟螣, 及其蟊賊, 無害我田穉. … 是又祈之之辭也.]"라는 것을 볼 때, 송대에는 여전히 해충을 방지하는 것에 적극적인 의식을 갖추지는 못한 듯하다. 하지만 진부와 같이 좀 더 진보적인 입장으로 대책을 강구한 이들도 존재했던 것 같다.

해를 없앨 수 있다고 하였으며,[61] 「육종지의편六種之宜篇」에도 역시 토분에 석회를 섞어 전지에 뿌리면 벌레[蟲]가 먹지 않는다고 하였다. 이후 『왕정농서』「분양편」에는 한층 더 발전하여, 하전下田의 물이 차가워지면 논벼 [水稻]에 심각한 영향을 미치게 되는데, 이때 석회를 거름으로 사용하면 토양이 따뜻해져서 모[苗]가 잘 자란다고 하여 석회가 토온을 유지하는 데 효과가 있었음을 말해 주고 있다. 이처럼 송원시대에는 석회가 비료의 역할은 물론 살충제로서의 효과까지 있었다는[62] 사실을 제시하고 있다.[63] 이러한 현상은 이전에는 쉽게 볼 수 없었던 모습이었다. 물론 『제민요술』에도 석회가 4차례나 이용된 사례가 있다. 그중 본문의 주석에 소개된 한 가지만 살펴보면, 석회를 물에 타서 하룻밤 지나면 맑은 즙이 생기는데 이것을 취해 밀가루풀 속에 넣어 칠을 하면 좀이 생기지 않는다는[64] 기록이 있다. 이것은 석회가 살충 효과가 있었다는 내용일 뿐, 토양의 비료로 사용된 것은 아니다. 하지만 『왕정농서』에는 석회가 살충제로 사용되었음은 물론이고, 냉수전冷水田의 토양 성질을 변화시키는 데에도 사용했다는 것은 주목할 만한 사실이다. 이처럼 송원시대의 비료는 『제민요술』의 전후 시기와는 또 다른 특성을 보이며, 원대의 비료는 논에 알맞게 한층 구체화되었음도 볼 수 있다.

이상에서 보듯 송원대의 비료는 전대의 것을 계승하기도 했지만, 이 시대만의 독특한 비료의 모습을 볼 수 있다. 물론 전국시대 이래 '다분비전多糞肥田'을 강조했지만 『제민요술』에도 비료와 시비에 관한 기록은 많

---

61 『진부농서』「경누지의편」, "將欲播種, 撒石灰渥漉泥中, 以去蟲蟆之害."
62 『왕정농서』「분양편」, "下田水冷, 亦有用石灰爲糞, 則土暖而苗易發."
63 석회(石灰)의 용도가 비료가 먼저인지 건축자재가 먼저인지 정확하게 알 수 없지만, 청말에는 농사짓는 사람은 석회를 분전(糞田)에 이용하고, 수리하는 사람은 건축자재로 사용했다고 한다. 동치(同治) 12년(1873), 『서주부지(瑞州府志)』 권2.
64 『제민요술』 권3 「잡설제삼십(雜說第三十)」, "水浸石灰, 經一宿, 挹取汁以和豆黏及作麵糊則無蟲."

지 않다. 하지만 송원시대 수도가 남천한 이후 남방의 경지면적의 감소로 말미암아 기존의 휴경방식에 의존하여 지력을 회복하는 것이 불가능하게 되었다. 게다가 식량 생산에 토지를 과도하게 사용하면서 지력이 급격히 떨어져 비료의 사용이 주목받게 된 것이다.[65] 실제 민간에서 경지면적의 확대보다 단위당 생산량의 확보에 치중했던 것은[66] 바로 이를 의미한다. 이러한 현상은 명청시대에도 그대로 계승되었다. 이하 명청시대 사료를 통해 남방 도처에 등장하는 비료의 실태와 그 보급양상을 살펴보기로 한다.

Ⅲ. 명청시대 비료의 다양화와 지역화

송원대 이후 명청대에는 비료가 어떻게 달라졌는가는 청대 양신楊屾의 『수제직지修齊直指』「구종십종區種十種」을 통해 살펴볼 수 있다.[67] 이 책은 섬서성陝西省 출신이 저술하기는 했지만 이 비료가 모두 화북지역의 비료인지 아니면 남북을 총망라한 것인지는 분명하지 않다. 여기서는 사람 똥, 가축 똥, 초분, 화분火糞, 진흙 거름[泥糞], 뼈·조개재거름[骨蛤灰糞], 묘분苗糞, 사분渣糞, 흑두분黑豆糞, 피모분皮毛糞을 10분糞이라고 표현하고 있다. 이에 앞서 명 만력萬曆 연간의 『보지권농서寶坻勸農書』「분양糞壤」편을 보면 "북방에서는 돼지와 양을 모두 방목하여 버려진 분糞을 수습하지 못하는 것이 특히 애석하다."라고[68] 하여 당시 북방에서는 남방과는 달리 인분은

65 증숭성[曾雄生], 앞의 책, 『중국농업통사(송요하금원권)[中國農業通史(宋遼夏金元卷)]』, p.518.
66 『왕정농서』 「분양편」, "諺云, 糞田勝如買田."
67 천슈핑[陳樹平] 주편, 『명청농업사자료[明淸農業史資料(1368-1911)]』 第2冊, 社會科學文獻出版社, 2013, p.967에 의하면, 『수제직지(修齊直指)』의 양신(楊屾)의 원문은 제강(提綱)이고, 주(注)는 그 제자 제탁[齊倬; 섬서] 임동인(臨潼人)이 건륭(乾隆) 41년(1776)에 썼으며, '평(評)'은 청말 유광분[柳光賁; 섬서 함양인(咸陽人)]이 썼다고 한다.

물론 가축분조차 적극적으로 활용되지 않았음을 말해 준다. 물론 북방지역에서는 이미 『제민요술』 시대에 많은 가축분을 비료로 사용해 왔으며, 이후 광서光緒 연간 산동 연대煙臺 부근에도 가축배설물과 쓰레기를 돼지우리에 넣어 부숙하여 진흙[泥土]과 섞어 비료로 사용한 것이 사실이다.[69] 이것으로 보아 『보지권농서』 속의 북방은 화북 전 지역을 가리키는 것은 아닌 듯하다.

그렇지만 남방에서는 인분을 거름간[糞屋] 속에 저장하고 금처럼 아꼈으며, 『수제직지』에서도 10종의 양분釀糞 중에서 인분을 1등으로 취급하고 있는 것을 봐도 인분을 통한 남북방의 비료의 차이를 느낄 수 있다.[70]

명대 『서광계전집徐光啓全集』의 『농서초고農書草稿』 「광분양廣糞壤」편에도 140여 종 이상의 비료가 등장하고 있으며, 「분옹규칙糞壅規則」편에는 다른 문헌에서는 찾아볼 수 없는 중국 각 지역의 독특한 비료 종류를 안내하고 있다. 이 중 명대 남방비료의 특징을 드러내기 위해 당시 북방 지역 비료에 대해 간단하게 살펴볼까 한다. 「분옹규칙」을 보면, 화북華北의 비료는 명대까지도 여전히 가축분과 퇴비가 중심을 이루고 있다. 특히 퇴비의 경우 수레를 이용해 무畝당 1수레[車] 혹은 많을 때는 2-3수레까지 거름을 주고 있다. 그리고 명대 하북河北의 경동京東, 영년永年 등지에는 가축분과 더불어 구초漚草 거름을 주었는데, 구초는 산서성 등지에서 구덩이 속에 물을 가득 채워 '밀짚이나 겨[麥秸糠穗]' 등을 넣고, 부숙하여 이듬해 봄에 비료로 사용한 퇴비의 일종이다.[71] 그런가 하면 「분옹규칙」에는 하북의 진정인

---

68 『보지권농서』 「분양 제칠」과 『수시통고』 권35 「공작·어음」, "北方猪羊皆散放, 棄糞不收, 殊爲可惜."에 의하면 남방에서는 똥을 황금과 같이 인식하고, 증분(蒸糞), 양분(釀糞), 외분(煨糞), 자분법(煮糞法) 등 다양한 비료제조법을 제시하고 있다.

69 최덕경, 「『齊民要術』과 『陳旉農書』에 나타난 糞과 糞田의 성격」, 『중국사연구(中國史研究)』 81, 2012 참조.

70 손택규(孫宅揆), 『교가서(敎稼書)』 「구종십종(區種十種)」, 강희(康熙) 60년(1721)의 조분법(造糞法)에서도 사람 똥을 가장 중시하고 있다.

71 구초(漚草)는 송대의 『진부농서』와 원대 『왕정농서』에서도 나타나고 있다.

眞定人은 가을에 김맨 거여목[苜蓿], 사자槿子 등을 수레에 싣고와 육축六畜에게 밟게 하여 쌓아 두었다가 상전上田의 퇴비로 사용하였다. 이 거여목은 녹비용으로 재배했을 것이다. 이처럼 당시 북부 지역에는 각종 부숙한 퇴비를 폭넓게 활용하였음을 볼 수 있다.

특징적인 것은 산서성의 경우, 화회분火灰糞이나 똥을 부숙하여 사용하거나, 오래 묵은 구들흙[炕土]과 오래된 장벽토墻壁土가 새로이 등장하고 있다는 점이다. 이런 회토灰土는 평지보다 흙을 부풀려 부드럽게[疏鬆] 하지 못하는 산전에 더 적합했다고 한다.[72] 그리고 천진天津 등지에는 참기름을 짜고 남은 찌꺼기인 깻묵[麻籹]이, 산동山東의 기주沂州에는 가축의 골설骨屑과 구들흙[炕土] 등이 비료로 사용되었으며, 북경 근처의 서산西山에서는 닭과 거위털을 거름으로 사용했다는 것도 주목된다. 이처럼 뼛가루, 묵은 구들흙과 이미 『제민요술』에도 등장했던 묵은 벽토壁土까지 비료의 재료로 사용되고 있다. 그중 깻묵, 닭, 거위털과 부숙한 똥 등은 이미 남송대부터 보였던 것이 북부 지역에까지 확대된 모습을 볼 수 있다.

이처럼 회토灰土가 화북지역에서는 주로 토양을 부드럽게 하는 용도[鬆土用]로 사용된 것과 같이 지역특성에 따라 사용 용도나 그 시비량은 차이는 있겠지만, 명청대에 이르면 남북 간의 비료 소재의 질적인 측면에서는 차이가 크지 않았던 것으로 보인다. 그렇다면 실제 강남지역을 포함한 남방의 비료가 지역적으로 어떤 특징을 지녔으며, 보급정도는 어떠했는지를 「분옹규칙」과 명청시대 지방지地方志를 통해 구체적으로 살펴보자.[73]

---

72 손택규(孫宅揆), 『교가서(敎稼書)』 「구종십종(區種十種)」, "(灰土)唯可行于山田, 不能遍地平地. 盖平地土鬆, 無草根交鎖, 掘不成片故也."
73 검토한 사료의 한계로 인해 남방지역을 편의상 그 특성에 따라 3개 영역으로 나누었음을 밝혀 둔다.

1. 장강하류지역의 비료

서광계徐光啓의 『농서초고農書草稿』「분옹규칙糞饔規則」에는 절인浙人, 절동浙東 및 절서浙西 지역에 적합한 비료가 적지 않게 소개되어 있고, 「광분양廣糞壤」편에도 묘분苗糞, 초분草糞, 재거름[灰糞], 뼈거름[骨糞], 강바닥 진흙[罔泥], 사람과 가축의 똥 및 깻묵[餅肥] 등 다양한 비료가 소개되어 있다. 이들은 대분류상으로는 『왕정농서』「분양편」의 내용과 큰 차이를 보이지 않지만, 양자를 서로 비교, 검토하여 명청시대 비료의 특징을 살펴보고자 한다.

우선 묘분은 『농정전서農政全書』에서도 여전히 누에콩[蠶豆]과 보리에 좋은 비료였으며,[74] 남방에서는 진일보하여 녹두를 갈아서 그 물을 논에 시비하기도 하였다. 물론 콩 값이 저렴할 때는 논에 황두黃豆를 뿌려 그 싹을 갈아엎어 거름으로 사용했다. 콩 한 알의 난토爛土는 사방 3치[寸]에 달해 그렇지 않을 때보다 두 배로 수확되었다고 구체적으로 제시하고 있다.[75]

장강하류지역의 초분은 다양한 모습을 띤다. 명대 『농정전서』에 의하면, 강남 지역은 지력보전을 위해 교요翹蕘와 능초陵苕를 이용했으며,[76] 청대 건륭乾隆 연간 장흥현長興縣의 경우 강바닥에서 자라는 긴 수초를 걷어내어 처음에는 물고기 사료로 이용했지만, 콩깻묵[豆餅]의 값이 상승하면서 그것을 분전糞田에 이용하였다고[77] 한다. 그리고 청말 절강 온주부溫州府에서는 봄에 논의 물 위에 떠 있는 부평초[萍]나 벼 사이의 야생초를 논깊숙이 묻어 두고 여름철에 썩게 되면, 볏모성장[養苗]과 토지개량[化土]에

---

74 서광계(徐光啓), 『농정전서(農政全書)』 권7 「농사(農事)・영치하(營治下)」.
75 『농정전서』에는 남방이 어느 지역인지 분명하게 명시하고 있지 않지만, 곡물을 직접 시비로 사용할 정도로 생산력이 높은 지역으로 판단하여 장강하류지역에 포함시켰다.
76 『농정전서』 권7 「농사・영치하」.
77 『장흥현지(長興縣志)』 권17 동치(同治) 13년(1874).

좋은 비료로 활용하기도[78] 하였다. 그런가 하면 안휘성 회녕현懷寧縣의 광서 연간의 자료에 의하면, 호숫가에 자란 풀은 3-4월에 캐어 분전했으며, 산비탈의 풀은 7-8월에 베어 이듬해 봄에 태워 묵힌 토지의 재거름으로 활용했다고[79] 한다. 광서 연간 강소성 구용현句容縣에도 독특한 제분법이 전해진다. 즉 벼를 수확하고 아직 맥麥을 파종하지 않은 논의 진흙을 둥글게 파내 분지糞池를 만들어 그 속에 사람과 가축의 똥, 썩은 풀, 소양돼지 뼈, 닭털, 겨[糠], 게 껍데기[蟹殼], 새똥 등을 넣고 물속에 담근 채 숙성시켜 비료로 만들었다. 이를 위해 논[水田] 10무畝마다 대개 2무의 분지糞池가 필요했다고[80] 한다. 그러던 것이 결국 청 말에는 거여목[苜蓿]을 특별히 재배하여 녹비로 사용하는 단계로 발전하였다.[81] 하지만 장강 입해구入海口에 위치한 숭명崇明 지역은 개간한 후 3-4년 묵혀 두면 자연 신전新田의 지력이 왕성해져 시비가 필요 없었다고[82] 한다.

재거름[灰糞]은 초목의 재로서 물이 차가운 남방지역에서 토지의 온도를 높이기 위한 비료인데, 장강하류지역에서 매우 다양하게 사용되었다. 『양원선생전집楊園先生全集』에 의하면 명말청초 절강浙江 지역에는 재[灰]와 똥을 맥의 뿌리에 닿게 시비하였으며, 또 절강浙江 가흥부嘉興府에서는 매두梅豆를 파종할 때 구덩이에 씨와 함께 재를 뿌려 주면, 비가 와도 흙이 부드럽고 매두가 잘 자라며, 수확할 때도 뿌리가 쉽게 뽑힌다고[83] 하였다. 게다가 절동浙東 지역에는 서광계의 「분옹규칙」에서 보듯이 "똥을 태워 초니焦泥를 만든다."거나 "초니로 (작물을) 북돋운다."라고 하여 사람 똥으로 초

---

78 78 「각성농사술(各省農事述)」, 『농학보(農學報)』 제25기, 광서(光緒) 24년(1898) 3월 상.

79 『회녕현지(懷寧縣志)』 권6 「물산(物産)」, 민국(民國) 4년(1915).

80 황부초(黃傳初), 『정돈농무유(整頓農務諭)』, 광서(光緒) 30년(1904), 『구용현지(句容縣志)』 권말 「지여잡조(志餘雜組)」.

81 『봉화현지(奉化縣志)』 권36 광서(光緒) 34년(1908).

82 서광계(徐光啓), 『농서초고(農書草稿)』 「분옹규칙(糞壅規則)」, p.442, "吾鄕崇明人專爲人開荒, 過三四年則去之, 亦爲新田力盛, 不用糞壅故."

83 장리상(張履祥), 『양원선생전집(楊園先生全集)』 권50 「보농서하(補農書下)」.

니焦泥를 만들어 사용한 것도 볼 수 있다. 또 절동 사람[浙東人]들은 6-7월 중에 두둑 가의 풀을 흙이 달린 채 김을 매서 햇볕에 말려 쌓아 두었다가 불에 태워 재로 만들어 시비하면, 살충과 제초는 물론이고 비료 효과까지 있었다고[84] 한다. 그런가 하면 절서浙西 지역에서는 이처럼 불에 태워 재로 만드는 과정에서 타다 남은 찌꺼기를 사람 똥과 섞어 쌓아 두었다가 그 위에 우묵하게 공간을 만들어 똥을 붓고, 마르면 또 똥을 보충하기를 수차례 하여 비료로 만들었다. 이렇게 말린 비료를 채소 파종할 때 손가락으로 집어 포기마다 시비하거나 이것을 논에 거름으로 주면 잡초가 없어져 벼를 심는 데에 더욱 좋다고[85] 하는 등 비료의 제조과정과 시비법이 구체적으로 변하고 있는 것을 알 수 있다. 절서 북쪽 강소지역의 논에서 초목재[柴草灰]가 차지하는 비율이 비료의 70%에 달했다는[86] 사실에서 수전에서 재거름의 중요성을 알 수 있다.

또한 명대의 『천공개물天工開物』에서는 뼛가루 역시 재거름, 석회와 같이 토지의 성질이 차가울 때 주로 사용하는데, 묘근苗根을 뼈재[骨灰]에 담가 시비하였다.[87] 광서 연간 절강 서안현瑞安縣의 골분을 보면, 산촌의 농민이 모내기할 때 소돼지 뼛가루를 동이에 담아 이앙할 때마다 모의 뿌리를 동이에 담가 볏모[稻苗]를 강하게 했던 것도 같은 목적 때문이었을 것이다. 그리고 명대 『숙원잡기菽園雜記』에는 냉전冷田을 치료하기 위해 하지 전후

---

84 서광계, 『농서초고』 「분옹규칙」, p.443, "浙東人用大糞練成焦泥, 每畦菜止用一升."; 같은 책의 p.445. "浙東人多用焦泥作壅, 蓋於六七月中腔岸上鋤草, 帶泥曬乾, 堆積煨成灰也. 此能殺蟲除草作肥."

85 서광계, 『농서초고』 「분옹규칙」, p.445, "浙西人法又稍異. 如前煨旣爐, 加大糞凍成劑作堆. 堆上開窩, 候乾又入糞窩中, 數次候乾. 種菜每科用一撮卽肥. 明年無草田底, 種稻尤佳. 作此須於高地上, 此堆下土基掘起一二尺, 用之亦大能作肥也."

86 「각성농사술(各省農事述)·회안(淮安)」, 『농학보(農學報)』 제57기, 광서(光緒) 24년(1898) 12월 下에 의하면, 강소 회안부(淮安府)는 비록 강북에 위치하지만 청말 광서(光緒) 연간 시비할 때 사람과 가축 똥이 30%, 초목재[柴草灰]가 70%를 점했다고 한다.

87 송응성(宋應星), 『천공개물(天工開物)』 권上 「내립(乃粒)」.

에 모내기[揷秧]한 후 논바닥을 햇볕에 갈라지도록 말려 7월 말이나 8월 초에 관개하는 수장관리水漿管理 기술을 사용하기도 하였다.[88] 또 비탈진 밭은 산수山水의 흐름이 급해 진흙 속의 비료성분이 쉽게 씻겨 내려가 식물이 잘 자라지 못하기 때문에 주로 동물성비료를 사용해 인磷 성분을 보충해 주었다.[89] 이처럼 당시 농민들이 같은 장강하류지역이라도 지역적인 여건이나 토질에 따라 비료방법과 성분을 달리 적용했다는 사실은 주목할 만하다.

강바닥의 진흙인 남니闌泥는 강남의 전통적인 비료였으며, 논·밭은 물론이고, "뽕나무가 왕성하게 자라지 못하는 것은 하천 진흙이 부족하기 때문이다."라고 말할 정도로 뽕밭의 비료로도 중요시되었다.[90] 때문에 『심씨농서』「축월사의逐月事宜」에 의하면 남니 채취는 명청시대 강남지역의 가장 중요한 농사일 중 하나였던 것이다. 가경嘉慶 연간에도 절강의 동남지역에는 농한기 때 3-5인의 노동력을 동원하여 강진흙[河泥]을 건져 겨울과

그림 8_ 남니(闌泥) 채취

봄 두 차례 시비하여 연간 수배의 수입을 올렸다고 한다.[91] 남니로 거름한 토지는 토양이 견실하고 부드러우며, 비가 와도 잘 흡수되어 건조한 성질을 좋아하는 뽕나무 재배에 특히 유리했다. 만약 남니를 거름으로 주지 않으면, 비가 오면 땅

---

88 쥐꿰이더[卓貴德], 『소흥농업사(紹興農業史)』, 中華書局, 2004, p.146.

89 「각성농사술」, 『농학보』 제25기, 광서 24년(1898) 3월 상.

90 『심씨농서(沈氏農書)』「운전지법(運田地法)」, "古人云, 家不興, 少心齊, 桑不興, 少河泥."에서 뽕나무가 왕성하게 자라지 못하는 것은 하천 진흙이 부족하기 때문이라고 한다.

91 심몽난(沈夢蘭), 『오성구혁도설(五省溝洫圖說)』가경(嘉慶) 4년(1799).

이 질벅해져 굳건하게 뿌리를 내리지 못하며, 북돋우지 않으면 제대로 성장하지 못하였다.

똥오줌糞尿의 중요성은 송원시대에도 지적한 바 있지만, 명말청초 『양원선생전집楊園先生全集』에서도 "사람 똥은 힘이 왕성하고, 소똥은 힘이 오래간다."[92] "양의 똥은 밭에 시비하는 것이 좋으며, 돼지의 똥은 논에 시비하는 것이 좋다."라고[93] 하여, 사람과 가축의 똥은 절강의 가흥부嘉興府, 호주부湖州府, 강소 오강현吳江縣, 산양현山陽縣 등지에서 남니와 더불어 논·밭농사[水旱田]의 중요한 비료로 사용되었음을 지적하고 있다.[94] 특히 명말청초에는 사람 똥의 수요가 증가하면서 똥배[糞船]를 이용하여 항주杭州 등지에서 구입하고, 돼지똥재[猪灰]와 마로磨路는 강소성 평망[平望: 오강현吳江縣]에서 구입하여 시비했으며, 똥의 가격이 상승하면서 절도가 빈번해져 조교租窖에만 의지할 수 없게 되자, 비료 확보를 위해 돼지와 양을 기르기를 권장하기도 했을 정도이다.[95] 이런 현상은 청말에도 보이는데, 강소 단도현丹徒縣 성곽 주변 10리 내외의 사람들은 성으로 들어와 똥을 수집했으며, 강북江北의 농민들도 노인, 아이 할 것 없이 읍내로 들어와 각종 오물과 사람과 가축의 똥과 재[灰]를 수집하여 쌓아 둔 것이 언덕과 골짜기[丘壑]를 이루었으며, 읍에는 이를 관리하는 회분행灰糞行이 있을 정도였다고[96] 한다. 광서 연간 강소 회안부淮安府 논의 똥오줌시비를 보면, 물을 대고 갈이한 후에 소에다 똥을 가득 실은 소선小船을 매달고 사람이 그 위에 서서 논에 뿌리고 모내기를 했다고 한다. 당시 무畝당 분糞 20섬[石]을 거

---

92 장리상(張履祥), 『양원선생전집(楊園先生全集)』 권49, "人糞力旺, 牛糞力長."

93 『보농서(補農書)』 권上 「운전지법(運田地法)」, "羊壅宜于地, 猪壅宜于田."

94 동치(同治) 연간 강소(江蘇) 산양현(山陽縣), 「산양풍속산물지(山陽風俗産物志)」, 『소방호재여지총초(小方壺齋輿地叢鈔)』, 제6질.; 최덕경, 『『補農書』를 통해 본 明末淸初 江南 農業의 施肥法」, 『중국사연구(中國史研究)』 74, 2011에서 明淸시대 똥오줌시비에 대해 이미 구체적으로 언급한 바 있다.

95 『심씨농서』 「운전지법」; 장리상, 『양원선생전집』 권49.

96 「각성농사술·단도」, 『농학보』 제31기, 광서 24년(1898) 4월 상.

름으로 주었는데, 이 양은 시비량의 30%에 해당하는[97] 것이었다. 이런 모습은 확실히 명말청초보다 청말에 똥오줌을 적극적으로 활용했음을 보여준다.[98]

그리고 절인浙人들의 비료 중에는 돼지털[豬毛], 면화씨깻묵[棉花餠]도 눈에 띈다. 서광계의 「분옹규칙糞壅規則」에는 이앙할 때 10여 개의 돼지털을 모[苗]의 포기와 함께 삽입했으며, 돼지와 양 털을 논의 비료로 사용하게 되면서 각처의 상인들이 이를 판매하기에 이르렀다.[99] 신안新安의 논에도 "먼저 돼지 털을 (이앙할 때) 함께 꽂아 넣었다."라고 하여 비슷한 기록이 등장한다.[100]

또 면화씨깻묵을 비료로 사용할 때, 명대 절인들은 무畝당 100편片, 약 200여 근斤을 사용하였는데, 삼오三吳(오군吳郡, 오흥군吳興郡, 회계군會稽郡)지역의 경우 콩깻묵[豆餠]을 무당 70근, 목화씨깻묵은 30~40근을 사용했다고 한다. 물론 농가에 따라서는 돼지똥재[豬糞灰]나 깻묵[脂麻餠]을 사용하기도 하였다.[101] 청말 단도현丹徒縣의 자료에는 콩깻묵의 거름 주는 시기가 제시되어 있다. 즉 모판에 파종하기 전에 먼저 재거름을 시비하여 토양이 부드러워지면 파종하는데, 파종 후 약 15일 후에 콩깻묵 가루를 덧거름으로 주었다고 한다. 당시 콩깻묵의 가격은 병餠당 80문文으로, 무당 10병을 파종

---

97 「각성농사술·회안(淮安)」, 『농학보』 제57기, 광서(光緒) 24년(1898) 12월 하.
98 리보중[李伯重], 「明淸時期江南水稻生産集約程度的提高」, 『중국농사(中國農史)』 1984年 第1期에서 청말 송강(松江) 상농(上農)의 무당 비료량은 명말 호주(湖州) 경영지주의 무당 시비량에 비해 배(培) 가까이 증가했다고 한다.
99 서광계(徐光啓), 『농서초고』 「분옹규칙」, p.442, "浙人用猪毛, 每畝用□□. 每科秧用十餘根同插."; 같은 책, p.444, "猪羊毛壅田, 金衢多有之. 各處客人販往發賣, 以餘千毛爲上."
100 서광계, 『농서초고』 「분옹규칙」, p.444, "新安稻田, 先用猪毛同插, 待苗長尺餘, 又用石灰接力."
101 서광계, 『농서초고』 「분옹규칙」, p.442, "浙人用棉花餠, 每畝用百片, 約二百餘斤."; 같은 책, p.442, "三吳用豆餠, 每畝用七十斤, 少則至四十斤, 棉花用三四十斤. 或用猪糞灰, 每畝用 … 或用脂麻餠, 每畝用 …."

하면 모가 잘 자라 4섬을 거둘 수 있다고[102] 한다. 하지만 청말이 되면 채병菜餠이나 콩깻묵의 수요가 증가하고[103] 상해에서 고베나 요코하마까지 수출되었으며, 게다가 콩의 주생산지인 요동에서의 콩깻묵 공급이 곤란해지자 가격이 등귀하였다. 이처럼 이제까지 소 사료로 사용되어 왔던 면화씨깻묵[棉餠]을 소흥紹興, 항가호杭嘉湖 지역 및 오강현吳江縣 등지에서는 비료로 사용하였던 것이다.[104] 콩깻묵은 값이 쌀 때는 볏짚의 값과 비슷했지만, 18세기 중엽 이후에는 그 값이 나날이 올라 볏짚 값으로 감당할 수 없게 되면서 오강현의 농민은 콩깻묵의 비료 확보가 더욱 곤란해졌다. 그래서 초봄에 땅이 척박하면 강바닥진흙을 채취하여 시비하고, 고전高田의 경우 구토舊土를 제거하고 신니新泥로 거름을 준 후 늦여름[夏末]에 콩깻묵과 깻묵[麻餠]을 시비함으로써 지력을 보완하였던 것이다.[105]

앞에서 살핀 바와 같이 『진부농서』나 『왕정농서』에서 비료의 종류는 알 수 있었지만, 그 비료가 어떤 지역을 대상으로 했는지 분명하게 알 수 없었다. 그런데 명청시대의 장강하류지역의 비료를 살펴본 결과 『왕정농서』의 비료 종류와 유사하다. 이것은 이들 농서의 비료가 장강유역을 근간으로 이루어졌음을 말해 준다. 다만 명청시대에는 송원시대보다 비료의 소

---

102 「각성농사술(各省農事述)·단도(丹徒)」, 『농학보(農學報)』 제31기, 광서(光緖) 24년(1898) 4월 上의 내용은 명대 「심씨농서」 「운전지법」의 내용과 다소 차이가 있다. 「운전지법」의 내용은 모판 1무(畝)에 깻묵[餠] 1개를 종자와 함께 뿌리고 재를 덮어 준다고 했으며, 「농정전서」 권 35 「잠상광류(蠶桑廣類)·목면(木棉)」에는 콩깻묵은 열이 많아 무당 10개의 깻묵을 초과하면 수확량이 떨어진다는 기록이 있다. 「각성농사술·단도」의 내용은 두 자료를 합친 듯하며 시비 지점이 분명하지 않다. 파종의 내용만 보면 모판에서의 시비처럼 보이지만, 그 이후의 내용은 모내기 후의 본토(本土)의 모습이다.

103 최덕경, 「明末淸初 江南지역 豆餠의 利用과 보급: 飼料와 肥料의 이용을 중심으로」, 『중국사연구(中國史硏究)』 84, 2013에 의하면, 콩깻묵[豆餠]의 수요가 증가한 것은 비료가 효력뿐만 아니라 다른 비료와의 차별성이 존재했기 때문일 것이다. 보통 비료는 제조과정에서 운반, 보관 및 처리과정에서 많은 노동력과 시간이 필요하지만, 콩깻묵은 그렇지 않아 명말 청초 이후 노동자의 임금인상과 물가상승을 동시에 해결할 수 있는 장점을 지녔다고 한다.

104 「강진물산표사(江震物産表四)·제조(製造)」, 『농학보(農學報)』 제38기, 광서(光緖) 24년(1898).

105 『오강현지(吳江縣志)』 권38, 건륭(乾隆) 12년(1747).

재와 제조방식이 다양해졌다는 점을 통해 명청시대에 비료에 대한 중요
성과 수요가 송원시대에 비해 보다 절실했음을 말해 준다. 게다가 『농서
초고』, 「분옹규칙」에 등장하는 석회 이용도를 보면, 신안新安의 논의 경우
무당 70-80근을 덧거름으로 사용했으며, 전술한 강소성 『구용현지句容縣
志』에서 보면 모내기를 하고 1개월이 지나 석회를 뿌림으로써 난토暖土와
살충효과를 동시에 추구했던 것도 주목된다.

　이런 시비에 따른 장강長江 하류 강절江浙 지역의 생산력의 수준을 보
면, 청초 "강희康熙 연간에 관리가 직접 소·송·가·호주蘇松嘉湖州의 백성
을 방문하여 생산력을 확인한 결과, 장정 한 사람이 논 12-13무를 경작하
여,[106] 비옥한 땅의 경우 무당 쌀[米] 2.3-2.5섬을 생산했으며, 척박한 땅은
1.5-1.7석을 생산했다."라고[107] 한다. 물론 광서 연간 강소 회안부淮安府의
노농老農에 의하면 대풍년이 들면 "무당 쌀 5-6섬[石]을 거둘 수 있으며, 그
렇지 못한 해에도 3-4섬으로 같지는 않다."라고 하여 무당 쌀[米] 5-6섬을
거두기까지 했다지만, 최근에는 없는 일이라고 한 것을 보면[108] 이는 매우
드문 현상이었음을 알 수 있다. 따라서 명 중기 이후 청 말까지 절강, 강소
일대에서 가장 흔하게 볼 수 있는 생산량은 장부壯夫 한 명[一夫]이 논[水田]
10-13무 정도를 경작하여[109] 무당 쌀 2.5-3섬[110] 정도를 생산한 것이다.[111] 당

---

106 이 숫자 역시 지역에 따라 차이가 크다. 줘꿰이더[卓貴德], 앞의 책, 『소흥농업사(紹興業
　　史)』, p.144에 의하면, 명초 소흥부(紹興府)의 1인당 경지점유면적은 3.3무(畝), 그중 논은
　　2.78무, 밭은 0.55무에 불과했다고 한다. 인구대비 경작면적의 부족을 해소하기 위해 단위
　　당 양식생산량을 높이는 것이 최대 목표였으며, 이를 위해 신품종도입, 생산기술발전 및
　　농구개량을 추진했다고 한다.

107 근보(靳輔), 『근문양공주소(靳文襄公奏疏)』 권7 「생재유향제일소(生財裕餉第一疏)」, "臣訪之蘇
　　松嘉湖之民, 知壯夫一丁, 止可種稻田十二三畝, 其歲收粒米, 肥地不過三十餘石, 瘠地亦可
　　得二十石."

108 『익문록(益聞錄)』 제1007호, 광서(光緖) 16년(1890) 9월 初2日.

109 가정연간(嘉靖年間) 강소(江蘇) 송강부(松江府), "夫妻二人, 可種二十五畝 … 每畝收三石不
　　論, 只說收二石五斗."(하양준(何良俊), 『사우재총설(四友齋叢說)』 권14.); 명말청초, 浙江 桐鄕
　　縣, "上農夫一人止能治十畝", "瘠田十畝, 自耕盡可足一家之食."(장리상(張履祥), 『양원선생

시 벼의 도정률은 "벼 한 섬당 쌀 4말을 도정했다."라는[112] 사료로 미루어 볼 때 원곡의 0.4[40%]로서 도정 과정에서 60%가 사라져 출미률이 지나치게 낮다.[113] 이 경우 장강하류의 평년의 벼[稻穀] 생산량은 평균 이상의 토지에서 6.25-7.5섬 정도 생산된 셈이다. 만약 출미률이 평균 60%였다고 가정하여 계산하면 당시 벼 생산은 무당 평균 4.1-5섬정도 생산되었을 것으로 짐작된다. 당시 10무 정도의 작은 땅을 경작하여 가족의 식량을 충당

전집(楊園先生全集)』 권50); 강희(康熙) 연간 남방(南方)의 경우, "上田不過十二畝, 下田不過二十畝."[왕부지(王夫之), 『왕선산유서(王船山遺書)』, 「악몽(噩夢)」]; 절강 등 동남지역, "東南耕田, 人不過十餘畝." [심몽난(沈夢蘭), 『오성구혁도설(五省溝洫圖說)』 가경(嘉慶) 4년(1799)].

110 명(明) 정덕(正德) 6년(1511) 강소 상해현(上海縣), "每畝歲收米或三石餘者有之."[주연(朱煙) 등, 「정혁폐경민문(呈革弊更民文)」『상해현속지(上海縣續志)』[민국(民國) 7년] 권30]; 명 천계(天啓) 2년(1622) 절강 해염현(海鹽縣), "上農 … 畝可得米二石五斗也."[광서(光緒) 2년(1876) 『해염현지(海鹽縣志)』 권8]; 명말청초, 절강 동향현(桐鄉縣), "田極熟, 米每畝三石."[장리상(張履祥), 『양원선생전집(楊園先生全集)』 권50]; 명말, 강소 소주부(蘇州府), "歲僅秋禾一熟, 一畝之收不能至三石."[고염무(顧炎武), 『일지록(日知錄)』 권10]; 강희건륭, 강소 상주부(常州府), "米多秆長, 畝可三石."[『수시통고』 권21 「곡종(穀種)·도이(稻二)」]; 가경(嘉慶)·도광(道光) 연간, 강소 소주부(蘇州府), "秋收禾稻, 中年之入, 概得三石."[진빈(陳斌), 「양행구혁지리(量行溝洫之利)」, 『황조경세문편(皇朝經世文編)』 권38]; 도광(道光) 24(1884) 강소 소주부 오현(吳縣), "吳中 … 上田畝米三石, 春麥石半, 大略三石爲常."(하석안(何石安)·위묵심(魏黙深), 『중간잠상도설합편(重刊蠶桑圖說合編)』); 광서(光緒) 연간, 강소 송강부(淞江府), "稼則可必, 每畝約可得三石."[『익문록(益聞錄)』 제1096호, 광서(光緒) 17년(1891) 7월 29일]; 건륭연간 절강 가흥부(嘉興府), "上農 … 畝可得米二石五斗也."[광서(光緒) 5년(1879) 『가흥부지(嘉興府志)』 권32].

111 청대 사료상 등장하는 일부(一夫) 당 경작면적과 무당 수확량은 지역과 시기에 따라 몇 배의 차이를 보이며, 같은 시기 같은 지역일지라도 토지의 여건과 풍흉에 따라 생산량의 차이가 크다. 그리고 사료상으로는 생산된 벼가 벼[稻穀]인지, 쌀인지도 분명하지 않다. 따라서 본고는 지역별 빈번하게 등장하는 수치를 표준으로 삼았으며, 그를 기준으로 쌀과 벼[稻穀]로 짐작했음을 밝혀 둔다.

112 강기연(康基淵), 「숭민종전세(崇民種田稅)」, 『중국농학유산선집도(中國農學遺産選集稻)』 上編, "稻每石礱米四斗."

113 이는 오늘날의 벼의 도정률(搗精率) 0.72보다 훨씬 적다. 참고로 최덕경, 「戰國·秦漢시대 음식물의 調理와 食生活」, 『부산사학(釜山史學)』 31, 1996에서 진한시대 속의 도정률은 여미(糲米)는 원속(元粟)의 59.88%, 착미(鑿米)는 53.89%, 훼미(毇米)는 47.9%에 불과하게 된다. 이것은 여미의 경우 껍질이 점하는 비율이 약 40%나 된다는 의미이며, 훼미(毇米)의 경우 도정 전의 곡물양의 절반도 안 되는 것으로 줄어든다. 이 비율은 『구장산술(九章算術)』 「속미(粟米)」편에서 겉곡식의 비율이 50일 때, 여미는 30, 훼미 27, 착미 24라고 하여 착미와 훼미의 순서는 바뀌고, 용어도 다르지만 증감비율은 일치한다고 한다.

했던 것을 보면[114] 토지의 비옥도를 떠나 명청시대에는 줄곧 상당한 정도의 시비를 했던 것으로 짐작된다. 비용으로 환산하면 무畝당 고용노동의 비용만큼 비료비용이 소요된 셈이다. 그런데 청 후기에 고용노동자의 임금과 음식물의 값[食物價]이 등귀하면서 무당 쌀 2섬 이하를 생산하게 되면 조세와 임금을 제하고 나면 남는 것이 거의 없어 일용日用의 지출도 부족할 정도였다고[115] 한다.

2. 내륙지역의 비료

강서, 호남, 사천 및 운남성과 같은 내륙지역 논의 비료는 다른 지역과 어떤 차이가 있었을까? 서광계徐光啓의 「분옹규칙糞壅規則」에 보이는 명대 강서江西 지역에서 논에 주로 사용한 비료는 석회, 콩깻묵[豆餅], 깻묵[麻餅], 소돼지뼈재[牛猪骨灰], 돼지털 등이며, 이는 장강 하류 지역에서도 볼 수 있었다. 특히 소돼지뼈재의 경우, 모내기할 모의 뿌리[秧根]를 담근 후 이앙했으므로 장강하류지역과 유사하다. 돼지털의 경우는 모[苗]의 포기마다 돼지털 10개를 함께 이앙했던 것 이외에, 털을 태운 재 속에 모를 담그기도 하였다.[116] 털과 깃은 잘 썩지 않아 비료로 사용하기 곤란한데, 『농정전서』에는 짐승의 깃털[毛羽]을 빨리 부패시키고자 할 경우 부추[韭菜] 한

---

114 장리상(張履祥), 『양원선생전집(楊園先生全集)』 권50 "上農夫一人止能治十畝", "瘠田十畝, 自耕盡可足一家之食."

115 강소(江蘇) 송강부(松江府), 『송강부속지(松江府續志)』 권5, 광서(光緒) 10년(1884) "舊時雇人耕種, 其費尙輕, 今則備値已加, 食物騰貴, 一畝已約需工食二千錢, 再加膏壅二千錢, 在農人自種, 或伴工, 牽算或可少減, 豊歲富田, 近來每畝不過二石有零, 則還租而外, 更去工本, 所餘無幾, 實不足以支日用云."

116 서광계(徐光啓), 『농서초고』 「분옹규칙」, p.444, "江西人壅田, 或用石灰, 或用牛猪等骨灰, 皆以籃盛水, 揷秧用秧根蘸訖揷之. 或用猪毛. 一云將毛燒灰, 蘸秧根. 一云將猪毛分散, 每科秧夾數十莖同裁也. 其用石灰骨灰猪毛, 亦各有地意."

움큼을 그 속에 넣어 두면 다음날 모두 부패된다는[117] 재미있는 사실까지 전하고 있다.

청대 방지方志에 등장하는 강서 지역의 인분人糞처리법을 보면, 청말 광서 연간에 강남의 다른 지역과 마찬가지로 분옥糞屋을 설치하였으며, 그 속의 구덩이[窖]에는 분기糞氣가 전혀 외부로 빠져나가지 못하게 시설하고, 똥을 금처럼 아끼고 있다. 그런가 하면 썩은 풀과 낙엽을 모두 끌어다가 구덩이에 넣고 거름물[糞水]에 담가 두기도 했다. 성시城市 근처의 농민들은 매일 성안으로 들어와 각종 사람과 가축의 똥, 오물, 새와 짐승의 털과 뼈[毛骨], 재 찌꺼기[灰滓] 등을 수거해 갔으며, 도성 근교 30리 내외의 농민들은 성에 들어와 똥[糞礤]을 구입했을 정도였다.[118] 강서지역이 언제부터 똥오줌을 중시했는지는 알 수 없지만, 청말에 이미 장강하류지역과 마찬가지로 성시 주변 지역은 똥오줌 이용이 적극적이었던 것을 보면 그 이전부터 똥오줌을 비료로 사용했음을 알 수 있다. 강서지역 사탕수수의 경우 『천공개물天工開物』에는 토지가 척박할 때 똥물을 시비하고[澆糞], 사탕수수가 한두 자[尺] 자라면 깻묵을 물에 풀어 시배했다고 한다. 특히 청대에는 사람의 똥오줌에는 염분이 함유되어 있다는 것을 알고 당도를 위해 사탕수수에는 시비하지 않았다는 것이 흥미롭다.[119]

『무군농산고략撫郡農産考略』에는 청말 강서 무주부撫州府의 또 다른 토양개량법으로 냉전冷田 치료법을 소개하고 있다. 즉 나무그늘 밑이나 산이 높아 일사량이 적거나 냉수가 쓰며드는 논 등에서는 벼가 음습한 기운 때문에 유약해지는데, 토지 온도를 적정하게 유지하기 위해 햇볕을 많이 받

---

117 서광계, 『농정전서』 권7 「농사(農事)·영치(營治) 下」. 이는 원대 『왕정농서』 「분양편」의 내용을 그대로 소개하고 있다.

118 하강덕(何剛德) 등, 『무군농산고략(撫郡農産考略)』 권下 「종전잡세(種田雜稅)」, 광서(光緒) 29년 (1903).

119 『지나성별전지(支那省別全誌)』 「강서성(江西省)」; 정영구, 「정통 중국 사탕수수 농업의 변화와 발전」, 『역사학보』 제226집, 2015, p.355.

은 물로 관개하거나 논의 물을 빼서 태양의 온기를 받게 하였다. 간혹 석회를 모의 뿌리[苗足]에 뿌리거나, 모의 뿌리[秧根]를 뼈재[骨灰] 섞은 물에 담그기도 하였다. 반면 벼가 열을 너무 많이 받아 잎이 누래지고 반점이 생길 때는 물을 반쯤 빼고 뿌리까지 김을 매어 주고, 우물물[井水]이나 근처 냉수로 관개하여 흙의 기운을 바꾸었으며[改土], 다음날 다시 김을 매고서 석고분石膏粉을 벼 잎에 뿌려 주었다고[120] 한다. 이때 석고분은 석회와 마찬가지로 거름과 치료제 역할을 동시에 한 듯하다.

주목되는 것은 청말 무주부에는 〈표 1〉에서 보는 바와 같이 소뼈[牛骨], 돼지털[猪毛], 오리와 참새 똥[鴨雀糞] 등 10가지의 가축분과 나뭇재[木柴灰], 콩깻묵[豆餠], 왕겨[稻穀] 등 11가지의 식물분, 사람의 똥오줌 및 석회, 석고 등 4종의 광물질비료 등의 단위당 가격을 표시하고 있다.[121] 이는 다른 지역에서는 찾아볼 수 없는 것으로, 사람의 똥오줌을 포함하여 모든 비료에 가격을 매기고 있는 것은 당시 비료의 수급과 상품화를 잘 말해 주고 있다. 특히 비교적 구하기가 용이한 왕겨[稻穀], 말똥 및 사람 똥의 매담每擔; 石 가격이 100여 전錢으로 시장가격이 낮은 편에 속했던 것을 보면 이것들이 청말의 가장 일반적인 비료였던 것으로 보인다. 동시에 상대적으로 가축의 털거름[毛糞], 깻묵 및 재거름이 비싼 가격으로 책정된 것을 보면 내륙지역이기에 나타난 특징임과 동시에 화북이나 장강 유역 등과 비료유통이 원활하지 않았음도 알 수 있다. 여전히 인력과 시간이 많이 투자되는 비료를 사용하면서, 한편으로 깻묵 가격이 사람과 가축의 똥보다 10배 정도 비싸고, 후술하는 복건지역에서는 사람과 가축의 똥이 오히려 콩깻묵보다 3배 정도 비쌌다. 이런 사실을 봤을 때 강서지역은 분뇨가격으로 미루어 임노동자들의 태업이나 노동조건의 요구와 같은 사회경제적 변화가

120 하강덕 등, 『무군농산고략』 권下 「종전잡세」, 광서 29년(1903).
121 하강덕 등, 『무군농산고략』 권下 「종전잡세」, 광서 29년(1903).

〈표 1〉 청대 광서(光緒)연간 강서성(江西省) 무주부(撫州府) 비료의 종류와 그 가격

구 분	비료종류	가격(每擔: 石)	비 고
動物性	牛骨	2,200-2,300錢	
	牛䐎角	2,600-2,700錢	
	猪骨	2,300-2,400錢	
	猪毛	3,500-3,600錢	
	鷄毛	1,400-1,500錢	
	鴨毛	1,600-1,700錢	
	馬糞	100餘錢	濕而不乾者: 40-50錢
	猪糞	上者: 60-70錢 次者: 40-50錢	
	鷄鴿糞	100餘錢	
	鴨雀糞	80錢	
植物性	木柴灰	1,100-1,200錢	
	草柴灰	80-90錢	
	花生, 麻, 豆餅	1,100-1,200錢	
	桐柏餅	500-600錢	
	稻糠秕	500錢	
	雜糧糠秕	300錢	
	芝麻殼	50-60錢	
	稻殼	100餘錢	
	朽爛布草	上者: 70-80錢 次者: 40-50錢	
人糞 및 鑛物質	人糞	上者: 120-130錢 次者: 70-80錢	
	人尿	30-40錢	
	石灰	細末者: 400錢 白塊者: 300錢	
	石膏	白色: 700-800錢 黑黃色: 300-400錢	

일어나지 않아 장강하류지역만큼 콩깻묵을 이용하여 능동적으로 인적,
물적 비용을 능동적으로 대처하지 못했으며, 복건지역은 해로海路를 이용
하여 콩깻묵의 공급이 내륙지역보다 용이했음을 짐작할 수 있다.[122]

하지만 강서 진현현進賢縣의 경우는 강희 연간에도 특별히 식량 생산이
많았는데, 그 이유는 두지豆地와 초지가 많아 그 풀로 시비[肥田]했기 때문
이라고[123] 한다. 도광 연간에는 맥전麥田의 연못[波澤] 중에 흔하게 서식하는
야선마野善麻를 논 가운데 쌓아 두고 이를 거름으로 사용했으며,[124] 광서 연
간에도 홍화초紅花草를 밭벼의 필수 비료로 사용했던 것을 보면[125] 초분이
중심을 이룬 듯하다. 물론 지역에 따라서는 차이가 있었는데, 옥산현玉山
縣에는 가경嘉慶 연간에 노새를 길러서 그 분糞으로 황아채黃芽菜를 재배하
기도 했다.[126]

그런가 하면 19세기 중엽의 『용남현지龍南縣志』에는 강서지역의 독특한
비료인 연골煙骨을 소개하고 있는데, 연골은 담배 중 부드러운 부분을 제
외한 줄기와 노쇠한 부분으로 비료로 사용했다. 즉 늦벼를 심을 때 연골을
2-3치 간격으로 잘라 수직으로 땅에 꽂아서 시비하였다. 대개 산전은 흙
이 차기 때문에 담배가 지닌 신열辛熱성분을 이용하여 토양의 온도를 보완
하고 살충작용까지 하여 수확을 높였던 것이다. 그 외에도 재와 소·돼지
똥을 함께 섞어 썩힌 후에 먼저 밑거름으로 시비하고, 다음 생회生灰를 뿌
리고, 이내 연골을 꽂아 토양개량과 시비를 한 것을 보면,[127] 청대 후기에
독자적인 비료에 다른 비료를 상호 결합하여 비료효과를 높이고 있는 것
을 확인할 수 있다. 이처럼 강서 지역의 경우, 이미 명대 후기부터 서계광

---

122 최덕경, 앞의 논문, 「明末淸初 江南지역 豆餠의 利用과 보급」 참조.

123 『진현현지(進賢縣志)』 권1, 강희(康熙) 12년(1673).

124 오기준(吳其濬), 『식물명실도고(植物名實圖考)』 권13 「습초류(隰草類)」.

125 하강덕(何剛德) 등, 『무군농산고략(撫郡農産考略)』 권下.

126 『옥산현지(玉山縣志)』 권12, 도광(道光) 3년(1823).

127 『용남현지(龍南縣志)』 권2, 광서(光緖) 2년(1876).

의 「분옹규칙」에서 보듯 뼈재, 콩깻묵 등의 구체적인 사례가 등장했지만, 청초에는 이들에 크게 자극받지 못하다가 청대 후기 다양한 밑거름과 덧거름용의 독자적인 비료가 시장에 등장할 정도로 보편화되고 있는데, 이것은 그 중간 시기에 비료에 대한 인식이 달라졌음을 의미한다.

호남성湖南省의 비료는 명대의 「분옹규칙」에는 보이지 않지만, 명말 숭정崇禎 초기의 기록에 유양현瀏陽縣은 토지가 척박하여 파종하는 것 이외에는 거름도 주지 않아 생산량이 무당 1섬에 불과했다는 지적이[128] 있다. 청대 지방지에서도 비슷한 모습을 볼 수 있다. 18세기 건륭 연간 원주부沅州府의 경우 전지가 협소하여 산지를 개간하여 사용했는데, 성곽 근처 땅에는 똥으로 시비가 가능했지만, 성곽에서 먼 곳[遠鄕]에서는 똥을 구할 수 없어 해마다 풀을 논에 깔아 거름으로 주었다. 『원주부지』는 당시 농부들이 논 가운데서 소매를 늘어트린 채 호미[鉏] 대신 발로 (깐 풀을) 밟으면서, 북장단에 맞추어 이리저리 움직이는 모습이 마치 노는 것 같았다고[129] 거름 주는 장면을 묘사하고 있다. 그 후 가경 연간의 원강현沅江縣의 경우를 보면, 옛날 이 지역은 어업에 비해 농사일이 서툴렀지만, 지금은 역전力田하는 법을 알게 되어 연간 올벼와 늦벼를 두 번 수확[早晩二熟]하는데, 봄과 겨울에는 풀을 베어 분전하는 것이 급선무였다는 사실을 미루어 볼 때 이 지역 역시 거름 주기는 초분 중심이었으며, 그전에는 이런 시비법조차도 몰랐음을 알 수 있다.[130]

그런데 19세기 동치同治 연간 검양현黔陽縣에서는 3-4월이 되면 동목桐木에서 큰 배로 재를 싣고 와서 김을 매기 전에 이를 흩어 뿌려 작물의 성장을 촉진하고, 벼의 수확량 증가를 도왔다고[131] 한다. 그리고 광서 연간 영

---

128 「지현풍조망상유양팔난칠고(知縣馮祖望詳瀏陽八難七苦)」, 『유양현지(瀏陽縣志)』 권6 「식화(食貨)」, 동치(同治) 12년(1873).

129 『원주부지(沅州府志)』 권19, 건륭(乾隆) 55년(1790).

130 『원강현지(沅江縣志)』 권18, 가경(嘉慶) 13년(1808).

수청永綏廳에는 근처에서 생산되는 황석사黃石砂, 백석사白石砂를 손에 쥐고 벼 뿌리 밑에 넣어 시비하거나 석회를 거름으로 줌으로써 수확량을 늘렸다고[132] 한다. 이 비료 역시 살충과 거름의 효과를 동시에 발휘했던 것이 아니었던가 한다. 청대 후기 호남성의 자료 속에 재, 분糞을 외부에서 도입하고, 주변의 초분법을 익혀 시비했는가 하면, 지역에서 생산되는 석사石砂로 비료도 개발한 것을 보면 명말청초 이후 분명 분전에 대한 인식이 달라졌음을 알 수 있다.

비슷한 시기에 사천성四川省 위원현威遠縣에서도 해당 지역에서 생산되는 토초土硝를 채취하여 비료로 사용한 것을 볼 수 있으며,[133] 도광 연간 덕양현德陽縣에서는 초봄에 소채蔬菜의 연한 잎을 수확하기 위해 분전했다는 기록이 전해진다.[134] 청말에 팽현彭縣에서는 채고菜枯라는 유채병油菜餅을 분전에 사용했는데, 수요가 늘어나면서 채고菜枯의 가격이 오르자 마채자磨菜子로 대신하기도 하였다.[135] 이것은 강서성江西省 깻묵의 가격에서도 볼 수 있듯이 청말의 깻묵의 수급불균등으로 인한 가격변동이 중국 전역에 영향을 주고 있음을 살필 수 있다.

운남雲南 역시 다른 내륙지역과 마찬가지로 비료가 다양하지 않아 분전에도 적극적이지 못하였다. 18세기 초 옹정雍正 때 운남 지역의 비료저장법[積糞法]을 자세하게 권고한 기록에 의하면, 원래 전성滇省의 토지는 척박하여 해마다 재배할 수 없었으며, 거름[糞]도 사용하지 않았다고 한다. 때문에 민간에서 비료를 비축하는 방법에 익숙하지 않았으며, 소, 돼지도 밖에서 아무 곳이나 길러 가축 똥을 모을 수도 없었다. 그래서 퇴비의

---

131 『검양현지(黔陽縣志)』권16, 동치(同治) 13년(1874).
132 『영수청지(永綏廳志)』권15, 선통(宣統) 원년(1909).
133 『사천통지(四川通志)』권74, 가경(嘉慶) 10년(1815).
134 『덕양현신지(德陽縣新志)』권1, 도광(道光) 17년(1837).
135 『팽현지(彭縣志)』권3, 광서(光緒) 4년(1878).

비축이 시급하게 되어, 교외에 우리를 설치하고, 구릉 지역에는 흙이 달린 채 풀을 말려 태워서 똥오줌[糞水]과 섞어 비료를 만들어 시비함으로써 지력을 보완하였다. 그리고 도시의 대로변에는 작은 도랑[小溝]을 파서 잡초, 나무껍질, 소·말의 똥오줌 및 행인의 똥까지 모으고, 계곡의 웅덩이나 촌락 근처에도 작은 못[小池]을 파서 묵은 소똥과 풀을 채워 넣도록 지시하고 있다. 당시 관부에서 이 같은 적분법을 널리 실시하도록 권고했다는 것은[136] 당시 운남지역에서는 거름을 저장하고 부숙하여 이를 시비하는 방식이 아직은 일반화되지 않았음을 말해 준다. 사실 이전부터 '거름을 쌓아 두고 파종[積糞種地]'하는 방식은 알고는 있었지만 나차현羅次縣의 경우를 볼 때, 백성들이 나태하여 토지를 경작하지 않았기 때문에 일반화되지 못한 것이다. 하지만 이후 전임에 이어 후임 현령이 지속적으로 적분법을 권유하면서 점차 이에 익숙하게 되어 몇 년이 지나지 않아 나읍羅邑의 밭[旱地]은 버려진 땅이 없어지면서 농민들은 거름을 비축해서 척박한 토지마저 수확하지 않는 곳이 없게 되었다고[137] 한다. 이것은 18세기 옹정·건륭 이후 운남 지역에서 퇴비 비축과 비료제조와 그를 이용한 토지경영이 자리 잡게 되었음을 말해 준다. 실제 청말 광서 연간에는 "띠풀을 시비하여 토양을 기름지게 한 것을 동청冬靑이라고 했으며, 봄에 갓 나온 잎을 채취하여 거름으로 사용한 것은 춘청春靑이라고[138] 하였다."라는 것과 같이 겨울과 봄에 띠풀[茅]이나 신엽新葉으로 거름을 주는 독특한 모습을 볼 수 있다.

이상과 같이 내륙지역의 경우 일부 선진지역을 제외하고는 청 중기 이

---

136 진굉모(陳宏謨), 「광적잡량의상(廣積雜糧議詳)」, 『배원당우존고(培遠堂偶存稿)』 권2, 옹정(雍正) 12년(1734) 6월.

137 진굉모(陳宏謨), 「개구종수상(開溝種樹詳)」, 『배원당우존고』 권4.

138 『진웅주지(鎭雄州志)』 권3 「풍속(風俗)」, 광서(光緒) 13년(1887), "取茅肥田, 謂之冬靑, 春及又采樹田新葉, 以助糞力, 謂之春靑."

전에는 비료 제조와 분전이 적극적이지 않았음을 살필 수 있었다. 그 같은 원인은 호남성에서 보듯 농사일이 서툴고 게으른 기존의 풍습 때문이거나,[139] 지리와 환경과도 연관이 있을 것이다.[140] 하지만 그 후, 분전이나 퇴비 비축 또 지역특산물을 이용한 비료개발 등의 기록이 많이 등장하는 것은 권농 정책의 영향과 더불어, 선진지역의 의존도가 감소하고, 인구증가로 인한 이주민의 개간과 독자적인 시비기술의 개발과도 관련 있을 것이다.

이들 내륙지역의 토지여건을 보면, 명대 가정嘉靖 연간 호남 형양현衡陽縣의 경우 토지는 넓지만 비옥하지 않고 여름과 가을에 가뭄이 심해 무당 2섬을 수확하지 못했으며, 가장 비옥한 땅[上田]은 두 배(4섬) 정도 수확하지만 가장 척박한 땅[下田]은 1섬에 불과했다고[141] 한다. 이는 장강하류의 생산력과 비교해도 벼[稻穀]로 평균 무당 2-3섬(쌀 1.2섬[石]-1.8섬에 해당) 이상이 부족한 편이다. 청대 가경嘉慶 연간 장사부長沙府의 여건도 마찬가지로 수재와 한재를 만나면 쌀 구경을 못 하고, "풍년을 만나면 겨우 7말을 거두었다."라고[142] 한다. 분명 같은 성이라도 토양과 지역차에 따라 생산량은 편차가 적지 않겠지만 상전과 하전의 생산량에서는 인근 내륙지역과 유사하다.[143] 다만 강서성의 경우 무주부撫州府의 가경면적可耕面積을 보면, 인

---

139 『영릉현지(零陵縣志)』 권5 「풍속(風俗)」, 광서(光緒) 2년(1876).

140 예컨대 『황매현지(黃梅縣志)』 권6, 광서(光緒) 2년(1876)에 의하면, 호북성 장강중류의 황매현(黃梅縣)의 경우 농업에 힘써 놀고먹는 사람은 없었지만, '토광인희(土廣人稀)'하여, 일부는 대개 척박한 토지[瘠田] 10무 이상을 받았다. 하지만, 수향(水郷)은 장마로, 산향(山郷)은 한재(旱災)로 고통을 겪어 1년의 수입이 지출을 감당하지 못했다고 한다. 물론 그렇지 않은 지역의 경우 건륭 연간 호북 형주부(荊州府)의 성곽부근의 비옥한 토지에서 보듯 무당 5-6섬[石]을 수확했다. 『형주부지(荊州府志)』 권5, 광서(光緒) 6년(1880) 참조.

141 『형양부지(衡陽府志)』 권8, 강희(康熙) 31년(1682); 애필달(愛必達), 『검남식략(黔南識略)』 권28, 건륭(乾隆) 14년(1749)에 의하면 광서 북쪽 귀주(貴州) 여평부(黎平府)의 경우, 비록 경작면적은 1부(夫)당 7-8무에 불과하지만, 풍년에는 곡(穀) 7섬[石], 평년에는 5-6섬을 수확했다고 한다. 비록 한정된 지역이기는 하지만 시비의 정도를 충분히 짐작할 수 있다.

142 「상서이등방증향의(尙書李騰芳增餉議)」, 『상담현지(湘潭縣志)』 권17, 가경(嘉慶) 23년(1818), "遇豊年, 亦僅收穀七斗."

143 하강덕(何剛德) 등, 『무군농산고략(撫郡農産考略)』 권上(광서(光緒) 29년(1903))에서 강서성 무

력이 많이 필요한 올벼논[早稻田]은 20무, 늦벼[晩稻]는 40무를 파종할 수 있으며, 소의 힘을 이용하면 두 배로 파종할 수 있었다고[144] 한다. 이것은 동시대의 장강하류지역보다 2-4배나 많은 경작면적이다. 내륙의 경우 명대 이전에는 게을러 거름을 주지 않았거나 사람과 가축의 똥을 모으는 방법을 몰라 초분에 의존하여 생산력이 턱없이 낮았지만 청대 중기 이후에는 점차 장강하류지역과 동등한 생산력을 갖게 된 것은 관료의 권농, 선진지역과의 시비기술의 교류, 전파 및 지역의 특성에 적합한 독자적인 비료의 개발과 밀접하게 관련되었음을 알 수 있다.

3. 동남해안지역의 비료

서광계의 「분옹규칙」에 의하면 민광인閩廣人은 소·돼지뼈재를 사용하여 거름하고, 산천처山泉處에는 이따금 석회로 거름으로 주었다고[145] 한다.

주부(撫州府) 무당 수확량은 벼의 품종에 따라 차이는 있지만 늦벼[晩稻]의 경우, 상전(上田)은 4-5섬[石; 섬], 중전 2-3섬, 하전 1섬 정도이다. 애필달, 『검남식략』 권1, 건륭(乾隆) 14년(1749)에서 귀주(貴州)의 논도 옹정·건륭 연간에는 풍년이 들면 상전의 경우 쌀 5섬, 중전은 4섬, 하전은 2-3섬 거두었다고 한다. 귀주의 또 다른 자료인 장광사(張廣泗), 「의복묘강선후사의소(議復苗疆善后事宜疏)」, 『귀주통지(貴州通志)』 권36, 「예문(藝文)」, 건륭(乾隆) 6년(1741)에는 묘인(苗人)이 논을 경작함에 벼[稻穀]를 상전은 무당 5섬, 중전은 4섬, 하전은 3섬을 생산했다고 한다. 오도(吳燾), 「유촉일기(游蜀日記)」, 『소방호재여지총초(小方壺齋輿地叢鈔)』第7帙에서 동치(同治) 연간 사천의 덕양현(德陽縣)의 생산량은 소(蘇), 송(松), 진강(鎭江) 등과 같이 상전은 무당 3-4섬 이상이며, 촉지(蜀地)의 경우 6-7섬에 달했다. 하지만 광서(光緖)4년(1878), 『팽현지(彭縣志)』 권3에 의하면 사천은 지역차가 심해 당시 수확량은 상전이 1.2섬, 하전은 8-9말[斗]인데, 심경(深耕)을 해도 겨우 1.7섬에 머물렀다고 한다.

[144] 이는 광서(光緖) 연간 강서(江西) 무주부(撫州府)의 기록으로 하강덕(何剛德) 등, 『무군농산고략(撫郡農産考略)』에서 위치에 따라 파종면적의 수치를 달리하고 있다. 즉 권上[광서(光緖) 29년(1903)]에서 올벼전[早稻田]은 1부(夫)가 20무를 파종할 수 있으며, 소의 힘을 빌리면 30무를 파종할 수 있고, 대화전(大禾田: 늦벼 논인 듯)에선 1부가 30무, 소의 힘으로는 2배를 파종할 수 있다고 했는데, 또 다른 부분에서는 올벼논에서 1부가 20무, 늦벼 논에서는 두 배로 파종할 수 있다고 한다. 같은 책의 다른 곳에서는 대화전(大禾田)은 1인이 40-50무를 파종할 수 있고, 올벼를 파종한다면 1인이 20무를 파종할 수 있으며, 냉장전(冷漿田)이 많은 경우 축력을 이용하면 100무를 파종할 수 있다고 하여 다소 차이가 있다.

이 지적처럼 민광 지역의 특징적인 비료에는 뼈재[骨灰]와 석회 같은 재거름이 많다는 점이다. 이러한 사실은 청대 방지에도 자주 발견된다. 그 주된 요인은 바로 이 지역에 산이 많고, 해안가에 위치한 논은 염기성이 강하기 때문이다. 따라서 비료 또한 이런 여건을 극복하는 방향으로 사용된 것으로 보인다. 강희康熙 연간의 광동廣東 바닷가 근처의 조전潮田을 보면, 담수로 농사짓는 산전山田보다 물이 짜서 연간 1회만 수확했다고 한다. 조전은 음화陰火의 기운이 강하여 양화陽火의 기운인 재, 즉 볏짚을 태운 재를 거름으로 주어야 벼가 잘 자란다고[146] 한다. 15세기 육용陸容의 『숙원잡기菽園雜記』에는 영파寧波와 태주台州 같은 연해지역의 경우도 제방을 쌓아 조수를 막았다는 기록이 전한다.[147] 아무튼 광동의 농민들은 고하전高下田을 불문하고 양화陽火의 기운을 지닌 재거름을 중시하여 짚이나 땔나무재[秆薪灰]를 음양의 조화를 조절한다는 관점에서 벼농사의 보물과 같이 인식하였다. 재거름은 제조과정이 다소 힘은 들지만 비용이 적게 들어 화禾는 물론, 목화[吉貝], 사탕수수[蔗], 무[蘿卜], 마[芋薯] 등의 비료로 사용했으며, 묵힌 땅은 불을 질러 그 재를 벼와 기장[稻粱]의 거름으로 이용하기도 했다.[148]

그리고 강희 연간 광동의 종화從化나 영덕英德·음산현陰山縣처럼 돌밭[石田]이 많아 화기火氣가 부족하여 척박해진 경우에는 청석青石에 번회燔灰를 거름으로 한 석분石糞으로 화기를 보충하여 수확량을 높였다고[149] 한다. 같은 시기 번우현番禺縣에도 소뼈나 차찌꺼기[茶子麩], 깻묵[麻麩]을 거름

145 서광계(徐光啓), 『농서초고』 「분옹규칙」, p.442, "閩廣人用牛豬骨灰, 每畝 ….."; 같은 책, p.442, "山泉處或用石灰, 每畝用 …."
146 굴대균(屈大均), 『광동신어(廣東新語)』 권14, 「식어(食語)」에는 광동성(廣東省) 번우현(番禺縣)의 조전(潮田) 중에는 해상(海上)에 진흙[淤泥]이 조수(潮水)에 밀려 쌓이기에 조전이 낮을수록 비옥하고, 갓 쌓인 모래가 더 비옥하다고 한다.
147 육용(陸容), 『숙원잡기(菽園雜記)』 권12, 홍치(弘治) 7년(1494).
148 굴대균, 『광동신어』 권14 「식어(食語)」.
149 굴대균, 『광동신어』 권5 「석어(石語)」.

으로 사용했는가 하면, 불에 구운 돌로 물의 한기를 제거하여 벼의 성장을 도왔다고[150] 한다. 그리고 광동 장녕현長寧縣의 경우, 청대까지 봄갈이 한 이후에도 석회로 분전했으며, 흙이 차가워 재를 거름으로 주지 않으면 작물이 잘 자라지 못했다고[151] 할 정도로 재거름을 중시하였다. 청초 광동지역에서 재배한 벼는 까끄라기가 길고 쌀알도 긴 화백색花白色으로 생산 후 볏짚은 땔감으로, 그 재는 양의 기운을 보충하는 거름으로 사용하였다.[152]

그 밖에도 이 지역의 농업에서 주목할 만한 것은 당시 논에 오리를 사육하여 시비하고, 병충해를 막았다는 점이다.[153] 그런가 하면 당시 광동 경주부瓊州府의 경우에는 바닷가 농가에서 가시 오동나무[刺桐] 잎으로 시비했으며, 마을마다 이를 많이 재배했다는 것도[154] 특기할 만하다.

광서성에도 명대 만력萬曆시기 모의 뿌리[秧苗]에 석회분을 잡분雜糞과 섞어 거름 주어 모[苗]의 성장을 도왔는가 하면,[155] 19세기 청대 도광 연간에는 북류현北流縣에서 강토强土의 비료로 콩깻묵과 채병菜餠을 사용하기도 하였다. 그리고 북류현北流縣은 초산草山이 많아 풀을 베어 여름철 큰비가 올 때 벤 풀을 물구덩이에 담가 비축해 두었다가 소돼지똥[牛猪糞]의 부족함을 보충하기도 했다고[156] 한 것을 보면 초분과 함께 가축분도 이용했으며, 비록 많이 구할 수는 없었지만 콩깻묵과 같은 깻묵이 시장에 유통되었다는 것을 알 수 있다.

광동, 광서와 같은 동남해안 지역의 독특한 비료로 바닷가에서 많이 잡히는 패각류를 이용해서 만든 굴·조개재[蚌蛤蠔灰]를 들 수 있다. 이것은

---

150 굴대균, 『광동신어』 권14 「식어」.
151 『광동현지(廣東縣志)』 권93, 도광 2년(1822).
152 굴대균, 『광동신어』 권14 「식어」.
153 굴대균, 『광동신어』 권14 「식어」.
154 굴대균, 『광동신어』 권25 「목어(木語)」.
155 사조제(謝肇淛), 『백월풍토기(百粵風土記)』, 천계(天啓) 2년(1622).
156 심창세(沈昌世), 『유산잉고(蠡山剩稿)』 권下 「謹擬勤墾十二條」.

이미 명대 「분옹규칙」에도 보인다. 즉 광동 지역에는 굴껍데기재[蠔殼灰]를 논의 비료로 사용했는데, 무당 재[灰] 10여 근이 소요되었으며, 비용으로는 은 1푼[分]이 들었다고[157] 한다. 이처럼 "소라나 조개 및 굴 껍질을 태워 재를 만든다."라고 하는 현상은 남방 연해 지역의 일반적인 특성이었던 것 같다.[158]

패각류의 재를 전지에 거름으로 주는 것에는 여러 가지 이유가 있었다. 우선 민광閩廣 지역에서 산전에 뼈재[骨灰]나 조개재[蚌蛤灰]로 시비하는 것은 그곳의 물이 차갑기 때문이다.[159] 청 중기 양신楊屾의 『수제직지修齊直指』「구종십종區種十種」에는 '뼈나 조개로 만든 재'의 효과에 대해, 금수의 뼈[骨], 뿔 및 조개[蚌蛤] 등을 불에 빨갛게 구워 부수어 체에 쳐서 차가운 무논[冷水田]의 볏모[稻秧]에 뿌리거나 채소밭[菜田]에 물에 타서 뿌려 주면 다른 비료보다 효과가 좋았다고 한 것과 하전의 냉수전에 효과가 있었던 것을 보면,[160] 화기를 통해 토지의 온도를 적절하게 유지시켜 식물의 생장을 무성하게 하여 생산량에 영향을 준 것으로 보인다. 명대 『숙원잡기菽園雜記』에는 이와 관련하여 흥미로운 기사가 등장한다. 엄주嚴州(현 항주杭州의 속지屬地)에서는 논에 대부분 석회를 시비했으며, 태주台州(절강성浙江省 연해중부)에서는 소라·굴·조개[螺蚌蠣蛤] 등을 구운 재를 거름으로 주고 사람과 가축 똥은 사용하지 않았다고 한다. 그곳 사람들이 이르길 사람과 가축 똥을 논에 거름으로 주면 벼[禾]와 풀이 함께 무성해지는데, 굴조개재[蠣灰]를 시비하면 풀은 죽고 벼만 무성해지기에 때문에 이 비료를 사용했

---

157 서광계(徐光啓), 『농서초고』「분옹규칙」, p.441, "廣東壅蠔灰壅稻, 畝用銀一分, 約灰十餘斤."; 같은 책, p.446, "廣中稻田每畝止用蠔殼灰十斤, 價一分耳."

158 서광계, 『농서초고』「분옹규칙」, p.443, "南土用螺蚌牡蠣蚶蛤等作灰, 壅稻. 每畝用灰十斤以上."

159 서광계, 『농정전서』 권7 「농사(農事)·영치(營治) 下」.

160 굴대균, 『광동신어』 권14 「식어」의 광동 번우현(番禺縣)에서처럼 소금에 절인 조개[蚌蛤]를 그대로 비료로 사용했을 경우 그 효과는 크지 않았던 것 같다.

다고[161] 한다. 이러한 내용은 다른 지역에서 전혀 찾아볼 수 없는 경험을 바탕으로 한 독특한 내용으로 소라·굴·조개재거름[螺蚌蠣蛤灰肥]은 토지의 온도에 영향을 주는 비료였을 뿐 아니라 제초의 효과까지 지닌 독특한 비료였음을 알 수 있다.

동남해안의 복건성 비료에 대해서는 건륭 연간 『영덕현지寧德縣志』에 잘 소개되어 있다. 이곳은 땅이 척박하여 똥을 중시했다. 실제 12세기 남송 『지재집止齋集』의 기록에도 민절閩浙지역에는 토지가 척박하여 사람 똥을 비료로 사용하게 되면서 양전良田으로 바뀌었다고 한다.[162] 하지만 청초에 는 현縣 전체의 사람과 가축 똥을 모아도 20-30%밖에 거름으로 주지 못 했기 때문에 4가지 토양개량법[土化之法]을 제시하였다. 그것은 바로 뼈[骨], 재[灰], 기름찌꺼기[油渣]와 소금[鹽]이다. 앞의 세 가지는 다른 지역에서도 널리 사용했던 비료지만 소금을 중요한 비료로 사용하였다는 것은 이 지 역의 독특한 토양개량법이다. 복건성의 경우 산전山田이 많아 평전平田의 시비와 달랐다는 것이 특징이다. 우선 재거름은 비력肥力에서는 뼈거름[骨 糞]에 미치지 못하나 굴재[蠣灰]에서 보듯 잡초[稂莠]를 제거한다는 이점이 있으며, 주로 평전이 많은 지역에서 사용하였다. 특히 뼈거름은 주로 소뼈 의 재로서 한천寒泉의 전지를 따뜻하게 하는 작용을 했는데,[163] 명말 안계 현安溪縣에서는 시비를 위해 소·말뼈를 구입하기도 하였다고[164] 한다. 비 슷한 지적은 청대 양신楊岫의 삼의론三宜論에서도 보이는데, 여기서는 골 합분骨蛤糞을 겨울의 수전에 사용하고 있다.

그리고 기름을 짜고 남은 찌꺼기인 차자병茶子餅은 어린 벼 모종[秧苗]의

---

161 육용(陸容), 『숙원잡기(菽園雜記)』권12, 홍치(弘治) 7년(1494), "嚴州壅田多用石灰. 台州則煅 螺蚌蠣蛤之灰, 不用人畜糞, 云人畜糞壅田, 禾草皆茂, 礪灰則草死而禾茂, 故用之."
162 진부량(陳傅良), 사고전서본 『지재집(止齋集)』권44 「계양군권농문(桂陽軍勸農文)」.
163 복건성 안계현(安溪縣)에도 소와 말뼈를 구입하여 태워 그 뼈재거름[骨灰糞]으로 시비하여 충분한 식량을 얻었다고 한다. 하교원(何喬遠), 『민서(閩書)』권38.
164 하교원, 『민서』권38.

성장을 돕고 살충의 효과가 있었으며, 건륭 연간에는 주로 연간 한 번 수확하는 산전山田의 비료로 사용했다고[165] 한다. 명청대 강남지역의 살충은 후술하는 바와 같이 주로 석회를 통해 해결하거나 복합비료인 분단糞丹에서 보듯 비소[砒]를 이용했는데, 기름 찌꺼기[油渣]가 이 지역에서는 살충제 역할도 한 셈이다. 광서성과 마찬가지로 연해지역에서 깻묵이 분전에 사용된 것은 재거름과 같이 토온의 유지와 관련되었을 것이지만, 각기 지역의 습관에 따라 다른 깻묵을 사용했던 것은 그 수급과 효과에서 차이가 있었기 때문일 것이다.[166]

지적한 바와 같이 복건지역의 특징적인 비료로는 염분이 있다. 복건지역 사석沙石의 샘은 물이 차고 담박하기에 소금으로 토맥土脈을 조절해야만 했다. 특히 영덕현寧德縣의 서북 지역은 산전이 많아 유사분油渣糞과 염분의 시비가 적당했다고 한다.[167] 비슷한 현상은 소흥부紹興府의 산음山陰과 회계會稽 지역에서도 보이는데, 소금물[鹽水]을 관개하거나 염초회鹽草灰와 같이 비료를 이용하여 토지의 성질을 바꿈으로써 작물이 무성하게 잘 자랐다는 것을 보면[168] 경작환경이 비슷했던 것 같다. 복건성 비료의 또 다른 특징은 명 만력萬曆 연간의 기록에서 찾을 수 있는데, 척박한 산전에 비료가 없으면, 산에 불을 질러 비가 올 때 그 거름이 밭으로 흘러들어 비료가 되게 하는 방법으로, 봄이 되면 온 산에 불을 지르는 기이한 풍경을 연출하기도 했다고[169] 한다. 이것은 도경화종刀耕火種의 전통적인 경작방식을 여전히 답습하고 있음을 말해 준다. 도광道光 연간 복건성 고전현古田縣에서는 산이 깊어 토양의 기운이 차고 척박하여 풀재[草灰], 토말土末과 소회

165 『영덕현지(寧德縣志)』권1「물산(物産)」, 건륭(乾隆) 46년(1781).
166 서광계(徐光啓), 『농서초고』「분옹규칙」p.444, "亦如吾海上糞稻, 東鄉用豆餅, 西鄉用麻餅, 各自其習慣而已. 未必其果不相通也."
167 『영덕현지(寧德縣志)』권1「물산」, 건륭(乾隆) 46년(1781).
168 육용(陸容), 『숙원잡기(菽園雜記)』권12, 홍치(弘治) 7년(1494).
169 왕세무(王世懋), 『민부소(閩部疏)』, 만력(萬曆) 13년(1585).

燒灰 등의 비료로 보충했는데, 벼 10섬을 수확하기 위해 비료 2섬을 구입했다는 점에서 그 고충을 충분히 엿볼 수 있다. 물론 전간田間에는 똥오줌을 저장하는 소옥[小屋; 糞寮]이 있어 이를 통해 벼를 재배하기도 하였다. 이것은 지역이 지닌 한계를 극복하기 위해 소뼈거름으로 토양을 따뜻하게 하고 다시 분토糞土를 통하여 작물의 생장을 촉진했음을 말해 준다.[170] 그 외에도 청대 민북閩北 일대에는 가뭄에 대비하여 비올 때 진흙을 모아 벼 뿌리[苗根]에 거름으로 주었으며, 벼의 결실과 품질 향상을 위해 재거름[灰糞] 대신 소뿔[牛角], 돼지털[猪毛], 구들재[烟筒灰] 등을 사용하기도 하는 등[171] 풍습에 따라 비료도 다양하였다. 이처럼 복건성이 다양한 비료를 개발하여 농업생산력을 높일 수 있었던 것은 양절兩浙지역과 같은 자연환경의 혜택 때문이라기보다는 오히려 척박한 토양환경을 극복하고자 부지런히 지역산물을 비료로 개발한 결과 때문일 것이다.[172]

광서光緒 연간 민현閩縣의 기록은 당시 이 지역 사람들도 똥오줌 비료에 관심이 적지 않았음을 보여 주고 있다. 즉 평일에는 농가가 분을 수집하여 석지石池에서 부숙하여 격년을 단위로 사용하면 토양의 비력이 좋아지며, 인분 속에 돼지똥[猪糞] 4할을 포함하면 더욱 좋았다고 한다. 분糞의 사용량은 〈표 2〉에서 보는 바와 같이 밭벼의 경우 무당 20담擔(石=1擔=50kg)을 사용하며, 매 담의 가격은 60~70문文이었다고 한다. 부숙한 새우와 해산물[臭爛蝦鮮]을 비료로 사용할 경우 무당 5담이 필요하며, 담擔당 가격은 300문이었고, 혹 콩깻묵을 거름으로 줄 경우 올벼는 무畝당 60근이 필요하며, 늦벼는 50근이, 매 근의 가격은 22문이었다고 한다. 이런 비료를 거름으로 주면 남방지역의 경우 바람과 태양이 좋아 효과가 매우 빨리 나타났

---

170 진성소(陳盛韶), 『문속록(問俗錄)』 권2, 도광(道光) 6년(1826).

171 임동(任棟), 『소방호재여지총초(小方壺齋輿地叢鈔)』 재보편(再補編) 제6질, 「도령일기(度嶺日記)」.

172 이근명, 『남송시대 복건 사회의 변화와 식량 수급』, 신서원, 2013, p.106.

비료\구분	구분	畝당 사용량	단위당 가격 擔(石) 혹은 每斤	소요가격 (文)	비 고
早稻	糞	20擔	60-70文 (擔당)	1,300	猪糞 포함시 糞은 畝당 12-13단, 매 단 가격은 100文(糞 중 猪糞을 4할 포함시 성능 최고) = 1,250
	豆餅	60斤	22文(?)(斤당)	1,320?	
	蝦枯乾	50斤			
	蝦米碎	70斤			
	臭爛蝦鮮	5擔	300文(擔당)	1,500	
晚稻	糞	20擔	60-70文(擔당)	1,300?	"晚稻亦用糞"은 올벼와 동일하게 사용했을 듯
	杵碎豆餅	50斤	22文(斤당)	1,100	
	外國雀糞	30斤	40文(斤당)	1,200	
	花生丘	80斤	16-17文(斤당)	1,320	

다고[173] 한다. 비료구입 비용은 평균 잡아 밭벼는 무당 분료糞料가 1,300전이며, 늦벼는 약 1,230전이 소요된 셈이다. 올벼에 시비한 콩깻묵의 무당 시비 가격은 알 수 없다. 다만 〈표 1〉에서와 같이 강서성의 분의 가격이 매 섬[石]당 평균 100전이며, 콩깻묵은 1,100-1,200전錢이었던 점과, 복건이 운송이 편리한 해안지역에 위치한다는 점을 감안하여 가격 여건이 좋았다고 하더라도 양자 간의 차이는 이해하기 곤란하다.

동남 해안 지역의 비료는 광서성의 경우 초분이 많이 보이지만, 가장 공통되는 비료는 재거름으로, 토지의 온도를 조절하기 위해 석회, 뼈재, 초목재 및 소라·굴·조개재거름이 발달된 것이 명청시대 이 지역 비료의 특징이다. 청 후기의 기록에는 사람과 가축 똥도 적극적으로 활용하거나 경

---

[173] 「각성농사술(各省農事述)」, 『농학보(農學報)』 제26기, 광서(光緒) 24년(1898) 3월中.

작을 위해 재거름 등을 구입한 것은 다른 지역과 마찬가지이며, 깻묵[餠肥]도 해안지역에서 내륙으로 꾸준히 보급되고 있는 것을 확인할 수 있었다. 무엇보다 해안지역 특유의 비료를 개발하여 수확량의 제고는 물론 토양 개량[化土]과 병충해 방지를 도모했던 점이 주목된다.

그렇다면 이런 거름 주기에 따른 동남해안지역의 토지규모와 생산량은 어느 정도였을까? 이 지역 역시 산전과 하전 간의 지역 간의 편차는 적지 않았다. 사료에 나타난 것만으로 대략을 가늠해 보면, 명말 가정嘉靖 연간 광동 흠주欽州의 경우 농민들은 논에 비료를 주지 않으면서 김도 매지 않고 흩뿌린 후 하늘만 쳐다보고 농사를 지었는데도 땅이 기름져 무당 3~4섬은 수확했다고 한다. 이 지역은 땅이 넓고 사람이 적어 몇 년 단위로 역전易田을 했던 까닭에 매년 경작하는 숙전熟田은 적고 황무지[荒田]가 많았다고 한다.[174] 강희 연간에도 광동지역은 1무에 10되[升]를 파종하여 곡穀 3섬을 거두었다는[175] 기록이 보인다. 그런가 하면 경주부瓊州府와 같은 해변가 근처에는 풍랑이 몰아쳐 소금기로 인해 논은 거의 황폐화되고, 주거지 일대는 봄가을에 강물이 넘쳐 피해를 입어 무당 생산량이 주변지역의 절반도 거두지 못했으며, 상전의 경우도 5말에 불과했다고[176] 한다. 그런가 하면 광서 계양주桂陽州의 경우는 역전力田하는 사람이 적어 19세기 후반에도 연간 가구당 수확량이 10섬에도 미치지 못했다고[177] 한다. 그래서 청초 광동지역에는 10무의 땅에 양잠업을 하여 8명의 식구를 먹여 살리고 있는 모습이 등장한다.[178] 그런데 도광 연간 민중閩中지역을 관찰한 임칙서林則徐에 의하면, 이 지역은 산전이 많아 강남보다 비옥할 수가 없다고 하

---

174 『흠주지(欽州志)』 권2, 가정(嘉靖) 18년(1539).
175 굴대균(屈大均), 『광동신어』 권14 「식어(食語)」.
176 굴대균, 『광동신어』 권14 「식어」.
177 『계양직예주지(桂陽直隸州志)』 권20 「화식(貨殖)」, 동치(同治) 7년(1868).
178 굴대균, 『광동신어』 권24 「충어(蟲語)」.

면서 생산력은 올벼와 늦벼가 무당 10섬을 넘었다는 기록도 보인다.[179] 이 수치는 명청시대 남방 토지생산력 중 최고의 생산량으로 굳이 합리화한 다면, 연 이모작이었거나 아니면 산지가 많기 때문에 산림, 피지陂池, 원 유苑囿나 삼목杉木과 흰모시[白苧布]를 통해 경제적 이익을 적지 않게 얻었 을 것으로[180] 판단된다. 실제 명대 중엽이전부터 이들 동남해안지역에서는 『건양현지建陽縣志』의 기록처럼 일 년에 두 번 거두는 쌀알이 큰 쌍계도雙季 稻: 大冬稻의 재배가 적지 않았다는 점도 생산량의 측면에서 주목된다.[181]

이처럼 남방지역은 지역에 따라 생산력의 수준도 장강하류, 내륙지역 과 동남해안지대의 순으로 다소 차이가 있었음을 살필 수 있다. 하지만 명대까지만 하여도 비료량이 여전이 부족하여 내륙지역의 경우 연 1작 의 생산에 그쳤는가 하면, 지역에 따라 비료의 이용과 제조법도 잘 알지 못했다. 그러나 명말청초 이후 장강하류지역에서부터 시작된 사회경제 적 변화로 인해 임금인상과 물가상승의 영향이 청 중기 이후에는 내륙과 해안지역에도 미치고 있는 모습을 깻묵류나 비료가격을 통해 간접적으 로 살필 수 있으며, 이것은 곧 비료에 대한 정보를 지역 간 공유했다는 것 으로 볼 수 있다. 게다가 강남의 각 지역은 해당지역에 적합한 비료를 개 발하여 자체적으로 생산하고 경쟁력을 확보하게 되면서 강남 선진지역 의 의존도가 약화되었으며, 특히 남쪽의 경우 국제무역이 발달하면서 지 역적인 독립성도 확보하게 되었다는 점도 주목된다. 또한 송대 이후 남방 의 일부지역을 중심으로 시작된 도맥 이모작이 청대 중기 이후에는 올벼

---

179 이언장(李彦章), 「임칙서서(林則徐敍)」, 『강남최경과도편(江南催耕課稻編)』. 무(畝)당 10섬[石] 의 생산력은 명청시대 최고의 생산량으로 다소 과장된 듯하다. 만약 연간 이모작을 하여 올벼와 늦벼의 1무당 벼[稻穀] 생산량의 합계라면 적당한 수치일 것이다.

180 하교원(何喬遠), 『민서(閩書)』 권38.

181 쉬샤오왕[徐曉望], 『명청동남산구사회경제전형(明淸東南山區社會經濟轉型)』, 中國文史出版 社, 2014, p.56에서 양수자(兩收者)는 춘종하숙(春種夏熟)의 조도(早稻)와 추종동숙(秋種冬 熟)의 만도(晚稻)였다고 한다.

의 겸종兼種이 보편화되면서 대부분 양숙兩熟이 가능했으며, 강남지역에서 평균 1무당 4섬을 거두었다는[182] 지적은 역전力田지역의 경우라면 틀린 말은 아니라고 할 수 있다.

IV. 맺음말

본고에서는 송대 이후 남방지역 비료의 실태와 분전糞田의 모습을 살펴보았는데, 근세시기의 비료의 특성은 이전과 비교할 때, 지속성, 논농사 중심, 다양성 및 지역성을 지녔음을 알 수 있다.

우선 송원시대의 비료를 보면 이전의 두엄과 초분草糞 및 묘분 등과 같은 비료제조방식을 잘 계승하여 발전하고 있음을 볼 수 있으며, 사람과 가축 똥을 수집, 저장 및 부숙하여 이용하는 방법은 송대 『진부농서』에서 구체화되고 있다. 그리고 명청시대의 비료도 대분류에서 『왕정농서』를 크게 벗어나지 않을 정도로 비료가 모두 기본적으로 송원시대의 방식을 계승하고 있다.

또 다른 특징으로 『진부농서』와 『왕정농서』가 그러하듯 강남농업은 논농사를 근거로 하고 있다는 것이다. 때문에 그 비료도 수전에 관련된 비료가 주류를 형성하고 있다. 특히 남방의 수전은 물이 고인 냉전冷田이 많기 때문에 토온을 유지하고 토양의 성질을 바꾸어야만 작물의 생장이 용이하기에 그것에 맞는 비료사용이 불가피했다. 이를 위해 만든 비료가 바로 장강하류지역에 등장하는 토분, 화분 등 남니를 이용한 비료와 내륙의 연골煙骨, 석회 및 석사石砂이다. 그리고 동남해안지역에서 전지의 염기성분을 중화시키기 위해 재거름, 뼈거름과 조개껍질류를 구워서 가루로 만든

---

182 이언장(李彦章), 「강남근종재숙도설(江南勤種再熟稻說)」, 『강남최경과도편(江南催耕課稻編)』.

비료 등도 모두 냉전의 토온 유지에 밀접하게 관련된 비료이다. 아울러 명말청초 이후 본격적으로 주목받기 시작하는 깻묵[餠肥] 역시 이런 시비 효과와 밀접하게 관련된다.

명청대의 비료를 그 이전시대와 비교할 때 나타나는 두드러진 특징은 바로 비료의 다양성이다. 잡초나 구초漚草한 초분법이 명청대로 접어들면 장강하류지역의 각종 수초, 부평초[萍] 및 들판이나 산비탈의 풀을 재료로 삼고 있으며, 강서江西나 호남 같은 내륙지역은 초분이 비료의 중심을 차지하고 있다. 강바닥진흙거름인 남니도 그런 점에서 마찬가지이다. 진흙[泥]을 다양하게 제조하여 화토火土와 같이 토양개량용 비료를 만들었다. 재거름도 명대 이전에는 주로 초목재나 석회가 대부분이었는데, 화분火糞처럼 점차 불을 질러 2차성 가공비료를 만드는 방법이 구체화되었는가 하면, 뼈재, 석사石砂, 소라·조개·굴 등의 재[螺蚌牡蠣蛤等灰] 등 재료가 다양해지고 그 양도 증가하고 있다. 비료가 다양해졌다는 것은 경영방식의 변화나 토지에 대한 관심이 증대되었음을 말한다. 특히 남방지역은 장강 하류의 선진先進지역을 제외하고는 농업에 적극성이 없었던 곳이 많았는데,[183] 이런 변화를 보였다는 것은 신품종 도입 등으로 생산에 대한 의지가 달라졌음을 의미한다. 내륙이나 해안지역의 경우 청초 이전은 이에 대한 기록이 부족하여 명청시대의 토지경영에 대한 전체적인 파악은 어렵지만, 다만 기록이 많지 않다는 것만으로도 명대 이전에는 주로 전통적인 방식을 추종하고 현실을 타개할 획기적인 방법을 찾지 못했던 것은 아닌가 한다.

명청시대 비료의 또 다른 특징은 비료의 지역성이다. 청대 후기의 지방지에 의하면 남방지역의 비료가 다양해지고 일부 선진지역과 열악한 지

---

183 송대 이전의 강회(江淮) 이남지역은 "땅은 넓은데 사람은 적고[地廣人希]", "토지가 비옥한[地執饒食]" 특성 때문에 고래로 농업생산을 제고하기 위해 적극적인 활동을 하지 않았던 것 같다.

역을 제외하면 생산력의 수준이 무당 4섬 정도로 거의 평준화되고 있다. 이런 현상은 청 중기 이후 인구의 급증으로 무당 토지 면적이 부족하게 되어 이주가 불가피하게 되면서 지역 간의 교류가 활발해진 것과 관련이 있다.[184] 이때 산지와 변경지의 개발이 본격화되면서 낙후된 지역에서도 생산력의 제고를 위해 비료에 관심을 가졌던 것 같다. 금비金肥인 깻묵 역시 청 중기 이후 내륙지역이나 동남해안지역에서 사용이 늘어났던 것을 보면 비료의 유통을 잘 알 수 있으며, 사회경제적 변화에도 농민들이 능동적으로 대처했음을 말해 준다. 앞서 〈표 1〉, 〈표 2〉에서도 살편 바와 같이 비료의 시장가격이 형성되어 있는 것만 보아도 당시의 농가의 구매력과 그 용도를 알 수 있는데, 일반 농민이 결코 쉽게 구입할 만한 가격은 아니었다. 그 때문에 지역에서 쉽게 구할 수 있는 재료를 이용하여 비료로 만들었던 것이 아닌가 한다. 그 결과 자체 비료를 개발하고 경쟁력을 확보하여 선진지역의 의존도가 약화되면서 자체 독립적인 지역경제기반을 확보해 갔던 것이다.

강남하류지역과 같은 선진지역은 일찍부터 다양한 비료가 개발되어 이용되었으며, 인분, 강바닥진흙 등은 그 지역의 특징을 반영한다. 동남해안지역의 경우 그 지역에서 생산된 패각류로 만든 재거름과 차고 담백한 산전山田의 토맥土脈을 조절하기 위해 만든 염분鹽糞은 다른 지역에서 쉽게 볼 수 없는 비료이다. 그런가 하면 연골煙骨과 석사石砂도 내륙지역 만에서 생산되는 독특한 지역성을 지니고 있다.

그리고 송대 이후 남방 지역에서 똥오줌이 곧 황금이라는 인식을 갖게 된 것이다. 거름간의 설치가 남방의 어느 지역에서 시작된 것은 알 수 없지만, 강서江西지역을 제외한 내륙지역은 청 중기 이전에는 똥오줌시비에

---

184 지앙춘윈[蔣春雲] 주편, 『중국생태연변여치리방략(中國生態演變與治理方略)』, 中國農業出版社, 2005.

대한 인식이 높지 않았으며, 이런 현상은 해안지역도 마찬가지였다. 하지만 청대 후기에는 적분법이 널리 보급되고, 성시城市를 통해 사람과 가축 똥을 적극적으로 수집, 구매했던 것을 보면 똥오줌시비의 보급도 점차 사방으로 확산되었음을 알 수 있다. 실제 『왕정농서』에서처럼 일부 북방도 적분법을 모방하여 10배의 이익을 거두었다는 사실은 적분법의 보급을 부추겼을 것이고, 사람 똥을 황금으로 인식했던 것 자체는 변화된 인식을 잘 말해 준다. 물론 그 배경에는 내륙의 예에서와 같이 권농과 인구 증가로 인한 사회 경쟁력의 제고 및 농업기술의 전파도 중요한 작용을 했을 것이다. 그로 인해 지역 간의 거름 주는 법이나 경작기술의 격차가 줄어들게 되면서 명말청초에 장강하류지역이 짊어졌던 경제적 부담을[185] 분산하게 되어 청 중기에 경제가 다시 부활할 수 있는 계기가 된 것이 아닌가 한다.

무엇보다 송대 이후 비료가 큰 기여를 한 것은 『진부농서』에서 지적한 것처럼 토양의 지력을 회복하는 약으로 인식했다는 점인데, 분약糞藥을 적시에 지속적으로 처방하기만 하면 종자의 발아율과 농작물 싹의 질을 높여 역전易田하지 않고도 계속으로 작물을 재배할 수 있다는 가르침을 준 것이다. 명청시대의 비료는 한층 더 발전하여 수전水田의 토지의 온도를 높이고 생산력을 제고하기 위해 다양한 비료를 개발했으며, 특히 동남 연해지역의 경우 벼 신품종의 도입으로 연 2작이 가능하게 되면서 비료의 효용성이 더욱 확대되었다.

하지만 당시 비료가 지닌 문제점은 여전히 적지 않았다. 우선 제초와 해충방제기능이 약했다는 점이다. 물론 석회나 호남지역의 석사石砂 및 해안지역의 소라·굴·조개재[螺蚌蠣蛤灰肥] 비료가 제초 및 토양개량의 기

---

185 명말청초 장강하류지역의 농업상황의 변화와 상품생산에 대해서는 최덕경, 앞의 논문, 「『補農書』를 통해 본 明末淸初 江南 農業의 施肥法」과 「明末淸初 江南지역 豆餠의 利用과 보급: 飼料와 肥料의 이용을 중심으로」를 참고.

능까지 했지만, 근본적으로 병충해를 방제하기는 어려웠던 것으로 보인다. 특히 냉전冷田으로 인한 벼 잎이 마르는 병이나 반점으로 고생했다는 것은 이에 대한 대책이 시급했던 것으로 보인다. 다른 하나는 깻묵과는 달리 전통 유기비료의 제조과정에 시간과 노동이 너무 많이 소요되었다는 것이다. 이것은 보다 발전적인 농업으로 나아가는 데 큰 장애물이 되었다. 명중기의 지식인 사이에는 이미 이에 대한 고민들이 있었던 것 같다. 그래서 석회보다 훨씬 강한 살충력을 지닌 비소[砒]를 사람과 가축 똥, 곡물 등과 함께 섞어 고농도의 복합비료를 만들고 적은 양을 거름하여 큰 효과를 기대했던 것을 보면 당시 비료에서 무엇이 결핍되었던가를 알 수 있다.[186]

---

186 최덕경(崔德卿), 「明代江南地區的復合肥料: 糞丹的出現及其背景」, 『농사연구(農史研究)』 2014年 제4期.

제4장

명말청초 강남지역의 비료발달과 사회경제적 변화

I. 머리말

농업에서 시비는 지력을 제고하여 생산력을 높이는 중요한 수단 중의 하나이다. 원래 토지는 인구가 증가하고, 그 용도가 다양해지면 비옥도를 높이지 않을 수 없는 상황에 도달한다. 여기에 상경전常耕田이 일반화되면서 토질은 더욱 떨어지고 생산력은 줄어들게 된다. 그래서 땅을 비옥하게 만들고 수확을 증대시키기 위하여 농민들은 비료를 준비하지 않으면 안 되었다.[01]

명대에는 이갑제里甲制가 해체되고 명말부터 전토田土 중심의 은銀본위제가 등장하면서 재편되었던 농촌사회는 생존을 위한 다양한 변화의 모습들이 나타난다.[02] 본고는 명말청초 강남 농민의 변화된 모습을 농업생산

---

01 『왕정농서(王禎農書)』「분양편(糞壤篇)」, "後世井田之法變, 強弱多寡不均, 所有之田, 歲歲種之, 土敝氣衰, 生物不遂. 爲農者, 必儲糞朽以糞之, 則地力常新狀而收獲不減. 孟子所謂百畝之糞, 上農夫食九人也." 이는 100무(畝)의 땅에 비료를 주면 뛰어난 농부들은 9명을 먹여 살릴 수 있다는 의미의 실천이라고 볼 수 있다.

02 명말청초 자본주의 맹아에 대해서는 많은 논의가 있어 왔다. 여기에는 향촌질서의 해체, 인구이동과 방직업 및 상품생산의 전개에 대한 논의가 중심을 이루었다. 본고에서는 이런

력의 중요한 원천이 되는 시비의 변천을 통해 들여다보고자 한다. 이것은 정치, 경제적으로 혼란한 시대의 농민들이 생존을 위해 그들의 삶에서 어떻게 대처했는가를 살피는 데도 유용할 것이다. 주지하듯 명청시대의 강남은 화북지역과 대비될 정도로 논을 중심으로 상업과 직물수공업의 사회경제적 시스템이 형성되었으며, 이에 따라 강남이 곧 경제의 중심으로 떠올랐고, 강남의 생산력은 바로 국가의 추진력이었다.

대개 생산력의 핵심은 지력을 변화시키는 시비에 있다. 명말의 『심씨농서沈氏農書』에서도 농업생산에서 시비를 가장 중요시하고 있는 것으로 보아 당시 농업의 최대의 관심사는 비료확보였다고 말할 수 있을 것이다.[03] 때문에 당시 비료에는 어떤 종류가 있었고, 이들 중 강남지역의 농업을 견인한 비료에는 어떤 것이 있었으며, 농민은 이들을 어떤 방식으로 조달하고 사용하여 생산력 향상을 도모했는지를 살펴보고자 한다. 다시 말해 비료와 시비법을 통해 명말청초 강남 수전과 상품작물의 재배 및 그 다양한 변화상을 파악하려 한다.

과거 중국의 시비 연구를 보면, 주로 비료의 제조법이나 생산력을 제고하는 관점에서 비료가 주목을 받았지만, 최근에는 개별 작물과 비료량의 추이, 토양에 따른 시비방법 등으로 연구로 보다 구체화되고 있다.[04] 본고에서는 비료를 중심에 두고 시비기술의 변천에 따라 농업 생태계가 어떤

논의를 재검토하려는 것은 아니고 비료와 시비법을 통해 당시 농업을 들여다보려는 것이다. 자본주의 맹아의 논의에 대해서는 오금성(吳金成) 등, 『명말청초사회의 조명』, 한울아카데미, 1990; 서울대학교동양사연구실 편, 『강좌 중국사VI』, 知識産業社, 1989; 리보쫑[李伯重][이화승 역], 『중국경제사연구의 새로운 모색』, 책세상, 2006이 참고할 만하다.

03 아다치 게이지[足立啓二], 「宋代以降の江南稻作」, 『アジア稻作文化の展開』, 小學館, 1987, p.226.

04 후자의 대표적인 연구가는 리보쫑[李伯重]으로 그의 「明淸江南肥料需求的數量分析」, 『청사연구(淸史硏究)』 1999-1을 들 수 있다. 최근 중국에는 명청시대 시비에 관련된 박사학위 논문이 처음 나왔다. 저우광시[周廣西], 『명청시기 중국전통 비료기술연구(明淸時期中國傳統肥料技術硏究)』, 南京農業大學博士學位論文, 2006 참조.

식으로 변모했는가를 살피고자 한다. 그 주된 사료로 명청시대 강남지역의 대표적인 농서인 『보농서補農書』[05]와 최근 발굴된 비료관련 자료를 대상으로 삼았다. 이들 자료 속에는 명말청초의 강남 태호太湖 주변의 농업의 실태와 더불어 변화하는 강남 농촌의 모습을 잘 보여 주고 있다. 게다가 이 시기의 비료와 시비법에 대한 연구는 근대화가 진행되면서 위생과 청결을 이유로 전통의 비료가 화학비료와 농약에 의해 대체되어 버리기 전 단계의 유기비료라는 점에서 그 실태를 파악하는 것만으로도 중요한 의미가 있다.

II. 명청시대 비료의 복합화와 과학화

『제민요술齊民要術』의 대표적인 거름은 외양간에서 밟아 만든 쇠두엄[踏糞]이며, 이는 파종 전의 밑거름[基肥]으로서 화북지역 비료의 중심을 이루고 있다. 쇠두엄은 소 한 마리로 보통 서른 수레[車]의 양을 생산하는데, 소무小畝당 다섯 수레씩의 거름이 필요하기 때문에 6무畝[06]의 토지에 시비施肥할 수 있었다.[07] 이 방식이 원대 『왕정농서王禎農書』(1313년)「분양편糞壤篇」

---

05 『심씨농서(沈氏農書)』는 청초 장리상(張履祥)이 교정(校定)한 것이며, 그 자신의 『보농서(補農書)』와 더불어 합하여 간행했다. 본고가 참고한 『보농서』는 장리상 집보 [천헝리(陳恒力) 교석, 왕다[王達] 증정], 『보농서교석(補農書校釋)』(增訂本) 農業出版社, 1983(이후 『보농서교석』이라 칭함)를 뜻하며, 이 책은 상하로 구성되어 있는데, 상권은 숭정(崇禎) 말년에 편찬된 『심씨농서(沈氏農書)』이고, 하권은 『보농서후(補農書後)』와 『총론(總論)』으로 되어 있으며, 별도로 『부록(附錄)』을 첨부하고 있다.

06 명청시대 1무는 0.92시무(市畝)인데, 1시무는 0.16acre이다. 따라서 명청대 1무는 0.147acre이다. 이는 한국의 평수로 환산하면 180.2평(1acre=1224.2평)이다. 고로 명청대 6무는 1081.2평이며, 200평을 1마지기[斗落]로 하면 약 5.4마지기가 되어 부업이나 임노동을 하지 않으면 가족 부양이 힘든 소농(小農)이다. 『보농서교석』「부록(附錄)·생계(生計)·책누상생업(策淚上生業)」의 "교자안(校者按)"에 의하면 1가 1호의 기본 토지는 10무 혹은 20무였다고 한다.

뿐만 아니라 지금까지도 그대로 계승되고 있는 것을 보면,[08] 농가에서 두 엄이 여전히 중시되었음을 알 수 있다.[09]

『왕정농서』「분양편」에는 쇠두엄 이외에도 묘분苗糞, 초분草糞, 화분火糞,[10] 강바닥진흙거름 등의 비료가 계승되고 있다. 물론 그 외에도 송대 『진부농서陳旉農書』에 등장하는 누룩[麴]처럼 미생물의 발효를 이용한 깻묵[餠肥],[11] 흙과 초목을 쌓아 구워 만든 화분 및 잡다한 재료를 물구덩이에 담가 썩혀서 만든 비료[漚製雜肥][12] 등도[13] 계승되었을 것이다. 그것은 밭 농업에서의 비료가 논에서도 그대로 활용되었음을 말해 준다.

이 중 묘분은 일종의 유기질의 질소[氮]비료로서 녹두菉豆가 가장 좋고, 누에똥[蠶矢]이나 숙분熟糞과 같은 효과가 있다고 하며, 양자강과 회하淮河 북쪽에서 자주 사용하였다. 「보농서후補農書後」에서도 만약 1무畝당에 콩[大豆] 3말을 녹비綠肥로 사용하면 쌀 생산량은 배가 되고, 모종[苗種]도 손상되지 않고 비료 효과도 오래간다고 한다. 하지만 "콩은 양식이기 때문에

---

07 『제민요술(齊民要術)』「잡설(雜說)」, "其踏糞法, 凡人家秋收治田後, 場上所有積穀穖等, 竝須收貯一處. 每日布牛腳下, 三寸厚. 每平旦收聚堆積之. 還依前布之, 經宿卽堆聚. 計經冬一具牛, 踏成三十車糞. 至十二月正月之間, 卽載糞糞地. 計小畝畝別用五車, 計糞得六畝. 勻攤, 耕, 蓋著, 未須轉起."

08 『왕정농서』「분양편」, "踏糞只法, 凡人家秋收後, 場上所有積蝛等, 竝須收貯一處. 每日布牛之腳下, 三寸厚. 經宿, 牛以蹂踐便溺成糞. 平旦收聚, 除置院內堆積之. 每日俱如前法. 至春, 可得糞三十餘車. 至五月之間, 卽載糞糞地, 畝用五車, 計三十車可糞六畝, 勻攤, 耕蓋, 卽地肥沃, 兼可堆糞桑行."

09 『제민요술』에서는 12월에서 1월 사이에 거름을 수레[車]에 실어 봄파종[春播]을 위해 밑거름으로 사용했지만, 『왕정농서』에서는 5월에 전작물의 수확 후 후작물의 밑거름으로 사용하였다.

10 '화분(火糞)'은 초니회(焦泥灰)라고도 한다. 본서의 제3장의 주석 참조. 오사와 마사아키[大澤正昭], 『陳旉農書の硏究: 12世紀東アジア稻作の到達點』, 農文協, 1993, pp.54-57 참조.

11 『진부농서(陳旉農書)』「선기근묘편(善其根苗篇)」에는 깻묵[麻枯]을 잘게 부수어 화분(火糞)과 섞어 구덩이[潭]에 넣고 덮어 누룩[麴]처럼 발효시켜 만들어 사용하였다는 점에서 깻묵비료[餠肥]의 일종이라고 볼 수 있다.

12 『진부농서』「종상지법편(種桑之法篇)」.

13 요우슈링[游修齡], 『중국도작사(中國稻作史)』, 中國農業出版社, 1995, p.175; 오사와 마사아키, 위의 책, 『陳旉農書の硏究』, pp.53-67.

차마 아까워 비료로 사용하지는 못했다."라고[14] 한다. 그리고 초분은 베어 낸 풀을 썩힌 것으로 못자리용[苗床用] 거름에 적합하였다. 화분火糞의 경우 초목과 건조한 흙을 연소한 비료로서 물이 많고 땅이 찬 강남지역에서 많이 사용하는데, 특히 보리와 채소 재배에 효과적이며 논에 시비할 경우 토양이 따뜻하여 모[苗]가 쉽게 자란다고 하였다. 서광계徐光啓의 「분옹규칙糞壅規則」에서도 이 화분을 잘 소개하고 있다. 즉 절동인浙東人은 풀이 달린 진흙을 뽑아 말려 쌓아 두고 불을 질러 재[灰]를 만들어 비료로 사용했는가 하면, 절서인浙西人들은 진흙을 구워 사람 똥[大糞]과 배합하여 퇴비를 만들고, 퇴비 위를 움푹하게 만들어 수차례 똥을 넣어 말려 비료로 만들기도 하였다. 이러한 비료는 채소의 비료로 좋고, 특히 벼 파종에 탁월했다고 한다. 절서인들은 이러한 비료를 고지高地에서 만들어 퇴비를 걷어 낸 후 그곳의 흙을 한두 자[尺] 파내어 그것 역시 시비에 사용했다고[15] 한다.

니분泥糞은 하천 바닥에서 건져 올린 진흙이다. 물이 마르고 흙이 응결되면 덩어리로 잘라 강바닥 진흙 거름으로 사용하는데, 똥만큼이나 토지를 비옥하게 한다고 한다. 이들 거름은 강바닥의 진흙 거름을 제외하고 모두 『진부농서』에도 등장한다. 강바닥진흙거름도 송대 소주蘇州 지방에서 이용된 예는 있지만,[16] 『진부농서』에 기재되지 않은 것은 강바닥진흙거름이 송대 강남지역에 아직 일반화되지 않았기 때문인 듯하다.[17] 하지만 14세기 초 『왕정농서』 시대에는 강바닥진흙거름[泥糞]의 존재로 미루어 당시에는 상당히 보편화되었음을 알 수 있다.

---

14 『보농서교석』, 「보농서후」, p.111, "以梅豆壅田, 力最長而不損苗, 每畝三鬥, 出米必倍. 但民
    食宜深愛惜, 不忍用耳." 물론 콩잎, 콩대, 껍질 및 진흙 부스러기도 논에 뿌리면 모두 좋은
    비료가 된다.

15 주웨이정[朱維錚]・리티엔강[李天綱] 주편, 『서광계전집(徐光啓全集)』 오(伍) 「농서초고(즉북
    경록)[農書草稿(卽北耕錄)]・분옹규칙(糞壅規則)」, 上海古籍出版社, 2010, p.445.

16 최덕경, 「東아시아에서의 糞의 意味와 人糞의 實效性」, 『중국사연구(中國史研究)』 68, 2010,
    p.77.

17 오사와 마사아키, 앞의 책, 『陳旉農書の硏究』, p.61.

명대 중엽의 시비의 종류와 그 발달정도는 서광계(1562-1633년)의 기록을 통해 살펴볼 수 있다. 〈표 1〉과 같이 『서광계수적徐光啓手跡』「광분양廣糞壤」편에 등장하는 비료의 종류를 보면, 똥거름[糞肥](15종), 가축퇴비[六畜堆肥](6종), 깻묵비료[餠渣肥](17종), 동물성 잔해비료[動物性渣肥](33종 이상), 뼈거름[骨肥](10여 종 이상), 진흙비료[泥土肥](8종), 초목재비료[草木灰肥](2종), 녹비綠肥(13종), 짚 및 겨거름[穀秸糠肥](7종), 무기비無機肥(8종), 털비료[毛肥](9종), 잡비雜肥(12여 종)로 총 140여 종 이상이다. 이들은 대부분 질소비료이지만, 뼈거름인 육축·새·짐승·생선을 태운 재[灰]와 잡비雜肥 중의 각종 동물의 털은 인산磷酸: P2O5 성분이 많으며, 뼛가루와 무기비無機肥인 석회, 유황, 검은명반[黑矾], 소라재[螺灰], 조개재[蛤灰], 굴재[蚝灰] 등은 칼륨[鉀: K2O] 성분이 많은 비료이다.

송원시대에는 이들 비료가 전부 44여 종에 불과했는데, 〈표 1〉에서 보는 바와 같이 명대에는 비료의 종류가 3배 이상 크게 증가하고 있다. 특히 분비糞肥, 깻묵비료[餠渣肥], 동물성 잔해비료[動物性渣肥], 뼈거름[骨肥], 녹비綠肥, 짚거름[稿秸肥] 등은 이전보다 두 배 이상이나 많았으며, 특히 깻묵비료, 동물성 잔해비료와 털비료 등 동식물성 기름이 함유된 비료가 크게 증가된 것이 특징이다.

그 내용을 보면 가축들의 똥오줌과 동물의 뼛가루, 종자나 씨앗으로 기름을 짜고 남은 찌꺼기 및 동물의 기름 찌꺼기 등이 비료의 원료가 되었으며, 석회·유황과 조개재[蛤灰]와 같은 무기질 비료와 가축과 짐승의 털, 각종 생활쓰레기, 음식물 조리과정과 이후의 부산물과 부패가 용이한 도구의 쓰레기들조차 모두 자연으로 환원되면서 전지의 비료로 활용된 것을 알 수 있다. 이것은 당시 농업경제조건의 변화로 말미암아 비료에 대한 수요가 급증하면서 다양한 방식으로 비료를 찾았음을 말해 준다. 특히 짐승의 시체나 피나 내장에도 중성의 수분과 더불어 미량의 질소, 인, 칼륨 성분이 함유되어 있는데, 이들까지도 비료로 활용하였던 것이다.

〈표 1〉『서광계수적(徐光啟手迹)』「광분양(廣糞壤)」편의 비료종류

종류 / 분종류	糞肥의 種類 (明代)	수량 (種)	특 징	宋元 시대 糞肥[18]
① 糞尿肥	金汁. 大糞. 牛糞. 馬糞. 猪糞. 羊糞. 鷄糞. 鴨糞. 鵝糞. 狗糞. 鳥樓掃糞. 圈鹿糞. 人小便. 各獸溺. 蠶沙	15	人畜의 糞尿	6종
② 堆肥	六畜踏灰草積穢	6畜	六畜이 밟은 퇴비	
③ 餠渣肥	菜子餠. 柏餠. 花核屑. 花核餠. 豆餠. 楂餠. 麻餠. 大麻餠. 小油麻查(渣). 靑靛查(渣). 眞粉查(渣). 果子油渣. 豆查(渣). 糖查(渣). 豆屑. 酒醋敗糟. 各色油靛	17	기름 짠 곡물 찌꺼기. 가루. 술지게미	2종
④ 動物性渣肥	牛皮膠滓. 各色膠滓. 蠶蛹. 白蠟粗. 雜魚·蝦·蟹·鰵·蛸之屬. 鷄·鵝 등 삶은 물과 찌꺼기. 切魚雜穢. 殺牛羊家等雜穢. 殺過蝗·蛹. 六畜幷一物 血肉之物 其肢體腸胃. 白蠟粗 蝗蟲. 死猫·死鼠. 瘟猪·瘟羊. 鳥獸가 죽어 먹을 수 없는 것.	33종 이상	동물가죽 찌꺼기나 껍질. 家畜屠殺 後의 각종 쓰레기. 생선을 처리한 후의 잡다한 것들. 甲殼類의 찌꺼기. 식용할 수 없는 가축이나 동물의 썩은 시체	
⑤ 骨肥	(六畜·鳥·獸·魚)의 骨灰. 공이[杵]로 곱게 찧은 뼛가루[骨屑]	10여 종 이상	동물 뼈와 뼛가루	
⑥ 泥土肥	積年墻土. 煆過土. 炕土. 浴堂下流淤土. 河泥. 溝泥. 焦泥. 竈下千脚泥	8	오래 묵힌 흙과 뺄이나 불에 탄 흙	土肥5종 泥肥3종
⑦ 草木灰肥	灰(草木灰). 亂柴草煨灰	2	草木灰. 雜木灰	3종
⑧ 綠肥	苕饒. 大麥苗. 蠶豆苗. 小豆苗. 대두(大豆)苗. 苜蓿. 菉豆苗. 胡麻苗. 水草. 三葉草(苕, 陵苕). 旱草. 水苔	13	豆類苗와 麥類苗. 胡麻苗 및 水草. 이끼(水苔)와 풀 등	5종
⑨ 穀稭糠肥	諸穀(五穀)糠穗(5). (大小)麥稭	7	곡물의 짚	3종
⑩ 無機肥	石灰. 砒硫. 黑礬. 螺·蜆殼灰. 蚌·蛤·蠔灰	8	石灰. 硫黃과 굴, 조개, 소라껍질 태운 재	5종
⑪ 毛肥	鷄毛. 鵞毛. 鴨毛. 鳥獸毛. 牛毛. 羊毛. 犬毛. 豕毛. 人髮	9종 이상		
⑫ 雜肥	各樹葉各草及葦葉. 破蒲鞋·草鞋. 席薦. 絲湯. 各色菜落. 各色抄紙脚. 米泔. 頭垢. 浴堂下流淤土水. 浴水. 豆腐店浸豆水	12여 종 이상	각종 生活 쓰레기. 낙엽. 明苗 삶은 물. 사용한 후 부패가능한 도구의 쓰레기. 浴室의 뗏물	12종
합계		140여 종 이상		44종

주목되는 것은 비료의 요소가 갖춰 있다고 무조건 사용한 것이 아니라, 지역의 토양여건에 따라 활용했다는 점이다. 강남지역의 경우를 보면, 장기간 논이 침수되어 산성이 비교적 강한데, 이를 중화하기 위해 "물을 대거나 재를 뿌리지 않으면, 곡물이 무성하게 자라지 않기 때문에"[19] 인산과 칼륨과 같은 밑거름이 필요했다. 재거름은 밭에 시비하게 되면 토양이 부풀려져 비료 효과가 떨어지지만 논에는 무관하다. 그리고 조개껍질을 태운 조개재거름은 똥오줌과는 달리 잡다한 풀이 생기지 않고 벼만 무성해진다고 한다. 벼는 산성에 어느 정도 강한 작물이지만, 맥麥이나 녹비綠肥작물 같은 후작물後作物의 경우 산성토양은 치명적일 수 있기 때문에 중화비료는 논의 복종지수復種指數를 높여 생산력을 제고하는 데에도 꼭 필요하였다. 강서江西 지역에 다양한 재거름[灰肥]이 발달한 것은 바로 이런 이유 때문이었던 것이다.

『서광계전집徐光啟全集』(오伍)에 수록된 「분옹규칙糞壅規則」을 보면, 지역에 따라 시용된 똥[糞]과 그 방식은 〈표 2〉와 같다.[20] 특징적인 것은 화북지역 똥의 종류는 전대와 큰 차이가 없이 가축 똥 중심이며, 산서山西와 산동山東 지역에서는 1-3년간 소성燒成한 구들장 위의 흙 또는 담장의 흙을 찧어 시비로 이용하기도 했다. 하지만 강남의 절강浙江, 삼오三吳(오군吳郡, 오흥군吳興郡, 회계군會稽郡)와 민광閩廣지역은 지역의 특색에 맞게 똥의 종류가 다양해지고 있는데, 즉 민광과 남토南土의 경우 굴재[蠔灰], 소라·조개·굴을 태운 재[螺蚌牡蠣蚶蛤灰]와 같이 소라[螺], 대합류의 껍데기를 고온에서 태

---

18 저우광시[周廣西], 「論徐光啓在肥料科技方面的貢獻」, 『중국농사(中國農史)』 2005-4, p.21에서 『서광계수적(徐光啓手跡)』 「광분양(廣糞壤)」편의 비료는 10종류에 120종이라고 한다.

19 육용(陸容), 『숙원잡기(菽園雜記)』 권12, "灌鹽鹵, 或壅鹽草灰, 不然, 不茂." 물은 생육에 필요한 비료로서, 이삭[穗]을 많이 패게 하고, 뿌리에 필요한 산소를 공급하며, 땅의 온도를 높여 양분의 분해와 흡수를 돕고, 균류의 번식을 돕는 역할을 한다.

20 주웨이정[朱維錚]·리티엔강[李天綱] 주편, 『서광계전집(徐光啓全集)』 오(伍) 「농서초고(즉북경록)[農書草稿(卽北耕錄)]·분옹규칙(糞壅規則)」, 上海古籍出版社, 2010, pp.441-446. 남방에서는 구어로 시비를 '옹(壅)'으로 부르고 있다.

워 재[灰]로 만들어 그 토양에 적합한 논의 비료로 사용하고 있다. 그리고 강서江西와 절강浙江 중부의 금구분지金衢盆地에서는 모내기할 때 돼지털 수십 개를 함께 심거나 털을 태워 재를 모[苗]의 뿌리에 뿌렸으며, 안휘성 安徽省 신안新安의 논에는 돼지털을 모와 함께 삽입하고, 북경北京의 서산西 山에서는 닭과 거위 털[鷄鵝毛]로써 벼에 시비하고 있는 점이 주목된다.

깃[羽]과 털[毛]이 시비 가능한지의 여부에는 논란의 여지가 있다. 분해 하기는 다소 힘들지만[21] 동물의 모발 속에는 수분과 더불어 질소[氮], 인磷, 칼륨[鉀]과[22] 더불어 풍부한 아미노산 등 식물에 필요한 영양소를 함유하 여 분해되면 이 유기물질이 작물에 흡수되어 뿌리 부분에 좋은 비료가 된 다고 한다. 1년 동안은 돼지털이 부패하지 않지만 이를 장기적으로 사용 하면 금년에 투입한 돼지털은 몇 년이 지나면 천천히 분해되고, 볏모[稻苗] 가 이를 흡수하면서 식물의 뿌리와 포기를 튼튼하게 하며 토양 성질도 바 뀌게 된다고[23] 한다. 비슷한 현상으로 강서인江西人이 소, 돼지의 뼈재를 이 앙묘의 뿌리에 시비하는 것도 있으며, 이런 이유로 동물의 분변뿐 아니라 털・뼈재[毛骨灰]의 비료가 크게 늘어나고 있는 것도 주목된다.

청대의 양신楊屾(1687-1784년)은 『지본제강知本提綱』의 '양조분양유십釀造糞 壤有十'법에서 진일보하여 당시 중요한 비료 10가지를 제시하고 있는데, 그 것은 곧, 사람 똥, 가축 똥[牲畜糞], 초분草糞, 화분火糞, 강바닥진흙거름, 뼈・

---

21 『왕정농서』「분양편」, 『임원경제지(林園經濟志)』「분양(糞壤)・금수모우분(禽獸毛羽糞)」에는 털과 깃은 물을 부어 오래 두면 썩어 초목거름[草木糞]보다 낫다고 한다. 빨리 썩히려면 부 추 한 움큼[握]을 넣어 주면 다음날 문드러진다[爛]고 한다.

22 리지[李季]・펑성핑[彭生平] 주편, 『퇴비공정실용수책(堆肥工程實用手冊)』(제2판), 化學工業出 版社, 2011, p.23에 의하면 가축과 들짐승[畜禽]의 털[毛] 속에는 PH 5.9의 수분 52.5%에 질 소[氮] 1.15%, 인산[磷] 0.46%, 칼륨[鉀] 0.08%가 함유되어 있다고 한다.

23 「關於徐光啓『糞壅規則』的討論」에서 증슝성[曾雄生]과 두신하오[杜新豪]의 토론 참조(http:// www.agri-history.net). 『제민사술(齊民四術)』「농일상(農一上)・작력(作力)」에는 "其土堅者, 宜 以猪毛蒔之. 一人腰籃, 撒猪毛片浮水上, 栽時以根壓着, 秧心肥而起土."라고 하여 돼지털을 물 댄 논에 뿌려 이앙할 때 모 뿌리로써 이를 눌러 주어 모에 시비하였다고 한다.

조개재거름, 묘분苗糞, 사분渣糞, 검은콩거름[黑豆糞], 가죽·털거름[皮毛糞]이다.[24] 이들 비료는 모두 명말의 비료와 큰 차이가 없는 것으로 보아 명청시대 비료의 대강은 명말에 이루어진 것으로 생각해도 좋을 듯하다. 여기서 주목하고 싶은 것은 이때 이미 생똥[生糞], 숙분熟糞과 함께 비료사용의 기본원칙이 확립되었다는 점이다.

"생똥[生糞]은 부숙하지 않은 똥으로 수목과 과일나무를 옮길 때 밑거름으로 사용하는 것 이외에는 쓰지 않으며, 숙분熟糞은 부숙한 비료로서 시의時宜, 토의土宜, 물의物宜에 따라 구분된다."라고 한다. 먼저 "시의時宜란 그 절기에 맞추어 시비한다는 의미이다. 봄에는 사람 똥, 가축 똥이 좋으며, 여름에는 초분, 강바닥진흙거름, 묘분이 알맞고, 가을에는 화분이 적합하며, 겨울에는 벼나 조개재거름, 가죽·털류의 비료가 좋다."라는 것이다. 그리고 "토의土宜라는 것은 기맥氣脈에 따라 흙의 성질이 다르기 때문에 비옥도에 따라 시비를 달리해야 한다는 의미이다. 이는 마치 병에 따라 약을 처방하는 것과 같다. 즉 수분이 많은 음습한 땅에는 화분을 쓰고, 황양토黃壤土에는 사분渣糞을, 모래땅에는 초분, 강바닥진흙거름을 쓰고, 논에는 가죽·털·발굽·뿔을 태운 재거름과 뼈·조개재비료를 사용하고, 높고 건조한 땅에는 돼지똥 같은 비료를 쓰는 것이 좋다. 땅의 내력을 살펴 시비하면 토양은 저절로 좋아진다는 원리이다. 예컨대 염분이 많은 토양은 똥을 사용해서는 안 된다고 하는데, 사용하면 백태[白暈]가 생겨 곡물이 자라지 못한다."라는 것이 그 이유이다.

또 "물의物宜라는 것은 물성物性이 서로 다르기 때문에 그 조건에 따라 시비해야 한다는 것이다. 즉 논에는 마땅히 뼈·조개·발굽·뿔·똥을 태운 재거름[骨蛤蹄角糞]이나[25] 털가죽거름을 사용하고, 맥이나 조[麥粟]는 검

---

24 『지본제강(知本提綱)』「수업장(修業章)·농칙경가일조(農則耕稼一條)」의 "釀造有十法之詳."
25 뼈·조개·발굽·뿔·똥을 태운 재거름[骨蛤蹄角糞]은 짐승의 뼈, 조개껍질, 발굽과 뿔 및 똥[糞] 등을 불에 태워 절구[臼]에 곱게 찧고 체에 쳐서 만든 거름이다.

은콩비료[黑豆糞]나[26] 묘분을 사용하고, 채소와 과일에는 사람 똥과 깻묵류 비료를 사용한다. 모두 사물의 본성을 귀하게 여겨 그것에 적합하게 시비하면 배로 수확할 수 있다."라고[27] 하여, 청초에 이미 천지물天地物에 따른 비료의 '삼의관三宜觀'이 확립되어 명대보다 진일보했음을 알 수 있다. 뿐만 아니라 앞서 지적한 명대의 각종 비료도 잘 정리해 주고 있다. 특히 인산과 칼륨비료도 확실한 자리를 잡고 있음이 확인된다. 게다가 "재거름은 신선해야 하나 똥은 묵은 것이 좋다. 초니는 덮어 띄워서 뜬 열을 없애야" 사용할 수 있다고[28] 하여 재, 똥, 초니草泥 거름의 사용방법과 용도 등에 대해서도 잘 제시하고 있다. 꿔원타오[郭文韜]는 『지본제강知本提綱』의 비료에 대해 합리적인 시비 위에 체현된 천지인의 화해와 통일이라는 의미를 부여하고 있는데,[29] 그 역시 비료를 삼재三才 순환의 일환이라고 보는 듯하다.[30]

이상에서 살펴본 서광계의 자료나 『심씨농서』에서와 같이 명청시대에는 비료의 종류가 다양해졌으며, 또 시비법의 개선으로 농업생산량이 크게 증가되었다.[31] 실제 「운전지법運田地法」에는 가을 맥麥을 파종한 후 수분水糞과 소똥을 시비하고 잘 덮어 주면 두 배의 수확을 올릴 수 있다고 했으

---

26 『지본제강(知本提綱)』「수업장(修業章)·농칙경가일조(農則耕稼一條)」에 의하면 검은콩비료 [黑豆糞]는 "검은콩[黑豆]을 맷돌[磑]에 갈아 구덩이[窖] 속에 넣고 사람의 오줌을 섞어 흙을 넣어 말려 만든다."라고 한다.

27 『지본제강』「수업장·농칙경가일조」의 "生熟有三宜之用."

28 주웨이정[朱維錚]·리티엔강[李天綱] 주편, 『서광계전집』오(伍)「농서초고(즉북경록)·분용규칙」, 上海古籍出版社, 2010, p.445, "灰欲新, 糞欲陳, 草泥欲罨, 蒸去熱."

29 꿔원타오[郭文韜], 「試論『知本提綱』中的傳統農業哲學」, 『남경농업대학학보(南京農業大學學報(社會科學版))』, 2001.1(4), p.55.

30 최덕경, 앞의 논문, 「東아시아에서의 糞의 意味와 人糞의 實效性」, pp.102-107에서는 각종 비료를 만물은 다시 자연으로 환원한다는 순환관과 연결시키고 있다.

31 요우슈링[游修齡], 「明淸東南地區的農業技術: 成就和局限」, 『중국동남지역사국제학술연토회논문(中國東南地域史國際學術硏討會論文)』, 1998.9, p.3에서 명청시대 농업생산력이 증대된 이유는 비료종류와 시비기술의 개진 이외에 작물종류의 증가, 인구증가, 인구와 토지 비율 하강, 농민의 부세부담의 증가로 인한 경작제도의 개선, 생태농업의 출현을 들고 있다.

며, 유채油菜는 맥류麥類보다 비료를 많이 필요로 하여 수분과 퇴비 및 소
똥을 시비하고 덮어 주면 무畝당 1섬[石] 이상을 수확할 수 있다고[32] 하여
다비多肥가 수확량의 증가에 직접 관련되었음을 지적하고 있다.

그 결과 다양한 비료의 성분과 그 효과를 알게 되었던 것 같다. 청대 호
위胡渭는 『우공禹貢』을 역주할 때 절강浙江 덕청德淸의 "똥은 가지를 무성하
게 하고, 재는 뿌리를 튼튼하게 하여 벼 줄기가 푸르고 무성해진다. 철鐵
은 잎의 성장을 재촉하고, 유황[硫]은 뿌리를 튼튼하게 하여 벼 줄기가 건
장하여 창고가 가득 찬다."라고 노래한 민가民歌를 인용하고 있다.[33] 이는
적어도 명말청초에는 농가에서 이미 질소, 인산, 칼륨, 철, 유황의 5원소에
대한 생리작용을 모두 알고 있었음을 말해 준다.

물론 이러한 토양 생리작용에 대한 인식은 앞서 지적한 명대 다양한 성
분의 비료의 종류에서도 살필 수 있으며, 특히 복합비료를 제조했던 분단
糞丹을 통해서도 엿볼 수 있다.[34] 서광계의 『초고草稿』「분단糞丹」편 속에 등
장하는 분단의 재료를 보면 다양한 비료의 요소를 혼합하여 제조하고 있
다. 그 재료와 성분을 보면 제조자에 따라 다소 차이가 있지만, 광물질로
는 비신砒信, 흑반黑礬(황산철), 유황 등이 보이며, 곡물과 식물의 열매로는
검은콩[黑豆], 괴자槐子, 삼씨[大麻子]가 등장하며, 분류糞類로는 새똥[鳥糞], 닭
오리똥[鷄鴨糞], 비둘기똥[鴿糞], 사람 똥, 마른 사람 똥[乾大糞], 양·개 똥[羊犬
糞]이 들어가며, 깻묵류로는 깻묵[麻餅], 콩깻묵[豆餅], 면화씨깻묵[棉子餅], 콩
비지[豆渣]를 사용하였다. 그 외에도 서광계는 동물성 물질로 들날짐승내
장[鳥獸腸胃]을 넣고, 오운장吳雲將은 돼지를 잡은 후의 털과 물[退猪水]을 넣
기도 했으며, 왕감추王淦姝는 퇴저수退猪水 이외에 가축피[牲畜血]를 넣기도

---

32 『보농서교석(補農書校釋)』「운전지법(運田地法)」, pp.39-40.
33 요우슈링[游修齡], 『중국도작사(中國稻作史)』, 中國農業出版社, 1995, pp.174-175.
34 최덕경(崔德卿), 「明代江南地區的複合肥料: 糞丹的出現及其背景」, 『중국농사(中國農史)』,
    2014-4.

했다.[35] 주목되는 것은 이들을 그대로 하나씩 시비한 것이 아니라 함께 항아리나 구덩이 속에 넣어 밀폐하여 20여 일 정도 가열하거나 많게는 50일 정도 부숙시켜 복합성분의 비료를 만들었다는 점이다.[36] 이들에 함유되어 있는 비료성분을 보면, 질소, 인산, 칼륨의 성분이 가장 많고, S, Mg, Ca 요소가 그 다음이며, Zn, Hg, As 성분도 미량 포함되어 있다.[37] 이것은 각기 다른 물질을 혼합한 분단의 제조를 통해 토양과 농작물의 생리와 그 기능을 증가시키고자 한 의도를 볼 수 있다. 실제 이렇게 만든 복합 고농축비료인 분단은 무당 1되씩 시비한 것을 왕용양王龍陽의 『전분단법傳糞丹法』에 전하고 있다.[38] 이러한 사실은 적어도 명 중기에는 이미 비료성분에 대한 기본적인 이해가 있었음을 말해 준다.

이러한 비료성분을 이용하여 농작물에 대처한 것은 청대의 각종 지방지地方志에서도 보이는데, "잎이 누렇게 변하면 똥을 시비하고, 잎이 약해지면 재거름을 준다. 열매가 충실하지 못하면 뼛가루를 섞어 시비하는 것이 좋다."라고[39] 하였다.

그리고 재의 성분에 대해, "벼에 똥을 거름으로 주면 누런 잎에 좋고, 벼가 쓰러지면 재를 주는 것이 좋다."라고 했으며, "재는 뿌리에 좋고, 뼈는

---

35 분단(糞丹)과 비슷한 방법이 경음누(耿蔭樓), 『국맥민천(國脈民天)』의 사료에서도 똑같이 볼 수 있다.

36 주웨이정[朱維錚]·리티엔강[李天綱] 주편, 『서광계전집』 오(伍) 「농서초고(즉북경록)[農書草稿(卽北耕錄)]」, 上海古籍出版社, 2010, pp.446-447, 454-455.

37 리지[李季]·펑성핑[彭生平] 주편, 『퇴비공정실용수책(堆肥工程實用手冊)』(제2판), 化學工業出版社, 2011, pp.237-246.

38 주웨이정[朱維錚]·리티엔강[李天綱] 주편, 『서광계전집』 오(伍) 「농서초고·분옹규칙」, 上海古籍出版社, 2010, p.444 "王龍陽傳糞丹法, 每畝用成丹一升." 왕감추(王淦炑)는 일찍이 용양현(龍陽縣)의 지현(知縣)을 역임했다. 왕용양(王龍陽)의 이름은 그로 인해 생겼을 가능성도 없지 않다. 마치 원황증(袁黃曾)이 보지현(寶坻縣)의 지현(知縣)을 역임했기 때문에 사람들이 그를 원보지(袁寶坻)라고 불렀던 것과 같은 논리이다. 그렇다면 왕감추(王淦炑)와 왕용양(王龍陽)이 동일 인물이었을 가능성도 없지 않다.

39 『오흥현지(吳興縣志)』, "葉黃而糞之, 葉柔而灰之. 實稀而拌之以骨乃良也."

열매에 좋고, 똥은 잎에 좋다. 똥만 시비하면 잎만 웃자라게 된다."라고[40] 하여 청대 강남지역의 농민들은 비료의 3요소는 물론이고, 그 생리작용도 잘 알아 대처하였음을 볼 수 있다. 특히 인산비료는 근채류根菜類의 뿌리 부분의 성장을 촉진하여 식물이 엎어지고 넘어지는 것을 방지하는 데 도움을 주며, 개화와 결실에도 유용하였다. 그리고 칼륨비료는 질소나 인산 과의 평형적 효과를 지녀 잎이 시들고 누렇게 변하는 것을 방지하며, 질소 과잉의 나쁜 영향을 상쇄하기도 한다.[41]

이상과 같이 명대 이후 비료가 다양해졌으며, 명말청초에는 이들 비료를 작물의 생장원리에 맞게 적절하게 대처하고 있는 것을 볼 수 있다. 이런 현상이 강남지역의 논과 상품작물지의 지력을 강화시켜 사회경제를 더 한층 발전시키는 데 기여했을 것으로 본다.[42]

〈표 2〉 서광계의 「분옹규칙」에 출현하는 분(糞)[『서광계전집』 오(伍)]

구분	糞種類	糞										備考 (施肥量)
		식물성				동물성					無機肥/其他	
		糞	漚草堆肥	餠肥麻枡	泥	糞	毛肥	家畜糞	骨灰	蚌類灰	石灰	酒	
北京과	城外	糞一車											畝當 1車. 1車: 銀 9分에 해당.

---

40 『덕청현지(德淸縣志)』, "糞稻以葉黃爲宜. 禾倒以施灰爲佳."; "灰主根, 骨主實, 糞主葉. 唯糞而瘋長."

41 H. O. Burkman[조백현(趙伯顯) 역], 『토양비료학원론(土壤肥料學原論)』, 文敎部, 1962, pp.513, 530.

42 D. H. Perkins [양필승(梁必承) 역], 『중국경제사(1368-1968)』, 신서원, 1997, p.104에서 비료의 발전을 3단계로 나누고 있다. 1단계는 농민 스스로 벤 풀을 비료로 사용하는 단계, 2단계는 몇 가지 상업적 비료, 즉 말린 물고기, 깻묵[芝麻餠], 사람 똥 등을 사용하는 시기, 3단계는 20세기 초 화학비료 사용하는 단계로 구분한다. 1단계에서 2단계의 과도기는 14세기 이전에 부분적으로 진입한다고 하지만 어느 것도 중국사에 적용하기에는 적합하지 않다.

지역										비고
그周邊	京東人	稻田1頃當 糞7車								1頃當 糞7車. 每車當銀1 錢12分. 賤時一錢.
	西山				鷄鵞毛					稻田에 毛로써 施肥.
河北	京東永年等地	간혹 漚草를 施肥				雜牛馬糞				畝當 20石 施肥. 廣尺深尺을 作畝하여 壟上에 播種. 1畝당 8石 수확.
	眞定人	畝當 2-3 大車의 糞을 시비								가을에 苜蓿, 楮子를 김맨 것을 가져와 家畜에게 밟게 하여 上田에 쌓아 둠.
山西	山西人	陳年炕土. 多年墻壁土								흙을 구들 또는 담장으로 사용한 지 3년이 지나면 거름이 된다. 故墻土를 蔓菁의 基肥로 사용.
		火灰(糞)	麥秸糠穗堆肥草樹葉도 可能(보리짚은 堆肥로는 適合하나 火灰는 不適合)		大糞					柴草灰(火糞). 大糞이 不足時 麥秸糠穗를 구덩이(大坑) 속에 가득 貯藏하여 물을 채워, 初春에 뒤집어 熱氣를 除去한 후 水田에 施肥.

天津	1616년 (丙辰)	乾大糞 畝당 8石									南稻種사용. 稻科大如盌. 根大如斗. 收穫不良.(新開墾地에 糞이 부적합하고 南種이 土性에 부적합한 듯)
	1617년 (丁巳)		厖籸 畝當 4斗								北天津. 畝당 稻 1.5石 수확. 稻科가 酒杯口와 같다.
	海河上人	灰 (鹽分除去)									稻田에 반드시 有用한지는 疑問이나 菜田에는 직접 試驗後 相信.
	屯田兵		厖籸를 畝당官 斗五斗 [乾糞20石(水糞은10石)의 역량]								當該年 新開墾에는 糞을 시비하지 않는다. 2-3년 이후 점차 척박해지면 施用. 20石의 施肥는 너무 많다.
	屯兵	新開墾地와 荒蕪地開墾地에는 糞을 주지 않음									屯兵의 指摘.
	屯兵	鹽分이 있는 땅은 즉시 물을 넣어 즉시 빼내 염분을 제거하고, 토지가 地力을 恢復하면 新田과 같이 施肥한다. 鹽分이 있는 땅은 첫 해에는 벼가 잘 자라지 않으니 播種하지 말고, 2년 정도 묵혀 두면 점차 地力을 회복하게 된다.									鹽分이 있는 水田의 조치와 시비법.

省	地域								備考
山東	東昌	雜糞사용 畝당 1大車 (약 40石)							3年間 施肥하는데, 그 땅이 薄地이기 때문.
	濟南	雜糞을 畝當 3小車 (약15-16石)							매년 1회 施肥.
	山東人	白土地에는 施糞							黑土地에는 糞을 不施肥.
	沂州人(魯南과蘇北)	炕土							2년 이상 燒成된 炕土하여 부드럽게 찧어 水田에 시비. 炕土 1斗는 糞 10石에 해당.
							牛馬猪羊骨屑		骨屑 1斗는 糞 100石의 효과. 水田에 施肥.
安徽	新安				猪毛			石灰 (追肥用)	猪毛를 稻苗와 함께 삽입 石灰는 畝당 70-80斤 시비.
浙江	浙人				猪毛				移秧時 매 포기(科)마다 猪毛10餘根을 함께 揷秧
	浙人		棉花餅						畝당100片을 사용하며, 200여 斤을 사용.
	寶坻縣			熟糞法					熟糞法 전수.

浙西人				草泥加大糞凍成劑作堆								種菜每科用一撮施肥. 草泥를 불에 구워 타다 남은 것에 大糞을 넣어 퇴비를 調劑함. 퇴비 위를 우묵하게 만들어 마르면 또 大糞을 넣고, 이를 여러 차례 말린다. 菜蔬, 種稻에 탁월.
浙東人				焦泥								6,7월에 언덕 위의 풀을 뽑아 진흙째로 말려 쌓아 불에 구워 灰糞을 만든다. 殺蟲, 除草를 통해 비료제조.
				大糞練成焦泥								每畦의 菜蔬에 1升을 시비.
金衢盆地（浙江中西部）						猪羊毛						猪羊毛施肥가 일반화. 客人이 購入販賣. 餘干毛를 上品으로 간주.
崇明（上海附近）						糞						荒蕪地 開墾 後 3-4년간 放置하면, 新田의 地力이 왕성해지니 糞을 施肥하지 않는다.

大지역	세부지역	稻	餅		毛灰		骨灰	貝灰	石灰	비고
江西	江西人	黃稻	東鄉: 豆餅 西鄉: 麻餅		猪毛. 毛燒灰		牛猪 等의 骨灰		石灰	籃에 灰 담아 移秧한 苗의 뿌리에 施用. 猪毛는 每科에 數十莖을 뿌리에 삽입한다.
三吳	吳郡 / 吳興郡 / 會稽郡		豆餅 棉花餅							豆餅무당 70斤, 적을 때는 40斤 사용. 棉花餅은 사용할 경우 30-40斤 사용.
			麻餅			猪糞	灰			간혹 麻餅과 猪糞灰를 사용하기도 한다.
閩廣	閩廣人						牛猪 骨灰			畝당 施肥
廣東	廣東							蚝灰		高溫에서 태워 稻田에 肥料로 사용
	廣東 / 廣中							蠔殻 灰		稻田 1畝當 蠔殻灰 10(餘)斤 사용. 畝當 銀 1分을 使用.
南土	南土			水糞						畝當 10石을 稻田에 시비.
	南土							螺蚌. 牡蠣. 蚶蛤 等作 灰		螺, 蚌, 蠣, 蚶과 大蛤類를 태워 재로 만들어 稻田 시비. 畝당 灰 10斤 이상 施肥.
其他	山泉 處								石灰	山泉지역에 石灰施肥.

王龍陽/糞丹法				糞				畝당 成丹 1升을 사용.
?	糞淸(桃樹)						西脚(海棠)	작물재배에 모두 糞을 사용. 桃樹는 糞淸을 사용하고, 海棠은 糞 대신 酒脚을 使用한다.

Ⅲ. 강남의 대표적 비료: 똥오줌, 강바닥진흙 및 깻묵

앞서 보았듯이 명청시대에는 다양한 비료가 있었는데, 청초의 『지본제강知本提綱』에서 10가지 똥 중에서 가장 주목한 것은 사람 똥, 가축 똥[牲畜糞]이며, 그중에서 사람 똥을 '최고의 비료[一等糞]'로 인식하고 있다. 그리고 명말 『심씨농서』에도 똥오줌 시비의 사례가 적지 않게 발견된다.

똥오줌이 언제부터 지력을 증대시키는 비료로 사용되었는지 확실하지 않지만, 본격적으로 시비에 사용된 것은 전술한 바와 같이 『진부농서』「분전지의편糞田之宜篇」에서이다. 여기서 분옥糞屋과 분지糞池를 설치하여 똥오줌을 저장했으며,[43] 사람 똥[大糞]을 밑거름으로 사용한 것을 보면[44] 적어도 남송 대에는 똥오줌 시비가 행해졌음을 알 수 있다. 당시 거주지 옆에 별도의 분옥을 지어 바람과 비가 들어가지 못하도록 하고, 담을 쌓아 옆으

---

43 『진부농서』「분전지의편(糞田之宜篇)」, "凡農居之側, 必置糞屋, 低爲簷楹, 以避風雨飄浸. 且糞露星月, 亦不肥矣. 糞屋之中, 鑿爲深池, 甃以磚甓, 勿使滲漏."

44 오사와 마사아키[大澤正昭], 앞의 책, 『陳旉農書の硏究』, p.64.

로 거름기가 새는 것도 방지하였다. 이것은 분지糞池와 같이 똥오줌을 모아 두는 측간이나, 각종 농업의 부산물을 썩혀 만든 숙분 또는 각종 거름을 모아 두는 공간 정도로 이해된다.[45]

하지만 이렇게 만든 거름이 논에 시비되었는지의 여부는 분명하지 않다. 다만 정필程珌의 『명수집洺水集』(1215년) 「집부별집集部別集」에는 가축의 분뇨를 이용하여 퇴비를 제조하여 토지에 시비함으로써 좋은 쌀을 생산했다는 기록을 보면,[46] 똥오줌이 논에도 이용되었음을 알 수 있다. 원대 『왕정농서』「분양편」에는 "사람의 똥은 힘이 왕성하여 남방의 농가에서는 항상 밭머리에 벽돌로 똥구덩이를 쌓아 그 속에서 오래 썩인 이후에 사용했으며, 이렇게 시비한 논은 매우 비옥하다. 북방 농가도 이를 모방하여 열 배의 이익을 거두었다."라는[47] 기록에서 똥오줌을 이용한 사실을 구체적으로 살필 수 있다. 이러한 숙분법熟糞法은 서광계의 『농서초고農書草稿』 「분옹규칙糞壅規則」에서 인용하고 있는 원료범袁了凡의 『농서農書』에서도 등장하는데, 숙분熟糞은 금즙金汁과 같은 의미로서 속성비료로 이용되었다고 한다. 이러한 숙분을 빨리 제조하기 위해 서광계는 부뚜막에 3-4석 용량의 항아리를 3-4개를 연이어 걸어 뚜껑木板蓋을 닫고 몇 번이나 끓여, 벽돌로 쌓은 저장고 속에 넣어 보관하였다. 사용하기 전에 손잡이가 달린 조리로 젓고, 찌꺼기는 꺼내 소와 말의 똥에 넣어 숙분을 만들거나 타는 잿더미 속에 넣어 굽기도 하였다. 그 외에도 항아리[缸]나 단지[罈]에 넣고 짚

---

45 『진부농서』「분전지의편」, "凡掃除之土, 燒燃之灰, 簸揚之糠粃, 斷稿落葉, 積而焚之, 沃以糞汁, 積之既久, 不覺其多. 凡欲播種, 篩去瓦石, 取其細者, 和勻種子, 疎把撮之. 待其苗長, 又撒以壅之. 何患收成不倍厚也哉." 전근대 농촌의 측간은 거름을 모아 두는 거름간과 똥오줌을 저류하는 측간이 구분되지 않는 경우가 많다. 같은 지붕 아래에서 한쪽은 측간, 다른 한쪽은 거름을 모으고 부숙하는 공간으로 사용했다.

46 최덕경, 앞의 논문, 「東아시아에서의 糞의 意味와 人糞의 實效性」, p.74.

47 『왕정농서』「분양편」, "大糞力狀, 南方治田之家, 常於田頭置磚檻, 窖熟而後用之, 其田甚美. 北方農家, 亦宜效此, 利可十倍."

이나 겨 등을 쌓아 구워 익히기도 하였다고[48] 한다. 이처럼 숙분熟糞을 만들기 위한 서광계의 실험정신은 마치 후술할 분단糞丹 제조처럼 적극적이었는데, 이것으로 당시 속성비료의 중요성을 충분히 짐작할 수 있다.

명대『오잡조五雜組』에 의하면, 당시 북방에서는 위진남북조시대 이전과는 달리 측간을 만들지 않고, 요강틀[馬桶]과 같은 정기淨器에서 변便을 보았지만, 강남지역에서는 수전水田이 많아 반드시 저장시설인 측간이 필요했다고 한다. 다시 말해 강북은 논이 많지 않았기 때문에 똥오줌을 비료로 사용할 필요가 없었던 데 반해, 남방지역에서는 수전이 많아 똥오줌을 거래할 정도로 비료를 많이 필요했기 때문에 저류구貯留區 시설인 측간이 불가결했다는 것이다.[49] 이처럼 측간을 매개로 남북을 상호 대비하여 설명하고 있는 것을 보면 당시 똥오줌은 강남지역 논의 시비에 적극적으로 이용되었음을 알 수 있다.

남송南宋 초의 『진부농서』(1149년)에서는 똥의 효용성에 대해, 자주 토양에 넣어 이를 다스리면 '지력이 항상 새롭게 왕성해져[地力常新壯]' 쇠퇴하지 않는다고[50] 한다. 이는 똥을 분약으로 인식하여 지력을 회복하는 데 이용하였음을 보여 준다.[51] 이런 인식은 『왕정농서』「분양편」에도 이어져 "농사를 짓는 데 있어 급선무는 거름을 주는 일이다. 거름을 주면 좋지 않은 땅도 좋은 땅으로 바꾸고, 척박한 토양은 비옥한 토양으로 바꾼다."라고[52] 하

---

48 주웨이정[朱維錚]·리티엔강[李天綱] 주편, 『서광계전집』 오(伍), 「농서초고(즉북경록)[農書草稿(卽北耕錄)]·분옹규칙(糞壅規則)」, 上海古籍出版社, 2010, pp.445-446.

49 『오잡조(五雜組)』 권3 「지부일(地部一)」, "厠雖穢濁之所, 而古人重之. 今大江以北人家, 不復作厠矣. 古之人君, 便必如廟, 如晉景公如厠陷而卒, 漢武帝如厠見衛青, 北齊文宣令宰相楊愔進厠籌, 非如今淨器之便也. 但江南作厠, 皆以與農夫交易. 江北無水田, 故糞無所用, 俟其地上乾, 然後和土以漑田."

50 『진부농서』「분전지의편」, "若能時加新沃之土壤, 以糞治之, 則益精熟肥美, 其力常新壯矣, 抑何敝何衰之有."

51 『진부농서』「분전지의편」, "皆相視其土之性類, 以所宜糞而糞之, 斯得其理矣. 俚諺謂之糞藥, 以言用糞猶藥也."

52 『왕정농서』「분양편」, "耕農之事, 糞壤爲急. 糞壤者, 所以變薄田爲良田, 化磽土爲肥土也."

여 농가에서 똥을 여전히 토지의 약으로 인식하고 있음을 드러내었다. 청초의 『지본제강知本提綱』에도 '토지에 따른 똥의 처방을 병에 걸렸을 때 약을 처방'하는 것처럼 하고 있었는데,[53] 이런 똥오줌 처방이 강남의 논에 그대로 적용되었던 것이다.

똥오줌 시비가 강남지역의 논에 보편적으로 이용되었음을 알리는 농서가 『보농서』이다. 명 말인 17세기 중엽에 편찬된 『심씨농서』 「운전지법」에서는 종종 시비가 농업기술 중 가장 중요하다고 지적하면서 똥[大糞]을 저장하는 구덩이[租窖][54]에서 구매한 비료만으로 부족할 경우에는 돼지와 양을 길러서 거름을 보충할 것을 제기한 것에서 볼 때,[55] 다비多肥가 중시되었음을 알 수 있다. 조(분)교[租(糞)窖]를 만든 이유는 당시 똥값이 비싸고 운반하는 데 인건비도 많이 들 뿐 아니라 몰래 훔쳐 가는 폐단도 많았기 때문이었다. 하지만 이런 저장 구덩이에만 의지할 수 없었다. 그래서 종전種田을 하면서 돼지를 기르지 않으면 성공할 수 없다는 말도 나오게 된 것이다.[56]

실제 돼지 1마리가 연간 생산할 수 있는 퇴비는 20수레[車]였다.[57] 앞에서 소똥의 경우 무畝당 5수레가 필요했던 점을 감안한다면 돼지 1마리가 4무

---

53 『지본제강(知本提綱)』 「수업장(修業章)・농칙경가일조(農則耕稼一條)」, "隨土用糞, 如因病下藥." 인접국가인 조선시대 18세기 박지원(朴趾源)의 『과농소초(課農小抄)』 「분양(糞壤)」, "今田家謂之糞藥, 言用糞猶用藥也."라고 하여 분약이라는 말을 쓰고 있는 것으로 보아 이미 분의 효용성이 주변지역으로 전파되었음을 확인할 수 있다.
54 최덕경 역주, 『보농서역주』, 세창출판사, 2013, p.72에 의하면, '조교(租窖)'는 인근 마을의 거름 저장 구덩이[租糞窖]에서 거름을 구매하여 비료의 양을 추가 확보하는 것을 말한다고 한다.
55 『심씨농서』 「운전지법」.
56 『심씨농서』 「운전지법」, "租窖乃根本之事, 但近來糞價貴, 人工貴, 載取費力, 偷竊弊多, 不能全靠租窖, 則養豬羊尤為簡便, 古人云, 種田不養豬, 秀才不讀書. 必無成功. 則養豬羊, 乃作家第一著. 計羊一歲所食, 取足於羊毛小羊, 而所費不過墊草, 宴然多得肥壅. 養豬, 舊規虧折豬本, 若兼養母豬, 即以所賺者抵之, 原自無虧. 若羊, 必須雇人斫草, 則冬春工閑, 誠縻廩糧. 若豬, 必須買餅, 容有貴賤不時."
57 『농잠경(農蠶經)』, "歲與一豬便養豬, 賣后只取其本, 一年積糞二十車."

의 비료를 생산했다고 볼 수 있다. 그렇다면 당시 소농민의 경우 2-3마리의 돼지를 키워도 10무 토지의 비료가 해결된다는 이야기이다. 하지만 리보쫑[李伯重]은 10무를 경작하는 인가가 돼지똥만을 이용하여 시비할 경우 27마리를 키워야만 가능하다고[58] 하는데, 이는 현실적으로도 곤란하다.

다비多肥의 시기에 가장 쉽게 구할 수 있는 비료는 바로 인구의 증가로 인해 늘어난 사람 똥이었다. 똥오줌이 강남농업에 적극적으로 이용된 것도 이런 사실에 기인했을 것이다. 특히 사람 똥은 분해가 빠른 속효성비료이기 때문에 분해가 늦은 냉성비료冷性肥料인 소똥과는 그 용도가 달랐다.

『보농서』에는 또 다른 독특한 비료로 마로磨路가 있다. 이는 연자방아[碾磑] 제분소의 소가 방아를 돌리면서 길 위에 깔아 둔 풀과 흙을 밟고 배설물이 함께 섞이면서 만들어진 비료로서 쇠두엄법[踏糞法]의 또 다른 방법이라고 볼 수 있다.[59]

『심씨농서』「축월사의逐月事宜」에는 정월에 "마로를 저장해 둔다." 4월에는 "평망平望에서 소를 이용하여 돌린 연자방아[碾磑]로 제조한 소똥 마로[牛糞磨路]를 구입한다."라고 하여 정월과 4월에 마로를 평망진平望鎭에서 구입하고 있음을 볼 수 있다. 당시에 평망은 연자방앗간[碾磑坊]이 집중된 소재지로, 연미호碾米戶(벼를 찧는 집)가 많았기 때문에 소똥, 마로, 돼지똥이

---

58 리보쫑[李伯重][이화승 역], 『중국경제사 연구의 신모색』, pp.153-154에서 1957년 통계에 의하면, 한 마리 돼지의 똥오줌에서 40kg의 황산안(黃酸氨)이 생산되었다고 한다. 즉 돼지 한 마리가 양식 120kg을 증산한 것이다. 송대 1섬[石]은 0.66시석(市石)으로 쌀의 비중은 시석당 80kg이다. 무(畝)당 생산량은 6송석(宋石: 4시석)을 생산하기 위해서는 황산안 107kg이 필요하며, 무(畝)당 돼지 2.7마리가 필요하다. 만약 10무를 경작한다면 27마리의 돼지를 길러야 한다. 소농가에서 이 정도 돼지를 기르기는 쉽지 않다. 그래서 부족한 비료공급을 위해 콩깻묵을 수입했다고 한다.

59 최덕경 역주, 앞의 책, 『보농서역주』, p.40에 의하면 '마로(磨路)'란 소가 연자방아를 돌릴 때 그 길 위에 깔아 놓은 풀과 흙 및 배설물이 함께 섞이면서 만들어진 비료를 뜻한다. 본서의 4월 '사전준비[置備]'조에는 '買牛壅磨路'란 말이 있는데, 소가 밟은 거름인 마로를 평망진(平望鎭)에서 구입하고 있다. 당시에 평망은 연자방앗간(礱坊)이 집중된 곳으로, 연미호(碾米戶: 벼를 찧는 집)가 많았기 때문에 소똥, 마로(磨路), 돼지똥이 많았다고 한다.

많이 생산되었다.[60] 평망에 이 같은 전문적인 마로 시장이 등장하고, 장거리 이동을 통해 비료를 구입했던 것은 비료 부족과 함께 다비多肥에 적극적인 관심을 가졌음을 말해 준다.

이처럼 남송 대부터 논의 시비로 이용되어 왔던 사람 똥오줌이나 가축똥은 명청시대에는 강남 논의 주된 비료로 자리 잡게 된다.[61] 『심씨농서』「운전지법」에 의하면 "논밭[田地]에 파종할 때는 밑거름[基肥]을 내는 것이 중요한데, 밑거름 중 사람 똥은 힘이 왕성하고, 소똥은 오래 가니 어느 한쪽에 치우치면 안 된다."라고 하여 양자를 함께 사용하여 균형을 맞추도록 권장하고 있다. 특히 『왕정농서』에는 사람 똥은 적당하고 알맞아야 하는데, 생똥을 너무 많이 사용하면 똥의 힘이 너무 강하여 벼의 모종[苗種]을 누렇게 말릴 수도 있으니 도리어 유해하다."라고[62] 한다. 그래서 사람 똥은 구덩이[窖] 속에서 부숙시키거나 「축월사의逐月事宜」에서와 같이 "재와 사람 똥을 섞어서 거름을 주었다."라고[63] 하였다.

사람 똥의 공급이 부족하면, 돼지와 양을 길러 비료를 보충했는데, 그래서 농언農諺에는 "농사를 지으면서 돼지를 기르지 않는다는 것은 수재秀才가 되려 하면서 책을 읽지 않는 것과 같다."라고[64] 한다. 또 『심씨농서』에는 양의 똥은 말라 있기 때문에 밭에 적합하고, 돼지의 똥은 비교적 쉽게 분해되어 논에 적합하다고[65] 하였다.

---

60 『보농서교석』, p.12 주석 참조.

61 최덕경, 앞의 논문, 「東아시아에서의 糞의 意味와 人糞의 實效性」, pp.73-74; 최덕경, 「東아시아 糞尿시비의 傳統과 生態農業의 屈折: 糞尿의 衛生과 寄生蟲을 中心으로」, 『역사민속학(歷史民俗學)』 35, 2011, p.261.

62 『왕정농서』 「분양편」.

63 『심씨농서』 「축월사의(逐月事宜)」, "換灰糞買臘豬油嘉興."

64 『심씨농서』 「운전지법」, "則養豬羊尤爲簡便, 古人云, 種田不養豬, 秀才不讀書. 必無成功. 則養豬羊, 乃作家第一著."

65 『심씨농서』 「운전지법」, "羊壅宜于地, 豬壅宜于田." 여기서 대개 지(地)는 한전(旱田)을, 전(田)은 수도전(水稻田)을 가리킨다.

평망에서 돼지똥재[猪灰]를 구입하고[66] 성진城鎭에서는 똥재[糞灰]를 구입하여, 두 번째 땅을 일구기 전에 고랑 사이에 거름을 주어 갈아엎으면, 토양의 성질이 개량되어 경작층의 비력이 높아진다. 만약 그것을 녹비한 토지에 거름하면 논이 부드럽고, 녹비용 화초도 잘 보호할 수 있지만[67] 아주 척박한 논은 토질이 굳고 딱딱하니, 재와 외양간의 퇴비로 시비해야 한다. 비옥한 땅에 퇴비를 시비하면 토양이 너무 부풀려져 물이 빠져나가면서 가뭄도 이기지 못하고 간혹 열매도 맺지 못한다.[68] 이 때문에 다른 종류의 비료를 사이사이에 섞어서 뿌려 주거나 가축 똥을 초니草泥와 콩깻묵 등과 함께 적절하게 밑거름하고, 덧거름하여 상호 토양의 성질을 보완해 주어야 한다. 특히 소 외양간의 소똥은 주요 성분이 섬유질이고, 질소가 비교적 적고 또 분해가 완만하고 비료 효과도 늦다. 때문에 효과가 빠르고 질소를 풍부하게 함유하고 있는 콩비지[豆渣], 콩깻묵[豆餅]을 덧거름하면 소똥의 결점을 보완할 수 있다.[69] 이런 이유 때문에 강남에서는 비료를 제공하는 수단인 돼지, 양 등을 더욱 중시하지 않았을까 한다. 실제 "북방에서 돼지와 양을 방목하면서 똥거름을 수거하지 못하는 것은 실로 아쉽다."라고[70] 표현하고 있는 16세기 말 강소江蘇 오강吳江 출신 원황袁黃의 기록은 당시 강남의 절실함을 잘 보여 주고 있다. 이런 점들을 보면 당

---

66 최덕경 역주, 앞의 책, 『보농서역주』, p.166에서 저회(猪灰)는 돼지우리의 외양간퇴비[廐肥]와 변소의 인분뇨 같은 비료이다. 이 비료에 재를 섞는 이유는 냄새를 방지하고 보기에도 흉하지 않으며, 저장과 취급이 편리하기 때문이다. 특히 재는 단독으로 두면 바람에 날아가기 쉽지만 똥과 같이 섞게 되면 그럴 염려가 없으며, 재의 강한 알칼리성은 각종 벌레가 덤벼드는 것도 막을 수 있다. 게다가 이처럼 장거리를 이동할 때에 유용했다고 한다.

67 『심씨농서』 「운전지법」, "灰忌壅地, 爲其剝肥, 灰宜壅田, 取其松泛. 若平望買猪灰及城鉦買坑灰, 於田未倒之前棱層之際, 每畝撒十餘擔, 然後鋤倒, 徹底松泛, 極益田脚. 又取撒於花草田中, 一取松田, 二取護草."

68 『심씨농서』 「운전지법」, "然積瘦之田, 泥土堅硬, 利用灰與牛壅, 若素肥之田, 又忌太松而不耐旱, 不結實."

69 『보농서교석』, p.65 주석 참조.

70 『권농서(勸農書)』, "北方猪羊皆散放, 棄糞不收, 殊爲可惜."

시 돼지와 양의 사육이 소보다 소중하게 인식되었음을 알 수 있다. 그 결과 자연스럽게 "뽕잎을 먹여 양을 기르고 양똥[羊糞]으로 뽕나무에 거름" 주거나 "농업 부산물로 돼지를 기르고 돼지똥으로 토지에 거름" 주는 농상農桑, 농축업農畜業의 결합으로 강남의 생태농업이 자리 잡게 되면서 상품작물의 생산을 이끌었던 것이다.[71]

똥오줌과 더불어 강남 논의 특징적인 비료에는 진흙과 깻묵을 들 수 있다. 명말의 『보농서』에 보면, 하천바닥에서 퍼낸 진흙을 '남니闌泥'라고 하며, 경작지에 쓰이는 진흙은 '남전니闌田泥'라고 하고, 땅에 까는 진흙을 '남지니闌地泥'라고 한다. 남니는 곧 강이나 못의 바닥에서 건져 낸 비료이며, 화북에서는 쉽게 볼 수 없는 강남 고유의 비료라고 할 수 있다. 하도河道나 연못에서 건져 낸 남니는 부패된 동식물의 유기물질이 침전되고, 빗물을 따라 흘러간 비료 성분에 표토가 더해져 만들어진 것으로, 생니生泥 속의 수토水土는 유기물질의 발열을 통제하고, 유기물은 수토의 한성寒性을 보충해 줌으로써 뽕밭이나 논의 중요한 밑거름으로 사용되었다. 이 하천 진흙은 단순히 논 비료용에서 끝나는 것이 아니다. 남니의 수거는 하천 준설의 기능도 하여 막힌 물길을 뚫고, 관개와 배수를 원활하게 하는 일거양득의 역할을 하였다. 옛말에 "집이 흥하지 못하는 것은 마음 다스림이 모자란 것이고, 뽕나무가 왕성하게 자라지 못하는 것은 하천 진흙이 부족하기 때문이다."라고 하였다. 이 흙은 논과 모판[秧田][72] 및 뽕밭의 거름으로도 이용되고, 잡초와 섞어 썩혀 논에 거름으로 주기도 하며,[73] 흙벽[土壁]을 바르는 재료로도 이용되었다.

---

71 꿔원타오[郭文韜], 「中國古代保護生物資源和合理利用資源的歷史經驗」, 『중국전통농업여현대농업(中國傳統農業與現代農業)』, 中國農業科學技術出版社, 1986, pp.136-139에는 그 외에도 "螺蜯水草養魚, 魚糞肥桑."과 "以田養田", "田地互養"도 소개하고 있다.

72 『심씨농서』 「운전지법」, "秧田最忌稗子. 先將面泥刮去寸許, 掃淨去之, 然後墾倒, 臨時闌泥鋪面, 而後撒種."

73 『보농서교석(補農書校釋)』 「보농서후」, pp.112-113, "或近水地埂, 冬天挑稻杆泥一次."

『심씨농서』「축월사의逐月事宜」를 보면, 그 당시 여름철을 제외하고 거의 매월 맑은 날은 가리지 않고 강바닥에서 '남니'를 파내 비료를 만들고 있다. 오직 4-7월 사이에 '남니'의 수거가 없는데 그 이유는 여름철에는 비가 집중하는 우기가 있고, 직접 배를 타고 작업하였기 때문에 비 오는 날은 채취 작업이 쉽지 않았으며, 채취한 강바닥 진흙 거름도 빗물과 함께 쉽게 흘러내려 갈 것이기 때문일 것이다. 이는 '남니'의 중요성과 함께 강남지역 시비의 특색과 그 효과를 동시에 짐작할 수 있다.

「운전지법」에는 "매년 겨울과 봄 사이에 남니를 일제히 건져 내었다. 하천에서 채취한 진흙은 실로 비력이 좋으며, 하천에서 건져 올린 진흙에 볏짚을 섞어 썩힌 거름[稻秆泥]도 괜찮다. 8월에는 일제히 진흙을 채취하는데, 배를 타고 남니를 건져 올릴 때에는 6명의 노동력이 필요하다. 배를 타고 진흙을 파고, 이를 운반하는 데 서로 호흡이 맞아야 한다. 만약 체력의 한계로 서로 호흡이 맞지 않으면 결국 진흙을 파내는 사람이 멈추고 기다릴 수밖에 없다."라고[74] 하였는데, 이는 남니 작업의 전문성과 적지 않은 노동력이 필요하고, 많은 체력이 소모되었음을 잘 말해 준다. 이 때문에 하천에서 남니를 채취하는 작업은 강남지역의 가장 중요한 농사일 중의 하나였다. 남니작업에는 기본적으로 노동력이 많이 필요하고, 진흙을 싣는 배가 있어야만 가능하다. 때문에 비용을 절감하기 위해서는 비오는 날의 한가한 노동력을 이용할 것을 강조하고 있다.[75]

뽕밭에 남니를 거름하는 것은 뽕밭에 새로운 흙을 공급하여 일 년간 빗물에 깎인 흙을 보충해 주는 효과도 있다. 원래 뽕나무는 마른 것을 좋아하기 때문에 토양이 견실하고 건조해야 한다. 토양이 부드럽고 건조하면

---

74 『심씨농서』「운전지법」, "每年冬春間罱一番. 或云, 罱泥固好, 挑稻秆泥亦可省工. 八月罱一番, 每番須六工. 做溝之人, 也不可用搭頭. 恐做溝扒泥不及, 罱手亦停候矣."
75 『심씨농서』「운전지법」, "若有船可以罱泥, 定須開潭罱泥, 消磨雨工. 其田地生活, 必待天晴方做."

생장이 왕성해진다. 만약 하천에서 채취한 흙을 계속 보충하지 않고, 줄곧 비를 맞으면 흙이 연두부처럼 물을 따라 흘러내려 어린 뿌리가 뻗어나지 못하고, 늙은 뿌리는 이슬에 노출되어 비록 거름을 주어도 무성하게 자라지 않는다.[76] 이 때문에 많은 노동력을 동원하여 건져 올린 남니를 햇볕에 말려 논과 뽕밭 0.4ha당 50-60t의 비율로 거름을 주었던 것이다.[77]

남니와 더불어 강남지역에서 주목한 또 다른 비료가 깻묵이다. 콩깻묵[豆餠], 깻묵[麻餠], 면화씨깻묵[棉花餠]처럼 기름을 짜고 남은 찌꺼기 덩이를 비료로 사용한 것이다. 깻묵은 전술한 바와 같이 송원시대부터 등장하고 있는데,[78] 이 깻묵은 질소[氮] 성분을 많이 함유하여 비력이 높고 무게도 가벼워 원거리 운송에서 시간과 인력을 절약하고, 장기간 저장도 할 수 있는 장점을 갖고 있다.[79] 또 깻묵류[餠肥類]를 모판의 밑거름으로 사용하면 뿌리가 잘 뽑히고,[80] 또 분얼分蘖하거나 이삭을 팬 후, 벼의 힘이 부족할 때 무畝당 깻묵 3말을 덧거름하면 잘 생장한다.[81] 특히 깻묵류는 그대로 사용하기보다 나무재와 섞어 쓰면 기름기가 빨리 분해되어 부숙이 빠르고, 분해 초기에 생성되는 유기산의 유해 작용을 덜 수 있어 논에 적합하다.[82]

---

76 『심씨농서』「운전지법」, "古人云家不興, 少心齊, 桑不興, 少河泥. 罱泥第一要緊事, 不惟一歲雨淋土剝借補益, 正由罱泥之地, 土堅而又松, 雨過便幹. 桑性喜燥, 易於茂旺. 若不罱泥之地, 經雨則土爛如腐, 嫩根不行, 老根必露, 縱有肥壅, 亦不全盛."

77 L. E. Eastman[이승휘(李昇輝) 역], 『중국사회의 지속과 변화』, 돌베게, 1999, p.104.

78 D. H. Perkins[양필승(梁必承) 역], 『중국경제사(中國經濟史)(1368-1968)』, p.105에서 D. H. 퍼킨스는 콩깻묵은 1500년경까지도 보이지 않는다고 한다.

79 리보쫑[李伯重][王湘雲 譯], 『강남농업적발전(江南農業的發展)(1620-1850)』, 上海古籍出版社, 2007, p.55에서 이 깻묵이 중국 비료사용역사의 신시기의 지표라고 하며 신형비료라고 설명하고 있다. 하지만 깻묵은 송대부터 등장하며, 명대 중기에는 전술한 바와 같이 기름을 짜고 남은 찌꺼기로 만든 다양한 깻묵이 다수 출현하였다.

80 『심씨농서』「운전지법」, "舊規, 每秧一畝, 壅餠一片, 細春與種同撒, 即以灰蓋之, 取其根松易拔."

81 『심씨농서』「운전지법」, "若苗茂密, 度其力短, 俟抽穗之後, 每畝下餠三斗, 自足接其力."

82 『임원경제지(林園經濟志)』「분양(糞壤)·곡피분(穀皮糞)」에 의하면 깻묵류[餠肥類]는 마른 상태에서 그대로 사용하기보다 잘게 부수어 화분(火糞)과 섞어 구덩이[窖]에 넣어 발효시켜 몇 차례 곰팡이[霉菌]가 자라게 하여 열이 나지 않을 때 사용해야 작물이 말라죽지 않는다

『보농서』「보농서후補農書後」편은 항주만杭州灣의 소흥紹興에서 유채씨깻묵[油菜子餅]을, 동향桐鄕에서는 콩깻묵을 만들어 비료로 사용했던 내용과 함께 콩깻묵의 시비 방법과 그 효능 등을 제시하고 있다.[83] 깻묵의 경우 그 재료의 생산은 착유窄油나 제분 기술의 정도에 따라 좌우되는데, 이미 당송대에는 전국적으로 대두가 보급되고, 맷돌과 연자[碾磑]에 의한 제분 기술이 크게 향상되었다.[84] 콩기름[豆油] 역시 북송 소식蘇軾의 『물류상감지物類相感志』에 "두유로 두부를 조리하는데 맛이 있다."란 사료에서 보듯, 두유가 제조된 것을 처음으로 확인할 수 있으며, 명청시대에 이르면 적지 않은 문헌에서 콩기름의 기록이 보인다.[85] 그리고 청 중기에 면화와 유채재배가 확대되면서 깻묵의 원료인 면화씨깻묵, 유채씨깻묵의 생산과 사용이 크게 확대되었으며, 주로 화북과 동북에서 대운하나 해로를 경유하여 수입되었다.[86] 깻묵의 소비가 확대된 것은 그 비료효과에 있겠지만, 그 외에도 명말청초에는 사람 똥의 공급량이 남송 때보다 3.5배로 증가하였으나 각종 상품작물의 발달로 점차 공급이 고갈되면서 외지에서 콩깻묵[豆餅] 비료를 수입할 수밖에 없었던 것이다.[87]

깻묵은 자급의 유기비료와는 달리 시장에서 구입한 최초의 금비金肥이다. 명말의 정황은 분명하지 않지만, 청대 중기에 이르면 태호太湖 동쪽의 논과 목면재배지역에서 콩깻묵을 비료로 사용한 것이 비료 총량의 1/4

고 한다. 조성진, 『신제 비료학(新制 肥料學)』, 鄕文社, 1969, pp.247-249; 임선욱(林善旭), 『비료학(肥料學)』, 日新社, 2006, p.385에는 깻묵류[豆餠類]의 비료에는 질소[氮] 2-7%, 인산[磷] 1-4%, 칼륨[鉀] 1-2%를 함유하고 있다고 한다.

83 『보농서교석』「보농서후」, p.114.

84 최덕경, 「漢唐期 大豆 加工技術의 發達과 製粉業」, 『中國史硏究』69, 2010.

85 최덕경, 「中國의 大豆 加工食品史에 대한 一考察」, 『中國史硏究』25, 2003, p.80.

86 아다치 게이지[足立啓二], 「宋代以降의 江南稻作」, p.228에 의하면, 성시(城市)에는 2,000-3,000섬을 실은 큰 배 수천 척이 연간 몇 번이고 왕복하여 태호(太湖) 동쪽지역의 수요를 만족시켰다고 한다.

87 리보종[李伯重][이화승 역], 『중국경제사 연구의 신모색』, 책세상, 2006, pp.153-154.

을 점했으며, 현지에서 생산된 콩깻묵을 합치면 그 비중은 엄청났다고 한다.[88] 리보쫑[李伯重]의 연구에 의하면, 19세기 초 동북지역에서 상해上海로 운송된 대두가 매년 수백만 섬에서 심지어 천만 섬에 달했으며, 화북에서 강남으로 운송된 콩과 콩깻묵이 수백만 섬으로 합해 천만 섬 이상이었다고 한다. 하지만 18세기 중기까지 화북에서 강남으로 유입되는 두화豆貨는 주로 대운하를 통해 들어오는 비중이 압도적이었다.[89] 1820-30년대에 이르러 운하가 막히면서 북방에서 해운을 이용하여 상해로 들어온 콩[豆]과 밀[麥]이 매년 2500만 섬 전후에 달했으며, 이는 19세기 초와 비교하면 배로 증가하였다고[90] 한다. 이렇게 구입된 콩깻묵은 한편에서는 농작물의 비료로 사용되고, 다른 한편에서는 돼지 사료로도 이용되어[91] 새로운 상황에 대처하는 차세대 비료 역할을 하게 된다.

IV. 『보농서』의 시비법과 똥오줌

『심씨농서』「운전지법」에 의하면, 강남의 벼농사는 "충분히 거름을 주고 부지런히 돌봐야 한다.[糞多力勤.]"는 두 가지 원칙 속에서 진행되는데, 그중

---

88 리보쫑[李伯重](왕샹윈[王湘雲] 譯), 『강남농업적발전(江南農業的發展)(1620-1850)』, 上海古籍出版社, 2007, p.56.

89 민경준(閔耕俊), 「청대 江南沙船의 北洋貿易」, 『명청사연구(明淸史硏究)』 17, 2002, p.148.

90 리보쫑[李伯重](왕샹윈[王湘雲] 譯), 위의 책, 『강남농업적발전(江南農業的發展)(1620-1850)』, pp.124-125. 당시 북방에서 강남으로 수입된 맥의 총량은 대략 300만 섬이었다고 하니 콩[豆]와 콩깻묵의 수요가 어떠했는가를 짐작할 수 있다.

91 『심씨농서(沈氏農書)』「잠무(蠶務)」에서는 "6마리 돼지를 사육할 때 1마리당 300근(斤)의 콩깻묵을 먹는다면 6마리가 소비한 사료의 합계는 1,800근으로 정상적인 값은 은 12-13냥(兩)이 된다."라고 한다. 그리고 "암돼지 1마리를 기를 때 임신 초기의 1-2개월에는 콩깻묵 90편(片)을 먹고, 3-4개월에는 콩깻묵 120편을 먹고, 5-6개월째는 콩깻묵 180편을 먹는다. 합계하면 암돼지 1마리는 1년에 콩깻묵 800편을 먹는데, 무게는 1,200근이고 가격은 은 12냥이었다."라고 한다.

에서도 밑거름의 중요성을 강조하고 있다.[92] 밑거름을 충분히 해 주면 "홍수를 만나더라도 벼 이삭이 빨리 자라 수면 위로 드러나면 물에 잠기는 일이 없으며, 가뭄을 만나 모[苗]를 늦게 이앙하더라도 생장 발육이 좋다."[93] 그리고 "밑거름이 많으면 곧 모가 왕성해져 입추가 되면 모가 충분히 자라는데, 지력을 모두 흡수하면서 벼 줄기가 노쇠해지고 잎은 황색을 띠게 된다. 이때 덧거름[追肥]은 많이 줄수록 좋다."라고[94] 한다. 이처럼 명청시대에도 여전히 밑거름의 중요성을 강조하고는 있지만, 밑거름만 강조한 것은 아니었다.

명대 원황袁黃의 『권농서勸農書』(1591년)에는 '점저墊底'[95]라는 밑거름과 '접력接力'[96]이라는 덧거름이 등장하는데, '점저'의 거름은 흙 아래에 거름을 주며, 뿌리는 그 비력肥力을 얻어 더욱 깊어진다. '접력'의 거름은 흙 위에 하며 뿌리가 그것을 보고 위로 올라온다."라고 하여 양자의 특성을 잘 지적하고 있다. 그리고 "농사를 잘 짓는 사람들은 땅을 갈 때 거름을 주며, 파종한 이후에는 거름을 주지 않는데, 파종에 앞서 거름을 주는 이유는 토양을 개량하기 위한 것이지, 모를 무성하게 하기 위한 것은 아니라고 한다. 모종을 번성하게 하려면 파종 이후에 거름을 주는데, 이렇게 하면 오

---

92 『심씨농서』「운전지법」, "凡種田總不出糞多力勤四字, 而墊底尤爲緊要." 『심씨농서』에 등장하는 대표적인 밑거름은 강진흙[河泥], 초니(草泥)를 비롯하여 마로(磨路), 돼지똥재[猪灰], 갱회(坑灰)와 제갱회(除坑灰) 등이 있다.

93 『심씨농서』「운전지법」, "墊底多, 則雖遇大水, 而苗肯參種長浮面, 不至淹沒, 遇旱年, 雖種遲, 易於發作. 其插種之法, 行欲稀, 須間七寸. 段欲密, 容蕩足矣."

94 『심씨농서』「운전지법」, "一在多下墊底. 墊底多, 插下便興旺, 到了立秋, 苗已長足, 壅力已盡, 稈必老, 色必黃. 接力愈多愈好."

95 『보농서교석』「축월사의(逐月事宜)」, p.30의 주석에 의하면, '점저(墊底)'는 밑거름을 하는 것이다. 『남심지(南潯志)』 권30에 "무릇 시비하는 데에는 시기와 방법이 있으니, 이앙하기 며칠 전에 하는 것을 '점저'이다.[凡用糞有時與法, 用之未種之先曰'墊底.']"라고 한다. 지금도 이 지역 사람들은 '점저'라는 말을 쓰고 있다.

96 『보농서교석』「축월사의」 7월조의 주석에 의하면 '합접력(下接力)'은 덧거름을 주는 것으로 모종이 분얼(分蘖)된 뒤, 혹은 이삭[穗]이 나오기 전에 잎의 색이 누렇게 변할 때 속효성비료(速效性肥料)를 주어 이삭을 튼튼하게 한다.

직 모만 무성할 뿐 열매는 번성하지 못한다. 따라서 잘 고려하여 비료를 주어야 한다."라고 지적하고 있다. 이것은 덧거름이 이미 시행되고는 있었지만 주의해서 시비할 것을 말해 주고 있다. 『지본제강知本提綱』에서도 밑거름과 덧거름을 비교할 때 밑거름을 더욱 중시하여, 이를 '태비胎肥'라고 부른다. 태비를 충분히 주어야 뿌리가 깊고 수확을 많이 거둘 수 있다고 한다.

덧거름이 처음 등장하는 것은 전한 말 『범승지서氾勝之書』 「종마種麻」의 기록으로, 파종 후에 줄기의 높이가 한 자 정도 자라면 누에똥을 거름으로 준다는[97] 것이 그것이다. 하지만 『제민요술』 단계까지의 덧거름은 아욱[葵], 부추[韭]와 같은 채소류에 국한되고 곡류에는 행하지 않았다. 그러던 것이 『진부농서』에는 맥麥, 도稻에까지 녹비綠肥나 똥으로 덧거름하게 되었다.[98] 그래서 사이갈이하고 중경제초[中耕除草]하여 잡초가 썩으면 흙이 기름지고 곡물도 무성해진다고[99] 하여 제초와 거름 주기 및 수확을 연결시키는 인식이 자리 잡게 되었던 것이다.

당시 비료는 일종의 약으로 인식되었기 때문에 거름 줄 때 주의해야 했다. 예컨대 볏모[稻苗]에 덧거름을 너무 많이 주면 볏모가 거름을 많이 먹어 가지[枝]만 자라게 되고, 이삭이 패고 꽃가루[花粉]가 날리는 것이 늦으며, 낟알도 잘 맺히지 않는다는 점을 특별히 주의해야만 했다.[100] 그래서 처서處暑(8월 23일) 후, 모의 이삭이 밸 때 덧거름을 하는데, 모의 색깔이 황색일 때 해야 한다. 만약 모의 색이 황색이 아니라면, 절대 덧거름해서는 안 되었다.[101] '이삭이 배면[做胎]' 모가 황색으로 변하며 이때 대량의 질소

---

97 『제민요술』 「종마자(種麻子)」, "氾勝之書曰, 種麻, 豫調和田. 二月下旬, 三月上旬, 傍雨種之. 麻生布葉, 鋤之. 率九尺一樹. 樹高一尺, 以蠶矢糞之, 樹三升. 無蠶矢, 以溷中熟糞糞之亦善, 樹一升."

98 최덕경, 앞의 논문, 「東아시아에서의 糞의 意味와 人糞의 實效性」, p.75.

99 『진부농서』 「호운지의편(薅耘之宜篇)」, "卽草腐爛, 而泥土肥美, 嘉穀蕃茂矣."

100 『심씨농서』 「운전지법」, "下壅工多, 則苗貪肥長枝, 枝多穗晚, 有稻無穀, 戒之戒之."

합성 단백질이 필요한데, 잎은 우선적으로 질소를 분화하는 이삭에 보내야 하기 때문에 그 자체는 황색으로 바뀐다. 이때를 맞추어 벼에 질소비료를 주어야 한다. 만약 모의 색이 황색이 아니라면 잎의 질소가 충분하다는 것을 말하는 것이니 덧거름을 줄 필요가 없다. 만약 질소비료를 하면 잎이 질소를 과도하게 흡수하여 잎이 너무 웃자라게 되어 넘어지는 사태가 발생하게 된다.[102]

이런 점에서 보면 밑거름은 결코 고립적이지 않고 덧거름과 상호 보완적이었음을 알 수 있다. 그리고 시비할 때도 서로 다른 종류의 비료를 사이사이에 섞어서 뿌려 주는 것이 좋다. 가령 "초분草糞이나 돼지우리의 퇴비를 밑거름으로 하면, 소외양간 퇴비는 덧거름으로 해야 한다. 만약 소외양간의 퇴비를 밑거름으로 하면 콩비지[豆渣]와 콩깻묵[豆餅]은 덧거름으로 한다."라고[103] 하는 것이 바로 그것이다.

혹자는 벼는 비료의 내성이 높지 않아 거름을 많이 하면 오히려 벼가 쉽게 쓰러진다고 한다. 그래서 깊이 갈이하는[深耕] 것이 시비보다 좋다는 지적도 한다. 대개 태호太湖지역의 토양은 깊고 비옥하고 비력肥力도 안정되어 있다. 심경을 하면 하층 토양의 비력이 풀리게 되는데, 이때 밑거름을 흙 속 깊숙이 넣어 주면 비료가 서서히 분해되기 때문에 심경을 중시하였던 것이다.[104] 심경은 뿌리가 잘 뻗어서 양분의 흡수가 잘 되어 벼의 생육에 좋고 줄기가 굳건하게 서며, 또한 깊을수록 양분을 간직하는 보비력保肥力이 강하여 물에 의한 비료의 손실도 줄이고 가뭄에도 강하다. 특히, 명

---

101 『심씨농서』「운전지법」, "下接力, 須在處暑後, 苗做胎時, 在苗色正黃之時. 如苗色不黃, 斷不可下接力. 到底不黃, 到底不可下也."

102 요우슈링[游修齡], 「明清東南地區的農業技術: 成就和局限」, 『중국동남지역사국제학술연토회논문(中國東南地域史國際學術研討會論文)』, 1998.9, p.5.

103 『심씨농서』「운전지법」, "壅須間雜而下. 如草泥豬壅墊底, 則於牛壅接之. 如牛壅墊底, 則以豆泥豆餅接之."

104 중국농업과학원(中國農業科學院), 『태호지구농업사고(太湖地區農業史稿)』, 農業出版社, 1990, p.116.

청시대 태호 지역에서 심는 벼는 일반적으로 줄기가 긴 품종인데, 만약 뿌리가 깊게 내리지 못하면 쉽게 무너져 생산이 감소하게 된다.

당시 덧거름에 대해 신경을 많이 썼던 것은 논에 덧거름하기가 기술상 쉽지 않았기 때문인 듯하다. 왜냐하면 덧거름을 적게 하면 생산량이 높지 않고, 너무 많이 하면 지나치게 웃자라 넘어지게 때문이다. 그래서「운전지법」에는 늦벼[晚稻]의 시비기술을 논하면서, "논[田]에서 농사짓는 것은 비교적 용이한 일이지만, 덧거름을 줄 때는 반드시 계절, 기후를 고려하고, 모의 색깔을 살펴야 하는데, 이는 농가를 위해 가장 중요한 일이다. 가난한 농가는 거름을 적게 주어 생산이 적어지기 때문에 고생하고, 거름이 많은 농가에서는 종종 거름을 너무 많이 주어 이삭이 지나치게 많이 자라 쭉정이가 많다고 걱정한다. 그 원인을 따져 보니, 결국 어린 모종에 거름을 많이 주었기 때문이다."라고[105] 하여 덧거름을 위해서는 세심한 관찰이 필요하다는 사실을 역설함과 동시에 작물의 생장과 생산을 높이기 위해서는 덧거름이 적절해야 함을 말해 준다.

절강 동향桐鄕의『오청지烏靑志』(1601년)는 농민들이 실제 늦벼[晚稻]의 색을 보고 덧거름한 경험을 기록하면서, 대개 처서가 되어 모[苗]가 이삭을 뺄 때는 논의 물이 부족해서는 안 된다고 하였다. 처서 후 이삭이 배고 모의 색깔이 누렇게 될 때, 모가 조밀하여 그 힘이 부족해지면, "무畝당 깻묵[餠肥] 3말을 덧거름해 주면 힘이 생긴다. 아직 누렇지도 않은데. 먼저 거름을 주면 모는 좋아질지 모르나 좋은 벼는 얻을 수 없다."라고[106] 하여 이삭이 배는 전후 시기의 덧거름의 효과와 그 양을 자세하게 제시하고 있는 것을 보면, 명대 후기부터 덧거름이 구체화되고 있었음을 살필 수 있다.[107]

---

105 『심씨농서』「운전지법」, "蓋田上生活, 百凡容易, 只有接力一壅, 須相其時候, 察其顏色, 爲農家最緊要機關. 無力之家, 旣苦少壅薄收, 糞多之家, 患過肥穀秕. 究其根源, 總爲壅嫩苗之故."
106 『심씨농서』「운전지법」, "俟抽穗之後, 每畝下餠三斗, 自足接其力. 切不可未黃先下, 致好苗而無好稻."

"거름 주는 양은 무당 소똥 40담擔을 희석하여 100담을 만들어, 처음에는 이랑 옆에 뿌려 주고, 다음에는 이랑의 위쪽 모서리에 뿌려 준다." 간혹 소똥이나 사람 똥을 뽕나무 뿌리 근처에 바로 뿌릴 때는 작은 구덩이[潭]를 파서 넣고, 즉시 흙을 덮는다. 그것은 생똥[生糞]이나 오줌[生尿]은 강한 비력 때문에 작물이 손상되는 것을 막고,[108] 또 사람 똥 속의 질소 성분이 빨리 휘발되거나 분기糞氣가 빗물에 씻겨 가지 않도록 하기 위함이다. 이것은 가축 똥의 경우도 마찬가지였다. "구덩이를 팔 때는 깊고 크게 해야 하며, 한 구덩이에 1통을 거름 주고 때에 맞추어 덮는 것이 좋다. 만약 사람 똥을 뿌리면, 곧바로 구덩이를 덮는 것이 좋다. 소똥은 물을 섞어 매우 연하게 해야 하고, 사람 똥은 물을 섞어 매우 맑게 해야 한다. 주인은 직접 감독하면서 일꾼[工人]이 게으름 피워서 물을 적게 섞지 않도록 하는 것이 중요하다."라고[109] 하여 구입한 똥을 물에 타서 부숙한 후, 거름을 줄 때 다시 물을 타서 청수분淸水糞을 만들어 뿌려주었다.

"만약 재거름[灰]과 소 우리의 두엄을 밑거름으로 시비한다면, 먼저 땅을 뒤엎은 후에 거름을 주고, 다시 땅을 일구어 흙을 덮어 주면 효과가 더욱 좋다."[110] 이때 재는 단순한 초목재가 아니며, 태호太湖 주변의 경우 사람

---

107 리보쭝[李伯重][王湘雲 譯], 앞의 책, 『강남농업적발전(江南農業的發展)(1620-1850)』, p.54에서 탕치위[唐啓宇]의 말을 인용하여 명대 도작 농사기술에서 가장 중요한 업적은 덧거름을 응용하기 시작했다는 점을 들고 있다. 하지만 리보쭝[李伯重]은 명청시대 최고의 과학자인 서광계의 『농정전서(農政全書)』에 덧거름의 기록이 전혀 없는 것은 명대 후기의 강남에 덧거름의 사용이 광범하지 않아 사람들이 여전히 어떻게 덧거름을 해야 하는지를 명확하게 알지 못했기 때문일 것이라고 하였다. 그 후 청 중기에 농서와 지방지에서 덧거름을 거론하면서, 덧거름이 광범하게 사용되었을 뿐만 아니라 사용량도 구체화되어 논의 경우 무당 깻묵 40근이 사용되었다고 한다.
108 『왕정농서』「분양편」, "或用小便, 亦可澆灌, 但生者立見損壞, 不可不知."
109 『심씨농서』「운전지법」, "每畝壅牛糞四十擔, 和薄便有百擔. 其澆時, 初次澆棱旁, 下次澆棱背. 潭要深大, 每潭一桶, 當時即蓋好. 若澆人糞, 尤要即刻蓋潭方好. 牛壅要和極薄, 人糞要和極清, 斷不可算工力. 主人必親監督, 不使工人貪懶少和水, 此是極要緊所在."
110 『심씨농서』「운전지법」, "若壅灰與牛糞, 則撒於初倒之後, 下次倒入土中更好."

똥을 재에 섞은 똥재[灰肥]이거나 가축의 두엄을 이용하였다.[111] 이처럼 사람 똥과 가축 똥은 중요한 비료였으며, 이들을 시비할 때는 작물에 미치는 정도와 그 농도 및 시기 등을 고려하여 거름하였음을 살필 수 있다. 이것은 인축人畜 똥오줌 시비의 경험이 오래되었음을 말해 주는 것이기도 하지만, 똥오줌의 수요가 논 이외에도 확대되었음을 말해 준다.

뽕나무밭에 똥오줌을 시비하는 작업도 도처에서 볼 수 있다. 뽕나무의 묘목을 옮겨 심을 때에도 "뿌리를 사방으로 자연스럽게 배열하여 물과 사람 똥을 배합한 청수분을 수시로 뿌려 주어, 새로운 뿌리가 나오도록 한다.[112] 장마철에는 특히 더 많은 청수분을 뿌려 주어야 한다. 거름물을 줄 때에는 뽕나무 가까이에서 주지 말고, 줄기에서 멀리 떨어져서 사방으로 주면 새로운 뿌리가 비료를 향하여 멀리까지 뻗어나가게 된다."라고[113] 하여 구체적인 시비법을 제시하고 있다.

왜 하필 논[水田]과 뽕밭[桑田]에 똥오줌 거름이 많이 필요했는가? 똥오줌이 이들 작물에 특별하게 효과가 있었던 것인가? 어쨌든 구매까지 하여 똥오줌을 시비했던 것을 보면 그만큼 가치가 있었음을 알 수 있다. 사실 똥오줌 속에는 대량의 식물 영양분을 함유하고 있고, 특히 칼륨 성분이 풍부하므로 볏모[稻苗]가 분얼하기 전에 뿌려 주면 좋다. 이는 뽕나무의 뿌리를 촉진하기 위해 시비하는 것과 같은 이치이다.

거름을 줄 때 흔히 문제가 되는 것이 바로 초목재와 사람과 가축의 똥

---

111 『보농서교석』, p.26에서는 지금 강남 현지에서는 여전히 일반적으로 외양간두엄[畜圈糞]을 "재[灰]"라고 통칭하고 있는데, 여기에는 돼지똥[猪糞], 양똥[羊糞] 등이 있다.

112 『보농서교석』, p.48에 의하면, "동치(同治) 『호주부지(湖州府志)』 권30에는 뽕을 종식할 때 청수분(淸水糞)을 주는 것에 관해 "맑은 날 물과 사람 똥을 배합하여 뽕나무에 뿌려 주는데, 3, 4차례에 걸쳐 뿌려 주면 살아난다."라고 되어 있고, 또 "만약 맑은 날, 이틀 간격으로 사람 똥 1/4에 물 3/4를 배합하여 고루 뿌려 주면 점차 모[秧]가 나온다. 청수분(淸水糞)을 많이 주되, 너무 많이 해서는 안 된다. 이것이 이른바 청수분(淸水糞)이다."라고 한다.

113 『심씨농서』 「운전지법」, "根不必多, 刷盡毛根, 止留線根數條, 四方排穩, 漸漸下泥築實, 淸水糞時時澆灌, 引出新根. 黃黴尤宜澆灌. 澆法不宜著乾, 當離尺許, 繞圍周匝, 使新根向肥遠去."

오줌을 혼합한 비료[糞灰]의 성분이다. 즉 똥오줌과 재를 함께 섞어 시비하면 질소 효과가 어떠한지에 관한 문제이다. 『보농서』 「운전지법」의 '교자안校者按'에는 이 부분에 대해 자세하게 안내하고 있다. 태호유역과 남방 지역 농민들은 소말의 우리에서 나오는 퇴비에 재[灰]를 섞으면 속효성이 높고, 비료효과도 오래 가며 흙을 부드럽게 한다고 알고 있다. 하지만 학계에서는 똥재[糞灰]는 비료효과가 떨어진다는 주장도 있다. 실제 화동농업경제연구소의 실험에 의하면 재를 측간 속에 담가 3개월 저장하니 약 45% 정도의 질소가 손실되어 비력이 갈수록 저하했다고[114] 한다.

그런데 1965년 쥬꽝치[朱光瑃] 등의 연구에 의하면 초목회와 똥오줌을 넣어 썩히면 질소암모늄[氮氨] 보존 작용과 더불어 비료의 질을 높이게 되어 효과도 빠르고 비력도 길어진다고 한다. 그리고 재 속의 탄화물질炭化物質은 암모늄[氨]의 흡착 작용을 하고, 내부에서 발생한 이산화탄소는 암모늄의 휘발을 억제하기도 한다고 한다. 심씨의 경험에 의하면 풀을 태운 재와 똥오줌을 시비하면 산성화되고 있는 논의 토양을 개량하는 이화성理化性狀 작용도 있다고 하여 똥재의 부정적인 비료효과와는 다른 견해를 보이고 있기 때문에[115] 성급한 결론을 내려서는 안 될 것이다.

V. 비료시기와 노동력

똥오줌을 논에 시비施肥하는 시기는 『양원선생전집楊園先生全集』에 의하

---

114 김영진 외, 「조선시대의 시비기술과 분뇨 이용」, 『농업사연구(農業史硏究)』 제7권 1호, 2008, p.44에서 조백현(趙伯顯)과 일본의 미우라[三浦] 씨의 견해를 이용하여 똥과 재를 섞으면 질소[氮] 성분의 손실이 크기 때문에 분리 저장할 것을 강조하고 있다.

115 『보농서교석』, pp.65-66의 '교자안(校者按)' 참조; 최덕경, 「朝鮮時代 糞尿施肥와 人糞: 古代 中國의 糞尿利用과 關聯하여」, 『역사학연구(歷史學硏究)』 40, 2010, p.82.

면, "3월에서 9월까지 똥거름[糞]은 밭[上地]에 내고 퇴비[垃圾]는 논에 거름을 준다. 8월에서 2월까지는 똥거름은 논에 시비하고 퇴비는 밭에 거름을 준다."라고[116] 한다. 똥오줌시비의 시기가 모두 파종 전이나 수확 후에 맞추어진 것으로 보면 이 경우는 대개 밑거름으로 사용된 듯하다.

「축월사의逐月事宜」에도 8월의 백로白露(양력 9월 8일)와 추분秋分(양력 9월 23일)기에 "발[足]의 끈 및 똥오줌 통을 매는 끈을 엮는다."라는[117] 사실에서 8월이 되면 본격적으로 똥오줌 시비의 준비가 이루어졌음을 알 수 있다. 그래서인지 9월에 평망平望에서 소똥을 구입하고 있는 모습을 볼 수 있다.[118] "평망진平望鎭 일대에서 마로磨路, 돼지똥재[猪灰]를 구입하면서 4월, 10월이 헐값이니 사람을 고용해서라도 많이 구입하라."라고[119] 한다. 4월과 10월이 비료 값이 싸다는 것은 농번기라서 수요가 많지 않은 시기라는 의미이다.

그런데 『왕정농서』「분양편」에는 "5월에 거름을 싣고 가서 토지에 시비한다."라고 하여 5월에 거름주고 있다. 「축월사의逐月事宜」에는 9월의 농사준비로 평망에서 소똥을, 항주杭州에서는 사람 똥을 구입할 것을 「운전지법運田地法」에서 권하고 있다.[120] 이처럼 소똥과 사람 똥의 대량 공급처가 별도로 존재하고, 이를 찾는 소비자가 몰려든다는 것은 흥미롭다.

항주에서 제방 위에서 사람 똥을 구입할 때는 절대 배 안에 가득 실어서는 안 된다고 한다. 왜냐하면 오도五道 앞에서 반쯤 싣고, 다음날 일찍이

---

116 『보농서교석』「부록(附錄): 옹전지정액(壅田地定額)」[『양원선생전집(楊園先生全集)』권31], "三月至九月, 糞俱上地, 垃圾俱入田. 八月至二月, 糞俱入田, 垃圾俱上地."

117 『심씨농서』「축월사의」, "八月, 白露, 秋分. 陰雨: 斫地灘蘆草, 闐地梗泥, 絞蕎簽, 押簾繩幷糞桶繩."

118 『심씨농서』「축월사의」, "九月, 寒露霜降, 置備, 買牛壅平望, 買絮骨."

119 『심씨농서』「운전지법」, "要覓壅, 則平望一路是其出産. 磨路豬灰, 最宜田壅. 在四月十月農忙之時, 糞多價賤, 當幷工多買."

120 『심씨농서』「축월사의」의 1월에 "買糞 蘇杭"이라는 것을 보면 사람 똥은 1월에 소주(蘇州), 항주(杭州)에서 주로 구입한 듯하다.

배를 수문 밖으로 밀어내어 제방을 통과하면 5-6할 정도로 숙성되는데,[121] 여기에 신선한 똥을 더 채워야 비료의 효과가 더 좋기 때문이라고 하여 운반과정에서 발생하는 정보까지 제시하고 있다. 그리고 소만小滿(양력 5월 21일) 무렵에는 양잠養蠶에 가장 바쁜 시기이기 때문에 근처 읍에서 사람 똥오줌을 구입하는데, 오전에 사러 가고 오후에는 똥오줌을 (뽕잎 따기를 끝낸) 뽕밭에 뿌려 주는 것이 가장 좋다.[122] 1전錢을 뿌리면 1전의 뽕잎이 증가한다고[123] 하여 이것이 뽕밭에서 가장 중요한 작업이기 때문에 조금도 소홀히 하지 말 것을 당부하고 있다. 청대『비농최요裨農最要』「요법澆法」에는 뽕밭에 똥오줌을 뿌리는 시기는 언제라도 좋으나 대개 잎이 나기 전 봄이나 잎을 딴 이후가 좋다고 한다. 묘목은 똥에 8할, 큰나무는 5할의 물을 타서 뿌리며, 특히 주의할 점은 누에가 뽕잎을 먹고 있을 때 시비하면 분독糞毒에 중독될 우려가 있다고 한다.

이러한 여건들로 미루어볼 때 강남 논에서의 시비는 밑거름을 제외하고는 5월-6월, 10월-이듬해 2월이었음을 알 수 있다. 『심씨농서』에는 4월에 볍씨를 파종하고, 『편민도찬便民圖纂』「삽앙揷秧」조에는 망종芒種(양력 6월 6일) 전후에 이앙했으며,[124] 수확기는 『심씨농서』「축월사의逐月事宜」의 경우 9월에는 올벼[早稻]를 수확하고 10월에는 늦벼를 수확한 것을 보면, 시비는 주로 이앙 전후, 수확 전 이삭이 여물 때에 이루어졌음을 알 수 있다.

---

121 『보농서교석』, p.57에 의하면, 동향(桐鄕)에서 항주로 가는 통로에 몇 개의 큰 제방을 지나가야 하는데, 배가 제방을 통과할 때 뱃머리가 요동치기 때문에 가득 실으면 반드시 손실을 보게 된다.

122 『심씨농서』「운전지법」, "一, 要覓壅, 則平望一路是其出産. 磨路豬灰, 最宜田壅. 在四月十月農忙之時, 糞多價賤, 當幷工多買. 其人糞, 必往杭州. 切不可在壩上買滿載, 當在五道前買半載, 次早押到門外, 過壩也有五六成糞, 且新糞更肥. 至於謝桑, 於小滿邊, 蠶事忙迫之日, 只在近鎭買坐坑糞, 上午去買, 下午卽澆更好."

123 『심씨농서』「운전지법」, "剪桑畢, 再澆人糞, 謂之謝桑, 澆一錢多一錢之葉, 毫不虧本, 落得桑好. 謝桑尤是要緊工夫, 切不可因循."

124 『편민도찬(便民圖纂)』권2「경확류(耕穫類)·삽앙(揷秧)」, "揷秧在芒種前後, 低田宜早以防水潦, 高田宜遲以防冷侵."

대개 사람 똥은 속효성이 좋고 뿌리를 내리는 데 도움을 주는 비료이다. 송판宋版 『경직도耕織圖』나 『강희어제시비도康熙御製施肥圖』에는 농부가 분통糞桶을 어깨에 메고 와서 논두렁에서 손잡이가 긴 똥바가지[糞瓢]로 벼 모 위에 청수분을 뿌리고 있는 모습이 있어[125] 거름 주는 시기를 잘 말해 준다. 이런 모판[苗板]에는 시비[施糞]를 두 차례 정도 하는데 입하立夏(양력 5월 6일), 망종芒種 후 하지夏至(양력 6월 21일) 이전에는 모두 마쳤다고 한다.

또 「운전지법運田地法」에 의하면, "맥류麥類는 파종할 때 한 번, 봄에 한 번 물이나 똥오줌을 뿌리는데, 거름기[糞氣]가 너무 강하면 오히려 수확이 줄어 든다. 보리와 광맥[穬麥]은 모두 거름기 많은 것을 싫어하지는 않지만, 생장 후반기에는 거름을 주어야만 한다. 만약 늦벼[晚稻]의 후작물後作物로 맥麥을 파종할 경우에는, 8월 초[秋夕前]에 먼저 맥류를 고지高地의 빈 땅에 파종하고, 벼를 수확한 후 맥묘麥苗를 다시 옮겨 심고 겨울과 봄 각각 한 차례씩 청수분을 뿌려 주고, 소똥을 시비하여 고랑[畖]의 흙을 파서 잘 덮어 주면 맥의 줄기가 튼튼하고 이삭이 크며 낟알이 많아져, 두 배의 수확을 올릴 수 있다."라고[126] 한다. 이는 강남지역에 늦벼 수확 후, 맥을 윤작한 좋은 증거이다.[127] 그 방식이 마치 모판을 만들어 이앙하는 것처럼 먼저 맥을 고전高田에 파종하여 가을 기운氣運[128]을 받게 했다가 늦벼를 수확한 후 땅을 정지整地하여 옮겨 심는 방식을 취함으로써 파종시기를 맞추고자 한

---

125 최덕경, 앞의 논문, 「東아시아 糞尿시비의 傳統과 生態農業의 屈折: 糞尿의 衛生과 寄生蟲을 中心으로」, p.279.

126 『심씨농서』「운전지법」, "麥沈下澆一次, 春天澆一次, 太肥反無收. 大麥穬麥則不厭肥, 又要肥在後半. 若八月初先下麥種, 候冬墾田移種, 每顆十五六根, 照式澆兩次, 又撒牛壅, 鍬溝蓋之, 則幹壯麥粗, 倍獲厚收."

127 『천공개물(天工開物)』권1 「내립(乃粒)·맥공(麥工)」, "南方大麥有旣刈之後, 乃種遲生粳稻者." 에서도 남방에서 보리를 밴[孕穗] 후, 늦벼[晚稻]를 파종한다고 하고 있다.

128 벼는 봄, 여름, 가을의 3계절의 기운을 받게 하고, 밀과 보리는 4계절의 기운을 모두 받아야 풍작을 거둘 수 있다고 한다. 맥을 고전에 파종했다가 늦벼를 수확한 후 이식하는 것은 파종시기를 놓치지 않게 하는 것과 동시에 가을의 기운을 받게 하기 위함이라고 한다.

것이다. 이렇게 하면 소설小雪(양력 11월 23일)이 지나도 옮겨 심을 수 있었다고 한다.[129]

윤작의 사례는 그 외에도 동맥冬麥을 심었던 맥전麥田의 이랑[壟]에 3월에 매두梅豆나 늦콩[晩豆](4월까지 파종)을 파종하여 6월이나 이앙 무렵에 통째로 갈아엎어[130] 녹비綠肥로 삼거나 6월에 대두를 수확하는 경우도 있다.[131] 여기서 또 주목되는 점은 주곡 작물인 벼와 콩을 수확한 이후의 빈 논, 밭에 채소를 심어 적은 노력으로 높은 수확을 올리고 있다는 점이다. 다만 강남지역의 가을은 수확과 동시에 후작물의 파종이 이루어지기 때문에 농시를 맞추기 위해 다양한 벼의 품종을 도입하였다. 보통 벼 생육기간은 180일인데, 각 현지縣志에는 60일, 80일, 100일, 120일 등의 벼 품종이 등장하고 있는 것을 보면, 작물윤작을 통해 토지의 이용도를 극대화시키고 있음을 알 수 있다. 이 경우 지력 소모로 인하여 토지가 받은 압력이 커 지력회복을 위해 보다 적극적인 시비의 결과, 다양한 비료가 개발되었을 것이다.

같은 「운전지법運田地法」에는 유채油菜 재배도 보이는데, 『축월사의逐月事宜』에는 4-5월이 수확기이고, 파종시기는 7-10월로 맥麥과 비슷하다. 유채 역시 수확 후 올벼와 윤작이 가능하다. 거름 주는 방식은 달라 맥류는 파종 후 종자에 청수분을 뿌리거나 봄에 시비하였지만, 유채는 꽃이 필 때에 뿌려야 한다. 인접하고 있는 한반도에서도 똥오줌 수거시기가 주로 봄과 가을에 거의 80%가 집중하고 있는 것 역시[132] 시비 시기와 관련하여 주

---

129 『보농서교석』「보농서후」, pp.105-106.

130 『심씨농서』「축월사의」에는 4월에 파종한 늦콩[晩豆]을 "비만두(刓晩豆)"한다고 한다.

131 『심씨농서』「축월사의」, 3월에 "작두콩[梅豆]과 늦콩[晩豆]을 파종한다." "창포콩[蒲豆]의 모종을 파종한다." 4월에 "늦콩[晩豆]을 파종한다."라는 기록이 등장한다. 『보농서교석』「보농서후」, p.111, "俗亦有下豆於麥棱, 種田時連豆之結葉拆倒作壅, 實覺省便, 但恐田遲, 故多不爲耳."

132 최덕경, 「朝鮮시대 糞尿施肥와 人糞: 古代中國의 糞尿利用과 관련하여」, 『역사학연구(歷史學硏究)』 제40집, 호남사학회, 2010, p.100; 최덕경, 앞의 논문, 「東아시아 糞尿施肥의 傳

목된다.

앞에서 논농사 비료에 사용될 마로磨路와 돼지똥재[猪灰]는 평망진平望鎭 일대[133]에서 구입했다고 지적한 바 있다.

연자방앗간[碾磑間]이 집중되어 있는 평망에서는 쌀을 정미하는 과정에서[134] 생기는 쌀겨[米糠]를 이용하여 돼지를 길렀기 때문에[135] 평망진에서 돼지똥재가 많이 생산된 것이다. 그런데 농번기에는 거름 값이 싸니 품을 들여서라도 많이 구입할 것을 권하고 있는 것을 보면, 농한기에는 이 비료를 구입하려는 자가 적지 않았음을 알 수 있다.

하지만 비료 구입에 필요한 많은 인력과 장거리 운송비까지 감안한다면 대규모 농장을 소유한 지주가 아니면 이 같은 비료를 구입하기가 쉽지 않았을 것이다. 그리고 외부에서 구입한 가축의 똥이나 사람 똥은 일정한 장소에 모아 부숙하였다. 「운전지법」을 보면 "소똥을 싣고 돌아와, 구덩이

統과 生態農業의 屈折: 糞尿의 衛生과 寄生蟲을 중심으로」, 『역사민속학(歷史民俗學)』 35, 2011, pp.261-262. 조선 전기 『농사직설(農事直說)』에 의하면 이 시기는 밭에서는 봄에 조와 기장을, 가을에는 보리, 밀과 메밀[蕎麥]을 재배한 시기였다. 그리고 한반도의 경우 똥오줌은 최근까지 대부분 밭을 중심으로 시비되었다는 점이 강남지역과는 다르다. 만약 이 시기에 논에 사용했다면 「운전지법」편과 같이 벼를 수확한 이후, 후작물의 밑거름으로 사용하였을 것이다.

133 청대 소주부(蘇州府)의 남쪽에 위치하며, 태호의 동남쪽에 위치하고 있다. 주변의 주요 도시로는 북쪽의 장주(長洲: 蘇州市), 동남쪽의 가흥(嘉興), 남서쪽의 귀안(歸安: 湖州市)이 있다. 동향(桐鄕)은 가흥의 동남쪽에 위치하며, 항주(杭州)에서 숭덕(崇德)-동향(桐鄕)-가흥(嘉興)-평망(平望)-오강(吳江)-장주(長洲)로 운하가 연결되어 있다. 정춘우(程春宇), 『사상유요(士商類要)』 권1 「蘇州府由杭州府至南海水路」[양정타이[楊正泰], 『명대역참고(明代驛站考)』 (增訂本), 上海古籍, 2006]에 의하면 심씨(沈氏)의 연시(璉市)에서 평망(平望)까지 90리이고, 항주부(杭州府) 조천문(朝天門)까지는 132리, 소주까지는 175리이며, 인근의 오진(烏鎭)까지는 27리, 신시(新市)까지는 36리, 당서(塘棲)까지는 72리라고 하였다. 이들 지역은 명대 최대의 견직물도시이며 잠상업의 대표적인 시진이었다.

134 『보농서교석』, p.57에는 『평망속지(平望續志)』 권12를 인용하여, "마을에서는 쌀 판매를 생업으로 많이 하는데, 맡아서 판매하는 곳을 미행(米行)이라고 부른다. 시장은 후계(後溪)에 모여 있다. 각 방(坊)에서 쌀을 모아 두는 곳을 잔(棧)이라 하고, 잔 가운데 농방(礱坊), 대방(碓坊)이라고 하는 정미소가 있다. 마을 사람 옹광평(翁廣平)이 지은 『저구경(杵臼經)』에서 잔(棧)의 정미하는 기계에 대해 상세하게 말하고 있다."라고 한다.

135 『심씨농서』 「운전지법」, "若豬, 必須買餅, 容有貴賤不時. 今羊專吃枯葉枯草, 豬專吃糟麥."

[潭]에 쏟아 붓고 조금씩 물을 부어 부숙시켰다. 만약 평망진에서 마른 똥을 사왔다면 반드시 사람 똥을 몇 담擔(1담은 약 50kg) 보태거나 또는 푸성귀 절인 물[菜鹵]이나 돼지오줌[猪水]을 첨가해 주면, 부패가 신속하게 진행된다."라고[136] 한다. 이처럼 명말청초의 강남지역에서 독특한 비료가 생산되어 이를 구입하려는 소비자가 생산지로 몰려들고 있는 것이 흥미롭다. 점차 지역적 특색을 지닌 비료가 생산되고 전문화가 이루어지고 있는 것을 알 수 있다.

사람 똥오줌의 구매는 사람 똥의 수요가 증가되었음을 의미한다. 쓰레기, 부패물은 사람들이 소홀히 취급하였지만, 이 똥오줌을 논밭에 사용하게 되면 기름진 땅을 얻게 된다는 사실을 알았던 것이다. 오직 농민들만이 비로소 진정으로 "이 똥오줌을 금덩이[金塊]처럼 소중하게 여겼기 때문에 악취가 나는 오물을 좋은 비료로 변화시켜 적게 파종하고도 많은 수확을 올렸다." 『왕정농서』에서 농언을 인용하여 이르기를, "토지에 거름을 주는 것은 토지를 매입하는 것보다 낫다."라고 하였는데, 이 말은 참으로 합당하다고[137] 한다.

이처럼 자원으로서의 가치를 갖고 사람 똥을 구입하기 시작한 것은 당대 자료에서부터 보이며, 송대에도 강남지역에 경각두傾脚頭라는 똥 수거자가 등장하고 있다.[138] 명말의 태호太湖 지역에서는 보다 적극적으로 가축과 사람 똥오줌을 멀리까지 가서 구입했던 것을 보면 강남지역의 농업에서 사람 똥의 중요성을 다시 한 번 느낄 수 있다.

---

136 『심씨농서』「운전지법」, "一, 牛壅載歸, 必須下潭, 加水作爛, 薄薄澆之. 若平望買來幹糞, 須加人糞幾擔, 或菜鹵豬水俱可, 取其肯作爛也."
137 『왕정농서』「분양편」, "夫掃除之猥, 腐朽之物, 人視之而輕忽, 田得之爲膏潤. 唯務本者知之, 所謂惜糞如惜金也, 故能變惡爲美, 種少收多. 諺云, 糞田勝如買田. 信斯言也. 凡區宇之間, 善於稼者, 相其各處地理所宜而用之, 庶得乎土化漸漬之法, 沃壤滋生之效, 俾業擅上農矣."
138 최덕경, 앞의 논문,「東아시아 糞尿施肥의 傳統과 生態農業의 屈折: 糞尿의 衛生과 寄生蟲을 중심으로」, pp.265-267.

앞서 지적한 평망 지역은 비료만 판매한 것이 아니라 이런 비료를 밑거름으로 사용하여 토양의 성질을 개량하고 경작층의 비력을 높여 쌀을 전문적으로 생산하기도 하였다. 『평망속지平望續志』에 의하면 평망에는 생산된 벼를 정미하는 방앗간[碾米廠]이 밀집되어 있고, 또 정미한 쌀을 전문적으로 판매하는 미행米行이 존재하였는데, 이는 다비多肥 농업을 통해 쌀 수확량이 증대되었고, 이곳을 통해 시장판매가 행해졌음을 말해 준다.

그리고 『보농서』에 나타난 강남의 비료 획득과정을 보면 거의 1년 내내 강에서 남니罱泥를 수거했으며, 돼지똥재[猪灰]와 마로磨路를 획득하는 과정에서도 적지 않은 노동력과 운송비가 소요되었다. 『보농서』에는 이런 노동력에 대해서도 구체적으로 묘사하고 있다. 당시 노동력은 대부분 인력을 고용했는데, 고용노동에는 장공長工, 단공短工, 망공忙工, 한공閑工의 구별이 있었으며, 그 외에도 장년長年(1년 고용)과 월月, 일공日工 등으로 세분하고 있다.[139] 단공은 뽕나무 가지를 치거나 파종 등의 작업을 했으며, 농번기에는 한 달씩 망공을 부르기도 했다. 이들은 과거와는 달리 명말청초에는 대우 또한 현격하게 달라졌다. 1640년대 농민반란으로 노복이 점차 해방되면서 소작농의 수가 증가되어 다양한 농업노동에 참여하였다. 농가에는 날씨가 맑든 비가 오든 할 일이 있었으며, 비올 때는 그에 걸맞은 노동이 있었다.

고용노동의 작업량을 보면, 과거에는 매일 1무畝의 땅에 이앙을 하거나 2무 전지에 풀을 김매거나 써레질을 하는 것이었다.[140] 보다 중요한 것은

---

[139] 『보농서교석』「운전지법」, pp.61-62에 보이는 "고장년(雇長年)"의 의미는 한 해 고용한 농공이다. 해당 주석에 의하면, 해방전 농촌 지주와 부농은 모두 농촌 빈민을 농공으로 고용했는데, 장기고영[長年], 월단위 고용[月工], 임시고용[臨散工]의 차이가 있었다고 한다. 『가선현지(嘉善縣志)』에 이르기를 "무산자가 고용될 때 임금을 받는 방식이 장공(長工), 단공(短工), 망공(忙工), 한공(閑工)의 구별이 있었다. 일 년을 계산하여 임금을 받으면 장공이고, 시간을 계산하면 단공, 바쁠 때는 망공, 한가할 때는 한공이다."라고 한다.

[140] 『심씨농서』「운전지법」, "做工之法, 舊規, 每工種田一畝, 鋤稱芸每工二畝."

적시에 농민을 고용했다는 점이다. "가령 풀 뽑을 때 일찍 작업을 하면 하루에 3무 뽑을 수 있지만, 늦게 하면 1무 작업에 3일이 걸린다."라는[141] 것은 시간과 노동력의 관계를 잘 말해 준다. 상황을 적절하게 잘 맞추면 노동시간과 동시에 비용과 식량의 소비도 줄일 수도 있었다.[142] 게다가 노동력의 질도 중시하여 기술, 충성도, 총명 및 성실도에 따라 3등급으로 구분하여 관리하기도 했다.[143] 그리고 주인도 고농의 임금, 음식과 상호 간의 감정에 특별히 유의하였다.[144] 명말의 『보농서』「운전지법運田地法」에는 유독 다비를 위한 남니 작업과 6월 논[水田]에서 작업하는 남녀 고용 노동자의 태도변화[교만과 게으름의 정도]를 구체적으로 제시하고 있다.[145] 특히 "만약 가난해지고 싶으면 6월에 머슴[長工]을 욕해라."라고[146] 하는 것은 명말

---

141 『심씨농서』「운전지법」, "田地生活, 上前有功. 除種田要看時候, 其餘各色, 俱以早爲貴. 假如刮地, 未草先刮, 以後草不即起, 刮又省工. 假如拔草, 早則工三畝, 遲則畝三工."

142 『심씨농서』「운전지법」, "春三月內多喚短工, 預喚剪桑工種田工忙月工. 生活次第得法, 仍舊省工, 未嘗多費廩食也."

143 『보농서교석』「총론(總論)」, p.140, "不約力勤而願者爲上, 多藝而敏者次之, 無能而樸者又次之, 巧詐而好欺, 多言而嗜懶者, 斯爲下矣. 貪盡無害, 顧用之何如耳."

144 『보농서교석』「총론」, p.152, "俗曰, 做工之人要三好. 銀色好, 吃口好, 相與好."

145 『보농서교석』「운전지법」, pp.69-70에는 변화된 당시 상황을 잘 묘사하고 있다. "옛날 관습에 따르면, 매 작업일마다 1무의 이앙을 하거나 혹은 2무의 서지(鋤地), 서초(鋤草) 혹은 파지(耙地)를 하였다. 명대 중기 때(100년 전)만 해도 고용노동자들은 어려운 고생과 힘든 일을 잘 참고 견뎠다. 동이 틀 무렵에 밭으로 일하러 가고, 저녁에는 땅거미가 질 무렵에서야 비로소 일을 끝내었다. 지금의 고농은 교만과 게으름이 유행처럼 번져, 식사가 좋지 않으면 일을 잘하라고 타이를 수가 없다. 식사제공도 여름 오후에는 반드시 약간의 점심을 제공하고, 추운 겨울 아침에는 죽을 대접해야만 한다. 만약 겨울 비오는 날 하천의 흙을 끌어 올리고자 한다면 반드시 먼저 술과 밥을 주어 몸을 덥히고 배가 부르게 해야 한다. 요즘은 하루 걸러 육식을 주어야 하고, 힘들거나 어려운 일을 할 때는 연일 육식을 대접한다. 그리고 힘들고 어려운 일에는 매 사람마다 한 국자[勺子]의 술을 주고, 중급 정도의 일이면 매 사람마다 반 국자의 술을 준다. '노동을 할 때 술과 밥의 식사는 작은 일처럼 보이지만, 그러나 인심을 얻느냐 아니면 인심을 잃느냐는 종종 이로부터 야기된다.' 또 농언(農諺)에 '부엌에서 술과 음식을 잘 내어놓지 않으면 논과 밭이 잡초로 무성하게 된다.'라는 말이 있다. 그래서 '가난해지고 싶으면 6월에 장공(長工)을 욕해라.'라고 한다." 이 말처럼 당시 농업경영을 위해서는 고농의 인심을 얻는 것이 중요했다. 이는 농업경영에서 노동력의 중요성을 잘 보여 주고 있다.

146 『보농서교석』「운전지법」, p.69, "當得窮, 六月裏罵長工."

의 농업경영에서 비료생산과 농번기 고용노동력의 중요성을 잘 말해 준다. 비료 사용과 농업노동력의 적절한 활용이야말로 논 농사의 성패를 좌우한다고 여겼던 것이다. 실제 「축월사의逐月事宜」에는 매달 해야 할 농업노동을 월별로 정리하고 있는데, 이 중 비료와 관련된 일이 55건으로 한해 농사항목의 1/5을 점할 정도로 중요한 지위를 차지하고 있는 것은[147] 바로 명말청초의 강남농업의 특징을 잘 보여 주고 있다.

실제 명 중기 때와는 달리 명말에는 고용노동자에 대한 대우 또한 현격하게 달라졌다. 부농은 과거와 같이 예속민을 이용하여 대농장을 경영하는 것이 현실적으로 곤란해졌다. 고용노동을 통해 대신 경작하면 "돌이 많은 논과 다를 바 없었으며, 소작을 준다면 그 수입은 겨우 세금만 낼 수 있을 정도였다."는 것이[148] 그것이다. 그래서 명말에는 이미 대농법적 경영의 분해가 진행되었지만, 한편에서는 "일은 차라리 적게 할지라도 정확하고 치밀하게 해야지, 절대로 욕심을 부려 대충대충 적당히 하면 안 된다."라고 하며, 논벼에도 연 4회의 중경제초를 하는 등 집약경영에 힘썼다.[149]

특히 인구가 늘어 가경면적이 10무畝 전후로 줄어들고,[150] 생계를 위해

---

147 저우빵쥔[周邦君], 「『補農書』所見肥料技術與生態農業」, 『장강대학학보(자연과학판)[長江大學學報(自然科學版)]』 2009-3, p.102. 그리고 저우광시[周廣西], 「『沈氏農書』所載水稻施肥技術研究」, 「남경농업대학학보[南京農業大學學報(社會科學版)]」 제6권 1期, 2006, p.70에서 '재옹(載壅)'은 원래 외지에서 구입한 비료를 배로 운반하는 것을 뜻하지만,「축월사의(逐月事宜)」의 월별기록에는 외지에서 비료를 구매한 기록이 없고, 또 농사활동 중에 '재옹(載壅)'이 행해졌던 것으로 보아, 이것을 가공한 비료를 전지에 운반하는 것으로 해석하고 있다. 그렇다면 연중 1, 2, 3, 7, 9, 11과 12월의 일곱 달에 걸쳐 비료를 전지에 운송하면서 많은 인건비가 소요되었음을 알 수 있다.

148 『보농서교석』「부록(附錄)·생계(生計)」, p.177의 "책오씨생업(策鄔氏生業)"에는 "若雇人代耕, 則與石田無異. 若佃於人, 則計其租入, 僅足供賦役而已."라고 한다. L. E. Eastman[이승휘(李昇輝) 역], 앞의 책, 『중국사회의 지속과 변화』, p.114에서 부농들이 농업에 투자하여 얻은 이익은 연간 토지가격의 5-6%에 그쳤는데, 상업 투자이익률은 10-20%, 고리대는 30-40%에 달했다고 한다.

149 아다치 게이지[足立啓二], 「明末淸初の一農業經營: 『沈氏農書』の再評價」, 『사림(史林)』 1961-1, 1978, p.47.

150 리보쫑[李伯重], 「"人耕十畝"與明淸江南農民的經營規模」, 『중국농사(中國農史)』 1996年 15卷 1期에서 명청시대 "인경십무(人耕十畝)"는 강남 1가구 경영규모의 표준이라고 한다.

상품작물에 관심을 갖게 되면서 토지는 소규모 생산방식이 자리 잡게 된다. 당시 소규모 생산방식에서 가장 유용하게 활용된 것은 축력경畜力耕이 아니라 땅을 일구고 써레질[耙]의 역할을 동시에 한 다목적 농기구인 쇠스랑[鐵搭]이었다. 『왕정농서』「농기도보農器圖譜」에 의하면 강절江浙 지역에서는 쇠스랑과 운탕耘盪 같은 사이갈이와 제초용 수노동 농구를 많이 사용하였다고 한다.[151] 이 쇠스랑은 그 구조는 간단하지만 강남농업에서 심경이나 쇄토碎土를 할 때, 실제적으로 강동리江東犂보다 더 많은 영향을 끼쳤다고[152] 한다. 『심씨농서』「운전지법」에서 '이삼층기심二三層起深'이라는 의미는 쇠스랑으로 땅을 일군[起耕] 후 다시 한두 차례 갈아엎는 것인데, 그렇게 하면 땅이 부드럽고 깊이도 한 자[尺] 정도 깊어진다는[153] 것이다. 때문에 심경을 위해서는 쇠스랑이 불가피했다. 게다가 소농가의 쇠스랑[鐵搭] 노동은 상호 노동력을 부조하는 '상조相助'노동으로 진행되었기 때문에 노동효율성이 컸으며, 소쟁기[牛犂]를 이용하지 않게 되면서 생긴 손실까지 월동작물을 재배하여 보충할 수 있다는 믿음까지 있었다.[154] 그것이 명대 이후 논에서 쇠스랑을 광범하게 사용하게 된 요인이다. 더구나 명말 청초의 '인구는 많고 토지가 적은' 강남의 여건 속에서 인근에 노동력을 흡수할 수 있는 수공업이 크게 발달하여 노동력을 흡수했으며, 그렇지 않다면 굳이 노동력을 절감할 수 있는 쟁기[犂]를 사용할 필요가 없었다. 쇠스랑의 작업량은 "하루에 0.5무 정도 갈아엎거나[墾] 6-7무 정도의 정지整

---

151 중국사연구회(中國史研究會) 편, 『中國史像の再構成-國家と農民』, 文理閣, 1983, p.72.

152 리보종[李伯重][이화승 역], 『중국경제사 연구의 신모색』, 책세상, 2006, p.141. 이 쇠스랑[鐵搭]에 대해서는 최덕경(崔德卿), 「通過韓半島鐵搭看明淸時代江南的水田農業」, 『중국농서(中國農史)』 제31권 第3期, 中國農業史學會, 2012 참조.

153 『보농서교석』「운전지법」의 주석에 의하면 노농에게 물어본 즉, 첫 번째 층은 5-6치[寸] 정도로 심경(深耕)하고, 두, 세 번째 층은 4-5치 정도로 갈이해 주면, 밭을 일군 깊이가 모두 한 자[尺] 정도가 된다고 한다.

154 최덕경(崔德卿), 「通過韓半島看到的明淸時代江南的水田農業」, 『曁第二屆中國農業文化遺産保護論壇發表要旨』, 南京農業大學, 2011. 10.

地: 倒를 할 수 있었다.”[155]

그렇다고 우경이 사용되지 않은 것은 아니었다. 당시 논에서 주로 사용된 장상곡원長床曲轅의 강동리江東犂는 겨우 3치 깊이 정도 일굴 수 있어, 반복 경작을 하지 않으면[反復耕] 심경을 할 수 없었다. 특히 늦벼를 수확한 후 동

그림 9_ 중국 고대 장상곡원리(長床曲轅犁)

맥을 윤작할 경우, 기경하여 맥麥 이랑을 만들어야 하는데, 물이 빠진 후 논은 진흙 성질 때문에 쇠스랑과 같은 농구만으로 기경하는 것은 결코 용이하지가 않다. 쟁기와 쇠스랑을 동시에 이용하여 쇄토碎土·마평磨平 작업을 하면 땅고르기[整地] 작업이 훨씬 용이하다. 따라서 토지와 노동력을 갖춘 상농上農은 양자를 동시에 활용했던 것이다. 다만 “가경可耕 면적이 줄어들어 소작경영이 늘어나게 되면서[156] 쇠스랑 중심으로 소규모 생산방식이 행해진 듯하다. 그 결과 지주는 경영을 집사[紀網僕]에게 맡기고, 1년 내내 밖에 있으며 전지田地에 나가지도 않아 소작농이 누군지도 몰라 결국 형사소송이 벌어지기까지 하였다는[157] 것은 명말청초 강남지역 논[水田] 경영의 변화를 잘 보여 준다.

---

155 『심씨농서』 「운전지법」, “每工止墾半畝, 倒六七分.”
156 『보농서교석』 「총론」, p.148, “吾裏田地, 上農夫一人止能治十畝, 故田多者, 輒佃人耕植而收其租. 又人稠地密, 不易得田, 故貧者賃田以耕, 亦其勢也.” p.150의 주석에 의하면, 당시 일 잘하는 농부가 소를 이용해서 갈아도 최대한 10무밖에는 경작할 수 없었으며, 그래서 당시에는 민가에서 대부분 우경을 사용하지 않았던 것 같다. L. E. Eastman[이승휘(李昇輝) 역], 『중국사회의 지속과 변화』, p.99에는 대개 소토지 소유자는 0.4ha(1200坪) 정도를 경작했으며, 6-12ha를 보유한 부농은 고농을 고용해 직접 영농했다고 한다.
157 『보농서교석』 「총론」, pp.148-149.

Ⅵ. 양잠과 채소생산의 발달과 시비

명말청초 강남지역 논[水田]의 문제점은 밭농사 작업과 비교할 때, 비료와 노동력이 많이 든다는 것이었다. 논의 노동력은 대개 이앙기나 김매기와 수확기 등 농번기에 집중되었다. 그리고 논 생산은 계절적 성격이 있어 시간이 매우 촉박하지만, 밭[旱田]은 계절성이 약하기 때문에 비교적 시간적인 여유가 있어 한가할 때 품을 이용하여 농사지을 수 있었다. 농언에도 "천일 논농사, 하루 밭농사"라는 말은 이러한 상황을 말해 준다.

게다가 명말청초의 소빙기 기후로 인한 일기불순은 백성들에게 세금 못지않게 가혹하였다. 명말 숭정崇禎 연간의 기후에 대한 묘사는 『보농서교석』 「부록」에 제시된 심씨沈氏의 『기황기사奇荒紀事』와 『동향재이기桐鄕災異記』에 잘 묘사되어 있다. 숭정 13년(1640) 5월 13일에는 폭우로 평지는 물에 잠기고 집은 무너지며 사람은 흩어지고 가산도 물에 잠겨 버렸다. 이 해에 이앙은 1/3밖에 하지 못했다. 큰 비가 밤낮없이 10일에 3일은 내렸다. 14년에는 장마철인데도 비가 오지 않았다. 그래서 논을 많이 가진 사람은 곡식으로 세금을 내느라 고생하였고, 빚이 많은 사람은 모두 다른 지역으로 도망을 갔으며, 오만한 소작농과 흉포한 노비들이 설쳤다. 이 해 동향桐鄕에는 설상가상으로 여름 메뚜기[蝗蟲] 떼가 하늘을 덮었다. 곡물가격은 폭등하여 풀뿌리와 나무껍질이 남아나질 않았다. 15년 원단元旦에는 봄이 지나자 큰 전염병이 돌아 거지와 도둑이 들끓고, 시체가 길에 버려졌다고[158] 한다. 그 후 청초 순치順治 강희康熙 연간에도 가뭄[旱災]과 홍수의 재해가 연이어 발생하여 강한 자는 도둑이 되었고, 약한 자는 유랑민이 되었다고 한다.

그렇지만 한편 16세기 중기 이후 일본과 중남미에서 대량의 은이 유입

---

158 『보농서교석』 「부록」, pp.169-170의 심씨(沈氏) 『기황기사(奇荒紀事)』 참조.

되고, 일조편법一條鞭法은 화폐경제를 더욱 촉진했으며, 태호太湖 주변의 도시가 성장하고,[159] 직물수공업과 채소재배가 발달하게 되면서 장강 하류 지역을 중심으로 경제의 활력은 되살아났다. 이런 토지이용도와 경제발전의 기저에는 바로 비료의 발달이 있었던 것이다.

대개 당시 수전 농업이 풍년일 때는 1무畝당 쌀 3섬(나락[稻]은 5섬 정도)이 생산되고, 여름 수확작물인 맥麥도 1.5섬이 생산된다. 하지만 이는 단지 드문 경우이고, 통상적으로는 1무당 대략 평균 쌀 2섬(나락[稻] 3.6섬)밖에 생산되지 않는다.[160] 청초 장리상張履祥의 평가에서는 태호 지역은 "100무의 토지를 경작하여 20-30명을 부양할 수 있었다."라고[161] 하였다. 이는 평균 약 3.3-5무에 한 사람을 부양할 수 있는 꼴이다. 청대에는 대략 1년에 한 사람이 쌀 3섬 6말을 먹었으니,[162] 하루에 1되[가; 1.03市카]를 먹는 꼴이며, 이는 1인당 양식으로만 1.8[무당 쌀 2섬 생산을 기준]무의 토지가 필요한 셈이다. 척박한 논 10무를 자신이 경작하면 한 가족은 먹고 살 수 있다.[163] 소농민의 경우 좀 더 나은 부업에 종사하지 않으면 먹는 것 이외에는 거의 어떤 것도 해결할 수 없었다는 것을 말해 준다. 이러한 상황 속에서 소농민들은 납량納糧 이외의 부족한 식량을 보충하기 위해 면·견직물의 재배에 직접 참여하거나 부농의 토지를 소작하거나 고용노동으로 생계를 유지할 수밖에 없었다.

---

159 L. E. Eastman[이승휘(李昇輝) 역], 앞의 책, 『중국사회의 지속과 변화』, p.194에는 태호 주변의 견직물 생산 중심지가 된 성택진(盛澤鎭)은 50-60호(戶)였던 것이 명말에 5만의 도시로 발전했으며, 주변 지역도 상업화로 인해 인구가 증가했다고 한다.
160 우훼이[吳慧], 『중국역대양식무산연구(中國歷代糧食畝産硏究)』, 農業出版社, 1985, pp.174-177.
161 『장원선생전집(張園先生全集)』 권5, "百畝之土, 可養二三十人."
162 『군경보의오(群經補義五)』 「부역(賦役)」, "人一歲食米三石六斗."; 『학예관석(學禮管釋)』, "人一歲約食米三石六斗."에서 청대(淸代)에는 평균 매일 1되의 쌀을 먹는 셈이다. 우훼이[吳慧], 앞의 책, 『중국역대양식무산연구』, p.80. 『심씨농서』 「운전지법」에서 장공(長工) 1명은 1년에 "쌀 5섬 5말을 먹는다.[吃米五石五斗.]"고 하니 하루에 약 1.5되[가]를 먹는 셈이다.
163 『보농서교석』 「부록·생계」, p.177.

농업은 기후변화에 매우 민감하며, 누에 역시 날씨의 영향을 가장 많이 받는다.[164] 하지만 양잠은 인공적으로 일정 정도 조절이 가능했다. 그로 인해 전통적인 생산관계는 새로운 변화가 불가피해졌으며, 상업적 농업 역시 적지 않은 변화를 가져왔음을 『보농서』에 잘 묘사되어 있다.

청초의 「보농서후補農書後」에 의하면, 잠상업이 발전하면서 논농사 재배보다 뽕나무 재배수입이 많았다고 한다. 동향현桐郷縣의 경우 전지田地의 수는 유사했음에도[165] 수입이 같다고 하는 것은 뽕나무 재배와 양잠의 이윤이 더욱 컸음을 의미한다.[166] 농사일은 각 지역마다 다르지만 논에서 나는 이윤이 밭보다 못하였다. 게다가 가경 면적도 적고 진흙이 많아 우경을 이용하여 경작하기가 적합하지 않기 때문에 청 초기까지 인력에 의지해야 했다. 따라서 논농사가 가장 어려웠다고[167] 한다. 특히 동부의 가선嘉善, 평호平湖, 해염현海鹽縣과 서부의 귀안歸安과 오정烏程 등의 현에서는 모두 논이 많고 밭은 적었다.

반면, 뽕밭 1무畝에서 생산되는 뽕잎은 누에 10여 광筐[168]을 기를 수 있으며, 적게는 4-5광을 기를 수 있고 아무리 적어도 2-3광은 기를 수 있다. 그런데 쌀값이 떨어지고 비단값이 오를 때면 누에 1광은 논 1무의 이윤과 맞먹는다. 그리고 오랫동안 황폐한 뽕밭이어도 1무당 매두梅豆 1섬과 늦

---

164 『심씨농서』「잠무(蠶務)」, p.83, "喂蠶之家, 須早晩留心, 審時度勢."; 『보농서교석』「보농서후」, p.108, "然大約蠶之生疾, 半在人, 半在天."
165 『보농서교석』, 「보농서후」, pp.102-103에 의하면, 『가흥부지(加興府志)』와 『동향현지(棟郷縣志)』의 '전부(田賦)'에는 명나라 만력 9년(1581)에 각 현의 토지를 측량했는데, 동향현(桐郷縣)의 밭은 전지 총수의 16.23%에 지나지 않았다. 강희 52년(1713)에 다시 토지를 측량했을 때 밭은 겨우 16.99%에 달했다.
166 『보농서교석』「보농서후」, "桐郷田地相匹, 蠶桑利厚."에서 전지의 수가 같다고 하는 것은 결국 밭의 총수입이 논의 총수입과 서로 같다는 것, 즉 잠상의 이익이 더 크다는 것을 의미한다.
167 『보농서교석』「보농서후」, p.101, "桐郷田地相匹, 蠶桑利厚. 冬而嘉善平湖海鹽, 西而歸安烏程, 俱田多地少. 農事隨郷, 地之利爲博, 多種田不如多治地. 吾郷田不宜牛耕, 用人力最難."
168 '광(筐)'은 당시 양잠량을 계산하는 단위이다.

콩[晩豆] 1섬을 수확할 수 있다. 무엇보다 노동력과 생산비가 논의 절반도 되지 않는다는[169] 점이 잠상업의 발전을 이끈 것이다.

하지만 전통적으로 사람들은 밭농사[旱田]에 많은 힘을 들이는 것을 원하지 않는다. 또한 뽕밭이 집에서 멀기 때문에 뽕밭 관리를 잘하고 싶어도 마음만큼 몸이 따라주질 않는다. 그리고 논이 황폐해지면 1년 만에 회복되지만, 뽕밭은 3년 정도 걸린다. 동치同治『호주부지湖州府志』권30에 "잠상은 성공하기는 어렵지만 실패하기는 쉽다. 때문에 아침에 살피고 저녁에 벌레를 제거하고 또한 15일(보름)에 한 번 잡초를 제거하고 한 달에 한 번 각종 퇴비를 주어야만 뽕잎의 색깔이 윤택해진다."라고 하였다.

또 관리가 조금이라도 소홀하거나 물이 고이게 되면 수년간의 고생이 모두 물거품이 되어 버린다. 그리고 뽕잎의 가격이 순식간에 심한 차이가 나거나 심지어 일푼[一分]의 가치도 없게 되면 길에 버릴 수도 있다. 이렇게 쉽게 변하는 상황 때문에 "잠상에 가산家産을 다 쓰고도 아무런 이윤을 얻지 못할 때도 있다. 비용을 많이 들여도 정상적인 이익을 얻을 수 없었다."라는[170] 말이다. 그렇지만 농언에는 "3년 동안 뽕나무를 재배하면 1대가 잎을 딴다."라고 하였다. 뽕나무를 재배하는 일은 한 번의 고생으로 평생 편안할 수도 있다는 말이다. 그래서 수요증가는 물론 경제적인 부가 보장되었기 때문에 비록 위험부담률은 높지만 점차 뽕나무 재배가 확대되었던 것이다.

「보농서후」의 '교자안校者按'에는 강남의 뽕나무 재배가 확대된 이유를 "뽕잎 생산량이 이미 비교적 높은 수준에 도달했으며" "뽕밭[桑地]의 수입

---

169 『보농서교석』「보농서후」, p.101, "地得葉, 盛者一畝可養蠶十數筐, 少亦四五筐, 最下二三筐. 若二三筐者, 即有豆二熟. 米賤絲貴時, 則蠶一筐, 即可當一畝之息矣. 米甚貴, 絲甚賤, 尚足與田相准. 雖久荒之地, 收梅豆一石, 晩豆一石, 近來豆貴, 亦抵田息, 而工費之省, 不啻倍之, 況之稍稍有葉乎."
170 『보농서교석』「보농서후」, p.103.

이 논보다 높았다."[171]는 데 두고 있다. 그리고 절서浙西지역에서는 하천 근처의 논에 흙을 쌓아 시비로 사용하면 3-4년이 되지 않아 먹일 수 있을 정도의 뽕나무를 재배할 수 있다. 뽕나무가 자라지 않아도 콩과 보리를 심어 이익을 볼 수 있으니 손해를 보지는 않았다고[172] 한다. 이처럼 뽕밭은 절서 지역의 일부와 같이 대규모로 재배한 지역이 있었는가 하면,[173] 빈 땅이나 하천부지河川敷地, 촌락 근처 및 집 울타리[籬笆墻]를 이용해 소규모로 재배하여 부족한 뽕잎을 보충하기도 했다.[174] 실제 강남 동향桐鄉 주변의 경우, "토양은 비옥하고 인구는 조밀하며, 남자는 경작과 잠상을 하고 여자는 누에를 기르고 길쌈[手工紡織]을 해 쉽게 부유해질 수 있다."라고[175] 하여 남경여직男耕女織의 분업이 부를 축적하는 방식이었음을 볼 수 있다.

『보농서교석』 상권의 『심씨농서』 「잠무蠶務」 편에 의하면 "누에 1광筐은 세 번 잠[睡]을 자기 전에 뽕잎 20여 근을 먹고, 세잠을 잔 후에 뽕잎 20여 근을 먹고, 네잠을 잔 후에는 뽕잎 120여 근을 먹는다. 이 밖에 누에를 따뜻하게 해 주는 숯[木炭] 비용이 1전錢, 운송 등 잡비가 1전이다. 매 광마다 견사絹絲 1근斤이 생산되어야 비로소 원가에 상당하다."라고[176] 한다. 누에 1광筐(견사絹絲 1근斤을 수확)은 쌀 3섬의 가격(논 1무의 수확)에 해당하며, 쌀 1섬의 가

---

171 『보농서교석』 「보농서후」, p.105, '교자안(校者按)' 참조.

172 『보농서교석』 「논수리서(論水利書)」, p.164.

173 강희(康熙)는 자신이 편찬한 『상부(桑賦)·서(序)』에서 "짐[皇帝]이 절서(浙西)를 순시할 때 뽕나무가 들판을 뒤덮고 있었다. 천하의 생사 공급이 모두 동남에 있으니, 잠상(蠶桑)의 번성이 오직 이 지역에만 있다."라고 하였다. 이를 통해 가호의 잠상과 생사가 번영한 모습의 한 일면을 볼 수 있다.

174 『심씨농서』 「운전지법」에는 "집 앞뒤로 뽕나무 100여 그루를 심으면 부족한 뽕잎을 대비할 수 있다."라고 한다. 또 「운전지법」에는 "마을 부근에 뽕나무를 심을 때는 초봄부터 가능하다."라고 한다.

175 『보농서교석』 「부록(附錄)·재황(災荒)·동향재이기(桐鄉災異記)」, "加以土沃人稠, 男服耕桑, 女尚蠶績, 易致富實."

176 『보농서교석』 권上 「심씨농서·잠무(蠶務)」, p.79, "蠶一筐, 火前吃葉一個, 火後吃葉一個, 大眠後吃葉六個. 此外, 蠶炭一錢, 盤費一錢. 每筐收絲一斤, 才足抵本."

격은 은 1냥이니('附錄' 『沈氏「奇荒紀事」』에서) 쌀 3섬은 은 3냥이 되는 셈이다. 견사 가격은 전체 값에서 뽕잎의 가격이 대개 80%를 점해 2냥 4전錢이 된다. 1광의 누에가 먹는 뽕잎의 양은 모두 160근이다.[177] 따라서 뽕잎 100근의 가격은 은 1냥 5전 정도가 된다.[178] 이처럼 상품작물은 주곡보다 자본이 더 많이 필요하다. 그리고 상품작물은 지력유지를 위해서도 비료를 많이 써야 한다.[179]

이런 자본의 부담 때문에 뽕밭을 직접 경영하지 않고도 잠상업에 종사하거나 뽕잎만을 전문적으로 거래하였던 것 같다.[180] 실제 양신楊屾의 『유풍광의幽風廣義』에서는 강절江浙 지역의 잠시蠶市에서 뽕잎, 고치[繭], 누에 알받이 종이[蠶種紙]와 양잠도구 등이 거래되고 있었으며, 이런 모습은 각 현의 지방지에도 일상적으로 볼 수 있다고 하였다.[181] 『동향현지桐鄉縣志』에는 "강희康熙 을년乙年(1695년) 동향桐鄉 동문東門 밖 관장촌官莊村 조승曹升은 누에 30광을 길렀는데, 그해 뽕잎가격이 올라 세 개의 방에 있는 누에를 모두 버리고 그 뽕잎을 팔았다."라고 한다. 물론 뽕잎 가격이 값싼 해에는 논과 밭의 수입이 같아져서, 평년가격의 48%밖에 되지 않고, 경기가 좋았

---

177 뽕잎 1광(筐)의 누에(蠶)가 뽕잎 8번[세잠[睡]을 자기 전에 1번(20斤)을 먹고, 세 번 잠을 잔 후에 1번을 먹으며, 대수(大睡; 4번째 잠 이후)에 6번을 먹는다.]을 먹으면 160근(斤)으로 계산된다.

178 『보농서교석』「보농서후」, pp.103-105의 "교자안(校者按)"에 의하면, 명대 말기와 청대 초기에 상등 뽕밭 1무에서 생산되는 뽕잎은 2,000-2,800근(斤)이고, 중등 뽕밭에서 생산되는 뽕잎은 1,000-1,300여 근이고, 하등 뽕밭에서 생산되는 뽕잎은 800-1,000여 근이었으며, 부분적인 뽕밭에서도 400-600여 근이 생산될 수 있었다고 한다. 만약 1무당 뽕나무 200그루를 심었다고 계산하면 상등 1그루에서 생산되는 뽕잎은 10-14근이고, 중등에서 생산되는 뽕잎은 6근이 넘고, 하등에서는 4-5근이 된다고 한다.

179 리보쫑[李伯重]의 연구에 의하면 강남지역 작물 중 비료를 가장 많이 필요했던 것은 재배면적이 가장 많은 벼였지만, 농작물의 단위당 시비량은 뽕나무가 가장 높고, 다음이 면화, 벼의 순이었다. 리보쫑, 「明淸江南肥料需求的數量分析」, 『청사연구(淸史硏究)』 1999-1 참고.

180 리보쫑[李伯重][王湘雲 譯], 앞의 책, 『강남농업적발전(江南農業的發展)(1620-1850)』, pp.104-105에 의하면 청 중기의 잠상업은 수도작보다 노동과 자본투입이 7배가량 많이 든다고 한다.

181 양신(楊屾), 『유풍광의(幽風廣義)』 권2; 민경준, 「청대 강남 잠사업의 전업화에 대한 일고」, 『역사(歷史)와 세계(世界)』 18, 1994, p.132.

던 해의 16.3%밖에 되지 않았다.

하지만 뽕밭 경영은 그 방식만 익숙하게 되면 논보다 적은 노동력과 노력을 들이고도 많은 수입을 올릴 수 있었다. 그 때문에 뽕밭의 상대적 비율이 논보다 상승하게 된다.[182] 이것이 명말과 청초 강남농업의 차이이다.[183] 강남지역이 상업과 수공업 생산에 관심을 쏟게 되면서 농민은 투입자본만큼 농업 생산량을 이끌어 내지 못하면 농업을 포기하고 수공업이나 다른 경제작물로 이행하여 상대적으로 보호를 받았던 것이다. 이러한 상황이 가능했던 것은 바로 뽕밭의 비료가 뒷받침되었기 때문이다.

간혹 이런 일들은 부녀자들의 부업에 지나지 않아 가정 살림에 미치는 영향이 크지 않았던 것처럼 보일 수도 있다.[184] 하지만 부녀자가 근면하여 가정이 흥하고 발전하게 되고,[185] 이갑제里甲制 해체 후 은납제가 농촌까지 침투하면서부터 여성노동은 가정의 탄력성을 위해 매우 중요하였다. 그리고 무엇보다 초여름에 화폐가 귀할 때 현금을 얻을 수 있는 농가 부업이었기 때문에 더욱 의미가 있었다. 이처럼 논보다 상대적으로 뽕나무 재배가 확대되면서 경제적인 수입이 증가하였으며 이에 따라 사람 똥과 같은 똥오줌시비의 수요도 늘어나게 되었던 것이다.

---

182 오금성, 「명말청초의 사회변화」, 『강좌 중국사IV』, 知識産業社, 1989, p.112에 의하면 그런데도 이 지역에서 번성하던 견면직물에서 일터를 점하기 위해 외부에서 인구가 몰려들었으며, 이 때문에 명말 이후 호광(湖廣)지역으로부터 미곡을 수입하기에 이르렀다고 한다.

183 심씨(沈氏)[『심씨농서(沈氏農書)』]는 논의 생산력을 위주로 하고 뽕나무 재배를 겸하고 있는데 반해, 장씨(張氏)[『보농서』]는 이와 달리 뽕나무 재배를 중시하면서 논농사를 겸하는 경제단계를 반영하고 있다. 『보농서』에서는 명 말의 심씨와 청초 장씨의 농업경영과 그 변화과정을 잘 묘사하고 있다.

184 리보쫑[李伯重], 「"桑爭稻田"與明淸江南農業生産集約程度的提高: 明淸江南農業經濟發展特點探討之二」, 『중국농사(中國農史)』 1985-1, p.9에서 자신의 뽕밭을 가지고 노동력을 고용하여 양잠하면 전체 지출의 45%가 노동비용으로 지출된다고 한다. 때문에 양잠기간에는 온 가족이 누에 사육에 몰두했다고 한다.

185 『보농서교석』 「총론」, p.151, "夫婦女所業, 不過麻枲繭絲之屬, 勤惰所系, 似於家道甚微. 然勤則百務俱興, 惰則百務俱廢, 故曰, "家貧思賢妻, 國亂思良相.""

뽕밭과 함께 읍 근처에서 재배되었던 상업 작물로는 채소류, 삼과 모시[麻苧]와 같은 것이 있다. 「보농서후補農書後」에 의하면 "동향桐鄕 동부 지역의 논에는 모두 삼[麻]을 심고, 뽕나무를 심지 않은 밭[旱田]에도 삼을 심는다. 그 이유는 삼의 수확이 빨라, 늦벼[晚稻]와 늦콩[晚豆]을 심는 데 방해되지 않기 때문이다.[186] 삼[麻]과 채소 심기를 상호 비교해 보면 들이는 시간과 노력 등은 별반 차이가 없지만, 수익은 배로 증가하였다."라고[187] 한다.

이처럼 채소를 재배하기 위해서는 채마밭[菜園]을 경영하지 않을 수 없다. "옛날에는 사람들이 소박하고 풍속이 순박해 박[瓢]이 모두 야외에 있어도 몰래 가져가는 사람이 없었다.[188] 지금은 그렇지가 않다. 반드시 울타리를 쳐 밭을 둘러싸야 한다. 그 이유는 원예 작물의 생장을 지키기 위해서이고, 다른 하나는 나쁜 사람이 훔쳐 가는 것을 방비하기 위해서이다. 사회가 혼란한 시대에 사람들의 생각도 올바르지 못해 생산 장소를 잘 관리하지 않으면 안 된다. 채소밭에는 채소, 과실, 오이, 창포 등 많은 것을 심는다. 1무의 면적에서 10명의 가족이 봄, 여름, 가을, 겨울에 먹는 채소를 만족스럽게 공급할 수 있다. 옛날 사람들은 곡물 말리는 장소와 채마밭을 한 공간으로 이용했다. 이러한 모습은 호주湖州 농촌에서 흔히 볼 수 있지만, 동향桐鄕에서는 그렇지가 않다. 즉 빈 땅[空地]은 주로 가을에 수확한 곡물의 타작을 위해 사용하고, 나머지 계절에는 비워 둔다. 채마밭은 다른 곳에 만들었다. 실제로는 채마밭을 만들 땅이 없을 경우 뽕나무 아래에 채소를 심었다."라고[189] 한다. 이처럼 지역 간의 풍습이 달라 토지이용이 원

---

186 청명 전에 종자를 심으면 6월 이내에 수확하는데(아래 문장에서 6, 7월에 삼[麻]을 물에 담근다고 했기 때문에 6월에 수확한다는 것을 알 수 있다), 생장 시간은 대략 90일에서 100일이 된다. 이런 종류의 삼[麻]과 벼, 삼과 콩의 윤작의 경작제 또한 토지 생산력을 회복할 수 있고 경제 효율을 높일 수 있는 유효한 조치이다.

187 「보농서교석」「보농서후」, p.118, "東路田皆種麻, 無桑者亦種之. 蓋取其成之速, 而於晚稻晚豆仍不礙也. 其工力較菜子相去不遠, 其收利則倍."

188 '강장(疆場)'은 경계(境界)이다. 여기서는 야외의 뜻이다.

189 「보농서교석」「보농서후」, p.126, "古者民淳俗樸, 瓜瓠俱在疆場. 今不能然. 則編籬爲圃. 一

활하지 못한 것을 비판하며, 빈 땅에 대한 관심이 고조되고 있음을 볼 수 있다.

그 외에도 수세미[絲瓜], 호박, 애호박[北瓜], 땅창포[地蒲], 집창포[屋蒲], 동과[冬瓜], 채과菜瓜, 오이, 고과苦瓜, 수박[西瓜], 조롱박[葫芦瓢], 생강, 죽순, 버섯, 토란, 작두콩[刀豆], 갓, 냉이[薺菜], 가지, 파, 부추, 마늘, 사탕무[甛菜], 시금치, 상추, 양배추[大頭菜], 미나리, 해바라기[葵瓜子], 양귀비[罌粟], 순무 등의 각종 채소의 재배 위치나 작물의 성질 및 조리방법 등을 잘 파악하고 있었던 것을 보면 당시 다양한 채소가 재배되었음을 알 수 있다.[190]

이들 작물재배의 특징은 우선 지역의 지형조건을 잘 활용하고, 기존의 주곡작물의 생산이 곤란한 빈 토지를 이용하였다는 점이다. 이처럼 공지를 이용해 상품작물을 재배한 것을 보면 소농민의 참여를 엿볼 수 있다. 『보농서』는 명말청초 강남지역의 소농민들이 새로운 길을 모색하고 있는 모습을 잘 보여 주고 있는데, 농민들은 이런 작물을 재배할 수 있었던 것은 앞에서 살핀 바와 같은 다양한 비료를 생산할 수 있었기 때문에 가능했던 것이다.

VII. 맺음말

서광계의 자료에서 보듯이 명대 비료의 종류는 수량 측면에서 남송南宋대보다 크게 증가하고 있다. 당시 비료의 특징은 해당 지역에서 생산되는 산물을 적극적으로 이용했으며, 거의 모든 동식물의 폐기물을 비료로 활

以養生, 一以禦盜. 亂世人心, 自不能已. … 園中菜果瓜蒲, 惟其所植. 每地一畝, 十口之家, 四時之蔬, 不出戶而皆給. 古人場圃同地. … 此意湖州鄉間往往見之, 吾鄉殊不然也. 場惟收成時一用, 三時廢棄而已. 圃則更辟一處. 不得已則於桑下種菜, 謂菜不害桑也."
190 『보농서교석』 「보농서후」, pp.128-129.

용하였고, 인산과 칼륨[鉀] 비료가 크게 증가되었다는 데 있다. 특히 분단糞丹이나 숙분熟糞의 제조과정에서 보듯 적은 시비량으로 다양한 비료효과를 낼 수 있는 복합, 속성비료의 요구가 증가되었던 것도 주목된다. 다양한 비료의 개발은 명청대의 사회경제적 변화로 인해 비료의 수요가 크게 증가되었다는 것을 의미할 뿐만 아니라 토지이용에 대한 압력의 증가로 말미암아 지력회복과 동시에 생산력의 증대가 필요했기 때문이었음을 알려 준다.

특히 주목할 점은 명대에 이미 비료의 3요소에 대해 이해했으며, 이를 복합적으로 이용하는 인식이 자리 잡은 것으로서, 당시 강남지역에서 가장 많이 활용된 비료는 남니灠泥, 똥오줌과 깻묵이었다. 그리고 청초에는 비료의 시의時宜, 토의土宜, 물의物宜의 삼의三宜 이론이 완성되고, 식물의 생리작용에 따라 질소[氮], 인산[磷], 칼륨[鉀], 철鐵, 유황 등 비료의 5요소를 적절하게 활용하여 생산력의 토대를 구축하였다.

당시 이 같은 비료 종류의 증가와 시비법의 발전은 도맥稻麥의 윤작과 뽕밭[桑田] 및 각종 상품작물의 발전이 그 궤를 같이하며 생산력의 증대를 이끌었다. 인구증가로 인한 사람 똥오줌의 공급확대[191]와 강남 특유의 지역조건에 따른 남니灠泥 채취, 그리고 당시 사회경제발전에 따른 깻묵의 출현이 상호 작용하여 강남지역 생산력의 향상을 주도했으며, 이것이 상품경제를 유인하였던 것이다.

비료의 구입에서도 알 수 있듯이 당시 구입비료의 주된 대상은 똥오줌과 깻묵이었다. 장거리로 이동하여 돼지똥재[猪灰]와 마로磨路 및 콩[大豆]이

---

191 중국농업과학원(中國農業科學院), 앞의 책, 『태호지구농업사고(太湖地區農業史稿)』, p.113에 의하면, 명대 태호지역의 인구는 약 700만으로 송대 300만 인구의 2.3배를 초과했으며, 청 가경 연간의 인구는 2015만으로 증가하여 명대보다 또 3배가량 증가했다고 한다. 이에 반해 리보쭝[李伯重][이화승 역], 앞의 책, 『중국 경제사 연구의 새로운 모색』, p.154의 주석에서 남송말기 강남의 인구는 약 800만이고, 청대 중기에는 3600만이었다고 한다.

나 밀을 제분하고 남은 찌꺼기 등을 구입하여 비료로 사용했으며, 그래도 부족하면 외부에서 콩깻묵을 수입하였다. 똥오줌이 자원으로 인식되어 구입이 시작된 것은 당대부터이지만, 명말 『보농서』에서 그 가치가 더욱 상승하고 수요가 크게 증대되고 있다. 특히 명청시대에 강남지역에서 견직, 삼과 모시[麻苧]와 같은 직물업이 발달하였고, 도맥의 복종재배가 확산되면서 똥오줌의 수요는 급증했으며, 그 외에도 다양한 채소와 과실, 수목 樹木 등이 상품작물로 등장하면서 비료의 중요성과 함께 사람 똥오줌의 소비가 더욱 증가하였다. 그 결과 청초 『지본제강知本提綱』에서는 최고의 비료[一等糞]란 가치를 얻게 되었으며, 유기비료의 종결자로서 사회변혁의 토대가 된 것이다.

먼 곳으로 가서 사람 똥오줌을 구입하여 구덩이[窖]에 저장하여 사용할 정도로 사람 똥의 수요가 크게 증가한 것은 강남의 벼 재배와 뽕밭의 확대와 밀접한 관계를 지녔음을 확인할 수 있다. 『보농서』 단계에 이르면 똥오줌의 가치는 더욱 상승한다. 똥오줌은 일찍부터 밑거름[基肥]으로 많이 사용되었지만 논에 이용되면서 속효성 비료로 쓰이거나 뿌리를 잘 내리게 하는 덧거름으로 사용되었다. 때문에 뿌리가 뻗어 나가거나 이삭이 배는 시기에 자주 뿌려 주었던 것이다. 이처럼 명말청초에 똥오줌 시비가 발달한 것은 그만큼 사회경제적인 요구가 많았음을 의미한다. 다비多肥의 투입은 수확량의 증대에 직접적으로 영향을 끼쳐 시장이 활성화되었으며, 그것은 또 비료 생산을 위해 고용 노동력을 적극적으로 활용하기에 이르렀다. 사실 명말청초의 강남 농업의 관건은 바로 다비생산과 고용노동의 적절한 활용에 있었다고 해도 과언은 아닐 것이다.

아울러 시비는 또 강남의 상업 작물 재배를 가속화하여 방직물, 잠업 및 채소재배와 같은 상품작물 생산으로 이어졌다. 특히 이갑제 해체 후 전토 중심의 은납화가 진행되면서 토지보다 상업 작물을 통한 은을 확보하고자 하였다. 그 결과 부농은 다분심경多糞深耕을 통해 경제력이 더욱 공고화되었지만, 소농민 역시 예속화를 면할 수 있는 조건이 동시에 제공되었다. 소농민들은 인구증가와 그로 인한 경지면적의 부족으로 생긴 경제적 공백을 잠상蠶桑, 목면과 각종 채소생산을 통해 해결했으며, 이를 위해 적지 않은 비료가 소요되었다. 이때 소농민은 투자만큼 높은 생산량을 이끌어 내지 못하면 바로 농업을 포기하고 경제작물로 전환하면서 가계의 탄력성을 유지하였다. 이들 중심에 비료가 존재했던 것이다.

제3부

명청대 농업환경의 변화와 융복합 금비의 출현

제5장

명대 강남지역 융복합 비료, 분단糞丹의 출현과 그 배경

I. 머리말

화학비료는 근대농업의 주요한 상징 중 하나로서, 작물의 성장에 필요한 요소를 복합하여 인공적으로 만든 비료이다. 이 장에서는 명말청초기 중국인들이 각종 유기·무기질 재료를 융복합하여 새로운 차원의 비료를 만들어 변화하는 당시 사회에 대응하고자 했던 사실을 밝히고자 한다.

이미 앞 장에서 살핀 바와 같이 강남지역이 개발되기 시작한 송원시대에 남방지역에 알맞은 비료가 『진부농서陳旉農書』와 『왕정농서王禎農書』를 통해 구체적으로 제시되기 시작했으며, 명청시대가 되면 보다 구체화되어, 각종 지방지에서 볼 수 있듯이 지역에 적합한 비료가 생산되면서 다양한 비료가 출현하게 되었다.[01] 하지만 이들 비료는 우선 제조와 운반과정이 복잡하고 많은 인력이 소모되어 고용노동을 통해 농업생산을 행하는

---

01 천슈핑[陳樹平] 주편, 『명청농업사자료(明淸農業史資料)』 제2책, 社會科學文獻出版社, 2013, pp.954-1002. 이에 대한 연구로는 최덕경, 앞의 논문, 「『補農書』를 통해 본 明末淸初 江南 農業의 施肥法」, 『중국사연구』 제74집, 2011; 최덕경, 「明末淸初 江南지역 豆餠의 利用과 보급: 飼料와 肥料의 이용을 중심으로」, 『중국사연구』 제84집, 2013 등이 있다.

농가의 경우 적지 않은 부담으로 작용하였다. 이는 『보농서補農書』에서 볼 수 있듯이 명대 후기가 되면 고용노동자들의 노동조건 개선과 임금인상이 요구되면서 노동자들의 고용이 힘들어졌을 뿐 아니라 많은 노동력과 시간을 투여하여 생산된 기존의 비료로는 경영의 수지를 맞추기가 점차 곤란하게 되었다. 이런 상황에 알맞게 출현한 것이 바로 효과도 좋으면서 운반과 시비가 간단한 비료였던 것이다.

콩깻묵[豆餅]은 콩기름을 짜고 남은 찌꺼기로서 취급과 운반이 간편하고, 거름기도 좋아 이런 상황에 적합한 비료였다. 명말청초 남부지역 전역으로 콩깻묵이 확산되기 시작한 것은 이러한 시대적 상황과 밀접한 관련이 있다.[02] 게다가 이 시점을 전후하여 과학자들은 콩깻묵이 지닌 장점을 능가하는 융복합融複合 비료의 개발에 착수하게 된다. 지금까지 이런 융복합 비료에 사용된 재료와 이용효과 등이 기록으로 전해지고 있지만, 아직 이를 적극적으로 활용한 연구자는 없다.

사실, 명말청초의 생산력이나 청조의 부흥을 논하기 위해서는 반드시 강남지역 농업생산력의 문제가 선행되어야 한다. 이를 위해서는 무엇보다 농업생산력 발전의 기초가 되었던 비료와 분전糞田의 연구가 우선적으로 규명되어야 할 것이다. 그러나 아쉽게도 이런 기초적인 연구는 매우 드물다. 간혹 복합비료에 대해 언급한 것도 있지만 대개의 경우, 단지 비료 중의 하나로 인식한 것 이외에는 그 역사적 의미에 대해 거의 다루고 있지 않다. 그나마 최근 들어 중국에서 고대의 비료에 대한 연구자가 늘어나고 있는 것은 다행한 일이다.

필자는 수년간 동아시아의 똥오줌 비료와 이를 이용한 시비법에 대한 연구를 통해 똥오줌이 다양한 비료로 이용되었음은 물론 그 역할 또한 지

---

02 최덕경, 앞의 논문, 「明末清初 江南지역 豆餅의 利用과 보급: 飼料와 肥料의 이용을 중심으로」 참조.

속적으로 중대되었다는 것을 밝힌 바 있다. 특히 강남지역의 논과 뽕밭[桑田] 등에서는 거름을 저장하는 거름간[糞屋]까지 지어 비료를 소중하게 보관하였다. 이처럼 똥오줌을 폐기물이 아닌 농업자원으로 활용하여 생산력을 제고한 것은 아시아 생태농업의 결정체였으며, 지속가능한 농업환경을 만드는 데에도 중요한 작용을 했음을 밝힌 바 있다. 최근에는 각종 지방지 속에 등장하는 명청 시대 각 지역의 비료를 보면서 그 풍토에 걸맞은 비료를 제조한 것을 확인할 수 있으며, 일부 지역의 사료이기는 하지만 사람과 가축 똥의 비중이 어느 정도였는지도 확인할 수 있게 되었다.[03]

　본고에서는 한두 가지 재료를 근거하여 만든 유기비료가 아닌, 다양한 재료를 융복합한 비료를 제조하게 된 배경과 그 제조과정 등을 살펴보고자 한다. 특히 융복합 비료의 제조과정이 기존의 비료와 어떤 다른 특징이 있으며, 그 재료의 분석을 통해 당시 이런 비료를 제조한 목적이 무엇이었는지를 당시의 사회경제적 조건과 함께 검토해 보고자 한다. 아울러 왜 이런 선진화된 비료가 당시 명청 사회에서 일반화되지 못했는가도 간단하게 언급해 볼 것이다.

II. 명대 자분煮糞법과 곡분穀糞비료의 출현

1. 자분煮糞과 숙분법熟糞法

　명청시대에 비료의 수요가 증가하면서 사람 똥의 수집에 대한 적극적인 관심은 송대의 분옥의 수준을 넘어 도로가에 공측公廁: 糞坑을 설치한다

03　천슈핑[陳樹平] 주편, 『명청농업사자료(明淸農業史資料)』 제1책, 社會科學文獻出版社, 2013, p.967, p.980.

거나, 똥배로 운송한다거나, 심지어 부녀자까지 매일 분뇨통을 메고 거리를 다니며 똥오줌을 수집했다는 사실이 청초의 『굴신갱간귀성재주掘新坑慳鬼成財主』와 같은 소설이나 외국인들의 견문록 속에도 잘 드러나고 있다.[04] 이렇게 수집한 사람 똥은 『왕정농서王禎農書』「분양편糞壤篇」의 지적처럼, 비록 비력은 좋을지라도 생똥을 그대로 사용하면 열성으로 인해 농작물은 물론이고 사람에게도 해를 입히기 때문에 집적, 부숙하여 사용하였다.

명대에 이르면 똥오줌의 비력을 증대시키기 위해 자연상태의 부숙법 이외에 새로운 부숙법이 등장하게 된다. 서광계徐光啓의 『농서초고農書草稿』에는 원료범袁了凡[05]의 『농서農書』속에 나타나는 숙분법을 소개하고 있다. 서광계에 의하면, 숙분법은 사람 똥을 자숙煮熟하여 비료로 만든 것으로, 금즙金汁에 비견될 만큼 속성비료로서의 효과가 있다고[06] 평가하고 있다. 실제로 명대의 『보지권농서寶坻勸農書』에 의하면, 고법古法의 구전區田에는 매 구덩이마다 숙분 1되[升]를 넣었다는 사실이 전해지고 있지만, "숙분법은 전해지지 않는다.[熟糞之法不傳.]"라고[07] 한 것으로 미루어 시비한 숙분의 구체적인 제조법은 명대까지 전해지지는 않은 듯하다.

원료범袁了凡은 다른 지역에서 이 숙분법의 제조법을 우연히 알게 되었

---

04 리보종[李伯重], 「糞土重于萬戶侯: 中國古代糞肥史」, 망이역사(網易歷史), 2009.10.20. 인터넷에 공개된 5페이지의 분량으로 된 중국의 분뇨시비에 대한 대표적인 문장이라 할 수 있다. 최덕경, 「近世 일본의 肥料와 糞土施肥: 糞尿를 中心으로」, 『역사학보』제226집, 2015, pp.411-419 참조.

05 원료범(袁了凡)은 원황(袁黃)의 호(號)로서 절강성 장강 하류 삼각주의 중심지인 가선인(嘉善人)이다. 만력 병술(丙戌; 1586)에 진사가 되었다. 만력 16년에서 20년까지(1588-1592) 보지현령(寶坻縣令; 지금의 천진시)을 맡게 된다. 부임한 후 이곳에 강남의 위전을 확대하고, 지역 도로를 넓혀 수전지역을 개척했다. 정쇼우선[鄭守森] 외 교주, 위의 책 『보지권농서(寶坻勸農書)』「거양수리(渠陽水利)·산거쇄언(山居瑣言)」, p.29 참조.

06 『서광계전집(徐光啓全集)』오(伍) 「농서초고(農書草稿)·분옹규칙(糞壅規則)」, p.445, "袁了凡農書熟糞法, 用大糞者熟作醢, 蓋與金汁同義, 而速成耳."

07 정쇼우선[鄭守森] 외 교주, 『보지권농서(寶坻勸農書)』, 「田制第三」, 中國農業出版社, 2000; 『서광계전집』오(伍) 「농서초고(農書草稿)·원료범농서재숙분법(袁了凡農書載熟糞法)」, p.455.

다고 한다. 즉 『농서초고農書草稿』의 「원료범농서재숙분법袁了凡農書載熟糞法」에 보이는 제조과정을 보면, 똥을 불에 끓여 부숙하는 것으로, 이를 시비하면 내한성이 좋다고 한다. 특히 끓인 똥을 부숙하여 시비하면 그 이익은 백배에 달한다고 하였다. 제조할 때 똥은 각각 그 뼈와 함께 끓이는데, 즉 "소똥은 소뼈와 말똥은 말뼈와 함께" 끓였으며, 사람 똥의 경우는 머리털을 약간 넣어 뼈를 대신했다고 한다.

시비하기 전에 먼저 구전 구덩이[區田孔] 속의 흙을 햇볕에 바싹 말리는데, 그 이유는 말리게 되면 작물이 가뭄을 두려워하지 않기 때문이라고 한다. 그런 연후에 아장초鵞腸草, 황호黃蒿, 창이자초蒼耳子草 3가지 풀을 태워 풀재[草灰]를 만들고, 말린 흙과 숙분을 함께 섞어 햇볕에 바싹 말린다. 숙분수熟糞水를 뿌리면서 다시 바싹 말린다. 그런 연후에 운반하여 구덩이 속에 넣고 종자를 파종했으며, 그 위에는 약간 거름기 있는 분토로 덮어 주었다. 이렇게 하여 직접 생산력을 시험해 본 결과 무당 30섬[石]을 거두었다고 한다.

이때 오직 끓여 부숙한 똥[煮糞]만 사용하고 풀재[草灰]를 넣지 않으면 무당 20여 섬을 거두었다고 한다. 그리고 끓인 똥을 사용하지 않고 풀재도 사용하지 않았을 경우, 수확은 평상시와 같았으며 많이 거두어들일 수가 없었다고 한다. 이 비료는 사람 똥으로는 왕성한 성장을, 풀재로는 결실을 담보했던 것 같다.[08] 때문에 고법을 안다면 포기할 수 없는 일이다. 당시 변방 산비탈의 땅에는 이 비료가 가장 적합했으며, 이런 땅은 진지력盡地力할 수 있었다고 한다.[09] 이상과 같은 자분법은 이미 한대부터 사용된 것으로

---

08 『각성농사술(各省農事述)·회안(淮安)』; 『농학보(農學報)』 제57기, 광서 24년(1898) 12월하, "人畜糞十之三, 柴草灰十之七. 人糞過多, 則秀而不實."

09 『서광계전집』 오(伍) 「농서초고·원료범농서재숙분법」, pp.455~456. 이 내용은 『보지권농서』의 내용을 서광계가 그대로 전재한 것인데, 이 중 마지막 부분의 "可以盡地力, 可以限胡馬."를 서광계는 원문과는 달리 "可以限焉, 可以盡地力."으로 끝맺고 있다. 앞 문장 '변상(邊上)'과 『보지권농서』의 '호마(胡馬)'를 관련지을 수도 있겠지만, 문장의 내용이 기경과는 무

정사농鄭司農은 "소똥을 이용할 경우, 곧 소뼈를 담가 끓였다."라고 하였으며, 끓여 생긴 청즙淸汁은 이미 『범승지서』의 구전법에서부터 사용하였다.

「원료범농서재숙분법袁了凡農書載熟糞法」에는 당시 자분의 효과와 관련하여, 이미 자분을 거친 것은 모두 청즙淸汁이 되는데, 이 거름은 나무가 말랐을지라도 부어 주기만 하면, 즉각 살아날 만큼 아주 좋은 효과를 보였다고 하였다.

대개 똥은 싹을 무성하게 할 뿐 아니라 토양개량[化土]까지 해 준다. 토양개량은 똥을 먼저 밑거름으로 시비하여 척박한 토양을 기름지게 해 준다는 뜻이다. 그런데 만약 모의 성장을 번성하게 하려면 파종 후에 똥을 시비해야 하는데, 이 경우에는 한낱 가지는 무성해지지만 열매는 번성해지지 않는다. 때문에 비료를 줄 때에는 작물의 특성을 잘 살펴 시비해야 한다.[10] 서광계에 의하면, 자분의 효과는 대략 금즙金汁과 동일하다고 보고 있다. 본래 금즙은 몇 년의 시간이 걸려 만들어지는 것이나 자분을 하게 되면 수시로 금즙을 얻을 수 있었다고 한다.

「원료범농서재숙분법」에는 또 다른 숙분법熟糞法을 소개하고 있다. 그것은 소주법燒酒法으로, 밥이 뜸이 들 때 생기는 증류[餾水]를 이용한 자분법煮糞法인데, 사람 똥 중의 양분을 끌어내는 방식이다. 이것은 금즙金汁의 백 배의 효과가 있지만, 더러운 냄새[穢氣] 때문에 꺼렸다고 한다. 이 비료를 2-3년 땅속에 묻어 두면 더러운 냄새는 없어지고, 더욱 오묘해져 온갖 독을 제거하여 번위番胃까지 치료할 수도 있다고 한다. 그리고 가마솥 속에 남아 있는 숙분을 다시 1-2년 땅속에 더 묻어 두면 다시 금즙이 된다고 한다. 앞서 지적한 아장초鵞腸草, 황호黃蒿, 창이자초蒼耳子草 등의 삼초를 많이 캐어 내 햇볕에 말려서 풀재[草灰]로 사용하는데, 끓인 똥[煮糞]을 풀재와 함

관하고, 또 『보지권농서』의 다음 문장에 이 방식은 오직 고전에 적합하다는 말이 보이기 때문에 서광계의 문장에 따르고, 이것을 "이런 땅에 한정하여"라고 해석하였다.

10 『서광계전집』 오(伍) 「농서초고·원료범농서재숙분법」, p.456.

께 사용하기도 하지만, 양자 모두 그 장점이 있었다고[11] 한다.

당시 서광계는 자분법煮糞法을 자세히 몰랐기 때문에 제조설비와 과정을 추측하여 제조하였다. 즉 우선 3-4섬 들이의 항아리를 가마솥으로 이용하고, 돌을 쌓아 부뚜막을 만들어, 그 위에 3-4개의 항아리를 설치하였다. 부뚜막 아궁이에는 흙담을 쌓아 격리시켜 악취[臭氣]가 생기지 않게 하였다. 항아리에는 진분眞糞을 넣고 목판으로 된 뚜껑을 닫아, 불을 지펴 수차례 끓였다. 손잡이가 달린 큰 조리를 가마솥에 넣어 분을 부드럽게 젓고, 그 찌꺼기는 걷어 내어 소말똥 속에 넣고 덮어서 숙성시키거나 땔나무로 달군 잿더미 속에 넣어서 굽기도 하였다.[12] 이를 꺼내 벽돌로 쌓은 수고水庫에 보관했다가 마른 흙과 섞어 7일간 햇볕에 말린 후에 사용하였다.[13]

그 외의 숙분법으로는 항아리나 단지[罈]에 똥을 넣어 농강시수籠糠柴穗 등을 연료로 하여 끓여 익혀 제조하기도 하였다.[14] 이처럼 똥을 끓이는 숙분법熟糞法은 가축이나 사람 똥에 동물의 뼈나 머리카락을 함께 불에 넣고 끓여 제조하는 방법이다. 다시 말해 사람 똥[大糞]에 뼈[骨]나 머리카락[髮] 등 간단한 재료를 넣고 고농축의 숙분을 만든 것으로, 분을 새롭게 재창출했다는 점에서 의미가 크다.

그 목적은 사료에서 지적한 것과 같이 토양개량[化土]과 줄기를 번성하

---

11 『서광계전집』오(伍)「농서초고·원료범농서재숙분법」, p.456.
12 청대『수시통고(授時通考)』권35「공작어음(功作淤蔭)」에서는 분을 쌓아 땔나무에 불을 지펴 달군 풀재[草灰]로 구워 내는 방식을 "외분법(煨糞法)"이라고 한다.
13 『서광계전집』오(伍)「농서초고·분옹규칙」에는 이 문장이 "缸上用木板蓋定, 燒數沸, 砌水庫盛之. 入土七日, 取起任用, 糞要眞, 又須攪碎, 用有柄大笊籬簹入鍋, 其粗取起入牛馬糞中罨熟, 用若是柴草入灰堆煨用."라고 되어 있는데, 중간의 "砌水庫盛之. 入土七日, 取起任用." 이 들어가 뜻이 통하지 않는다. 그래서 이 부분을 문장의 마지막으로 가져가 해석하였다. 해석 역시「원료범농서재숙분법(袁了凡農書載熟糞法)」에서 숙분에 마른 흙을 섞어 햇볕에 말렸다는 내용을 참고하여 번역하였음을 밝혀 둔다.
14 『서광계전집』오(伍)「농서초고·분옹규칙」, pp.445-446.

게 함에 있었다. 밑거름은 대개 토질을 변화시키고자 시비하며, 작물을 속히 무성하게 자라게 하기 위해서는 숙분을 덧거름[追肥]하였다. 그 외에도 숙분은 작물의 내한성을 높여 주며, 자분을 거쳐 만든 청즙淸汁은 시든 작물을 소생키기는 효능까지 있어 다소 건조한 지역에서도 유용하게 사용되었을 것으로 보인다. 이것은 비료라기보다는 약품, 즉 송대 『진부농서』「분전지의편糞田之宜篇」에서 지적한 분약糞藥에 가깝다고 볼 수 있다.[15] 중요한 것은 숙분 시비의 결과인데, 풀재를 사용하지 않고 숙분만을 사용해도 무당 20여 섬에 이를 정도로 높은 생산성을 거두었다. 다만 숙분을 만들기 위해 많은 인적 자원과 시설투자 및 악취에 시달려야 한다는 사실 등이 보급정도를 결정하는 중요한 관건이기도 했다.

무당 필요한 숙분의 시비량은 당시 사료만으로는 구체적으로 알 수 없다. 다만 한대 구전區田의 경우를 참조해 보면, 1자[尺] 5치[寸]의 정방형의 구전에 가로세로 6치, 깊이 9치의 구덩이[區]를 파면 1무당 3,840개의 구덩이가 생기게 되고, 한 구덩이마다 숙분 1되[升]를 시비했으니 1무당 3,840되, 즉 38섬 4말[斗]의 적지 않은 숙분이 소요되었다.[16]

이러한 숙분은 노예나 예속농민이 많은 지주층에게는 충분히 제작 가능한 비료이다. 왜냐하면 이러한 숙분을 만들려면 훨씬 많은 양의 사람 똥이 필요하며, 집적과 수송 및 처리과정에 엄청난 인적, 물적 자원이 소요되기 때문이다. 따라서 이런 숙분을 사용하기 위해서는 준비과정에 많은 노동력이 갖추어져야 비로소 가능하게 된다. 또 충분한 여유 노동력이 있다 하더라도 후작물의 재배시기와 조건을 함께 고려하지 않으면 안 된다. 후작물을 재배하기 위해서는 다시 정지하여 구덩이[區]를 파거나 작무作畝

---

15 『진부농서(陳旉農書)』「분전지의편(糞田之宜篇)」, "皆相視其土之性類, 以所宜糞而糞之, 斯得其理矣. 俚諺謂之糞藥, 以言用糞猶藥也."

16 『범승지서(氾勝之書)』「구전법(區田法)」, "上農夫區, 方深各六寸, 間相去九寸. 一畝三千七百區. 一日作千區. 區種粟二十粒, 美糞一升, 合土和之. 畝用種二升. 秋收區別三升粟, 畝收百斛."

하는 데 적당한 시간이 필요하며, 그 작물 역시 집중시비를 해야 하는 작물인지 아닌지도 반드시 고려해야 한다.

주목할 만한 것은 단위당 토지생산량인데, 전한 말 구전법區田法에서는 이렇게 무당 38섬 4말의 숙분을 시비하여 무당 100곡斛: 石을 생산했다고 한 것에 반해, 명대에는 30섬을 생산하였다. 이 양자의 차이가 조건의 차이인지 아니면 한대의 생산량이 다소 과장된 표현인지는 좀 더 살펴봐야 한다. 하지만 명청시대에 다양한 비료가 출현했던 조건 속에서 이런 비료들과는 전혀 다른 고농도의 숙분법이 등장하게 된 것은 매우 주목되는 부분이며, 이를 토대로 그 후에도 비료에 대한 연구가 지속되어 새로운 조제법이 등장하게 되었던 것이다.

2. 곡분약穀糞藥의 조제법

똥과 뼈와 머리카락[骨髮]을 자분하여 새로운 비료를 조제하는 방식은 이미 전한 말 골즙骨汁에 종자를 담가[潰種] 분종한 방식에서 그 유래를 찾을 수 있다. 주지하듯 항아리를 이용하여 각종 비료를 조제한 방법은 이미 고대의 간장[豆醬], 생선젓갈[魚醬] 등의 발효법에서 찾아볼 수 있으며, 두 가지 이상의 재료를 섞어 끓이고 농축하여 새로운 약재를 만드는 방식은 중의中醫 탕약제조법과 단약丹藥 제조과정에서도 볼 수 있다.

이러한 제조과정의 원리가 식품이 아닌 비료제조과정에서도 응용되었던 것이다. 이 같은 현상은 농가에서 거름이 요긴한 물건이 되고, 또 거름을 얻기가 매우 힘들어지면서 적은 양으로 고농도의 비료를 얻고자 하는 바람에서 발생했다. 즉 우각분牛脚糞과 저잡분猪雜糞 같은 퇴비를 그전처럼 외부에 쌓아 부숙하는 것 이외에,[17] 가축분을 새롭게 가공하여 분을 제조

---

17 『국맥민천(國脈民天)』「축분(蓄糞)」, "農家惟糞爲最要緊, 亦惟糞最爲難得. 除牛脚糞與猪雜

하기에 이른 것이다.

명대 경음루耿蔭樓(?-1638)의 『국맥민천國脈民天』에는 위의 숙분법을 한 단계 발전시킨 새로운 비료제조법이 등장한다.[18] 경음루는 하북성 영수현靈壽縣 사람으로 천계天啓 5년(1625)에는 진사로서 일찍이 산동 임치臨淄 지현知縣을 역임했으며, 북방 한전농업에 많은 관심을 기울였다. 그의 비료법에서 특징적인 것은 처음으로 분에 식용 가능한 곡물가루와 깻묵류[餅肥類]를 섞어 비료를 제조했다는 것이다. 분과 같은 폐기물에 곡물을 넣는다는 것은 폐기하는 것으로 인식할 수 있는데, 곡물을 똥[糞]과 섞어 발효라는 과정을 통해 새로운 비료를 개발하고자 했던 것이다. 이처럼 똥과 곡물을 섞어 만든 비료를 다른 것과 구분하기 위해 편의상 곡분약穀糞藥이라 칭하고자 한다. 형태는 다르지만 전국시대 이래의 대두나 어류魚類를 발효시켜 간장과 생선젓갈과 같은 전혀 다른 형태의 음식물을 창출해 낸다거나 어류에 곡물을 섞어 육장肉醬을 만들었던 것과 원리상으로는 같다. 그 구체적인 모습을 보면 다음과 같다.

우선 그 재료를 보면 대흑두大黑豆 1말, 대마자大麻子 1말(대마자가 없으면, 검정콩, 깻묵, 소마자小麻子 혹은 면화씨깻묵[棉子餅]을 사용)을 반쯤 볶아 가루를 내고, 거기에 독성이 강한 석비石砒 가루 5량과 사람 똥 및 개·양 똥 1섬과 비둘기똥[鴿糞] 5되(비둘기똥이 없으면 닭 또는 오리똥도 무관)를 고루 섞었다. 결

糞, 宜照常珍積外."

18 『국맥민천』「축분」, "每配一料, 大黑豆一斗, 大麻子一斗, 炒半熟碾碎, 加石砒細末五兩, 上好人羊犬糞一石, 鴿糞五升, 拌勻. 遇和暖時, 放磁缸內, 封嚴固, 埋地下四十日, 取出, 噴水令到曬至極熟, 加上好好土一石拌勻, 共成兩石兩斗五升五兩之數, 是全一料也. 每地一小畝止用五斗, 與種子拌勻齊下, 耐旱殺蟲, 其收自倍. 如無大麻子, 多加黑豆麻餅或小麻子或棉子餅俱可, 如無鴿糞, 鷄鴨糞亦可, 其各色糠皮豆渣俱可, 入糞每畝止用五斗, 一料可糞田四畝五分. 第一年如此, 第二年每畝用四斗, 第三年止用三斗, 以後俱三斗矣. 如地厚再減, 地薄再加, 加減隨地厚薄, 在人活法爲之. 如無力之家, 難辨前糞, 止將上好土團成塊, 砌成窯, 內用柴草將土燒極紅, 待冷, 碾碎與柴草灰拌勻, 用水濕遍, 放一二日, 出燒過火毒, 每燒過土一石, 加細糞五斗拌勻爲之. 如不砌窯, 止隨便用火將土或燒或炒極熟俱可代糞也."

국 중심재료는 곡물 2말에 사람과 가축 똥 1섬이 되는 셈이다. 석비石砒의 양은 후술하는 분단糞丹 제조 때 필요한 양에 비해 그다지 많지 않다.

제조방법을 보면, 이들 재료를 항아리에 넣어 밀봉하여 40일간 땅속에 묻어 발효시킨 후에 꺼내 냉열과정을 거쳐 좋은 흙 1섬과 고루 섞으면, 모두 2섬 2말 5되 5량이 된다. 이것이 한 항아리의 전체 분량[全一料]이다.[19] 파종량은 1소무小畝당 5말을 시비하였는데, 그러면 1료料, 즉 한 옹기의 곡분약穀糞藥으로 4무畝 5푼[分]의 토지에 시비할 수 있었다. 이 곡분약을 종자와 함께 고루 섞어 뿌리게 되면 가뭄에 강하고 해충까지 죽여 수확이 배가되었다고 한다.

이 비료를 계속 사용할 경우, 이듬해에는 무당 4말을 시비하고, 3년째 이후에는 단지 3말만 시비하면 된다. 그것은 3년이 되면 점차 땅의 기운이 회복된다는 의미이다. 그 후 시비의 양은 '토양의 성질에 따라 가감했는데', 이는 인활법人活法에서의 대처법이나 약의 처방과 동일하다고[20] 한다. 이것은 환자의 상태에 따라 약을 처방하는 이치와 같이 분약糞藥 또한 토양의 성질에 따라 분의 양을 조절했다는 것을 보여 준다.[21]

이와 같은 시비방법은 앞의 숙분에 비해 무당 수확량은 적었지만, 상대적으로 시비량은 크게 줄었음을 볼 수 있다. 이처럼 곡분을 복합하여 제조한 비료는 각각 단독으로 사용했을 때보다 곡물의 내한성과 생산력을 제고시켜 주었다. 특히 곡분약穀糞藥 속에 들어간 석비石砒는 명말 『천공개물天工開物』「맥공麥工·북경종北耕種·누구도耨具圖」에서도 지적한 바와 같

---

19 1경(頃)에 시비한 전일료(全一料)의 양은 사료에 제시된 용량만으로는 제각기 도량형의 단위가 달라 정확하게 그 부피를 알 수는 없지만, 부피를 알 수 있는 것 9.8말과 나머지를 합하면 약 20말 전후였을 것으로 판단된다. 이를 햇볕에 말리거나 삶아 가루로 내어 시비한 것을 보아 물기를 빼는 과정에서 약 절반이 사라졌다고 하면 10말(100되) 정도였을 것으로 판단된다. 그렇다면 무당 1되 정도 시비했다는 말이 된다.

20 『국맥민천』「축분」, "如地厚再減, 地薄再加, 加減隨地厚薄, 在人活法爲之."

21 『진부농서』「분전지의편」, "諺謂之糞藥, 以言用糞猶藥也."

이,[22] 원래 북방에서 해충 방제를 위해 비상砒霜을 맥종에 섞어 사용했던 방법이다. 비상에 함유된 독성을 이용하여 해충 방제에 효과적으로 이용하였던 것이다. 다만 이 방법 역시 자분법煮糞法과 마찬가지로 적지 않은 인력과 경제력을 요구했기 때문에 소농민이 접근하기에는 용이하지 않았을 것이다.

그 때문에 『국맥민천國脈民天』에는 인력이나 경제력이 부족하여 곡분약을 제조할 수 없는 경우에 어떻게 비료를 만들어 시비하는가도 동시에 제시하고 있다. 우선 인력이 부족하여 미리 분을 골라 준비하기 곤란한 경우에는 좋은 흙덩어리를 벽돌로 쌓아 만든 분교糞窖 속에 넣는다. 그리고 땔나무[柴草]로 불을 피워 흙을 벌겋게 구워서 식힌 후에 부수어 재와 고루 섞어 화독이 빠지기를 기다렸다가 흙 1섬에 고운 거름[細糞] 5말을 섞어 비료로 만들 것을 권유하고 있다. 이는 흙을 불에 구워 비료를 대신한 것으로, 물이 많고 땅의 온도가 찬 강남지역에서 많이 이용한 송원대의 화분火糞과 유사하다. 실제 『왕정농서王禎農書』「분양편糞壤篇」에는 화분을 "흙을 풀, 나무와 함께 쌓아 태운다."라고 하였는데, 화분은 흙을 불에 숙성시켜 만든 강남지역 특유의 비료로서 맥과 채소 파종에 좋으며, 석회와 더불어 토양을 보온하는 데 유용했다고 한다.[23]

이러한 곡분약법穀糞藥法이 출현한 이유를 『국맥민천』「축분蓄糞」을 통해 살펴보면, 우선 가뭄과 병충해에도 강하면서 수확량을 높이기 위한 비료가 필요했던 것으로 보인다. 후술하는 분단의 융복합 비료의 재료 속에 석비石砒가 필수적으로 포함된 것도 이러한 사실을 단적으로 말해 준다.

---

22 『천공개물』「맥공(麥工)·북경종(北耕種)·누구도(耬具圖)」, "陝洛之間, 憂蟲蝕者, 或以砒霜拌種子, 南方所用, 惟炊爐也."

23 『왕정농서(王禎農書)』「분양편(糞壤篇)」, "其火糞, 積土同草木堆疊, 燒之. 土熟冷定, 用碌碡碾細用之. 江南水多地冷, 故用火糞. 種麥, 種蔬尤佳. 又凡退下一切禽獸毛羽親肌之物, 最爲肥澤, 積之爲糞, 勝於草木. 下田水冷, 亦有用石灰爲糞, 則土暖而苗易發."

그리고 앞의 자분, 숙분법과 비교할 때 제조 방법을 제외한 가장 큰 차이점은 무당 시비량이다. 숙분법에서는 무당 38섬 4말의 비료가 소요되었다면, 곡분약법에서는 단지 무당 5말의 비료가 사용되었다. 물론 양자는 파종처를 짓는 작무법에서도 차이가 있지만, 무당 시비량을 줄이면서 생산력을 제고하는 방향으로 비료를 개발하고 있었다는 점에서 당시 기존 비료가 지닌 결점이 무엇이었으며, 이를 해결하기 위한 시대적 요구는 무엇이었는지를 짐작할 수 있게 한다.

　게다가 쇠두엄이나 저잡분猪雜糞과 같은 퇴비와 그 제조방식과 달리 사람 똥이나 각종 가축 똥을 적극적으로 활용했던 것은 속효성速效性 시비의 요구가 그만큼 절실했음을 말해 준다. 또한 강남지역을 중심으로 똥오줌 비축을 위해 분교糞窖를 설치한다거나[24] 강소성 산양현山陽縣에서는 19세기까지 소·돼지똥을 풀어 관개하고[25] 청수분淸水糞을 벼 모종에 뿌린 점으로 미루어 볼 때,[26] 자분 숙분법과 곡분약법은 발효라는 방식을 이용한 비료제조법으로 명대 중기 이후에 새롭게 등장한 방식이다. 명말에는 남북지역에서 모두 사용했지만, 명말청초를 거치면서 곡물이 풍부한 강남지역을 중심으로 보다 일반화된 비료제조법이었다고 할 수 있다. 그러나 무엇보다도 비료수급과 시대적 요구에 알맞게 당시 과학자들이 현실에 안주하지 않고 끊임없이 실험을 통하여 비료를 발명하려 했다는 점을 주목해야 할 것이다.

24　『수시통고』 권35 「공작(功作)·어음(淤蔭)」.
25　오곤전(吳昆田), 『산양풍속물산지(山陽風俗物産志)』 「소방호재여지총초(小方壺齋輿地叢鈔)」 제6질, "獸則六畜富擾, 農業戶蒙牛若猪, 以其糞漑田."
26　『각성농사술(各省農事述)·회안(淮安)』; 『농학보(農學報)』 제57기, 광서 24년(1898) 12월하에는 강소성 회안부의 경우, 수전을 기경한 후 소가 분을 실은 소선을 이끌고 사람이 그 위에 서서 수전에 분을 뿌린 후에 이앙했다고 한다.

Ⅲ. 융복합 비료의 출현과 그 배경

1. 분단의 제조법

똥을 끓이거나, 곡물을 가미하여 발효시켜 복합비료를 만들었던 방식은 더욱 진일보하여 마침내 분단糞丹이라는 새로운 기술을 창출하기에 이르렀다. 분단은 기술발전과정과 더불어 후술하는 바와 같이 당시 사회경제적 요구에 의해 출현했다. 서광계의 『농서초고農書草稿』에 소개되어 있는 분단법은 3가지이다. 우선 그 내용부터 살펴보기로 하자.

먼저 서광계 자신이 실험 제조한 분단법을 보자. 〈표 1〉에서 제시한 순서대로 그 재료를 보면, 오늘날 농약, 제초제 및 살충제를 만드는 유독성 금속류인 비소[砒]를 비롯하여 흑료두黑料豆, 그 다음이 새똥[鳥糞], 닭·오리의 똥과 날들짐승[鳥獸]의 내장 등 동물성 똥과 내장류이다. 물론 사람 똥, 소·말똥을 사용하여 제조해도 무관하다고 한다. 간혹 깻묵과 콩깻묵 등 기름을 짜고 남은 찌꺼기를 제조구덩이에 함께 넣기도 한다고 한다. 이렇게 배합하여 조성된 비료가 단두丹頭가 된다.[27]

〈표 1〉 분단의 제조과정에 소요되는 재료

구분	鑛物	穀物/植物열매	糞類	植物餅肥	액체	동물성
徐光啓	砒(비소)1斤 (硫黃도 가능)	黑料豆3斗 (볶은 것 1斗, 찐 것 1斗, 생것 1斗)	鳥糞, 鷄鴨糞, 人糞	麻籸豆餅等 約3-5石		鳥獸 腸胃
吳雲將	信10斤		乾大糞1擔, 濃糞2석	麻餅200斤	退猪水 1擔	猪臟 1兩副

---

27 『서광계전집』 오(伍) 「농서초고·분단(자의)[糞丹(自擬)]」, pp.446-447.

王淦㷽	黑礬6升 砒信5觔	槐子2升	乾大糞3斗 鴿糞3두 (없으면, 닭, 거위, 오리糞도 좋다.)	麻糁3斗 (혹 麻餅. 없으면 麻子黑豆 3斗를 사용한다. 이때 볶은 것 1斗, 찐 것 1斗, 날것 1斗를 사용한다.)	退猪水, 牲畜血	猪臓1-2(兩)副 (牛羊의 내장 및 魚도 가능.)
耿蔭樓, 『國脈民天』	石砒細末5兩	大黑豆1斗, 大麻子1斗를 반쯤 볶아 맷돌에 간다. (만약 大麻子가 없으면 대개 黑豆, 麻餅, 小麻子나 棉子餅을 함께 사용해도 좋다.)	人·羊·犬糞1石, 鴿糞5升. (만약 鴿糞이 없으면 鷄鴨糞도 좋다.) [다양한 곡식 껍질 [糠皮]이나 콩비지[豆渣]를 糞에 넣어도 좋다.]	代用品: 麻餅, 棉子餅, 豆渣		
王龍陽	『徐光啓全集』5册, 『農書草稿(卽北耕錄)』「糞壅規則」편에 보이지만, 구체적 제조법은 없다.	무당 분단(糞丹) 한 되 시비				

재료를 보면 가축이나 사람 똥, 비소[砒], 그리고 검정콩은 볶은 것, 삶은 것과 날것의 3가지와 콩깻묵류가 중심을 이루고 있다. 만약 조제한 분단이 뒤에 힘이 떨어지면 다시 약두말藥豆末(분약糞藥과 콩가루[豆末])을 더하거나 유황을 보충하여 시비했다고 한다.

서광계는 위의 재료들을 벽돌로 쌓은 구덩이 속에 넣어 21일간 햇볕에 말리되, 거름기[糞氣]가 증발하지 않도록 밀봉하고, 아래로도 거름기가 빠져나가지 않도록 하였다. 그 때문에 항아리[缸]를 사용하면 더욱 효과적이라고 한다. 항아리를 사용할 경우 이들 재료를 항아리 속에 넣고, 똥을 숙성할 때는 그 안에 여러 개의 항아리를 작은 공간[小室]마다 하나씩 배치하였다고 한다.[28] 각각 흙 부뚜막을 만들어 항아리를 (재 속에) 묻어 자숙煮熟한다. 항아리마다 재료가 가득 차면 임시로 설치한 갱상坑床은 허물거나 없앨 수도 있다. 첫 번째 항아리를 자숙煮熟한 후에는 창고[庫]에 넣고, 중복中伏 때 땅 기운이 적합한 시기를 틈타 시비한다. 이상의 방식은 두 개의 항아리를 사용해도 좋고, 많으면 많을수록 더욱 좋다고 한다. 만약 파종할 계절이 겨울과 봄처럼 추운 계절이라면, 불을 지펴 7일간 열을 가해 숙성[爐]시킨 후, 이를 가져다가 파종할 고랑[溝][29] 위에 시비한다고 하였다.

주의할 점은 이 비료를 시비하고 3일 후에는 물을 주어야 하는데, 그렇지 않으면 뜨거운 열기로 인해 종자가 손상을 입기 때문이라고 한다. 이같은 사실로 미루어 종자를 분단의 용액에 타서 시비한 것이 아니었음을 알 수 있다. 따라서 분단糞丹은 종자에 직접 시비했다기보다 파종, 복토 후 시비한 것이 아니었던가 생각된다.[30]

주목되는 점은 서광계의 분단법糞丹法은 앞의 숙분법熟糞法보다 소요되는 재료의 종류와 그 수는 다양하지만, 자분煮糞하는 방식은 사람 똥이나 가축 똥을 불에 숙성하여 숙분을 만드는 방법과 큰 차이가 없다는 것이다.

---

28 이 부분 사료의 내용이 쉽게 그림이 그려지지 않는다. 대형 항아리 속에 여러 개의 작은 항아리들을 배치했는지, 아니면 칸막이가 쳐진 작은 방에 시설물을 설치하고 잿불을 이용하여 자숙(煮熟)을 한 것인지가 분명하지 않다. 왜냐하면 각각 부뚜막을 만들어 솥을 거는 것처럼 묻는다거나 갱상(坑床)을 설치하는 것을 보면 후자인 듯하지만, 항아리에 재료가 가득 차면 숙성을 위해 별실에 옮기고 숙성되면 입고했다는 사실과 함께 항아리가 많을수록 좋다는 것은 마치 큰 항아리 속에 작은 항아리를 배치하여 자숙시키는 법과 유사하기 때문이다.

29 『서광계전집(徐光啓全集)』 오(伍) 「농서초고(農書草稿)·분단(자의)[糞丹(自擬)]」에서는 "入種中耩上"이라 되어 있다. 여기서는 문장상 '강(耩)'을 일군다는 의미나 농기구로 보기는 곤란할 듯하여 구(溝)와 같은 의미로 보았다.

30 서광계가 만든 분단의 형태가 액체 상태인지 건조된 분말상태인지가 분명하지 않다. 거름기가 증발하거나 스며들지 않게 해야 한다는 점에서는 액체인 듯하지만, 시비 3일 후에는 종자를 보호하기 위해 물을 주어야 한다는 측면에서 종자를 이 액체에 담가 시비한 것은 아닌 듯하다.

이것은 분명 분단이 숙분의 기술을 계승했음을 말해 준다. 다만 제조과정에서 서광계의 분단법에서는 항아리[缸]의 수가 많을수록 좋다고 했지만, 기본적으로 1-2개를 사용한 데 반해, 숙분법에서는 3-4개를 기본으로 하고 있다. 이는 제작된 비료가 양적인 면에서 볼 때, 숙분의 2-3배의 효과를 지녔음을 의미하기도 한다. 따라서 거름의 효과는 분단 1말이 사람 똥 10섬(100말)에 상당하였다는 것으로 볼 때, 분단을 사용함으로 인해 단위면적당 거름의 양이 1/100로 크게 줄어들었음을 말해 주고 있다.

서광계 분단 제조과정에서 주목되는 것은 사용된 재료인데, 즉 흑료두 黑料豆 3말과 콩깻묵류 3-5섬(180-300kg)을[31] 똥 속에 넣는 것이 특징이다. 흑두 3말은 다른 경우에도 일반적으로 포함된다. 하지만 콩깻묵류의 경우, 후술하는 것처럼 오운장吳雲將은 200근(120kg), 왕감추王淦抺는 3말, 그리고 경음루耿蔭樓는 단지 대용품으로 깻묵류를 사용했던 것을 보면, 콩깻묵류를 많이 넣은 것이 서광계가 제조한 분단의 특징이라고 볼 수 있다.

검정콩과 콩깻묵류에 포함된 성분을 보면 콩[豆]의 경우 수분을 제외하면 질소[N], 칼륨[K], 인산[P] 순으로 함유되어 있으며, 콩깻묵류의 경우는 탄소성분을 제외하면 질소[氮] 성분이 매우 풍부한데, 칼륨[鉀]의 양도 적지 않고, 인산燐酸은 두과류의 질소성분의 양보다 많이 포함되어 있다.[32] 질소는 식물체를 구성하는 필수 유기물질로서 토양이나 공기로부터 흡수되어 식물에 필요한 단백질을 만들지만, 이것만으로는 부족하기 때문에 보통 비료를 통해 보충한다. 이처럼 서광계의 분단의 성분을 보면 그 비료효능을 짐작할 수 있으며, 그가 이 분단의 시비를 통해 종자의 발육과 지력유

---

31 1섬[石]은 120시근(市斤)이며, 시제 1근은 10냥(1냥은 50g), 구제 1근은 16냥(1냥은 37.5g)이다. 1냥은 10전이다. 대개 고대 동아시아 사회의 1근은 600g 전후였지만, 중국은 1929년 표준단위를 제정하면서 1근을 500g(1섬은 50kg)으로 비정하였다.

32 리지[李季], 펑성핑[彭生平] 주편, 『퇴비공정 실용수책(堆肥工程 實用手冊)』 제2판, 化學工業出版社, 2011, pp.239-242.

지에 어떤 효과를 기대했는지를 알 수 있다.

두 번째 제시한 분단법糞丹法은 왕감추王淦姝의 방식이다. 들어가는 재료의 배열순서를 보면, 첫 번째로 말린 사람 똥[乾大糞]이 등장하고, 이어서 질소성분이 많은 마삼麻糝 3말, 간혹 깻묵을 쓰기도 하는데, 없으면 삼씨[麻子]나 검정콩 3말 사용하며, 이 경우 볶은 것, 삶은 것 및 날것 각각 1말씩 사용하였다. 그리고 비둘기똥[鴿糞](닭똥이나 오리똥도 가능) 3말, 흑반黑礬(황산철) 6되, 괴자槐子 2되 및 비신砒信 5근의 순서로 제시되어 있다. 재료에 있어 특징적인 것은 소·양의 내장과 생선도 좋으며, 돼지 내장[猪臟], 돼지 삶은 물[退猪水]이나 가축 피[牲畜血]를 추가하였거나, 유황성분의 흑반 6되 이외에, 비신砒信을 서광계의 분단 제조 방법보다 5배나 많은 오근五觔: 斤의 양을 첨가했다는 점이다. 게다가 가축의 내장이나 피 및 털 뽑은 물과 생선 등의 재료를 구체적으로 제시하고 있으며, 그 양도 후술하는 오운장吳雲將의 방식에선 1량(31.2g)을 넣는 것에 비해 2배 이상 많이 넣고 있다.

물론 당시의 경제여건으로 보아 충분히 먹을 수 있는 가축의 내장이나 생선을 비료의 원료로 쓰지는 않았을 것이다. 아마 죽어 먹을 수 없거나 부패한 가축이나 동물의 내장을 비료로 사용했을 가능성이 크며, 퇴저수退猪水 역시 돼지를 잡은 후 벗겨 낸 털과 찌꺼기 등이 분단의 재료로 사용되었을 것으로 보인다. 털비료[毛肥]는 이미 『진부농서』「선기근묘편善其根苗篇」에도 '심저모燖猪毛'라고[33] 표현하였으며, 이는 돼지를 삶아 벗긴 털로서 화분火糞과 섞어 사람 똥[大糞]을 부숙하는 재료로 사용되고 있다. 『보지권농서寶坻勸農書』에 의하면, (동물) 가죽부분이 가장 기름져 이것을 모아 초목의 비료로 사용하면 좋으며, 그것을 물에 부숙하여 그 즙과 함께 사용하

---

33 완궈딩[萬國鼎], 『진부농서교주(陳旉農書校註)』, 農業出版社, 1965의 교주에 의하면, 지금의 풍속에서는 물을 끓여서 돼지, 양털과 닭, 오리털을 뽑는 것을 '심모(燖毛)'라고 한다. '심저모(燖猪毛)'는 끓인 물을 이용하여 뽑은 돼지털을 가리킨다고 한다.

면 더욱 좋다고 한다.[34]

이처럼 동물의 가죽, 내장, 피와 털 속에는 수분을 제외하더라도 질소성분은 콩깻묵류의 거의 절반에 이르고, 콩과류보다도 질소성분이 4배 정도가 많다. 특히 내장, 털과 응고된 혈액 속에는 인산 성분이 콩깻묵류의 인산磷酸, 콩과류의 질소 성분만큼이나 많이 포함되어 있다. 다만 칼륨성분은 미량이다.[35] 그런 점에서 왕감추가 제조한 분단은 인산성분이 다른 분단보다 많이 함유된 비료였다고 볼 수 있다.

이 비료는 '극발묘가極發苗稼'의 효과로 미루어 볼 때 작물의 열매와 이삭에 효과를 지닌 덧거름이었음을 알 수 있으며, 시비량은 전일료소一料로서 1경의 토지에 시비할 수 있는데, 적은 양을 사용해도 흡수율이 높은 꽃눈의 분화시기에 시비하면 좋은 열매를 기대할 수 있는 복합 속성비료였던 것이다.

제조방식은 이러한 재료들을 고루 섞어 구덩이에 넣거나 항아리 속에 넣어 주둥이를 밀봉하여, 여름철에는 서광계의 방식과 마찬가지로 21일[三七日]간 햇볕을 쬐여 발효 숙성시키며, 그 이외의 달[月]은 불[頂口火]을 이용하여 21일간 배양 숙성하였다. 이렇게 말린 것을 가루로 내어 종자에 따라 시비한 것으로 미루어 볼 때[36] 이 분단은 분말형태였음을 알 수 있다.

다만 서광계는 겨울과 봄철의 분단제조를 위한 자분법煮糞法에서, 단지 "7일간 재에 묻어 굽는다.[用火煨七日.]"라고 한 데 반해, 왕감추王淦姝는 여름철에는 햇볕에 '삼칠일三七日' 그 이외의 계절에는 "항아리 주둥이를 21일간 가열한다.[用頂口火養三七日.]"라고 하였다. 양자 간에 불을 이용하는 계절과 시간에 있어서 너무 차이가 난다. 왕감추의 '삼칠일三七日'은 서광계와

34 『보지권농서(寶坻勸農書)』 「분양 제칠(糞壤第七)」.
35 리지[李季], 펑셩핑[彭生平] 주편, 『퇴비공정 실용수책(堆肥工程 實用手冊)』 제2판, 化學工業出版社, 2011, p.23.
36 『서광계전집』 오(伍) 「농서초고(農書草稿) 분단(왕감추전)[糞丹(王淦姝傳)]」, p.454.

같이 '칠일七日'일 가능성이 크다. 그런 점에서 '삼칠일三七日'은 오기였을 것으로 보인다. 왜냐하면 불에 직간접적으로 닿는 강도는 햇볕보다 훨씬 강렬하기 때문에 여름철 햇볕 속에서 '삼칠일三七日'을 두는 것보다 일 수가 적었을 것이고, 불의 강도에 따라 다르겠지만 7일만으로도 충분히 그 효과를 볼 수 있었을 것이기 때문이다. 물론 '화외火煨'와 '정구화頂口火'의 방법상의 차이나 액체분단과 분말분단의 차이일 수도 있다. 하지만 이것은 자숙하는 것이라기보다는 항아리의 안이나 밖에서 불을 피워 열전달을 통해 숙성하거나 달군 재를 항아리에 덮어 숙성하였다고 하면,[37] 21일간 항아리 주둥이[缸口] 주변에 불을 피운다는 것은 연료문제를 떠나 내용물을 태울 수도 있을 정도의 시간이며, 또한 엄청나게 번거로운 작업이었을 것임이 분명하다.

서광계가 초고에서 제시한 세 번째 분단법糞丹法은 오운장吳雲將의 방식이다. 이 분단법은 특이하게도 황산黃山의 정상에서 만들었는데, 앞의 방법들과는 다른 신비성과 정성이 돋보인다. 필요한 재료는 깻묵, 돼지내장[猪臟], 신[信砒; 信]과 말린 사람 똥, 농분濃糞이며, 그리고 액체로는 퇴저수退猪水가 포함되어 있다. 제조방법을 보면 큰 항아리[大缸]를 흙 속에 묻고, 먼저 넣은 재료를 참작하여 똥을 넣고, 잠길 정도로 물을 부은 후 뚜껑을 닫아 밀봉하였다. 49일 동안 흙으로 덮어 둔 후, 열어 보아 머리카락 같은 곰팡이가 피어 있으면 완성된 것이다.

---

37 '화외(火煨)'법이 구체적으로 어떤 것인지 명확하지 않다. 아마 솥처럼 직접 불을 항아리 바닥에 닿게 하여 끓이는 방법은 아니었을 것이다. 물론 큰 항아리는 고온에서 구워 만든 항아리이기 때문에 열에 쉽게 터지지는 않는다. 다만 이때 불을 대형 항아리의 안에서 피우는가, 밖에서 피우는가의 문제인데, 밖에서 불을 피울 경우 일정한 거리를 두고 땔나무로 열을 가하거나 아니면 달군 재 속에 묻어 숙성했을 가능성이 크다. 참고로 필자가 베이징대학 창춘원(暢春園) 식당에서 본 '화외'법을 이용한 요리방법을 보면, 1m 정도의 높이의 대형 항아리를 이용하여 '민간와관외탕(民間瓦罐煨湯)'을 만들었는데, 항아리 가운데에서 숯불을 피워 그 열기로 밀폐된 항아리 안쪽에 배치해 둔 십수 개의 작은 항아리들 속의 골즙을 우려내는 방식이었다.

이러한 시비방식은 완전히 녹아 버린 검은 물을 빗자루를 이용해서 밭에 뿌려 시비하는 형태로 보아 액체형 비료였을 것이나, 시비량은 무당 0.5되를 초과해서는 안 되며 많이 사용할 수 없다고[38] 한다.

이 분단은 왕감추王淦妹의 방식처럼 분말상태가 아닌 진한 액체 상태였던 것이 특징이다. 밀봉상태에서 완전 부숙 발효되어 녹아 내린 분단은 농도가 강하여 무당 0.5되를 초과해서 시비하면 안 된다고 한 것으로 보아 작물에 직접 시비했다기보다는 여러군데 빈 토양 속에 조금씩 거름을 주거나 물에 타서 시비한 것이 아니었던가 한다. 특히 이 분단의 재료 속에 동물성 성분은 왕감추의 분단만큼 많이 들어 있지만, 그것 못지 않게 말린 사람 똥[乾大糞]이 1담擔,[39] 농분濃糞이 2섬(120kg) 도합 180kg이고, 깻묵은 200근(120kg)으로 훨씬 많으며, 특히 독성이 강한 비신砒信이 다른 분단보다 월등히 많은 10근(6kg)이나 들어 있다는 점이 특징이다. 이런 사실로 미루어 이 분단은 질소비료의 성분과 함께 제초 및 살충제 효과를 동시에 낼 수 있는 비료로 만들고자 했던 것이 아닌가 한다.

이처럼 위의 세 가지의 분단糞丹은 저마다 제조방법이나 재료의 배합법 및 생산된 형태가 다르다. 만약 이것들의 사용지역이 달랐다면, 그 지역의 특성에 맞고, 당시 농업현실에 가장 필요한 비료를 과학자들이 고민하면서 제조했을 것으로 판단된다. 즉 작물 성장에 필요한 영양소는 무엇이며, 어느 시점에 시비하는 것이 효과적인지, 게다가 지역이 안고 있는 농업의 현안문제가 무엇이었는가를 감안하여 제조했던 것이 아닌가 한다.

현재의 사료만으로는 3가지 방식으로 제조된 것 이외의 비료가 더 존재

---

38 『서광계전집』 오(伍) 「농서초고(農書草稿) 분단(오운장전)[糞丹(吳雲將傳)]」, p.455. 분무기(噴霧器)가 없는 상태에서 0.5되로 1무에 고루 시비하는 것 자체가 용이하지 않다. 아마 적당하게 물을 타서 안배했던 것으로 생각된다.

39 Baidu 사전에 의하면 "舊制一百斤爲一擔, 今以百市斤爲一市擔."이며, 1담은 시제 중량단위로 50kg에 해당된다고 한다.

했는가는 알 수 없지만, 앞서 살핀 자분煮糞 숙분법이나 곡분약법穀糞藥法에서도 볼 수 있듯이 명대, 특히 강남지역에는 기존의 초분이나 남니와 같은 비료들과는 다른 새로운 형태의 비료를 필요로 했으며, 그 요구를 과학자들이 수용했던 것으로 보인다. 『농서초고農書草稿』에서는 구체적인 내용을 언급하지는 않았지만 또 다른 분단법이 존재한 흔적을 발견할 수 있다. 바로 왕용양王龍陽이 전하는 분단법으로 "무당 분단糞丹 한 되[升]를 사용한다."라고[40] 언급하고 있다. 이 사료만으로는 이 비료가 액체인지, 가루형태인지는 알 수 없지만 왕용양의 분단법이 존재했던 것을 살필 수 있다. 주목할 만한 사실은 이 분단 역시 무당 1되 정도의 시비를 했던 것으로 보아 분명 다양한 재료를 농축해서 만든 융복합한 비료일 가능성이 크며, 마찬가지로 제초 및 살충의 효과도 지녔을 가능성이 높다.

2. 분단 출현의 배경

1) 비료기술의 축적과 다목적 비료의 요구

명대 이후 분단糞丹과 같은 고농축 속성비료가 등장하게 된 것은 여러 가지 요인이 있을 것이다. 우선 지적할 수 있는 것은 비료 수요량의 증가로 인한 비료제조 기술의 축적이다. 전술한 바와 같이 중국은 전국시대 이래 메주를 이용하여 간장[豆醬]을 제조해 왔으며, 마찬가지로 어육魚肉을 재료로 삼아 육장肉醬과 생선젓갈[魚醬]과 같은 발효식품을 만들어 왔다.[41]

---

40 『서광계전집』 오(伍) 「농서초고(農書草稿) 분옹규칙(糞壅規則)」, p.441, "王龍陽傳糞丹法, 每畝用成丹一升." 본서 제4장에서 제시한 바와 같이 왕감추(王淦烑)는 일찍이 용양현(龍陽縣)의 지현(知縣)을 역임했기 때문에 성씨에 가향(家鄕)이나 임직(任職)을 더하여 왕용양이라 불렀을 것으로 추측하여 왕감추(王淦烑)가 왕양용(王龍陽)과 동일 인물이었을 가능성도 전혀 없지는 않다. 그리고 양자는 무당 시비량에 있어서도 동일하다.

41 최덕경, 「大豆의 기원과 醬·豉 및 豆腐의 보급에 대한 재검토: 중국고대 文獻과 그 出土자료를 중심으로」, 『역사민속학』 제30호, 2009; 최덕경, 「東아시아 젓갈의 出現과 월남의 느억 맘(NuOC MAM): 韓國과 베트남의 젓갈 起源과 普及을 중심으로」, 『비교민속학』 제48

발효식품의 특징은 미생물의 발효과정을 통해 투입된 재료와는 전혀 다른 식품을 만들어 내는 것인데, 포도로 술을 만들거나 콩을 이용해 간장을 만드는 것과 같은 방식이다. 이 기술에서 공통되는 부분은 항缸이나 담罈 같은 대형 항아리를 이용하여 제조했다는 점이다. 그 이유는 재료나 향이 안팎으로 스며들거나 증발하는 것을 방지하고, 발효과정에서 외부의 접촉을 통해 변질되는 것을 막기 위함이다. 선진시대 이래 술의 양조나 간장, 생선젓갈의 제조과정에서도 이 같은 대형 항아리를 이용한 것은 각종 출토자료에서 쉽게 확인할 수 있다.

게다가 중의中醫의 탕약제조과정에서 서로 다른 재료를 융복합하여 불에 달여 농축된 새로운 약제를 만들었던 과정 역시 분단의 제조과정과도 흡사하다. 뿐만 아니라 분단의 제조과정은 도교의 비법인 연단술煉丹術과도 흡사한데, 분단 제조시의 용어 중 '양화칠일養火七日', '정구화頂口火' 등의 용어는 연단술에서 사용하는 언어라고[42] 한다.

기술의 축적에서 간과할 수 없는 것이 바로 사람과 가축 똥에 대한 이용과 처리기술이다. 이미 전한 말 『범승지서』에는 직접 종자에 시비하여 파종하는 분종법糞種法이 출현하고 있다. 종자에 직접 시비함으로써 비료의 양을 줄이고, 거름기가 종자에 잘 스며들어 발아를 촉진하게 하는 것으로 최소의 비료량으로 최대의 효과를 거둘 수 있었다. 게다가 거름이 종자의 외피를 보호하여 가뭄[旱魃]과 병충해로부터 보호받을 수 있다는 장점도 지녔다. 그래서 가축의 뼈즙[骨汁]에 담가 파종하거나 설수雪水나 소금물에 담가 곡물의 외피에 충분히 거름물이 스며들게 분종糞種하였으며, 그 이외에도 누에나 가축의 똥에 종자를 묻어 종자의 발아를 촉진하는 방법 등이

집, 2012.

[42] 두신하오[杜新豪], 「明季的農業煉丹術: 以徐光啓著述中"糞丹"爲中心」 발표문, 남창(南昌): 明淸以來農業農村農民學術硏討會·江西社會科學院 주판(主辦), 2013년 11월 28일.

존재했다.[43] 이러한 경험이 분단을 제조할 때 활용되었던 것이다.

명대에 이르면 사람이나 가축 똥을 이용하여 처리하는 방식이 매우 적극적이었다. 전술한 바와 같이 똥과 뼈를 자분煮糞하여 숙분을 제조했는가 하면, 똥에 직접 비료성분이 높은 곡물이나 깻묵류를 넣어 자분하거나 오랫동안 땅속에서 발효시킨 후, 경우에 따라 흙과 함께 섞어 비료성분을 중화시켜 비료로 사용하였던 것이다.

이때 분을 자분하거나 발효시킨 것에는 여러 가지 원인이 있었을 것인데, 그중에서도 무엇보다 중요한 이유는 재료 속의 성질을 충분히 우려내어 융복합시킴으로써 균형 잡힌 고농도의 비료성분을 만들기 위함이었다. 특히 『보농서』「운전지법」에 의하면 "사람 똥은 힘이 왕성하여 바로 효과가 나타나며, 소똥은 효능이 오래가니 어느 한쪽에 치우치면 안 된다."라고[44] 하며 양자를 함께 사용하여 균형을 맞추도록 권장하고 있다. 특히 『왕정농서王禎農書』에는 "사람 똥은 부숙도가 적당하고 알맞아야 하는데, 생똥을 너무 많이 사용하면 똥의 힘이 너무 강하여 벼의 모종을 태울 수도 있으니 도리어 유해하다."라고[45] 하였다. 사람 똥을 발효 또는 자분煮糞하는 이유는 숙분과정을 통해 생똥이 지닌 거름기를 조정하면서 농도를 높이기 위함이었다.

게다가 자분煮糞과 발효과정은 재료 속에 남아 있는 기생충과 잡초의 씨를 원천적으로 제거하는 데에도 중요한 작용을 했다. 실제 『진부농서』「호운지의편耨耘之宜篇」에 의하면 남송 초까지만 하여도 잡초제거는 농업에 있어서 최고 난제 중의 하나였다고 한다. 그래서 잡초의 재생을 염려하여

---

43 최덕경, 「播種期 農作物에 대한 農民의 生態 認識: 『齊民要術』과 『農桑輯要』를 中心으로」, 『중국사연구』 제73집, 2011, p.31, 36-39.
44 『보농서(補農書)』「운전지법(運田地法)」, "人糞力旺, 牛糞力長, 不可偏廢."
45 『왕정농서(王禎農書)』「분양(糞壤)」, "然糞田之法, 得其中則可, 若驟用生糞, 及布糞過多, 糞力峻熱, 即燒殺物, 反爲害矣. 大糞力狀, 南方治田之家, 常於田頭置磚檻, 窖熟而後用之, 其田甚美. 北方農家, 亦宜效此, 利可十倍."

김을 맨 잡초를 다른 곳에 던져 버리고 거름으로 활용하지도 못하였다. 그
같은 현상은 『왕정농서』「분양편」에도 그대로 이어지고 있다.[46] 그 이유는
당시 농부들이 잡초의 씨와 뿌리의 번식력을 두려워했기 때문이다. 그래
서 진부陳旉는 봄에 갓 자란 잡초는 제거하고, 여름철의 잡초는 김매기하
여 벼 뿌리 깊숙이 묻어 풀이 썩어 문드러지게 하여 토양의 비료로 이용했
다. 그리고 하지 무렵에는 무성하게 자란 잡초를 노동력을 동원하여 베어
줌으로써 가을이 되어 종자가 땅에 떨어지지 않게 하였다. 게다가 수확 이
후의 잡초는 동지 무렵에 갈이를 하여 그 뿌리를 얼어 죽게 하는 방법까지
제시하고 있다.[47] 이 작업은 벼 재배 과정의 제초 작업임을 쉽게 알 수 있
다. 여기서 주목되는 것은 여름철 잡초를 벼 뿌리 깊숙이 묻어 처리하는
방법인데, 여름철에 물을 댄 논은 햇볕을 받으면 뜨거워져 묻힌 잡초가 자
연스레 녹게 되는 원리를 이용한 것이다.

　이런 주장과 관련하여 실제 19세기 이후, 절강지역의 수전에는 봄에 부
평초浮萍草가 떠오를 때 이를 밟아 땅속 깊이 쑤셔 넣으면 하지夏至 무렵에
썩어 모[苗]의 비료가 되어 발육에 큰 영향을 끼치게 된다는 기록이나,[48] 강
소성 구용현句容縣에는 열심히 논에 김을 맨 야초를 뿌리째 진흙 속으로
밟아넣어 거름으로 했다는 기록이 보인다.[49]

　뿐만 아니라 퇴비 속에 남아 있는 풀씨[草子]와 벌레는 3-4차례 고온발
열의 발효과정을 거치게 되면 죽어서 다시 살아날 수 없다.[50] 융합성 비료

46　『왕정농서』「분양」, “今農夫不知此, 乃以其耘除之草, 棄置他處, 殊不知和泥渥漉, 深埋禾苗
　　　根下, 漚罨既久, 則草腐而土肥美也.”
47　『진부농서(陳旉農書)』「호운지의편(薅耘之宜篇)」.
48　『각성농사술(各省農事述)·회안(淮安)』;『농학보(農學報)』제57기, 광서 24년(1898) 삼월(三月)
　　　상, “春時萍浮水上, 禾間之草, 輒爲所壓, 不能上田. 夏至時萍爛, 水田爲之色變, 養苗最爲有
　　　益. 久之與土質化合, 便爲肥料. 苗吸其液, 勃然長發.”
49　황부초(黃傅初),『정돈농무유(整頓農務謅)』, 광서 30년(1904),『구용현지(句容縣志)』권말,「지
　　　여잡조(志餘雜俎)」.
50　손택규(孫宅揆),『교가서(敎稼書)』(1721년)「구종십종(區種十種)」, “糞逾熟而糞中之草子亦死矣

를 만들 때 자분煮糞과 발효과정을 거치는 것은 이처럼 분과 잡다한 재료 속에 남아 있는 기생충, 병충해 및 잡초의 종자를 모두 제거하고자 한 것과도 밀접하게 관련되었을 것이다. 더구나 이런 과정을 거쳐 제조한 분단은 비력이 높아 가뭄에도 두려워하지 않았으며, 진지력盡地力을 통해 생산력을 높일 수 있었던 것이다.

그런가 하면 곡분약법穀糞藥法과 분단의 제조과정에서 본 바와 같이 융복합 비료 속에 독성이 강한 석비를 넣어, 제초와 살충의 효과를 동시에 도모했다는 점도 분단의 출현 배경에서 주목해야 할 부분이다. 특히 석비石䃥의 살충 효과는 전술한 송원시대의 석회와는 분명하게 구분되었던 점을 볼 때, 당시 과학자들이 현실 농업의 어떤 점을 가장 걱정했는지 잘 알 수 있다. 뿐만 아니라, 곡분약법으로 제조한 비료 5말을 종자와 함께 1무畝에 시비하면 "내한성이 강하고 살충효과가 있어 수확은 배가된다."라는[51] 효과를 거둔 것을 보면, 비상[䃥信]과 각종 재료를 더 많이 넣어 만든 분단의 경우 그 효과는 말할 필요도 없었을 것이다. 이처럼 명대 발명한 융복합 분단糞丹은 단순한 토양개량이나 작물의 성장에 영향을 주는 비료가 아니라 고대 이래 농업생산의 난제였던 제초와 살충, 나아가 내한耐旱까지 동시에 고려하여 만들었다는 점에서 명대 이전의 비료와는 확연하게 구별된다.

2) 사회경제적 배경

그리고 분단糞丹과 같은 융복합 비료가 명대 중·후기부터 명말청초의 강남에 많이 등장하고 있는 것은 기술적인 진보 이외에 사회경제적인 요인도 적지 않게 작용했을 것이다. 이미 앞 장에서 구체적으로 지적한 바와 같이[52] 명말청초의 강남江南지역의 경우 농업구조가 크게 변하였던 시기였

… 凡出圈糞 … 倒三四次令發熱, 始冲和發稼, 且耐旱. 若不發熱, 不唯太猛生蟲, 而且生草."
51　『국맥민천』「축분」, "耐旱殺蟲, 其收自倍."
52　최덕경, 『『補農書』를 통해 본 明末淸初 江南 農業의 施肥法」, 『중국사연구』 제74집, 2011; 최

다. 당송시대 이래 신품종의 도입과 함께 발전한 도맥稻麥의 2년 3작은 명말청초에 이르면, 다양한 상품작물과 더불어 견직업과 면업이 발달하면서 재배작물이 수익성 높은 쪽으로 경쟁적으로 재배되면서 비료의 수요가 급증하였다. 당시 강남지역에서 가장 쉽게 구할 수 있는 대표적인 비료가 강바닥진흙[闈泥]과 똥오줌 등이었다. 명말청초의 『보농서』에 의하면 연중행사로 남니 채취는 필수적이었다. 남니闈泥를 햇볕에 말린 후에 가루처럼 부수어 시비하면, 땅이 견실하고 부드러워 비가 와도 토양의 흡수력이 좋았다고 한다. 특히 건조한 토양을 좋아하는 상전上田에는 효과가 더욱 좋았으며,[53] 동남지역에서는 겨울과 봄에는 반드시 두 차례 하천의 남니를 건져 올려 논에 거름하여 몇 배의 수입을 올렸다고 한다.[54]

게다가 덧거름이 확대되어 비료 수요가 늘어나면서 똥오줌의 상거래도 증가되었다. 명말청초 강남지역에서는 이미 사람 똥과 소똥 등을 모아 '조교租窖'하는 현상이 일반화되었다. 똥값이 등귀하고 인건비마저 상승하면서 필요경비가 늘어나고 교분窖糞까지 훔쳐 가는 사례가 증가하면서, 결국 인근에서 매입하는 조분租糞[55]에만 의존할 수 없게 되자 돼지와 양을 기르는 농가가 늘어나게 되었다. 명말청초의 강남지역에서 당시 생긴 말로, "밭갈이를 하면서 돼지를 기르지 않는다는 것은, 수재秀才가 되려 하면서 책을 읽지 않는다는 것과 같아 성공할 수 없다는 뜻이다. 따라서 돼지와 양을 기르는 것은 농사를 지으면서 해야 할 가장 중요한 일이다."라고 한 것은[56] 이 같은 상황을 잘 말해 준다.

덕경, 「明末淸初 江南지역 콩깻묵[豆餠]의 利用과 보급: 飼料와 肥料의 이용을 중심으로」, 『중국사연구』 제84집, 2013.

53 장리상(張履祥), 『양원선생전집(楊園先生全集)』 권49.

54 심몽난(沈夢蘭), 「오성구혁도설(五省溝洫圖說)」, 가경 4년(1799), "河泥足以肥田, 故瀕河淹地, 來年多得豊收. 今東南種地, 冬春必闈河泥兩次, 以糞田畝. 以閑時三五日之功, 而獲終歲數倍之入."

55 최덕경 역주, 『보농서역주』, 세창출판사, 2013, p.72에 의하면, '조교(租窖)'는 인근 마을의 거름 저장 구덩이[租糞窖]에서 거름을 구매하여 비료의 양을 추가 확보하는 것을 말한다.

그런데 명말청초 무렵 또 다른 분단 출현의 배경은 바로 고용비용의 증대와 노동자들의 지위상승으로 인한 태업息業이었다. 강바닥의 남니南泥와 똥오줌 비료를 채취, 보관, 운반하고 이를 시비하는 전통적인 생태순환 농업은 많은 인력과 비용이 소요된다. 경제력이 있고 예속농민을 많이 보유한 지주의 경우는 큰 문제가 없었겠지만, 소농민의 경우는 충분한 비료확보가 결코 용이하지 않았다. 지주의 경우도 명말청초가 되면서 고용노동자들의 요구조건이 늘어나고, 태업이 자행되면서 비료확보에 많은 어려움을 겪어야만 했다.

이런 상황에서 주목받은 대표적인 비료가 바로 콩깻묵과 같은 깻묵류였다. 실제 "최근 임금은 비싼데 태업이 늘어나면서 요분澆糞을 적시에 시비하지 못하면 (비록 가격이 비쌀지라도) 깻묵을 구입하여 품삯도 줄이고 비료를 효율적으로 관리하는 것만 같지 못하다."라는[57] 상황이 등장하였다. 사실 콩깻묵은 비료로서 매우 뛰어난 장점을 가지고 있다. 콩깻묵은 비료효과뿐 아니라 똥오줌처럼 냄새가 나서 역겹지도 않고, 부피와 중량이 적어 장거리 운반과 보관이 간편하며, 시비할 때에도 처리가 용이하다. 게다가 무당 시비량도 남니, 퇴비 및 똥오줌 양보다 적어 시간과 노동력을 크게 줄일 수 있어 농업생산성 향상에 큰 작용을 하였다. 특히 깻묵의 덧거름은 물이 많은 강남지역의 토온土塭 유지에 적합하여 다른 어떤 비료보다 효과적이었다.[58] 문제는 강남 현지의 생산량이 많지 않아 외부에서 수입할 수밖에 없었기 때문에 직접 현금으로 구입해야만 했다는 것이다. 하지만 다소 비용을 지불하더라도 생산성이 높고 경제효과도 좋아 콩깻묵의

---

56 장리상, 『양원선생전집』 권49; 『보농서(補農書)』「운전지법(運田之法)」, "種田不養猪, 秀才不讀書, 必無成功. 則養猪羊, 乃作家第一著."
57 장리상, 『양원선생전집』 권50; 『보농서』 권下 「보농서후(補農書後)」, "近年, 人工既貴, 偸惰複多. 澆糞不得法, 則不若用餅之工糞兩省."
58 최덕경, 앞의 논문, 「明末淸初 江南지역 콩깻묵[豆餅]의 利用과 보급: 飼料와 肥料의 이용을 중심으로」, p.26.

요구량은 점차 늘어나게 되었다. 다만 명대 중후기 이후 산동 등 내지에서 생산되는 양이 많지 않아 충분히 활용하기에는 무리가 있었다.[59] 바로 이와 같은 명대의 사회경제적 요인에 따라 분단과 같은 고농축 융복합 비료가 등장하게 된 것이다.

이러한 분단처럼 운반과 보관이 간단하고 적은 시비를 통해 고수확을 올릴 수 있을 뿐만 아니라 제초와 살충까지도 가능한 비료를 발명한다는 것은 당시 농업에 관심을 가진 지식인들의 누구나 염원하던 바였을 것이다. 앞에서 살핀 몇 가지의 분단의 제조과정을 통해 살핀 바와 같이 똥, 곡물가루와 깻묵류를 섞고 아울러 동물성 재료까지 넣어서 비료를 제조한 것은 당시 농작물에 필요한 영양소가 무엇이며, 그러한 영양소가 어떠한 재료 속에 들어 있는지를 이미 알았기 때문에 융복합 비료의 필요성과 그 제조가 가능했을 것이다.

분단의 출현배경은 그 시비량에서도 찾아볼 수 있다. 우선 앞서 살펴본 것처럼 전한 말 구전법區田法의 무당 시비량은 38섬 4말이었다. 그리고 『제민요술』「잡설雜說」편에 의하면, 소가 밟아 생산하는 쇠두엄이 연간 30수레이었으며, 이것으로 6무의 토지에 시비할 수 있었다는 점을 볼 때, 1소무당 시비량은 5수레의 퇴비가 소요되었음을 알 수 있다.[60] 그런가 하면 명청시대에는 적지 않은 노동력을 동원하여 강바닥에서 건져 올린 남니는 햇볕에 말려 논과 뽕밭에 0.4ha당 50-60t의 비율로 시비하였다고[61] 한다. 이것은 무당 10t 전후의 시비를 했음을 의미한다. 또 서광계의 「분옹규칙糞壅規則」편에 의하면, 강남지역 수전의 시비량이 무당 수분 10섬이었

59 최덕경, 앞의 논문, 「명말청초 강남지역 콩깻묵[豆餠]의 이용과 보급」에 의하면 청대에 이르면 해양을 통해 동북지방에서 수입할 수밖에 없었다고 한다.
60 『제민요술(齊民要術)』「잡설(雜說)」, "計經冬一具牛, 踏成三十車糞. 至十二月, 正月之間, 即載糞糞地. 計小畝畝別用五車, 計糞得六畝."
61 L. E. Eastman[이승휘(李昇輝) 역], 『중국사회의 지속과 변화』, 돌베개, 1999, p.104.

다고 하고,[62] 19세기 강소성 회안부淮安府에는 사람 똥과 나무재[柴草灰]를 무당 20석을 시비한 것을 보면,[63] 명청대에도 여전히 시비를 위해 많은 시간과 노동력을 동원했으며, 무당 시비량은 크게 줄어들지 않았음을 알 수 있다.

『보농서』에 따르면 명말청초 강남지역 소농민의 평균 토지보유량은 10무였다고 한다.[64] 당시의 토지 이용도를 감안할 때 최소한 연간 2회 정도의 시비는 하였을 것이다. 만약 「분옹규칙糞壅規則」에서처럼 무당 수분水糞 10섬을 시비하였다고 하면, 수분, 즉 청수분淸水糞이 논의 덧거름으로 연간 200섬(12,000kg)이 소요되었다는 의미이다. 그 외 회안부淮安府의 예처럼 별도로 밑거름이나 덧거름을 위의 양처럼 1회 더 시비했을 것을 감안하면 전체적인 시비량은 더욱 늘어난다. 비슷한 현상은 18세기에도 마찬가지인데 사람 똥을 회토灰土와 섞어 발효, 부숙하여 무당 한 수레의 시비를 하면 기름진 토양이 되었다고 한다.[65] 재거름의 시비량은 인접한 조선의 역사에서 찾아볼 수 있다. 18세기 『천일록千一錄』「취분회聚糞灰」조에 의하면, 집의 아궁이 속에서 하루에 1말의 재를 얻을 수 있어 1년간 360말을 모을 수 있었으며, 이것으로 20말의 종자를 심을 밭에 시비할 수 있었다고[66] 한다. 이것은 1마지기[斗落]의 전지에 재거름만 18말을 시비했다는 말

---

62 『서광계전집』오(伍)「농서초고(農書草稿)·분옹규칙(糞壅規則)」, p.441, "南土壅稻, 每畝約用水糞十石."

63 실제 강소성 회안부(淮安府)에는 수전 1무에 분 20섬[사람 똥 3/10, 시초분(柴草糞) 7/10]을 시비하고 있다. 『각성농사술(各省農事述)·회안(淮安)』, 『농학보(農學報)』제57기, 광서 24년 (1898) 삼월(三月)상, "田一畝, 約須糞二十石. 人畜糞十之三, 柴草灰十之七."

64 『보농서(補農書)』「운전지법(運田地法)」, "凡人家種田十畝, 須下秧十三畝, 以防不足, 且備租田." 『보농서후(補農書後)』「총론(總論)」, "吾里田地, 上農夫一人止能治十畝."; 『보농서후(補農書後)』「총론(總論)」, "且如匹夫匹婦, 男治田地可十畝."

65 『수제직지(修齊直指)』「구종십종(區種十種)」.

66 『천일록(千一錄)』「농가총람(農家摠覽)·취분회(聚糞灰)」, "人家一竈, 每日朝夕, 取竈中之灰, 則可收灰一斗. 積一斗可收三百六十斗, 可以糞二十斗所種之田. 二十斗所種之田, 上可收數十石穀. 下可收十餘石穀. 又於春夏, 採草折茅, 則可以糞二十斗所種之畓, 二十斗所種之畓,

이 된다. 그리고 시비량이 가장 적은 콩깻묵의 경우도 무당 10개 정도 시비했다고[67] 한다. 이처럼 비료의 종류에 따라 무당 시비량은 다르지만, 대개 많은 양의 비료가 사용되었음을 알 수 있다.

문제는 농가에서 이렇게 많은 양의 비료를 제조하여 보관하고, 이를 전지에까지 운반하며, 또 이를 시비하려면 적지 않은 시간과 노동력이 동원되어야 한다. 게다가 토지이용도가 증대되고 작물의 복종지수復種指數가 높아지면서 단위당 비료의 수요는 더욱 확대되었을 것이며, 소요되는 노동력은 더 많아졌을 것이다. 명대가 되어 지역마다 비료의 종류가 다양해진 것은 이런 현상과 관련이 있을 것이다. 반면 점차 명대 중후기 이후 임노동자의 신분향상과 그로 인해 야기된 사회경제적인 조건의 변화는 비료생산에 큰 차질을 보였을 것이고, 이것은 바로 생산력의 제고에 결정적인 영향을 미쳤을 것이다.

명대 중후기 이후 이런 상황 속에서 동물성, 식물성과 광물질의 재료를 고농도로 융복합한 비료의 발명이 시도된 듯하다. 실제 시비량을 통해 비료의 발전과정을 살펴보면, 곡분약穀糞藥의 경우, 전일료全一料의 양은 2섬 2말 5되 5량兩인데, 이것으로 4무畝 5푼[分]을 시비했다고 한다. 첫해에는 1소무小畝당 5말을 시비하고, 3년째 이후에는 단지 3말만 시비하였다. 이와 같은 시비량은 명대 이전의 어떤 시비량과 비교해 보아도 크게 줄어들었음을 알 수 있다.

이런 현상은 분단을 제조하면서 더욱 뚜렷하게 드러난다. 서광계가 제조한 분단의 효능은 분단 1말이 사람 똥 10섬에 해당한다고 하였다. 서

所收則可倍於田穀矣. 假使至賤之民, 雖借富人之田, 而耕取其半, 足可得數十石之穀, 可作
一年之糧矣. 大抵一戶一竈, 乃是至貧數三口之下戶也. 若八九口之家, 有農牛, 則各竈所收
之灰, 牛鹿所踐之糞, 其所糞田之廣, 所穫之多, 推此可知"

67 『각성농사술(各省農事述)·단도(丹徒)』;『농학보(農學報)』제31기, 광서24년(1898) 4월상, "每
餅約八十文, 每畝有十餅, 苗卽壯盛, 獲可至四石."

광계의 분단제조법에 전일료全一料의 양은 분명하지 않지만, 수치가 표기된 재료만해도 4.3섬이고, 여기에 각종 분을 더하면 적어도 한 항아리[缸] 당 5섬 이상은 되었을 것이다. 이를 21일간 햇볕을 쪼이거나 7일간 화외火煨하여 고농축 액체상태로 만들었다고 가정하면, 1/5 정도만 남는다고 하여도 1섬(10말)이 된다.[68] 앞에서 분단 1말이 청수분을 무당 10석 시비한 것과 맞먹는다는 사실과 대조해 보면, 한 항아리의 분단으로 약 10무에 시비할 수 있었다는 말이 된다. 그것은 기존 시비량보다 1/100이 줄어드는 셈이다.

비슷한 현상은 왕감추王淦姝의 분단제조법에서도 볼 수 있다. 여기서는 1전료로써 토지 1경을 파종할 수 있었다고 한다. 앞의 주에서 제시한 것처럼 전일료全一料의 양이 약 20말 전후이고, 그 분단의 형태가 분말 상태였으니 1/5만 남았다고 하면, 한 항아리에 4말(40되)의 분단을 생산한 셈이며, 물기를 빼는 상태에서 절반이 사라졌다면 10말(100되)이 남아 무당 1되를 시비할 수 있다. 어느 경우이든 무당 시비량이 1되 이내이다. 이것은 결국 1무에 0.4되를 시비했다는 셈이 된다. 이와 비슷한 현상은 왕용양王龍陽의 분단법에서도 발견되는데, 구체적인 제조법은 없지만, 무당 분단 1되를 사용했다고 분명하게 명시하고 있으며, 오운장吳雲將의 제조법에서는 심지어 1무당 반 되를 초과할 수 없으며, 많이 사용할 수 없다고 명시하고 있다.

분단의 시비 시기는 분명하게 제시되어 있지는 않지만, 대개 파종 직후나 왕감추王淦姝의 분단에서 보듯이 작물의 열매와 이삭에 효과가 있다는

---

68 서광계의 「분옹규칙(糞壅規則)」의 "南土壅稻, 每畝約用水糞十石."에서처럼 청수분은 무당 10섬을 시비했으며, 서광계의 분단은 이에 맞먹는 효과를 지녔다고 한다. 그런데 같은 오운장의 분단은 무당 0.5되[升] 이상을 시비하지 못하게 했으며, 왕용양(王龍陽)의 분단(糞丹)은 무당 1되를 시비한 것을 보면, 무당 1되를 시비한 서광계의 분단은 이들보다는 농도가 다소 진하지 아니했다고 판단하여 전일료의 1/5로 파악하였다.

것을 볼 때 꽃눈의 분화시기에 맞추어 시비한 것으로 생각되며 속효성 덧거름의 성격을 지녔음을 알 수 있다. 이것은 분단 하나만으로 비료가 완성된 것이 아니고, 여전히 뿌리와 줄기의 성장에 영향을 미치는 밑거름의 중요성을 간과해서는 안 된다는 것을 간접적으로 말해 주는 것이며, 그에 대한 중요성은 명말청초의 『보농서』에서도 자주 강조하고 있다.[69]

이상에서 볼 때 분단이 발명되면서 드러난 가장 큰 특징은 비료가 지닌 본래의 작용인 생산력의 제고 이외에도 무당 시비량의 대폭적인 감소가 있었음을 알 수 있다. 시비량이 최소한 1/100로 줄어든 것이다. 비료는 제조에서 시비까지 여러 과정을 거친다. 퇴비의 경우를 보면, 준비된 짚 등을 외양간에 깔고, 다음날 걷어 내어 한곳에 모았다가 오랫동안 부숙 과정을 거쳐, 전지로 운반하여 직접 손으로 시비하였다. 게다가 남니南泥나 똥오줌 거름 주기와 같은 덧거름 역시 채취, 운송, 부숙 및 처리과정에서 토지보유량에 따라 시비량이 결정되기는 하지만, 소농민의 경우도 적지 않은 노동력과 시간이 필요하게 된다. 하지만 분단을 사용할 경우, 비록 다소 비용이 들고 제조과정이 복잡하기는 하지만 중간과정에서의 많은 인력과 시간 낭비를 줄일 수 있고, 이에 따라 발생한 유휴시간과 잉여노동을 다른 상업 작물의 생산에 투여할 수 있게 되었다는 데 그 의의가 있다.

시비량이 줄어든 것은 무엇보다 융복합 비료를 만들어 비료성분이 높아진 것에 그 원인이 있을 것이다. 비료성분은 너무 많거나 너무 적어도 작물에게 해를 끼친다는 것은 당시에는 이미 잘 알려진 사실이다.[70] 이러한 사실은 분단의 사료에서도 볼 수 있다. 서광계의 분단의 시비법은 시비한 지 3일이 지나면 반드시 물을 뿌려 종자가 뜨거운 열기에 타는 것을 막아야 한다고 했으며, 특히 중복中伏 전후에 시비할 때는 땅기운에 부합되게 시비

---

69 『보농서(補農書)』「운전지법(運田地法)」, "種田地, 肥壅最爲要緊."

70 『보농서』「운전지법」에는 벼의 덧거름은 처서(處暑) 이후 이삭이 배거나 벼의 색깔이 황색일 때 주어야지 모가 보기 좋아진다고 하면서 함부로 시비하지 말 것을 재차 당부하고 있다.

할 것을 강조하고 있다. 오운장吳雲將의 분단 역시 무당 시비량을 0.5되 이하로 설정하고, 검은 액비를 빗자루를 이용하여 전중에 뿌리듯 시비할 것을 강조하면서 절대 많이 시비하면 안 된다고 특별히 주의하고 있다. 이것은 융복합 비료의 기존의 비료와는 달리 고농축되어 거름의 농도가 진하기 때문에 시비량을 극히 제한한 것이다. 이런 점에서 분단 역시 토성과 작물의 성질에 맞게 거름의 양을 조절하여 시비한 전통적인 분약糞藥의 특징을 가졌다고 볼 수 있다.

IV. 맺음말

송원시대 남방 논농사 비료의 특징은 모내기할 논의 관리와 토양의 온도를 유지하는 데 주목했기 때문에 이에 적합한 화분, 토분 및 석회 등의 비료가 중시되었으며, 게다가 『진부농서』에서 보듯이 똥오줌을 저장하는 거름간[糞屋]을 설치하여 적극적으로 활용했음을 볼 수 있다. 『왕정농서』에 의하면 북방에서도 남방의 이런 시설을 모방하여 10배의 이익을 거둘 정도로 사람 똥을 이용한 비료의 중요성과 그에 따른 수요가 확대되었다.

명청시대 비료에 대한 인식과 그 양상은 상당부분 송원대를 계승하고 있다. 무엇보다 사람 똥 저장시설의 확산과 함께 물이 많은 남방지역의 토온유지를 위해 각종 뼈재, 굴·조개재[蠣蛤灰], 석회와 같은 재거름이 적극적으로 개발하여 활용되었다는 점이 더욱 그러하다. 다만 명 중기 이후 비료가 다양해진 것과 함께 수요가 확대되면서 기존의 비료만으로 시대적 요구에 부응하지 못하게 되자 다양한 비료성분을 함유한 새로운 비료를 제조하기에 이르렀는데, 이것이 바로 명대 중후기 이후 등장했던 융복합 비료이다.

초기의 복합비료에는 자분煮糞 숙분법熟糞法과 곡분약법穀糞藥法이 있다.

전자는 똥에 가축의 골즙을 섞어 자분하여 숙분을 만드는 방식이고, 후자의 경우는 사람과 가축 똥에 곡물가루를 혼합하여 발효시킨 것인데, 단독으로 사용했을 때보다 가뭄을 잘 견디고 생산력도 향상된다는 특징이 있다. 이런 기술을 토대로 하여 명 중후기에 항아리를 이용해서 사람과 가축의 똥에 각종 곡물 등의 재료를 융복합하여 발효 농축시킨 다양한 분단糞丹이 만들어지게 된 것이다. 이러한 분단의 제조법은 이전의 간장과 생선젓갈의 발효법이나 중의中醫의 탕약제조법 혹은 연단술 등에서 기초한 것으로, 근대 이전에 이미 농업생산력의 제고에 결정적인 영향을 미치는 다양한 비료성분과 뛰어난 효과를 가진 선진적인 융복합 비료가 제조되었다는 것에 의미가 있다.

주목되는 것은 이들 분단이 제각기 그 제조방법과 효능이 달랐던 것을 보면 지역의 특성과 작물의 성장 시기에 따라 달리 적용되었을 가능성이 크다는 점이다. 게다가 분단을 통해 지력을 높이는 비료의 효과뿐 아니라 농약의 효과를 동시에 거두었다는 특징도 지니고 있다. 분단 속에 독성이 강한 비신砒信을 넣어 제초와 살충효과까지 동시에 해결하고자 한 것은 주목하지 않을 수 없다.

이런 분단이 등장한 배경에는 명대 이후 작물 복종지수의 증가나 상업작물 재배 등으로 인해 농업경제구조가 변화되면서 비료수요의 증가와 함께 당시 임노동자의 지위향상으로 말미암아 노동집약성이 강한 전통적 생태순환적인 비료생산으로는 농업생산이 곤란하다는 판단이 작용하였다. 그래서 단위당 시비량을 1/100로 줄이면서 살충효과와 함께 비료효과도 있는 분단을 제조하기에 이르렀던 것이다. 그 결과 이런 강남지역의 사회경제적 변화에 힘입어 명말청초의 경제력 역시 크게 회복할 수 있는 기초를 마련했다고 볼 수 있다. 청초 강남지역의 논밭은 전국의 6%에 불과하지만 세량稅糧은 전국의 1/5 이상을 점했다는[7] 사실이 청조 건설에 어떤 역할을 했는지를 잘 말해 준다.

하지만 이와 같은 융복합 비료는, 명청시대 지방지에 등장하는 비료형태를 통해 판단해 볼 때 이후 근대사회까지는 연결되지 못한 듯하다. 왜 일부 과학자들의 연구가 실험실 주변지역에서 끝나 버렸는가를 파악하기 위해서는 새로운 연구가 필요할 것이다. 우선 지적할 수 있는 것은 이러한 분단을 제조하기 위해서는 준비과정에 적지 않은 시설과 관리요원이 요구되었으며, 시간적 여유도 있어야 제조가 가능하다는 점이다. 이후 널리 확산된 콩깻묵과 서로 비교해 보면 콩깻묵 역시 현금으로 구입하는 금비金肥였기에 경제적 부담은 마찬가지였을 것이다. 그리고 분단 속에도 적지 않은 콩깻묵이 포함되었던 것을 감안할 때, 생산력이나 비료효과도 분단이 콩깻묵만을 시용하는 것보다 높았을 것이다. 하지만 실리적인 측면에서 보면, 콩깻묵은 분단에 비해 우선 복잡한 제조과정을 거치지 않아도 되고, 운반과 보관이 간단하고, 취급 또한 용이하였으며, 무엇보다 다른 임노동력에 크게 구애받지 않아도 되는 장점이 있었던 것이다. 특히 보수성이 강한 농민들은 비록 효과는 좋다고 하더라도 새로운 것을 개발하고 사용하는 데, 제조절차가 복잡하고 번거로우면 구습에 따르고 새로운 방법에 쉽게 접근하지 않는 속성이 있었다. 만약 당시에 분단을 대량으로 제조하여 농민들이 쉽게 구매할 수 있었다면 문제는 달랐을 것이다. 그러나 실제 상황은 그렇지 않았던 것 같다. 명말청초의 혼란기를 거치면서 다소 머뭇거리는 사이에 서구문화가 유입되고, 근대 농업의 상징인 서방의 화학비료와 농약이 들어오면서 자연스레 분단은 보다 확산될 수 있는 기회를 놓치게 된 것이다. 뿐만 아니라 전통적으로 농업의 자원이었으며, 생태농업에 있어 선조들의 지혜의 결정체였던 똥오줌 시비 역시 청결과 위생이라는 근대화의 이름 아래 점차 주목받지 못하게 된다.[72]

---

71 건륭(乾隆) 『강남통지(江南通志)』 권111; 리보쭝[李伯重], 「糞土重于萬戶侯: 中國古代糞肥史」, 망이역사(網易歷史), 2009.10.20.
72 최덕경, 「東아시아 糞尿시비의 전통과 生態農業의 屈折: 糞尿의 衛生과 寄生蟲을 중심으

<표 2> 분단(糞丹)의 제조설비와 방법

구분	설치시설	제조방법
徐光啓	벽돌을 쌓아 연못을 설치하여 보관[磚池] / 항아리[缸]를 이용하면 더욱 좋다.	이들을 벽돌로 쌓은 구덩이 속에 넣어 21일간 햇볕에 쬐이고, 밀봉하여 거름기가 증발하지 못하게 하며, 밖으로 빠져나가게 해서도 안 된다. 항아리를 이용하면 좋다. 만약 겨울이나 봄이라면, 7일간 불에 삶아 각각 꺼내 파종할 고랑 속에 시비한다. 분단(糞丹) 1말[斗]은 사람 똥 10섬[石]에 해당한다. 그러나 이 똥을 넣은 후 3일이 지난 후에 물을 뿌린다. 그렇지 않으면 너무 뜨거운 열기로 인해 종자가 상하게 된다. 사람이나 소말의 똥을 사용하여 만들어도 모두 좋다. 이들을 배합하여 조성된 비료가 곧 丹頭가 된다. 그 후 힘이 떨어지면 다시 약두말(藥豆末)[유황(硫黃)도 좋다]을 넣는다. 똥을 삶아 숙성[煮糞]할 때는 몇 개의 항아리에 넣어 작은 공간[小室]에 두는데, 공간마다 한 항아리를 둔다. 각각 흙 부뚜막[土坯竈]을 만들어 항아리를 묻는데, 그 위가 솥을 얹어놓은 것처럼 한다. 빈터에 갱상(坑床)을 놓아 두고, 상(床)은 분해하거나 해체할 수 있다. 항아리마다 가득 차면 상(床)을 별실에 옮긴다. 첫 번째 항아리를 숙성[삶겨진]한 후에 창고에 넣고, 중복(中伏)때 흙 기운과 때를 맞추어 시비한다. 이상의 방법은 두 개의 항아리를 사용해도 좋다. 많으면 더욱 좋다.
吳雲將	큰항아리[大缸]를 이용하여 발효	황산(黃山)의 정상에서 만듦. 큰 항아리를 땅속에 묻어, 먼저 넣은 재료를 참작(감안)하여 똥을 넣는다. 물을 넣어 잠기게 하여 뚜껑을 닫아 밀봉한다. 또 흙 뚜껑을 사용하여 49일이 지나, 열어 보아 머리카락 같은 곰팡이[生毛]가 자라나 있으면 된 것이다. 검은 물을 떠 빗자루를 이용하여 밭 가운데 뿌린다. 1무당 반되[半升]를 초과할 수 없으며, 많이 사용할 수 없다.
王淦烌	구덩이나 항아리를 이용하여 배양	우양류(牛羊類)도 좋으며 생선도 무관하다. 저장(猪臟) 2부(副) 혹은 1부(副)를 잘라 갈아서[挫碎] 퇴저수(退猪水)나 가축의 피가 많고 적음에 관계없이 고르게 섞어 구덩이[坑] 속이나 항아리[缸] 속에 넣고 진흙으로 주둥이를 밀봉한다. 여름철에는 21일간 열어 햇볕을 쬐고, 나머지 달에는 정구화(頂口火)로써 21일간 부숙(腐熟)하여, 햇볕을 쬐어 말린 것을 부수어 가루를 내어 종자를 따라 함께 넣는다. 전일료(全一料)로써 토지 1경(頃)에 파종하면 곡물의 모종이 잘 성장했다.

로」, 『역사민속학』 제35호, 2011.

耿蔭樓, 『國脈 民天』	陶缸을 이용	대흑두(大黑豆) 1말, 대마자(大麻子) 1말을 반쯤 볶아 맷돌에 갈아 가루로 내고 거기에다 석비(石砒)가루와 인분(人糞) 및 견양분(犬羊糞)과 합분(鴿糞)을 고루 섞는다. 따뜻한 날에 항아리에 넣어 잘 밀봉하여 땅속에 40일 묻었다가 꺼낸다. 물을 품어[噴水] 식히고, 햇볕을 쬐어 뜨겁게 하여 그 위에 좋은 흙 1섬[石]을 고루 섞어 모두 2석 2두 5승 5량(22.55말[斗])이 되게 하는데, 이것이 전일료(全一料)이다. 1소무(小畝)의 토지에 단지 5말[斗]을 사용하여 종자와 함께 고루 섞어 뿌리면 가뭄에 강하고 해충을 죽여 수확이 배(倍)로 된다. 만약 대마자가 없으면, 흑두, 깻묵이나 소마자(小麻子) 혹은 면화씨깻묵도 좋으며, 합분이 없으면 계압분도 좋다. 다양한 겨[糠]껍질, 콩찌꺼기도 좋으며, 분(糞)을 넣어 무당 5말을 시비한다고 하면, 1료(料)로써 4무(畝) 5푼[分](22.55斗÷5斗=4.51)을 시비[糞田]할 수 있다. 첫 한 해는 이와 같이 하고, 두 번째 해는 무(畝)당 4말[斗]를 시비하고, 3년째에는 단지 3말[斗]만 시비한다. 이후에도 3말을 시비한다. 만약 땅이 기름[厚]지면 다시 줄이고, 땅이 척박하면[薄] 다시 양을 증가시킨다. 가감은 땅의 비척[厚薄]에 따라 하는데, 사람을 살리는 법과 같이 한다. 만약 인력이 부족한 가정에서 똥을 준비하기 곤란하다면, 단지 좋은 흙을 뭉쳐 덩어리를 만들고, 벽돌을 쌓아 구덩이를 만들어[砌成窖], 그 속에 잡목이나 풀을 이용하여 흙을 벌겋게 구워, 식으면 절구[碾]에 덩이를 부수어, 시초회(柴草灰)와 고루 섞고 물을 두루 뿌려 하루 이틀 햇볕을 쬐어 화독(火毒)이 빠져나가면, 태운 흙 1섬[石]에 세분(細糞) 5말[斗]을 더하여 고루 뒤섞어 시비한다. 만약 벽돌을 쌓아 구덩이를 만들 수 없다면 단지 편하게 불에 흙을 굽거나 볶아 뜨겁게 익히면 분(糞)을 대신할 수 있다.
王龍陽		무당 분단(糞丹) 1되[升]를 사용한다. (『徐光啓全集』 5册, 『農書草稿 卽北耕錄』 「糞壅規則」)

제6장

분뇨 대용 금비金肥의 등장과
강남지역 노동자의 성장

I. 머리말

이 장에서는 다양한 대두 가공식품의 부산물 중에서 가장 늦게 주목을 받았던 콩깻묵[豆餠]에 대해 살핀다. 콩깻묵은 대두로 기름을 짜고 남은 찌 꺼기로서 먹거나 장을 담그는 데도 사용되었고, 명말청초의 강남지역에 서는 가축의 사료나 비료로 사용되어 농업발전에 매우 소중한 존재로 인 식되었다. 때문에 화북이나 동북지역에서 생산된 콩깻묵은 동아시아 각 처나 유럽에까지 수출되었으며, 이런 현상은 20세기까지 지속하여 동아 시아 자본주의형성사에서 중요한 산업으로 자리 잡게 된다.

대두는 대표적인 단백질 식품으로서 다양한 음식소재로 활용되어 왔 다. 명대 왕상진王象晉은 『군방보群芳譜』에서 대두를 묘사하기를, "먹을 수 도 있고, 간장[醬], 시豉(메주, 된장, 청국장), 식용유[油]와 두부를 만들 수도 있 다. 그 찌꺼기는 돼지에게 먹일 수 있고, 흉년이 들어 굶주리면 주린 배를 채울 수도 있다. 기름을 짜고 남은 찌꺼기는 거름으로 사용되며, 콩대는 연료로도 사용되고, 콩잎이 부드러울 때는 채소로 이용할 수도 있다."라 고[01] 하였다. 이것은 대두가 주식과 부식은 물론 가축과 짐승의 사료와 작물의 비료 등 다양하게 이용되었음을 잘 말해 주고 있다. 이러한 것은 일찍부터 대두와 그 가공식품을 이용하게 되면서 그 효용성을 인식하였기 때문에 가능했을 것이다.

이 장에서 주목하고 있는 콩깻묵도 예외는 아니었다. 콩깻묵은 시[豉; 또는 말장末醬]나 콩비지처럼 음식물로 이용되지는 않았지만, 명청시대의 강남지역에서는 매우 소중한 존재로 인식되었다. 당시 강남지역은 인구증가와 함께 상업 작물의 재배가 늘어났는가 하면, 전술한 바와 같이 고용노동자들의 지주에 대한 요구조건도 강해졌다. 게다가 불순한 기후의 영향으로 오랫동안 토지생산력에 대한 압박도 가중되고 있었다. 당시 강남지역의 주된 비료가 많은 노동력을 동원하여 연중 강바닥에서 건져 올린 남니[02]와 똥오줌이었다는 것이 『심씨농서沈氏農書』「축월사의逐月事宜」에 잘 묘사되어 있다. 그런데 노동자의식의 변화와 함께 기존의 농업구조의 변화는 이와 같은 명말청초 강남지역의 비료와 시비방법의 변화를 불가피하게 만들었다. 이때 새롭게 주목되었던 비료가 바로 깻묵[餠肥][03]이었다.

깻묵은 청대 양신의 『지본제강知本提綱』에 보이는 10대 비료[糞] 중 하나로,[04] 깻묵 중 대표적인 비료가 콩깻묵이다. 깻묵의 존재는 참기름[麻油]이 유입된 한대까지 소급할 수 있지만, 그것이 비료로 사용된 것은 남송 때 편찬된 『진부농서』의 마고麻枯[05]에서 볼 수 있는데, 이는 당시 화북지역에

---

01 명대 왕상진(王象晉), 『군방보(群芳譜)』, "(大豆)其豆可食, 可醬, 可豉, 可油, 可腐. 腐之滓可喂豬, 荒年人亦可充饑. 油之滓可糞地, 其可燃火, 葉名藿, 嫩時可爲茹."

02 '남(闌)'은 하천의 진흙을 건져 내는 공구이며, '남니(闌泥)'는 건져 올린 진흙을 말한다. 『보농서(補農書)』에서 경작지에 쓰이는 진흙은 '남전니(闌田泥)'라 하고, 땅에 까는 진흙을 '남지니(闌地泥)'라고 하고 있다.

03 민종디엔[閔宗殿], 『중국고대농경사략(中國古代農耕史略)』, 河北科學技術出版社, 1992, p.73에는 명대에는 다모작(多毛作) 재배가 신속히 발달하고 복종지수(復種指數)도 전에 없이 높아 비료에 대한 수요가 크게 증가되었다고 한다. 이때 등장한 것이 깻묵이었다고 한다.

04 최덕경, 「『補農書』를 통해본 明末淸初 江南農業의 施肥法」, 『중국사연구』 제74집, 2011, p.248.

05 『진부농서(陳旉農書)』「선기근묘편(善其根苗篇)」, "於始春又再耕耙轉, 以糞壅之, 若用麻

서는 거의 볼 수 없었던 비료였다. 기존의 비료의 특색은 대개 해당 지역의 농업부산물을 활용하여 제조했지만, 콩깻묵은 농가에서 화폐를 지불하고 구입하였다. 그것은 깻묵이 당시 강남지역에서 필요한 물건이었으나, 그 지역에서 쉽게 구할 수 없는 물건이었음을 말해 준다.

이처럼 콩깻묵은 명말청초의 시대적 산물임에도 불구하고, 기존의 연구에서는 간혹 일회적으로 그 중요성을 언급하거나 최근 동아시아 자본주의 경영을 강조하기 위해 만주지역 콩깻묵의 사용을 언급했을 뿐, 당시 농업과 가축의 자원으로 어떻게 이용되었는지를 구체적으로 주목한 전론은 없었다.[06]

따라서 본고는 외부로부터 비료를 현금으로 구입할 수밖에 없었던 명말청초 강남지역의 여건 변화와 콩깻묵의 비료로서의 역할을 밝히려고 하는 것이 목적이다. 우선 콩깻묵이 처음에 어떻게 등장하게 되었는가를 살피고, 이것이 왜 명말청초의 강남지역에서 주목되었으며, 어떤 용도로 사용되었고, 이 비료는 기존의 비료와는 어떤 점에서 차이가 있었는가를 파악하려 한다. 그리고 콩깻묵의 수급상태는 어떠했으며, 이것을 구하기 위해 어떠한 노력을 기울였는지 등을 차례로 살펴보고자 한다. 이런 콩깻묵의 위상과 작용을 통해 당시 명말청초에 선진적인 지역이었던 강남지역의 농업과 농민 생활상의 일부를 조명해 보고자 한다.

枯尤善. 但麻枯難使, 須細杵碎, 和火糞窖罨, 如作麴樣."
06 다만, 만주와 강남의 콩깻묵 무역에 관한 가토 시게루[加藤繁]의 선행적 연구는 청 중기 이후에도 콩깻묵이 중요한 자원으로 이용되었음을 보여 주고 있어 그 역할을 이해하는 데 적지 않은 도움을 주고 있다. 가토 시게루[加藤繁], 「康熙乾隆時代に於ける滿洲と支那本土と通商について」;「滿洲に於ける大豆豆餅生産の由來に就いて」,『支那經濟史考證(下)』, 東洋文庫, 1953.

II. 강남지역의 비료와 콩깻묵[豆餠]

1. 밭작물과 콩깻묵

콩깻묵은 콩기름[豆油]을 착유하고 남은 부산물이다. 명대 이전의 착유에 대한 이해는 명청시대 콩깻묵 비료의 수급을 가늠할 수 있기 때문에 매우 중요하다. 하지만 언제부터 유과油科 작물의 씨를 이용하여 기름을 짰는지는 분명하지 않다. 다만 『포박자抱朴子』와 『진서晉書』 「불도징佛圖澄」에 '참기름[麻油]'이 보이고, 후술하는 것처럼 삼씨[蕡] 기름은 『주례周禮』에서 보이는 것으로 보아 춘추전국시대부터 열매로 기름을 짰으며, 3세기 무렵에는 참깨로도 기름을 짠 듯하다.[07] 또한 6세기 『제민요술』에는 삼씨기름 [大麻油], 참기름[芝麻油], 들깨기름[荏油], 순무씨기름 등 다양한 곡물의 열매를 이용하여 기름을 짠 것을 볼 수 있다. 『제민요술齊民要術』 「임료荏蓼」편을 보면, "들깨기름은 참기름보다는 못하지만 삼씨[麻子]기름보다는 낫다. 모두 떡을 지질 때 사용되지만, 참기름이 가장 좋고, 그 다음이 들깨기름이며, 삼씨기름은 다소 비린내가 난다. 들깨기름은 맛이 좋고 향기로우나 윤기가 없어 머릿기름으로 사용하면 머리카락이 말라 버리지만,[08] 갈아서 탕국을 만들 때는 삼씨보다 훨씬 좋으며, 또한 등촉의 기름으로도 사용한다. 특히 들깨기름은 점도가 높아 비단천의 방수용으로도 사용된다."라고[09]

---

07 『진서(晉書)』 권95 「예술(藝術)·불도징(佛圖澄)」, "又令一童子潔齋七日, 取麻油合胭脂, 躬自研於掌中, 舉手示童子, 粲然有輝."; 『포박자(抱朴子)』 「내편(內篇)」, "又稷丘子丹法, 以清酒麻油百華醴龍膏和, 封以六一泥, 以糠火熅之, 十日成, 服如小豆一丸, 盡劑, 得壽五百歲."

08 묘치위[繆啓愉] 교석, 『원각농상집요교석(元刻農桑輯要校釋)』 권5 「임료(荏蓼)」, 농업출판사, 1988에서 묘치위는 들깨기름은 건성유라서 머리에 바르면 들깨기름이 산화하기 때문에 머리카락이 굳고 딱딱하게 변하므로 '초인발(焦人髮)'이라고 했다.

09 『제민요술(齊民要術)』 권3 「임료(荏蓼)」, "荏子秋末成, 可收蓬於醬中藏之. 蓬, 荏角也, 實成則惡. 其多種者, 如種穀法. 雀甚嗜之, 必須近人家種矣. 收子壓取油, 可以煮餠. 荏油色綠可

하여 각각의 특성을 제시하고 있다.

당시 이러한 기름은 해당 작물을 생산한 가정에서 직접 짜기보다 전문적인 유가油家에 의뢰했던 것 같다. 『제민요술』「만청蔓菁」편에 만청의 씨를 유가에 갖다주면 세 배의 좁쌀로 바꾸어 주었다는 것이[10] 이를 잘 말해 준다. 게다가 이 같은 상술을 통해 기름 짜는 원료를 유치했던 것을 보면 이미 『제민요술』 단계에 기름의 수요가 상당했음을 말해 준다.

그렇지만 『제민요술』 단계에는 콩기름을 착유했다는 기록은 아직 보이지 않는다. 콩기름의 기록은 북송 소식蘇軾의 『물류상감지物類相感志』 중에 "콩기름으로 두부를 지지면 맛이 좋다."[11] "콩기름을 오동나무기름[桐油]과 섞으면 배의 윤활과 방수[艙船灰] 처리에 아주 효과적이다."라는 기록이 처음 등장한다. 이것은 북송대에 대두로 착유한 콩기름이 식용뿐만 아니라 기름칠[油漆]에도 응용되었음을 알 수 있다. 이는 북송을 전후하여 이미 콩기름이 제조되었음을 뜻한다.

콩기름을 짰다는 것은 그 찌꺼기가 대량으로 발생했다는 것이며, 그중 콩깻묵이 비료로 사용된 것은 최소한 15-16세기 편찬된 『편민도찬便民圖纂』과 17세기 『농정전서農政全書』부터이다. 『편민도찬』「죽지사竹枝詞」에 의하면, 벼농사 재배에 똥과 강진흙[河泥]과 콩깻묵 비료가 뿌리를 건강하게 하고 다수확하는 데 있어 필수적이었음을 잘 묘사하고 있다.[12] 사람 똥은

愛, 其氣香美, 煮餅亞胡麻油, 而勝麻子脂膏. 麻子脂膏, 竝有腥氣. 然荏油不可爲澤, 焦人髮. 硏爲羹臛, 美於麻子遠矣. 又可以爲燭. 良地十石, 多種博穀則倍收, 與諸田不同. 爲帛煎油彌佳. 荏油性淳, 塗帛勝麻油.": 『농상집요(農桑輯要)』 권2 「마자(麻子)」 소자부(蘇子附)의 주에도 같은 내용을 그대로 전하고 있다.

10 『제민요술』 권3 「만청(蔓菁)」, "一頃收子二百石, 輸與壓油家, 三量成米, 此爲收粟米六百石, 亦勝穀田十頃."

11 북송 소식(蘇軾), 『물류상감지(物類相感志)』, "豆油煎豆腐, 有味."; "豆油可和桐油作艙船灰, 妙."

12 『편민도찬(便民圖纂)』 「죽지사(竹枝詞)」, "稻禾全靠糞澆根, 豆餅河泥下得勻, 要利還須著本做, 多收還是本多人."; 『편민도찬』 「옹전(壅田)」조에는 "或河泥或麻豆餅或灰糞, 各隨其地土所宜."라고 했으며, 「운도(耘稻)」조에는 "揚稻後, 將灰糞或麻豆餅屑撒入田內."라고 하여 마찬가지로 강진흙, 깻묵, 콩깻묵 및 재거름을 논의 밑거름과 덧거름의 대표적인 비료로 활

전술한 바와 같이 전한말 『범승지서』 이후부터 비료로 사용된 흔적을 발견할 수 있으며, 남니는 강남지역이 개발되면서 등장한 비료였다고 한다면, 콩기름을 짜고 난 찌꺼기인 콩깻묵을 비료로 사용하게 된 것은 명대 초중의 시대적 산물이었다고 볼 수 있다. 이런 콩깻묵이 명말청초가 되면 강남지역을 대표하는 비료로 자리 잡게 된다.[13]

물론 깻묵은 『주례周禮』에도 토지를 비옥하게 하기 위해 사용했으며, 또 삼씨[蕡]로 기름을 짠 후, 그 찌꺼기로써 굶주림을 해결[救饑]하거나 생선먹이[喂魚]로 사용되기도 하였다.[14] 그리고 송대 『진부농서』 속에도 '깻묵[麻枯]' 이 등장한다.[15] 그런데 명대 후기에 이르면 깻묵의 사용이 크게 증가되고,[16] 강남지역에서는 다양한 깻묵이 작물의 비료로 사용되었다.[17] 18세기 중엽의 『삼농기三農紀』에는 아마亞麻와 땅콩[番豆; 落花生]의 깻묵도 토지 비력을 높이기 위해 사용되고 있다.

『심씨농서』를 보충한 청대 장리상張履祥은 17세기 중엽 『보농서후補農書後』를 편찬하면서 밭의 깻묵에 대해 자세하게 기록하고 있다. 즉, "내가 소흥에 갔을 때, 그곳에서 채자병菜子餅을 사용해 비료를 만드는 것을 본 적이 있다. 1무당 깻묵 덩이 10근을 빻아 가루로 만들어 맥의 싹이 나온 후, 매 그루에 약간씩 뿌려 주었다. 그러면 비가 내린 후 밀은 아주 빨리 자란

용하고 있다.

13 최덕경, 앞의 논문, 「『補農書』를 통해 본 明末淸初 江南 農業의 施肥法」, p.254.

14 『삼농기교석(三農紀校釋)』 권12 「유속(油屬)」, "(芝麻)本性: 味甘平, 氣溫凉. 黑者久服延年. 白者可取油, 解熱去毒. 渣可救饑, 可喂魚, 周禮堅土用蕡, 可肥田."

15 『진부농서』 「선기근묘편」 '마고(麻枯)'는 완궈딩[萬國鼎]의 교주에 의하면, 깨에 함유된 기름을 다 짜고 말린 깻묵이라고 한다.

16 최덕경, 위의 논문, 「『補農書』를 통해 본 明末淸初 江南 農業의 施肥法」, p.245의 〈표 1〉에는 「서광계수적」에 등장하는 107종의 비료 중 17종이 깻묵이며, 이는 송원시대에는 단지 2종에 불과했지만, 명대 후기에 가장 큰 비율로 증가되고 있음을 보여 주고 있다.

17 민쭝디엔[閔宗殿], 앞의 책, 『중국고대농경사략(中國古代農耕史略)』, p.73에 의하면, 이때 등장하는 깻묵[餅肥]은 菜籽餅, 烏桕餅, 芝麻餅, 棉籽餅, 豆餅, 萊菔子餅, 大眼桐餅, 樁餅, 猪乾豆餅, 麻餅, 大麻餅 등 11종류가 있었다고 한다.

다. 우리 고향[桐郷]에도 콩깻묵으로 비료를 만들었는데, 비료기가 매우 좋았다."라고 하였다. 깻묵을 시비하는 방법은 "맥 1되[쩌]당 콩깻묵 가루 2되를 섞어 맥과 함께 뿌린다. 이때 맥은 씨앗을 물에 불려서 싹이 나게 한 후에 뿌려야만 가장 좋다. 만약 마른 상태에서 뿌리게 되면 콩깻묵이 빨리 부패하여 맥의 종자가 썩게 된다."라고[18] 하여 만도전晚稻田의 종맥種麥에 깻묵으로 시비하고 있음을 보여 주고 있다. 여기서 주목할 것은 밑거름[基肥]을 할 때 분종糞種의 방식으로 직접 종자와 함께 깻묵을 시비하기도 하고, 종자를 물에 불려 싹을 틔운 후에 뿌리기도 했다는 것이다.

대개 기존의 맥전麥田에는 주로 밑거름을 했다. 『농상집요』에 의하면 "누에똥과 맥류 종자를 초장酢漿[19]과 함께 자정 전후에 잠시 담가 두었다가 새벽이 되면 서둘러 씨를 뿌린다. 이때 초장은 맥류를 가뭄에 견디도록 하고, 누에똥은 추위를 이겨 내게 했다."라고[20] 한다. 그리고 명말의 『천공개물』에도 "무릇 맥전麥田에는 대개 파종 이후에는 시비하지 않고 (파종 전에) 먼저 한다."라고[21] 하여 덧거름이 아닌 밑거름을 했음을 말해 주고 있다.

하지만 청대가 되면, 덧거름 또한 활발히 시비하였다. 10월 동토凍土의 덧거름[浮糞]은 월동 이후에 속효성 비료나 부숙한 사람의 똥오줌을 주는 것보다 못하다고 한 것을 보면, 동소맥의 경우 싹이 튼 후 봄철 덧거름 [追秋肥]이 효과적이었음을 보여 주고 있다.[22] 『심씨농서』에도 "맥류는 파종

---

18 『보농서교석(補農書校釋)』「보농서후(補農書後)」제6단, p.114, "余至紹興, 見彼中俱壅菜餅. 每畝用餅末十斤, 俟麥出齊, 每科撮少許. 遇雨一次, 長一次. 吾鄉有壅豆餅屑者, 更有力. 每麥子一升入餅屑二升, 法與麥子同撮. 但麥子須浸芽出者爲妙. 若乾麥, 則豆餅速腐而幷腐麥子."

19 초장(酢漿)은 녹말을 가라앉혀서 발효시킨 후 유산(乳酸)으로 만든 일종의 청량음료로서 양조에 사용되는 액체 효모, 또는 산장(酸漿)이다.

20 『농상집요』권2 「대소맥(大小麥)」, "薄漬麥種以酢, 與醋字同. 漿幷蠶矢, 夜半漬, 向晨速投之. 令與白露俱下. 酢漿令麥耐旱, 蠶矢令麥忍寒."

21 『천공개물(天工開物)』「내립(乃粒)·맥공(麥工)」, "凡糞麥田, 旣種以後, 糞無可施, 爲計在先也."

22 후시원[胡錫文], 「中國小麥栽培技術簡史」, 『농업유산연구집간(農業遺産研究集刊)』제1책(第1冊), 中華書局, 1958, pp.68-69.

제6장 분뇨 대용 금비(金肥)의 등장과 강남지역 노동자의 성장   303

할 때 한 번, 봄에 한 번 청수분淸水糞을 뿌린다. 거름기가 너무 강하면 오히려 수확이 없게 된다."라고[23] 하여 맥전에 똥오줌을 뿌려 덧거름하고 있다. 명말청초가 되면서 이러한 덧거름에 봄철 속효성 비료로 깻묵이 사용되었던 것이다. 그 양도 종자의 두 배 정도에 불과했던 것을 보면, 다른 비료에 비해 제조 및 운반과정에 시간과 노력을 절약할 수 있어 큰 효과를 거두었음을 알 수 있다. 이런 깻묵 중 강남지역에서 보편적으로 활용되었던 것은 콩깻묵이었다.

콩깻묵을 이용한 또 다른 밭작물로는 뽕나무 재배가 있다. 원대 『농상집요』에는 오디를 숙분熟糞이나 누에똥과 섞어 파종한다고[24] 하였다. 그런데 명대 서광계의 『농정전서』에 의하면 "뽕나무에 똥오줌, 누에똥, 짚 태운 재 및 연못의 진흙 등을 북돋아 땅을 기름지게 한다. 처음 심을 때는 수초[水藻], 면화씨를 짜고 남은 찌꺼기를 밑거름으로 복토하면 토양이 따뜻하여 잘 발아한다."라고[25] 하였다. 이처럼 서광계가 뽕나무 밭의 거름으로 돼지·양·소·말의 똥은 물론 콩깻묵, 면화씨깻묵[棉餅], 깻묵[麻餅]도 좋다고 주석하여 덧붙이고 있는 것을 보면, 명대 후기에는 뽕나무밭에 주로 똥과 깻묵류로 덧거름한 것을 알 수 있다.

이때 뽕밭[桑田]에서 콩깻묵과 비슷한 거름효과를 낸 것으로 토분土糞[26]을 들 수 있다. 토분은 오랫동안 비가 내리더라도 흙의 기운이 잘 소통되

---

23 『보농서교석』 「운전지법(運田地法)」 제4단, p.39, "麥要澆子, 菜要澆花. 麥沈下澆一次, 春天澆一次. 太肥反無收."

24 『농상집요』 권3 「종심(種椹)」, "務本新書, 四月種椹. 二月種舊椹亦同. 東西掘畦, 熟糞和土, 耬平, 下水.", "又法, 春月, 先於熟地內, 東西成行, 勻稀種糝. 次將桑椹與蠶沙相和, 或炒黍穀亦可."

25 『농정전서(農政全書)』 권32 「잠상(蠶桑)·재상법(栽桑法)」, "桑之壅也以糞, 以蠶沙, 以稻草之灰, 以溝池之泥, 以肥土. 其初藝之壅也, 以水藻, 以棉花之子. 壅其本, 則煖而易發. 玄扈先生曰, 以豆餅, 以棉餅, 以麻餅, 以猪羊牛馬之糞."

26 토분(土糞)에 대해 여러 가지 견해가 있지만 화분(火糞)과 마찬가지로 흙을 쌓아서 초목과 함께 태운 비료인 듯하다.

도록 하여, 진흙탕이 되거나 물이 고여 있지 않게 하였다. 또한 오랫동안 가뭄이 들어도 땅이 굳거나 메마르지 않게 하여, 비록 서리와 눈이 많이 내리더라도 땅이 얼어붙지 않는다고[27] 하여 그 성질은 논에서 콩깻묵의 효과와 비슷하다고 한다.

면화밭에서도 마찬가지로 콩깻묵을 사용하였다. 즉, 청명 전에 똥, 재, 생니生泥와 함께 콩깻묵을 시비했는데, 이것은 곧 밑거름으로, 이러한 비료의 많고 적음이 전지의 비옥한 정도와 수확량을 결정했다고 한다. 대개 콩깻묵의 시비법은 덩어리를 쪼개어 그대로 땅에 묻는 것이 아니라 잘게 부수어 이랑에 고루 밑거름을 하는 것이었으나, 조밀하게 파종할지라도 무당 깻묵 10개 이상, 똥은 10섬[石] 이상을 초과하면 안 되었다. 그렇지 않으면 밭이 너무 비옥해져 작물이 웃자라 결실이 좋지 않게 되며, 열매에 벌레도 생긴다고[28] 한다. 이것은 깻묵이 아무리 좋은 비료라고 하더라도 거름기가 한곳에 집중되어서는 안 되고, 필요 이상을 시비하면 잎만 무성할 뿐 오히려 결실에는 좋지 않다는 것을 말해 주고 있다.

그런데 목면을 보리밭[麥田]에 사이짓기[套種]할 때의 시비법은 『농정전서』「목면木棉」편의 콩깻묵 시비법과는 조금 달랐다. 그 시비법은 밑거름을 하지 않고, 싹이 트면 콩깻묵을 1차 시비하고 장마기에 모종이 1자 정도 자라면 또 시비하였는데, 그 방식은 콩깻묵을 부수어 모종의 그루 사이에 작은 가래[小鍬]로 골을 타서 묻어 주었다.[29] 이와 같은 면화밭에 콩깻묵

---

27 『진부농서』「종상지법편(種桑之法篇)」, "以肥窖燒過土糞以糞之, 則雖久雨, 亦疏爽不作泥淤沮洳. 久乾亦不致堅硬磽埆也. 雖甚霜雪, 亦不凝凜凍互. 治溝壟町畦, 須疎密得宜."
28 『농정전서』 권35 「잠상광류(蠶桑廣類)·목면(木棉)」, "又曰, 凡棉田, 於淸明前先下壅. 或糞或灰或豆餅或生泥, 多寡量田肥瘠. 到豆餅, 勿委地, 仍分定畦畛, 均布之. 吾鄕密種者, 不得過十餅以上. 糞不過十石以上. 懼太肥虛長不實. 實亦生蟲." 서광계는 『농정전서』 권35 「잠상광류·목면」에서 병(餅)이나 분(糞)을 너무 많이 시비하면 ① 싹은 자라나 꽃봉오리는 맺지 않고, 꽃은 피지만 열매가 맺지 않는다. ② 꽃이 피고 열매는 맺으나 비온 후에 일시에 떨어져 버린다. ③ 뿌리가 가늘어 바람과 가뭄에 견디지 못한다. ④ 맺은 열매에 나무굼벵이[蛀]가 생긴다고 한다.

을 덧거름한 것은 명말 이래 남방에서만 행해졌으며, 이는 청대에도 계속 되었다.[30]

물론 면화밭에 처음부터 깻묵을 시비했던 것은 아니었다. 당대 『사시 찬요』 「삼월」조에 등장하는 면화밭의 시비법을 보면, "파종한 후, 소똥으로 복토하면 나무가 쉽게 자라 열매도 많이 맺는다. 만약 (파종 전에) 먼저 소똥을 시비하고, 그 뒤에 갈이를 하면, 그 밭은 2-3년 이내 지력이 다하게 된다."라고[31] 하여 소똥으로 덧거름을 하고 있다. 그런가 하면 1273년에 편찬된 『농상집요』 「목면」조에는 "파종 하루 전에 만들어 두었던 이랑과 고랑에 세 차례 물을 준다. 물에 씻어 인 종자를 축축한 땅에 쌓아 두고 질그릇으로 덮어 하룻밤 동안 둔다. 다음날 종자를 꺼내어 재를 약간 섞어서 종자가 엉기지 않게 분리시켜, 물을 뿌린 이랑에 소밀疏密 정도를 참작하여 흩어 뿌린다. … 6-7일을 기다려 목화 싹이 일제히 나올 즈음에 날이 가물면 다시 물을 준다."라고[32] 하여 단지 목면의 파종에 '요수澆水', 즉 물만을 주고 있는데, 이 방식은 14세기 초의 원대 『왕정농서』 「목면」조에서도 그대로 따르고 있다.

그런데 『농상의식촬요農桑衣食撮要』 「종목면種木綿」조에는 "먼저 종자를 물에 담가 재와 고르게 섞어 싹이 트면 분지糞地 속에 한 자[尺]마다 구덩이 하나를 파고, 씨 5-7개를 파종한다."라고[33] 하여 거름한 구덩이 속에 싹튼

---

29 가이[章楷], 『중국식면간사(中國植棉簡史)』, 中國三狹出版社, 2007, p.100.

29 쨩카이[章楷], 『중국식면간사(中國植棉簡史)』, 中國三狹出版社, 2007, p.100.
30 가토 시게루[加藤繁], 「滿洲に於ける大豆豆餅生産の由來に就いて」, 『支那經濟史考證(下)』, 1953, p.696.
31 『사시찬요(四時纂要)』 「삼월(三月)」, "又種之後, 覆以牛糞, 木易長而多實. 若先以牛糞糞之, 而後耕之, 則厥田二三歲內土虛矣."
32 『농상집요』 권2 「파종(播種)·목면(木綿)」, "先一日, 將已成畦畛, 連澆三水. 用水淘過子粒, 堆於濕地上, 瓦盆覆一夜. 次日取出, 用小灰搓得伶俐, 看稀稠撒於澆過畦內. … 待六七日, 苗出齊時, 早則澆灌."
33 『농상의식촬요(農桑衣食撮要)』 「종목면(種木綿)」, "先將種子用水浸, 灰拌匀候生芽, 於糞地內, 每一尺作一穴, 種五七粒."

종자를 파종하는 것으로 달라진 점을 볼 수 있다. 서광계徐光啟와 같은 시대를 살았던 장오전張五典의 면화파종법[種棉法]을 보면, "청명, 곡우절이 되어 찬 기운이 사라지면, 생땅을 갈아 똥으로 시비하고 갈이하여 덮은 후에 파종한다. 싹이 올라오면 세 차례 김매고, 높이 자라면 모종의 뿌리 곁에 숙분을 반 되 정도 시비하여 배토한다."라고[34] 하여 분종糞種이나 밑거름에서 점차 덧거름으로 바뀌는 것을 볼 수 있다. 이때 면화밭의 비료는 소똥, 물, 사람 똥, 숙분이 주류를 이루었다. 이들 비료 중에서는 싹의 발아와 촉진을 위해 덧거름이 중시되었다. 명말청초에 면화밭에 싹이 튼 후 콩깻묵을 시비한 것도 같은 작용을 했기 때문일 것이다.

「보농서후補農書後」에서는 수택이 발달하지 못한 담장 주변이나 정원의 백편두白扁豆 파종에도 깻묵을 사용하고 있다. 즉, 편두는 뿌리가 깊이 뻗기 때문에 먼저 깊게 구덩이를 파서 퇴비를 하고 그 위에 깻묵을 시비한 후 파종하였다. 이처럼 퇴비와 깻묵을 섞어 밑거름을 주면 수확할 때까지 더 이상 거름을 주지 않아도 될 정도로[35] 비료의 효과가 컸던 것 같다. 다만 콩깻묵을 시비하기 위해서는 모름지기 고랑을 깊게 파고 흙도 두껍게 덮어 주어야만 까마귀나 참새의 피해를 입지 않으며, 민가 근처의 경우는 닭들에 의한 피해를 막을 수 있었다.[36]

이상과 같이 당시 강남지역 밭에서의 콩깻묵은 주로 맥, 백편두, 면화밭 및 뽕밭 등의 비료로 사용되었는데, 이 작물들의 재배가능면적이 어느 정도였는가가 콩깻묵의 수요량을 가늠하는 기준이 될 것이다. 하지만 당시

---

34 『농정전서』「농상광유(農桑廣類)·목면」, "張五典種法曰, 種之時, 在淸明穀雨節, 以霜氣既止也, 種之方, 或生地用糞, 耕蓋後種. 或花苗到鋤三遍, 高聳, 每根苗邊, 用熟糞半升培植."
35 『보농서교석』「보농서후(補農書後)」제18단, p.129, "吾鄉無廣澤, 不遍揷柳. 苦扁豆則環宅垣墻及中庭俱可種也. 法取先枯者, 留爲明年之種, 則早結, 其根直下最深. 若先開深潭, 先下垃圾一餠覆其上, 而後下種, 則終歲可以不澆."
36 『보농서교석』「보농서후」제6단, p.114, "但撮餠屑須要潭深而蓋土厚. 否則慮有鳥雀之害. 惟田近民居, 則防雞損. 及種麥秧, 則不得已而用糞耳."

이미 벼와 맥의 윤작이 발달하고,[37] 양잠과 면업이 주요 산업으로 등장했으며, 울타리나 정원같이 조그만 공간까지 활용하여 편두를 심었던 것을 감안하면 밭농사에서 필요한 콩깻묵의 수요가 적지 않았을 것임을 쉽게 짐작할 수 있다.[38]

주요작물에 대한 콩깻묵 등의 비료 수요가 증가한 이유는 바로 『보농서』에서 지적한 것처럼, 명말청초 고용노동자들의 임금인상, 태업 및 태도변화 등으로 작업효율이 낮아졌기 때문이다.[39] "가난해지고 싶다면 6월에 머슴[長工]을 욕해라."라는[40] 것은 고용노동자의 중요성과 사회경제적 환경의 변화에 따라 노동자의 태도 또한 달라져서, 그동안 노동력에 주로 의존해 왔던 농업생산의 변화 역시 불가피해졌다는 것을 뜻한다. 다시 말해 많은 노동자를 고용하여 강바닥진흙[闌泥]을 채취하고 똥오줌을 운송하여 비료로 삼는 것이 곤란해지자,[41] 비교적 운반과 취급이 간편하면서 비료효과도 좋은 콩깻묵[豆餅]에 눈을 돌렸던 것으로 짐작된다. 실제 『보농서후』에서도 "최근 품삯은 비싼데 게으름 피우는 자가 많고, 똥오줌을 잘 시비하지 못하면, (비록 비쌀지라도) 깻묵을 사용하여 품삯을 줄이고 시간을 절약하는 것만 못하다."라고[42] 한 것이 이를 잘 말해 준다. 이처럼 명말청초에 면업, 양잠업 등의 발달과 고용노동자의 환경변화가 콩깻묵의 수요를 증가시키는 요인으로 작용했던 것이다. 리보쭝은 깻묵의 도입을 명 중

---

37 최덕경, 「『齊民要術』과 『陳旉農書』에 나타난 糞과 糞田의 성격」, 『중국사연구』 제81집, 2012, pp.107-119.

38 이언장(李彦章)은 「강남최경과도편(江南催耕課稻編)」에서 광동(廣東), 광서(廣西)의 논의 시비로 참기름을 짜고 난 깻묵[榨油餅肥]을 제시하면서 깨[胡麻], 무[萊菔]의 병(餅)을 최고로 들고 있다.

39 최덕경, 앞의 논문, 「『補農書』를 통해 본 明末淸初 江南 農業의 施肥法」, pp.275-280.

40 『보농서교석』「운전지법」 제17단, p.69. "當得窮, 六月裏罵長工."

41 『심씨농서(沈氏農書)』「운전지법」 제10단에는 남니(闌泥)를 건져 올릴 때 6명의 노동력이 필요하다고 한다.

42 최덕경 역주, 『보농서 역주(補農書 譯註)』, 「보농서후(補農書後)」 제6단, 세창출판사, 2013, p.267, "近年, 人工旣貴, 偸惰複多. 澆糞不得法, 則不若用餅之工糞兩省."에 대한 번역 참조.

기 이후 '비료혁명'을 가져온 중요한 요소로 인식했으며, 청대에는 보급이 확대되면서 중기에는 최대의 발전을 가져왔다고[43] 보았다. 탕치위[唐啓宇] 역시 16세기 중엽 이후 논농사 기술의 발달은 밑거름과 덧거름의 배합기술에서 시작되었다고[44] 하니 명말청초 강남 농업생산력의 발달에 있어서 덧거름은 똥과 깻묵이 중요한 작용을 했음을 말해 준다. 특히 콩깻묵은 청수분이나 남니 생산과는 달리 우선 고용비용이 적고, 퇴비나 똥오줌 생산 및 저장에 따른 번거로움이 없으며 운반비가 적게 들었고, 시비도 용이하였는데 무엇보다 적은 양으로도 효율적인 생산이 가능하였기 때문에 점차 깻묵의 수요가 증가하는 데 큰 역할을 했다.

2. 논과 습지작물의 비료와 콩깻묵

콩깻묵의 시비와 관련하여 주목되는 것은 명대부터 습지작물의 비료로 사용되었다는 점이다. 『농정전서』「수예樹藝·나부菰部」에 보이는 콩깻묵으로 시비한 대표적인 작물로는 검은 토란[烏芋], 연蓮, 가시연[芡] 등이 있다.

검은 토란의 경우, 종자에 싹을 틔워 항아리 속에 묻어 두었다가 2–3월에 수중에 옮겨 심는데, 무성해지면 소서小暑를 전후하여 나누어 심는다. 이때 사용된 주된 비료가 콩깻묵과 똥이었다.[45] 물론 이전부터 토란의 파종에 콩깻묵이 사용된 것은 아니었다. 전한 말 『범승지서』의 토란 파종은 명대와는 달리, "사방, 깊이 3자[尺] 크기의 구덩이를 판 후 콩깍지[豆萁]를 1자 5치[寸] 두께로 깔아 밟아 주고, 그 위에 구덩이 흙과 똥을 콩깍지 위

---

43 리보쫑[李伯重](왕샹윈[王湘雲] 역), 『강남농업적발전(江南農業的發展)(1620-1850)』, 上海古籍出版社, 2007, pp.53-56.

44 탕치위[唐啓宇] 편저, 『중국작물재배사고(中國作物栽培史稿)』, 農業出版社, 1986, p.29.

45 『농정전서』 권27 「수예(樹藝)·나부(菰部)·오우(烏芋)」, "(烏芋) 種法: 正月留種. 種取大而正者. 待芽生, 埋泥缸內. 二三月間, 復移水田中. 至茂盛, 于小暑前分種. 每科離五尺許. 冬至前後起之. 耘盪與種稻同. 豆餅或糞, 皆可壅之. 玄扈先生曰, 破草鞋壅, 甚盛."

에 1자 2치 두께로 깔고 물을 준 후 알토란을 파종하는"[46] 식으로 이루어 졌다. 이런 방식은 원대 『농상집요』에도 그대로 이어지고 있다.[47] 이때 콩 깍지를 밑거름으로 사용한 이유는 바로 보온과 보습을 통해 토란의 발아 를 촉진하기 위한 것이었다. 하지만 명대 『농정전서』 단계에서는 싹을 틔 운 토란을 수중에 이식하면서 콩깻묵을 덧거름으로 사용하여 생장을 촉 진시키는 방식으로, 파종방식과 시비법이 모두 바뀐 것을 볼 수 있다.

연蓮의 경우, 연밥[씨]과 뿌리를 이용하여 파종하는 방법이 있는데, 『농 상집요』에서는 어떠한 경우에도 특별한 시비를 하지 않았다.[48] 그러나 명 대에 이르러서는 작은 연뿌리[小藕]를 진흙째로 얕은 연못에 옮겨 심을 때 똥이나 콩깻묵을 시비하였는데, 그 이유는 무성하게 자라게 하기 위함이 었다.[49] 당시 삼오인三吳人들에게는 하전下田에 연뿌리를 심는 것이 일반화 되어 있었다. 콩깻묵 속에는 질소가 풍부하여 대개 밑거름으로 쓰였는데, 강남지역과 같이 따뜻한 기후에서는 덧거름으로도 사용되었다고[50] 한다. 이는 콩깻묵이 밑거름뿐만 아니라 덧거름으로도 사용되었음을 의미하며, 가시연[芡]의 파종도 이와 마찬가지였다고 한다.

『농정전서』에 보이는 가시연[芡]의 파종법을 보면, 가을에 익은 씨를 부 들[蒲]에 싸서 담갔다가 3월에 얕은 물속에 흩뿌리는데, 자란 잎이 수면에 떠오르면 깊은 물에 옮겨 심었다. 그런데 그전에 미리 깻묵이나 콩깻묵을

---

46 『제민요술(齊民要術)』 권2 「종우(種芋)」, "氾勝之書曰, 種芋, 區方深皆三尺. 取豆其內區中, 足 踐之, 厚尺五寸. 取區上濕土與糞和之, 內區中其上, 令厚尺二寸, 以水澆之, 足踐令保澤. 取 五芋子置四角及中央, 足踐之. 旱, 數澆之."

47 『농상집요』 권5 「우(芋)」.

48 『농상집요』 권6 「연우(蓮藕)」.

49 『농정전서』 권27 「수예(樹藝)・나부(蓏部)・연(蓮)」, "『農桑通訣』曰, 蓮子 … 種藕法. 池藕, 二 月間取帶泥小藕, 栽池塘淺水中, 不宜深水. 待茂盛, 深亦不妨. 或糞, 或豆餅壅之, 則益盛. 玄扈先生曰, 深池中種藕, 用今種盆荷法, 橫種炭簍內, 以繩放下水底. 三吳人用大藕于下田 中種之, 最盛. 春分前栽, 則花出葉上."

50 조백현(趙伯顯) 감수, 앞의 책, 『신고 비료학(新稿 肥料學)』, 鄕文社, 1978, p.266.

강의 진흙과 고루 섞어 시비한 후 파종하였다.[51] 이 같은 가시연 역시 『농상집요』 단계에서는 뿌리면 절로 난다고 할 뿐 특별한 시비법을 제시하고 있지는 않다. 하지만 명대 이후 연蓮과 가시연에 수입산 금비金肥인 깻묵을 시비한 것은 가용을 위한 단순재배가 아니고, 상업적 목적으로 재배하게 되면서 수요가 늘어났기 때문에 생긴 현상이 아닌가 한다.

이들 습지작물에서 공통적인 특징은 파종하는 곳이 모두 물이 많은 지역이었다는 점이다. 이것은 곧 깻묵류가 물속에서 자라는 작물에 주로 시비되었던 것을 알 수 있다.

강남지역은 물이 많아 토양성분이 차가운데, 여기에 콩깻묵이나 화분, 석회 등을 시비하게 되면 흙이 따뜻해져 식물의 발아가 촉진된다. 더욱 주목할 점은 깻묵 속에는 기름이 함유되어 있어 마른 토양 속에서는 잘 분해되지 않아 비효肥效가 늦다는 점이다. 때문에 먼저 물이 스며들어 기름을 분해한 뒤에 거름으로 사용하면 보다 큰 효과를 볼 수 있다. 앞에서 맥을 파종할 때에도 물에 불려 싹을 틔운 후에 뿌렸던 것도 이러한 이유 때문일 것이다.

그렇기 때문에 콩깻묵은 저습지나 하전이 많은 강남지역에 상당히 적합했음을 알 수 있다. 특히 콩깻묵은 유채찌꺼기[油菜粕] 등에 비해 질소와 칼리성분이 많으며, 질소가 암모니아질소로 변하는 것도 유박[油粕] 중에서 가장 빠르다. 그래서 시비한 후 일주일 정도가 지나면 다량의 암모니아가 발생하여 질소가 증가하면서 알칼리성을 띠게 된다.[52] 참깨로 짠 깻묵은 대개 비효성이 늦지만 콩깻묵은 앞서 말한 특징으로 인해 다른 유박류

---

51 『농정전서』 권27 「수예·나부·검(芡)」, "(芡)種法秋間熟時, 收取老子, 以蒲包包之, 浸水中. 三月間, 撒淺水內. 待葉浮水面, 移栽深水. 每科離五尺許. 先以麻餅或豆餅, 拌勻河泥. 種時以蘆挿記根處, 十餘日後, 每科用河泥三四碗壅之."

52 조백현 감수, 앞의 책, 『신고 비료학(新稿 肥料學)』, p.264에는 콩깻묵은 분해 초기에는 산성 반응, 후기에는 알칼리성 반응을 나타내므로 전후를 통해서 보면 약염기성 비료라고 한다.

油粕類에 비하여 속효성 비료에 속한다.[53] 이러한 이유로 콩깻묵은 강남지역에서만 머문 것이 아니라 남방의 각 지역에도 상당부분이 보급되었다. 특히 콩깻묵은 대두, 콩기름과 함께 상품경제가 비교적 발달하였던 동남연해 지역에서 많이 요구되었다. 또한 콩깻묵은 남방의 벼, 면화 및 사탕수수[蔗]의 좋은 비료로 사용되었다.

청대『금저전습록金藷傳習錄』에 기술된 사탕수수의 재배법을 보면, "우경牛耕하여 줄기를 이랑에 옮겨 심고 … 십여 일이 지나면 이랑의 양쪽을 소를 이용해서 갈아 햇볕을 쬔다. 또 7-8일이 지나 똥을 주어 복토하면 줄기마다 3-4근斤의 사탕수수를 얻을 수 있다."라고[54] 한다. 파종 후 갈이하여 햇볕을 쬔 것은 토양의 온도를 높이기 위한 것이었다. 이후 깻묵을 덧거름하는 것도 토온 유지와 관계가 있었을 것이며, 여기에는 콩깻묵이 다른 어떤 비료보다 효과적이었던 같다.『청선종실록淸宣宗實錄』에 의하면, 하문廈門, 광동의 상선은 천진에 와서 무역을 하고, 돌아갈 때 종종 서면西棉, 남면南棉, 삼목도三目島, 우장牛莊 네 곳의 부두에 정박하여 봉천奉天의 황두黃豆를 수매한 후에 남쪽으로 돌아갔다고[55] 한다.

실제 "1881년에 간행된「지나주차영국영사보고支那駐箚英國領事報告」에 실린「1880년(光緖 6년) 우장牛莊무역보고」에는 콩깻묵이 대부분 남방으로 보내지고, 해항부근의 사탕수수[甘蔗] 밭의 비료로 이용되었다고 한다. 그리고 1882년의「1881년 우장무역보고」에는 요녕성 우장에서 이출된 콩깻묵의 9분의 8은 광동성 항만도시인 산두汕頭에 보냈고, 나머지는 상해, 하문廈門, 복건에 운반되고, 약간은 대만의 사탕수수밭에 판매되었다."라고[56]

---

53 마에다 마사오[前田正男] 外,『비료편람(肥料便覽)』, 農文協, 1975, pp.36-38.

54 『금저전습록(金藷傳習錄)』, "栽莖栽莖使牛耕町 … 十餘日, 町兩旁使牛耕開, 令曬. 又七八日, 以糞壅之, 仍使牛培土, 每莖可得藷三四斤."

55 『청선종실록(淸宣宗實錄)』 권314; 리보쭝[李伯重],『중국동북농업사(中國東北農業史)』, 吉林文史出版社, 1995, p.260.

56 가토 시게루[加藤繁],「滿洲に於ける大豆豆餠生産の由來に就いて」,『支那經濟史考證(下)』,

한다. 이런 이유 때문에 제3장에서 살핀 바와 같이 광동, 복건지역의 콩깻묵 값이 내륙보다 훨씬 값이 쌌던 것이다. 이처럼 콩깻묵이 적어도 19세기에는 남중국 사탕수수밭의 비료로 널리 보급되었음을 알 수 있다. 사탕수수는 대개 비가 많이 오고 수분 유지가 잘되는 열대지역의 산물인 점으로 미루어 보면 비록 늪지작물은 아니지만, 그렇다고 밭농사 작물은 더욱 아니다.

콩깻묵의 비료효과는 강남지역의 논농사에도 그대로 적용되었다. 15세기 말-16세기 초에 찬술된 『편민도찬便民圖纂』에는 벼농사의 밑거름으로 강진흙[河泥], 깻묵, 콩깻묵[麻豆餅] 및 재거름을 사용하고 콩깻묵가루[豆餅屑], 재거름 등을 덧거름으로 사용하여 벼를 김매기하는 장면이 등장한다.[57] 명대 후기 『심씨농서』 시대로 접어들면 이와 같은 상황이 크게 증가하게 된다. 『심씨농서』의 수전 농법을 전하고 있는 「운전지법」에 의하면, "옛 관습에 따르면, 모판 1무畝에 깻묵 한 덩어리를 시비하는데, 잘게 찧어 종자와 함께 흩어 뿌리고 즉시 재로 덮어 주면, 그 뿌리가 성글어 뽑기 쉽다."라고[58] 하였다. 여기서 콩깻묵은 모판의 어린 벼 모종[秧苗]의 성장을 촉진하고 쉽게 모를 찔 수 있도록 도와주었을 뿐 아니라 모 사이의 잡초제거도 용이하게 해 주었다는 것을 알 수 있다. 실제 콩깻묵은 질소 성분에 비해 인산과 칼륨 성분이 모자라기 때문에, 석회나 나무 재를 배합하여 시비하면 기름의 분해를 촉진할 뿐 아니라 분해될 때 생기는 유기산을 중화하여 비료의 효과도 커진다고[59] 한다. 이것은 당시 콩깻묵의 시비가 모의 성장뿐 아니라 모판의 노동생산력을 크게 향상시킨다는 사실을 알고 있

東洋文庫, 1953, pp.696-697.
57 『편민도찬』 권2 「경확유(耕穫類)」.
58 『보농서교석』 「운전지법」 제16단, p.67, "舊規, 每秧一畝, 壅餅一片, 細舂與種同撒, 即以灰蓋之, 取其根鬆易拔."
59 농업계전문대학교재편찬위원회(農業系專門大學教材編纂委員會), 『비료학(肥料學)』, 學文社, 1986, pp.152-153; 조백현 감수, 앞의 책, 『신고 비료학(新稿 肥料學)』, pp.264-266.

었다는 말이다. 이것이 오랜 경험의 결과였다면 콩깻묵은 강남의 논농사, 적어도 모판에서는 이전부터 비료로 사용되었음을 말해 준다.

「운전지법」에는 시비법을 통해 콩깻묵이 논농사에 어떻게 이용되었는지를 잘 설명하고 있다. "가령 초니草泥[60]나 돼지우리의 퇴비를 밑거름으로 사용하게 되면, 소외양간 퇴비는 덧거름으로 하는 것이 좋다. 만약 소외양간의 퇴비를 밑거름으로 했다면 두니豆泥, 콩깻묵으로 덧거름한다."라고 하여 밑거름에 따라 덧거름의 비료를 달리하는 것이 좋으며, 콩깻묵을 덧거름으로 사용할 경우에도 밑거름은 다른 거름을 사용하는 것이 효과적이라고 한다. 이렇게 하면 "논을 심경하여 두 겹으로 갈아엎더라도 토양이 부드럽게 일어나 해롭지 않게 된다."라고 하였다.

그런데 점차 퇴비생산이 곤란해지면서 화초花草 녹비를 이용하는데, 이때 "화초 1무의 재배는 3무의 논에 녹비綠肥를 제공할 수 있었다. 퇴비를 확보하기 어려울 때 녹비를 사용하는 것이 가장 편리한 방책이다."라고[61] 하여 앞서 제시한 콩깻묵과 함께 녹비를 전후로 사용함으로써 지력을 보완했음을 밝히고 있다. 이것을 통해 콩깻묵이 퇴비생산이 부족하였던 당시의 공간을 효과적으로 메웠음을 알 수 있다. 『천공개물天工開物』에서도 콩깻묵과 초니草泥를 섞으면 그 세력이 크게 완화되면서 비력이 더해진다고[62] 한다.

이처럼 『심씨농서』에서는 밑거름이 매우 중요하지만, 어느 한쪽에 치우치면 안 되며, 밑거름과 덧거름의 비료를 서로 달리할 것을 강조하고 있

---

60 '초니(草泥)'는 겨울과 봄에 하천에서 건져낸 강진흙[河泥]을 잡초나 재배한 녹비와 섞어 썩힌 거름이다.

61 『보농서교석』「운전지법」제14단, p.64, "如草泥, 豬壅墊底, 則以牛壅接之. 如牛壅墊底, 則以豆泥, 豆餠接之. 然田果能二層起深, 雖過松無害. 花草畝不過三升, 自己收子, 價不甚值. 一畝草可壅三畝田. 今時肥壅艱難, 此項最屬便利."

62 『농정전서』권35「잠상광류・목면(木棉)」.

다. 예컨대 사람의 똥은 비력이 왕성하지만, 소똥의 비력은 오래가며[63] 주요 성분이 섬유질이고, 질소가 비교적 적고 분해가 완만하여 비료 효과가 늦게 나타난다. 때문에 속효성이고 질소를 풍부히 함유하고 있는 콩비지[豆渣]나 콩깻묵을 덧거름으로 시비하면 소똥의 결점을 보완할 수 있다. 다만 콩깻묵은 균일하게 시비하지 않으면 발열로 인해 싹이 상하게 될 우려가 있으므로 주의해야 한다.[64]

논농사에 콩깻묵이 사용된 것은 후대의 기록을 통해서도 살필 수 있다. 민국 22년(1933)에 재차 편찬된 『오현지吳縣志』에 의하면, "오吳, 장주長洲, 원화元和 3현縣의 땅은 모두 비옥하지 않고, 척박한 땅이 곳곳에 있었기 때문에 초봄에 농부들이 모두 호양湖瀼의 진흙을 건져서 시비하였다. 그리고 높은 곳에 위치한 논은 먼저 구토舊土를 들어내고 신니新泥로써 복토하였다. 늦여름이 되면 다시 콩깻묵이나 유채깻묵[菜餅]을 구입하여 시비했다. 이렇게 하지 않으면 수확량이 줄어든다. 이전에는 깻묵의 값이 싸서 볏짚의 값과 비슷했다. 하지만 지금은 콩깻묵의 값이 올랐기 때문에 농민들은 더욱 힘들다."라고[65] 하였다. 이는 20세기 초중반에도 여전히 콩깻묵의 값이 비쌌지만, 콩깻묵이나 유채깻묵[菜餅]을 구입하여 논에 시비하고 있었음을 알 수 있다.[66]

다만 여기서 말하는 전田은 세 현의 위치가 소주부蘇州府 동쪽에 위치

---

63 『보농서교석』「운전지법」 제13단, p.62, "種田地, 肥壅最爲要緊. 人糞力旺, 牛糞力長, 不可偏廢."

64 『농정전서』 권35 「잠상광류·목면」, "糞因水解, 餅亦勻細. 草壅難勻, 當其多處, 峻熱傷苗, 故有時培收, 有時耗損."

65 『오현지(吳縣志)』 권52 풍속부(風俗部), "吳長元三縣, 不皆腴田, 瘠田則隨在而有, 故春初農人皆罱湖瀼之泥以壅之. 田高者則先去舊土而壅以新泥. 至夏末復市豆餅或菜餅加焉. 否則收薄. 在昔餅直賤, 計費與棗直相當. 今餅直增, 故農人益苦. 采訪稿."

66 20세기 만주 콩깻묵 생산과 동아시아 각국 간의 교역관계에 대해서는 호리 가즈오[堀和生], 『동아시아자본주의사론(Ⅰ·Ⅱ)(東アジア資本主義史論(Ⅰ·Ⅱ))』, ミネヴァ書房, 2009에 자세하게 안내하고 있다.

하고 주변이 호수로 둘러싸인 점으로 미루어 밭보다는 논이었을 가능성이 크다. 게다가 『심씨농서』「축월사의逐月事宜」에서 거의 매달 남니南泥:新泥를 강에서 건져 올려 시비한 것을 보아도 전田이 논을 가리킴을 짐작할 수 있다. 주목할 만한 것은 이전에는 콩깻묵의 값이 볏짚과 거의 비슷할 정도로 쌌다고 한 점이다. 이것은 주변에서 약간의 수수료만 주고 구입하여 시비하였음을 의미한다. 이 시점이 언제인지는 잘 알 수 없지만, 『오현지』 사료의 말미의 '채방고采訪稿'는 민국지民國志 편찬 당시 채방원采訪員이 취조한 것을 기록했기 때문에 적어도 청말부터 민국 초기의 소주지방에는 콩깻묵의 값이 크게 올랐음을 말해 준다.[67] 그렇다면 '이전'이라 함은 최소한 청 말 이전이었을 것으로 판단되며, 더구나 이러한 가격상승은 콩깻묵의 용도가 증가되어 수입이 본격화되는 청 중기 이후였을 것으로 판단된다.[68] 하지만 볏짚 정도의 가격은 전술한 가축사료용 콩깻묵의 가격에서 볼 때, 적어도 명 중기 이전이 아니었을까 판단된다. 그 이후부터 점차 습지작물, 뽕밭 및 논농사 등에 콩깻묵의 비료가 사용되면서 수요는 확대되었으나, 공급이 부족하여 더 이상 인근에서 헐값으로 쉽게 구할 수 있는 비료가 아니었음을 말해 준다.

그렇게 된 주된 원인은 앞서 제시한 고용노동자의 여건변화와 더불어 강남에서 일반적으로 재배하는 벼와 뽕밭에 콩깻묵을 비료로 사용했다는 점일 것이다. 또 재해와 흉년으로 인한 물가 등귀에도 원인이 있었을 것 같다. 실제 『보농서』「재황災荒·심씨기황기사沈氏奇荒紀事」에는 명말의 기후불순 때문에 홍수와 가뭄이 연이어 나타나자 그로 인한 물가상승으로 인하여 "1전錢으로 콩깻묵을 단지 7근斤밖에는 살 수 없고, 콩기름은 6-7전이

---

67 가토 시게루[加藤繁], 앞의 논문, 「滿洲に於ける大豆豆餅生産の由來に就いて」, p.697.

68 물론 『오현지(吳縣志)』의 중수 당시(1933년) 콩깻묵[豆餅] 가격이 상승한 것은 일본의 만주침략으로 중국본토 간의 무역상황이 악화되면서 콩깻묵의 수입이 불안해졌기 때문이 아닌가 추측된다.

나 하였다. 닭, 오리, 고기, 건어도 모두 약간씩 값이 올랐고, 뱀장어, 자라, 대합, 새우도 모두 5-6푼[分]씩 올랐다고 한다. 오리알은 1개당 20문전文錢이고, 찹쌀은 1말당 1,000전이었다. 이런 현상은 그전에 보지도 듣지도 못했다."라는[69] 것을 보면 명말청초의 재해로 인한 농가의 경제적 어려움을 잘 알 수 있다. 이런 여건 속에서도 수확 전의 늦은 여름에 다시 한 번 콩깻묵을 구입하여 논에 덧거름한 것은 그만큼 수확에 대한 기대와 콩깻묵의 비료효과가 컸었다는 것을 알 수 있다.

III. 콩깻묵의 비료시기와 방법

앞의 논밭 작물의 콩깻묵을 이용한 시비를 보면, 대개 뽕나무밭에서는 덧거름으로 사용되었고, 습지작물, 맥전 및 모내기한 논의 시비에는 밑거름으로 사용되었으며, 벼재배 때에는 주로 덧거름으로 사용하였다. 여기서는 『보농서』에 등장하는 콩깻묵을 분석하여 그 파종시기와 파종량을 좀 더 살펴보자.

『농정전서』에는 논농사의 경우 모판의 작성과 시비에 세심한 주의를 기울이고 있다. 모판에서 모는 잡초 없이 잘 자라야 하고, 이앙할 때는 무엇보다 모판의 모가 잘 뽑혀야 한다. 서광계는 모판의 물이 맑아야 뽑기 쉽고, 종자를 흩뿌릴 때는 물이 탁해야 뿌리가 잘 나온다고만 할 뿐 비슷한 시기의 『심씨농서』 「운전지법」에서와 같이 모판에 깻묵과 재를 시비해야 한다는 지적은 없다.

---

69 『보농서교석』 「재황(災荒)·심씨기황기사(沈氏奇荒紀事)」, p.170, "更有大可異者, 近時物價, 豆餅一錢止買七斤, 油價六七錢, 雞鴨肉羹俱上錢許, 鰻鱉蚌蝦, 俱上五六分. 鴨蛋每個廿文, 糯米每斗千錢, 此皆非但目之所未擊, 亦耳之所未聞也. 故特書以記之, 令後人聞之, 使知稼穡之艱難, 災沴之遞降如此也."

하지만 서광계는 모를 이앙할 논의 거름으로 진흙, 깻묵, 콩깻묵 및 재
거름 등을 들고 있다. 특히 깻묵이나 콩깻묵은 무당 30근을 재거름과 섞
고, 면화씨깻묵[棉餅]은 벼를 심기 하루 전에 무당 300근을 쪼개어 시비한
후 고루 흙으로 덮어 주고, 써레질한 후에 모내기를 하는 것이 좋다고[70] 하
여 이앙할 본전의 비료로 깻묵을 사용할 것을 제시하고 있다. 물론 이때
주의해야 할 것은 『농정전서』「목면木棉」편에서도 언급하고 있듯이 깻묵을
한곳에 집중하여 시비하거나 필요 이상으로 많이 주게 되면 모가 웃자라
거나 벌레가 생긴다는 사실이다.

「운전지법」에서는 깻묵을 또 수확기 벼의 덧거름[追肥]으로 사용하기도
한다. 벼에 시비하는 "덧거름은 모름지기 처서[71] 후, 벼가 이삭이 밸 때나
색깔이 누렇게 될 때 주어야 한다. 벼의 색이 누렇지 않다면, 절대 덧거름
을 줘서는 안 된다. 만약 모의 분얼이 왕성하다면 뒷날 힘이 부족할 것을
헤아려야 하며, 이삭이 팬 후에 무당 깻묵 세 말[斗]을 시비하면 생장 발육
이 좋아진다."라고 한다. 여기서 특히 강조하고 있는 것은 바로 벼의 성장
이 좋지 않아 누런 빛깔을 띨 때 덧거름을 주어야지 그렇지도 않은 상태에
깻묵을 시비해서는 안 된다는 것이다.[72] 『심씨농서』「축월사의」 7월조에 의
하면, 이 달에 덧거름을 주어야 한다는데, 이때가 되면 이미 밑거름의 효

---

70 『농정전서』 권6 「농사(農事)·영치상(營治上)」, p.143, "『農桑輯要』曰, 治秧田, 須殘年開墾, 待
 冰凍過則土酥, 來春易平, 且不生草. 平後, 必曬乾, 入水澄淸, 方可撒種, 則種不陷土中, 易
 出. 玄扈先生曰, 落秧, 宜淸, 易拔. 落散, 宜濁, 易生根. 壅田, 或河泥, 或麻豆餅, 或灰糞, 各
 隨其土所宜. 麻豆餅, 畝三十斤, 和灰糞. 棉餅, 畝三百斤. 揷禾前一日, 將棉餅化開, 勻攤田
 內, 耖然後揷禾. 或草." 이 사료에서 아마노 모토노스케[天野元之助]는 『中國農業史硏究』,
 御茶の水書房, 1979, p.309에서 인용한 내용이 『농상집요』가 아니라 『편민도찬』이라고 하
 였는데, 실제 『농상집요』의 어디에도 이런 문장은 보이지 않는다.
71 처서(處暑)는 양력 8월 23일 무렵인데, 『일주서(逸周書)』「시훈해(時訓解)」에 의하면, 이때의
 물후로, 서늘한 바람이 불고 백로가 내리며 가을 매미[寒蟬]가 운다고 한다.
72 『보농서교석』「운전지법」 제2단 4조, p.35, "下接力, 須在處暑後, 苗做胎時, 在苗色正黃之
 時. 如苗色不黃, 斷不可下接力. 到底不黃, 到底不可下也. 若苗茂密, 度其力短, 俟抽穗之後,
 每畝下餅三斗, 自足接其力. 切不可未黃先下. 致好苗而無好稻."

과가 다하기 때문에 지속적으로 성장하기 위하여 덧거름을 하였던 것이다. 이 때문에 명청시대 강남지역에서는 덧거름을 접력接力이라고[73] 했다.

이것을 보면 깻묵류는 밑거름과는 달리 생장하고 있는 작물의 성장을 촉진하거나 영양이 필요할 때 보충해 주는 역할을 했다는 사실을 알 수 있다. 실제 "처음 파종할 때 강진흙[江泥] 등으로 밑거름을 하면 그 힘이 오래 가지만, 삼복더위[伏暑] 때가 되어 재나 유채깻묵 등을 덧거름해 주면 그 힘이 지속되며, 입추가 지나 처서 무렵에는 다시 많은 비료를 해 주어야 힘이 배가되어 이삭이 잘 자란다."라고[74] 한다. 앞에서 처서 이후 줄기가 누렇게 변한다는 사실은 입추 무렵이 되면 모가 충분히 자라고 땅속의 지력도 완전히 흡수되어 벼 줄기가 노쇠해지면서 생기는 현상으로[75] 거름기가 다해 생장이 좋지 않다는 의미이다. 이 경우에 처서 무렵인 8월 말경에 속효성 깻묵으로 덧거름을 해 주면 벼의 성장이 좋아진다는 것이다. 이처럼 『심씨농서』 단계에 덧거름을 주는 시기와 상황 및 깻묵의 양까지 구체적으로 명시하고 있다는 사실이 주목된다. 이는 앞의 벼 모판에 콩깻묵을 시비한 상황과도 유사하다.

그동안 시비를 할 때, 북방의 경우에는 대개 숙분을 사용했다. 건분乾糞은 부숙한 연후에야 사용할 수 있었다. 왜냐하면 거름은 기세가 느슨해져야 비력이 두터워지며 폐해도 적기 때문이다. 하지만 남방지역은 북방과는 다소 차이가 있으며, 사용했던 비료도 수분水糞, 콩깻묵, 초예草薉, 생니生泥 등이 중심을 이루었다.[76]

---

73 리보쭝[李伯重], 왕샹원 역, 앞의 책, 『강남농업적발전(江南農業的發展)(1620~1850)』, p.54.

74 서헌충(徐獻忠), 『오흥장고집(吳興掌故集)』, "初種時以以河泥作底, 其力雖慢而長, 伏暑時稍下灰或菜餅, 其力亦慢而不迅疾, 立秋后交處暑, 始下大肥壅, 則其力倍而穗長矣."

75 『심씨농서(沈氏農書)』 「운전지법」 제2단 4조, p.36, "墊底多, 插下便興旺, 到了立秋, 苗已長足, 壅力已盡, 稈必老, 色必黃. 接力愈多愈好."

76 『농정전서』 권35 「잠상광류·목면」, "(孟)祺又言 … 北土用熟糞者, 堆積乾糞, 罨覆踰時, 熱烝已過, 然後用之, 勢緩而力厚, 雖多無害. 南土無之, 大都用水糞豆餅草薉生泥四物."

『농정전서』「목면木棉」편에서는 이러한 비료사용에 대해 언급하길, 수분水糞은 반년 이상 저장해 두면 숙분과 같이 되지만 이미 이런 것을 얻기가 쉽지 않다고 한다. 그래서 신분新糞을 사용한다 할지라도 무당 10섬을 초과해서는 안 된다. 초과하게 되면 푸른빛이 지나쳐 거름성분에서 열이 발생하기 때문에 작물에 좋지 않으며, 또 이로 인해 꽃과 포기가 너무 조밀해져서 오히려 수확량이 떨어지게 된다. 콩깻묵 역시 열이 많은 비료이기 때문에 무당 10개를 초과해서 사용해서는 안 된다. 그 이상을 넘으면 똥거름을 많이 주었을 때와 같이 병에 걸리게 된다고[77] 한다. 이런 점에서 보면 콩깻묵은 토양의 콩깻묵 분해력이 약한 북방의 밭에서는 적합하지 않고, 주로 강남지역에서 사용되었음을 알 수 있다. 남방에서는 콩깻묵 이외에도 전통적으로 강바닥진흙[爾泥]과 같은 생니生泥를 그대로 비료로 사용하거나, 사람의 똥의 경우에는 물에 타서 청수분으로 만들어 시비하기도 했다.[78]

이런 면화의 시비법은 퇴비와 사람 똥을 이용한 뽕밭의 시비법과 대조된다. 「운전지법」에서는 봄에 뽕밭에 거름을 하는데, 퇴비는 무당 30-40담擔[79]을 하였으며,[80] 사람 똥의 시비도 마찬가지였다. 이런 사실은 「운전지법」의 또 다른 사료에서도 보인다. 즉 "소똥을 싣고 돌아와 반드시 이미 만들어 둔 거름구덩이에 쏟아 붓고 물을 부어 부숙시켜서 조금씩 뿌려 준다. 만약 평망진平望鎭에서 마른 똥을 사 왔다면, 반드시 사람 똥을 몇 단 보태 주거나 또는 푸성귀 절인 물[菜鹵]이나 돼지오줌[猪水]을 함께 첨가해 주면, 신속하게 부숙된다."라고 하여 뽕밭에는 주로 퇴비나 똥오줌을 시비했는데, 이때 소똥이나 사람 똥은 외부에서 구입하여 우선 저장고에서 부숙시

---

77 『농정전서』권35「잠상광류·목면」, "水糞積過半年以上, 與熟糞同, 此旣難得. 旋用新糞, 畝不能過十斤, 過則靑酣, 一爲糞性熱, 一爲花科密也. 豆餠亦熱, 畝不能過十餠, 過者與糞多同病."

78 최덕경, 앞의 논문, 「『補農書』를 통해 본 明末淸初 江南 農業의 施肥法」, pp.253-264.

79 1담(擔)은 약 100시근(市斤)(1근은 500g), 즉 50kg이며, 40단이면 2,000kg으로 시비량이 상당히 많다.

80 『심씨농서(沈氏農書)』「운전지법」제8단, p.57, "春天壅地, 垃圾必得三, 四十擔."

켜 시용하였던 점이 주목할 만하다.

『사시찬요』에서 보이듯 당대에 이르러서 사람 똥의 시비가 구체화되고, 특히 송대 이후 강남지역에서 사람 똥의 수요가 크게 확대되었다.[81] 이에 따라 지주들은 가정에서 생산된 사람 똥만으로는 부족하여 외부에서 구입하지 않으면 안 되었다. 이때 사람 똥이나 소변을 그대로 사용하면 작물에 손상을 입히기 때문에 부숙하여 수시로 모에 똥오줌을 뿌려 주었다.[82] 퇴비를 보관할 때는 거름간[분옥]을 만들어 비바람이나 이슬에 노출되지 않게 하고, 또 거름물이 외부로 빠져나가 거름기가 손상되지 않도록 구덩이를 파서 저장하였다.[83]

이때 똥오줌을 뽕나무밭에 시비하는 방법과 그 양을 보면, 우선 "무당 소똥 40담擔을 물에 희석하여 100단이 되게 한다. 소똥을 뿌릴 때, 처음에는 이랑 옆에 뿌려 주고, 다음에는 이랑의 위쪽 모서리에 뿌려 준다. 시비하는 구덩이[潭][84]는 깊고 크게 해야 하고, 매 구덩이마다 1통桶[85]을 시비하며, 때에 맞추어 덮어 준다. 만약 사람 똥을 시비할 경우에는 곧바로 구덩이를 덮어 주는 것이 좋다."라고 하여 집중적으로 똥오줌을 뿌려 주는 뽕나무밭의 시비법을 잘 보여 주고 있다.

---

81 최덕경, 「『齊民要術』과 『陳旉農書』에 나타난 糞과 糞田의 성격」, 『중국사연구』 제81집, 2012.12.

82 『진부농서(陳旉農書)』 「선기근묘편」, "若不得已而用大糞, 必先以火糞久窖罨乃可用. 多見人用小便生澆灌, 立見損壞."

83 『진부농서』 「분전지의편(糞田之宜篇)」, "凡農居之側, 必置糞屋, 低爲簷楹, 以避風雨飄浸. 且糞露星月, 亦不肥矣. 糞屋之中, 鑿爲深池, 甃以磚甓, 勿使滲漏. 凡掃除之土, 燒燃之灰, 簸揚之糠粃, 斷稿落葉, 積而焚之, 沃以糞汁, 積之旣久, 不覺其多."

84 『보농서교석』 p.58에 의하면 '담(潭)'은 뽕나무 뿌리 부근의 작은 구덩이를 만드는 것을 가리킨다. 이것은 똥을 집중하여 뿌리기에 편하고, 그 똥이 아래로 침투하여 흡수할 수 있게끔 해 줄 뿐만 아니라 거름물이 넘쳐흘러 유실되지 않도록 한다고 하였다.

85 『심씨농서(沈氏農書)』 「운전지법(運田地法)」 제6단, p.46에 의하면, 뽕나무는 무당 200그루를 심는다고 한다. 천헝리[陣恒力] 교석에는 1단은 2통에 해당하며, 한 구덩이[潭]는 곧 한 그루이다. 구덩이마다 한 통의 거름이 적합하다고 한다.

이때 "소똥과 사람 똥을 모두 물에 섞어 매우 연하게 해야 한다. 이것은 결코 가벼이 여길 수 없는 것이며, 주인은 반드시 직접 일꾼을 감독하여 일꾼이 게으름을 피우지 않도록 하고 물의 양을 직접 지켜봐야 한다는 것이 매우 중요하다."라고[86] 하였다. 이것은 사람과 가축똥의 시비도 작물의 상태에 따라 다르게 이루어졌다는 것으로, 면화밭에서는 비료의 부숙을 강조한 데 반하여, 뽕밭에서는 묽게 하여 집중적으로 시비하였음을 보여주고 있다.

이상에서 보면 명청시대에는 콩깻묵과 마찬가지로 소똥과 사람 똥마저 외부에서 구입하여 비료로 사용했음을 볼 수 있다. 물론 똥오줌을 외부에서 구입할 때는 많은 운송수단과 노동력이 필요하기 때문에 소농민이 운반하기란 쉽지 않았을 것이다. 하지만 콩깻묵의 경우는 이 같은 복잡한 운송절차를 소비자가 직접 감내할 필요가 없이 중간 운송자가 수입한 비료를 구입했기 때문에 이용하기가 매우 편리했다. 특히 콩깻묵은 개인이 퇴비를 생산하는 데 필요한 시간과 노동력 및 부숙 시설이 필요 없었기 때문에 파종기와 같은 농번기에 시간과 노동력을 크게 줄일 수 있었다. 그래서 그 노동력과 시간으로 다양한 부업이나 상업 작물의 재배가 가능했으며,[87] 그 결과 강남의 새로운 농업기술의 발전도 가져올 수 있었을 것이라고 한다.[88] 무엇보다 콩깻묵은 중량이 가벼워 멀리까지 운송할 수 있고 처리가 간단하며, 장기간 저장이 가능하였다. 그 때문에 가격이 다소 비싸더라도 구입할 수밖에 없었다. 게다가 퇴비생산이 곤란한 상황에서 똥오줌을 대

---

86 『심씨농서(沈氏農書)』「운전지법」 제9단, p.58, "牛壅載歸, 必須下潭, 加水作爛, 薄薄澆之. 若平望買來乾糞, 須加人糞幾擔, 或菜鹵, 豬水俱可, 取其肯作爛也. 每畝壅牛糞四十擔, 和薄便有百擔. 其澆時, 初次澆棱旁, 下次澆棱背. 潭要深大, 每潭一桶, 當時卽蓋好. 若澆人糞, 尤要卽刻蓋潭方好. 牛壅要和極薄, 人糞要和極淸. 斷不可算工力, 主人必親監督, 不使工人貪懶少和水, 此是極要緊所在."
87 리보쫑[李伯重], 왕샹원 역, 앞의 책, 『강남농업적발전(江南農業的發展)(1620-1850)』, pp.55-56.
88 Dwight H. Perkins[양필승 역], 『중국경제사』, 신서원, 1997, p.105에서 콩깻묵[豆餠]의 출현은 기술이 정체된 상황에서 나온 중요한 예외적인 사건으로 인식하고 있다.

신하고, 더불어 밑거름과 덧거름의 조화를 잘 이루었던 것도 콩깻묵의 수요가 증가된 요인이었을 것이다.

사실 사람이나 가축의 똥오줌이나 콩깻묵은 모두 폐기물이다. 하지만 고대 중국인들은 이런 자연의 부산물을 다시 농업자원으로 되돌리면서 천지인의 생태순환관을 실천하였다. 콩의 찌꺼기인 깻묵도 그런 점에서 아시아 특유의 생태비료이면서 생산지역이 한정되어 화폐로 구입한 최초의 금비金肥였다고 볼 수 있다.[89]

IV. 청대 강남지역 콩깻묵의 수급: 맺음말을 대신하여

이상에서 콩기름을 짜고 남은 부산물인 콩깻묵이 명말청초의 강남경제의 발전에 중요한 영향을 끼쳤음을 살폈다. 이와 같이 콩깻묵의 영향력이 컸다는 것은 그 필요성이 증대되었다는 것을 말한다. 이것은 또 콩기름 생산이 확대되었다는 것이며, 이에 따라 콩기름의 용도가 다양해지면서 각종 음식물을 튀기고 볶아서 가공하고 조리하는 식생활 문화에 영향을 주게 되었다. 오늘날 중국요리에서 식용유를 사용하는 경우가 많은 것은 콩기름의 생산과 불가분의 관계를 지녔음을 의미한다.

콩깻묵의 양이 확대된 것은 우선 콩기름생산과 관련된다. 콩깻묵은 초기에는 식품으로도 이용되었지만, 주로 가축의 사료로 활용되었다. 하지만 콩기름의 폐기물을 처리하는 과정 속에서 이것이 식물의 작용을 활성

---

89 조선에도 18세기부터 논에 깻묵비료가 시비되었는데, 『천일록(千一錄)』에는 임유재(荏油滓), 목화씨[木棉子]가 등장하며, 『증보문헌비고(增補文獻備考)』에는 유마사(油麻渣)가 보인다. 일본의 경우도 도쿠나가 미쓰도시[德永光俊], 『日本農法史硏究』, 農文協, 1997, pp.272-273에 의하면, 메이지[明治] 14년(1881)에서 쇼와[昭和] 11년(1936)까지 유박(油粕), 소주박(燒酒粕), 진분박(眞粉粕), 대두박(大豆粕) 중에서 대두박이 점하는 비중이 현대로 갈수록 늘어나는 것이 특징이라고 한다.

화시킨다는 교훈을 얻게 되면서 작물의 비료나 비력을 높이는 용도로까지 사용하게 된 것이 아닌가 한다. 콩기름을 짜고 남은 찌꺼기까지 자원으로 사용했다는 점은 똥오줌과 마찬가지이다. 이는 모든 자연의 부산물은 다시 자연의 자원으로 되돌려준다는 삼재관三才觀의 순환논리의 일환이었다고 볼 수 있다.[90]

콩깻묵이 명말청초에 강남지역에서 집중적으로 이용된 것은 사회경제적인 여건이 성숙하였기 때문이었다. 우선 콩깻묵이 기존의 밑거름과는 달리 작물의 생장을 촉진하는 속효성이 있었음을 발견하게 되면서 덧거름으로 많이 이용되었다. 특히 강남지역의 경우 논의 발달과 더불어 잠상업이 발달했으며, 그 외에도 논밭에서 다양한 상업 작물을 재배하고 있었다. 그때까지 밑거름으로 가장 손쉽게 획득할 수 있는 비료는 바로 「축월사의」에서 보이는 강가의 남니䕃泥나 퇴비였다. 그리고 덧거름으로는 당송대 이후부터 똥오줌이 많이 이용되어 왔다. 하지만 명말청초가 되어 고용노동자가 태업하고 노동조건이 까다로워지면서 노동력의 확보와 이용이 곤란해져 인력을 동원한 비료생산이 결코 용이하지 않았다. 게다가 마로磨路 같은 퇴비나 똥오줌 등은 제조 및 부숙 과정에 시간이 많이 소요되고, 외부에서 구입할 때도 취급하기 불편할 뿐만 아니라 많은 운송비와 인력이 소모되었다. 그리고 직접 논밭에 시비할 때도 적지 않은 노동력이 필요하였다. 그러나 점차 사회경제적 여건이 변하게 되었고, 더 이상 기존과 같이 많은 노동력을 투자하여 남니를 건져내고 쇠두엄[踏糞]을 운반, 시비하고 더구나 외지에서 똥오줌을 입수하여 시비하기가 쉽지 않게 되면서 기존의 생태순환적 비료에 대한 인식이 점차 바뀐 듯하다. 깻묵이 짧은 시간에 주목을 받게 된 것은 바로 이러한 여건변화를 효율적으로 수용하면

---

90 최덕경, 「東아시아 糞尿시비의 전통과 生態農業의 屈折: 糞尿의 衛生과 寄生蟲을 중심으로」, 『역사민속학』 제35호, 한국역사민속학회, 2011, pp.258-264.

서 생산력을 높일 수 있었기 때문이었다.

그런 점에서 콩깻묵은 명말청초 사회경제의 산물이었다고 할 수 있다. 처음에 콩깻묵은 화북의 산동, 하남 및 강소성 등지에서 가축의 사료나 면화의 비료로 이용되었다. 하지만 강남 전역에 면화재배가 확대되고, 논농사와 잠상업의 비중이 커지면서 콩깻묵이 점차 강남 전역으로 유입되었던 것이다. 주지하듯이 콩깻묵은 우선 부피가 작고 가벼우며, 냄새가 없어 수송이나 취급이 편리하다. 그리고 무엇보다 질소성분이 많아 비효성이 높아 적은 양을 시비하고도 큰 효과를 거두었으며, 보관하기도 간편하였다. 이런 점에서 콩깻묵은 변화하는 강남지역 농촌의 비료로 적합하였다. 그 결과 현금을 지불하고서라도 이 비료를 구입하였던 것이다.

특히 콩깻묵은 물기가 많은 토지의 온도를 높여 작물의 생장을 촉진했기 때문에, 논농사는 물론이고 각종 연蓮, 가시연[芡] 등의 습지작물이나 사탕수수의 재배에도 효과적이었다. 때문에 비록 다른 지역에 가서 화폐로 구입할지라도, 전체적으로 볼 때 결코 손해 보는 것은 아니었다. 깻묵의 작물에 대한 수요가 확대되면서 많은 논밭작물의 밑거름과 덧거름으로 사용되었는데, 이러한 현상은 명대 중기 이전에는 거의 볼 수 없었다. 『사시찬요』에서 보이듯 당송대에는 덧거름으로 똥오줌이 주로 이용되었으나 명청시대가 되면서 콩깻묵이 새롭게 등장했던 것이다.

이처럼 명대 중기 이후 돈을 주고 구입하는 금비金肥가 현실화된 것은 무엇보다 강남지역의 개발로 인한 사회경제적 변화와 논농사의 확대 및 잠상업의 발달을 원인으로 들 수 있다. 그리고 당시 인구증가로 인해 토지보유면적은 10무 단위로 줄어들었지만,[91] 다양한 상품작물에 눈을 돌리면서 강남지역에 알맞은 속효성 덧거름이 필요했고, 그 역할을 효율적으로

---

91 『심씨농서(沈氏農書)』「운전지법」제16단, p.67, "凡人家種田十畝, 須下秧十三畝."; 『보농서교석』「총론」제6단, p.148. "吾里田地, 上農夫一人止能治十畝."; 『보농서교석』「총론」제7단, p.151, "且如匹夫匹婦, 男治田地可十畝."

대신한 것이 바로 콩깻묵이었던 것이다.

콩깻묵의 용도가 늘어나면서 기존의 콩기름생산지였던 산동, 강소 등지의 공급에는 한계가 있었다. 그리하여 청초부터는 만주지역의 콩깻묵에 관심을 갖게 되었다. 청 중기 해금령海禁令이 풀리면서 본격적으로 사선私船을 이용하여 만주지역에서 생산된 콩깻묵을 강남지역으로 운송하였다. 이것은 강남의 사회경제적 변화와 더불어 콩깻묵의 용도가 다양해지고 그 수요 또한 증대되면서 만주지역에서 생산된 콩깻묵이 자연스럽게 강남지역으로 수입된 것이다.

사실 청초까지 콩깻묵은 콩기름의 생산지인 산동, 하남 또는 강소, 안휘 등지에서 많이 생산되었으며, 이는 목면재배의 비료로 사용되었다. 특히 산동지역의 경우, 착유업의 발전과 함께 땅콩[落花生]의 광범위한 재배가 이루어져, 콩기름과 땅콩기름을 대량으로 외성外城에 판매하기 시작했다. 이때 강남지역에서는 점차 목면의 재배가 활발해지면서 착유의 부산물인 콩깻묵에 주목하고,[92] 콩깻묵을 매입하게 된 것이다.[93]

처음 만주의 콩기름도 산동의 이민자에 의해 제조되었다는 견해가 있었다. 이것은 만주의 콩깻묵이 산동인과 관계가 있음을 시사하기도 한다.[94] 그런데 만주에서 콩깻묵이 언제부터 제조되었는지가 분명하지 않다. 또 만주의 콩깻묵이 해운海運을 통해 강남으로 유입된 역사를 살펴보자면 매우 복잡한데, 이것은 가토 시게루[加藤繁]의 연구에서 이미 자세하게 밝히고 있다.[95]

청초 만주의 관關 안팎의 무역은 육로와 해로의 두 노선이 있었다. 육

---

92 리훼이[李慧], 「논청대산동농부산품적외소(論淸代山東農副産品的外銷)」, 2012, pp.11-12.
93 가토 시게루[加藤繁], 「滿洲に於ける大豆豆餠生産の由來に就いて」, 『支那經濟史考證(下)』, 1953, pp.696-697.
94 가토 시게루, 위의 논문, 「滿洲に於ける大豆豆餠生産の由來に就いて」, p.698.
95 가토 시게루, 「康熙乾隆時代に於ける滿洲と支那本土の通商について」, 『支那經濟史考證(下)』, 1953.

326   제3부 명청대 농업환경의 변화와 융복합 금비의 출현

로는 대부분 산해관山海關을 거치고, 해로는 우장牛莊을 중심으로 요동반
도의 각 항구를 거치는데, 이 중에서도 해로무역이 아주 왕성했다. 그러
나 강희 원년(1662) 천계령遷界令이 선포되면서 해로무역은 기본적으로 중
단되었다.[96] 때문에 해금령이 해제되기까지 강남지역 콩깻묵은 주로 산동,
강소 등지에서 대운하를 통해 유입되었다고 볼 수 있다.[97]

상해를 중심으로 사선私船의 활동이 본격화된 것은 강희 23년 해금령이
해제되면서부터였다. 그러나 건륭 12년에 산동의 흉황凶荒을 구제하기 위
해 봉천의 쌀로써 구휼하자는 논의가 있었지만, 성사되지 못한 것을 보면
만주의 곡물 이출移出이 아직 용이하지는 않았던 것 같다. 건륭 14년이 되
면 성경장군盛京將軍 아난태阿蘭太의 주청에 의해, 이전에 육로 반출만 허락
했던 쌀과 콩을 각 주현에 판매하는 것을 허락하였다. 여러 해구海口에 입
항한 상선이 회항回航할 때가 되면, 대선大船은 콩 200섬[石]을, 소선小船은
콩 100섬을 가지고 가는 것으로 확대하였다.[98] 그리고 건륭 37년에는 콩,
콩깻묵 각 1섬마다 세은稅銀 1푼[分] 1리厘를 과세하는 것으로 이 제한마저
철폐되었다. 이에 따라 상선商船이 자유롭게 콩과 콩깻묵을 판운販運할 수
있게 되면서 곡물 해상반출의 금지는 저절로 해소되었다.[99] 그 결과 건륭·
가경 때에는 상해, 사포乍浦의 두 항구에 5천여 척의 선박이 정박하고, 소
주의 선창船廠에는 해마다 천여 척이 건조되었다고[100] 한다.

당시 만주에서의 이출품移出品은 콩, 콩깻묵, 깻묵, 강미江米 이외에 면
화, 마류麻類, 산견山繭, 산주山紬, 잡량襍糧 등이고, 이입품은 단자緞子, 주자

---

96 『산해관각정편람(山海關権政便覽)』권4.
97 민경준, 「청대 강남사선의 북양무역」, 『명청사연구』 제17집, 2002, pp.144-148.
98 가토 시게루, 앞의 논문, 「康熙乾隆時代に於ける滿洲と支那本土の通商について」, pp.597-600.
99 가토 시게루, 앞의 논문, 「滿洲に於ける大豆豆餠生産の由來に就いて」, p.602.
100 야마구치 미치코[山口迪子], 「淸代の漕運と船商」, 『東洋史研究』17-2, 1958; 리보종[李伯重], 『중국동북농업사(中國東北農業史)』, 吉林文史出版社, 1995, p.259.

紬子, 백포白布, 찻잎[茶葉], 사탕과 다수의 약품藥品 잡질류였다.[101] 하지만 남화南貨의 경우 배가 비어 있는 경우가 많았고, 건륭 말 이후 북쪽에서 남쪽으로 회항하는 배에는 관동關東의 콩과 콩깻묵이 大宗을 이루었다는 것은 사선私船 운행의 목적이 바로 콩깻묵을 구입하기 위한 것이었음을 알 수 있다.[102]

이 콩깻묵이 청초 이후 강남지역에 유입되면서 가축의 사료와 각종 농작물의 비료로 활용되어 부업생산과 농업생산력의 제고에 큰 작용을 했다. 그 후 20세기까지 동북지역의 대두와 콩깻묵은 강절江浙, 민광閩廣 지역을 넘어 한국과 일본은 물론 유럽에까지 수출되어 동아시아 자본주의 형성에도 일정한 역할을 하게 된 것이다.[103]

---

101 가토 시게루[加藤繁], 앞의 논문, 「康熙乾隆時代に於ける滿洲と支那本土の通商について」, p.613.

102 『주판이무시말(籌辦夷務始末)』 권7, 동치조(同治朝), 1930, p.50; 리보종[李伯重], 앞의 책, 『중국동북농업사(中國東北農業史)』, p.260.

103 덩이빙[鄧亦兵], 「淸代前期全國商貿罔絡形成」, 『절강학간(浙江學刊)』 2010年 4期, pp.23-24; 호리 가즈오[堀和生], 『東アジア資本主義史論(I·II)』, ミネヴァ書房, 2009.

제7장

분뇨 위생문제와
생태농업의 굴절

I. 머리말

똥오줌[糞尿]만큼 우리와 가까이 있으면서도 거리를 두고자 하는 것은
없다. 전근대 동아시아인들은 오랫동안 분뇨를 농업자원으로 활용하여
유기농산물을 생산하고, 지력을 유지하는 수단으로 삼아 왔다. 하지만 어
느 순간부터 도시는 물론이거니와 농촌에서까지 똥오줌은 더 이상 자원
이 아닌 오물로 인식되고 심지어 배설과 함께 가능한 한 자신으로부터 멀
리 떠나 보내버려야 하는 폐기물로 인식되기에 이르렀다.

본고에서는 우선 어떻게 똥오줌이 오랜 시간 동아시아에서 농업자원으
로 활용될 수 있었는지를 살피고, 그리고 어떤 과정을 거치면서 똥오줌에
대한 전통적인 지혜가 청산되고 폐기물로서 전혀 다른 모습으로 변해 버
렸는지를 검토해 보고자 한다. 특히 똥오줌에 대한 인식이 전환된 시기가
근대화과정과 겹쳐있다는 점에 감안하여 당시에 어떤 문제에 직면했는지
를 살펴보고자 한다.

근대화의 지표는 다양하지만, 그중에서도 똥오줌과 더불어 주목되는
것은 위생과 청결이다. 근대적 관점에서 보면 분뇨와 위생은 결코 양립할

수 없는 관계였으며, 결국 그 과정에서 농약과 화학비료가 근대화의 이름으로 전통적인 똥오줌의 역할을 대신하면서 오늘에 이르게 된 것이다. 문제는 강요에 의해서든 선택에 의해서든, 보다 과학적이고 위생적인 방식으로 생산한 농산물이 오늘날 더 많은 생명을 위협하고 있다는 데 있다. 최근에는 보기에 좋고 대량 생산을 목표로 농산물을 생산하기 위해 유전자 조작[GMO]식품을 생산하기에 이르렀고, 농약에 내성이 강해진 잡초제거를 위해 더 강해진 제초제가 등장하여 농작물과 토양을 지속적으로 오염시키고 있다. 그 결과 우리의 건강과 생명은 유전자까지 변형을 일으켜, 청결을 중시했던 시기보다 더 근본적인 형태의 위협에 직면하고 있다.[01] 그리고 세계무역기구[WTO]체제와 자유무역협정[FTA]으로 인하여 세계의 농축산품이 무분별하게 우리 식탁에 올라오고 있으며, 이 중에는 정치경제적인 합의로 인해 충분한 과학적 검증을 거치지 않거나 현재의 과학으로 입증할 수 없는 것들도 상당수 국내로 유입되고 있다.

본고에서는 똥오줌이 지닌 전통적인 모습과 근대화과정에서 나타난 굴절을 살피기에 앞서 왜 동아시아에서는 유독 냄새나고 더러운 똥오줌을 비료로 이용하게 되었는지에 대한 사상적·경제적 배경을 살피고, 그것이 갑자기 사라지게 된 원인을 반추해 보고자 한다.

똥오줌을 자원으로 활용한 것은 아시아농업이 지닌 고유한 특징이었다는 것을 넘어, 이것은 또한 인간의 질병, 위생, 환경오염 및 지속가능한 생태환경의 보존과도 관련되어 있다. 더구나 똥오줌이 유기농산물을 생산했던 과거와는 달리 현재는 건강한 식품생산이 곤란해지면서 그 생

---

01 정진영, 「친환경 유기농업 실천의 필연성」, 『식품과학과 산업』 Vol. 39-3, 한국식품과학회, 2006에서 농약과 화학비료로 환경과 자연생태계의 파괴는 물론이고, 농약이 물이나 음식물을 통해 신체에 침투되어 체내의 다양한 호르몬의 분비와 작용을 간섭, 방해하여 남성 정자의 수가 급속하게 감소하였다고 한다. 2005년 2월 식품의약품안전청의 조사발표에 의하면 22세 젊은 군인 중 불임남성이 43.8%에 달하며, 머지않아 인간의 자체능력만으로는 임신이 불가능하여 멸종을 가져올 수 있다는 놀라운 결과를 소개하고 있다.

산가격의 차이는 빈부격차를 부추기고, 오염된 식품은 생명까지 위협하고 있다. 무엇보다 똥오줌을 자원으로 이용한 전통적인 지혜는 오랜 시간 조상들이 지켜 온 소중한 유산으로서, 그를 이용해 많은 인구를 부양하고 문명을 발달시켜 온 토대였기 때문에 새롭게 되돌아볼 필요가 있는 것이다.

II. 동아시아 분뇨 시비의 발생요인

대개 만물의 활동은 『장자莊子』「각의刻意」편에서 지적하고 있듯이,[02] "묵고 거친 것은 토해 내고, 신선한 것은 받아들인다."라는 것이 일반적이다. 그런데 동아시아인들은 왜 하필 가장 더럽고 냄새가 나며, 혐오스럽고 어두운 곳에 방치했던 똥오줌을 가까이 두고, 전혀 다른 유기자원으로 탈바꿈 시킬 수 있었을까? 주지하듯 사람 똥은 가장 가까이에서 손쉽게 접할 수 있지만 지독한 냄새가 나는 배설물이라는 이유로 대부분 꺼리는 것이 사실이다. 하지만 개나 돼지는 우선 그 속에서 소화되지 않은 유기물을 알아챘다. 일본의 고대그림을 보면 흥미롭게도 탈분脫糞하는 장면 옆에는 항상 개를 함께 그려 넣고 있다.[03] 이런 동물들의 생태계를 보고 인간은 측간과 돼지우리를 결합시킨 '혼측합일溷厠合一'의 건축구조를 만들어 내었을 것이다. 인간 역시 야외에서 탈분한 배설물 속의 씨앗이 그냥 버린 씨앗보다 더 좋은 열매가 달리는 것을 보면서 똥 속의 영양분이 가축뿐 아니라 식물의 종자에게도 보탬을 줄 수 있는 존재임을 알게 된 듯하다. 사람의 똥 속에 동식물이 생명을 연장할 수 있는 신선한 에너지가 존재한다는 사

---

02 『장자(莊子)』「각의(刻意)」, "吹呴呼吸, 吐故納新."
03 시부사와 게이조[澁澤敬三] 外, 『신판화권물에 의한 일본 상민생활회인(新版繪卷物による日本常民生活繪引)』(제1-5권), 平凡社, 1984 참조.

실을 경험적으로 인식했던 것이다. 이것이 곧 사람 똥을 토양의 비료로 활용하게 된 계기가 되었을 것이다. 이런 1차적 인식 이외 동아시아에는 똥오줌을 자원으로 활용할 수 있는 다양한 요인이 있었다.

먼저 동아시아의 오랜 생태관을 들 수 있다. 이미 선진시대 『여씨춘추呂氏春秋』「심시審時」편에서도 볼 수 있듯이, 천지인의 삼재三才사상은 인간과 자연의 관계를 통해 생명은 양육되며,[04] 『순자荀子』「예론禮論」에서도 천지가 화합할 때 만물은 생장하며, 음양이 접할 때 변화가 일어난다고 하여, 농업은 이 3자를 연결시켜 주는 고리라는 사실을 잘 보여 준다. 삼재사상은 천시天時와 지리地利 및 인화人和의 작용을 강조하고,[05] 풍토, 물후物候[06]와 인간의 활동을 중시한다. 생태계는 일정한 계절성을 지니면서 순환하며, 그 속의 한정된 자원 역시 순환·변화하기 때문에 환원하고 재생된다는 전통적인 생태관이다. 이런 관점에서 보면 인간과 동물의 배설물 역시 일정시간이 지나면 자연으로 환원되어 생명을 탄생시키는 토대가 된다는 논리이다. 똥오줌이 생명활동에 연결된다는 인식이다. 특히 똥오줌이 물성에 부합하여 농작물의 양육에 도움을 주고, 또 절반의 노력으로도 두 배 이상의 수확을 올릴 수 있다는 사실을 알게 되면서[07] 농업자원으로서의 가치를 알게 된 것이다. 이것이 똥오줌이 폐기되지 않고 줄곧 자원으로 사용된 배경이다.

또 다른 요인은 아시아 농업의 특징인 집약농법에서 찾을 수 있다. 공동체가 해체되고 가족단위의 생산과 소비가 이루어지며, 국가는 농민을 편

---

04 『여씨춘추(呂氏春秋)』「심시(審時)」, "凡農之道, 厚之爲寶."; "夫稼, 爲之者人也, 生之者地也, 養之者天也."; 『여씨춘추』「유시(有始)」, "天地合和, 生之大經也."

05 리건판[李根蟠],「天人合一與三才理論」,『중국경제상적천인관계(中國經濟上的天人關係)』, 中國農業出版社, 2002.

06 물후(物候)는 생태계의 징후현상으로 기후와 토양의 상호작용에 의해 나타난다. 최덕경,「中國古代의 物候와 農時豫告」,『중국사연구(中國史硏究)』 제18집, 2002 참조.

07 마일용(馬一龍),『농설(農說)』, "合天時地脈物性之宜, 而無所差失, 厠事半功倍矣."

호編戶하여 인적, 물적 기반으로 삼는 과정에서 토지생산력은 매우 중요한 과제였다. 특히 인구가 증가하고, 국가적 부담이 강화되면서 단위 면적당 생산력은 더욱 필요하게 되었다. 하지만 지력地力을 높일 수 있는 특별한 방법은 없었다. 이런 상황에서 가축의 똥오줌을 활용하고, 나아가 사람의 배설물인 똥오줌까지 유기질 비료로 활용했던 지혜는 획기적이라 할 수 있다.

이미 탕湯왕 때 가뭄이 들면 구전區田을 만들어 분종糞種을 하게 했다.[08] 그리고 은대 '시屍'의 갑골문의 형상에서 똥[屎]을 싸는 모습이 등장하고, 후에 똥의 의미인 시屎자 변했으며, 시전屍田의 의미는 은인들이 토양에 시비하는 점복이라고[09] 한다. 이것은 이미 은대부터 똥을 토양의 비료로 사용했다는 가능성을 제시한 것이다.[10] 그것이 춘추전국시대로 접어들면 구체화되어, 『맹자孟子』의 등문공장滕文公章과 이와 비슷한 시기의 『예기禮記』「월령月令」, 『순자荀子』「부국富國」, 『한비자韓非子』「해노解老」, 『주례周禮』「초인草人」편과 『노자老子』「검욕儉欲」편 등에 기록된 '분기전糞其田', '분전주糞田疇', '다분비전多糞肥田', '분관糞灌' 및 '토화지법土化之法'과 같은 구절은 토양에 분糞을 비료했다는 사실을 보여 준다.[11] 특히 『순자』「부국」편에서는 이러한 토지에 대한 시비는 당시 농부들의 일상적인 일이었다고 말하고 있다. 그리고 『노자』「검욕」편의 '각주마이분卻走馬以糞'은 말똥이 지력회

---

08 『범승지서』「구전법區田法」, "湯有旱災, 伊尹作爲區田, 敎民糞種, 負水澆稼."

09 후호쉔[胡厚宣], 「殷代農作施肥說」, 『역사연구(歷史研究)』1955-1; 「殷代農作施肥說補證」, 『문물(文物)』1963-5, p.31.

10 우춘하오[吳存浩], 『중국농업사(中國農業史)』, 警官敎育出版社, 1996, p.166에서 은인(殷人) 의 시비기술은 아직 성숙하지 않았지만, 토질, 기후 등의 요소를 살펴 시비하였다고 한다.

11 『맹자(孟子)』「등문공상(滕文公上)」, "凶年糞其田而不足, 則以取盈焉"; 『예기(禮記)』「월령(月令)」, "(季夏之月) 燒薙行水, 利以殺草, 如以熱湯, 可以糞田疇, 可以美土疆."; 『순자(荀子)』「부국(富國)」, "刺草殖穀, 多糞肥田, 是農夫衆庶之事也."; 『한비자(韓非子)』「해노(解老)」, "積力於田疇, 必且糞灌."; 『주례(周禮)』「지관(地官)·초인(草人)」, "掌土化之法以物地, 相其宜而爲之種."

복에 이용되었음을 보여 주고 있다.[12] 이러한 토양에 대한 시비법[糞田法]은 한대『범승지서』에 이르면 '교민분종敎民糞種'하고, "옥토에 힘쓴[務糞澤]" 것으로 보아, 비료의 시비가 교육의 대상이었으며, 기름진 토양을 확보하는 것은 농업의 중요한 바람이었다는 것을 보여 준다. 특히 한대에는 돼지우리와 측간이 결합된 혼溷의 출현과 그곳에서 생산된 '혼중숙분溷中熟糞', 즉 돼지우리에 떨어진 사람 똥이 돼지양육은 물론 우리 속의 각종 부숙물로써 토지의 시비에 유용하게 활용되었던 것이다.

전한말『범승지서』의 시비법으로 주목할 만한 것으로는 종비種肥, 밑거름[基肥]과 덧거름[追肥]이 있었다. 당시 파종 전에 시비한 밑거름작물로는 조[粟], 시枲, 토란[芋], 외[瓜], 대두 등이 있으며, 그 시비방법은 흩뿌림[漫撒法]과 혈시법穴施法이 있었다. 이 같은 시비법은 지력유지에 유리할 뿐 아니라 계속적으로 농작물의 성장에 필요한 양분을 제공하였다.[13]『범승지서』구전법區田法 역시 구덩이를 파서 집중 시비하여 파종하는 일종의 혈시법이다. 또『범승지서』에는 보편적이지는 않았지만 삼[麻]을 재배할 때, 파종 후에 시비하는 덧거름법도 등장하였다.[14] 이런 측면에서 볼 때 한대 이후의 토양에 대한 시비는 집약농법으로 발전하는데, 필수불가결한 조치였을 것으로 판단된다. 당시 아직은 사람 똥오줌이 중심이 된 것은 아니었지만, 사람 똥도 가축 똥, 초분草糞 및 똥재[糞灰] 등과 함께 지력을 제고하는 데 일정한 역할을 했음을 알 수 있다. 이처럼 선진시대부터 시비가 이루어졌지만 당시 비료는 토양을 개량하는 요소로 이용되었을 뿐, 지력을 회복하여 휴한을 극복하는 단계로까지 발전하지는 못했다는 지

---

12 증슝성[曾雄生], "'却走馬以糞'解", 『중국농사(中國農史)』2003-1.
13 량쟈미엔[梁家勉] 주편, 『중국농업과학기술사고(中國農業科學技術史稿)』, 農業出版社, 1989, pp.198-200.
14 『제민요술(齊民要術)』 「종마자(種麻子)」, "氾勝之書曰: 種麻, 豫調和田. 二月下旬, 三月上旬, 傍雨種之. 麻生布葉, 鋤之. 率九尺一樹. 樹高一尺, 以蠶矢糞之, 樹三升. 無蠶矢, 以溷中熟糞糞之亦善, 樹一升."

적이 있다.[15]

논농사의 발달 역시 분뇨 시비의 확대와 밀접하게 관련되어 있다. 이미 앞의 2장에서도 밝혔듯이, 사람 똥이 농업생산의 비료로 적극성을 보이기 시작한 시기는 중국의 경우 송대 이후부터였다. 송대 농업의 가장 큰 특징은 강남개발과 더불어 수전水田 농업의 확대이다. 벼농사는 대개 송대 이후부터 본격화되었으며, 그 벼의 성장을 돕기 위해 고안된 속효성 비료가 바로 똥에 물을 탄 청수분淸水糞인데, 이것을 뿌리면서 사람 똥의 수요가 급격히 증가되었다고 보는 것이다.

게다가 당시 『진부농서』에는 저마다 토양의 성질에 따라 동물의 똥을 다르게 시용할 것을 주장하고 있는 것이[16] 마치 병에 따라 약을 처방하는 것과 같다고 하여 송대 민간에서는 분약糞藥이라고 표현할 정도로 가축과 사람의 똥을 적절하게 이용하고 있다.[17] 그리고 이 같은 똥의 처방을 통해 '지력을 항상 새롭게 보강[地力常新壯]'하여 토양개량과 지력회복을 동시에 도모하여 휴한을 극복한 것을 보면, 똥오줌의 시비를 통한 토양 배양의 필요성을 잘 알았다는 것을 알 수 있다.[18]

명청시대의 강남지역에는 또 논농사와 함께 잠상업蠶桑業이 보편화되면

15 동카이천[董愷忱] 등 주편, 『중국과학기술사(中國科學技術史)』(農學卷), 科學出版社, 2000, p.536에는 『제민요술(齊民要術)』에도 비료와 시비의 기록이 한정되어 있으며, 토지는 주로 휴한과 콩과[豆科]작물에 의해 지력을 증진하고 회복하고 있다는 점에서 앞 시대와 큰 차이가 없었으며, 이러한 현상은 수당시기까지 큰 변화가 없었다고 한다.

16 『진부농서(陳旉農書)』「분전지의편(糞田之宜篇)」, "別土之等差, 而用糞治. 且土之騂剛者, 糞宜用牛, 赤緹者 糞宜用羊, 以至渴澤用鹿, 鹹潟用貆, 墳壤用麋, 勃壤用狐, 埴壚用豕, 彊㯺用蕡, 輕㯺用犬, 皆相視其土之性類, 以所宜糞而糞之, 斯得其理矣."

17 『진부농서』「분전지의편」, "皆相視其土之性類, 以所宜糞而糞之, 斯得其理矣. 俚諺謂之糞藥, 以言用糞猶藥也."

18 우춘하오[吳存浩], 앞의 책, 『중국농업사(中國農業史)』, p.807에서 '지력상신(地力常新)'론은 서방의 '지력쇠갈론(地力衰竭論)'과 '지력점감론(地力漸減論)'에 대한 상대적인 개념으로 상호 다른 토양비력관(土壤肥力觀)이 상이한 농업유형을 반영하고 있다고 한다. 중국고대의 '지력상신장(地力常新壯)'이론은 확실히 일종의 과학적 토양 비력관으로 전통농업 중에서 적극적으로 토양배양을 보여 주는 빛나는 사상이라고 한다.

서 사람의 똥오줌의 수요가 급증하게 되었다. 명청시대 강남의 논농사에서 보이듯 전략적으로 똥을 구매하고, 이를 밑거름와 덧거름으로 적극적으로 활용한 것을 보면 점차 사람의 똥오줌이 거름의 중심이 되었음을 알 수 있다. 이러한 현상은 조선시대의 경우도 크게 다르지 않았다. 16-17세기에는 조선에서도 향촌 지식인들에 의해 농서와 잠서가 널리 출판되었다는 점에서 전국적으로 논농사와 양잠이 확대되는 시기라고 볼 수 있으며,[19] 이는 바로 명말청초의 『보농서補農書』 분위기와 일치한다. 이때가 되면 뽕밭, 과채밭 및 논에서 사람 똥오줌의 역할이 이전보다 늘어났을 것으로 판단된다.[20] 다만 한반도의 경우 사람 똥이 〈표 1〉에서와 같이 최근까지 밭의 거름으로 주로 사용된 반면, 송대 이후에는 강남지역의 논에서 주로 이용되었다는 점이 다르다.

〈표 1〉 한국 똥오줌의 사용처(金雄基, 1984)

사용처	밭	논	과수원	비사용	총계
가구수	64	4	13	2	83
%	77.2	4.8	15.6	2.4	100

그리고 개간으로 척박한 토양의 개조를 위해 유기비료가 요구되고, 이앙법의 보급으로 모판의 덧거름이 확대되면서 청수분의 시비도 증가되었다. 게다가 봄보리[春耰麥]의 재배가 증대되면서 그루갈이[根耕]와 사이짓기[間種]과 같은 복종지수가 높아져 고도의 지력 수탈적 작부체계가 등장한 것도 분뇨 시비가 늘어난 요인이 되었던 것이다.

또 후술하는 바와 같이 잠상업과 도시 근교의 과수원과 채소농업의 발

---

19   남미혜, 『조선시대양잠업연구』, 지식산업사, 2009, p.177.
20   최덕경, 「東아시아에서의 糞의 의미와 人糞의 實效性」, 『중국사연구』 제68집, 2010, p.80, pp.83-84.

달 역시 분뇨 시비가 확산된 중요한 계기를 이루었다. 특히 도시의 소비인구가 증가하면서 이들 산업은 더욱 발전하고, 재배가 확대되면서 유기비료인 사람 똥이 이전보다 더욱 요구되었다. 특히 농경민은 유목민처럼 한꺼번에 다양하고 많은 가축을 사육하지 않았기 때문에 가축 똥은 한정될 수밖에 없었다. 그래서 매일 일정하게 생산되는 사람 똥을 거름에 활용하는 지혜를 발견하게 된 것이다. 당송시대 이후 도시근교의 농촌에서는 도시민의 똥을 구매 또는 공급받아 과수원이나 채소와 같은 상업 작물에 시비함으로써 도시의 위생문제를 해결하는 기능도 하였다. 이것 역시 분뇨 시비가 활성화된 요인이었다.

분뇨 시비의 이용과 더불어 주목되는 것은 오줌재[尿灰]와 숙분회熟糞灰와 같은 똥재[糞灰]이다. 특히 중국의 동북지역과 한반도의 경우, 세계적으로도 드물게 오랜 온돌溫堗의 역사를 지니고 있으며, 그곳에서 매일 생산되는 재[灰]는 그 자체만으로도 거름이 될 수 있다. 재는 헛간에서 똥오줌과 결합하여 거름에 이용되었는데, 한반도에는 온돌생활로 말미암아 매일 아침저녁으로 아궁이에서 재를 수거하여 보관하였다. 그런 점에서 한반도 똥재는 온돌의 역사와 그 궤를 같이한다 해도 과언이 아니다. 그리고 최근까지 그러한 거름이 농촌에서 여전히 행해졌다는 점에서 똥재는 가장 한국적인 시비방식이었다고 할 수 있을 것이다.[21]

특히 똥오줌이 재와 결합하면 냄새가 거의 없어지고, 외관상 흉하지도 않다. 그리고 재가 똥오줌의 수분을 흡수하여 고형固形상태가 되므로 저장과 취급이 편리하다. 게다가 나무 재는 강한 알칼리성으로 병균의 번식을 막고 기생충을 사멸할 수 있으며, 구더기나 벌레 등도 모이지 않는다. 아울러 해동기까지는 사람 똥오줌의 소비가 거의 없으므로 저장에도 편

---

21 최덕경, 「온돌의 구조 및 보급과 생활문화에 끼친 영향」, 『농업사연구』 7-2, 2008, pp.59-60.

리하다는[22] 특징을 지니고 있다.[23] 이처럼 전통시대 조선사회에 똥오줌이 지속적으로 이용될 수 있었던 것은 온돌의 재와 밀접하게 결합할 수 있었기 때문이라고도 볼 수 있다.

그리고 『소학小學』을 보면 어릴 때부터 항상 집안을 깨끗하게 소제하는 것이 미덕이었다. 조상의 무덤도 정기적으로 벌초해야만 복을 받는다는 인식이 있다. 그래서 날마다 집 안팎을 청소했다. 그 과정에서 집적된 각종 폐기물과 처리하기 곤란한 동물이나 사람의 배설물을 어떻게 활용하고 효과적으로 처리할 것인가도 생각했을 것이다. 그 결과 연소燃燒 가능한 것은 연료로 쓰이거나 아궁이로 들어갔을 것이며, 그렇지 못한 것은 외양간에 넣어 가축이 밟아 똥과 함께 두엄으로 만들고, 이를 부숙시킨 후에 토지에 시비하면서 집안의 각종 쓰레기도 자연스럽게 비료로 환원되었던 것이다. 그러니까 집안의 소제는 자기수양과 함께 청결과 근면함을 함께 실천한 것이며, 그것은 또 두엄의 양을 늘리는 데도 기여했던 것이다. 측간의 별칭으로 '淸', '圊' 등의 호칭이 사용된 것도 배설물에 대한 청결의 의미가 그 속에 내포되어 있었다고 볼 수 있다.

사람 똥이 거름의 재료로 될 수 있었던 또 다른 요인을 아시아의 독특한 음식문화 중의 하나인 발효식품에서 찾을 수 있다. 중국과 한국은 술을 비롯하여 된장과 간장 및 젓갈을 기원전부터 생산해 왔다.[24] 식품을 발효하여 전혀 새로운 음식물을 가공했던 지혜가 사람 똥까지도 부숙하여 농지의 퇴비로 만들었던 것이다. 실제 포도주나 퇴비의 발효과정은 큰 차이가 없다는 지적도 있다.[25] 발효과정에는 언제나 열과 냄새가 나지만 일정기간

---

22 조백현 감수, 『신고 비료학』, 향문사, 1978, p.273.
23 최덕경, 앞의 논문, 「朝鮮시대 糞尿施肥와 人糞: 古代中國의 糞尿利用과 관련하여」, pp.67-69.
24 최덕경, 「大豆의 起源과 醬·豉 및 豆腐의 普及에 대한 재검토: 중국고대 文獻과 그 出土자료를 중심으로」, 『역사민속학』 제30호, 2009.
25 J. Jenkins[이재성 역], 『똥 살리기 땅 살리기』, 들녘, 2006, pp.55-58.

이 지나면 좋은 냄새로 바뀐다는 사실을 이미 알았던 것이다. 외양간의 퇴비에 똥물을 끼얹어 미생물을 이용하여 부패 발효시킨 지혜는 동아시아인의 고유한 지혜이며 전통이었던 것이다.

아울러 오랫동안 똥오줌을 자원으로 활용하는 과정에서 똥오줌을 관찰하게 되면서 점차 똥오줌을 통해 질병을 판단하고, 이를 근거로 약품을 만들기도 하였다.[26] 배설물은 버려져야 할 존재라기보다는 효과적으로 활용하면 자원이 되고 생명을 지킬 수 있는 물질이 될 수 있다는 인식이 자리매김 했던 것이다.

끝으로 똥장수들의 똥오줌 공급이 근교농업 비료의 양을 확대시켰다. 중국의 경우 당송시대부터 똥오줌의 거래가 시작되었으며, 명대 후기 강남지역에서의 분뇨수급은 『보농서補農書』에 잘 묘사되어 있다. 이런 현상은 한국과 일본의 경우도 마찬가지였다. 예컨대 18세기 조선 실학자들의 똥장수에 대한 인식의 변화를 통해 분뇨 시비의 확산을 찾아볼 수 있다. 후술하는 바와 같이 조선 실학자 이덕무李德懋가 본 조선의 똥장수 엄행수嚴行首에 대한 모습은 비록 똥을 지고 거름을 멜지라도 정당한 노력으로 살아가는 자세를 존경하여 똥오줌의 수거를 가볍게 여기지 않았던 것이다. 이런 모습은 똥배[糞尿船]를 이용한 도농都農 간의 상호 협력을 통해서 서로 부조扶助했던 민간의 모습에서도 살필 수 있다.[27]

이상에서 지적한 다양한 요인들로 인하여 동아시아는 토지를 중시하지 않았던 유목문화의 유럽인들과는 달리 인간의 배설물을 폐기하는 것이 아니라 농업자원으로 활용하여 생태계의 순환을 실천하는 지혜를 발견하였던 것이다. 실제 똥오줌을 토양에 시비할 경우 토양의 함수률, 응집력,

---

26 최덕경, 앞의 논문, 「朝鮮시대 糞尿施肥와 人糞: 古代中國의 糞尿利用과 관련하여」, pp.90-94.

27 최덕경, 위의 논문, 「朝鮮시대 糞尿施肥와 人糞: 古代中國의 糞尿利用과 관련하여」, pp.88-90.

통기성을 증가시키며, 유기 성분이 토양을 부드럽게 하고[28] 지력을 보전하여 적은 농토에서도 많은 생산량을 도출할 수 있었다.

III. 도시화에 따른 분뇨 처리와 위생문제

1. 전근대 도시의 발달에 따른 똥 관리와 수급

이상과 같이 전근대 사회는 다양한 요인으로 인해 중국과 한국에서 사람 똥을 비료로 활용해 왔으며, 그로 인해 토지의 비력을 지속적으로 유지하여 휴한을 극복함으로써 증가된 인구를 먹여 살릴 수 있었다. 하지만 오늘날에는 사람 똥이 거의 농업의 유기자원으로 활용되지 못하고 있다. 이러한 급작스런 변화가 어떻게 일어나게 되었으며, 왜 그럴 수밖에 없었는가?

사회가 발전하고 도시 인구가 증가되면서 사람과 가축 똥과 쓰레기는 어떻게 처리했을까? 오물을 무단투기한 데 대한 처벌은 이미 은대부터 등장하는데, 은법殷法에 길에 재[灰]를 함부로 버리면 그 손을 절단하였다고[29] 한다. 이 같은 처벌은 상앙商鞅의 진율秦律에도 그대로 계승되고 있다.[30] 그리고 춘추전국시대에는 측간에 들어가지 않고 사람들이 보지 않는다고 하여 사사로이 아무데서나 대소변을 보면 매를 맞거나 처벌을 받았으며, 무례하다고 비난 받았던 내용을 『좌전左傳』 양공십년襄公十年과 『세설신어世說新語』를 통해서 알 수 있다.[31] 그렇지만 당대 이전에 배설물 유기로 처벌받

---

28 김웅기·정문호, 「일부 농촌지역의 기생충란 토양 오염도에 관한 조사연구」, 『한국환경위생학회지』 Vol.10-1, 1984, p.76.

29 『한비자(韓非子)』 「내저설(內儲說)」, "殷之法, 刑棄灰于道者." "殷之法, 棄灰于道者斷其手."

30 『염철론』 「형법편(刑法篇)」.

은 주된 이유는 예의와 공동위생과 관련되었을 뿐 자원의 관점에서 비난받은 것은 아니었던 것 같다.

그러나 『당률소의唐律疏議』에는 담장을 뚫어 오물을 밖으로 내보낼 경우, '장육십杖六十'에 처하고, 이를 주관하는 자가 제대로 관리하지 않으면 같은 죄로 처벌했다.[32] 이곳의 "오물[穢汚之物]"은 단지 쓰레기뿐 아니라 사람과 가축의 배설물도 그 속에 포함되었을 것이다. 이처럼 당대의 법률에는 '예오지물[穢汚之物]'에 대해 엄격한 관리를 진행하여 만약 위법하면 중벌로 다스렸던 것이다. 이러한 처벌의 이면에는 도시화에 따른 인구집중과 더불어 경제적인 측면도 크게 작용한 듯하다.

당 전기 무후武后 때의 『조야첨재朝野僉載』에 의하면 장안의 부자 나회羅會는 똥을 처리하여 많은 이윤을 취했다고[33] 한다. 처리 후 어떤 방식으로 부를 축적했는지는 사료 상으로 분명하지 않다. 단순한 위생청소가 목적이었는지, 아니면 도시의 분뇨를 수거하여 농촌으로 보내 토지의 지력회복도 동시에 해결하여 이윤을 취한 것인지가 분명하지 않다. 하지만 당말 『사시찬요四時纂要』 2월조에 마[薯預]를 파종할 때 사람 똥의 이용을 꺼리고 소똥을 섞어서 파종했던 것을 보면,[34] 당대에 이미 사람의 똥이 농업의 비료로 인식되기 시작했음을 알 수 있다.

송대가 되면, 도시에는 전문적으로 환경위생 처리작업을 하는 자가 등장한다. 예컨대 남송의 『몽량록夢粱錄』에 의하면, 항주杭州의 경우 일반서민들의 가정에는 측간[坑廁]이 없고, 단지 마통馬桶이라는 일종의 이동식 실내 변기에 변을 보면, 매일 경각두傾脚頭라는 똥을 수거하는 자가 가져

---

31 샹빙허[尙秉和], 『역대사회풍속사물고(歷代社會風俗事物考)』, 岳麓書社, 1991, p.289.

32 『당률소의(唐律疏議)』, "其穿垣出穢汚者, 杖六十. 出水者, 勿論. 主司不禁, 與同罪."

33 『조야첨재(朝野僉載)』 권3, "長安富民羅會, 以剔糞爲業, 里中謂雞肆, 言若歸之因剔糞而有所得也. 會世副其業 家財巨萬."

34 『사시찬요(四時纂要)』 「이월(二月)」, "二月初, 取出便種. 忌人糞. 如旱, 放水澆. 又不宜苦濕. 須是牛糞和土種, 即易成."

갔다고 한다. 이것은 당대 이전에는 군주도 직접 측간에 갔다는 기록과는 달리 당대 이후에는 방안의 마통에서 볼일을 본 듯하다. 이것은 언제부터인지 측간 가는 것을 꺼려서 바깥에 건립된 측간의 용도가 폐기되었으며, 그것이 강남의 대도시의 민가에까지 확산되었다는 이야기다. 흥미로운 점은 당시 매일 똥오줌을 수거하는 경각두마다 그들 각각의 고객이 있어 함부로 영역을 침탈하지도 못했으며, 때로는 소송이 벌어지기도 하였다는 것이다.[35] 이런 사실로 미루어 똥오줌을 수거한 후 이익이 되는 곳에 재차 거래했음을 알 수 있다. 그런 점에서 송대 강남의 일부지역에서는 똥오줌 거래 시장도 상당하게 형성되었던 것으로 보인다. 특히 남송은 북방의 인구가 대량으로 남천함에 따라 '지소인다地少人多'하여 생산량을 늘리기 위해서는 토지 이용도를 늘릴 수밖에 없었고, 때문에 지력유지가 매우 중요하게 되었으며, 당시 농촌에서는 그 비료인 똥의 수요가 급증하게 되었을 것이다.

명말청초의 『보농서補農書』에 의하면, 강남의 동부지역에서 "비료를 구하려면, 비료가 생산되는 평망진平望鎭 일대에서 조달하였다. 마로磨路,[36] 돼지똥재[猪灰]는 논의 비료로 가장 좋다. 4월, 10월의 농번기에 거름은 대부분 헐값이니 마땅히 품을 들여서라도 많이 사야 한다. 사람 똥을 구입하려면 반드시 항주로 가야 한다. 방죽 위에서 사서 배에 가득 실어서는 안 되고, 오도五道 앞에서 반쯤 싣고, 다음날 일찍이 배를 수문 밖으로 밀어내어 방죽을 통과하면 5-6할 정도로 숙성되는데, 여기에 신선한 똥을 더 채우면 비료의 효과는 더 좋다.[37] 뽕나무에 똥을 뿌릴 때는, 소만小滿 즈

---

35 오자목(吳自牧), 『몽량록(夢粱錄)』, "杭城戶口繁伙. 街巷小民之家, 多無坑厠, 只用馬桶, 每日自有出糞人瀽去, 謂之傾脚頭, 各有主顧, 不敢侵奪. 或有侵奪, 糞主必與之爭, 甚至經府大訟, 勝而后已."

36 『보농서(補農書)』 4월, '사전준비[置備]'란의 내용에는 "평망에서 소를 이용한 연자방아로 제조한 거름[마로]을 구입한다.[買牛壅磨路平望.]"란 말이 있는데, 평망은 평망진(平望鎭; 강소성 오강현의 중부)을 뜻한다.

음에 누에 치는 일이 가장 촉박하다. 그래서 가까운 진鎭에서 똥을 사 모으는데, 오전에는 사러 가고 오후에 똥오줌을 뿌려 주는 것이 가장 좋다."라고[38] 한다. 여기서 주목할 점은 이미 강남지역 간에는 똥배[糞船]를 이용하여 사람 똥이 거래되고 있었다는 것이다. 이것은 당시 똥이 부족하여 도시에서 구입하여 논이나 뽕잎 수확을 끝낸 뽕밭이나 과수재배에 시비하였음을 알 수 있다.

실제 『보농서補農書』「운전지법運田地法」에는 논밭에서 사람 똥의 수요가 증대되면서 그것을 저장하는 구덩이[糞窖]가 있었다. 하지만 똥값과 인건비가 비싸 운반하는 데 비용이 많이 들면서 몰래 저장해 둔 똥을 훔쳐 가는 폐단도 많아졌다. 그래서 오직 똥을 저장하는 구덩이에만 의지할 수 없다는 지적은 당시 농사에 있어 똥의 역할과 작용을 충분히 느낄 수 있다.[39]

명말 복건사람인 사조제謝肇淛(1567-1624년)의 수필집인 『오잡조五雜組』에는 화북과 강남지역의 측간에 대해 잘 지적하고 있다. "측간은 비록 더럽고 오물이 있는 곳이지만 옛날 사람들은 이를 중하게 여겼다. 지금 장강 이북 가정에서는 더이상 측간을 짓지 않는다. 옛 임금들은 변을 보기 위해 반드시 사당[廟]으로 갔는데, 진晉 경공景公은 측간에 가다 빠져 죽었고, 한무제는 측간에 가다 위청衛青을 만났으며, 북제 문선제文宣帝는 측간에 있으면서 재상 양음楊愔에게 뒤처리기구인 측주厠籌를 들이도록 했다. 당시 측간은 결코 오늘날 같이 깨끗한 변소는 아니었다. 그러나 강남의 (도시)사람들은 측간을 짓고 모두 (똥오줌을) 농부에게 팔았다. (하지만) 장강 이북에

---

37 이 문장은 "방죽을 통과해도 5-6할 정도의 똥이 남아 있다. 그리고 새로운 똥은 더욱 비료 효과가 크다."라고 번역할 수도 있을 것이다.

38 『보농서(補農書)』권2「운전지법(運田地法)」, "要覓壅, 則平望一路是其出産. 磨路, 猪灰, 最宜田壅. 在四月, 十月農忙之時, 糞多價賤, 當幷工多買. 其人糞, 必往杭州. 切不可在壩上買滿載, 當在五道前買半載, 次早押到門外, 過壩也有五六成糞, 且新糞更肥. 至于謝桑, 于小滿邊, 蠶事忙迫之日, 只在近鎮買坐坑糞, 上午去買, 下午即澆更好."

39 『보농서(補農書)』권2「운전지법(運田地法)」, "種田地, 肥壅最爲要緊. 人糞力旺, 牛糞力長, 不可偏廢. 租窖乃根本之事, 但近來糞價貴, 人工貴, 載取費力, 偸竊弊多, 不能全靠租窖."

는 논농사를 짓지 않아 똥오줌이 소용이 없었다. 경사京師(북경)에서는 하수구가 막혀 봄이 되어서야 비로소 소통되는데, 햇볕이 쬐는 한낮이 되면 그 악취 때문에 측간 가까이 갈 수도 없었다. 사람이 똥오줌을 만지면 번번이 병에 걸린다."라고[40] 하였다. 이 내용은 분명 당시 북경 같은 대도시의 상황을 두고 한 말이겠지만 명대까지 지역에 따른 측간과 똥오줌의 필요성을 잘 말해 주고 있다.

청말이 되면, 북경에는 분뇨상인[糞商]이 상당한 규모로 발전하여 '도호상道戶商'과 '창호상廠戶商'으로 활동했는데, 전자는 스스로 또는 고용되어 똥을 수집하였던 자이며, 후자는 분창을 개설하여 수집과 더불어 대량으로 똥을 사고 팔았던 자이다. 1930년대 마오둔[茅盾]의 작품 『자야子夜』에도 "마찻길에 똥마차가 지날 때, 마을에서 모두 기적을 울려"[41] 분뇨상에 협조하고 있는 모습을 볼 수 있다.

이처럼 근대 초기나 그 이전의 중국 도시의 경우, 똥의 수집과 처리는 도시가 발전함에 따라 매우 중요한 문제로 떠올랐던 것이다. 이때 농업경제의 발전은 지렛대 작용을 하여 도시의 위생환경과 주변 농촌의 생산력이 평행을 유지할 수 있었다. 이는 도시의 환경압력도 해결하고, 또한 근교 유기농업의 발전도 촉진했던 것이다.[42] 이러한 모습은 조선시대에도 마찬가지였지만, 점차 근대도시로 발전하면서 양상은 달라지는데, 똥과 관련하여 수도 한성漢城의 모습을 통해 당시 변화된 사회상을 살펴보자.

---

40 『오잡조(五雜組)』 권3 「지부일(地部一)」, "厠雖穢濁之所, 而古人重之. 今大江以北人家, 不復作厠矣. 古之人君, 便必如廟, 如晉景公如厠陷而卒, 漢武帝如厠見衛青, 北齊文宣令宰相楊愔進厠籌. 非如今淨器之便也. 但江南作厠, 皆以與農夫交易. 江北無水田, 故糞無所用. 俟其地上乾, 然後和土以漑田. 京師則停溝中, 俟春而後發之, 暴日中, 其穢氣不可近. 人暴觸之輒病."

41 마오둔[茅盾], 『자야(子夜)』 十五, "馬路上隆隆地推過糞車的時候, 裕華絲廠裏都都地響起了汽笛."

42 이상 당대 이후 청대까지 중국 도시의 똥 처리문제는 리언쥔[李恩軍], 「中國古代城鄕糞肥收集與處理的若干啓示」, 『고금농업(古今農業)』, 2009-2를 참조하였다.

2. 근대화 과정에서 나타난 도시위생문제와 분뇨 처리 간의 모순

조선 역시 인구가 증가하고 도시화가 진전되면서 17-18세기 이후에는 도시인들의 경우, 분뇨배출물이 적지 않은 문젯거리로 등장한 반면, 농촌에서는 비료원이 부족하여 도농都農 간에 상당한 불균형이 발생하게 된다.

이런 사실은 박제가朴齊家(1750-1805년)의 『북학의北學議』 외편에 잘 묘사되어 있다. 즉 "(청계천)냇가 다리 옆 석축石築에는 사람의 똥이 덕지덕지 붙어서 큰 장마가 아니면 씻기지 않는다. 개똥과 말똥이 사람의 발에 항상 밟히게 되니, 이것만으로도 밭을 잘 가꾸지 않는다는 것을 알 수 있다. 똥은 남겨 두고 재는 모두 길에다 버리니, 바람이 조금만 불어도 눈을 뜨지 못한다. 이리 저리 날려서 많은 집의 술과 밥을 더럽힌다."라고 하여 당시 도시의 똥 처리와 아궁이에서 매일 생산된 재의 처리 문제를 지적하고 있다.

이런 모습은 19세기 이후 서양인들의 눈에 비친 서울의 모습에서도 잘 드러난다. 그들은 지난날의 자국의 도시 분위기는 고려하지 않고,[43] 한국의 똥 처리가 너무 지저분하고 비위생적이며 미개한 문명같이 보였던 것 같다. 그들의 눈에는 "서울 시내를 꿰뚫는 작은 내에서 빨래하는 아낙네들 주위에는 똥더미가 쌓여 있다. 위생관념이 그 정도인데 서울 시민이 생존해 있다는 사실은 놀라울 정도이다", "도시 전체에 걸쳐 그 중심부에 개천이 있는데, 그 깊이는 4피트 정도이며 모래와 오물이 섞인 진흙이 그 밑에 깔려 있다. 이 작은 수로를 통해서 도시의 모든 하수와 오물들이 장마철에 휩쓸려 내려간다."[44] 비숍 여사 역시 "나는 북경을 보기 전까지 서울

43 Jacob Blume[박정미 역], 『화장실의 역사(*Von Donnerbalken und Innerer Einrehr)*』, 이룸, 2005.
44 G.W. 길모어[신복룡 역], 『서울풍물지』, 집문당, 1999, p.41.

이 세상에서 가장 더러운 도시가 아닐까 생각하였다. 또 소흥紹興의 냄새를 맡기 전까지 서울을 세상에서 가장 냄새나는 도시로 여겼다.", "퀴퀴한 물웅덩이와 초록색 점액질[김광언은 똥이라고 함]의 걸쭉한 것들이 고여 있는 수채 도랑 때문에 길은 더 좁다. 이 도랑들은 각 집에서 버리는 여러 가지 쓰레기로 가득하다."[45] 헤세 바르텍은 '문 밖이 쓰레기장, 골목 어디에나 오물'이라는 제목에서 "성 안에서 가장 더러운 이 골목에는 오물과 쓰레기들을 씻겨 내려갈 하천들이 없기 때문에 온갖 더러운 오물들이 항상 집 앞에 잔뜩 쌓여 있다. 공지空地라는 것은 거리를 빼고는 없고 온갖 오물과 쓰레기 등 잡동사니가 이런 길가에 수북하게 쌓였다. 골목의 쓰레기는 치우는 사람이 없어 마냥 돌더미와 함께 수북이 쌓여 있고 흙탕물까지 괴어 있어서 피해 가기도 힘들다."라고[46] 했다.

또 마예트는 '서울의 거리는 쓰레기 산적지'란 표제에서 "서울에 처음 오는 외국인은 서울 거리를 더럽다고 하겠지만, 이미 베이징을 본 사람들이라면 그래도 서울이 아주 깨끗한 도시라고 할 것이다. 조선의 가옥은 자그마하지만 방이 많다. 이 비좁은 집에서 나오는 똥이나 부엌에서 버리는 온갖 쓰레기는 길거리에 겨우내 쌓아 두었다가 봄과 여름에 거름으로 쓰인다. 쓰레기 더미에서 가끔 풍기는 악취는 정말 참기 어렵다."라고[47] 묘사하고 있다.[48]

이러한 모습은 일본의 도쿄도 마찬가지였다. 1826년 박물학자 지볼트는 『도쿄여행기』에서 "오사카에는 똥오줌을 실은 더러운 배가 자주 오간다. 이 때문에 6월부터 8월까지는 지방과 대도시 주변은 똥냄새로 가득해서 아름다운 자연을 즐기는 데에 큰 방해가 된다."라고[49] 한 것에서도 살필

---

45 Isabella B.Bishop[이인화 역], 『한국과 그 이웃나라들』, 살림, 1994, pp.52-53.
46 김영자 편, 『100년전 유럽인이 유럽에 전한 조선왕국 이야기』, 서문당, 1997, p.220.
47 김영자 편, 위의 책, 『100년전 유럽인이 유럽에 전한 조선왕국 이야기』, pp.170-171.
48 김광언, 『동아시아의 뒷간』, 민속원, 2002, p.43-45.

수 있다. 이같이 서양인의 눈에 비친 서울의 모습을 보면 전통 속에서 계승 발전되어 왔던 지혜가 근대화 과정에서 어떻게 사라질 수밖에 없었던가를 잘 보여 준다.

그동안 사람 똥을 농업자원으로 활용했던 동아시아 농촌이 산업화로 인해 인구가 갑자기 도성에 집중하고, 도시민이 점차 농업노동에서 멀어지거나 벗어나게 되면서 똥은 그 처리과정에서 문제가 발생하게 되었다. 우선 시비할 공간과 거리가 멀어지고, 이동시간과 비용이 증가하게 되면서 처리가 지연될 수밖에 없었던 것이다. 게다가 도시 기반시설의 확충이 전무한 상태에서 강압적인 근대화가 진행되면서 문제를 증폭시켰다. 무엇보다 도시민이 농업에서 분리되면서 사람의 똥오줌이 더 이상 자원으로서의 가치를 상실하게 되고 게다가 똥오줌을 저장하는 시설을 갖추지 못했고, 골목길도 또한 비좁아 운반이 곤란하게 된 것이 똥 처리에 있어 가장 큰 문제였다. 때문에 똥오줌을 저류 부숙하여 자원으로 활용했던 이전과는 달리 더럽고 골치 아픈 폐기물로 인식하게 되었던 것이다.

하지만 당시에도 농촌에서는 여전히 똥을 자원으로 활용했으며, 부족한 상태였다. 도시화로 인해 나타난 도농 간의 문화차이는 똥의 처리와 이용에서 모순이 발생한 것이다. 그 모순은 똥오줌을 유기 자원으로 인식한 조선의 고유한 지혜와 똥을 단순한 배설물로 이해하여 전염병의 온상으로 여긴 근대적 인식 사이의 충돌에서 비롯되었다. 결국 힘을 동반한 글로벌한 서구적인 인식이 조선의 지혜를 대체하게 된 것이다. 이러한 상황은 중국과 일본에서도 마찬가지였다. 북경의 전통 측간의 개조는 1900년 의화단운동을 진압하기 위해 침입한 8군연합군, 특히 미국과 일본이 중심이 되어 시작되었다고 한다. 그들의 특징은 '선병후례先兵后禮', '선살후구先殺后救'에 근거하여 북경의 위생문제를 개조하였던 것이다.[50] 결국 서구인들

---

49 혼마 미야코[本間都], 「尿尿はどう扱われで來たか」, 『日本トイレ博物誌』, INAX, 1990, p.113.

에게 비친 북경과 서울의 모습은 더러움 그 자체였으며, 근대화 과정 속에 비위생적이고 청결하지 못한 모습들은 1차적으로 청산의 대상이 되었던 것이다. 농촌 역시 근대 도시화로 인해 후진적, 정체적, 비합리적인 문화 공간으로 자리를 잡게 되었으며, 똥오줌은 자연 점차 비근대성의 상징이 며, 혐오의 대상으로 전락하게 되었다.

이런 도시위생 상태를 바로잡고자 김옥균이 1882년 '치도약론治道略論' 을 지어 도시의 하수구 처리문제에 대한 규정을 만들어 이듬해에 잠시 시행하기도 하였다. 즉 치도국治道局의 순검으로 하여금 길거리에 똥오줌, 말똥, 소똥을 버리지 못하게 감시하게 하고, 이를 어기는 자는 감옥에 가두며, 똥오줌은 매달 말일에 교외로 운송하도록 돈을 지불하면서 가져가라고 했다고[51] 한다.

이후 1897년에 벌어진 치도사업의 성과는 눈부신 것이어서 한성의 외관은 완전히 딴판으로 바뀌었다. 도로는 넓어지고 포장되었으며, 도로 주변과 개천이 정비되었고, 민가가 기와집으로 바뀌었으며, 도로 이면도 정리되었다. 그 결과 1894년 조선을 방문하여 세계에서 가장 불결한 도시로 꼽았던 비숍은 이후 변화된 모습에 감탄하기도 하였다.[52] 그것은 한성의 능력이기도 하였지만 이러한 환경개선의 근본원인은 대한제국의 선포에서 찾기도 한다.[53] 1897년 4월 「독립신문」은 길가에서 대소변 금지를 규정한 것에 걸맞게 대소변을 누는 처소를 정부가 마련해 줄 것을 촉구하였다. 그 결과 1898년 여름에 "어른, 아이를 막론하고 길가에서 똥을 못 누게 하라."는 훈령과 함께 민가의 측간개량, 대소변 처리, 기존 측간의 관리 등의 후속조치를 내렸다.[54] 그런데 1904년 5월 러일전쟁으로 한성에 수많은 일

---

50 리링[李零], 「天不生蔡倫: 説中國的厠所和厠所用紙」, 「만상(萬象)」, 2005. 3.
51 정연식, 『일상으로 본 조선시대 이야기2』, 청년사, 2002, p.227.
52 Isabella B.Bishop[이인화 역], 앞의 책, 『한국과 그 이웃나라들』, pp.497-498.
53 이태진, 「18-19세기 서울의 근대적 도시발달 양상」, 『서울학연구』 4, 1995, p.22.

본군이 주둔하면서 군대의 보호를 위해 한성의 위생개선을 위한 법을 제정할 것을 대한제국에 다시 요구하고 있다. 이것은 이상의 조치도 별 효과가 없었다는 말이 된다.

1907년 12월 한성위생회의 규칙이 공포되고, 이듬해부터 전염병을 예방한다는 차원에서 한성은 근대적인 위생 사업을 펼쳤으며, 그 비용은 상당수 수익자가 부담했다. 하지만 근본적인 분뇨처리 및 악취 문제는 해결되지 않았다.[55] 주목되는 점은 1908년 「제예규칙除穢規則」이 확정되면서 민간의 분뇨상이 처리하였던 똥오줌을 한성위원회가 독점적으로 담당하였다는 것이다. 그 과정에서 수거한 똥오줌을 일본인이 독점하여 이익을 챙긴다는 사실 때문에 기존의 분뇨상들이 필사적으로 저항하였고, 똥까지도 일본인에 빼앗기고 위생비가 부과된 현실을 지적하면서, 민족적 분노가 표출되기도 하였다.[56] 1909년 이후 청결법 시행의 가장 큰 특징은 강압적인 단속, 위협, 처벌의 형태로 진압되었다는 점이다. 그 후 1910년에 독립문 밖과 아현동에 임시 분뇨 처리장을 설치하였고, 1935년 6월부터 서울시는 호별세 부과 때 분뇨처리비용을 따로 받았으며, 1960년대에는 이를 서울시 청소국이 맡게 된 것이다.[57]

이상과 같은 과정을 거치면서 결국 똥오줌을 이용하여 천지인의 합일을 추구했던 동아시아 생태순환적인 농업은 근대 도시화의 진전으로 청결과 위생의 이름으로 분뇨시비는 농민들의 뜻과는 무관하게 청산의 대상이 되고, 측간구조는 바뀔 수밖에 없었다. 그리고 그러한 도시의 구조는 점차 농촌개조의 모델이 되었던 것이다. 결국 전통적인 아시아인들의 생

---

54 신동원, 『한국근대보건의료사』, 한울아카데미, 1997, pp.121-122. 그렇지만 서울의 환경은 깨끗해지기보다 계속 더러워졌던 것 같다.
55 당시 구체적인 분뇨처리문제는 신동원, 위의 책, 『한국근대보건의료사』 참조.
56 신동원, 앞의 책, 『한국근대보건의료사』, pp.396-400.
57 김광언, 앞의 책, 『동아시아의 뒷간』, p.260 참조.

존방식은 자존심에 상처를 입으며 위생과 청결, 그리고 과학이란 이름으로 서울은 새로운 모습으로 점차 변화되었다. 그로 인해 많은 것들이 긍정적으로 변한 것은 사실이다. 하지만 우리가 계승 발전했어야 했던 생태적인 삶과 농업은 점차 퇴색되고, 자원의 집적 공간이었던 측간도 그 구조가 바뀌면서 단순히 생리현상을 해소하는 공간으로 변해 버리게 되었던 것이다. 게다가 이어서 가축 똥을 이용한 두엄생산 역시 위생과 청결의 이름으로 똥오줌과 비슷한 길을 걷게 되었으며, 그 결과 퇴비생산과 이를 부숙하는 과정에도 영향을 주면서 생태 유기농업을 위한 자원은 우리 곁에서 점차 사라져 갔던 것이다.

IV. 분뇨시비와 기생충

1. 분뇨와 기생충

위생문제와 더불어 전통적인 사람 똥의 시비가 사라진 또 다른 요인은 바로 기생충이나 전염병 전파와 같은 질병문제였다. 똥이 거름으로서 적합하지 못하다는 사실이 알려지게 된 것은 근대화가 지속되면서 시작되었다고 봐야 할 것이다. 서구문화가 도시에서부터 농촌으로 유입되면서 청결과 위생문제 역시 대두되기 시작했다. 그 결과 악취의 주범인 외양간과 측간의 구조가 문제가 되었으며,[58] 여기에 저류된 똥오줌 폐기물은 각

---

[58] 김상용·김희정, 「한국의 분뇨처리 발전사(2)」, 『대한토목학회지』제38권 1호, 1990, pp.30-33에 의하면 서울의 수세식 분뇨정화조가 1974년도에는 15.8%이고, 수거식이 84.2%였는데, 1987년에는 수세식이 56.2%로 크게 증가하고 있다. 1978년 지방도시의 경우 대구는 수세화율이 14.3%, 인천 9.1%, 대전 및 광주 3.1%, 울산 10% 정도였다. 이것을 보면 1960년대 이전의 상황을 미루어 짐작할 수 있다.

종 질병과 오염의 원인이 된다고 인식하여 점차 청산의 대상이 되었다.

농촌의 악취는 측간과 가축의 우리가 주된 요인이고, 그것은 모두 똥거름생산과 관련된다. 가축과 사람 똥을 생산하는 측간과 가축의 우리는 당시 청결상태가 그다지 양호하지 못했다. 그래서 여름이 되면 각종 파리와 모기의 온상이 되고, 측간에는 구더기가 득실거리거나 쥐나 벌레들이 들끓었으며, 우물과 상수도가 오염되면서 2차 질병으로 연결되기도 하였다. 또한 냉장고가 없던 당시에는 음식물 보관에도 적지 않은 영향을 받은 것도 사실이다. 그래서 식중독과 학질, 이질, 상한, 홍역[痲疹], 천연두[天花], 곽란癨亂 등과 같은 바이러스성 전염병이 적지 않았다.

똥오줌 속에는 〈표 2〉에서 보는 바와 같이, 대개 각종 기생충을 포함하고 있으며, 그 외에도 간염균, 콜레라균, 장티푸스균 등이 포함되어 있기도 하다. 하지만 대부분의 기생충은 퇴비의 부숙 과정에서 제거된다. 낮은 온도에서는 오랜 기간 퇴비화 함으로써 멸균되고, 고온 발효에 의한 퇴비화과정에서는 짧은 기간이라도 병원균들이 사멸된다.

〈표 2〉 1934년 상해시 103개 지구 분변 중에 드러난 충란의 정황(이옥상, 2008)

寄生蟲	感染率 (%)	寄生蟲	感染率 (%)
蛔蟲	86.2	鞭蟲 및 鉤蟲	1.1
鞭蟲	72.4	蛔蟲, 鞭蟲및 鉤蟲	8.2
鉤蟲	11.5	가장 많은 地點	100
蛔蟲 및 鞭蟲	51.5	가장 적은 지점	66.6
蛔蟲 및 鉤蟲	2.3	기생충알 보유자 평균	85.3

대개 똥 속의 병원균은 여름철에는 10-30일, 겨울철에는 수개월 살고, 기생충 알은 여름철에는 1-2개월, 겨울철에는 8-9개월간 산다고 한다. 때문에 적어도 4개월가량 부숙을 시키면 안전하게 사용할 수 있다.[59]

다만 완전히 부숙되지 못한 똥오줌을 시비하게 되면 질병에 감염된다. 이것은 똥오줌을 비료로 사용하는 아시아 농촌이 지닌 독특한 질병이었다고 말할 수 있을 것이다. 하지만 전통시대 이들 질병에 대해 주목할 만한 연구가 거의 없다는 점은 매우 아쉽다. 최근 환경사 연구가[60] 활성화되면서 경제활동 중 기생충 감염에 대한 연구가 발표되고 있다. 이 연구는 중국의 경우 농민이 가장 감염되기 쉬운 5대 기생충으로 혈흡충병血吸蟲病, 학질瘧疾, 사충병絲蟲病, 흑열병黑熱病과 구충병鉤蟲病 등을 들고 있다.

이들 중 구충병鉤蟲病[61]은 일종의 만성병이지만 감염성이 강하고 피해가 심각하여 감염된 지역민의 건강수준은 날로 떨어진다. 구충병은 일종의 장기에 기생하는 기생충에 의해 걸리는 병으로, 구충란鉤蟲卵은 인체 속에서 발육한 후 배변에 따라 체외로 배출된다. 배변 중의 충란은 적합한 토양, 온도, 강우량과 광선 등의 자연조건 하에서 발육하여 유충이 된다. 이 유충이 한 차례 허물을 벗으면 감염유충이 된다. 사람들이 유충에 오염된 토양을 접촉하면 유충이 곧 피를 통해 인체로 뚫고 들어가 그 생활사를 완성한다.[62] 유충이 들어간 피부는 붉어지는데 이것을 흔히 똥독이라고 한다. 구충병이 우리의 기록에는 보이지 않지만 기후와 농업환경이 유사한 중국에서 흔히 발견된 것을 보면, 조선에서도 똥독 채소를 먹고 생기는 채독이 적지 않게 존재했을 것으로 판단된다.

실제 기생충의 경우, 최근 한국의 익산益山 왕궁리 유적에서 7세기 백제

---

59 농업계전문학교교재편찬위원회, 『비료학(肥料學)』, 학문사, 1986, p.145.
60 최덕경, 「중국 환경사 연구의 현황과 과제」, 『농업사연구』 Vol. 8-3, 한국농업사학회, 2009.
61 구충병(鉤蟲病)은 이탈리아의 밀라노에서 처음으로 구충이 발견되었을 때 때마침 십이지장에 기생하고 있었기 때문에 십이지장충이라 명명되었으나, 현재에는 구충이라고 일컬어진다. 입 부분에 이빨과 같은 흡착기를 가지고 있으면서 숙주의 장점막에 붙어 피를 빨아먹는 한 무리의 선충들을 가리킨다. 아메리카구충, 십이지장충과 개·소·양 등에 기생하는 고유의 구충이 있다.[두산 백과사전]
62 리위샹[李玉尚], 「明初以降江南農業結構轉變與疾病變遷: 以鉤蟲病爲中心」, 『자연여인위와동(自然與人爲瓦動): 환경사연구적시각(環境史研究的視角)』, 中央研究院, 2008, p.474.

무왕 때의 측간의 토양을 분석한 결과 편충, 간흡충肝吸蟲(간디스토마),[63] 회충과 감별이 분명하지 않은 장내 기생 흡충류의 기생충알이 대량으로 발견되었다는[64] 것이 이를 말해 준다. 회충과 편충은 오염된 채소섭취와 관련 있고, 간흡충병과 장내 기생 흡충류는 민물고기를 생식할 경우 감염되는 기생충이다. 간흡충은 인체나 소나 양의 간장 속에 기생하다 충의 알이 간장에서 장을 거쳐 변을 통해 배출되어 물을 만나 부화한다. 그런 후에 담수의 고기 속으로 들어가 사람이 생선을 먹거나 유충이 함유된 물을 마시게 되면 감염되어 발병한다.

그런가 하면 혈흡충血吸蟲은 똥과 함께 물속으로 들어와 부화되면서 모유毛蚴가 되어 소라 몸속에 들어와 미유尾蚴로 변한 후에, 소라 몸에서 떨어진다. 그런 후 우연히 물에 들어간 사람과 가축의 피부 속으로 파고 들어가 체내로 침입하여 성충으로 변하여 주로 간장과 장내에 기생하여 혈흡충병을 일으킨다.

과학에 의해 이같이 기생충의 감염 경로가 밝혀지면서 똥 시비는 농촌에서조차 점차 요주의 대상으로 취급되었으며, 아직 의학이 발달되지 않은 20세기 중기 이전만 하여도 흡충병은 치료가 쉽지 않은 병이었다. 게다가 도시 소비인구가 증가되면서 똥오줌에 대한 혐오증이 더욱 심해졌다.

---

63 간흡충(肝吸蟲)의 생활사를 보면 피낭유충(被囊幼蟲)을 함유한 민물고기를 섭취하거나 수중에 유리된 피낭유충을 함유한 담수를 섭취하게 되면 유충이 인체의 십이지장 내에서 부화하여 유약간흡충(幼弱肝吸蟲)이 된다. 약 1개월이 지나면 성충이 되어 산란한다. 산란된 충란(蟲卵)은 대변에 섞여 밖으로 나와 제일 중간숙주인 왜우렁이에 섭취되어 체내에서 부화하여 그 체내에서 발육한다. 제일 중간숙주에서 나와 제이 중간숙주인 민물고기의 아가미 및 비늘을 통해 체내로 들어가 피하 근육 내에서 피낭유충이 된다. 이처럼 충란에서 성충이 되기까지 약 3개월이 소요된다. 한국의 강가유역과 평야지대 주민에 감염이 많고 낙동강 하류 김해평야에서는 70.9%의 높은 감염률을 보이는데 남자가 여자보다, 성인이 아동보다 많다고 한다. 1969년 서울의대 기생충학교실의 통계에 의하면 우리나라에 약 300만 명 이상이 간흡충중에 감염되어 있다고 한다. 안득수, 「간흡충(肝吸蟲)에 대하여」, 『대한내과학회잡지』 제21권 6호, 1978, pp.458-459 참조.
64 국립부여문화재연구소, 『왕궁리 발굴중간보고 V』, 2006, pp.479-481.

특히 농업의 실정을 이해하지 못하는 신세대 도시민들의 사람 똥에 대한 반감은 더욱 심하였다. 사람 똥으로 시비한 채소나 농작물을 식용한다는 연상이 작용하면서 생산된 작물에 대한 안전성과 신뢰성을 잃게 만들었던 것이다.

이러한 농산물에 대한 소비자의 요구와 함께 산업화로 인한 젊은이의 이농현상, 기계화로 인한 외양간 퇴비의 감소, 농촌개조와 같은 사회적인 변화 등이 농민들의 의사와는 무관하게 퇴비생산과 분뇨 시비를 농촌에서 점차 앗아 갔다. 그 결과 지속적인 생태유기 농업보다는 당장 눈에 보이는 청결을 선택하게 되었고, 이러한 현실이 결국 농약과 화학비료가 생태 분뇨나 퇴비를 대신하게 되었던 것이다.

2. 수전·양잠·채소업의 발달과 기생충의 확산

1) 잠상업의 발달과 구충병

본 장에서는 똥 속의 모든 기생충을 대상으로 하기보다 이들 가운데 감염성이 가장 강한 구충병鉤蟲病을 중심으로, 뽕밭, 논 및 채소밭의 경작에서 구충병이 어떻게 전파되었는지를 살펴봄으로써 기타 기생충의 감염경로를 짐작해 보려 한다.

송대 이후 장강유역에 논농사와 더불어 잠상업이 흥기하였으며, 명대 이후 가호嘉湖평원과 태호太湖 동안東岸의 진택震澤, 오강吳江 등의 현縣은 잠상업이 지속적으로 발전하여 뽕나무밭과 논이 서로 우월을 다투기까지 하였다.[65]

뽕나무는 뽕밭의 구조에 따라 이식되었으며, 이것은 구충병이 유행하

---

65 리위샹[李玉尙], 앞의 논문, 「明初以降江南農業結構轉變與疾病變遷: 以鉤蟲病爲中心」, p.478.

는 기본적인 조건을 제공하였다. 왜냐하면 구충란은 토양 속에서 유충으로 발육하여 적당한 온도와 습도에서 15주 전후나 이보다 장기간 생활하기 때문이다. 물론 대부분의 유충은 햇볕이나 냉난의 교차 및 비바람과 곤충에 의해 3-4주 이내에 사망한다. 하지만 뽕밭의 토양 속에서는 유충이 장기간 보호를 받는다.

명청시대 이래 강절지역의 뽕나무 품종은 호상湖桑[66]과 화상火桑[67] 위주였으며, 호상은 주로 밀파하여 재배하였다. 뽕나무 가지 치는 방법[剪法]은 『보농서補農書』「운전지법運田地法」에 의하면, '누자樓子'형과 '권두拳頭'형이 있다고 한다. '누자'형은 뽕나무의 키가 크고, 농부가 뽕잎을 따는 데 불편했지만, '권두상拳頭桑'은 뽕나무가 낮아 뽕잎을 따는 데 편리하여, 가호嘉湖지역의 농부는 후자의 방식을 주로 채택하였다.[68] 이처럼 뽕나무의 재배방식과 가지치기는 구충병의 감염과 직접 관련된다.

뽕나무가 밀식되어 뽕잎이 낮고 잎이 많으면 태양광선이 들어오는 것을 차단하여 구충의 유충이 뽕밭에서 오랫동안 생활할 수 있어, 충분한 시간을 갖고 인체를 뚫고 들어올 수 있게 된다. 뽕밭과 뽕나무 전지방법은 구충알이 뽕밭의 토양 속에 생존할 수 있는 좋은 조건을 제공한다. 그것은

---

66 호상(湖桑)의 형성은 북방의 노상(魯桑)이 뽕나무의 접목 기술이 남쪽으로 넘어오면서 따라온 것으로 항(杭), 가(嘉), 호(湖) 지역에서 다년간의 외지 배양을 겪어 점진적으로 만들어진 것이라고 한다.

67 천헝리[陳恒力] 교석, 『보농서(補農書)』, 農業出版社, 1983의 「운전지법(運田地法)」의 주석에 의하면 '화상(火桑)'은 조생하는 일종의 야상 품종이다. 화상은 늦봄에 발아할 때 호상에 비해 5, 6일 빠른데, 일반적으로 어린누에용 뽕나무로 이용한다. 새로 돋아난 어린 싹은 홍색을 띠므로 화상이라 부른다고 한다.

68 천헝리[陳恒力] 교석, 위의 책, 『보농서』「운전지법」의 주석에 의하면, '누자(樓子)'형은 뽕나무를 전지하여 키운 뽕나무 수형(樹形)의 하나이다. 가지를 칠 때 가지의 밑 부분을 비교적 길게 남겨 두어, 나무의 키가 점점 커진다. 모든 수형은 일정한 층이 있는데, 겉보기에 다층집과 유사하므로, '누자(樓子)'형이라고 한다. '권두(拳頭)'형은 누자(樓子)보다 짧게 가지 치기하여 잎을 딸 때, 해마다 상대적으로 고정된 부위의 가지 밑 부분을 가지 치는데, 가지의 밑 부분을 자를 때 남은 부분이 비교적 짧아서 그것이 점차 자라 주먹모양처럼 되므로 붙인 이름이다.

대개의 기생충이 습기와 함수량이 많고 유기물이 많은 토양이거나 산성 보다는 알칼리성 토양에서 더 오래 생존한다는 사실과도 일치한다.

당시 뽕밭에 시비하는 방법은 뽕나무 4그루의 중심에 똥을 넣는다. 농 부가 가지를 치거나 뽕잎을 딸 때는 4그루의 뽕나무 중간에 서서 작업을 하는데, 그 위치가 바로 거름을 주는 장소로서 구충의 유충이 농부의 피부 를 뚫고 들어오게 되는 지점이다. 특히 공극이 많은 사질토양은 구충알과 유충의 발육을 조장하고, 뽕밭은 구충란과 유충의 낙원[樂土]이며, 심경번 토하면 구충병의 전파가 용이해진다.

사람 똥은 대개 비력이 높다. 이 때문에 구충란이 생똥 속에서 오랫동안 생장하지 못하고, 물속에서도 오랫동안 생활하지 못한다. 다만 희석한 똥 은 바로 구충란의 생존과 번식에 좋은 조건을 제공한다. 농민이 똥에 물을 섞어 시비하면 구충병의 전파가 촉진된다.

1923-1924년 뽕나무밭에 구충병의 확산 원인을 살피기 위해 소주蘇州 박습博習 의원의 코트(W. W. Cort) 등이 소주에서 75리 떨어진 북향에서 조 사를 실시하였다. 이 지역은 강소 남부의 생사의 중심지였는데, 770명의 똥을 검토해 본 결과 감염률이 다른 지역보다 높아 74%를 차지했으며, 평 균 1g의 똥 속에 기생충알이 4,707개가 들어 있어 감염정도가 매우 높았다 고 한다.[69] 강남의 뽕나무 재배가 확대되면서 점차 구충병도 확산되었다. 뽕밭이 구충알과 유충의 발육에 유리했다는 것이다. 실제 뽕나무가 차지 하는 비중이 증대되고, 뽕밭에 뽕나무를 빽빽하게 심고, 뽕나무를 권식拳 式으로 전지하면서 태양광선이 차단되어 구충란이 오랫동안 자라기 쉬운 조건을 제공해 주었다. 그런가 하면 농민이 직접 물과 섞은 똥을 뽕나무 사이에 시비하여, 뽕잎을 딸 때 쉽게 똥 중의 유충과 접촉하게 된다. 뿐만

---

69 리위샹[李玉尙], 앞의 논문, 「明初以降江南農業結構轉變與疾病變遷: 以鉤蟲病爲中心」, p.483.

아니라 2차의 뽕잎을 딸 때는 바로 장마철로 접어들어 비가 많고 공기의 습도가 높아지는데, 이런 기후조건 속에서 구충란이 더욱 잘 발육한다. 특히 농민은 맨발로 뽕밭에 들어가 뽕잎을 따고, 맨발로 머무는 시간이 길어지면서 인체에 감염될 가능성이 많아진다는 점이다.

리위샹[李玉尚]의 연구에 의하면, 1933년 절강성浙江省 호주湖州 덕청현德淸縣 뽕나무 재배면적은 전 토지면적의 37%를 차지하며, 명청시대에는 이보다 더욱 높다. 1958년 덕청현의 농업은 여전히 벼와 뽕나무 위주였으며, 밭은 겨우 13%에 불과했다. 이러한 밭에 뽕나무를 심어 덕청현 구충병의 감염률은 25.2%가 되었다. 연령대로는 남자는 11세에서 60세까지가 가장 많은데, 그중에서 31-40세가 가장 높으며, 여자의 경우는 11-40세가 많고, 그중에서 16-20세의 감염률이 가장 높았다. 통계에 의하면 남성의 구충병 감염률은 38.2%, 여성은 19.5%로서 남성의 감염률이 여성보다 두 배였다는 점도 주목된다.[70]

뽕나무 재배와 양잠이 6세기 중엽의 『제민요술』단계보다 13세기 중엽의 원대의 『농상집요』나 명말의 『보농서補農書』단계에서 보다 구체화되고 확대된 것을 보면, 명청시대의 농민들은 이전보다 더 많은 구충병에 노출되었을 것으로 보인다. 이러한 모습은 17세기 이후 양잠업이 재화를 생산하는 산업으로 성장하고, 이 무렵 지역 잠서가 등장한 것을 보면 그 보급을 알 수 있다.[71] 이것은 구충병에 대한 노출빈도도 그만큼 많아졌다는 것을 말해 준다.

조선 역시 『농상집요』를 참고하여 저술한 17세기 『색경穡經』「지상地桑」조에는 지상地桑을 심는 법으로 "담을 쌓아 뽕밭을 조성하여 밭을 갈아 사방 5자[尺] 범위 안에 구덩이 한 개씩을 판다. 구덩이의 사방과 깊이는 각

---

70 리위샹[李玉尚], 앞의 논문, 「明初以降江南農業結構轉變與疾病變遷: 以鉤蟲病爲中心」, pp.487-488.
71 남미혜, 『조선시대양잠업연구』, 지식산업사, 2009, pp.176-181.

제7장 분뇨 위생문제와 생태농업의 굴절   357

각 2자로 한다. 구덩이 마다 숙분 3되[升]를 넣되 생분은 적합하지 않으며, 흙과 고루 섞고 물 한 통을 부어 묽은 진흙으로 만든다."라고 한다. 그리고 『색경』「상종桑種」조에도 "형상荆桑은 수상樹桑에 적합하고, 노상魯桑은 지상地桑에 적합하다."는 지적과 함께 "키가 높은 백상白桑은 가지를 서로 어긋나게 한 즉 왕성하게 자라지 아니한다."라고 한다. 시비방법은 "봄에 뽕나무를 잘라서 분토糞土를 넣어 주고, 간혹 물을 주면 다시 생장하게 된다."라고 한다. 이런 사실에서 조선 역시 뽕나무를 재배함에 있어 원대 이후와 마찬가지로 적지 않은 똥을 활용했음을 알 수 있다. 그리고 조선의 똥오줌 시비도 『농상집요』와 마찬가지로 구충이 발육하기에 유리하도록 사용하였던 것이다. 이러한 사실은 일본도 크게 벗어나지는 아니했을 것이다.

2) 수전에서의 구충병 감염

대개 남자가 구충의 감염률이 높은 원인은 남자는 주로 신체노동을 담당하고, 신발을 벗고 논밭에서 노동할 기회가 많기 때문이다. 물론 여자도 맨발로 논밭에서 일하지만 남자만큼 노동시간이 길지 않고, 여성들은 대부분 신발을 신고 가사노동에 종사하였기에 감염될 확률이 상대적으로 적었다. 또 뽕나무는 감염의 진원지이지만 결코 주된 곳은 아니었다. 집과 토지주변, 물에 잠긴 논, 채소밭 등이 감염될 수 있는 확실한 지역이었던 것이다.

벼를 심는 논[稻田]은 구충병의 감염률이 뽕나무밭보다 낮다. 벼를 심는 논은 토양의 점성이 강하여 구충의 유충이 생활하기에 부적합하며, 논은 물이 깊게 잠겨 있어 구충의 유충이 도리어 잘 죽고, 기생충알 또한 발육을 할 수 없다. 때문에 논은 구충병의 전파에 결코 유리한 조건은 아니었음을 알 수 있다. 그렇다고 할지라도 논 속에는 여전히 일정한 감염률이 존재한다.

또한 모판의 경우 토양이 평탄하고 부드러워 구충란이 발육하기 쉬운 토양의 조건을 제공하며, 파종할 때는 물을 대지 않고 침수 발아한 종자가 싹이 나올 때 바야흐로 물을 대는데, 반 치[寸]를 초과하지 않기 때문이다. 사실 논의 물이 깊으면 구충란이 발육할 방법이 없고 유충도 생활할 수 없다. 하지만 모판 속의 물은 얕아 구충란이 발육하고 유충

그림 10_ 송대 분뇨시비 경직도(耕織圖)

이 생장하는데 최적의 조건이 된다. 또 모판에서 모가 나온 후에는 똥오줌물[淸水糞]을 두세 차례 뿌려 주는데, 1개월이 지나면 곧 모내기를 하기 때문에 기생충에 감염되기 쉽다.

다른 지역이나 도시에서 운반된 똥은 처리되지 않은 채로 마을로 운송되며, 마을에 급히 비료가 필요할 때는 직접 논밭에 시비한다. 채소의 시비 방법 역시 전통적으로 송판宋版 『경직도耕織圖』를 복제한 『강희·옹정어제경직도康熙雍正御製耕織圖』에서 볼 수 있듯이 농부가 똥오줌을 담은 분통을 양 어깨에 메고 와서 논두렁에서 손잡이가 긴 똥바가지로서 논의 모 위에 뿌렸다.[72] 모판에는 거름을 두 차례 주는데, 입하, 망종 후 하지 전에 각각 한 차례씩 한다. 입하는 양력 5월 5-6일이고, 망종은 6월 5-7일 사이이다. 하지는 6월 21-22일이다. 이때는 장마철이기에 구충난과 유충의 발육과 생장에 유리한 시기이다.

---

[72] 최덕경, 앞의 논문, 「조선시대 분뇨시비와 인분: 고대 중국의 분뇨이용과 관련하여」, p.97.

그리고 대개 쌀 생산지역은 밭작물을 겸종하기도 하지만, 모판은 구충의 발육에 유리하다는 점에서 논농사 지역은 구충감염률이 높다.[73] 그러나 면화밭의 경우, 구충병의 감염률은 논보다 낮다. 왜냐하면 벼는 똥거름과 콩깻묵위주로 시비했지만, 면화재배지는 그런 시비를 하지 않고, 남회南匯 지역에서는 심지어 수초水草를 이용하여 시비했기 때문에 구충병이 전파될 소지가 많지 않았다.[74] 이것은 논농사 재배가 확대되면서 기생충 감염의 기회가 많아졌음을 의미하며, 똥오줌의 시비가 비록 토지생산력을 높이기는 했지만, 다른 한편에서는 근대 이후 똥오줌 거름은 건강과 위생상의 이유로 청산의 길로 접어든 요인이기도 하였다.

3) 도시근교의 채소재배와 기생충

앞서 살핀 바와 같이 기생충의 감염경로를 보면 똥오줌 시비와 맨발작업 등이 주원인인데, 그런 점에서 채소재배 역시 구충병에 감염될 가능성이 높다. 채소재배는 도시화가 진전되면서 근, 원교에서 재배가 확대되었으며, 채소수요가 늘어나면서 전문적인 채소농가가 등장하고 생산지가 늘어나면서 구충병의 감염경로 역시 확산되었다.

리위샹[李玉尙]의 연구에 의하면, 강남의 청포현青浦縣 동북부는 소주하蘇州河 양안지구와 접해 있는데, 지세가 다소 높고 사질토양으로 배수가 양호하여 전통적인 채소 생산 지역이었으며, 상해 원교의 채소기지이기도 하였다. 대개 면화와 양식식물 위주의 지역은 그 중간에 채소를 재배하기 때문에 평균 감염률은 25%정도이다. 반면 벼 위주의 생산지역에서는 평균 감염률이 겨우 6.4%에 불과했다. 감염률은 성인이 아동보다 높고, 여성이 남성보다 높다. 이것은 채소밭 관리가 여성이 중심이었음을 말해 준

---

73 왕정이[王正儀], 『구충병(鉤蟲病)』, 人民衛生出版社, 1956.
74 리위샹[李玉尙], 앞의 논문, 「明初以降江南農業結構轉變與疾病變遷: 以鉤蟲病爲中心」, pp.504-505.

다. 특히 채소를 심는 토지는 부드럽고 습기가 많은데, 밭에서 오랜 시간 일을 하게 되면서 쉽게 구충병에 감염된다. 그것도 맨발로 작업하거나 선분鮮糞을 시비하면 더욱 그러하다. 게다가 도시인구가 증가하면 도시주변의 채소재배가 늘어나고, 그럴수록 구충병의 감염률은 증가한다.[75]

주지하듯 전근대사회는 유기비료가 부족하여 농업발전을 제약하기도 하였다. 그러나 동아시아의 경우 이것은 크게 문제가 되지 않았다. 왜냐하면 사람 똥을 비료로 이용하고 도시에서 수거한 똥은 주변 농촌의 부족한 유기비료를 공급해 주었기 때문이다. 물론 도시 근교의 농민이 스스로 똥오줌을 수거하기도 했지만, 그것은 농촌의 수요에 크게 부족했다. 이로인해 도시에서 똥배나 수레를 이용하여 인근 농촌으로 구입 운반하였으며, 그 결과 전문적인 똥장수가 생겨났다.

조선의 실학자 이덕무李德懋의 똥장수에 관한 글 속에서 18세기 전후의 도시와 농촌의 변화된 모습을 살필 수 있다. "엄행수嚴行首란 자는 9월 서리가 내릴 때부터 10월에 엷게 얼음이 얼 무렵까지, 남의 뒷간의 똥찌꺼기와 마구간의 말똥, 홰 밑에 구르는 쇠똥, 닭똥, 개똥, 거위똥 등을 치운다. 또 돼지똥, 비둘기똥, 토끼똥, 참새똥을 주옥처럼 긁어모은다. 서울 근교에는 왕십리의 무, 전교箭橋의 순무, 석교石郊의 가지, 오이, 수박, 호박, 연희궁의 고추, 마늘, 부추, 파, 개나리, 청파青坡의 미나리, 이태원의 토란 등은 제일 좋은 밭에 심지만 모두 엄씨의 똥을 써야 토질이 비옥하고 잘 자란다. 그는 매년 6천 전錢을 번다."라는[76] 내용이다. 이 글에서 18세기 중엽에 한양에 똥장수가 등장한 사실을 볼 수 있다. 비슷한 내용은 비슷한 시기의 일본이나 중국에서도 볼 수 있다.[77]

75 리위상[李玉尙], 위의 논문, 「明初以降江南農業結構轉變與疾病變遷: 以鉤蟲病爲中心」, pp.511-513.

76 박지원, 『그렇다면 도로 눈을 감고 가시오』, 학고재, 1977, pp.275-279.

77 최덕경, 「조선시대 분뇨시비와 인분: 고대 중국의 분뇨이용과 관련하여」, 『역사학연구』 제

채소밭에는 똥오줌을 채소 사이에 시비했다. 북방에서는 대개 햇볕에 말리거나 혹 말린 후에 똥을 시비했지만, 강남과 같은 남쪽지역의 경우 똥오줌을 그대로 시비하였다. 그래서 똥 속의 기생충알이 그대로 채소에 묻어 도시로 돌아올 수 있게 되는 것이다. 특히 한반도의 경우 백성들이 주로 섭취하는 채소류는 배추, 무, 파 등으로, 이것을 김치나 겉절이나 무침과 쌈 등으로 조리하여 소비한다. 이들 채소류가 토양과 직접적으로 관련되어 있다는 점을 감안한다면, 채소류에 부착된 감염형 충란蟲卵이나 유충이 토양을 매개하여 인체에 감염되는 윤충류(Soil Transmitted Helminthes) 역할을 했던 것이다.[78]

실제 1983년 4월 하순부터 5월 상순에 걸쳐 서울 구파발 지역의 파[蔥]를 조사한 결과에 의하면, 기생충알 및 유충 검출률이 10포기 중 5포기(50%)였다. 검출된 기생충은 회충알, 편충알, 흡충알, 구충알이 각 1포기씩, 유충은 구충사상유충鉤蟲絲狀幼蟲이 2포기, 구충간상유충은 5포기 모두에서 검출되었다. 그리고 3개 지역(구파발, 수유동, 천호동)에서 파, 배추 및 무 각 20포기씩 총 180포기(채소별 60포기)의 기생충을 조사하였다. 그 결과 총 180포기 중 48포기(26.7%)가 기생충에 감염되었으며, 파는 60포기 중 22포기(36.7%), 배추 17포기(28.3%), 무 9포기(15%)의 순서로 검출되었다. 이 중 구충간상유충의 검출이 23포기(12.8%)였으며, 파, 배추, 무 순서로 검출되었으며, 구충사상유충의 검출도 파 7포기, 배추 2포기, 무 1포기로 총 10포기(5.6%)로 나타났다. 또한 구충란은 파 2포기(3.3%), 동양모양선충

40집, 호남사학회, 2010, pp.87-90.

78 이원배,「서울 근교에서 수집된 채소류의 기생충 검출상」,『한국환경위생학회지』Vol.9-2, 1983, p.12에 의하면 보사부 및 기생충 박멸협회의 전국민 표본조사에서 1971년 기생충 감염률이 82.6%, 1981년에는 41.4%(1982년 보사부 통계에는 16.1%)였던 것을 보면, 이전에는 이보다 높았을 것으로 생각된다. 그 후 감염이 점차 감소된 요인은 사람 똥의 사용감소, 화학비료사용증가, 농약사용으로 기생충 생태계의 변화, 경제개발로 상하수도의 보급확대, 개인위생 향상, 유효한 구충제의 생산과 적절한 시기 사용, 특히 학생들의 정기적 집단 구충 등을 들고 있다.

란東洋毛樣線蟲卵은 배추 1포기(1.7%)에서 검출되었다.[79] 앞에서 언급한 바와 같이 7세기 백제의 왕궁리 유적에서도 이미 편충, 간흡충, 회충 같은 기생충이 다량 검출된 것을 보면 그 이후에도 줄곧 채소 소비가 적지 않았음을 알 수 있다. 이상과 같이 구충병을 비롯한 각종 기생충이 20세기 후기에도 사람 똥을 매개하여 피부접촉이나 음식물을 통해 감염되었음을 알 수 있다.

하지만 20세기 초기만 하더라도 사람 똥의 운반과정에서 발생하는 여러 문제는 도시의 많은 위생문제를 야기했지만, 농경지로 운반하는 똥 중의 세균이나 기생충알에 대해서는 결코 많은 주의를 기울이지 않는데, 이 역시 도시의 구충병 감염률을 높이는 원인을 제공했다. 즉 작물재배과정에서 비료의 공급이 부족해지자 도시의 똥오줌이 근교 농촌으로 운반되어 비료로 사용되고, 그 상품이 다시 도시로 팔려 나가면서 기생충을 공유하게 된 것이다.

때문에 서양인의 눈에 비친 분뇨이용에 대한 인식은 매우 부정적이었다. 로이드 이스트만은 사람 똥을 비료로 사용하여 중국의 토양을 비옥하게 한 것을 사실이지만, 똥 속에 들어 있는 치명적인 기생충감염으로 인해 사망자가 급증하여 사망원인의 1/4을 점했다고 한다. 그는 버크(J. L. Buck)의 말을 인용하여 중국인이 똥을 폐기하여 생기는 불이익이 건강장애로 인한 손실보다 적다고 할 정도로 분뇨비료에 대한 인식은 부정적이었다.[80]

---

79 이원배, 위의 논문, 「서울 근교에서 수집된 채소류의 기생충 검출상」, pp.13-14. 그 외에도 회충란 총 12포기(6.7%), 편충 6포기(3.3%)와 파악불능의 충란이나 유충도 3포기(1.7%) 검출되었다고 한다.; 구성회 외 2인, 「서울시내 시장에서 채집한 채소류에 부착된 기생충 조사」, 『한국환경위생학회지』 Vol.3-1, p.20에 의하면 1975년 6-8월, 10월 2차에 걸쳐 서울시내 시장의 채소에 부착된 기생충알과 유충을 조사했다. 그 결과 열무에서 총 검출수의 29.3%, 배추에는 26.3%, 파에서는 22.5%, 상추에서는 14.1%, 양배추에서는 7.8%에 해당하는 기생충알과 유충이 검출되었다고 한다. 씻는 횟수에 따라 부착된 기생충이 이탈하는 정도가 다른데, 3회 정도 세척해도 7.6%가 검출된다고 한다.

80 Lloyd E. Eastman[이승휘 역], 『중국사회의 지속과 변화』, 돌베개, 1999, p.106.

그들의 관점, 특히 현대의 관점에서 중국과 아시아를 바라보았던 것이다. 이러한 배경이 바로 서구중심의 근대화 과정에서 위생과 보건의 이름으로 똥오줌의 사용을 청산하도록 하였다. 이를 대체할 비료를 개량하거나 만들지 못하고 결국 소중한 지혜를 사라지게 만들었던 것이다. 다시 말해 분뇨비료가 인간의 청결과 위생부분을 위협한다는 이유로 오랫동안 우리에게 생태순환과 비료로서 많은 이익을 가져다준 똥오줌을 과감하게 폐기했던 것이다.

 문제는 기생충 감염을 막는다는 이유로 똥오줌 비료의 사용이 점차 금기시되었지만, 화학비료와 농약으로 대체되면서 토양의 산성화, 환경 및 수질오염 및 식품오염과 같은 또 다른 측면에서 우리의 생명을 더욱 심각하게 위협하고 있다는 점이다. 산업화 이후 다양한 농기계가 농민의 역할을 대신하면서 소와 돼지 같은 가축이 소농가에서 점차 밀려나 가축을 이용한 퇴비생산도 한계에 다다랐다. 그렇다고 이농으로 농업 노동력도 부족한 농촌의 현실에서 초분草糞을 별도로 비축하여 유기비료를 생산하는 것도 곤란했다. 게다가 청결과 위생관념에 익숙해진 도시 소비자들마저 똥오줌을 이용하여 재배한 농작물을 원하지 않게 되면서 자연스럽게 농민 스스로도 결국 똥오줌 시비를 포기할 수밖에 없었던 것으로 보인다. 그 결과 소중한 재산이었던 가축은 농촌 밖으로 완전히 밀려났으며, 측간은 개량되고, 똥오줌은 이용은커녕 처리와 폐기문제로 엄청난 비용과 생태계 오염의 주범이 되고 있다.

V. 맺음말

 이상에서와 같이 똥오줌 시비가 한국과 중국을 비롯한 동아시아에서 적극적으로 활용된 요인은 다양했다. 전통적인 삼재사상은 농업을 통해 천지인을 상호 유기적으로 결합시켰으며, 생태순환관은 배설물도 농업에서 이용 가능한 자연물의 일부로 인식하게 해 주었다. 이러한 사상적 배경으로 말미암아 똥은 실제적으로 지력을 높이는 집약농법의 수단으로 적극 활용되었다.

퇴비를 부숙하는 방식 역시 동아시아의 전통적인 술, 된장이나 젓갈과 같은 발효법에서 비롯되었다. 이때 부숙을 촉진하는 미생물로서 똥오줌을 이용하게 됨에 따라 똥오줌은 숙분 제조에 중요한 매개물로 활용되었던 것이다. 특히 조선의 온돌에서 매일 생산된 재는 똥과 결합되면서 독특한 조선의 똥재[糞灰]를 만들어 내기도 하였다. 무엇보다 인구증가로 토지이용도가 증가되어 지력회복을 위해 유기비료가 요구되면서 똥오줌의 이용도도 높아졌던 것이다.

송대 이후, 특히 명청시대가 되면 동아시아 모두 논농사의 덧거름에 청수분을 많이 이용하였으며, 그 후 잠상업, 과수 원예재배가 발달하고, 작물의 복종지수가 늘어나면서 똥오줌의 이용이 더욱 확대되었다.

그렇다고 똥오줌이 전근대사회에서 자원으로 무조건 환영받은 것은 아니었다. 당대에는 측간이 아닌 다른 장소에서 배설을 하거나 오물을 투기하는 행위는 엄격히 금지되었다. 이는 일찍부터 똥오줌을 통한 위생문제가 제기되었음을 의미한다. 송대에는 전문적으로 환경위생 처리작업자도 등장하였으며, 농촌에서 유기비료가 부족하게 되면서 명청시대 강남지역에는 똥배[糞船]를 이용하여 읍으로부터 똥오줌을 구입하여 적극적으로 활용하기도 했다.

하지만 동아시아의 근대화가 진행되면서 건강과 청결의 이름으로 측간이 개량되고, 똥오줌은 각종 질병과 오염의 원천이 된다는 점에서 점차 청산의 대상이 되었다. 똥오줌이 폐기물로 인식된 또 하나의 이유는 각종 전염병과 기생충을 전파하는 온상으로 여겨졌기 때문이다. 게다가 산업화로 인해 농촌의 농업노동력이 감소하고, 기계가 인력을 대신하면서 유기

비료의 생산을 등한시하게 되었다. 도시소비자 역시 위생과 청결을 중시하여 점차 똥오줌과 관련된 농산물을 멀리하면서 농민 자체도 똥오줌 시비에서 차츰 멀어지게 된다. 특히 동아시아의 경우 20세기에 몇 차례의 대규모 전쟁을 거친 후 경제개발단계로 접어들면서 노동력이 부족하게 되자 화학비료의 의존도는 상승하게 된다.[81] 특히 대도시에 수세식 변소가 등장하면서 똥오줌의 이용은 급감하게 된다. 그 결과 농약과 화학비료가 기존 똥오줌 시비의 역할을 대신하였으며, 똥은 점차 배출과 동시에 영원히 물과 함께 사라지는 대상으로 자리 잡으면서 자원으로 이용했던 전통적인 지혜는 사라지게 된다. 오랫 동안 지속되어 왔던 지혜가 과학과 합리성을 만나면서 개량된 것이 아니라 사라진 것이다.

그런데 변화된 이후는 어떠한가? 측간의 위생문제는 점차 개선되었지만, 먹거리 문제는 나아지기는커녕 우리의 건강과 생명은 더욱 위협받고 있다. 농약과 독극물로 인해 각종 자연생태계는 파괴되고, 오염되었으며, 유전자조작식품과 농약중독으로 인간의 호르몬에 영향을 끼쳐 신체의 기능이 약화되고, 성 조숙성을 불러와 인간신체에 대한 근본적인 변화까지 일으키고 있다. 그리고 서구식 화장실에서 씻겨 내려간 똥오줌은 여과과정을 거치기는 하지만 상당부분 하수구를 거쳐 강, 바다로 흘러들어가면서 수질오염과 부영양화富營養化로 이끼나 적조의 발생원인을 제공하는 주범이 되고 있다. 이런 위기의식 때문에 친환경식품과 유기농산물을 찾고 있지만, 그들 가격은 날로 치솟아 식품은 이미 신분의 상징물로 변하고 있다. 더욱이 기존의 농축산품에 모두가 이미 중독되어 이러한 심각성을 크게 느끼지 못한 채 생활하고 있다는 것도 큰 문제이다.

이 시점에서 우리는 동아시아인의 전통적인 폐기물의 순환이용의 지혜

---

81 다키가와 쓰토무[滝川勉], 「東アジア農業における地力再生産を考える: 糞尿利用の歴史的 考察」, 『아시아경제[アジア經濟]』 45(3), 2004.3, p.72.

에 다시 눈을 돌릴 필요성이 있다. 근대화과정 속에서는 해결하지 못했던 똥오줌의 위생처리와 토양오염 및 청결의 문제를 오늘날 과학으로 재처리하여 유기농축산품을 생산하는 새로운 자원으로써, 똥오줌을 부활시켜야 할 것이다.[82] 똥오줌을 위생적으로 처리하는 것은 단순한 경제적, 전통적인 차원을 넘어 인류의 생명을 지키고 지속 가능한 환경을 유지하는데도 꼭 필요한 길임을 유념했으면 좋겠다. 재미있게도 구미사회는 우리가 폐기처분한 똥오줌에 대한 전통적인 지혜를 놀라워하며 100년 전부터 깊은 관심을 가지고 생활 속에서 응용하기 시작하고 있다.[83]

인간에게 유기농업이 중요한 것은 식품이 곧 우리의 생명물질이기 때문이다. 그러한 관점에서 볼 때, 유기비료의 자원인 똥오줌은 인간이 가장 쉽고 평등하게 영원히 얻을 수 있는 비료이다. 이것을 소중하게 잘 활용하는 것은 여러 측면에서 매우 중요하다. 따라서 농업을 과거의 1차 산업으로 인식하는 데서 나아가 우리의 환경과 생명 및 미래를 건강하게 보전하는 고차원의 산업으로 다시금 인식할 필요가 있겠다. 농업사 연구 역시 고전적인 생산력과 생산관계의 연구에서 진일보하여 식료사食療史, 식물사食物史 또는 생태환경사의 방향에도 깊은 관심이 필요하다.

---

82 김웅기·정문호, 앞의 논문, 「일부 농촌지역의 기생충란 토양 오염도에 관한 조사연구」, p.68; 정문식·정문호, 「질병전파 방지를 위한 농촌변소 개량에 관한 연구」, 『한국환경위생학회지』Vol.6-1, p.3에 의하면 우리나라의 매일 1인당 대변량은 약 300g, 소변량은 약 900ml로서, 이것은 열대지역인(250-530g) 다음으로 많다. 이러한 많은 분뇨 배설량도 한국을 비롯한 아시아인이 자원으로 활용해야 할 이유가 될 수 있을 것이다.

83 Franklin Hiram King[곽민영 역], 『사천년의 농부(Farmers of Forty Centuries: Organic Farming in China, Korea, and Japan)』, 들녘, 2006.

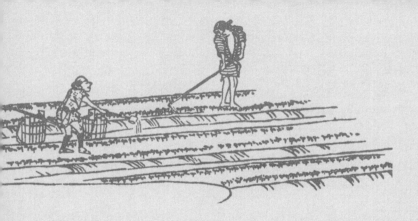

제4부

동아시아 각국의
분뇨이용실태와 측신

제8장

조선시대 비료와 인분

I. 머리말

비료는 토양을 배양하는 재료로서 농작물을 재배하는 데 필요불가결한 요소이다. 조선 농서에는 당시 지력회복을 위해 이용된 다양한 비료들이 제시되어 있다. 당시 비료는 주로 분糞과 결부되어 등장하는데, 화분火糞, 초분草糞, 묘분苗糞, 똥재[糞灰], 두엄[廐糞], 갈잎거름[杼葉糞], 사람 똥, 가축 똥, 누에똥[蠶沙], 지종법漬種法과 객토客土 등이 그것이다. 이들 중에는 풀이나 흙, 사람 똥과 소·말똥처럼 가공하지 않은 비료가 있는가 하면, 초목회, 숙분, 오줌재, 똥재, 두엄처럼 1차 가공한 인공적인 것도 있다.[01] 이들 비료의 대부분은 수집하는 데 적지 않은 노력이 들고, 장기적·지속적으로 쉽게 구할 수 있는 것들은 아니다. 본고에서 대상으로 삼은 것은 이들 중 후세에 많은 영향을 끼친 뒷거름[똥오줌]에 관한 것이다. 사람의 똥오

---

01 1885년에 편찬된 『농정신편(農政新編)』 「분저법(糞苴法)」에는 20세기 직전까지의 거름 36가지를 제시하고 있다. 즉 사람 똥, 짐승의 털 등을 포함한 생물류의 거름 12가지, 초비(草肥), 초목재[草木灰] 등 초목류 비료 12가지, 그을음, 생석회 등 흙이나 돌 종류의 거름 12가지가 그것이다.

줌의 다양한 시비제조방법과 시비 효과 및 사람 똥이 지닌 가치를 중국 농서 속의 사람 똥과 상호 관련하여 살펴보고자 한다.

그동안 사람 똥의 중요성이 컸던 것에 비해 그에 대한 연구는 많지 않았다. 간혹 인류학적인 접근이나[02] 민속학적인 측면에서 뒷간을 조사한 연구서가 출간되어 각국의 다양한 뒷간과 관련 습속을 상호 비교할 수 있는 계기를 제공하기도 하였다.[03] 하지만 사람 똥의 문제를 역사적인 관점에서 그 변천과정과 시대적 성격을 살핀 연구는 거의 찾아보기 어려웠다. 최근 농업사적인 관점에서 사람 똥을 연구한 논문이 나오기는 했지만,[04] 이 연구 역시 거름 중의 하나로서 똥오줌에 주목한 고전적 연구경향을 벗어나지 못했으며,[05] 더구나 조선시대의 자료에 한정함으로써 직접적인 관련을 지닌 중국 측 분뇨糞尿에 대한 기록들은 전혀 검토하지 못하였다는 점에서 아쉬움이 남는다.

필자는 이미 앞 장에서 "동아시아의 분糞의 의미와 인분人糞의 실효성"[06]에 대해 살핀 바가 있다. 이를 통해 시대별 분의 의미와 그 시대적 변천을 검토했으며, 어떤 이유로 동아시아에서는 오래 전부터 사람 똥을 혐오의 대상이 아닌 농업자원으로 볼 수 있었는지를 천지인의 삼재三才사상과 관련지어 살폈다. 또 사람 똥오줌을 저류하는 측간구조를 검토하고, 조선왕조실록 속에 등장하는 다양한 측간의 역할을 확인하였으며, 분비가 지닌 효용성도 살핀 바 있다.

---

02 전경수, 『똥이 자원이다: 인류학자의 환경론』, 통나무, 1992.
03 김광언, 『동아시아의 뒷간』, 민속원, 2002, pp.27-29. 그에 의하면 뒷간은 1459년 『월인석보(月印釋譜)』에 처음 등장하지만, 오늘날 같이 굳어진 것은 1527년에 나온 『훈몽자회(訓蒙字會)』부터이며, 이는 '뒤에 있는 방'을 의미한다고 한다. 그리고 『훈몽자회』에는 시(屎)를 통시라고 하며 똥을 누는 공간이란 의미로 통시간이 보인다.
04 김영진·김이교, 「조선시대의 시비기술과 분뇨이용」, 『농업사연구』 7-1, 2008.
05 대표적인 논문은 민성기, 「조선시대의 시비기술 연구」, 『부산대 인문논총』 24집, 1983; 염정섭, 『조선시대농법발달연구』, 태학사, 2002 등이 있다.
06 최덕경, 「東아시아에서의 糞의 의미와 人糞의 實效性」, 『중국사연구』 제68집, 2010.

비료로서의 똥오줌의 장점은 비효성肥效性 이외에도, 개인당 매일 일정량을 생산하기 때문에 집적하기에는 어떠한 비료보다 경제적이고, 지속적이라는 점이다. 필자가 똥오줌에 주목하게 된 것은 전통적인 똥오줌의 가치와 인식이 오늘날에 와서 엄청나게 달라졌다는 데 있다. 똥오줌이 이전에는 소중한 자원이었는데, 오늘날에는 혐오의 대상이 되어 물과 함께 흘려보내 버리는 폐기물로 취급되고 있다는 점이다.

실제 오늘날 한국의 「비료관리법」에 의하면 아직도 똥오줌[糞尿]이 비료의 원료로는 인식되고 있지만, 충분히 부숙腐熟하도록 규정하고, 그 찌꺼기는 비료에서 제외시키고 있다.[07] 또 "주거지에서 200m 이상 격리", "농경지 밖으로 유출금지"하였으며, 그리고 살포시기도 "겨울철 및 장마기로 제한"하고 있는 것을 보아도 법에서도 혐오물질로 취급하고 추방하려는 의도가 담겨 있음을 느낄 수 있다. 그러나 적어도 1980년 이전까지만 하여도 분뇨는 우리 농촌에서 없어서는 안 되는 주된 거름이었고, 도시로부터 적지 않은 비용으로 구입해야만 하는 비료로서 가치를 인정받았다.[08]

최근 구미에서는 아시아인들의 이런 지혜와 경험에 감탄하며, 그동안

07 농촌진흥청 고시(告示) 제2010-8호 「비료관리법」에 의하면, 가축분퇴비(02.12.31)는 퇴비, 부숙겨, 분뇨잔사, 부엽토, 건조축산폐기물, 가축분뇨발효액(02.12.31), 부숙왕겨, 부숙톱밥 등 9가지로 되어 있으며, 농림부산물류에는 "짚류, 왕겨, 미강(米糠), 녹비, 농작물잔사, 낙엽, 수피(樹皮), 톱밥, 목편, 부엽토, 야생초, 폐사료, 한약재찌꺼기, 기타 유사물질 포함 및 상기의 물질을 이용한 버섯 폐배지, 광물질(09.10.1) 토양미생물제제" 등과 "축분뇨 등 동물의 분뇨(외양간 거름, 소똥오줌, 돼지똥오줌, 닭똥, 기타 동물의 똥오줌)" 등이 고시되어 있다. 이 중 퇴비의 원료로 사람과 가축의 똥오줌 등 동물의 똥오줌 즉 "사람의 똥오줌 처리잔사, 외양간 거름, 소똥오줌, 돼지똥오줌, 닭똥, 기타 동물의 똥오줌" 등이 고시되어 있지만, 오니(汚泥)는 비료에서 제외(09.1.12)되고 있다. 퇴비와 가축분뇨발효액은 충분히 발효 시까지 저장하고, 분뇨발효액은 염분(NaCl) 0.3% 이하, 수분함량 95% 이상이 되도록 한다고 규정하고 있다.

08 J. Jenkins[이재성 역], 「똥 살리기 땅 살리기」, 녹색평론사, 2004, p.37에 의하면, 중국에서 퇴비 만들기도 최근에 정착된 기술이라고 한다. 호북(湖北)지역에는 1964년에 비로소 분뇨의 위생적 처리가 시작되었는데, 당시 퇴비화 기술은 분뇨를 분리 수집한 다음, 재와 섞어서 퇴비더미에 쌓는 방식으로, 사람 똥오줌 25%, 가축 똥오줌 25%, 각종 유기물 25%와 흙 25%로 구성되었다고 한다.

더러운 똥오줌을 농사에 활용했다는 사실에 대해 비판한 것을 반성하고, 자연친화적인 생태관과 사람 똥을 이용한 유기비료의 제조과정을 배워 이를 확산시키고 있다. 실제 킹(F.H. King)은 1909년 중국, 한국 및 일본을 여행하면서 똥오줌을 이용한 유기농법의 지혜에 대해 경이의 눈으로 바라보았는가 하면,[09] 젠킨스가 1999년 출판한 *The Humanure Handbook*이 구미인들을 놀라게 한 것을 보면 지금까지 그들에게 똥오줌의 자원화 문제는 낯선 과제였음이 분명하다.[10] 하지만 그들은 지금 아시아인들의 똥오줌을 이용한 생태농업과 토양생산력의 제고에 깊은 관심을 기울이고 그 합리성에 주목하고 있다.

이런 상황과는 반대로 아시아인들은 똥오줌을 앞 장에서 지적한 바와 같이 혐오스런 물건 이상의 것으로 바라보고 있지 않다. 간혹 가축 똥에 대해서는 퇴비화를 유도하고 있지만, 사람 똥은 그야말로 물과 함께 주변에서 빨리 사라져야 할 대상으로 바라보고 있다는 것이다.

본장에서는 이런 현실인식에 근거하여 조선시대에는 어떤 이유로 똥오줌을 적극적으로 활용하게 되었으며, 그 이용실태를 알아봄으로써 생산활동과 민간의 습속에 활용했던 지혜를 다시 한 번 제기하여 주목해 보고자 한다.

II. 조선시대 인분을 이용한 퇴비와 두엄[廐肥] 제조법

천지인 삼재사상에 의하면, 곡물은 흙·물·공기 그리고 햇볕이 변화한 것이며, 시비한다는 것은 원래의 땅으로 다시 돌려보내는 것이라고도 한다.

---

09 F.H. King[곽민영 역], 『사천년의 농부』, 들녘, 2006.
10 J. Jenkins[이재성 역], 앞의 책, 『똥 살리기 땅 살리기』, 녹색평론사, 2004.

『권농서勸農書』에 의하면 거름을 만드는 방법은 두엄법[踏糞法], 증분법蒸糞法, 양분법釀糞法, 분교법糞窖法, 외분법煨糞法, 자분법煮糞法 등이 있는데, 그중에서 두엄법을 가장 주목하고 있다. 두엄법은 지역 여건에 따라 다소 차이가 있는데, 남방의 농가에는 소·양·돼지[豕]를 사육하여 두엄을 만들지만, 북방에는 돼지[猪]·양을 방목하기 때문에 똥을 거두기가 곤란하여 두엄을 만들 수가 없다. 하지만 볏짚 등을 한곳에 모아 두고, 매일 소·양의 발 아래 깔아 두엄을 만들기도 하였다.[11] 조선시대의 적분積糞도 이와 유사하다.

본장에서는 전통시대에 가장 많이 이용된 비료였던 사람과 가축 똥을 이용한 퇴비堆肥와 두엄[廐肥]을 살펴보고자 한다. 그리고 이런 퇴비화 과정에서 사람 똥이 어떤 작용을 했는가를 살펴본다. 퇴비와 두엄 및 사람 똥오줌은 동아시아의 전통적인 비료 중에서 가장 일반적인 것들이다.

두엄과 퇴비의 차이는 그 원료가 다르다는 것이다. 퇴비의 원료는 짚, 초류草類가 중심이고, 두엄은 축사의 가축 똥이 중심이다. 그러나 양자는 모두 퇴적하여 부숙해야 하기 때문에 두엄을 퇴비라고 칭하기도 한다. 두엄은 또 농장비료라고도 하는데, 가축의 분변과 짚을 혼합하여 부숙하여 만들어지기 때문에 유기질이 풍부한 완전비료라고도 한다.[12]

퇴비는 여러 물질이 퇴적 부패한 비료로서 동물질, 식물질, 광물질뿐만 아니라 부패 후에 비료로 만들 수 있는 것은 모두 비료로 삼는다. 퇴비의 원료는 비록 동물성 물질, 예컨대 분변糞便, 어비魚肥 등을 포함하고, 광물성 물질인 니토[泥土]와 니탄泥炭(땅속에 묻힌 시간이 오래되지 않아 완전히 탄화하지 못한 석탄) 등을 포함할지라도 퇴비를 만드는 원료는 주로 곡물의 짚[藁稈], 잡초, 낙엽, 초목재, 니탄, 겨[礱糠], 맥곡麥穀 등 식물성 물질이 많다.

11　『수시통고(授時通考)』 권35 「공작(功作)·어음(淤蔭)」.
12　천량줘[陳良佐], 「我國農田施用之堆廐肥」, 『사학·선진사연구논집(史學·先秦史研究論集)』 大陸雜誌史學叢書第5輯 第1冊, 大陸雜誌社, 1976, p.95.

똥은 이러한 두엄과 퇴비를 부숙시키는 데 중요한 작용을 한다. 가축 똥은 대개 겨, 밀기울, 짚 그리고 초목과 같은 식물성 물질이 소화된 것인데, 매우 단단한 부분은 대부분 그대로 배설된다. 하지만 한 번 소화기를 거쳐 똥으로 나온 것은 분해하는 속도가 훨씬 빨라 작물에 유용한 성분을 쉽게 내놓게 된다. 사람 똥은 생똥[生糞]을 직접 밭에 뿌리기도 하지만 대개의 경우 퇴비화라는 부숙과정을 거쳐 시비한다.

퇴비와 두엄은 식물의 생장에 필요한 영양소를 서서히 방출하도록 도와주며, 토양의 공극을 만들어 주고, 토양 속의 PH농도를 조절해 주며, 흙의 색깔을 검게 하여 햇볕의 흡수량을 높이고, 흙속에 있는 미생물의 증식을 돕는다. 그 외에도 퇴비에 있는 질소 같은 영양분은 식물의 전 생육기간에 비해 서서히 방출됨으로써 화학비료에 비해 유실되는 양이 적다. 그리고 그 속에 든 유기물은 농약 및 기타 오염원이 될 수 있는 물질을 고정시키고 분해하며, 오염물질을 토양에 결합시켜 유출을 줄이고 식물에 흡수되는 것을 줄여 준다.[13] 가축 똥과 사람 똥을 바로 비료로 활용하는 방법 이외에도, 이들을 이용하여 비료를 만드는 방법에는 대개 두 가지가 있다.

1. 초목에 직접 똥오줌을 섞어 퇴비 만드는 방법

퇴비화는 곧 부숙화腐熟化 과정이다. 남송 이전의 문헌에는 퇴비의 기록이 많지 않은데, 『제민요술齊民要術』「종유백양種楡白楊」에 의하면 구덩이에 파종할 때 그 바닥에 묵은 지붕을 이은 풀[陳屋草]을 깔고 그 풀 위에 유협楡莢을 뿌리고 다시 흙을 덮었다고 한다. 협주夾注에는 "진초陳草는 부숙이 빠르고 비료효과가 똥보다 좋으며, 진초가 없으면 똥으로 거름을 주어도 좋다. 만약 거름을 주지 않으면 비록 싹이 자라더라도 마르게 된다."라

---

13 J. Jenkins[이재성 역], 앞의 책, 『똥 살리기 땅 살리기』, p.61.

고[14] 하였다. 여기에 비료로 사용된 '진옥초陳屋草'는 일종의 퇴비였다고 볼 수 있다.

앞서 제시한 증분蒸糞, 양분釀糞과 초분草糞은 가장 일반적인 퇴비법이다. 증분은 거름간[糞屋]을 만들어 그 속에 각종 흙, 재, 짚, 낙엽과 겨[糠粃]를 쌓아 덮개를 덮어 띄워 썩힌 퇴비이다.[15] 양분釀糞 제조법은 『권농서勸農書』에 의하면, 부엌 아래 깊은 못을 파서 물이 새지 않도록 하여, 매번 쌀을 찧을 때마다 키질한 곡식을 모아 썩은 풀과 나뭇잎과 함께 그 속에 넣고, 설거지한 기름기 있는 물을 거두어 오랫동안 담가 두면 자연스럽게 썩어 거름이 된다고 한다. 초분은 모든 썩은 짚, 뿌리, 열매가 없는 잡초와 김맨 잡초 등을 버리지 않고 흙과 섞어 구덩이에 넣고, 설거지한 물이나 쌀 씻은 물, 청소한 물과 청소한 쓰레기 등을 그 속에 넣고 덮어 두고 1개월 정도 지난 후 햇볕에 말리어 부수면 만들어진다. 비슷한 제조법은 이미 남송대 『진부농서』「종상지법편」에도 등장한다.

하지만 보통 똥을 이용하여 퇴비를 부숙하는 가장 간단한 방법은 퇴비 재료에 미생물 덩어리인 똥물을 끼얹는 것이다. 15세기 중엽 강희안姜希顏의 『양화소록養花小錄』「종분내화법種盆內花法」에 의하면 "매일 지게미와 닭이나 거위 털을 거른 물과 비수肥水를 섞는데, 비수란 똥물[糞淸]이다."[16]라고 한다. 이는 동식물의 잡다한 유기물질에 측간의 똥오줌을 끼얹어 퇴비로 만드는 방법이다. 똥오줌을 주면 유기물과 똥이 동시에 부족한 부분을 보충하여 힘을 얻게 된다. 똥오줌에는 유기물이 적기 때문에 항상 유기물질과 혼합하여 사용하면 좋고, 만약 똥오줌을 밑거름으로 이용하려면 먼

---

14 『제민요술(齊民要術)』「종유백양(種楡白楊)」, "陳草速朽, 肥良勝糞. 無陳草者, 用糞糞之亦佳. 不糞, 雖生而瘦. 旣栽移者, 燒亦如法也."

15 『수시통고(授時通考)』 권35 「공작(功作)·어음(淤蔭)」.

16 『양화소록(養花小錄)』(1465) 「종분내화법(種盆內花法)」, "每日用糟, 過退鷄鵝毛水, 與肥水相和澆之, 肥水卽糞淸."

저 짚이나 낙엽 등과 함께 퇴적하여 부숙하는 것이 좋다. 15세기 중엽에 똥물이 등장한다는 것은 액체 상태의 분뇨를 저류하여 이를 퇴비생산에 활용했음을 의미한다.

17세기 초반에 편찬된 『농가월령農家月令』에 의하면, 전년도 7월 처서處暑에 벤 깨깍지[胡麻殼]를 쌓아 두었다가 이듬해 3월 대소변에 적시어 모내기를 위한 모판의 비료[秧肥]로 사용한다고[17] 한다. 그리고 3월에 잎이나 버드나무가지 등을 똥오줌에 적셔 썩히고, 대소변이 없으면 마구간에 넣어 밟게 한 후, 쌓아 두고 이를 부숙하여 거름을 만든다고[18] 한다. 이들 비료의 특징은 집주변에서 흔히 구할 수 있는 깨깍지, 여린 초목의 잎이나 가지 등에 똥오줌을 뿌려 비료를 만들었다는 점이다.

17세기 중엽의 『농가집성農家集成』「종맥種麥」조에 이르면, "7월 하절에 흰 양하[白蘘], 상수리나무[櫟], 감탕나무[杻]의 가지와 잎들을 잘라 구덩이에 쌓아 두고 외양간 오줌을 끼얹어"[19] 맥전麥田의 비료를 만들기도 하였다. 다만 『농가월령農家月令』 시기와는 달리 들이나 집 근처에서 흔히 구할 수 있는 재료를 사용한 것이 아니라 비료원을 주로 산에서 구하고 있다. 이것은 그만큼 당시 농민들이 비료제조에 적극적이었음을 알 수 있으며, 이는 또한 비료의 수요가 나날이 증가되었음을 말해 준다.

퇴비를 부숙하는 방법에는 고온법高溫法과 저온법低溫法이 있다. 저온법은 수분을 충분히 더하고 밟거나 눌러 퇴적하여 혐기嫌氣 상태에서 20-30℃로 오랜 기간에 걸쳐 퇴비화하는 것이다. 이 방식으로 제조한 거름은 질소 함량이 높고 영양분 손실이 적어 식용이 아닌 원예작물이나 과수원

17　『농가월령(農家月令)』「칠월중처서(七月中處暑)」, "刈胡麻(其殼用於早秧)"; 「三月節淸明」, "用前秋儲蓬蒿胡麻殼, 漬以二便, 入水田, 付早秧稻."

18　『농가월령』, 「삼월절청명(三月節淸明)」, "付早秧稻(如無所儲, 則貴綠葉. 或嫩柳葉, 或老娓草亦可, 和二便積地, 使蒸用之. 無二便, 則入馬廐令踏踐, 還置地上, 候蒸用之.)"

19　『농가집성(農家集成)』「종대소맥(種大小麥)」, "刈白蘘軟枝, 櫟木[갈]枝葉, 杻枝[굴싸리]以負斫刀絶斷, 作坎積置, 廐池水注濕, 或牛馬廐踐踏待蒸糞田, 則至雜穀無不茂, 而尤宜兩麥."

등에서 안전하게 사용할 수 있다.

고온법은 수분을 적게 하여 호기好氣 상태에서 55-60℃의 고온으로 발효시키는 방법이다. 이것은 짚과 사람과 가축의 똥오줌 등을 혼합한 후, 구덩이나 땅 위에 쌓아 두고 미생물이 짚을 분해할 때 열을 발생하는 것을 이용해 부숙하여 비료를 만드는 방식이다. 북위『제민요술』'작시법作豉法'에는 또 "메주를 만들 때 미리 밀을 갈아 가루를 만들어 물에 반죽한 후 쪄서 따뜻한 채로 항아리 속에 넣고 뚜껑을 덮어 퇴비더미 속에 따뜻하게 묻어 둔다."라는[20] 기록이 전하는데, 이는 쌓아 둔 고온의 퇴비 속에서 부숙시켰음을 알 수 있다. 이 더미가 두엄을 쌓아둔 것인지 알 수는 없지만, 퇴비를 부숙한 것이 적어도 6세기 이전부터 존재했음을 알 수 있다.

고온법은 저온법보다 질소 손실이 많은 반면 숙성기간이 짧다.[21] 그리고 고온에서 부숙할 경우, 그 열에 의해 세균과 곰팡이는 물론 퇴비나 똥오줌에 살아 있는 유해한 미생물이나 기생충알, 농작물이나 동물의 병원균, 바이러스, 원생동물 및 잡초의 씨 등이 사멸되며,[22] 유해한 성분이나 가스는 분해되고, 오물감을 제거하여 부숙된 퇴비는 냄새도 좋고 취급하기도 좋은 양질의 부식토가 된다. 때문에 이를 토지에 시비해도 사람의 건강에 심각한 해를 입히는 일은 발생하지 않는다. 여기서 분해된 유기물 중의 비료성분은 농지에 시비되어 토양미생물에 의해 조금씩 분해되면서 작물의 양분이 된다. 그리고 이용된 미생물은 역할이 끝나면 퇴비 속 비료성분으로 축적된다.[23]

---

20 『제민요술』「작시법(作豉法)」, "預治小麥, 細磨爲麪, 以水拌而蒸之 … 及暖, 內甕中, 盆蓋, 於糞蕶中煨之."
21 임선욱(林善旭), 『비료학(肥料學)』, 日新社, 2006, p.406; J. Jenkins[이재성 역], 앞의 책, 『똥 살리기 땅 살리기』, p.54.
22 기생충알과 병원균은 열에 극히 약하여 70℃ 내외에서는 수 초간, 50℃ 내외에서는 24시간, 46℃에서는 일주일 이내에 사멸하지만, 유가물의 분해는 온도가 55-59℃ 범위가 가장 적합하다. 이를 위해서는 사람 똥오줌을 퇴비와 혼적하여 사용하는 것이 좋다.
23 마쓰자키 도시히데[松崎敏英], 「人糞尿が甦る日」, 『歷史評論』, 通號590, 1990, p.47.

쌓아 둔 비료에 똥오줌을 끼얹는 이유는 그 속의 미생물이 유기물질을 분해하고 부숙하는 중요한 역할을 하기 때문이다. 퇴비화는 일종의 미생물을 배양하여 유기물을 분해하는 과정인데, 미생물이 번식할 때 가장 필요한 양분은 질소窒素이다. 하지만 퇴비 중에 주된 원료인 짚 등에는 질소 함유량이 매우 적다. 때문에 퇴적된 원료에 동물성 물질, 즉 사람 똥오줌을 섞어 줌으로써 미생물이 필요한 양분을 보충해 준다.[24] 이것은 또한 유기물의 분해를 촉진하여 비료의 성분을 더욱 높이게 된다. 그리고 미생물이 잘 생장하기 위해서는 적당한 수분이 필요하다. 퇴비가 너무 건조하면 분해가 정지되거나 굳어져 버리기 쉽기 때문에 퇴비를 제조할 때는 적당한 수분을 가하여 세균의 번식을 촉진하고, 아울러 퇴비가 분해될 때 온도가 너무 높아 질소가 흩어져 영양분 손실이 없도록 해야 한다.

그리고 퇴비를 만들 때 수분을 계속 보충해 주는 이유는 미생물의 번식 환경을 조성하는 것 이외에, 퇴비가 만들어지는 과정에서 수분량이 엄청나게 줄어들기 때문이다. 일주일 만에 수분함량이 약 30% 줄어들기 때문에 이를 유지해 주기 위해 수분공급이 필요하며, 퇴비더미에 씌워 둔 이엉을 열어 비를 적당히 맞게 하는 것도 좋은 방법이다.

부숙한 퇴비더미는 대개 2주일쯤 지나서 뒤집어 주는 것이 좋다. 뒤집기를 하면서 두엄을 부수어 혼합하고, 그 속의 기와와 돌조각[瓦石] 등을 제거하기도 한다. 여름철에는 2-3주일에 한 번, 그 밖의 시기는 3-4주일에 한 번씩 2-3회 뒤집기를 한다. 뒤집기를 하면 퇴비화 과정이 신속하게 진행되고, 잘 섞여서 더 좋은 비료를 얻을 수 있다.[25] 뒤집기를 하지 않으면, 퇴비더미가 혐기적 분해로 넘어가 고약한 냄새를 풍기고 쥐나 파리가

---

24 성청위엔[盛澄淵], 『비료학(肥料学)』, 正中書局, 1956.
25 외양간 두엄이 완전히 부숙하는데, 필요한 일수는 재료에 따라 차이는 있지만 보통 여름은 50-90일, 겨울에는 100-120일 정도이다. 조백현(趙伯顯) 감수, 『신고 비료학(新稿 肥料學)』, 鄕文社, 1978, p.279 참조.

들끓게 된다.

고온으로 부숙된 퇴비는 생똥과는 전혀 다른 새로운 제품이며, 사람 똥을 가장 안전하게 처리하는 방법이기도 하다. 그래서 『진부농서陳旉農書』에서는 분옥糞屋 속에 풀재[草灰], 겨와 쭉정이[糠粃], 낙엽 등을 넣어 뒤섞었을 것이다. 이런 퇴비를 만들기 위해서는 규칙적으로 똥오줌을 수거하여 퇴비 위에 갖다 부어야 하므로 저온법보다 수고가 더 들어간다.

그런데 두엄 중의 고체물질은 대부분 분해가 쉽지 않은 유기물이지만 토양의 구조를 개선하고, 습기를 보존하는 힘이 크다. 이렇게 만들어진 퇴비는 유익하고 냄새도 좋은 새로운 부식토를 만들어 내는데,[26] 이것이 흙을 비옥하게 하고 식물의 생장을 도와준다. 특히 퇴비는 생똥오줌[生糞尿]과는 달리 토양영양분이 유실되지 않고 오히려 그것을 보존하는 데 도움을 주며, 부숙하는 과정에서 발생한 고온으로 인하여 각종 병원균과 기생충이 사멸되어 작업할 때 감염에 노출되는 것을 막아 준다. 뿐만 아니라 질병이나 해충의 피해를 덜 받게 하고, 농가에서 토양관리를 쉽게 하는 데 도움을 준다.[27] 산과 들의 다양한 초목 중에서 비료원을 찾아 이에 똥오줌을 결합시켜 각종 비료를 만드는 작업은 이처럼 조선 초기부터 행해졌던 것이다.

2. 두엄을 퇴비화하는 방법

똥을 이용하여 비료를 만드는 또 다른 방식으로 두엄이 있다. 두엄은 짚

---

26 퇴비의 냄새는 재료, 부숙(腐熟)시기, 부숙 환경조건 등에 따라 차이가 있으나 원재료의 휘발성물질이나 부숙작업으로 생긴 물질의 복합적인 것이다. 퇴비의 악취는 대개 부숙 초기 단계에서는 원재료의 악취성분이 많으나 시간이 경과되면서 악취성분이 미생물의 영양원으로 이용되거나 대사 작용의 결과 방향성 성분으로 변형되어 줄어든다고 한다.

27 J. Jenkins[이재성 역], 앞의 책, 『똥 살리기 땅 살리기』, p.50.

이나 풀, 연한 나뭇잎 등을 외양간의 가축이 밟아 만든 것으로 이것을 바로 시비할 수도 있지만, 대개 다른 곳에 집적하여 부숙시키면서 사람의 똥오줌을 끼얹어 비료로 만든다.

똥오줌이 상대商代부터 거름으로 사용되었다는 견해가 있는 것과는 달리 두엄법[踏糞法]의 체계적인 기록은 『제민요술』「잡설」에서부터 보인다. "무릇 농가는 추수와 밭 정리가 끝나면 작업장에 떨어져 있던 일체의 지푸라기 등을 한 장소로 긁어모은다. 이것들을 매일 소외양간 바닥에 3치 두께로 깔아 주고, 매번 다음날 아침에 긁어내어 퇴적한다. 그리고 또 한 층 깔아 주고 하룻밤이 지나면 또 거두어 쌓아 둔다. 이같이 하면 겨울 내내 한 마리 소가 30수레의 거름을 밟게 된다. 거름은 12월부터 정월 사이에 밭에다 시비한다. 소무小畝의 경우, 각 무畝당 5수레씩의 거름을 주면, 모두 6무의 땅에 거름을 줄 수 있다."라고[28] 하여 외양간 두엄[廐肥]을 만드는 작업을 묘사하면서 소 한 마리당 연간 6무의 퇴비를 생산할 수 있었음을 밝히고 있다. 「잡설」편의 진위에 대한 논란은 많지만 당송唐宋대의 언어가 사료 속에 등장하는 것으로 미루어 보아 송대 이전에 완성된 듯하다.[29] 이 것은 적어도 송대 이전에는 두엄을 사용했음을 의미한다. 남송의 『진부농서』「목양역용지의편牧養役用之宜篇」에는 "초봄에는 반드시 소 외양간의 지

---

28 『제민요술』「잡설(雜說)」, "其踏糞法, 凡人家秋收治田後, 場上所有穰, 穀𥢼等, 並須收貯一 處. 每日布牛腳下, 三寸厚, 每平旦收聚堆積之. 還依前布之, 經宿即堆聚. 計經冬一具牛, 踏 成三十車糞. 至十二月, 正月之間, 即載糞糞地. 計小畝畝別用五車, 計糞得六畝."

29 스성한[石聲漢] 교석, 『제민요술금석(齊民要術今釋)』, 科學出版社, 1957, p.16, p.20의 주석에 는 『제민요술』의 앞부분의 「잡설」편은 청대 이래 끊임없이 가사협 원저의 일부가 아니라는 주장이 있어 왔으며, 주석가 역시 같은 의문을 갖고 있다고 한다. 하지만 「잡설」편에 "只如 十畝之地, 灼然良沃者, 選得五畝"의 '작연(灼然)'이란 당송대에 유행했던 말인 점으로 미루 어 「잡설」편은 적어도 송대 이전의 작품임을 알 수 있다. 현존하는 『제민요술』은 북송 천성 (天聖) 연간(1023-1031) 숭문원(崇文院)의 각본(刻本)이며, 그 외 일본에서 전해지는 것은 초 본(鈔本)으로 송각본을 빼긴 후 다시 당습본(唐習本)으로 교정했는데, 권3이 빠져 있다고 한 다. 스성한[石聲漢], 「從齊民要術看中國古代的農業科學知識: 整理齊民要術的初步總結」, 科 學出版社, 1957, pp.1-2 참조.

푸라기와 똥오줌을 모두 걷어 내는데, 봄이 아닐지라도 열흘에 한 번 청소하여 냄새와 역병이 생기지 않게 한다."라고 하여 정기적으로 소외양간에 짚을 깔고 만들어진 두엄을 걷어 내고 있는 것을 보면[30] 송대에도 위와 비슷한 방법으로 외양간 두엄이 생산되었던 것을 볼 수 있다.

부숙한 두엄에 대해 적지 않은 관심을 가졌던 명대 과학자 서광계徐光啓의 유고遺稿가 상해시립도서관에 현존하고 있는데, 그의 논술을 보면, "'옛날 구종법區種法에는 매 구덩이에 삶은 퇴비 1되[升]를 넣었다.'고 하지만, 그 만드는 방법에 대해서는 알려지지 않고 있다. 내가 생각건대 두엄을 불 위에서 삶아서[일종의 부숙腐熟] 곡물에 시비하면 가뭄에 잘 견딘다. 『주례周禮』 집주集註에는 끓인[煮沸] 두엄을 밭에 거름 주면 그 효과는 보통의 두엄보다 100배 좋았다고 한다. … 구전區田의 토양이 가뭄에 잘 견디게 하기 위해서는 우선 잘 건조시킨 후, 아장鵝腸[속칭 번누繁縷], 황호黃蒿[애초艾草와 유사], 창이蒼耳[국과菊科]와 같은 3종류의 풀재[草灰]를 시비하고, 다시 부숙한 퇴비를 뿌리고 물을 준다. 구덩이의 흙이 마르면 즉시 파종하고, 아울러 약간의 두엄을 흙과 섞어서 복토한다. 내가 일찍이 실험해 본 결과 이런 방식으로 파종하면 1무당 30섬을 수확할 수 있었다. 만약 단지 끓인 두엄만 사용하고 풀재[草灰]를 뿌리지 않으면, 겨우 20섬 정도만 거둘 수 있으며, 두엄을 부숙하지도 않고 시비하고 풀재도 뿌리지 않으면 생산량은 겨우 일반 수준도 능가하지 못한다. 때문에 이 방식은 비록 오래된 것이지만 소홀하게 취급할 수 없다. 생각건대 '끓인' 두엄은 그 효과가 '금즙金汁'[액비液肥]에 상당하다. 금즙은 효과를 보기까지 수년을 연속적으로 시비해야 하지만, 부숙한 두엄은 즉각 효과가 드러난다."라고[31] 하여 부숙한 두엄의

---

30 『진부농서』「목양역용지의편(牧養役用之宜篇)」, "於春之初, 必盡去牢欄中積滯蓐糞, 亦不必春也, 但旬日一除, 免穢氣蒸鬱, 以成疫癘, 且浸漬蹄甲, 易以生病."
31 F. Bray, "*Science and Civilisation in China*" VOL.6-part II: Agriculture, Cambridge UNIV. Press, 1986, p.292.

효과를 경험을 통해 잘 보여 주고 있다. 이상과 같은 두엄 생산이 언제부터 시작되었는지는 알 수가 없다. 전술한 바와 같이 『제민요술』에 답분법이 보이지만, 그 이전의 존재는 문헌에서 찾을 수 없다.

그런데 선진시대 간독자료에서 답분법의 흔적은 찾을 수 있다. 수호지진간睡虎地秦簡 『일서日書』 갑종甲種에는 "소외양간의 초목 아래 무엇을 감춰 두었다."라는[32] 말이 있는데, 이것은 이미 전국시대 후기에 소 외양간에 깔개[蓐草]를 깔아 밟아 두엄을 생산했음을 보여 준다. 이 같은 쇠두엄법이 송대 『진부농서』에도 그대로 존재한다. 그렇다면 『제민요술』「잡설」편의 쇠두엄법도 당시 실제적인 모습으로 받아들여도 좋을 듯하다.

15세기 초 조선 농서인 『농사직설』에서 보다 구체적인 답분법의 모습을 살필 수 있다. 즉 "봄과 여름 사이에 가는 버드나무가지를 꺾어 소와 말의 외양간에 까는데, 5-6일마다 넣고 쳐내어 쌓아 두었다가 거름으로 장만하면 보리[麥]에 매우 좋다."라고[33] 한다. 이는 초목을 외양간에 넣고 소와 말이 밟게 하여 초목분을 만들어 맥분麥糞으로 삼았음을 지적한 것이다. 그리고 1517년 간행된 『농서집요農書輯要』「경지耕地」에는 '우마구牛馬廏'나 "소와 말의 거름을 꺼내 위에 쌓는다.[牛馬糞取出積上.]"거나 "소와 말이 (밟은) 거름을 토지에 시비한다.[牛馬糞田地入置.]"라는 말이 등장하며, 추수 후 각종 곡물의 짚[穀穧], 찌꺼기 및 산과 들의 잡초 등을 베어 매일 소 발밑에 3치[寸] 두께로 깔아 두었다가 아침마다 이를 거두어 퇴적하여 묵힌 후에 12월과 이듬해 정월 사이에 척박한 농지[薄田]의 밑거름[基肥]으로 사용했다는 쇠두엄법[踏糞法]을 잘 제시하고 있다.[34]

---

32 『수호지진간일서(睡虎地秦簡日書)』簡70背, "藏牛廏中草木下."

33 『농사직설(農事直說)』「종대소맥(種大小麥)」, "春夏間, 剉細柳枝, 布牛馬廏, 每五六日取出, 積之爲糞, 甚宜於麥."

34 『농서집요(農書輯要)』「경지(耕地)」, "凡地有薄者, 卽須加糞糞之. 其踏糞法, 秋收治田後, 場上所有穀穧等, 竝須收貯一處, 每日布牛脚下三寸厚, 每平朝收聚堆積之. 還依前布之經宿卽收聚, 至十二月正月之間, 卽載糞糞地." 비슷한 내용의 분수적법이 이어서 등장하는데, 여

그런가 하면 17세기 『농가집성農家集成』에서는 "깨[胡麻]의 깍지를 잘라 소나 말의 외양간에 넣고 밟아 쌓아 두고 겨울을 넘긴다. 면화의 씨와 외양간의 오줌과 섞어도 좋다."라고[35] 하는가 하면, "어린 풀과 버들가지와 떡갈나무를 잘라 마구간에 넣고 물이나 사람 오줌에 담그거나 소나 말의 마구간에서 밟게 하고, 따뜻한 재나 오줌을 뿌려 쌓아 둔 후 그 위에 거적을 덮어 주고 푹 썩게 하여 모판의 비료로 사용한다."라고[36] 했듯이 깨의 깍지, 면화씨 및 떡갈나무에 이르기까지 다양한 재료를 사용하여 두엄을 만들어 모판[秧苗]의 밑거름으로 사용하는 모습을 볼 수 있다.

　　이처럼 『농사직설』 이후 퇴비를 부숙하는 데 사람의 똥오줌과 가축오줌[廐尿]은 부숙제腐熟劑로서 중요한 역할을 담당하였다. 당시 외양간에서 넣어둔 재료는 5-6일간 밟아 꺼냈다는 것을 알 수 있다. 점차 소와 말의 외양간에 곡물의 짚이나 각종 수확 후의 찌꺼기 등이 퇴비의 재료로 추가되었으며, 16세기 이후에는 이들을 매일 넣고 꺼내어 쌓아 두면서 퇴비를 생산하는 방식으로 발전하였다.

　　이상에서 보듯 외양간에 가축의 와상臥床으로 깔아 주는 깔개[薜草]는 매우 다양하지만, 대개의 경우 부드럽고 따뜻하며 똥오줌을 잘 흡수하여 가능한 한 몸에 오물이 묻지 않아야 하고 가축의 위생과 두엄생산에 모두 보탬이 되는 것이 좋다. 깔개의 재료는 지역과 시기에 따라 다르며 종류도 매우 많다. 대략적으로 보아도 짚류, 니탄泥炭, 해조류, 양치류羊齒類, 선태류蘚苔類, 낙엽류, 톱밥[鋸屑], 토양 등이 있다. 중국고대 두엄용 깔개는 짚,

---

　　기서는 소의 발 아래 타작한 후의 찌꺼기[塵滓]와 산야의 잡초를 깔아 주었다고 한다.

35　『농가집성(農家集成)』「조도앙기(早稻秧基)」, "胡麻殼剉之, 牛馬廐踐踏, 積置經冬者. 木棉子和廐尿者, 亦可.(右道人行之, 節早無草, 則可好, 而至於晩稻, 亦爲之.)"; 유진(柳袗), 『위빈명농기(渭濱明農記)』, 농촌진흥청, 2004, p.68에도 이와 동일한 사료를 인용하고 있지만 『농가집성(農家集成)』과 같이 우도(右道; 경상우도)에서 실시했다는 표기는 없다.

36　『농가집성(農家集成)』「조도앙기」, "秧草柳軟枝及眞櫟[참갈], 以負斫刀打斷, 廐下水或人尿沾濕 或牛馬廐踐踏, 和溫灰及人尿積置以苫草蓋之善蒸. 白頭翁草亦可而甚毒, 多布傷秧. 須雜以芳草, [俗名兒黐細草之類也.] 如上法蒸而用之.(慶尙左道人行之.)"

왕겨, 청초靑草, 가을 산초山草, 초목재, 섞은 땔나무, 건토乾土 등이었다. 이 중에서 남북지역 모두 짚과 잡초 등이 가장 많이 사용되었다.[37] 이런 현상은 동아시아에서 거의 일반적인 현상이다.

이처럼 외양간에 각종 곡물의 짚이나 잡초를 깔아 주는 이유는 가축의 보온, 위생을 좋게 하는 것 외에도 배설물의 급격한 분해를 완화하여 비료의 가치를 높이기 위해서이다. 그런 측면에서 축사에 끼는 소재는 액체 및 기체의 흡수력이 높고 두엄의 비료가치를 높일 수 있는 재료를 선택하는 것이 좋은데,[38] 조선시대에는 이미 그 같은 방식을 숙지하고 있었음을 알 수 있다. 이렇게 만들어진 두엄을 집적하여 그 위에 따뜻한 재[溫灰]와 사람오줌을 더한 후에 이듬해 봄까지 거적을 덮어 둔다.

퇴비를 쌓아 집적集積하는 이유는 재료가 건조되는 것을 막고, 퇴비의 온도가 내려가는 것을 방지하기 위함이다. 또 퇴비를 높게 쌓아올리면 영양분의 유출을 줄이고 물에 잠기는 것을 막으며 일정한 온도를 계속 유지할 수 있다. 남송의 『명수집洺水集』에는 집집마다 분양糞壤을 산처럼 쌓아 두었다고 하는 것은 주목된다. 이때 퇴비의 퇴적법이 좋지 않으면 공기나 물이 계속적으로 들어가 비료성분에 손실이 생길 수 있으므로 주의해야 한다. 완숙한 퇴비를 저장할 때는 바깥의 경우 흙을 3cm 두께로 덮고, 실내에서는 충분히 물을 주고 진압하여 거적으로 덮어 둔다. 이때 만약 수분이 부족하면 백색 사상균絲狀菌이 번식하는데, 그렇게 되면 유기물의 소모가 많아지게 되므로 충분히 물을 주고 잘 밟아 주어야 한다.[39]

이러한 퇴비화는 18세기 말 우하영禹夏永의 『천일록千一錄』에 이르기를, "무릇 모든 물질이 썩지 않으면 퇴비[糞]가 될 수 없으며, 썩으면 퇴비가 되지 않는 것이 없다. 흔히 농가에서 쉽게 찾을 수 있는 짚, 풀 및 땔나무와

---

37 천량쥐[陳良佐], 앞의 논문, 「我國農田施用之堆廐肥」, p.97.
38 조백현(趙伯顯) 감수, 앞의 책, 『신고 비료학(新稿 肥料學)』, pp.277-278.
39 농업계전문학교교재편찬위원회, 『비료학(肥料學)』, 학문사, 1986, p.133.

잡초 등도 모두 외양간에 넣어 소와 말이 밟게 하여 4-5일만 지나면 다른 풀로 바꾸어 주고, 이미 밟은 것은 구뇨廐尿와 잡수雜水를 끼얹어 오랫동안 부숙하여 띄우면 자연스럽게 퇴비가 된다."라고[40] 하였다. 이때에도 역시 퇴비 부숙화의 중요한 촉진제는 바로 외양간의 오줌과 집안의 각종 잡다한 물이었던 것이다. 게다가 『천일록』「농가총람農家總覽·직설종도조直說種稻條」에는 "두엄을 생산하는 데는 말 두 마리는 암소 한 마리보다 못하며, 암소 두 마리는 황소 한 마리보다 퇴비생산이 못하기 때문에 농가에서는 황소를 귀하게 여겼다."라고[41] 한다. 이런 점에서 보면 두엄생산은 대개 소를 사육하는 농가에 한정되지만, 명청시대 강남지역의 소농민은 비료의 보충을 위해 돼지두엄[猪廐肥] 역시 매우 중시하였다.[42]

사실 퇴비를 만드는 과정, 즉 부숙과정은 발효과정과 유사하다. 조셉 젠킨스는 퇴비화 과정은 포도주 만드는 법과 일치한다고 한다. 퇴비는 부숙되기 전 원래의 물질과는 완전히 다른 안전한 제품이다. 이것은 발효과정에서 미생물이 유기물을 분해하여 생긴 현상인 것이다.[43] 다만 짚, 왕겨, 낙엽 등은 본래 잘 썩지 않기 때문에 그대로는 거름의 효과가 적다.[44] 하지만 이들 두엄을 가축우리에 넣어 퇴비로 만들면, 생육기간이 긴 작물, 과

---

40 우하영(禹夏永), 『천일록(千一錄)』「농가총람(農家總覽)·직설종도조(直說種稻條)·부관(附管)」, "凡物不朽, 則不能成糞. 若爛朽, 則無物不成糞. 故無論藁草柴雜草, 并皆入廐中, 使牛馬踐踏之, 過四五日, 易之以他草, 以其踐踏者, 作坎積置, 浸之以廐尿與雜水, 久久蒸熱, 則自然成糞."

41 『천일록』「농가총람·직설종도조·부관」, "收聚廐糞之法, 兩馬不能當一雌牛, 兩雌牛不能當一雄牛, 農家之所貴雄牛."

42 물론 소가 생산하는 두엄 이외에도 가축 사육지역에 따라 말두엄[馬廐肥], 양두엄[羊廐肥], 돼지두엄[猪廐肥]이 있다. 천량줘[陳良佐], 앞의 논문, 「我國農田施用之堆廐肥」, pp.95-96.

43 J. Jenkins[이재성 역], 앞의 책, 『똥 살리기 땅 살리기』, pp.55-58.

44 다만 나락의 겨를 사람 똥에 뿌리면 똥물이 튀는 것을 막고 소변을 볼 때 소리가 나지 않아 여성들에게 편리했다고 하며, 사원의 측간에는 은행잎을 넣어 그 특유의 향기로 인해 냄새를 해소하였다고 한다. 정연학(鄭然鶴), 「厠所與民俗」, 『민간문화(民間文化)』 1997-1, p.64 참조.

수, 뽕나무 등에 좋다. 두엄은 겨울에 땅이 얼지 않게 하며, 여름에는 수분을 많이 공급해 주고, 조금씩 분해되어 양분을 공급하는 속성이 있다. 퇴비 중에는 작물에 즉시 효과를 미치는 속효성의 비료에서 효과가 느린 완효성緩效性까지 밸런스를 잘 함유하고 있다. 그리고 토양 중에서 미생물에 분해되는 과정에서 화학비료에서는 결코 흉내 낼 수 없는 토양의 보수성保水性과 투수성透水性이라는 상반된 효과를 동시에 발휘하는 단립團粒구조[45]를 만드는 등, 그 효과는 신비하다고 표현하는 것이 적당하니, 퇴비는 흙과 농작물에 최고급의 선물인 것이다.[46] 게다가 낙엽이나 각종 짚의 유기물질의 함량은 80% 전후이며, 질소성분 또한 많다. 그리고 퇴비과정에 사용되는 똥오줌은 바로 미생물의 작용을 활성화하는 역할을 한다.

퇴비화가 발효과정이라면, 한중韓中 양국은 이러한 발효의 경험에 오랜 역사를 지니고 있다. 술 빚는 것은 말할 필요도 없고, 기원전 3세기를 전후한 시기부터 담그기 시작했던 된장, 간장 및 젓갈 등도 모두 발효제품이다.[47] 발효 및 부숙 과정에는 언제나 열과 냄새가 발생하지만, 발효 후의 변화된 모습은 퇴비화과정에도 적지 않은 도움을 주었을 것으로 보인다. 이러한 생활문화의 차이가 서구와 달리 사람 똥을 자원화시키는 데 일정한 역할을 했을 것으로 생각된다.

퇴비화를 생활습속에서 찾을 때, 또 주목해 볼 부분은 송대宋代에 편찬된 『소학小學』이다. 소학에서는, 어릴 때부터 아침 일찍 일어나 물을 뿌려 집의 안팎을 깨끗이 청소해 남에게 더러운 모습을 보이지 않는 것을 수신의 근본이라고 교육해 왔다. 그 때문에 항상 아침, 저녁으로 집 뜰을 비로

---

45 개개의 흙 알갱이가 모여 덩어리로 토양을 구성하고 있는 상태로서, 토양이 부드럽고 물과 공기가 잘 통하여 미생물이 많이 번식하여 식물의 생장에 적합하다.

46 마쓰자키 도시히데[松崎敏英], 앞의 논문, 「人糞尿が甦る日」, p.47.

47 최덕경, 「大豆의 起源과 醬・豉 및 豆腐의 普及에 대한 재검토: 중국고대 文獻과 그 出土자료를 중심으로」, 『역사민속학』 제30호, 2009.

쓸어 깨끗이 했던 것이다. 집안의 각종 농업 부산물 등을 소제한 후 생긴 각종 찌꺼기는 대개 가축의 우리나 퇴비를 쌓아 두거나 말리는 곳으로 보내져, 이 모든 것들이 퇴비원이 되거나 아궁이의 불쏘시개로 사용된다. 때문에 집안은 검소하지만 언제나 깨끗하게 정돈되었던 것이다. 뿐만 아니라 농촌 집의 마당은 농업의 재생산 공간이었기 때문에 그곳은 언제나 수확한 각종 농작물을 타작하고, 말리거나 저장하고, 준비하는 공간으로 이용되었다. 때문에 다음 작업을 위해서도 항상 깨끗하게 정돈되어 있어야 했다. 이런 점에서 소제와 퇴비화는 한국과 중국인의 생활 속에 밀접하게 연결되어 있었다고 볼 수 있다. 그 속에서 소제의 대상이었던 똥오줌과 각종 오물 역시 비료, 즉 자원으로의 모색이 자연스럽게 일어난 것이 아니었을까 한다.

퇴비생산과 관련해서 주목되는 것이 서양인들의 눈에 비친 아시아인들의 모습이다. 킹(F.H. King)은 "동아시아에서 땅은 먹을거리와 연료, 옷감을 생산하는 데 남김없이 쓰인다. 먹을 수 있는 것은 모두 사람과 가축의 입에 들어가고, 먹거나 입을 수 없는 모든 것은 자원으로 쓰인다. 사람의 몸과 연료, 옷감에서 나온 배설물과 쓰레기는 모두 땅으로 되돌아간다. 동아시아인들은 이들을 잘 보관했다가 1-3개월, 길게는 6개월 꾸준히 저장해서 거름으로 쓴다."라고[48] 하였다. 이것은 집안의 모든 유기물 찌꺼기와 쓰레기는 모두 재[灰] 또는 퇴비화되어 땅으로 되돌아간다는 말이다. 재미있는 관찰이다.

---

48 F. H. King[곽민영 역], 『사천년의 농부』, 들녘, 2006, p.16.

III. 조선의 똥오줌비료와 두엄

1. 조선의 온돌과 재

재[灰]가 거름으로 사용된 시기도 똥과 마찬가지로 거의 농업의 역사와 같을 것이다. 화전이나 화경수누火耕水耨(불 질러 짚을 태워 거름하고 물을 이용해서 잡초를 죽인 농경법)의 농법은 재의 시비가 오래되었음을 잘 말해 준다. 하지만 재를 단독으로 비료로 쓰기에는 적지 않은 문제점이 있다. 무엇보다 쉽게 바람에 날려 집적하기가 어렵다는 점이다. 그래서 재를 거름기가 있는 액체와 결합시켜 고정시키는 방식을 택하게 되었고, 그 액체가 바로 분뇨였던 것이다. 이렇게 해서 생성된 것이 바로 똥재[糞灰]와 오줌재[尿灰]이다.

똥재가 계속 비료로서의 가치를 가지려면 무엇보다 일정 분량이 지속적으로 공급되어야만 한다. 토지가 개간되고, 농업기술이 발달하면서 화전과 같은 원시적인 농경법이 사라져 더 이상 이전의 방식으로 재를 확보하기가 곤란해졌지만 똥재는 이후에도 조선시대에 중요한 비료로 존재해왔다.

재의 생산과 관련하여 한국인의 생활문화에 결정적 영향을 끼친 것은 바로 온돌이다. 온돌은 아궁이에 불을 때어 취사하고 그 열기가 구들을 통과하여 난방을 동시에 해결하는 방식이기 때문에 매일 일정한 정도의 재[灰]를 생산한다. 이 재가 바로 비료인 똥재 생산과 밀접하게 연관되는 것이다. 그런 점에서 똥재는 한반도 특유의 비료라고 말할 수 있을 것이다.

『농가월령』「잡령조雜令條」에 이런 사실이 잘 전해지고 있는데, 즉 매일 아침, 저녁에 불을 피우기 전에 탄 재를 아궁이에서 꺼냈다고 한다. 그리고 18세기 『천일록』「농가총람·취분회조聚糞灰條」에도, 민가에서는 매일 아침저녁으로 아궁이에서 1말[斗]의 재를 거둘 수 있었다고[49] 한다. 그 외

매일 안팎의 뜰을 깨끗하게 청소하여 모은 것들을 3, 4일마다 소각하여 재거름을 만들기도 하고, 아침저녁으로 밥을 지을 때 생토를 아궁이 속에 넣고 밥을 한 뒤, 뒤 재를 거둘 때 함께 거두어들여 비료로 사용하기도 하였다.[50] 이때 나오는 재는 구들을 통과하기 때문에 손실이 거의 없고, 다른 곳에서 취사하여 나오는 양보다 많다. 아궁이에서 꺼낸 재는 비가 들지 않는 곳에 쌓아 두는데, 농촌의 경우 대개 측간 근처의 공간을 이용하였다. 그로 인해 재와 똥오줌이 자연스럽게 결합하여 똥재와 오줌재가 만들어졌던 것이다.

『농가월령農家月令』(1619년) 「잡령雜令」에 의하면, 측간 바닥을 파고 큰 옹기를 그 속에 안치하여 대소변을 모두 그 옹기 속에 주입하였다. 가득 차면 저은 후 퍼내어 재와 섞어 거름으로 썼는데 … 빨래한 물(또는 솥 씻은 물)도 또한 버려서는 안 된다. 재[灰氣]나 찌꺼기가 있으면 대소변 통에 넣는 것이 좋다고[51] 하였다. 이때 재에 섞은 것이 똥만이 아니라 오줌도 포함되어 있었음을 알 수 있다. 따라서 17세기의 똥재는 단순히 사람 똥에 재를 섞은 것이 아니라, 숙직[上直]하는 노비에게까지 요강[陶器]을 나누어 주어 오줌을 받아 아침에 재 위에 뿌린 사실을 보면[52] 재에 오줌도 섞었음을 알 수 있다.

이처럼 재는 단독으로 또는 똥오줌과 결합하여 거름에 이용되었는데, 한반도의 경우 온돌생활로 인해 매일 재를 수거하는 것이 가능했다. 그리

---

49 『천일록』「농가총람(農家摠覽)·취분회(聚糞灰)」, "人家一竈, 每日朝夕, 取竈中之灰, 則可收灰一斗."; "每日朝夕, 必先盡括竈中之灰, 而炊之, 盖灰上炊火, 則本灰便消."

50 『천일록』「농가총람·직설종도조·부관」, "鄕家百物. 無非糞田之具. 每日掃取內外庭, 除之塵土, 與柴穀草零碎者, 限三四日都取, 燒火作灰. 古有一寡女, 每於炊火時, 掘取生土, 納于竈中, 而炊之. 朝夕輒如是, 而炊後與灰括聚, 以爲糞田, 所收倍多."

51 『농가월령』「잡령(雜令)」, "農家以修廁, 爲第一條件. 昔文, 丹城某居陝川, 鑿廁下數尺, 以大瓷安其中, 以二便皆注瓷中, 滿則物攪之汲出, 和灰用以種植. 因此居積致富云. 澣汚之水, 亦不可棄. 以其灰氣, 且有塵垢也, 注於二便桶中可也."

52 유진(柳袗), 앞의 책, 『위빈명농기(渭濱明農記)』, p.87.

고 오늘날까지 그러한 시비는 농촌에서 여전히 행해지고 있다는[53] 점에서 똥재는 가장 한국적인 비료라고 할 수 있을 것이다.

명대明代 말기에 찬술된 『보농서補農書』에 의하면, 당시 강남江南 동부지역의 경우, 오강현吳江縣의 평망平望[54]지역에서는 돼지똥을 사고, 성진城鎭으로부터 아궁이 재를 구입해서 사용했다고[55] 전한다. 이런 사실은 한반도와는 전혀 다른 경우이다. 한반도에서 똥재의 재료가 가정마다 항상 일정하게 공급되었다는 점은 이와 결합된 분뇨의 수요를 더욱 증가시켰으며, 이것은 바로 똥오줌 시비가 한국사회에 일반화될 수 있었던 중요한 요인을 제공했던 것이다.

17세기 초 조선시대 『위빈명농기渭濱明農記』에 의하면 측간 옆에 임시가옥[假家] 몇 칸을 지어 잿간[灰家]으로 삼았다. 간혹 똥을 모으고 오줌을 끄집어내어 재 위에 섞는 장소로도 이용하였다.[56] 또 18세기 말 박지원朴趾源(1737-1805년)은 『과농소초課農小抄』「분양편糞壤篇」에서 『진부농서』「분전지의편糞田之宜篇」을 모방하여 분옥糞屋의 설치를 강조하고 있다. 그것은 "농가 곁에는 반드시 거름을 저장하는 분옥을 두되, 처마를 낮게 하여 비바람을 피하게 해야 한다. 비가 안으로 침입하면 반드시 땅을 깊이 파서 벽돌로 벽을 쳐 준다."라고 하면서 "모든 소제한 풀과 잡동사니를 불태운 재, 까불러 버린 왕겨, 짚과 낙엽들을 쌓아 놓고 불태운다. 오래 쌓아 둘수록

---

53 최덕경, 「온돌의 구조 및 보급과 생활문화에 끼친 영향」, 『농업사연구』 7-2, 2008, pp.59-60.

54 평망(平望)은 지명으로, 지금의 강소성(江蘇省), 오강현(吳江縣)의 중부이다. 평망진은 소(蘇), 절(浙), 환(皖), 호(滬)의 3성과 1도시의 중심이다. 당시에 평망은 연자방앗간[礱坊]이 집중된 소재지로, 연미호(碾米戶: 벼를 찧는 집)가 많았기 때문에 소똥[牛糞], 마로[磨路], 돼지똥[猪糞]이 많이 만들어졌다. 『평망지(平望志)』를 보면 지금 이 지역에는 이미 이런 마로가 없는데, 이는 기구를 이용해서 벼를 찧게 되었기 때문이다.

55 『보농서(補農書)』「운전지법(運田地法)」, "若甕灰與牛糞, 則撒於初倒之後, 下次倒入土中更好."에 대한 주석 참조.

56 유진(柳袗), 앞의 책, 『위빈명농기(渭濱明農記)』, p.88.

비옥해진다. … 고루 종자와 섞어서 드물게 뿌리고, 싹이 자라기를 기다려 또 거름을 흩어 뿌리고 북돋아 주면 무슨 곡식인들 살리지 못하겠는가?"라고[57] 한다. 여기에 등장하는 분옥은 주로 거름[또는 재]을 모아 두는 공간이었지만 뒷내용으로 미루어 똥오줌을 저류하는 공간[58]으로도 사용되었음을 알 수 있다.

이처럼 재가 똥과 결합한 것은 매우 자연스러운 현상이었다. 재는 냄새가 없고 건조하지만 바람에 쉽게 날리는 것에 반해 똥은 냄새를 풍기며 축축하다. 그러나 양자가 만나면서 상호간의 약점을 보완할 수 있다. 양자를 섞을 경우, 우선 똥오줌은 악취가 있지만 똥재와 결합하면 거의 냄새가 없으며, 외관상 흉하지도 않다. 그리고 재가 똥오줌의 수분을 흡수하여 고형固形상태가 되기 때문에 저장과 취급이 편리하다. 게다가 나무재는 강한 알칼리성으로 병균의 번식을 막을 수 있고, 구더기나 벌레 등도 생기지 않는다. 실제『제민요술』「종과편種瓜篇」에는 뿌리에 재를 뿌리고 하루에서 이틀이 지난 후 복토하여 뿌리를 덮어 주면 병충해가 없어진다고 한다.[59] 게다가 해동기까지는 사람 똥오줌의 소비가 거의 없으므로 저장하기 편리하다는 장점을 지니고 있다.[60]

재를 시비하는 방식에 대해『제민요술』「만청편蔓菁篇」에는 순무를 심을 때는 좋은 땅을 고르는데, 이전부터 경작해 온 토지가 좋으며, 옛 담장

---

57 『과농소초(課農小抄)』「분양(糞壤)」, "凡農居之側, 必置糞屋, 低爲簷楹, 以避風雨. 飄侵屋中浸, 鑿爲深池, 甃以磚甓. 凡掃除之草穢, 燒燃之灰, 簸揚之糠粃, 斷藁落葉, 積而焚之. 沃以肥液積久乃多. 凡欲播種, 筱去瓦石, 取其細者, 勻和種子踈, 把撮之, 待其苗長, 又撒而壅之, 何物不救."

58 청초(淸初)의 서진(徐震) 소설인『굴신갱간귀성재주(掘新坑慳鬼成財主)』는 마을에 공동의 측간을 개설하여 사업을 하는 내용인데, 그곳에는 "貼在這糞屋壁上", "三間糞屋", "糞屋門" 등과 같이 분옥(糞屋)을 바로 대소변의 보는 공간인 측간으로 이해하고 있다.

59 『제민요술』「종과편(種瓜篇)」, "治瓜籠法, 旦起, 露未解, 以杖擧瓜蔓, 散灰於根下. 後一兩日, 復以土培其根, 則逈無蟲矣."

60 조백현 감수, 『신고 비료학』, 향문사, 1978, p.273.

을 허문 흙이 거름에 좋으나 만약 그렇지 못하다면 초목을 태워 만든 재를 1치[寸] 두께로 깔아 줄 것을 권하고 있다. 그러나 재를 너무 많이 덮어 땅이 건조해지면 쉽게 싹이 트지 않는다는 사실도 말해 주고 있다.[61] 조선의 농서에서도 재가 위와 같이 단독으로 거름에 이용되기도 하지만, 대부분의 경우 오줌재, 똥재 및 재와 사람 똥을 서로 섞어 가공한 비료를 만들어 논과 밭에 시비하는 경우가 많았다.

17세기 초, 『농가월령』에 등장하는 거름에 관한 부분을 보면, 정월 봄보리[春麥]의 비료로 각종 잡초에 대소변을 혼합하고 있으며,[62] 5월에 타작한 후 보리 짚을 태워 그 재에 사람의 대소변을 직접 섞어 퇴비를 만드는 모습을 찾을 수 있다.[63] 이것은 곧 똥재[糞灰]인 것이다. 이 똥재를 논에 거름 주거나 아니면 가을보리와 목화종자와 섞어 파종했다.

주목되는 것이 18세기 『산림경제』에 보이는데, 이 책에서는 도초회稻草灰가 파종 이후 작물의 못자리[秧基] 덧거름[追肥]으로 이용되고, 똥재 역시 모판의 볏모[秧苗]를 김매기 한 후 비료로 이용했으며, 『증보산림경제增補山林經濟』에서도 오줌재와 똥재는 닭똥, 황토 등과 같이 모판의 덧거름으로 이용되었다고[64] 말한다. 이런 현상은 재거름 역시 후술하는 사람 똥과 더불어 밑거름을 넘어 그 용도가 점차 확대되고 있었음을 말해 준다.

---

61 『제민요술』「만청편(蔓菁篇)」, "種不求多, 唯須良地, 故墟新糞壞牆垣乃佳. 若無故墟糞者, 以灰爲糞, 令厚一寸. 灰多則燥, 不生也. 耕地欲熟."

62 『농가월령』「정월중우수(正月中雨水)」, "取庭內外雜草, 燒以爲灰.(灰未寒, 和以大小便積置, 俟氣蒸, 用於春耕麰麥.)"

63 『농가월령』「오월중하지(五月中夏至)」, "急收麰麥(聚皮芒, 燒灰和二便.)"

64 『산림경제(山林經濟)』「치농편(治農篇)·종도조(種稻條)」, "閑情錄曰, 撒種二三日後, 撒稻草灰于上, 則生."; 같은 책,「치농편(治農篇)·종도조(種稻條)」, "稻苗旺時, 在水耘草, 用糞灰廐秕, 相和撒入, 晒四五日, 土乾烈時灌水, 淺浸稻秧謂之, 㽥田(神隱).";『증보산림경제(增補山林經濟)』「종도조(種稻條)」, "一法, 苗長半握以上, 卽去水, 以尿灰量布畝上, 過二日後, 還灌水, 則苗間灰氣, 抽長甚速也. 百草霜及鷄糞, 搗均撒基, 苗易長成. 糞灰秧土, 布黃土, 則便於移秧也."

2. 똥재[糞灰]와 숙분 熟糞

1) 똥재

똥재의 시비가 늘어났다는 것은, 거름을 주어야 하는 토지가 늘어났거나 토지가 더 많은 거름을 필요로 했다는 것을 말해 준다. 『농가월령』의 「서序」에 의하면, 주지하듯 조선朝鮮은 산이 많고 들이 적으며 토질이 모두 척박한데, 이런 토지에는 거름을 주지 않으면 수확이 불가능하다고[65] 기록되어 있다. 그 때문에 토지를 되살리기 위해 비료를 주게 되었던 것이다. 실제 『농서집요農書輯要』 「경지편耕地篇」에서도 "땅이 척박하면 똥거름을 준다.[地瘠薄入糞.]"는 사실과 이를 위해 매일 소말똥을 수거하는 '분수저법糞收貯法'을 상세하게 제시하고 있다. 하지만 당시 중산층 이하의 농민이 두엄 확보는 물론이고, 지속적으로 비료를 확보하기에는 한계가 있을 수밖에 없었다. 그나마 장기적으로 확보할 수 있는 거름의 재료는 바로 똥오줌과 재였던 것이다.

실제 15세기 『농사직설』에서는 척박한 토지에 숙분, 오줌재[尿灰]와 똥재를 시비하여 파종할 것을 권하고 있다. 즉 척박한 밭의 경우 기장과 조 2-3되[升]에 숙분 또는 오줌재 1섬을 사용할 것을 표준으로 하고 있으며,[66] 메밀[蕎麥]의 경우 종자 1말[斗]에 똥재 1섬을 표준으로 하고 밭이 척박할 경우 똥재를 많이 시비할수록 수확에 유리하다고 안내하고[67] 있다. 그 외에도 척박한 밭농사에 잘 적응하는 작물인 기장, 조[稷], 대소두, 깨[胡麻] 등의 재배에도 똥재가 적극적으로 활용되었음을 볼 수 있다.[68] 이런 사실은

---

65 『농가월령』 「서(序)」, "我國, 多山小原, 土皆磽薄, 若不糞田, 乃罔有秋, 稼穡之艱, 亦多般矣."

66 『농사직설』 「종서속(種黍粟)」, "田若埼薄, 用熟糞或尿灰種之.(每黍粟二三升, 和熟糞或尿灰一石, 爲度.)"

67 『농사직설』 「종교맥(種蕎麥)」, "種子一斗, 糞灰一石爲度. 田雖埼薄, 多糞灰則可收."

68 『농사직설』 「종직(種稷)」, "田若埼薄, 用糞灰(熟糞與尿灰也, 下倣此.)"; 같은 책, 「종호마조(種胡麻條)」, "麥根 則趂刈麥後, 和糞灰稀種."; 같은 책, 「종대두소두(種大豆小豆)」, "田若埼薄,

17세기 초 유진柳袗이 『농사직설』을 참고하여 상주尙州지역의 농사관행을 정리한 『위빈명농기渭濱明農記』의 「분전비지법糞田肥地法」에도 "소말의 우리 뒤편을 파서 분즙糞汁을 모아 저장하였다가 재와 섞어 뿌려 주면 땅을 기름지게 한다."고 하여 여전히 오줌재 시비에 주목하고 있다.

똥재의 제조에 대해 『농사직설』 「종직種稷」조의 주석에는 "숙분과 오줌 재를 섞어 만든 것[糞灰熟糞與尿灰也]"으로 해석하고 있다. 그리고 작뇨법作尿 法은 "소외양간 밖에 구덩이를 파서 오줌을 모아 놓고 여기에 볏짚이나 왕 겨, 벼쭉정이 등을 불태워 만든 재를 넣고 고루 저어서 만든다."라고[69] 한 다. 이것은 사람 오줌의 거름성분이 가축오줌보다 부족하기 때문이라기 보다 사람오줌만을 수거하기 위해서는 수고를 많이 해야 했고, 그 양도 적 었기 때문에 『농사직설』 단계에는 크게 주목하지 않은 듯하다. 여하튼 이 오줌에 초목을 태운 재를 혼합한 것이 오줌재[尿灰]이다.

18세기 『산림경제山林經濟』 「치농治農·수분收糞」조에서도 『농사직설』의 오줌재 만드는 법을 그대로 인용하고 있는 것을 보면, 그 제조방식은 조선 후기까지 변함이 없는 듯하다. 다만 「수분收糞」이라는 독자적인 항목을 설 정한 것으로 미루어 볼 때 거름의 필요성과 당위성을 이전보다 더 주목한 듯하다.

이러한 똥재의 쓰임새에 대해 17세기 『농가집성農家集成』에는 맥전麥田 에 파종할 때 숙분과 관련하여 주목할 만한 지적을 하고 있다. 즉 "파종할 때, 갈이하고 씨를 뿌린 다음에 쇠스랑이나 써레로 충분히 고른다. (그 방 법은) 작은 이랑[小畝]을 조밀하게 짓고 이랑 사이에 똥재와 섞어 종자를 흩 뿌리고, 숙분을 뿌려 종자를 두텁게 덮어 준다."라고[70] 하여 똥재는 종자와

<hr>

用糞灰, 宜小不宜多."
69 『농사직설(農事直說)』「종도(種稻)」, "作尿灰法, 牛廐外, 作池貯尿, 以穀秸及糠秕之類燒爲灰, 用所貯池, 尿拌均."
70 『농가집성(農家集成)』「종맥(種麥)」, "(大小麥)下種時, 又耕之, 下種訖, 以鐵齒擺或木斫背熟

함께 사용하였으며, 숙분은 그 위에 덮어 주는 용도로 썼음을 알 수 있다.

명말청초에 찬술된『보농서』에서 밑거름의 중요성을 지적하며, "똥으로 밑거름을 충분히 해 주면 홍수를 만나더라도 벼 이삭이 빨리 자라 수면 위로 드러나 물에 잠기지 않으며, 가뭄을 만나 모종을 늦게 심더라도 생장 발육에 이롭다. 때문에 벼는 '거름을 많이 주고 부지런히 돌봐야 한다.[糞多力勤.]'는 양대 원칙을 벗어날 수 없다."라고[71] 한다. 이 사료는 논농사에서 왜 똥의 시비가 중요한지를 알려 주며,『농사직설』에는 똥이 주로 모판 [秧基]의 밑거름으로 사용된 것을 보더라도 이 사료에 언급된 똥은 똥재였을 것으로 생각된다.

17세기『농사직설』을 증보한『농가집성農家集成』에서는 이전과 다르게 똥재를 이해하고 있다. 즉「종도種稻」조에 의하면 재[灰]와 사람 똥[人糞]을 섞은 것을 똥재[糞灰]라고 하여,[72] 단순히 '숙분과 오줌재[尿灰]'를 섞어 똥재를 만들었다는 종래의『농사직설』의 사료와는 달리 사람 똥을 구체적으로 명시하고 있다는 것이 특징이다.

『천일록』「취분회조聚糞灰條」에 의하면, "집의 아궁이 하나에서 매일 아침저녁으로 재를 긁어낸다면 하루에 1말의 재를 얻을 수 있으며, 1년간 쌓이면 360말을 모을 수 있다. 이는 20말의 종자를 심을 밭에 거름을 줄 수 있는 양으로서, 잘 되는 곳에서는 수십 섬의 소출을 낼 수 있고, 가장 안 된다 해도 10여 섬의 소출을 거둘 수 있었다."라고[73] 한다. 18세기 이후에

治. 密作小畝, 畝間和糞灰撒種, 布熟糞覆種宜厚."

71 『보농서』「운전지법(運田地法)」, "凡種田總不出糞多力勤四字, 而墊底尤爲緊要. 墊底多, 則雖 遇大水, 而苗肯參種長浮面, 不至淹沒, 遇旱年, 雖種遲, 易於發作."

72 『농가집성(農家集成)』「조도앙기(早稻秧基)」, "以灰和人糞, 布秧基, 而假如五斗落, 多年秧基, 則和糞灰三石."

73 『천일록』「농가총람·취분회조」, "人家一竈, 每日朝夕, 取竈中之灰, 則可收灰一斗, 積一斗 可收三百六十斗. 可以糞二十斗所種之田. 二十斗所種之田. 上可收數十石穀, 下可收十餘石 穀. 又於春夏, 採草折茅, 則可以糞二十斗所種之畓, 二十斗所種之畓, 所收則可倍於田穀矣. 假使至賤之民, 雖借富人之田, 而耕取其半, 足可得數十石之穀, 可作一年之糧矣. 大抵一戶

도 가호마다의 재[灰] 생산이 거름을 많이 확보할 수 있었던 지름길이며, 이것이 곧 다수확의 길임을 강조하고 있다. 이때 재는 바로 똥재 생산을 위한 재료였던 것이다.

그리고 1750년 신돈복辛敦復의 『후생록厚生錄』에는 닭똥재[鷄糞灰]에 대해 "닭둥우리에 똥이 많이 쌓이면 쳐내어 뜨거운 햇볕에 잘 말린 다음, 몽둥이로 가루를 내어 요분尿盆에 넣고 잘 섞는다. 그리고 이를 재 가운데 붓고 다시 섞는다. 매번 이렇게 하면 재가 매우 걸죽해진다."라고 하여 닭똥을 오줌에 섞어 똥재를 제조하는 법에 대해서도 자세히 전하고 있다. 이런 사실은 재가 바로 똥재의 주된 재료였기 때문에 지력을 높이고 생산력을 제고하기 위해 매우 소중한 존재였음을 알려 준다. 그 때문에 『천일록』 「농가총람·취분회조」에는 "한 사발의 밥은 주어도 재 한 삼태기는 주지 말지어다."란 속설이[74] 등장할 정도로 당시 재는 농부에게 중요한 재산의 원천이었던 것이다.

2) 숙분

똥재와 함께 등장하는 『농사직설』의 숙분은 결국 똥재에서 오줌과 재를 제거한 것이다. 숙분의 의미로 보아 단순히 사람이나 가축의 생똥[生糞]은 아닌 듯하지만, 이것이 생똥을 부숙한 것인지, 아니면 생똥을 퇴비에 섞어 부숙한 것인지는 당시 사료만으로는 분명하지 않다. 그렇지만 숙분이 『농사직설』 단계에서 이미 똥재나 오줌재와 마찬가지로 척박한 토양의 거름으로 이용된 것은 사실이다.

『농사직설』상의 숙분은 '숙분 혹은 오줌재'의 사료에서와 같이 대개 오

一竈, 乃是至貧數三口之下戶也, 若八九口之家, 有農牛, 則各竈所收之灰, 牛廐所踐之糞, 其所糞田之廣, 所穫之多, 推此可知."

[74] 『천일록』, 「농가총람·취분회조」, "農家之諺曰, 當與人一椀飯, 不當與一畚灰. 語雖鄙俚, 爲此說者, 其知農乎."

줌재와 함께 선택적으로 활용되고 있는 것으로 보아 오줌재와 동질의 비료이거나 유사한 효력을 지녔음을 짐작할 수 있다. 그리고 양자는 모두 주로 밭의 기장과 조나 벼를 파종하기 전의 밑거름으로 이용되었다.[75] 특히 「종도種稻」조에 의하면 척박한 땅에 올벼[早稻]를 재배하거나 늦벼[晚稻]를 건경乾耕할 때, 숙분을 파종전의 밑거름으로 사용하고 있다. 이것은 숙분이 메마르고 척박한 토질을 변화시키는 데 중요한 작용을 한다고 믿고 있었던 것에서 기인한다. 실제『농사직설』「종도種稻」조에서는 니토泥土나 수냉성水冷性 토양에는 신토新土나 사토莎土를 보충하지만, 척박한 땅에는 사람 똥, 가축 똥과 갈나무잎[連枝杼葉]을 사용하여 토지의 비력을 도왔다고 하는 것이 이를 뒷받침한다. 그리고 봄 가뭄에 늦벼를 건경할 때에는 숙분은 오줌재와 마찬가지로 종자와 섞어 분종하는 데 이용되기도 하였다. 그렇다면 숙분은 메마른 비료라기보다는 약간 촉촉하여 종자와 섞어 흩어뿌리기에 적합한 상태였음을 알 수 있다. 요컨대『농사직설』에서는 똥재를 숙분에 오줌재를 합친 것이라고 했으니, 실제적으로 똥재는 숙분, 초회와 오줌을 합친 것으로 약간 질퍽한 비료였을 것이다.[76] 그런데 17세기『농가집성農家集成』을 보면, 똥재는 재와 사람 똥을 섞어 만들고, 이전의 숙분과 오줌의 요소는 보이지 않는다. 따라서『농사직설』단계의 숙분은 똥재에서 오줌재를 제거한 사람 똥이 되는 셈이다. 양자의 차이는 17세기에 똥재 만드는 것이 훨씬 간편해졌다는 점이다.

숙분에 대해『범승지서』「종마」에서 "이혼중숙분분지以溷中熟糞糞之"라고 한 것을 보면, 측간의 사람 똥 중에서도 잘 삭은 것을 숙분이라고 한 것이

---

75 『농사직설』「종서속(種黍粟)」, "田若埼薄, 用熟糞或尿灰種之.(每黍粟二三升, 和熟糞或尿灰一石爲度.)"; 「種稻」, "乾耕(唯種晚稻) … 以稻種一斗, 和熟糞或尿灰一石爲度."; 「種稻(附早稻條)」, "(早稻)地若埼薄, 和熟糞或尿灰, 種之."

76 민성기, 앞의 논문, 「조선시대의 시비기술 연구」, p.186에서는『농사직설』의 숙분(熟糞)은 사람 똥오줌과 풀재[草灰]를 섞은 비료로서 똥재와 비슷한 것으로 해석하기도 한다.

아닌가 한다.[77] 그렇게 되면 『농사직설』 단계의 똥재는 오줌을 가미했지만 『농가집성』의 똥재는 오줌 성분이 없는 똥재로 바뀌었다는 의미가 된다. 아마도 숙분이 물기가 적어 재와 잘 섞이지 않기 때문에 오줌을 가미했을 것이나, 『농가집성』에는 인분에 바로 재를 섞은 것을 보면 이 인분은 완전 부숙된 똥은 아니었던 것 같다. 이 같은 똥재는 취급이 용이해 종자에 직접 시비[糞種]하거나 모판의 볏모[秧苗]에 밑거름으로 주었을 뿐만 아니라 여러 가지 용도로 사용되었던 것이다.

실제 같은 사료 속에 똥재, 숙분, 오줌재가 함께 등장하는 것을 보면 서로 다른 거름인 것은 사실이며, 포함된 내용물이 다르기 때문에 거름의 성분 또한 달랐을 것이다. 이를 짐작할 수 있는 것이 앞서 제시한 『농가집성』 「종맥種麥」조의 내용으로, 똥재는 종자를 재와 함께 섞어 분종하기에 적합한 데 반해, 숙분은 파종 직후 토양의 비력을 위해 주로 사용했음을 알 수 있다. 특히 재에 사람 똥을 섞을 때는 고르게 잘 섞어야 한다는 점을 강조하고 있으며, 만약 인분덩이 위에 볍씨가 떨어졌을 때는 썩어서 뜨게 된다고 지적한 것을 보면 이 똥재는 밑거름이거나 분종용 거름이었음을 짐작할 수 있다. 이 숙분을 봄작물에 시비했을 때의 효용성에 대해 『농서집요』 「경지耕地」편에는 누에똥이나 녹두의 녹비에 버금가는 "무당 10섬을 수확" 할 정도로 미전美田에 좋았다고 한다.

숙분과 관련하여 17세기 이후의 농서에는 『농사직설』에는 없는 두엄이나 퇴비가 많이 추가되어 있다는 것이 특징이다. 『농가집성』 「조도앙기早稻秧基」조에 의하면, "모내기 때의 못자리 거름은 부드러운 버들가지나 참갈[眞櫟] 나뭇잎을 작두로 썰어 오줌이나 똥에 적시거나 외양간에 깔아 마소가 밟도록 하여 재나 오줌을 뿌리고 쌓아둔 후 거적을 잘 덮어 썩힌다."

77　실제 19세기 말 『농정신편(農政新編)』 「인분부숙양화법(人糞腐熟釀化法)」에는 사람 똥을 물과 섞어 휘저어 60일간 숙성시키면 물처럼 녹아 짙은 청색이 되며, 이것을 숙분이라고 규정하고 있다.

라고[78] 한다. 18세기 말 『과농소초課農小抄』「분양糞壤」조에서도 쇠두엄법
에 대해 "민가에서 추수한 볏짚 등을 모두 거두어 한곳에 쌓아 두고, 날마
다 소의 발아래 세 치 두께로 깔아 두고 하룻밤을 지내면 소가 밟고 오줌
을 누어 거름이 된다. 이것을 이튿날 아침에 거두어서 마당에 쌓아 둔다.
… 이것을 여름에 실어다가 시비[糞地]하는데, 1무에 다섯 수레를 낸다. …
이것을 고루 펴고 갈아엎으면 땅이 곧 비옥해진다."라고[79] 하여 『제민요술』
「잡설雜說」편의 내용을 전재하고 있다.

이것은 두엄을 집적하여 그 위에 따뜻한 재나 사람오줌을 끼얹어 부숙
하여 숙비를 만드는 과정이다. 이 두엄은 유기비료로서 유기질과 질소, 인
산, 칼륨 등의 양분이 많이 함유되어 토양을 개량하는 데 통상 밑거름으로
많이 사용된다. 퇴비와 두엄의 제조가 보편화되면서 부숙하여 완전히 삭
혀 만든 퇴비 역시 부숙된 똥과 함께 숙분의 의미로 정착된 것이 아닌가
한다.[80]

3. 분종糞種

똥오줌을 이용하여 시비하는 또 다른 방식은 종자 자체에 거름을 주는
것, 즉 분종糞種이다. 고대 파종방식 중의 하나인 분종은 『주례周禮』「지관地

---

78 『농가집성(農家集成)』「조도앙기(早稻秧基)」, "秧草柳軟枝及眞樕[참갈], 以負斫刀打斷, 廐下
  水或人尿沾濕, 或牛馬廐踐踏, 和溫灰及人尿積置以苫草蓋之善蒸, 白頭翁草亦可而甚毒, 多
  布傷秧, 須雜以芳草.[俗名兒彿細草之類也.] 如上法蒸而用之.(慶尙左道人行之.)"
79 『과농소초(課農小抄)』「분양(糞壤)」, "踏糞之法, 凡人家于秋收場上, 所有穑穢等, 竝須收貯一
  處, 每日布牛脚之下, 三寸厚經宿, 牛以踐踏便溺成糞. 平朝收聚, 除置院內, 堆積之. 每日亦
  如前法, 至春可得糞三十餘車, 夏月之間, 卽載糞糞地地, 一畝用五車. 計三十車可糞. 六畝勻
  攤耕, 盖卽地肥沃, 又有苗糞草糞火糞泥糞之類."
80 민성기, 앞의 논문, 「조선시대의 시비기술 연구」, pp.180-181. 근세 우리 농가의 측간구조
  와 통재제조법에서 유추해 본다면 숙분은 사람 똥오줌과 초목재[草木灰]를 잘 섞은 비료의
  명칭이고, 오줌재는 가축의 오줌에 풀재[草灰]를 혼합한 것이었다. 이 양자를 통칭하여 똥
  재[糞灰]라고 했다고 한다.

官·초인草人」에서 그 연원을 찾아볼 수 있다. 즉 "강토剛土에는 소를 사용하고[用牛], 분홍빛 토양에는 양을 이용한다[用羊]."라고[81] 한다. 이에 대해 정현鄭玄은 분종을 '(뼈를) 삶아 국물을 취하는 것'으로 이해하고, 정사농鄭司農은 '용우用牛'란 바로 '소뼈 삶은 즙에 그 종자를 담그는 것'으로 보고 있다.[82] 이 해석에 근거한다면 『주례』「초인草人」조에 등장하는 9종류의 서로 다른 토양과 그에 걸맞은 9종류의 가축은 일정한 상관관계가 있음을 말해 준다.

우선 용우用牛의 '용'은 정사농의 지적처럼 저마다의 토양의 성질에 따라 9종류의 동물 뼈를 고아 내어 그 즙에 곡물의 종자를 담가(시비하여) 파종하는 것인지, 아니면 그 가축의 똥오줌을 이용하여 시비하고 파종하는 것인지에 대해 모두 가능한 해석이지만 매우 번거로운 것은 사실이다. 분종이 단순히 종자에 비료를 섞어 파종하는 것이라면 일반적인 시비법과 큰 차이가 없다. 때문에 분종은 비료물에 종자를 담가 종자의 건강성과 비력을 높이는 방식으로 이해하는 것이 바람직할 듯하다.

전한 말, 『범승지서氾勝之書』「구전법區田法」에서는 "탕왕이 가뭄이 들었을 때, 이윤伊尹이 구전區田을 만들고 백성들로 하여금 분종糞種을 가르쳤다."라고[83] 한다. 이것은 분종의 역사가 이미 오래되었으며, 가뭄에 효과적이었음을 간접적으로 말하고 있다. 이때 재배방식 역시 구덩이에 충분히 물을 주고, 분종을 하면 양전良田이 아닌 산, 구릉과 같은 곳에서라도 생산할 수 있었다고 한다.

분종방식에 대해 『범승지서氾勝之書』에서 이르기를, "말뼈를 구해서[84] 한

81　『주례(周禮)』「지관(地官)·초인(草人)」, "凡糞種, 騂剛用牛, 赤緹用羊."
82　『주례』「지관·초인」, "掌土化之法以物地, 相其宜而爲之種. 凡糞種, 騂剛用牛, 赤緹用羊, 墳壤用麋, 渴澤用鹿, 鹹潟用貆, 勃壤用狐, 埴壚用豕, 彊㯺用蕡, 輕爂用犬." 鄭玄注, "凡糞種者, 皆謂煮取汁也 … 鄭司農云, 用牛, 以牛骨汁漬其種也, 謂之糞種."
83　『범승지서(氾勝之書)』「구전법(區田法)」, "湯有旱災, 伊尹作爲區田, 教民糞種, 負水澆稼. 區田以糞氣爲美, 非必須良田也. 諸山, 陵, 近邑高危傾阪及丘城上, 皆可爲區田. 區田不耕旁地, 庶盡地力."
84　스성한[石聲漢], 『농상집요교석(農桑輯要校釋)』을 보면 "말뼈를 구해[取馬骨]" 다음에 나오는

섬[石]이 되게 곱게 부수어 물 석 섬과 섞어 끓이는데, 세 차례 끓이고 찌꺼기를 걸러 낸 다음 뼈를 달인 육수에 부자 다섯 알을 넣는다. 3-4일 뒤에 부자를 꺼내고 남은 즙과 같은 분량의 누에 및 양의 똥을 넣고 잘 섞는다. 걸쭉한 죽처럼 되도록 저어 준다. 파종하기 20일 전에 종자를 담그면 씨앗이 보리밥과 같은 형상으로 변하게 된다. 날씨가 가물고 건조한 때에 씨앗을 담그면 잘 마른다. 얇게 펴고 여러 차례 뒤적여 말린다. 이튿날 아침에 다시 담근다. 그러나 날씨가 흐리거나 비가 내리면 담가서는 안 된다. 예닐곱 차례 정도 담근다. 번번이 햇살에 말리고 저장하는데 절대로 축축해지지 않도록 한다. 씨 뿌릴 때가 되어 남은 즙에 담가서 파종하면 농사 지을 때 메뚜기나 병충해가 생기지 않는다. 말뼈가 없을 경우에는 눈 녹인 물을 써도 된다. 눈 녹인 물은[85] 오곡을 정화하여 작물이 가뭄에 견딜 수 있게 한다. 매년 겨울에 저장해 두었던 눈 녹인 물을 그릇에 잘 담아 땅속에 묻어 둔다. 종자 다루기를 이와 같이 하면 생산량을 두 배나 올릴 수 있다."라고[86] 분종법에 대해 구체적으로 제시하고 있다. 이처럼 종자에 직접 거름을 주어 파종하는 분종법을 조선농법에서도 그대로 확인할 수 있다.

문장은 종자를 위한 시비처리로 볼 수 있다. 다만 그 절차가 너무 번잡하여 의구심이 든다. 그리고 종자를 뼈즙에 담그면 황충(蝗蟲)이 없어진다는 것은 구체적인 사실에 근거했다고는 볼 수 없다. 사실이라면 『범승지서(氾勝之書)』의 원래 내용이 '참위(讖緯; 미래의 길흉화복의 조짐이나 앞일에 대한 예언)'와 '염승(厭勝; 주술을 써서 사람을 누르는 일)'과 같은 내용을 반영하고 있는지도 모른다고 한다.

85 스성한[石聲漢]의 『농상집요교석』에 의하면 "雪汁 … 使稼耐旱."에서 눈 녹은 물은 천연 증류수이다. 염도(鹽度)는 지표수나 지하수에 비해 모두 낮다. 종자는 저농도 용액에 두면 오히려 흡수 확대가 쉽게 됨은 사실이다. 또 아마도 뿌리가 일찍이 생장하도록 촉진시킬 수 있기 때문에, 오랜 봄 가뭄의 해를 피할 수 있다. 다만 "눈 녹은 물은 오곡의 생장에 필요한 핵심요소이다."라는 말이 있는데, 이 말에서 한대 '참위지학(讖緯之學)'의 유심론(唯心論)을 엿볼 수 있다고 한다.

86 『범승지서(氾勝之書)』「수종법(溲種法)」, "又取馬骨剉一石, 以水三石, 煮之三沸, 漉去滓, 以汁漬附子五枚. 三四日, 去附子, 以汁和蠶矢, 羊矢各等分. 撓令洞洞如稠粥. 先種二十日時, 以溲種, 如麥飯狀. 常天旱燥時溲之, 立乾. 薄布數撓. 令易乾. 明日復溲. 天陰雨則勿溲. 六七溲而止. 輒曝謹藏, 勿令復濕. 至可種時, 以餘汁溲而種之, 則禾稼不蝗蟲. 無馬骨, 亦可用雪汁. 雪汁者, 五穀之精也, 使稼耐旱. 常以冬藏雪汁, 器盛埋於地中. 治種如此, 則收常倍."

15세기 조선의 『농사직설』의 시비 방법에도 토지의 전면에 흩뿌려 시비하는 것과 종자에 거름을 주어 파종하는 분종糞種, 그리고 파종할 구덩이에 집중적으로 시비하는 혈시법穴施法이 있다. 시비하거나 분종한 토지를 보면 대개 척박한 밭이 많으며, 특히 논농사의 경우 기름지거나 척박한 토지의 여부에 따라 시비하지는 않았지만 비료의 시비가 널리 행해지고 있었다.

분종법에 대해 『농사직설』「비곡종備穀種」조에 의하면, "겨울이 되면 옹기나 구유[槽]를 땅속에 묻어서 얼지 않게 해 놓고, 섣달에 눈 녹은 물을 많이 모아 이곳에 담아 이엉[날개; 飛介]으로 두텁게 덮어 둔다. (옛글에 이르기를 눈은 오곡의 정기라고 하였다.) 파종할 무렵에 이 눈 녹은 물에 씨앗을 담갔다가 건져 내어서 볕에 말리기를 세 번[87] 한다.[88] 간혹 소나 말의 외양간에서 나오는 오줌을 모아 나무 구유에 담아 그곳에 씨앗을 담갔다가 건져 내어 볕에 말리기를 역시 세 번 정도 하여[89] 종자에 피막을 입히기도 하였다. 또 『농사직설』「종교맥種蕎麥」조에는 "지종법은 먼저 소나 말의 똥을 태워서 재를 만든다. 그리고 외양간에서 나오는 소나 말의 오줌을 나무구유에 담고 거기에 종자를 반나절 정도 담가 두었다가, 건진 후 재에 섞어 재가 종자에 달라붙게 한다."라고[90] 하였다. 「종도種稻」조에는 "볍씨 한 말을 잘 썩은 사람 똥이나 오줌을 적신 재 한 섬에 고루 섞어 파종한다."라는[91] 기

---

87 『농사직설』을 보완한 『농가집성(農家集成)』에는 세 번으로 되어 있으며, 또 뒤 문장에서 "역시 세 번 한다."라는 것으로 미루어 두 번을 『농가집성』에 따라 세 번으로 고쳐 번역했다.

88 눈 녹은 물이 발아와 생장을 촉진한다는 자료는 『제민요술』「종곡(種穀)」편에 보이는데, 이에 대한 연구는 최덕경, 「파종기 농작물에 대한 농민의 생태인식: 『제민요술』과 『농상집요』를 중심으로」, 『중국사연구(中國史研究)』 제73집, 2011, pp.36-37을 참고.

89 『농사직설』「비곡종(備穀種)」, "冬月, 以瓮或槽, 埋置地中, 要令不凍, 至臘月, 多收雪汁盛貯, 苫薦. (鄕名飛介)厚盖, 至種時, 漬種其中漉出晒乾, 如此三度. 或用木槽, 盛牛馬廐池尿, 漬種其中, 漉出晒乾, 亦須三度."

90 『농사직설』「종교맥(種蕎麥)」, "漬種法, 燒牛馬糞爲灰, 以廐池尿. 盛貯木槽中, 漬蕎麥種. 半日漉出, 投灰中 令灰粘着種子."

91 『농사직설』「종도(種稻)」, "乾耕(唯種晚稻) … 以稻種一斗, 和熟糞或尿灰一石爲度."

록도 보인다. 이들은 조, 메밀 및 볍씨 종자를 눈 녹인 물이나 소나 말의 오줌에 담그거나, 이를 다시 건져서 소, 말똥을 태운 재 속에 종자를 넣어 혼합하여 시비하는 방법이다. 이들 지종법漬種法 역시 종자에 직접 담가 시비한다는 점에서 분종법의 일종이었음을 알 수 있다.

이처럼 종자를 뼈의 육수, 가축의 분즙, 눈 녹인 물 또는 오줌 등에 담그는 주된 이유는 바로 병충해를 방지하고, 작물이 가뭄에 강해져 높은 생산력을 올릴 수 있다는 믿음 때문이었다. 다만 조선의 『농사직설』에는 어디서나 구할 수 있는 외양간의 오줌이나 눈물[雪水]을 이용하고 있다는 점이 다를 뿐이다.

분종의 경우 종자에 직접 거름을 주기 때문에 밭농사 작물의 종자에 숙분과 똥재를 섞어 거름을 주는 경우가 많았고, 늦벼나 기장과 조의 경우 종자를 오줌재에 담그기도 했다. 『농상집요農桑輯要』 「도桃」조에는 "복숭아 수십 개를 선택한 후 그 씨를 골라내어 소똥 안에 넣고, 씨의 머리 부분을 위로 가게 한 후 잘 썩은 거름과 흙을 함께 섞어서 1자[尺] 두께로 덮어 준다."라고[92] 한다. 또 이듬해 복숭아씨를 꺼내 다른 곳에 파종하는 방식도 있다.

사실 종자를 시비하기 위해서는 분종하는 것 이외에, 종자를 적당한 습도로 유지하여 고루 파종할 수 있는 비료도 필요하다. 그런 점에서 오줌재나 숙분이 주목된다. 숙분은 소말똥, 사람 똥 등을 잘 숙성시킨 것으로 상당한 속효성을 지니고 있었다.

이러한 조선의 지종법이 18세기 말 『천일록千一錄』 단계에 이르면, 도토리 삶은 물에 담그는 방식 혹은 참깨의 깻묵을 가루로 만들어 똥재와 혼합하여 거름을 주는 방법도 등장한다.[93] 이들은 모두 저자인 우하영이 직접

---

92 『농상집요(農桑輯要)』 권5 「도(桃)」, "選取好桃數十枚, 擘取核, 卽內牛糞中, 頭向上, 取好爛糞和土, 厚覆之, 令厚尺餘."
93 『천일록』 「농가총람(農家撮覽)·직설종도조(直說種稻條)·부관(附管)」, "秋牟田, 多拾橡實, 爛

경험한 속방俗方이라는 점에서 의심의 여지가 없다. 하지만 구전법이나 분종법은 노동력이 많이 소요되고 토지의 낭비도 심하였다. 따라서 인구의 증가와 더불어 토지이용도가 증가하고, 생산력의 요구가 많아지면서 점차 토지에 전면 시비하는 방향으로의 전환이 불가피해졌고, 분종은 일부 작물을 제외하고 점차 사라지게 된다. 그리고 우하영이 『천일록』에서 곡종穀種은 정건精乾해야 하기 때문에 여러 차례 설즙雪汁이나 가축의 오줌[廐尿]에 넣었다 말렸다 하는 과정에서 쉽게 손상을 입을 수 있어 차라리 거름을 만들어 시비하는 것이 좋다고[94] 말한 것도 분종이 지닌 한계를 거론한 셈이다.

이처럼 조선 후기에 다양한 비료와 이에 따라 비료제조[造肥]가 적극적으로 조성된 배경에는 개간이 확대되고, 조도早稻의 모판[秧基]과 이앙법이 보급되면서 밑거름과 덧거름의 수요가 확대되었기 때문이다. 또 조선 초부터 밭작물인 봄보리[春麰麥]의 재배나 맥麥과 콩[豆], 맥과 조[粟]의 사이짓기[間種]와[95] 그루갈이[根耕]과 같은 토지이용의 증가와 같은 고도의 지력 수탈적 작부체계가 등장한 것 역시 똥재와 숙분의 수요가 증가된 요인이다. 이러한 것들이 동아시아인들이 자연스럽게 사람 똥오줌에 대해 더 많은 관심을 갖게 한 요인이 되었던 것이다.

4. 똥재의 시비효과

이처럼 똥재와 숙분이 여러 농서에서 그 형태나 용도가 달라지고 있는

烹, 取其水漬之, 則極沃. 連烹連漬方可. 又取眞水荏油滓, 細擣作末, 和灰加糞, 則極沃. 此是曾所經驗."

94 『천일록』, 「농가총람·곡종(穀種)」.

95 『농사직설』, 「종대두소두녹두(種大豆小豆菉豆)」, "田小者, 兩麥未穗時, 淺耕兩畝間, 種以大豆, 收兩麥訖, 又耕麥根, 以覆豆根大豆田間種秋麥, 麥田間種粟, 皆同此法."

것은 사람 똥과 재의 중요성이 증가했기 때문이다. 똥과 재가 가미되면서 기존의 밑거름 중심의 시비 체계에 근본적인 변화가 생긴 듯하다.

우선 재가 똥에 가미되면서 기존의 똥의 보관과 운반 및 시비와 같은 관리상의 문제가 크게 개선될 수 있었다. 그리고 똥오줌이 외양간 퇴비를 부숙하는 역할을 하게 되면서 속효성 비료를 만드는 데에도 기여하였다.

실제 고형상태의 똥재를 밭에 밑거름으로 사용한다면 그 효과는 크지 않을 것이지만, 논농사에서 물과 결합하여 거름성분이 분해되면 그 효과는 커진다. 『보농서』「운전지법運田地法」에서는 재를 밭에 시비하면 비료효과가 줄어들기 때문에 꺼리며, 논에 시비하면 토양을 부풀려 부드럽게[疏鬆] 해 준다고[96] 한다. 이는 재와 똥이 논에도 잘 어울리는 비료였음을 말해 준다.

중국의 강남의 소주·항주지역에서는 "평망平望 지역에서 돼지우리의 퇴비와 재를 섞은 것을 구입하고, 성진城鎭에서는 측간의 똥오줌과 재를 구입하여, 논을 갈아엎기 전에 골 사이에 시비하는데 무당 10여 담擔을 흩뿌렸다. 그런 후에 갈아엎으면, 토양을 부풀리고 부드럽게[疏鬆] 해 주어 토양층의 비력을 높이게 된다. … (하지만) 아주 척박한 논은 토질이 굳고 딱딱하니, 사람 똥오줌과 소외양간의 퇴비를 이용하여 거름을 준다. 다만 비옥한 토지는 토양이 너무 성근 것을 꺼린다. 왜냐하면 가뭄을 이기지 못하고 열매를 맺지 못하기 때문이다. 그래서 사이사이 비료를 다양하게 섞어서 뿌려 주는 것이 좋다. 예컨대 초니草泥나 돼지우리의 퇴비를 밑거름으로 했다면 소외양간 퇴비를 덧거름으로 하고, 외양간의 퇴비를 밑거름으로 하면 두니豆泥와 콩깻묵을 덧거름으로 하여 시비하는 것이 좋다. 이렇게 하면 심경하여 겹층이 되어 토양이 부풀어 부드러워져도[疏鬆] 해로움이 생기지 않는다."라고[97] 한다.

---

96 『보농서』「운전지법(運田地法)」, "灰忌壅地, 爲其剝肥, 灰宜壅田, 取其松泛."

인분의 경우, 학자들의 분석에 의하면 대개 2,000파운드(906kg)에 함유된 사람 똥오줌의 성분을 보면, 질소 12.7파운드(5.75kg), 칼륨이 4파운드(1.81kg), 인燐이 1.7파운드(0.77kg) 정도 함유되어 있다고 한다. 중국의 경우 대부분의 토지에 이런 성분이 부족하여 사람 똥오줌을 시비하면서 결핍된 부분을 완화할 수 있다고 한다. 그래서 중국의 농민은 모두 똥오줌을 분지糞池에 저장하거나 도자용기에 저장하는데, 그 용기의 크기는 대개 500파운드(226.5kg)–1,000파운드(453kg) 정도였다고 한다.[98] 이처럼 똥오줌 속에는 중국의 토양에 부족한 질소, 인산, 칼륨의 성분이 포함되어 있을 뿐 아니라 오늘날 화학비료에는 없는 유기물질이 많이 포함되어 있다. 제4장에서 명말청초에 이미 비료의 5원소에 대한 생리작용을 알고 있었다는 점을 볼 때, 17세기 이후 똥재나 숙분이 논농사에 적극적으로 활용된 것도 이런 사실에 기인했기 때문이 아닌가 한다.

문제는 재를 똥에 섞어 거름으로 사용하는 데에 세심한 주의가 요구된다는 점이다. 우선 똥오줌이 분해되지 않은 상태로 작물에 주어지면, 소금 및 무기염류의 농도가 높아 작물에 해로울 수도 있다. 특히 밭작물에 사용할 경우, 잘 섞이지 않아 종자가 생똥 속으로 들어가게 되면, 도리어 그 독성으로 종자가 더 썩을 수 있다.[99] 밭과는 달리 논은 자연스럽게 물과 섞이기 때문에 어느 때나 시비할 수 있었을 것으로 보인다.

---

97 『보농서』「운전지법」, "若平望買豬灰及城鉦[鎭]買坑灰, 於田未倒之前棱層之際, 每畝撒十餘擔. 然後鋤倒, 徹底松泛, 極益田脚. 又取撒於花草田中, 一取松田, 二取護草, 然積瘦之田, 泥土堅硬, 利用灰與牛壅. 若素肥之田, 又忌太松而不耐旱, 不結實. 壅須間雜而下. 如草泥, 豬壅墊底, 則於牛壅接之. 如牛壅墊底, 則以豆泥, 豆餅接之. 然墾田果能二層起深, 雖過松無害."

98 F. Bray, "*Science and Civilisation in China*" VOL.6-part Ⅱ: Agriculture (Cambridge UNIV. Press, 1986), pp.289-290. 이는 유럽의 Wolff와 일본의 Kellner가 행한 사람 똥오줌의 분석 결과이다.

99 『농가집성(農家集成)』「조도앙기(早稻秧基)」, "以灰和人糞, 布秧基, 而假如五斗落, 多年秧基, 則和糞灰三石. 若初作秧基, 則和糞灰四石適中. 和糞時極細調均. 若糞塊未破. 穀著其上, 反致浮釀. (慶尙左道行之)"

그런데 똥재가 밑거름이나 덧거름 등으로 사용하기는 좋으나 중요한 거름 성분인 암모니아의 손실을 가져온다는 지적이 있다. 더욱이 똥재를 햇볕에 말리면 75% 정도의 질소가 날아가기 때문에 부득이 똥재를 만들었을 경우도 햇볕에 말리지 않도록 해야 한다고[100] 한다.

단순 부숙한 사람 똥 속의 질소는 암모니아질소이지만, 똥재 중에는 이것이 적고 질산태질소[101]가 많다. 이것은 재의 알칼리성 때문에 질소화합물에서 질소가 날아가 흩어지게[飛散] 하고, 똥재는 공기의 유통이 좋은 고체라서 적당한 습기와 온도로 질산화 균의 번식이 왕성해진다. 신선한 사람의 똥과 오줌은 수일 동안 두어도 암모니아질소는 비산이 없으나, 나무재를 섞은 똥에서는 곧바로, 즉 오줌에서는 5-10분 후에 다량의 암모니아가 비산하기 시작한다. 나무재 대신 탄화된 짚재를 섞으면 사람 똥에서는 40-50분 후에, 오줌에서는 3-4시간 후에 암모니아의 비산이 발생한다. 실제 똥재를 퇴적하는 과정에서 6개월만 지나면 질소성분이 절반으로 줄어든다고 한다.[102]

이러한 인식은 1932년 매일신보의 기사와, 일본인이 쓴 「인분뇨人糞尿에

---

100 조백현(趙伯顯), 『토양비료』, 수도문화사, 1964, p.99.
101 토양에 화합물로서 존재하는 질소를 유기태 질소와 무기태 질소로 크게 나눌 때 질산태 질소는 암모늄태 질소와 함께 토양에 존재하는 중요한 무기태 질소이다. 암모늄 이온은 양전하를 가지고 있으나 질산태 질소는 음전하를 가지고 있다. 따라서 암모늄태 질소와는 달리 음이온인 질산태 이온은 토양콜로이드에 흡착되지 못하고 밑으로 용탈되기 쉽다. 미숙한 퇴·구비를 다량 사용한 밭토양에서는 다량의 질산이 생성되어 질산이온으로 용탈되기 때문에 지하수를 오염시킬 가능성이 있다고 한다(류순호, 『토양사전』, 서울대학교출판부, 2001).
102 조백현 감수, 앞의 책, 『신고 비료학』, pp.273-274. 똥과 재를 섞을 경우 질소함량이 감소하여 비료기가 떨어진다는 견해는 일찍부터 존재했다고 한다. 천주꾸이[陳祖槼](「中國文獻上的水稻栽培」, 『農史硏究集刊』 第二策, 1960)는 재[灰]와 똥오줌[糞汁]을 혼합하면 질소성분을 잃을 수 있다고 지적했으며, 중국농업과학원(中國農業科學院), 『중국농학사(中國農學史)』(하), 科學出版社, 1984, p.43에서는 이 점을 상세히 언급하여, '똥오줌[糞汁]'과 '재[灰]'가 접촉하면 암모니아염이 발생하지만 재 속의 탄산칼륨과 화학 변화를 일으켜 암모니아가 날아가 버린다고 하였다. 한편 와그너 역시 그의 책 [Wilhelm Wagner(다카야마 요우키치[高山洋吉] 譯), 『중국농서(中國農書)』, 하(下), 刀江書院, 1972, pp.51-53]에서 분뇨비료가 분해되어 가는 과정에서 질소성분이 상실되어 간다는 데이터를 제시하고 있다.

대對하야」란 논문에서 사람 똥오줌만의 시비가 보다 합당하다는 사실을 처음 제시하고 있다.[103] 그것은 사람 똥을 모아 두는 데에는 짚 혹은 보리 짚, 석회나 나뭇재 등이 들어가지 않도록 해야 하며, 이런 것들이 들어가면 질소성분이 없어져 비료효과가 없어진다는 것이다. 그리고 사람의 똥 오줌은 과인산석회[104]와 혼용하는 것은 좋으나 석회, 나뭇재, 석회질소와 함께 동시에 시용해서는 안 되며, 반드시 수일 후에 시용하지 않으면 똥오줌 중의 암모니아질소가 휘발하여 없어진다고 주의를 주고 있는 것을 보면 최근까지 이런 인식이 농가에 자리 잡았던 것은 사실인 듯하다.

하지만 똥오줌과 똥재 중의 비료 3요소의 분량을 비교해 보면, 질소는 똥재에 적게 함유되어 있으나, 인산과 칼륨은 오히려 똥재가 더 많다. 또 재를 섞으면 속효성이 있고 비료효과도 오래가며, 엉긴 토질을 풀어서 흙을 부드럽게 하는 작용을 한다. 게다가 작물에 대한 효과 역시 똥오줌이나 나무재만을 주었을 때보다도 훨씬 좋은 결과를 보여 준다는 최근 일본의 연구 성과나[105] 똥재를 시비할 때 효과가 빠르고 비력이 오래가며, 토양을 부풀려 부드럽게[鬆土] 하며 질소암모늄을 보존하는 효과가 있다는 강남지역 농민들의 경험도 있다. 중국학자들의 연구를 토대로 할 때, 재와 똥오줌을 넣어

---

103 『매일신보(每日新報)』 소화(昭和) 8년 4월 18일(화) "사람 똥오줌은 비료의 삼요소를 모두 함유하고 있다."라는 기사내용은 미쓰이 아키오[三井晃男], 「人糞尿에 對하야」, 『실생활(實生活)』 4권 8호, 1932, 奬産社에 게재된 내용과 거의 동일한 점으로 미루어 동일 인물이 작성한 것으로 판단된다.

104 인산비료이며, 과석으로 약칭되는 경우도 있다. 인광석을 황산으로 처리하여 얻는다. 인산수소칼슘 $Ca(H_2PO_4)_2 \cdot H_2O$와 황산칼슘 $CaSO_4 \cdot 2H_2O$의 혼합물이며, 단일 화합물의 명칭은 아니다. 황산 대신에 인산을 사용한 것을 중과인산 석회라고 한다. 인산을 가지고 있어 산성 비료이며, 장기간 사용하면 토양이 산성으로 변한다. 인산은 토양에 고정되는 힘이 크므로 외양간 두엄과 혼합하여 사용하는 것이 좋다. (윤창주, 『화학용어사전』, 일진사, 2011.)

105 농업계전문학교교재편찬위원회, 앞의 책, 『비료학』, pp.150-151에서 이것은 일본학계의 연구성과임을 밝히고 있다.; 조백현 감수, 앞의 책, 『신고 비료학』, p.275에서도 일본에서는 똥재가 사람 똥오줌이나 나무재를 단독으로 사용하는 것보다 훨씬 좋은 거름 효과를 낸다는 연구발표에 주목하여 비료효과에 대한 재검토가 필요하다는 사실을 인정하고 있다.

썩힌 퇴비는 질소 보존효과가 크고 퇴비의 질이 높으며, 속효성이 좋고 비력도 길어 작물생산량을 현저하게 높인다. 그리고 짚재[稿稈灰] 속의 유기탄화물은 암모늄의 흡착작용을 한다고[106] 한다. 이런 점에 감안하여 한국의 똥재에 대한 인식도 이후 새로운 연구와 더불어 재검토되어야 할 것이다.

〈표〉 뒷거름과 똥재의 성분 비교(%)

비료 \ 성분	N	P₂O₅	K₂O
뒷거름(인분뇨)	0.55	0.11	0.29
똥재	0.30	0.79	1.98

그리고 1910년대의 똥거름[糞肥]을 보면, 지역에 따라 그 제조 방식에서 다소 차이가 있음을 발견할 수 있다. 경상남도의 경우 대부분 비류肥留에 물을 타서 분뇨를 희석하여 시비했으며, 경상북도의 경우 똥재 또는 액비를 저장하여 시비하고 약간의 퇴비를 더해 주는 방식을 취하고 있다. 즉 대구부근에서는 반은 액비를 사용하고 반은 퇴비를 주입하였다. 그런가 하면 전라북도의 경우 인뇨를 귀중히 여겼다. 그래서 변소의 구조도 경상도와는 다소 차이가 있었다. 오줌은 경사면을 따라 저절로 똥과 나누어져 소변 항아리에 유입되고, 똥은 재와 섞어 똥재를 만들었다. 오줌의 사용은 매우 성하여 부근의 농가에서는 각 호를 다니며 오줌을 구입하는 자도 있었는데, 그 가격은 똥오줌이 혼합되어 있으면 무상이거나 인뇨의 반값으로 매겨질 정도였다.[107] 이런 사실을 보면 전라도를 제외한 지역의 농민들은 여전히 인뇨분에 액비를 혼합하거나 똥재를 시비했음을 알 수 있다.

이처럼 똥재나 숙분 속에 똥오줌의 비중이 증가된 것은 논농사의 발전

---

106 천헝리[陳恒力] 교석, 『보농서교석(補農書校釋)』 증정본, 農業出版社, 1983, pp.65-66의 교자안(校者按) 참조.
107 미우라 도메이[三浦梅明], 「南朝鮮の人糞尿及犬糞」, 『朝鮮農會報』 8-7, 1919, pp.40-41.

과 밀접하게 관련되어 있다. 실제 남송 이후 수전水田 농업이 발전하면서 똥오줌의 사용이 크게 확대되었던 것은 『진부농서』에서 잘 입증해 준다. 게다가 강남개발과 인구증가로 보다 높은 생산력이 요구되고, 상업적 작물재배나 과수재배가 확대되면서 토지지력 회복을 위해 똥오줌이 더욱 적극적으로 활용되었던 것은 명말의 『보농서』가 잘 말해 준다. 조선시대 에도 17세기 이후 수전 농업이 본격화되면서 똥오줌의 시비가 적극적으로 활용된 것은 바로 이런 상황과 부합되는 것이다.

IV. 똥오줌 수요의 확대와 인분의 가치

1. 똥오줌의 생산과 수집

인뇨분의 수집에 대한 기록은 조선의 농서에서 잘 전하고 있다. 우하영 은 『천일록』에서 "농사에서 가장 중요한 것은 오직 비료에 있다. 그러므로 농사꾼은 한 삼태기의 재를 한 말의 곡식보다 더 아끼는 것이다. 비록 어린아이의 오줌 한 방울이라도 알뜰히 모아 모두 거름으로 써야 한다."라고[108] 지적하고 있다. 이것은 비록 18세기 말의 지적이지만, 이미 조선 초기의 농서에서부터 거름의 재료가 등장하고 있는 것을 보면 그 중요성을 잘 알 수 있다.

전술한 측간의 공간구조를 통해 일찍부터 똥오줌을 수거한 사실을 알 수 있지만, 구체적인 사실은 후대의 기록에서 살필 수 있다.

우선 18세기 중엽 류중림柳重臨이 홍만선洪萬選의 『산림경제』를 증보하

---

108 『천일록』「직설(直說)·앙초(秧草)·부관(附管)」, "農方之大要, 專在糞田. 每惜一畚灰, 甚於斗穀. 雖小兒輩溺便, 亦令皆有定處, 而俱聚和灰."

여 간행한 『증보산림경제』 「치농治農·수분收糞」과 『천일록』 「농가총람·직설종도」조에는 대소변을 받아서 거름을 만드는 방법이 잘 나타나 있다.

① 농가는 측간을 수리하는 것을 첫째가는 조건으로 본다. 옛글에 단성의 어떤 사람이 합천에 살았는데, 측간 바닥을 2자 깊이로 파고 큰 옹기를 그 속에 안치하여 대소변을 모두 그 속에 주입하였다. 가득 차면 저어서 퍼내어 재와 섞어 거름으로 썼는데, 이것을 거듭하여 부자가 되었다고 한다. 빨래한 물(솥 씻은 물) 또한 버려서는 안 된다. 그 속에 재 기운이 남아있고, 또한 때가 있으니(찌꺼기가 있으니), 대소변 통에 넣는 것이 좋다. 옹기가 비어 있으면 부서질 우려가 있으므로 측간을 파고 나무통을 묻는 것만 같지 못하다. 예컨대 말구유를 측간 아래에 두고 대소변을 받는다. 통 안에 구더기가 들끓으면 파리 또한 막기 어려우니 할미꽃을 잘게 썰어 통 안에 넣으면 구더기의 환난을 막을 수 있다. 지금 강릉부江陵府가 된 명주溟州 사람은 대소변은 값을 따질 수 없는 보물이라고 한다.[109]

② 측간에 큰 항아리를 묻고 전면에 비늘 모양으로 기와를 깔아서 대소변이 항아리 속으로 흘러들어가게 한다. 항아리가 차면 물을 넣고 휘저어 긴 손잡이가 달린 바가지[瓢]로 퍼내어 재를 쌓아 둔 곳에 붓는다. 햇볕에 말린 후 다시 똥물을 붓는다. 이를 3-4번 반복한 후에 우리나 측간 옆에 쌓아 두고 이엉으로 두루 덮어 둔다. (그리하여) 간혹 논에 뿌리기도 하고, 가을보리[秋麥]나 목화를 파종할 때 뿌리면 좋다. 벼 모판의 거름으로 사용

---

109 『농가월령』 「잡령(雜令)」, "農家以修厠, 爲第一條件. 昔文, 丹城某居陜川, 鑿厠下數尺, 以大甕安其中, 以二便皆注甕中, 滿則物攪之汲出, 和灰用以種植. 因此居積致富云. 潣汚之水, 亦不可棄. 以其灰氣, 且有塵垢也, 注于二便桶中可也. 竊料甕則恐破裂, 不如鑿成木桶, 如馬槽操, 則厠寰下, 以承二便也. 桶內蛆盛則, 蠅亦難支, 刈老嫗草, 細切入桶則, 蛆患可除矣. 溟州人今江陵府, 以二便爲無價之寶."

하면 더욱 좋다.[110]

③ 사람의 오줌은 독에 담아 오래 썩을수록 효과가 크다. 그러므로 농가
에서는 큰 독 2-3개를 땅에 묻어 두며, 또 질그릇 동이 4-5개를 집 안팎 으
슥한 곳에 놓아서 오줌을 받아 큰 독에 붓는다. 초겨울부터 정월 보름 사
이에 모은 것은 가을 보리밭에 주고, 정월 보름 이후부터는 오줌에 재를
섞어 뒤집으면서 햇볕을 쬔 뒤에 논밭의 밑거름으로 쓴다. (한 해 동안 집안
사람들의 오줌을 모으면 100무의 논밭에 낼 수 있다.)[111]

①은 17세기 초 『농가월령』에 등장하는 측간의 분뇨 수거방식으로 항아
리나 목통을 묻어 대소변을 함께 저류貯留했으며, 잿물[灰水]이나 옷을 세
탁한 물까지도 측간통에 넣어 고루 저어 퍼낸 것을 보면 당시 측간의 똥오
줌은 액체 상태였음을 알 수 있다. 이것을 퍼내 똥재로 만들고 이를 통해
부자가 된 자도 있었던 것을 보면, 똥오줌의 수요가 많았다는 것을 짐작할
수 있다. 비슷한 기록은 17세기 초 안동 임하면臨河面에서도 발견된다. 이
곳에서는 질그릇 옹기에 똥과 오줌을 모아 가득 차면 끄집어 내어 풀과 섞
어 초분을 만들어 습기 차지 않게 임시가옥[假家]에 보관했다가 보리의 거
름으로 사용했다. 이런 초분 30-40섬을 만들면 보리 100섬을 거두는 데
전혀 문제가 없었다는 것을 보면[112] 사람 똥의 이용이 보편화되었음을 알
수 있다.

---

110 『증보산림경제』 「치농(治農)·수분조(收糞條)」, "俗法, 厠中埋大甕, 前面鱗次布瓦, 使大小便
   流入甕中. 待其將滿, 添水攪滾, 以瓢爲長木柄汲出, 注漬灰圍. 曝日待乾, 乾則復灌. 如是
   三四次後, 積置廐厠, 用苫偏蓋之. 或布水田, 或種秋麥及木花種甚宜作稻秧基之糞, 尤好."
111 『천일록』 「농가총람·직설종도조·부관」, "人之溲便, 必盛甕久腐, 然後方沃. 宜以大甕數三,
   埋之地中, 又以瓦盆四五列, 置戶庭之僻處, 收聚溲便, 注之甕中. 自初冬至正月望前, 則注于
   秋牟田, 自正月望後, 則皆和灰齷曝, 以爲水旱田加糞之具. (若盡取一年內家人溺便, 則足可爲
   百畝田之糞.)"
112 유진(柳袗), 앞의 책, 『위빈명농기(渭濱明農記)』, p.90.

②도 측간에서 똥오줌을 수거하는 방식이며, ③은 오줌을 거두는 방식이다. 모두 항아리를 묻어 똥오줌과 오줌을 받는데, ②의 경우 한꺼번에 똥오줌을 수거하여 똥재를 만들어 가을보리[秋麥]나 목면의 파종과 모판의 비료로 뿌렸으며, ③의 경우는 오줌만 받아 정월 보름 전에는 가을보리 덧거름으로 사용하지만, 그 이후에는 오줌재를 만들어 이를 말려 논밭의 거름으로 사용했다고 한다.

주목할 점은 오줌을 똥과 혼합저류하지 않고 별도로 저류하여 가을보리의 덧거름용으로 썼다는 기록인데, 이처럼 사람의 오줌이 맥비麥肥에 많이 사용되고 있는 것을 보면 당시 이 지역 사람들은 오줌의 효과를 믿고 있었고, 이런 비료의 원리를 이해한 듯하다.[113] 게다가 오줌재를 별도로 만들어 논밭거름으로 사용했다거나, 특히 1년간 가족의 오줌을 모으면 100무의 토지에 시비할 수 있다는 지적은 마치 오줌을 거름의 전부인 것처럼 인식하고 있었다는 점에서 주목된다. 『임원경제지林園經濟志』「분양糞壤」조에도 똥재의 수요증가에 따른 오줌의 수거방법을 제시하고 있는데, 이 농서 역시 『증보산림경제』「치농治農·수분收糞」조와 마찬가지로 오줌을 옹기와 목조木槽에 주야로 받아 한 방울도 버리지 않고 있다. 이는 18세기 후기 농민들의 똥오줌에 대한 관심도가 주옥珠玉과 분토糞土를 상호 대비하여 설명할 만큼[114] 똥오줌을 중시하고 있음을 볼 수 있다.

실학자인 박제가는 『진북학의進北學議』「분오칙糞五則」조에서 "한 사람이 하루에 배설하는 분뇨로 하루 먹을 곡식을 생산해 내니 백만 섬의 분을 버리는 것은 백만 섬의 곡식을 버리는 것이다."라고[115] 할 정도로 분뇨

---

113 『임원경제지(林園經濟志)』「본리지(本利志)·영치(營治)·분양(糞壤)」, "按大糞蒸熟, 小便停久. 或水和皆用之無忌. 沙白强土, 非大糞不化. 大小麥田, 非小便不佳, 他糞三不當一也(杏蒲志)."
114 『증보산림경제』권2「치농(治農)·수분조(收糞條)」, "凡務農之家, 家內深僻處, 必多置瓦盆木槽之屬, 日夜受溺, 不可點滴空棄, 故古語曰, 敗家之兒, 視珠玉如糞土, 興家之兒, 視糞土如珠玉."
115 『진북학의(進北學議)』「분오칙(糞五則)」, "大約人一日之糞, 足生一日之穀, 棄百萬斛糞者, 豈

의 중요성을 강조하고 있다. 『임원경제지林園經濟志』와 비슷한 시기에 간행된 『과농소초課農小抄』에는 "외양간에 구덩이를 파서 소 오줌을 받도록 했지만, 시설이 충분하지 않아 오줌이 유실되고, 소 밑에 깔아 둔 짚도 바싹 타 버릴 지경이었다. 겨울에도 항아리를 늘어놓아 오줌을 받지 않고, 겨우 차면 눈 위에 내버리고 만다. 대개 한 농가에서 수거하는 사람과 가축의 오줌은 얼마 되지 않는데, 이것마저 제대로 거두지 않은 자가 40-50%였다."라고[116] 한다. 이것은 똥오줌 비료의 중요성에 비해 여전히 시설과 인식의 부족이 존재하였다는 안타까움을 표현한 말이다.

사실 근대 이전의 소농이 경작하는 면적에 충분할 정도의 똥오줌[人糞尿]을 가정에서 생산할 수는 없었다. 똥오줌의 생산은 연령, 건강상태, 음식물의 종류 등에 따라 다르지만, 남녀노소를 평균하면 한 사람당 1년에 약 500kg[건물乾物 20kg] 정도 생산가능하며, 약 25%를 손실로 보면 약 375kg 이상이 농업에 이용된다고 한다.[117] 비록 다소 부족하기는 하지만 전통농업에서 없어서는 안 되는 유기비료였던 것이다. 사람의 똥오줌은 비료효과는 매우 높지만 생산량에서 한계가 있어 토지에 충분히 공급되지 못하였다.

그런데 이러한 상황 속에서 새로운 문제가 발생하였다. 박제가의 『북학의進北學議』「분오칙糞五則」에서는 당시 서울의 모습을 중국과 비교하며, "도성에서는 날마다 뜰이나 거리에다 오줌을 버려서 다리나 석축石築 가에는 똥이 더덕더덕 붙어서 큰 장마가 내리지 않으면 씻겨 내려가지 않는다. 가축의 똥이 사람의 버선을 더럽히기 일쑤이니 밭이랑이 제대로 경작

非棄百萬斛者歟."

116 『과농소초(課農小抄)』 「분양(糞壤)」, "野人牛闌外不鑿地窖, 雖或鑿地不能以甄灰甃築, 肥沃之水滲漉流失, 牛下燒穢全未踏爛鬱, 栖枯寒蕭然可焚. 冬月又無列甕可以畜貯便尿, 一臣纔滿生灌雪地. 夫一戶之內, 人畜之所遺穢本自無幾, 而收聚之不如法, 而失其全功者, 十之四五."

117 조백현 감수, 앞의 책, 『신고 비료학』, p.269; 『비료학』, 학문사, 1988, p.144에서는 연간 배설하는 분뇨의 양은 평균 1인당 940kg 내외라고 한다. 최의소(崔義昭)·조광명(趙光明), 『환경공학』, 청문각, 1978, p.237에서는 1일 배설하는 분뇨량은 대개 똥은 0.14L와 오줌은 0.9L로서 합계 1.04L 정도라고 하여 다소 차이가 있다.

되지 않는 사실을 이것으로 알겠다. 지금 도성 안의 온갖 집이 더럽고 지저분한 것은 수레가 없으므로 쓰레기를 내다 버리지 못하기 때문이다." "똥은 그렇다고 치고 오줌은 아예 담을 그릇이 없다. … 시골집에서는 부서진 여물통에 오줌을 받는데, 절반은 넘쳐흐른다. 서울에서는 길바닥에 쏟아 버린다. 그래서 우물물은 짜다. … 재도 몽땅 길거리에 버린다. 바람이 조금이라도 불면 일체 눈을 뜰 수가 없다."[118] "시골에서는 재를 구하고자 해도 많이 얻지도 못하는데, 한양에서는 그냥 내버리니 마치 수만 섬의 곡식을 버리는 것과 같다." "대개 하루 배설한 똥오줌으로 한 사람이 먹을 곡식을 자라게 할 수 있다. 그러니 100만 섬의 똥오줌을 버리는 것은 100만 섬의 곡식을 버리는 것이 아니겠는가?"라고 하며,[119] 아쉬워하고 있다. 이것은 18세기 말 도시의 발달로 인해 생긴 도농都農 간의 똥오줌에 대한 인식과 처리에 대한 상반된 인식과 분위기를 잘 보여 준다. 비슷한 상황을 『연경잡기燕京雜記』에는 명말청초 도시의 경우, 경사京師의 측간에 들어가는 자는 그 대가로 2전을 받았다고 한다. 그 비용 때문에 길거리에서 배변을 해결하는 사람도 적지 않았다고 한 것을 보면, 도시의 성장에 따라 똥오줌에 대한 대책이 점차 달라지고 있는 모습을 보여 준다.

이 무렵 한성 근교의 농촌에서는 채소, 과실수, 뽕나무 등의 재배가 확대되면서 비료가 턱없이 부족하게 되고, 특히 제조기간이 많이 걸리는 퇴비보다 속효성 비료인 사람 똥오줌의 수요가 늘어나면서 똥오줌을 구하기 위해 대도시에 관심이 쏠리게 되었다. 이에 부합되는 상황으로 박지원의 글 속에 소개된 이덕무李德懋(1741-1793년)의 똥장수 친구에 관한 내용이 보이는데, 18세기 후반의 도시와 농촌의 변화된 모습을 살필 수 있다.

엄행수란 자는 "9월 서리가 내릴 때부터 10월에 엷게 얼음이 얼 무렵까

---

[118] 박제가(안대회 교감역주), 『북학의(北學議)』, 돌베개, 2013, pp.313-314.
[119] 박제가(안대회 교감역주), 위의 책, p.187, p.314.

지, 남의 뒷간의 똥찌꺼기, 마구간의 말똥, 홰 밑에 구르는 쇠똥, 닭똥, 개똥, 거위똥 등을 치운다. 또 돼지똥, 비둘기똥, 토끼똥, 참새똥을 주옥처럼 긁어 모은다. 서울 근교에는 왕십리의 무, 전교箭橋의 순무, 석교石郊의 가지, 오이, 수박, 호박, 연희궁의 고추, 마늘, 부추, 파, 개나리, 청파靑坡의 미나리, 이태원의 토란 등을 제일 좋은 밭에 심지만 모두 엄씨의 똥을 써야 토질이 비옥하고 작물이 잘 자란다. 그는 매년 6천 전錢을 번다."라는[120] 내용이다.

이 글에서 18세기 중엽에 서울에 똥장수가 등장한 사실을 볼 수 있다. 그가 구입한 똥은 도시 근교의 채소나 상업 작물의 거름으로 활용되었으며, 똥장수가 한 해 벌어들인 수입은 연 6천 전이라는 거금이었다.[121] 비슷한 똥장수의 모습은 해방 이후에도 이어지고 있다. 얼마 전까지만 해도 한강에는 서울에 채소 따위를 싣고 와서 부려 놓고는 서울의 똥오줌을 실어 채마밭에 나르는 똥배[糞船]가 김포, 양평까지 오르내리곤 했다고[122] 한다.

지방에서도 사정은 마찬가지였다. 영산강 하류와 해남만海南灣 사이의 반도 남단에 있는 촌락인 가지可之마을은 동서로 논밭이 펼쳐지고 앞바다에는 가두리 양식장이 설치되어 있다. 호남지역의 농촌이 그러하듯 가지마을에서도 간척된 평지에서는 단작單作이, 오랫동안 농사를 지어 온 구릉지대에서는 벼, 보리 이모작이 행해졌다. 1960-70년대까지만 해도 가지마을 농민들은 화학비료 대신 거의 전적으로 퇴비에 의존했다. 하지만 이것만으로는 논농사의 밑거름 내는 것조차 수월하지 않았다고 한다.

그래서 음력 섣달이나 정월에 새해 농사에 쓰일 똥오줌을 얻기 위해 목포로 배를 타고 갔다. 목포로 똥을 얻으러 갔던 것이다. 목포 사람들이 소비하는 농산물의 일부가 가지마을에서 생산되고, 목포사람들이 농산물을

120 박지원, 『그렇다면 도로 눈을 감고 가시오』, 학고재, 1997, pp.275-279.
121 박제가(안대회 교감역주), 위의 책, 『북학의』, pp.311-314; 김광언, 앞의 책, 『동아시아의 뒷간』, p.257에서도 이를 인용하고 있다.
122 정연식, 『일상으로 본 조선시대 이야기2』, 청년사, 2002, p.221.

먹고 배설한 똥오줌이 다시 가지마을 토지의 시비에 활용된다. 이는 똥오줌을 매개로 가지마을과 목포는 호혜적 관계를 맺고 있는 셈이었다.

가지마을 어른들은 여름철에는 영산강이나 해남만을 오르내리며, 후릿그물질로 고기를 잡고 겨울철 분뇨 준비시기가 되면 배로 똥을 운반했다. 어떤 이는 마을 사람들을 대신하여 수수료를 받고 운반해 주어 짭짤한 수입을 올렸는가 하면, 지속적인 단골관계가 유지되어 가을이 되면 가지마을 사람들이 고구마, 담배 등을 수확하여 목포에 사는 자기 파트너에게 똥오줌의 답례로 선물하기도 하였다. 가지마을 사람들은 이렇게 가져온 분뇨를 논밭에 묻어 두었다가 농사철이 되면 밑거름, 덧거름으로 사용하였던 것이다.[123] 이곳에서도 역시 도시의 분변처리와 농촌의 토지비료문제를 합리적으로 해결한 모습을 볼 수 있다.

비슷한 예는 1980년대 이전, 낙동강을 사이에 둔 부산과 김해 사이에서도 이루어졌다. 김해 대저면과 부산의 경우에도 가지可之마을과 목포시와 비슷한 관계가 유지되었다. 김해의 넓은 평야와 대저 일대의 과수원에는 많은 똥오줌이 필요했는데, 이곳 역시 농가 자체에서 나온 똥오줌만으로는 시비를 충당하기 어려웠다. 그래서 똥배[糞尿船]를 이용하여 낙동강 하구의 다대포 부근에서 똥오줌을 구입하여 저류시설에 저장했다가 숙성시킨 후 비료로 사용하였다. 대개 규모가 있는 과수원의 경우 똥오줌의 저류설비가 하나씩 존재했다고 한다. 이곳 역시 부산에서 똥오줌을 구입할 때 일정한 비용을 지불했던 것으로 알려지고 있다.[124]

제주도 공동체의 '모듬태' 방목에서도 이런 사례는 찾아볼 수 있다. 1984년 한라산 중턱에 형성되어 있던 넓은 초원에는 15-20가구가 한 조가 되어 5월부터 10월까지에 소를 풀어놓고 교대로 당번하며 방목했다.

---

123 조경만, 「거름을 통해 본 농민의 생활사」, 『녹색평론』 6, 1992, pp.61-63.
124 김해문화원 원장의 진술: 2010년 7월 5일 오전 10시경.

소들은 밤이 되면 인가근처의 밭이나 동굴에서 하룻밤을 보내는데, 이때 밭주인은 어느 모듬태의 소들이든지 자기 밭에서 들어와 자는 것을 반겼다고 한다. 그것은 바로 하루밤새 상당량의 똥오줌을 얻기 위함이었다.[125] 이런 모습은 한국전에 참전한 미국인의 이야기에서도 묻어난다. 즉 한국인들이 행인들로 하여금 자기들의 측간에서 용변을 보도록 끌어들이기 위해 측간을 잘 꾸미는 것이 놀랍고도 신기했다는 것이다.[126] 이러한 이야기들은 20세기 중반까지도 한국의 농촌에서 사람 똥이 반가운 손님이었음을 잘 말해 준다.

이와 같은 사정은 일본에서도 마찬가지였다. 전술한 바와 같이 16세기 이후부터 똥장수가 등장하여 에도시대에는 주인이 세든 사람의 똥오줌을 차지하여 "큰 집의 아이는 똥으로 키운다."는 말이 나왔으며, 오줌은 똥보다 싸서 똥은 돈으로, 오줌은 밀가루[麵]나 채소와 바꾸었으며, 사람이 많이 지나다니는 상가에서는 경쟁적으로 집 앞에 소변소를 세우고 오줌 누기를 부추겼다. 도시민들은 매매할 때 똥에 오줌이나 물을 타서 양을 불리기도 하여 분쟁이 끊이지 않았다고 한다. 교토에서는 1907년 한쪽에 오줌통을, 다른 쪽에 채소가 담긴 통을 멘 이가 큰길에 서서 "오줌과 무 바꾸시오." 또는 "거름과 채소 바꾸시오."라고 외쳤다. 똥을 푸는 권한은 저당이나 매매 대상이 되었고, 이에 대한 전문 중개인까지 등장하였다. 똥오줌을 배나 달구지에 실어 농촌으로 나르는 일은 1940년대 말까지 이어졌다고[127] 한다.

이상을 보면 한중일 삼국은 모두 사람의 똥오줌을 농업생산의 소중한 자원으로 인식했으며, 도시에서는 중요한 거래의 대상이 되어 근교의 농

---

125 조경만, 앞의 논문, 「거름을 통해 본 농민의 생활사」, pp.64-65.
126 J. Jenkins[이재성 역], 앞의 책, 『똥 살리기 땅 살리기』, p.113.
127 김광언, 앞의 책, 『동아시아의 뒷간』, pp.452-455. 똥에도 5단계의 등급이 있었다. 귀족집 근무자의 것은 최상등품, 한데뒷간의 것은 상등품, 상가(商街)의 것은 중등품, 똥보다 오줌이 많은 것은 하등품, 최하등품은 감옥이나 유치장의 것이었다.

촌에서 각종 농산물의 재배에 이용되었다는 점이 동일하다. 이러한 인식
은 똥오줌이 폐기물이 아닌 생산을 위한 자원으로 20세기 중반까지 적극
적으로 재활용되었음을 의미한다.

2. 비료 이외의 인분의 용도

이제까지 사람 똥이 직, 간접적으로 비료에 사용되었다는 사실을 다양
하게 제시하였다. 그렇다면 똥이 비료 이외에 어떤 용도로 이용되었을까?
이는 민간 사회에서 분뇨가 끼친 생활상의 친밀도를 측량하는 데 매우 중
요하다.

1) 보온과 난방

송대 진경기陳景沂는 『전방비조全芳備祖』 중에서 『오대함노기五代陷虜記』를
인용하여, "서과西瓜(수박)는 거란이 회흘回紇을 정복하고 얻어 왔다. 소똥
으로 재배하고 붕棚(시렁)을 씌워 파종하면 크기가 중국의 동과冬瓜만 하고
맛도 좋으며, 날것을 먹을 수 있다."라고 하였는데, 여기서 소똥은 보온과
비료작용을 했던 것이다.

『농상집요農桑輯要』「저마苧麻」에는, "10월에 이미 베어 낸 그루터기에 나
귀나 말의 똥을 1자 정도의 두께로 덮어 주면 겨울에도 얼어 죽지 않는다.
이듬해 2월 초에는 갈퀴 달린 고무래[杷]로 덮었던 똥을 걷어 내면 모시 싹
이 나오게 된다."라고[128] 한다. 이때 사용된 것이 대개 소, 말똥이었지만,
사람 똥도 비슷한 효과를 발휘하였다. 전술한 바와 같이 퇴비를 부숙할 때
똥오줌을 끼얹으면 그 속의 미생물이 발효를 촉진하여 고온을 발생시킨

---

[128] 『농상집요(農桑輯要)』「저마(苧麻)」, "至十月, 卽將割過根楂, 用驢, 馬糞蓋厚一尺, 不致凍死.
至二月初, 杷去糞, 令苗出."

다. 이 열을 이용하면 각종 온실 재배나 난방효과를 가져올 수 있다.[129] 그 외에도 사람 똥은 소, 말똥과 더불어 길에 불을 밝히기도 하였으며,[130] 가축의 똥오줌은 연료로도 사용되었다.[131]

2) 치료약

사람 똥은 또 각종 민간 의료에도 활용되었다. 이러한 사실은 『산림경제』「구급救急」편에 잘 안내되어 있다.

우선 석약독石藥毒에는 "비상독砒礵毒은 사람을 미칠 듯이 번조煩燥(몸과 마음이 답답하고 열이 나서 손과 발을 가만히 두지 못하는 증상)하게 하며 가슴과 배를 쥐어뜯듯이 아프게 한다. … 인분즙을 많이 먹이거나, 지장地漿 3사발에 연분鉛粉을 타서 자주 먹이며, 빨리 돼지·개·양·닭·오리를 잡아 뜨거운 피를 먹인다."라고 한다. 그리고 「벽온辟瘟」조에는 "열병으로 발광할 때에는 야인건野人乾, 즉 마른 똥을 백비탕百沸湯에 타서 먹이거나, 또는 수돼지 똥을 물에 적시었다가 즙을 짜 먹이면 좋다."라고 한다.

뿐만 아니라 「제어독諸魚毒」편에는 "모든 물고기 중에서 복어[河豚]가 가장 독하며, 그 알은 더욱 독하여 중독된 자는 반드시 죽게 되는데 급히 노위근蘆葦根(갈대뿌리)을 짓찧어 즙을 내서 마시게 하거나, 혹은 인분즙이나 향유를 많이 먹여서 토하게 하면 즉시 해독되어 낫는다고 안내하고 있다. 「제수육독諸獸肉毒」조에는 "날고기[生肉]를 먹고 중독이 되었을 때는 지장地漿을 마시게 한다. 황토 땅을 파서 구덩이를 만들고, 그 속에 물을 부은 다음 저어서 흐리게 하였다가 조금 기다려 맑아진 물을 떠 마시는 것이다.

---

129 『농상집요』 권4 「화창(火倉)」, "如大屋內, 生竈一邊, 難就壁竈, 當于箔査外, 挫壘土臺, 或釘木橛, 上安火盆. 盆外另夾蜘箔, 收拾火氣. 竈小時, 將牛糞墼子, 燒令無煙, 移入竈內頓放."
130 『통전(通典)』 권161 「병전(兵典)」, "國讓乃進軍, 去虜十餘里結屯營, 多聚牛馬糞燃之, 從他道引去."
131 진(晉) 갈홍(葛洪), 『포박자(抱朴子)』 「황백(黃白)」, "陰乾一月, 乃以馬糞火熅之."

이것을 지장이라 한다. … 또 검은콩을 달인 물[煎汁]이나, 남엽즙藍葉汁이나, 똥즙을 먹이면 모두 좋다."라고 하고 있다.

또 『오주연문장전산고五洲衍文長箋散稿』에는 "소아의 경풍증驚風症은 간[肝木]이나 비장[脾土]에 침입했기 때문이므로 그 처방으로는, 풍한風寒의 침입을 조심해야 하고, 피부의 조직이 잘 소통되어 반점이 빨리 솟도록 하여야만 반절 이상의 치료가 된다. 피부는 폐금肺金에 속하므로 폐금이 용사用事하면 간[肝木]이 안에서 울결鬱結과 가래와 기침[痰咳]이 일어나거나 숨결이 가빠지는데, 이는 가장 심한 증세이나, 간혹 인삼, 또는 야인건野人乾, 즉 마른 똥을 써서 효험을 보곤 했다."라고 한다. 그리고 『청장관전서靑莊館全書』의 「저기실楮記室」에는, "무릇 미친개나 독사에 물린 상처에는 똥을 바르는데, 갓 배설한 똥이 더욱 좋다."라고 한다. 비슷한 기록은 1760년에 편찬된 『삼농기三農紀』 중에도 똥이 해독작용과 복만병腹滿病에 효과가 있다고 한다. 특히 독이 있는 식물을 습취할 경우, 측간의 상층부분의 액체인 분청糞靑을 먹으면 해독된다는 것도 덧붙이고 있다.

그 외에도 모진 외상을 입은 사람이 똥통에 걸터앉아 똥김을 쐬는 똥찜질이 있으며, 골병과 골절에 똥을 구워 소주에 타서 마시는 똥소주가 있고, 골절 때에는 푹 삭은 똥물을 떠 마시는 민간요법이 근래까지 전해지고 있다. 그 외에도 오줌을 돌림병, 임질淋疾(임균이 일으키는 성병), 산후 기침, 천식, 성홍열, 장티푸스, 위장병, 폐병, 복통, 가슴앓이, 멎지 않는 코피 등의 약으로 사용한 예는 매우 많으며, 특히 아이들의 오줌이 약효가 크다고 한다.[132]

3) 똥맛[嘗糞]이나 대변 습관으로 병세를 판단

상분은 대개 지극한 효심을 지닌 자녀가 어버이 똥 맛을 보아 그 병환의 병세를 가늠하였다는 효행고사에서 비롯되지만, 상분에 관한 기록은 중

---

132 김광언, 앞의 책, 『동아시아의 뒷간』, pp.240-245.

국의 정사에서 아주 많이 등장한다.

『오월춘추吳越春秋』의 구천勾踐이 오왕 부차夫差의 똥 맛을 보고 그 병세를 가늠함으로써 환심을 샀다는 내용을 비롯하여,[133] 『양서梁書』「유검루전庾黔婁傳」에는 검루黔婁의 아버지가 병에 걸리자 의사가 이르기를 "병의 차도를 알려거든 환자의 대변을 맛보라. 달콤하면 병의 차도가 없는 것이고, 쓰면 차도가 있는 것이다."라고[134] 하였다. 원대의 두우杜佑 역시 아버지가 병이 들자 똥 맛을 보고서 그 병의 경중을 징험하였다.[135] 그 외에도 정사에는 똥 맛을 보고, 그 쓰고 단맛으로 질병의 깊고 얕음이나 생사를 측정한 사례가 적지 않게 등장한다.[136]

『사기』「염파인상여열전廉頗藺相如列傳」에 의하면, "진秦의 잦은 공격으로 위기에 빠진 조왕趙王은 양梁에 오래 머물고 있는 염파廉頗를 불러들일 모양으로 사자에게 그의 동태를 파악하라고 지시했다. 그러자 염파의 원수였던 곽개郭開는 사신에게 그에 대한 험담을 늘어놓았다. 사자와 만난 염파는 밥 한 말과 고기 10근을 먹어 보이며, 갑옷을 입고 말에 뛰어올라 자신이 아직 쓸모 있음을 보였다. 사자는 돌아와 조왕에게 보고하기를 '염장군은 비록 늙었지만 식사도 잘하였다. 그러나 신과 대좌하는 동안 세 번이나 똥을 누었다.'고 하자 조왕은 늙었다고 생각하고 더 이상 그를 부르지 않았다."라는[137] 사실에서 대소변의 횟수로써 건강을 체크하고 있는 모습

---

133 『오월춘추(吳越春秋)』 권7 「구천입신외전(勾踐入臣外傳)·월왕구천오년(越王勾踐五年)」, "越王從嘗糞惡之後, 遂病口臭. 范蠡乃令左右皆食岑草, 以亂其氣. 其後, 吳王如越王期日疾愈, 心念其忠."

134 『양서(梁書)』 권47 「효행(孝行)·유검루(庾黔婁)」.

135 『원사(元史)』 권197 「효우(孝友)·두우(杜佑)」.

136 『청사고(清史稿)』 권487 「효의(孝義)·하부한(何復漢)」; 『청사고(清史稿)』 권501 「유일(遺逸)·비밀(費密)」.

137 『사기(史記)』 권81 「염파인상여열전(廉頗藺相如列傳)」, "廉頗居梁久之, 魏不能信用. 趙以數困於秦兵, 趙王思復得廉頗, 廉頗亦思復用於趙. 趙王使使者視廉頗尙可用否. 廉頗之仇郭開多與使者金, 令毀之. 趙使者既見廉頗, 廉頗爲之一飯斗米, 肉十斤, 被甲上馬, 以示尙可用. 趙使還報王曰, 廉將軍雖老, 尙善飯, 然與臣坐, 頃之三遺矢矣. 趙王以爲老, 遂不召."

을 살필 수 있다.

또 조선왕조실록에도 "김제현金堤縣 전 부사정副司正 김손지金遜之는 어미가 죽자, 몸소 흙과 돌을 져다가 무덤을 만들었고, 비록 날씨가 춥더라도 망혜芒鞋를 신고 따뜻한 옷을 입지 아니하고 3년 동안 여묘廬墓살이를 하였다. 또 그 아비가 병으로 고생하자, 똥을 맛보면서 소리 내어 울고 자기의 몸으로써 대신하기를 빌었다."라고[138] 하는 효자의 이야기가 전해진다. 또 전라도 창평현의 안정명은 아비가 죽자, 죽과 물만 먹고 몹시 슬퍼하며 상제喪制를 지내고, 여묘살기를 3년 동안 하였으며, 또 어미가 병들자 똥의 달고 쓴 맛까지 보면서 간호하였으나, 어미가 죽으니 역시 여묘살이를 3년 동안 하였다.[139] 용안현龍安縣의 이계반李桂攀 역시 아비가 병이 들자 똥의 달고 쓴 맛까지 보면서 간호하고, 그 아비가 죽으니 몸소 흙을 져다 무덤을 만들고 그 옆에서 여묘살이 하여 3년상을 마쳤다. 경상도 예천군의 노존례魯存禮는 아비가 병이 들자 똥의 달고 쓴 맛까지 보면서 간호하고 아비가 죽으니 몸소 흙을 져다 무덤을 만들고 시묘하여 살기를 3년 동안 하였다고[140] 하여 전국적으로 상분으로 병 간호를 하는 현상을 볼 수 있다. 그리고 상이 주강晝講에 나아가자 참찬관 심광언沈光彦이 아뢰기를, "소신이 지난번 전라도 관찰사로 있을 때 보니, 효행이나 절의가 뛰어난 자가 사족에서만 나오는 것이 아니었습니다. 궁벽한 시골의 무지한 천민에서도 자기 어버이의 병을 위하여 단지도 하고 할복도 하는가 하면 혹은 상분도 하였습니다."라는[141] 내용으로 보면 당시 이러한 효도는 일부 계층에 국한된 것이 아니었음을 잘 말해 준다.

---

138 『단종실록(端宗實錄)』 3년 2월 29일.
139 『단종실록』 2년 갑술(1454) 8월 17일.
140 『단종실록』 2년(1454) 8월 17일.
141 『명종실록(明宗實錄)』 1년(1546) 3월 9일.

4) 방어용 무기로 사용

서양 중세의 성에는 성벽 꼭대기에 돌출된 뒷간을 만들어 그곳에서 눈 똥이 바로 성벽을 둘러 파놓은 해자垓字에 떨어지게 하여 적군의 접근을 방지했다. 조선의 정약용丁若鏞은 민방위조직인 민보에 대해 설명하면서 성을 지킬 때 손쉽게 만들 수 있는 민간용 물딱총의 무기로 똥포[糞砲]의 사용을 권유했다고[142] 한다.

그 외에도 누에똥은 벌레 예방에도 이용되었고,[143] 소똥을 흙과 섞어 감 싸 밀봉하는 데에도[144] 활용하였다. 이것은 사람 똥과 가축 똥이 비료로 사 용되는 것 이외에 단순한 배설물로서 폐기처분된 것이 아니라 우리의 삶 과 밀접하게 관련되어 있음을 말해 준다. 이는 자원으로서뿐만 아니라 때 론 생명을 지키는 물질이 될 수 있었음을 의미한다. 이러한 인식이 똥오줌 의 수요를 확대하고, 사람들에게 보다 친근하게 다가갈 수 있었던 원인을 제공했을 것으로 생각된다.

3. 중국과 한국의 똥오줌 시비

1) 송대 이후의 똥오줌 이용의 보편화

그러면 똥오줌의 시비는 시기에 따라 어떤 방식으로 진행되었는지 알 아보자. 『여씨춘추呂氏春秋』「상농上農」편에는 "토지가 아직 해동되지 않을 때는 삼의 줄기가 나오지 않아서 거름[糞]을 내지 못한다."라고[145] 한 것을 보면 적어도 해동하기 전에는 시비하거나 덮어 둔 보온재를 열어, 지기地 氣를 흘려보내서는 안 된다는 것을 말하고 있다. 이때 똥은 사람 똥인지

---

142 정연식, 앞의 책, 『일상으로 본 조선시대 이야기2』, pp.224-225.
143 『농상집요(農桑輯要)』 권2 「파종(播種)」, "又, 薄田不能糞者, 以原蠶失雜禾種種之, 則禾不蟲."
144 『농상집요』 권3 「접환(接換)」, "用新牛糞, 和土爲泥封泥了, 濕土封堆."
145 『여씨춘추(呂氏春秋)』 「상농(上農)」, "地未辟易, 不操廏, 不出糞."

가축 똥인지 아니면 어떤 거름인지는 알 수가 없다. 『제민요술』 「종과種瓜」 편에는 동과冬瓜를 파종할 때 담장 곁 음지에 둘레 두 자 깊이 5치의 구덩이를 파고 숙분과 흙을 서로 섞어 시비한다고[146] 하여 숙분熟糞을 채소 재배에 활용한 사례가 보인다.

사람 똥에 대한 시비는 송원시대를 지나면서 구체적으로 드러난다. 남송의 주희朱熹는 강남의 농민들에게 화묘禾苗를 권장하기 위해 '분양糞壤'을 섞어 파종하는 방식을 권장하고 있다. 그의 『주문공문집朱文公文集』에 의하면 "일이 없는 가을과 겨울에 미리 초근을 베어 재를 만들어 똥[大糞]과 섞어 종자를 그 속에 넣은 후에 흩뿌리도록 하여"[147] 벼의 파종 시 종자를 똥재[糞灰]와 섞어 분종하도록 유도하고 있다. 이 사실은 똥을 이용한 시비가 아직은 일반화된 단계가 아니었음을 말해 준다. 하지만 원대 『왕정농서王禎農書』에 이르면, "사람 똥은 그 힘이 강하여 남방의 농가에서는 항상 밭머리에 똥구덩이를 파서 일정정도 숙성한 후에 사용했으며, 그로 인해 땅이 매우 기름졌다."라고[148] 한다. 남방의 경우 분뇨 저류시설을 만들었던 것을 보면 분뇨를 이용한 시비에 적극적인 관심을 가졌음을 말해 준다.

그리고 명 서광계의 『농정전서農政全書』에서는 "2년이 지난 소나무를 옮겨 심을 때 그해 3월에 구덩이 속에 분토糞土를 넣고 옮겨 심으라."라고[149] 나와 있다. 여기서 분토는 『농정전서農政全書』의 또 다른 재조법裁條法에서 미리 구덩이를 파고 숙분 1-2되를 흙과 섞어 넣어 파종한 것과[150] 유사하다는 점에서 부숙한 똥이었을 것으로 짐작된다. 똥이 소나무 재배[植栽]까

---

146 『제민요술』 「종과(種瓜)」, "種冬瓜法, 傍墻陰地作區, 圓二尺, 深五寸, 以熟糞及土相和."
147 『주문공문집(朱文公文集)』 권99.
148 『왕정농서(王禎農書)』 「분양편(糞壤篇)」, "大糞力壯, 南方治田之家, 常於田頭置堀檻窖, 熟而後用之, 其田甚美."
149 서광계 『농정전서(農政全書)』 권38, "『農桑通訣』曰, 揷松 … 二年之後, 三月中帶土移栽. 先橛區, 用糞土相合內區中, 水調成稀泥, 植栽於內."
150 『농정전서(農政全書)』 권32, "裁條法, 秋暮農隙時分, 預掘下區 … 熟糞一二升與土相合, 納於區內."

지 확대되고 있다. 명대 서헌충徐献忠이 찬술한 『오홍장고집吳興掌故集』에는 똥을 시비했을 때, 날이 가물면 지력이 오래가지 못하기 때문에 파종할 때는 강진흙[河泥]으로 밑거름하는 것이 좋다. 또한 한여름에는 재나 채병을 시비해도 좋지만, 여름과 가을 사이에는 사람 똥을 시비하면 그 효과는 배로 증가하여 이삭이 잘 자란다고 한다. 이처럼 밑거름과 덧거름에 이용되었던 분뇨 시비의 장단점을 구체적으로 인식하고 있다.

그런가 하면 명대 유기劉基의 『욱리자郁離子』「사헐蛇蠍」편에는 분양으로 시비하고 이를 흘려보내어 더욱 넓게 시비 효과를 거둔다고[151] 하여 당시 똥오줌을 가공하지 않은 채 그대로 논농사에 뿌려 비료로 활용했음을 보여 주고 있다. 비슷한 현상은 명 이시진李時珍 『본초강목本草綱目』의 「분청糞清」과 청 이어李漁의 『비목어比目魚』「정리征利」편에도 보이는데, 똥물[糞清]을 이용하여 시비하고 있는 모습에서[152] 똥오줌 그대로 거름으로 활용했음을 알 수 있다. 이처럼 명대의 논농사에는 사람 똥의 거름이 다양하게 사용되고 또한 일반화되었음을 알 수 있다.

명말의 강남지역의 수전 농업에 이르면 똥오줌의 수요가 주목할 만한 단계에 이른다. 『보농서』에 의하면 평망진에서 마른 소똥을 구입하여 구덩이에 넣고 똥을 보태고, 푸성귀 절인 물[菜鹵]이나 돼지오줌을 첨가해서 부패 숙성시켰다. 소똥은 물을 섞어 매우 연하게 해야 하고, 사람 똥은 물을 섞어 매우 맑게 해야 하는데, 주인은 반드시 이런 상황을 직접 감독하면서 일꾼이 게을러서 물을 적게 섞지 않도록 해야 하는 것이 당시 가장 중요한 점이었다. 이렇게 섞어 주면 부패 숙성을 신속하게 할 수 있다고[153]

---

151 명(明) 유기(劉基), 『욱리자(郁離子)』「사헐(蛇蠍)」, "糞壤以肥之, 泉流以滋之."
152 청(淸) 이어(李漁), 『비목어(比目魚)』「정리(征利)」, "莫說帶在身上的臟, 沒得教你藏過. 就是吃下肚的, 也要用糞清灌下去, 定要嘔你的出來."
153 『보농서(補農書)』「운전지법(運田地法)」, "牛壅載歸, 必須下潭, 加水作爛, 薄薄澆之. 若平望買來幹糞, 須加人糞幾擔, 或菜鹵, 豬水俱可, 取其肯作爛也. 每畝壅牛糞四十擔, 和薄便有百擔. 其澆時, 初次澆棱旁, 下次澆棱背. 潭要深大, 每潭一桶, 當時即蓋好. 若澆人糞, 尤要即

하였다.

논농사에 똥오줌을 적극적으로 활용될 수 있었던 것은 바로 물과 결합되면서 똥오줌이 풀리고 독성이 희석되어 사람 똥으로 인한 피해가 사라지고 생산력의 향상에 크게 도움이 되었기 때문일 것이다. 실제 청대 강희·옹정의 『어제경직도御製耕織圖』에 보이는 도전의 시비도를 보면, 농부가 똥오줌을 담은 분통 두 개를 양 어깨에 메고 와서 논두렁에서 손잡이가 긴 똥바가지로 수도전의 묘 위에 뿌리고 있는 모습을 볼 수 있다.[154] 논농사의 묘 크기로 미루어 모판의 모인 듯하다.

대개 논은 관개를 필요로 하고, 관리가 상대적으로 어렵기 때문에 논농사의 비료는 대개 모판의 모에 주는 것이 원칙이다. 비슷한 그림인 명대 천순天順 6년(1462년) 강서江西 안찰첨사按察僉事 송종노宋宗魯가 송판宋版을 복간한 『경직도耕織圖』[송종노본宋宗魯本]에서도 같은 도구와 같은 방식으로 볏모에 똥오줌을 시비하는 모습을 볼 수 있다. 따라서 볏모에 시비하는

현상은 적어도 송대 이후에 시작되었음을 말해 준다. 일본의 경우도 비슷하여 겨울 즈음에 농부가 볏모에 똥오줌을 시비하는 모습을 볼 수 있다.[155] 이러한 모습은 1970년대 이전까지의 한국 농촌에서도 흔히 볼 수

그림 11_ 1960년대 말 대구근교의 분뇨 달구지

刻蓋潭方好. 牛䎃要和極薄, 人糞要和極淸, 斷不可算工力. 主人必親監督, 不使工人貪懶少和水, 此是極要繁所在."
[154] F. Bray, "*Science and Civilisation in China*": Vol.6 Agriculture (Cambridge UNIV. Press, 1986), pp.295-296에도 소개하고 있다.
[155] 김광언, 앞의 책, 『동아시아의 뒷간』, p.452의 「그림 80」 참조.

있는 현상이었다.[156]

그 외 조선의 실학자 눈에 비친 청대 중국 북부지역 사람 똥의 처리방법은 독특하다. "큰 독에다 거름물을 담고 똥을 섞은 후 막대기로 휘저어 덩어리를 풀어 묽은 죽같이 만들었다가 여름 낮에 긴 자루가 달린 바가지로 퍼서 모래밭에 덮어씌운다. 모래가 뜨거우므로 곧 말라 둥글납작하게 된 것이 진홍색의 꼭두서니[茜] 떡처럼 저울에 달아도 별 차이가 없을 듯하다. 이것을 부수어 가루로 만들어 채소밭에 쓴다."라고[157] 한 것을 보면, 똥을 부숙하여 퇴비로 만드는 대신 뜨거운 모래에 지져 가루로 만들어 채소밭 비료로 활용하기도 했음을 알 수 있다. 이러한 분뇨 시비법의 변화는 당시 뽕나무나 채소작물과 같은 상업 작물의 속효성 비료의 요구가 증대되면서 나타난 현상인 듯하다.

그뿐만 아니라 각종 과실수나 수목 재배에도 똥거름이 적지 않게 사용되었다는 것은 1273년에 관찬된 원대 『농상집요農桑輯要』에 잘 드러나고 있다. 당시 논, 뽕밭 및 과수와 같은 작물재배가 활성화된 것 또한 똥오줌을 적극적으로 활용하게 된 또 다른 요인이었을 것이다.

2) 조선시대의 인분뇨 이용

앞에서 15세기 『농사직설』 단계에 외양간의 두엄을 토지에 시비하여 생산력을 제고했던 사실이 주목된다. 전통시대 농업생산력의 발전을 제약하는 주된 요인은 바로 지력을 회복할 유기비료의 부족 때문이었다.

17세기 『농가월령農家月令』에서는 재와 사람 똥오줌을 혼합한 재거름을 맥전에 거름으로 주었으며, 저류시설을 만들어 저장했는데, 이때 퇴비의

---

156 하지만 강남에서 액체비료를 논에 시비하는 것과는 달리, 화북지역에서는 사람 똥오줌에 기타 유기비료를 혼합하여 시비하는데, 『진부농서(陳旉農書)』의 서술과 같이 숙성한 유기(有機)비료를 가능한 건조하여 쌓아 두었다.

157 『진북학의(進北學議)』 「분오칙(糞五則)」.

발효제로서 이용된 사실이 확인되며, 전년도에 벤 깨깍지[胡麻殼]를 대소변에 적시어 모판의 비료[秧肥]로 사용하기도 했다. 『농가월령』「잡령雜令」에서는 이미 전술한 바와 같이 측간의 중요성을 잘 지적하여, 측간에 큰 옹기를 묻어 대소변을 받아 가득 차면 저어서 퍼내어 거름으로 썼는데, 이것을 거듭하여 부자가 되었다고 한다. 이런 사실을 보면 조선 역시 17세기에는 적어도 명말청초의 『보농서』에서 볼 수 있는 것처럼 측간을 이용한 똥오줌의 수거에 적지 않은 주의를 기울였으며, 이를 이용하여 부를 축적한 것을 보면 똥오줌이 더 이상 더럽고 냄새나는 것이 아닌, 귀중한 농업자원으로 적극적으로 이용되고 있었음을 살필 수 있다.

이처럼 『농가월령』에서 볼 수 있는 바와 같이 사람 똥의 이용방식이 다양해지고, 이것을 이용한 비료제조가 증가하고 있다. 특히 16세기를 거치면서 이앙법은 남부지역으로 확산되고 보급되는데, 이와 관련하여 등장한 농업기술이 바로 지속적인 물의 공급과 시비법이었다. 간혹 천재지변이 계속되면 그루갈이하는 때를 잃어 삽앙할 대책도 없었지만,[158] 이미 이앙법이 풍속이 되어 버린 17세기 중후반 삼남지역의 경우, 그 반대론도 적지 않게 제기되었다.[159] 하지만 이앙법시기의 조절, 못자리[秧基]의 시비 및 기술체계의 발달이 이앙법을 확산시키게 된 배경으로 작용하였다.[160]

주목할 점은 바로 이앙할 모를 길러 낼 못자리의 시비법으로 유중임柳重臨의 『증보산림경제』에서는 닭똥과 백초상을 모판의 밑거름으로 사용하여 튼튼한 묘종을 키우는 방식을 제시하고 있을 뿐 아니라 똥재를 넣어 주고 다시 황토를 뿌려 모를 찔 때 편리함도 설명하고 있다.[161] 그리고 밑거름

---

158 김육(金堉), 『잠곡유고(潛谷遺稿)』 권5.
159 『비변사등록(備邊司謄錄)』 정조(正祖) 2년 1월 12일조; 『승정원일기(承政院日記)』 정조 22년 12월 23일. 농가에서 이앙하는 것은 본래부터 금령이라는 지적과 함께 이앙이 적합하지 않은 곳은 법전에 따라 이앙을 금지하도록 요청하고 있다.
160 염정섭, 『조선시대농법발달연구』, 태학사, 2002, p.179.
161 『증보산림경제』「치농(治農)·묘종(苗種)」.

으로 사용할 똥재의 양도 제시하였는데, 대개 5마지기에 쓸 못자리[秧基]로 여러 해 사용했던 경우라면 똥재를 4섬 정도 쓰면 적당하다고[162] 하여 똥재를 장려하고 있다. 『농사직설』에는 논농사 거름으로 주로 이용되었던 똥재가 못자리의 비료재료[施肥源]로 활용되었던 것이다.

또 『임원경제지林園經濟志』 「분양糞壤」조에는 "똥은 썩혀야 하고 오줌은 오래 묵혀야 하느니, 혹 물과 섞어 써도 가릴 것이 없다. 모래땅의 백강토는 똥이 아니면 기름질 수 없고, 대소맥의 밭은 소변이 아니면 좋지 않다. 다른 거름 셋을 주어도 대소변 하나를 준 것만 같지 못하다."라고[163] 하여 19세기 전반이 되면 대소변의 용도가 분명해지고, 이에 따라 대소변의 분리 저류의 필요성이 제기되었던 것이다. 그 외에도 『임원경제지林園經濟志』에서는 모가 2-3치 자랐을 때 덧거름하는 것을 중요분中腰糞이라 하며, 그 거름에는 유마사油麻渣(깻묵)가 가장 좋으며, 묵힌 재가 그 다음이며, 닭똥을 갈아 재와 같이 섞어 흘어 뿌려도 좋다고 한다. 다만 사람이나 소말의 똥오줌을 바로 뿌리면 간혹 모종이 손상을 입게 된다는 사실도 주지시키고 있다. 이처럼 똥은 똥대로 소변은 소변대로 그 쓰임새를 밝히고, 다양한 종류의 덧거름 재료를 안내하고 있는 것은 그동안 시비 기술의 발전이 가져온 성과라고 볼 수 있다.

4. 똥오줌 시비와 그 효과

전술한 것처럼 『농사직설』의 시비하는 방식은 토지에 비료 주는 것과 종자에 시비하여 파종하는 방식이 일반적이었다. 올벼와 늦벼는 토지에 시비하였으며, 이앙할 경우에도 3월 상순 전후에 모판에 시비하였다. 하

---

162 유진(柳袗), 앞의 책, 『위빈명농기(渭濱明農記)』, p.95.
163 『임원경제지(林園經濟志)』 「본리지(本利志)·영치(營治)·분양(糞壤)」, "按大糞蒸熟, 小便停久, 或水和皆用之無忌. 沙白强土, 非大糞不化, 大小麥田, 非小便不佳. 他糞三不當一也(杏蒲志)."

지만 기장과 조[黍粟]·기장[稷]·대소두·깨[胡麻]와 메밀[蕎麥] 등의 밭작물은 주로 분종을 했으며, 밀·보리를 파종할 때에는 직접 종자를 백로白露와 추분秋分 전후에 분종糞種하였다. 이처럼 논밭 작물의 종자에 직접 시비하는 방식과 토지에 시비하는 방식이 함께 등장하는 것을 보면, 15세기 무렵에는 사전에 적지 않은 분뇨를 준비했을 것으로 생각된다.

토지에 시비하는 시기도 수경水耕의 올벼와 늦벼는 정월, 늦벼의 건경乾耕은 3월 중순, 올벼를 이앙할 경우에는 2월 하순에서 3월 상순에 모종을 이앙하기 전에 밑거름으로 시비하는 것이 일반적이었다.[164] 이처럼 『농사직설』 단계부터 사람과 가축의 똥이 논농사, 밭농사의 주된 거름재료로 사용되었음을 알 수 있다.

실제 1970년대 이전까지만 하여도 우리의 농어촌의 똥오줌은 거의 논밭 농작물의 밑거름으로 사용되었다. 1983년 춘성군春城君 신동면新東面의 조사에 의하면,[165] 비료로 사용하기 위해 필요에 따라 똥오줌을 수거하는 농가가 72.3%였으며, 똥오줌이 용기에 찼을 때 수거하는 농가가 27.7%였다고 한다. 분뇨수거 시기를 보면, 대개 1회 수거하는 경우가 47%로 가장 많고, 2회가 30.2%, 4회 이상의 수거 농가는 10.8%에 불과했다. 주목되는 것은 분뇨수거 시기인데, 봄에 수거하는 경우가 49.4%로 가장 많았으며, 봄·가을에 두 번 수거하는 경우가 27.7%로서 농사짓는 계절인 봄, 가을에 80% 이상의 똥오줌을 수거하여 이용했음을 알 수 있다. 똥오줌을 수거했던 시기는 앞서 『농사직설』에서 지적한 것처럼 올벼와 늦벼는 수경 또는 건경으로 재배하고, 기장과 조[黍粟稷]를 재배하기 위해서는 정월과 3월에 인분人糞과 소와 말의 똥이 필요했으며, 가을에는 주로 밀·보리와 메밀을 재배하기 위해 똥을 시비했던 시기와 일치되고 있다. 이것은 20년 전만

164 염정섭, 앞의 책, 『조선시대농업발달연구』, p.117, p.121에 잘 정리되어 있다.
165 김응기·정문호, 「일부 농촌지역의 기생충란 토양 오염도에 관한 조사연구」, 『한국환경위생학회지』 10-1, 1984, pp.68-70.

하여도 한국의 농촌에서는 똥오줌이 오랫동안 관습화되어 왔던 중요한 비료재료로 이용되었음을 잘 보여 준다.

이처럼 토지에 비료를 주는 시기는 작물의 성장과 밀접하게 연관된다. 18세기 말 『천일록』에서는 "논농사에 소가 밟은 썩은 풀을 넣어 주면 모종이 속효를 얻어 무성해진다. 그러나 가을에 결실할 때에는 효과가 없다. 다만 산과 들에서 자라는 생초를 베어 넣어 주면 결실이 충실해진다. 대개 생초의 효력은 오래 이어지고, 썩은 풀의 효력은 오래가지 않는다."라고[166] 하였다. 이처럼 같은 시비라도 그 시점에 따라 효과는 매우 다르며, 같은 풀이라도 생초와 썩은 풀의 효력은 크게 달랐다.

그리고 17세기가 되면 『병자일기丙子日記』, 『한정록閑情錄』, 『색경穡經』 (1676년) 등에서 덧거름의 기록이 적지 않게 등장하고 있음을 볼 수 있다. 『한정록』(1610-1617년)에는 "볏짚을 태운 재를 파종한 씨 위에 뿌려 두면 뿌리가 토양 속에 잘 달라붙으며, 반드시 때를 보아 개똥이나 재거름을 뿌려 준다."라고[167] 했다. 『병자일기』에도 "3월 12일 논을 써레질하여 4월 7일까지 파종을 마치고, 4월 13일부터 김을 매어 4월 29일까지 두벌 김매기를 마치고 있다. 그 후 5월 3일에 논에 재를 운반하고, 5월 7일에는 올벼를 심은 논에 재를 뿌리고, 열넷 사람이 초벌매기를 했다."라고[168] 하였다. 그리고 『색경』「수도水稻」편에서는 6월에 벼가 왕성할 때 논에 물을 빼고, 잡초들은 진흙 속에 밟아 넣고 재거름과 깻묵[麻枡]을 뿌려 4-5일 지나 논이 마르게 될 때쯤 물을 대 주면 벼가 힘을 얻는다고 하는 사실[169] 등에서 17세기

---

166 『천일록』「농가총람·부관」, "水田, 入牛後腐草, 則苗得速效, 而苗茂. 但無力於秋來成實之際. 入山野新刈之生草, 則結顆完實. 此盖生草之效力, 能久遠, 而腐草之效力, 但速不能久也."

167 『한정록(閑情錄)』「치농(治農)·습검(習儉)」, "亦須看朝侯, 二三日後, 撒稻草灰于上, 則易生根猶, 必乗時或潑犬糞或壅灰糞."; 『산림경제(山林經濟)』「치농편(治農篇)·종도조(種稻條)」, "閑情錄曰, 撒種二三日後, 撒稻草灰于上, 則生."

168 김형대(金瑩大) 역, 『역주 병자일기(譯註 丙子日記)』, 예전사, 1991.

169 『색경(穡經)』권上「수도편(水稻篇)」, "六月耘稻田, 稻苗旺時, 去水, 放乾將亂草用脚蹈入泥中, 則四畔潔淨, 用灰糞麻枡相和撒入田内, 晒四五日, 土乾裂時, 放水淺浸稻秧, 六月一次七

논밭에서 덧거름이 실시된 구체적인 상황을 잘 살필 수 있다.

그런가 하면 1766년 『증보산림경제』 「조도_{早稻}」편에는 "모종의 길이가 반 움큼[半握] 이상이면 즉시 물을 빼고 오줌재를 이랑 위에 헤아려 뿌린다. 2일이 지난 후에 다시 물을 대 주면 모 사이의 거름기가 모를 빨리 자라게 밀어 준다."라는 사실에서도 물을 뺀 상태에서 모에 덧거름했음을 보여 주고 있다. 그래야만 모가 오줌재 성분을 충분히 흡수하여 성장을 촉진할 수 있다는 사실을 알고 있었던 것이다.

비슷한 덧거름의 예로, 못자리[秧基]의 묘가 미약한 시기에도 똥오줌을 시비한 경우가 있다. 이 경우는 이미 앞에서 다양한 『경직도』의 그림을 통해 똥오줌을 시비하는 모습을 제시한 바 있다. 우하영은 『천일록』 「농가총람」에서 "묘의 길이가 1치 정도 자랐을 때 구들토[久突土]를 곱게 재[灰粉]같이 빻아 못자리 위에 고루 뿌려 주고 물을 댄다.[즉시 물을 대지 않아 못자리[秧基]가 마르게 되면 구들토가 초열焦烈하기 때문에 모가 도리어 병을 얻는다.] 또한 재와 오줌을 섞어 잘 말려 모 위에 뿌리면 좋다.[구들토와 오줌재를 막론하고 거름을 줄 때는 모두 물을 빼고 잠시 말렸다가 즉시 물을 대면 좋다.]"라고 하였다. 이것 역시 모판에서 싹이 나올 무렵 물을 빼고 덧거름하는 것이며, 덧거름에 사용된 비료는 오줌이나 오줌재, 똥오줌에 물을 탄 청수분 등으로 분얼分蘖이 가장 왕성하게 되기 전에 한두 차례 뿌려 준다.[170] 똥오줌 속에는 대량의 식물영양이 함유되어 있고, 더욱이 칼륨성분이 풍부하여 강한 비료작용을 한다. 이런 사실을 보면 17세기 이후 논농사의 덧거름에도 똥오줌이 적극적으로 활용되었음을 알 수 있다.

볏모[稻苗]에 똥오줌을 뿌리는 이유는 분명하지 않지만, 『보농서』 「운전지법運田地法」에 의하면 사람 똥이 분해속도가 빨라 가장 효과가 왕성한 속

月一次, 依上転, 正宜加力."

[170] 천량쥐[陳良佐], 「我國歷代農田之施肥法」, 『사학·선진사연구논집(史學·先秦史硏究論集)』, 大陸雜誌史學叢書 제5집 제1책, 大陸雜誌社, 1976, p.105.

효성비료이기 때문인 듯하다. 따라서 논밭의 밑거름으로 많이 사용되었다고 한다. 하지만 사람 똥에 비해 소똥은 비료성분은 오래가지만 곱고 공기가 잘 통하지 않아 분해가 느린 냉성비료冷性肥料에 속한다.

똥오줌이 비료로 사용되는 또 다른 이유는 뽕나무 재배를 통해 살필 수 있다. "뽕나무에 수시로 물과 똥을 배합한 청수분淸水糞을 뿌려 주는 이유는 새로운 뿌리가 나오도록 하기 위함이다. 특히 장마철에는 청수분을 더 뿌려 주어야 하는데, 똥오줌을 줄 때에는 뽕나무 가까이에서 주지 말고, 줄기에서 멀리 떨어져서 사방으로 주면, 새로운 뿌리가 비료를 향하여 멀리까지 뻗어 나간다."라고[171] 한다. 물론 볏묘와 뽕나무는 전혀 다른 작물이다. 하지만 사람 똥의 작용은 비슷했던 것이다.

이처럼 논이나 뽕밭에서 사람 똥오줌의 쓰임새가 증가되면서 똥재의 수요도 크게 증가되었다. 그래서 분뇨 구덩이를 만들었던 것이다. 하지만 똥오줌을 훔쳐 가는 폐단도 많아져서 오직 똥을 저장하는 구덩이에만 의지할 수 없어 돼지와 양을 길러서 퇴비를 보충하는 일에도 주목했다.[172] 실제 "3월에서 9월까지 생산된 똥은 밭에 내고, 퇴비[垃圾]는 논에 거름으로 준다. 8월에서 2월까지의 가을과 겨울에 생산된 똥은 논에 시비하고, 퇴비는 밭에 시비한다. 똥거름은 유한하고 퇴비는 무한하니 똥이 부족하면 퇴비로 보충한다."라는[173] 지적도 있다.

하지만 똥오줌의 수요가 급증한다고 해서 생똥을 그대로 모종에 시비할 수는 없다. 비록 배설된 똥은 분해속도가 빠르기는 하지만, 충분히 부

---

171 『보농서』「운전지법(運田地法)」, "不必多, 刷盡毛根, 止留線根數條, 四方排穩, 漸漸下泥築實, 淸水糞時時澆灌, 引出新根. 黃黴尤宜澆灌. 澆法不宜著乾, 當離尺許, 繞圍周匝, 使新根向肥遠去."

172 『보농서』「운전지법」, "種田地, 肥壅最爲要緊. 人糞力旺, 牛糞力長, 不可偏廢. 租窖乃根本之事, 但近來糞價貴, 人工貴, 載取費力, 偸竊弊多, 不能全靠租窖, 則養豬羊尤爲簡便."

173 『보농서교석』[부록(附錄)·옹전지정액(壅田地定額)], 『양원선생전집(楊園先生全集)』 권31, "三月至九月, 糞俱上地, 垃圾俱入田. 八月至二月, 糞俱入田, 垃圾俱上地. 糞有限, 垃圾無限, 糞不足, 以垃圾補之."

숙되지 않은 똥은 작물에 해롭다. 『왕정농서』에서는 사람 똥을 시비할 때 중간쯤 분해된 것이 좋다고 한다. 만약 자주 생똥을 뿌리게 되면 똥의 힘이 강하고 열이 많아 곡물이 타 죽게 되어 도리어 해가 되는 점을 또한 지적하고 있다.[174] 이것은 이미 똥의 분해과정에 따른 비료의 성질을 일찍부터 알고 있었음을 말해 준다.

생똥을 직접 사용할 때, 작물에 장애가 생기는 것은 사람의 생오줌 중에는 약 2%의 요소尿素와 1%의 식염 기타 가용성 성분이 들어 있기 때문이다. 이를 직접 작물에 시용하면 토양 용액을 진하게 하여 뿌리의 생장이나 발아에 장애를 주게 된다. 따라서 잘 부숙된 것을 2-3배로 물에 희석시켜 시용하는 것이 좋다.[175] 충분히 썩히기 위해서는 햇볕이 잘 들지 않는 서늘한 곳에 거름통을 묻어 두고, 눈과 비바람을 막을 수 있게 해 주고, 공기의 유통이 심하지 않게 해 주어야 한다. 똥오줌(뒷거름)이 완전히 썩으려면 여름에는 1주일, 겨울에는 3주일가량 걸리며, 썩히는 동안에 암모니아가 날아가기 쉬우니 서늘하게 공기가 잘 통하지 않도록 뚜껑을 덮어 주어야 한다.[176] 그리고 저장할 때 2-3배의 물을 부어 묽게 하면 암모니아의 손실을 다소 막을 수 있다.[177]

오줌 역시 똥과 비력에서 차이가 있다. 『임원경제지林園經濟志』에서는 사람의 오줌과 똥은 분리수거하는 것은 그 배설과정이 달라 그 성분에도 차이가 있기 때문이라고 한다. 즉 사람 똥은 주로 음식물의 소화되지 않은 부분으로 구성되어 있고, 여기에 소화액과 미생물이 혼합되어 있으며, 그

---

174 『왕정농서』「분양」, "糞田之法, 得其中則可, 若驟用生糞, 及布糞過多, 糞力峻熱, 即燒殺物, 反爲害矣."
175 농업계전문대학교재편찬위원회(農業系專門大學敎材編纂委員會), 『비료학(肥料學)』, 학문사, 1986, p.145.
176 조백현, 앞의 책, 『토양비료』, p.98; 농업계전문대학교재편찬위원회, 위의 책, 『비료학』, p.145에서는 저장한 사람의 똥오줌은 여름철에 20일, 겨울철에는 30일 정도에서 완숙하며, 완숙한 것은 색깔이 녹색을 띠게 된다고 하여 약간의 차이를 보이고 있다.
177 조백현 감수, 앞의 책, 『신고 비료학』, p.271.

대부분은 불용성이기 때문에 인체 내에서 비효는 바로 나타나지 않는다. 반면 인뇨는 음식물이 인체 내에서 소화 흡수되어 일반 혈액 중에 들어가 체내를 순환하여 여러 변화를 거쳐 신장에서 수분과 함께 배설된 것으로, 뇨의 성분은 거의 전부가 가용성이므로 비료효과는 비교적 빠르다.

이런 효과가 빠른[속효성] 오줌과 효력이 늦게 나타나는[지효성] 똥과의 혼합물이 인분뇨이다. 똥은 오줌보다 여러 성분을 함유하고 있으나 오줌의 배설량이 똥의 9배가 된다. 그리고 사람들의 식생활에 따라 인분뇨 성분의 차이는 있겠지만 단백질 섭취량이 많은 도시인의 사람의 똥오줌에는 질소, 인산이 많고, 곡물과 채소류를 많이 섭취하는 농민의 똥오줌에는 칼륨과 염분의 비료성분이 많다고[178] 한다. 혹자는 작물체에 유효한 성분은 똥보다 오줌에 많고 더욱이 오줌의 비효는 똥보다 높다고 하지만, 양자는 그 성질이 달라 대개 똥은 무거워 땅속에서 뿌리와 줄기에 많은 영향을 주며, 오줌은 가볍고 휘발성이 강해 껍질과 잎과 꽃의 기운을 좋게 해 준다.[179]

이상과 같이 자원으로서의 가치가 높은 사람 똥을 오늘날은 대개 가정에서 변기를 통해 물과 함께 흘려보낸다. 사실 정화조란 단순히 배설물을 수거하여 고형물을 가라앉히고 일부를 분해시킨다고 하더라도 병원균을 사멸시키도록 설계된 것은 아니다. 아무리 정화시설에서 완벽하게 염소 처리하여 유출시킨다거나 침전된 찌꺼기를 탈수·매립처리 하더라도 염소화합물이 유독물질을 생성하여 강이나 바다 및 지하수를 오염시킬 수밖에 없으며, 또 그것은 해파리 등과 같은 유해생물의 번식을 촉진하기도 한다. 그리고 찌꺼기를 폐기물과 함께 소각했더라도 그 과정에서 아황산 가스, 산화질소물, 일산화탄소, 납, 휘발성 탄수화물, 산성가스, 미량의 유

---

178 농업계전문대학교재편찬위원회, 앞의 책, 『비료학(肥料學)』, p.144.
179 『농정신편(農政新編)』 「분저법(糞苴法)·인뇨(人尿)」.

기화합물, 미량금속 그리고 분진 같은 것이 분출되어 호흡기를 통해 들어와 건강을 해칠 수밖에 없다. 또 타고 남은 재에는 카드뮴이나 납 같은 중금속이 농축되어 있다.[180] 이런 측면에서 조상들의 자연 순환적인 분뇨처리의 지혜와 경험을 다시 한 번 돌아보며, 오늘날 첨단 과학기술을 적절하게 도입하여 사람 똥이 지닌 비료로서의 부족분을 보충한다면 미래의 생태자원으로 다시 태어날 수 있을 것이다.

V. 맺음말

가장 더럽고 냄새나며 혐오스럽고, 어두운 곳에 존재하는 사람의 똥오줌이 어떻게 동아시아에서는 귀한 보배로 여겨질 수 있었는가? 분뇨의 힘은 어디에서 나오는 것일까? 그것은 무엇보다 '생명을 살릴 수 있는 에너지원'으로 여겼기 때문일 것이다. 가장 더러운 것에서 생명이 태어나게 하고, 그것을 치료의 밑거름으로 삼았던 것은 농부들이 천지에 대한 순응과 생태순환의 원리에 기초했기 때문이었다.

천지에 순응하는 농부의 마음은 곧 자연의 마음이며, 자연의 마음은 바로 자연과 인간이 상호 소통하는 마음이다. 자연과 하나가 되는 마음은 비록 더러울지라도 멀리하지 않고, 역겨운 냄새도 하나의 존재로 인식하며, 상호 공존하는 생태계의 일부로 여겼던 것이다. 그래서 전통시대 농민의 자연에 대한 태도는 배타적이거나 선택적이지 않았으며, 지배하려는 마음은 더욱 없어 소규모 토지경영을 자연자원의 순환을 통해 해결하였다.

하지만 청결, 위생과 과학을 앞세운 근대화는 그 차이를 인정하지 않고, 생태적인 삶을 빼앗아 갔다. 그리고 배타적이고 차별적이었다. 그 후 세

---

180 J. Jenkins[이재성역], 앞의 책, 『똥 살리기 땅 살리기』, p.127.

상은 청결과 위생의 대가로 새로운 오염물질이 가득 차게 되고, 농부의 마음도 변하였다. 품질이 좋은 것을 생산하기보다 더 많이 생산하는 데 가치를 두게 된다. 화학비료와 농약이 똥오줌을 대신하면서 농촌 사람들의 자연에 순응하던 마음도 점차 자연에 대한 약탈자로 변모하였다. 똥오줌을 물과 함께 하수구로 보내면서 자원은 폐기물질로 변화되고, 지구는 점차 생명의 위협에 직면하여 두려움에 가득 차게 된 것이다. 똥은 더 이상 자원이 아닌 폐기물로서, 청산이 불가피하였다.

특히 도시화로 인해 인구가 늘어나고 주변의 위생문제와 결부되면서 문제는 더욱 증폭되었다. 기생충과 전염병의 출현은 똥오줌을 주적主敵으로 삼기에 충분했다. 산업화로 인하여 농촌인구가 줄어들고, 기계와 화학비료가 노동력과 거름을 대신하면서 유기질 비료인 똥오줌의 이용가치는 크게 줄어들었다. 기계화는 더 이상 소와 말의 사육을 용납하지 않았으며, 두엄은 점차 농촌에서 사라지게 되었다.

결국 생태계의 오염으로 인하여 음식물이 오히려 생명을 위협하게 되고, 녹색식품에 대한 소비자의 요구가 강해지면서 비로소 친환경 농업에 대한 자각이 다시 일어나고 있다.[181]

하지만 조선시대의 역사가 증명하듯 사람 똥은 폐기물과는 다르다. 폐기물은 내버릴 때 위험한 환경오염물질이 되지만, 똥오줌은 풍부한 토양 영양분이 함유된 자원이었던 것이다. 모든 유기물을 다시 흙으로 돌려보내는 천지인의 삼재 사상이 거름을 만들어 내었고, 그 생산력으로 인해 이 땅위에 보다 많은 사람들이 살 수 있게 되었던 것이다.[182] 특히 논과 뽕밭

---

181 한국은 1998년 국제유기농연맹에 가입했으며, 2005년 OECD 국가 중 비료를 가장 많이 사용하는 국가였다. 2001년부터 제1차 친환경농업 육성 제1차 5개년 개혁을 발표하기에 이른다. 2001년에는 친환경농업이 농산물의 0.2%였는 데 반해, 2009년도에는 약 12%로 크게 증가했다. 물론 이 중 저농약이 60%를 점하고 있지만, 식품에 대한 국민적 위기의식이 고조되면서 소비자들의 강한 요구가 다시 유기농에 대한 관심을 불러일으키고 있다.

182 J. Jenkins[이재성 역], 앞의 책, 『똥 살리기 땅 살리기』, p.38에서 만약 1950년에 세계의 모든

및 과수농업이 발달하면서 사람 똥오줌의 이용이 더욱 증가되었던 것은 주목할 만하다. 결국 사람 똥오줌이 동아시아의 농업의 특성을 만들어 내었으며, 똥오줌의 재활용이 순환농업을 창출하면서 동아시아 농업의 색깔을 갖게 한 것이다.

지금 구미사회에서는 똥오줌을 재활용하여 농업생산력을 높이고, 생태계를 보존한 아시아인들의 지혜에 대해 깊은 관심을 보이며, 똥오줌을 자원화하려는 움직임이 일고 있다. 이런 시점에서 다시 한 번 전통시대 생태농업의 지혜를 현대인의 안목으로 되살려 봐야 할 것이다.

사람 똥을 수거하여 경작지에 고르게 깔면 1평방마일당 200t(1천 평당 255kg)이 돌아간다고 한다.

제9장

근세 일본 인분뇨의
시비와 보급과정

I. 머리말

냄새나고 역겨워 사람들이 꺼리는 대표적인 것이 사람의 똥오줌이다. 때문에 처음에는 분명히 똥오줌[糞尿]을 집과 멀리 떨어진 빈 공간에서 아무렇게나 해결하거나 땅에 묻어 폐기했을 가능성이 높다. 하지만 점차 똥오줌 주변의 곡물이 더 잘 자란다거나 그것을 개나 돼지가 먹는 것을 보면서 여전히 영양가가 있음을 발견하게 되었으며, 동아시아에서는 이 똥오줌을 오랜 기간 동안 소중한 비료로 활용해 왔다.

똥오줌이 천수백 년간 비료로 사용되었다는 것은 그 속에 진정한 가치가 존재했음을 의미한다. 일본 근세의 상황도 마찬가지였다. 그런데 똥오줌을 농업의 자원으로 사용하기 위해서는 몇 가지 문제가 해결되어야 한다. 우선 똥오줌이 농작물의 성장에 도움을 주고 수확을 제고한다는 경험과 함께 그 필요성이 제기되어야 한다. 이미 가축 똥이나 퇴비, 초분草糞 등이 비료로 사용되었던 시대였다는 것을 감안하면, 냄새나는 사람 똥[人糞]이 비료로 사용될 정도로 비료성분이 높다거나 기존 비료공급의 부족과 토지생산에 대한 필요성이 있어야 할 것이다. 게다가 똥오줌이 효과적으로 비료로 사용되기 위해서는 이를 저장할 공간도 필요하다. 독립된 측간厠間이 출현하기 전에는 빈터에 아무렇게나 탈분脫糞하였을 것이다. 이 경우 대소변은 이미 거름기가 땅속으로 스며들어 효력이 크게 떨어지게 되고, 개, 돼지와 같은 가축이 처리하여 수습도 쉽지 않을 뿐 아니라 농민들이 이것을 한 곳에 모으기는 번거로울뿐더러 또한 그 양도 많지 않았을 것이다. 그 때문에 똥오줌을 비료로 사용하기 위해서는 거름간[糞屋]과 같은 별도의 저장시설이나 측간 같은 시설이 선행되어야 한다. 이런 조건이 갖추어진 시기가 바로 사람의 똥오줌을 농업자원으로 활용한 시점이다.

분뇨 비료는 아시아농업의 특징을 결정할 만큼 중요하지만, 이에 대한 역사적인 접근은 이상하리만큼 적다. 일본의 경우 서양과 비교하여 똥오줌을 일찍부터 농업자원으로 활용했다. 그런 점에서 민속학적인 연구는 일찍부터 행해졌지만, 똥오줌의 생산과 유통 및 이를 이용한 시비에 대한 역사적인 접근은 거의 없다.[01]

일본에서 똥오줌을 농업자원으로 활용하기 위한 조건이 충족된 시점이 언제부터인지는 구체적이지 않다. 고중세시기 똥오줌의 처리방식은 수세식이었고, 일정한 장소 없이 똥을 누었다는 견해가 우세한데, 이 경우 사람의 똥오줌은 저장이 곤란하여 농업자원으로 활용하기가 곤란했을 것이다. 그렇기 때문에 똥을 저장하는 측간이 언제부터 만들어졌느냐는 것은 중요한 문제이다.

또한 농업에 똥오줌을 활용하기 위해선 똥오줌에 대한 인식의 전환 역시 중요한 부분이었다. 자력으로 지력地力을 보전하기 위해 똥오줌을 사

---

01 화장실과 분뇨의 민속학적 연구는 일본이 한국과 중국보다 많다는 점이 주목된다. 화장실에 대한 연구는 니시야마 료헤이[西山良平], 『도시헤이안쿄[都市平安京]』, 京都大學出版會, 2004; 구로사키 다다시[黑崎直], 『水洗トイレは古代にもあった』, 吉川弘文館, 2009가 있으며, 민속학적 연구로는 고이시카와 젠지[礫川全次] 編著, 『糞尿の民俗學』, 批評社, 1996; 리노이에 마사후미[李家正文], 『측고(厠考)』, 六文館, 1932; 이지마 요시하루[飯島吉晴], 『竈神と厠神: 異界と此の世の境』, 講談社, 2007 등이 있다.

용하기 시작한 것은 당대 이후인 듯하다. 당대 이전에도 적지 않은 농서가 출판되었지만 독립된 비료의 항목은 없었다. 송대에 이르러서야 『진부농서陳旉農書』「분전지의편糞田之宜篇」이 등장하고, 『왕정농서王禎農書』의 단계에 이르면 「분양糞壤」편이 나타나 똥오줌의 중요성에 대한 인식이 자리 잡고, 그리고 지력유지를 통해 지속적인 토지생산이 가능하다는 사실을 발견하게 된다. 일본의 경우, 고중세 시기에는 적극적으로 토지에 비료가 행해지지는 않았지만, 근세로 접어들면 농서마다 비료편이 등장하고 있다. 이것은 중간에 어떤 변화가 있었음을 의미한다.

16세기 후기, 일본의 사회경제상의 변화 중 주목되는 것은 아즈치 모모야마[安土桃山] 시대 이후 지방에 성하城下도시가 생겨나고 중앙과 지방 간의 교통과 문화가 발달하면서 상공업이 발달했다는 점이다. 특히 중세 말 통일과정에서 요역과 토지를 장악하기 위해 대대적으로 토지조사인 다이코겐지[太閤檢地]를 실시하였다. 그 결과 하나의 토지에 한 경작인을 원칙으로 소유권을 부여하여 토지등급과 수확량에 따라 철저하게 연공年貢을 부과했다. 아울러 막부는 은전隱田, 무주지無主地 및 무연공지無年貢地의 적발과 저습지의 개간을 통해 연공징수를 강화하였다. 그 결과 막부는 다이묘[大名]들의 영지파악은 물론 농민의 토지보유관계와 세제稅制를 확정하여 강력한 정치, 경제적 지배권을 확립할 수 있었다.[02] 이때 백성百姓[03]들은

---

02 이헌창, 「朝鮮後期社會와 日本近世社會의 商品流通의 比較硏究: 前近代財政과 市場形成의 관련성을 중심으로」, 『재정정책논집(財政政策論集)』 창간호, 한국재정정책학회, 1999, p.63 에서 고지마 도시오[古島敏雄]의 견해를 인용하여 "다이코겐지[太閤檢地]에 의해 석고제(石高制)가 시행된 이래 연공미(年貢米)가 조세의 주종을 이루었다. 1884년 막부 재정수입 401만 냥(兩) 중 경상수입이 46%이고, 경상수입 중 연공(年貢)수입이 91%를 점했다고 한다.

03 김현영, 「古文書를 통해 본 日本의 近世村落: 比較史的 觀點에서」, 『고문서연구(古文書硏究)』 12, 1998, pp.171-172에서 메이지유신 직후 1870년의 인구통계에는 제사족(諸士族)과 졸(卒)이 6.07%, 평민[정인(町人) 포함]이 92.8%, 사(社)와 사(寺)가 1.13%였다고 한다. 그런데 17세기에서 19세기까지 일본 근세의 백성(百姓)은 가장과 가족구성원을 포함한 것으로 이해했으며, 점하는 인구는 제사(諸士), 정인(町人)과 잡(雜)을 제외한 82% 정도로, 대부분이 농민이었다고 한다.

연공年貢을 납입하기 위해 토지이용도를 높이거나 생산량을 증대시킬 수 밖에 없었다. 그 결과 심경과 같은 농업기술의 도입과 비료에 주목하게 된 것이다.[04]

근세 일본의 농서에는 다양한 비료와 시비방법이 구체적으로 제시되어 있는데, 이것은 사람의 똥오줌을 비롯한 비료를 구하기 위한 노력이 매우 적극적이었음을 말해 준다. 비슷한 시기 중국의 경우, 가축 똥이나 식물성비료는 일찍 발달했으나 사람 똥오줌의 이용은 당대唐代의 채소밭이나 과실수에서만 볼 수 있었다. 하지만 송대에 접어들면 논에 청수분淸水糞의 시비를 통한 '지력상신장地力常新壯'론이 등장하여 똥오줌에 대한 인식이 크게 변하였다.

일본의 경우 똥오줌을 시비한 시기는 중국보다 늦었지만 근세농업에 있어서 비료의 발달속도는 명청시대 못지않았다. 특히 사람 똥오줌이나 어비魚肥 유통망의 발달과 중개상인들의 출현은 중국의 사료에서는 찾아볼 수 없는 것으로 당시 일본의 비료의 특징과 동시에 농업의 활력을 그대로 느낄 수 있다.

본고에서는 근세시기 일본이 농업생산력의 향상에 주목했던 원인과 생산력을 높이기 위해 사용했던 비료, 특히 사람 똥오줌에 대한 인식이 시대별로 어떻게 달라졌는가를 당시 간행된 농서를 중심으로 단계적으로 살펴볼 것이다. 아울러 도시의 똥오줌은 어떤 유통과정을 거쳐 농업의 자원으로 활용되었으며, 이것이 어떻게 응용되어 근세 농업에 기여했는지도 검토해 보고자 한다. 이를 위해 비슷한 시기의 중국과 한국의 상황과 상호

---

04 이에나가 사부로[家永三郞] 외 4人[강형중 역], 『新日本史』, 文苑閣, 1993, p.101, pp.113-115; 데루오카 슈죠[暉峻衆三][전운성 역], 『일본농업 150년사』(1850-2000), 한울아카데미, 2004, pp.28-29에는 중세 이후 대농경영에서는 우경이 불가피했지만, 소와 말이 없는 소농민은 가래[鍬]로써 심경(深耕)과 쇄토 및 써레질 등 다목적 용구로 합리적으로 사용했으며, 비료는 두엄[廐肥], 사람 똥, 재[灰]가 사용되었다고 한다.

대비시켜 일본 농법이 지닌 특수성을 드러내 볼까 한다.

II. 근세 농서 속의 똥오줌의 확대와 인식변화

1. 전국 말 근세 초의 똥오줌에 대한 인식과 비료

다이코겐지[太閤檢地] 이후 농민들에게 촌락의 토지등급과 표준 수확량을 기준으로 연공 징수가 강화되고, 잡세와 각종 역[諸役]의 부담이 가중되면서 생산량의 거의 전부를 바쳐야 했기 때문에 소농민은 몰락 직전까지 내몰렸다. 당시 막부는 농민을 몰락시키는 다이묘[大名]에 대해서는 영지의 몰수나 봉지封地를 교체한다는 엄령을 통해 농민의 몰락을 막았다. 이때 농민들은 생존을 위해 토지생산력의 증대가 불가피했다. 무엇보다 약화된 토지의 지력을 보충하여 지속적으로 생산하기 위해서는 비료의 공급이 무엇보다 중요했다. 전국戰國시대 말에서 근세로 접어들면서 농서가 다수 편찬된 것은 이런 사정과 유관할 것이다.

일본 근세의 농서는 고지마 도시오[古島敏雄]가 지적한 바와 같이[05] '학자의 농서'와 '농민의 농서'로 대별된다. 전자의 경우는 유학자의 학풍을 받은 지식인에 의해 편찬되어 다소 권위주의적인 전승의 태도를 지녔는 데 반해, 후자의 경우는 농업활동을 하고 있는 농민이 풍산豊産을 염원하며, 비록 비체계적이고 부분적이지만 사적인 경험이나 실험을 통해 실사구시와 무사봉공의 태도로 집필되었다.[06] 이뿐만 아니라 근세를 전후하여 생산

---

05 『고지마 도시오 저작집[古島敏雄著作集]』 제9권 『근대농학사연구(近代農學史研究)』, 東大出版會, 1983.
06 도쿠나가 미쓰토시[德永光俊], 「近世農書における 學藝: 農の仕組みを解く」, 『일본농서전집(日本農書全集)』 제69권, 農文協, 1996 1刷, pp.5-11.

력에 대한 욕구가 증대되면서 농사경험이나 정보수집에 대한 관심도 증가하여 중국으로부터 각종 농업기술을 받아들였다. 17세기 후반에는 명대 서광계徐光啓가 찬술한 『농정전서農政全書』를 근간으로 한 일본의 대표 농서인 『농업전서農業全書』가 발간되기도 하였다. 이후 점차 농업과 농학에 대한 관심이 폭넓게 확대되면서 실지實地에 입각한 농서가 요구되었으며, 그 결과 18세기에는 지역성에 대한 자각이 강해져 해당지역의 토지에 상응하는 재지在地농법이 강조되었다. 그리고 19세기 중반에 이르면 『농업자득農業自得』과 같이 농민이 직접 농서를 편찬하기에 이른다. 이상과 같이 근세 농서가 발간되면서 비료, 그중에서도 사람 똥오줌에 대한 인식과 보급은 어떻게 전개되었는지를 살펴보자.

우선 전국말기에서 근세 초기의 대표적 농서인 『청량기淸良記』(또는 『친민감월집親民鑑月集』)를 살펴보면, 편찬연대를 1564년 전후라고 추정하고 있는가 하면,[07] 농문협[農山漁村文化協會]에서 편집한 『일본농서전집日本農書全集』 제10권에서는 연대미상이라고 한다. 다만 저자인 도이 스이야[土居水也]에 대해 도이 세이료[土居淸良](1546-1629년)는 그가 도이씨[土居氏] 최후의 당주이고, 다이코겐지 이후에는 은둔했다고 언급한 점으로 미루어 볼 때, 16세기 후반 농서의 발간이 이 토지조사와 일정한 관련이 있었다는 것을 알 수 있다. 이 시기는 전국 말에서 근세로 넘어가는 과도기로서, 농민층의 분해로 인하여 소작농에의 전락과 자립화가 진행되는 커다란 사회 변동기였다는 점에서 주목된다.[08]

---

07 다키가와 쓰토무[滝川勉], 「東アジア農業における地力再生産を考える: 糞尿利用の歴史的考察」, 『아시아경제[アジア經濟]』45(3), 2004.3, p.60.

08 도이 스이야[土居水也], 「청량기(淸良記)」, 『일본농서전집』 제10권 (農文協, 1998 7刷), p.17에서 도이씨[土居氏]는 사이온지씨[西園寺氏]에 벼슬한 무장으로 이요국[伊予國] 우와군[宇和郡] 도이[土居]의 오모리[大森] 성주었다고 한다. 도쿠나가 미쓰토시[德永光俊]는 본서의 「解題(1)」, p.208에서 야마구치 쓰네스케시[山口常助氏]의 견해를 좇아, 저자는 도이[土居] 일족 중의 도이 스이야[土居眞吉水也]라고 불린 궁(宮)의 아래 미시마신사[三島神社]의 신주(神主) 역할을 한 인물이며, 편찬연대는 도이 세이료[土居淸良]가 죽은 관영(寛永) 6년(1629)

『청량기淸良記』에 등장하는 비료는 〈표〉에서와 같이 원근垣根, 벽토壁土를 제외하면 대부분이 식물성비료이다. 그 소재는 초류草類, 해초류와 낙엽 및 지게미와 겨 종류[糠糟類]이다. 「糞草の事」의 항목에는 당시 비료로 사용된 초목을 제시하면서, 음식으로 만들어 맛이 좋은 것은 상등의 비료, 맛은 좋지 않더라도 잎이 부드러운 것은 중등, 떫은 것은 하등의 비료로 간주하여 음식맛과 비료를 상호 관련을 짓고 있는 점이 흥미롭다. 특히 고사리[蕨草], 사철쑥[小萩], 덩굴풀[蔓草], 쑥[蓬], 칡잎[葛葉], 하동삼河東衫, 띠풀[青茅], 해초류海草類, 용담[觀音草], 연초류와 그 외에 뽕나무[桑], 버드나무[柳], 운조초雲早草, 거망옻나무[櫨], 개오동나무[榎], 흰누릅나무[枌], 무궁화[木槿], 복숭아나무[桃], 등나무[藤], 숙엽부萩葉抔 등을 최고의 재료로 여겼다. 상록수의 잎은 비료로 좋지 않으나 여름나무숲의 부드러운 잎은 비료로 사용가능하며, 밤나무[栗], 감나무[柿], 상수리나무류는 비료로는 부적합하다고 하였다.

또한 동물성비료로 제시한 것을 보면, 부패된 들날짐승[鳥獸]의 육류 및 인간이 먹다 남긴 것은 무엇이든 비료로 사용할 수 있다고 보았다. 실제 당시의 농가마다 소말의 축사와 변소[雪隱]를 깨끗이 하는 것은 물론 두엄이나 사람 똥오줌을 충분히 저장하여, 채소밭에 시비한 것을 보면 사람 똥과 두엄도 상당히 보급되었음을 알 수 있다. 그 밖에 집의 담이나 붕괴된 벽토壁土와 같은 것을 활용한 광물성비료도 제시되어 있다.

그리고 흥미로운 부분은 시비의 음양교체를 통한 지력보완의 논리와

<hr>

에서 스이야[水也]가 죽은 승응(承應) 3년(1654) 사이의 26년간이었다고 한다. 그런데 『청량기』의 내용은 천문(天文) 15년(1546)에서 관영(寬永) 6년(1629) 사이의 일이 기록되어 있다. 권7의 「친민감월집(親民鑑月集)」은 영록(永祿) 7년(1564)의 이야기이고, 도이 스이야의 집필연대와는 65~90년의 간격이 있다. 다만 스이야[水也]가 80여 세에 죽었다는 사실로 미루어 볼 때, 영록 7년의 기록은 태어나기 전의 사실이다. 그 때문에 「친민감월집(親民鑑月集)」에 영록 7년경의 농업이나 농촌의 모습은 생전의 모습을 그대로 묘사되었다기보다는 기록에 의한 회상이라고 볼 수 있다. 어쨌든 이 시기는 전국시대에서 막번체제로의 이행기이다.

비료의 생산과 생산성의 여부 등을 통해 상농上農과 하농下農을 구분한 것이다. 즉 밭에서 자라난 잡초는 논에 시비하고, 논의 잡초는 밭에 시비하며, 흙 역시 논밭의 흙을 서로 교환하면 작물의 생육이 좋다고 하여, 경작하면서 생긴 음양의 부족을 객토나 비료를 통해 초목 음양을 교체함으로써 지력을 보완하고 있다. 또한 정원이나 채소밭을 돌보는 것이 불량하여 풀이 무성하거나 똥오줌을 폐기하고 저장하지 못하는 농민을 하농, 이런 것들을 이용해 공조貢租를 잘 납부하는 자를 상농上農으로 간주하는 등[09] 비료의 비축과 이용의 정도로 상하농上下農을 판정했다. 그리고 하농下農은 살생을 좋아하고 술이나 마시며, 일생동안 다른 사람이 저축해 둔 것을 빌릴 줄만 알고 갚지 않는 자라고 하여 국가에 대한 연공年貢실적으로 인간성까지 평가하며 간접적으로 백성을 강제하고 있다.

16세기 초목비草木肥 이외에 주목되는 것은 유박油粕과 두엄 및 사람의 똥오줌이다. 유박이란 것이 어떤 곡물로 기름을 짰으며, 어떤 용도로 사용되었는지는 알 수 없다. 하지만 16세기 후반에 이미 기름을 짜고 남은 유박을 비료로 활용했다는 기록이 등장하는 것은 주목할 만하다. 중국의 경우 유박油粕은 『주례周禮』시기부터 삼씨[蕡]의 유박을 토지의 비료로 사용했다는 기록이 있으며,[10] 당대唐代 『사시찬요四時纂要』「목돈牧家」조에는 사료로 사용하기도 했다. 그러다가 남송의 『진부농서陳旉農書』(1149년 찬)에 이르면 깻묵[麻枯]이라는 유박을 모판[秧田]의 시비로 사용하고 있다. 14세기 초 원대 『왕정농서』(1313년 찬)에는 토란[芋]과 연[池藕] 등 주로 수중작물의 토온土溫 유지를 위해 콩깻묵[豆餠]을 비료로 삼으면서 그 사용이 구체화되고 있다.[11]

---

09 『청량기』권7상「糞草の事」.

10 『삼농기(三農紀)』권12「유속(油屬)·지마(芝麻)」에는 "周禮堅土用蕡, 可肥田."이라고 하여 『주례(周禮)』때부터 삼씨[蕡] 깻묵을 비료로 이용하였음을 제시하고 있다.

11 최덕경,「宋代 이후 南方지역 肥料의 형성과 糞田의 실태」,『중국사연구(中國史研究)』제91

그러던 것이 명말 『편민도찬便民圖纂』에 이르면, 깻묵과 콩깻묵[麻豆餅], 콩깻묵가루[豆餅屑] 등이 토지비료로 활용된 사례가 보이며, 『심씨농서沈氏農書』에는 그 활용 빈도가 증가하고 용도도 다양해진다.[12] 청초 『삼농기三農紀』「유속油屬·지마芝麻」의 경우 깻묵을 기근 구제[救飢]와 물고기 먹이[喂魚]로도 활용되고 있다.[13] 형태는 다소 다르나 조선에서도 역시 17세기 『농가집성農家集成』에 깨깍지[胡麻殼]와 면화씨[木棉子]를 두엄과 섞어 비료로 사용하고 있다.[14] 이상과 같은 중국과 조선의 사료뿐만 아니라 일본의 『청량기』를 통해서도 기름을 짜고 남은 찌꺼기인 유박이 토지 비료로 사용된 양상을 확인할 수 있으며, 이 같은 모습은 17세기 동아시아 전반에서 이루어졌던 것으로 볼 수 있다.

그리고 일본의 전국말 근세초기의 농민들은 똥[糞]을 많이 준비하는 것 역시 무사가 책략을 세우는 것과 동일하게 인식했으며, 논밭을 경작할지라도 비료를 주지 않으면 작물은 잘 생육하지 않는다고 할 정도로 생산량의 증대를 위한 비료의 역할을 강조하고 있다. 다만 사람 똥오줌의 경우 『청량기』에서 볼 수 있듯이 초목비료에 비해 논밭의 비료로 적극적으로 사용하지는 않은 듯하다. 실제 후지와라[藤原] 말기(헤이안[平安] 시대 말기)의 것으로 알려지고 있는 가와모토의 가본[河本家本]인 『아귀초지餓鬼草紙』의 「식분아귀食糞餓鬼」에는 도로상에서 배설하는 장면이 묘사되어 있다. 이를 통해 볼 때 당시만 해도 도시 서민들의 가정에 측간이 설치되어 있지 않고 빈터가 있으면 거리와 그 교차점에서까지 남녀노소가 대소변을 해결하고 있는 모습을 확인할 수가 있다. 그림에서 보듯 거리에는 휴지조각과 주목

집, 2014, pp.157-158.

12 최덕경, 「明末淸初 江南지역 콩깻묵[豆餅]의 利用과 보급」, 『중국사연구(中國史硏究)』 제84집, 2013, pp.182-187.

13 『삼농기(三農紀)』권12 「유속·지마」.

14 『농가집성(農家集成)』「한도앙기(旱稻秧基)」, "胡麻殼剉之, 牛馬廐踐踏, 積置經冬者, 木棉子和廐尿者, 亦可(右道人行之)."

그림 12_ 노상의 배설-아귀초지(餓鬼草紙)의 식분아귀(食糞餓鬼)

그림 13_ 병초지(病草紙)의 하리(下痢)의 여자

籌木이 널브러져 있고, 모두들 굽이 높은 나막신[高足駄]을 신고 있다. 이것은 이미 오래전부터 거리나 빈터에서 아무렇게나 똥을 누었음을 말해 주며, 거리에서는 똥오줌을 피해 다니기도 쉽지 않았음을 말해 준다. 비슷한 현상은 모본이본模本異本의 『병초지病草紙』의 「下痢の女」나 「腸瘻の男」 및 「痔瘻の男」 등에서도 보행하기 불편한 굽 높은 나막신을 신고 배설하거나 그 근처로 다니는 모습을 볼 수 있다.[15] 이것은 15세기 무로마치[室町]시대에도 역시 집의 내외를 불문하고 굽이 높은 나막신을 신고 배설했음을 뜻한다.[16]

---

15   니시야마 료헤이[西山良平], 앞의 책, 『도시헤이안쿄[都市平安京]』, pp.145-148.
16   니시야마 료헤이, 앞의 책, 『도시헤이안쿄』, p.150.

이런 현상은 당시 헤이안쿄[平安京], 즉 교토[京都]지역의 경우 무로마치 시대까지는 도시의 똥오줌을 농업자원으로 적극적으로 활용하지 않았음을 말해 준다.[17] 하지만 중세 말기에는 측간과 관련된 사료가 빈번하게 나타나며, 길 위에 공중변소가 등장한다. 16세기 전반에 제작되었다고 하는 역박지본歷博乙本『낙중낙외도병풍洛中洛外圖屛風』의 공동변소는 주민들에게 공동의 탈분脫糞 공간이 등장했음을 의미하며, 그 배치는 집의 뒤쪽에 위치하고 있다.[18]

이상과 같은 전국 말 근세 초의 똥오줌 처리를 볼 때 당시의 농서인 『청량기』에서, 이미 사람의 똥오줌이 상농上農을 중심으로 비료로 사용되고 있다는 점은 주목할 만한 부분이다. 당시 비료를 만들 때, 하농下農은 풀을 베어 그대로 높게 쌓아 두고 썩게 만들었는데, 이것은 작물에 좋은 효과를 내는 부숙의 정도를 알지 못하기 때문이다. 좋은 비료를 만들려면, 약엽若葉이나 청초를 베어 가능한 잘 건조시킨 후에 소·말의 똥오줌과 서로 섞어 쌓아 두어야 한다.[19] 하지만 당시 하농은 여전히 초분단계에 머물렀고, 가축 똥과 섞어 비료의 질을 높이는 방법에 대해서는 잘 몰랐던 것 같다. 점차 똥오줌에 대한 이해가 확산되면서 그 비력이 지나치게 강하면 작물에 손상을 주기 때문에 주의하지 않으면 안 된다고 하는 사실도 알게 된 듯하다. 이런 상황으로 볼 때, 전국말기에서 근세 초기에는 똥오줌을 이용한 시비법이 주로 상농을 중심으로 보급되었던 것 같다. 그 때문에 16세기 후반에 편찬된『청량기』에서는 똥오줌이 구체적으로 묘사되지 않았던 것이다.

---

17 다만 헤이안쿄[平安京]의 배설물의 처리는 개[犬]가 했으며, 이 때문인지 다양한 탈분(脫糞) 현장에 개가 근처에서 노리거나 기다리고 있는 장면이 묘사되고 있다. 이것을 도시의 리사이클이라고 설명하고 있다. 니시야마 료헤이[西山良平], 같은 책, 『도시헤이안쿄』, pp.152-153.

18 니시야마 료헤이[西山良平], 「平安京·中世京都のトイレと排泄: とくに都市住人の場合」, 『도시헤이안쿄』, 京都大學出版會, 2004, p.166.

19 『청량기』권9下「一兩具足付田畑夫積りの事」, p.119.

2. 17·18세기 비료의 다양화와 인분시비의 확대

17세기 후기의 『회진농서會津農書』(1684년 찬) 단계로 접어들면 똥오줌 시비에 대해 적지 않은 변화가 나타난다. 이 시기에 이르면 우선 대변과 소변의 수집방법이 구체화된다.[20] 소변의 경우 모두가 출입하는 입구에 병[壺]이나 구유[槽]를 묻어 두고 받아 모았으며, 대변은 돌을 쌓아 비료의 기운이 땅으로 스며들지 않게 저장하거나 변소에 통桶이나 구유 등을 묻어 수거하고 있다.[21] 전지에 시비할 때도 사람 똥은 갈이한 후 뿌리거나 모내기 직전에 똥에 물을 탄 청수분淸水糞을 뿌렸다.[22] 다만 청수분을 만들 때 염기가 많은 즙을 똥[下肥]과 함께 섞어 시비하면 다양한 해충이 발생한다고[23] 했다. 또 재나 들깨찌꺼기[荏粕]를 똥[下糞]과 합해 시비함으로써[24] 비료의 효과를 보강하기도 했다. 이때 초목을 태운 재가 시비로 많이 이용되었다. 재는 쉽게 날아갈 우려가 있고, 또 비를 맞으면 비력을 상실하기 때문에 소변을 모은 구유에 넣어 촉촉하게 보관하여 봄 못자리나 여름의 전지에 시비하고,[25] 재나 청예부靑刈敷를 사람 똥과 섞어 시비하거나 논에 모내기하기 전에 흔들어 흩뿌렸다.[26] 다만 주의할 점은 사람 똥을 시비할 때 잘 풀어서 뿌려야 하는데, 똥이 뭉쳐 있거나 모아 둔 장소에는 거름기가 강하

---

20 막번체제 아래에서 사람의 똥오줌의 중요성을 가장 일찍 강조한 것은 경안(慶安) 2년(1649)에 출판된 권농조례(『경안어촉서(慶安御触書)』)이었다고 한다. 나가쿠라 다모츠[長倉保], 「解題(1): 田村吉茂生涯思想: 『農業自得』成立普及」, 『일본농서전집(日本農書全集)』 제21권, 農文協, 1997 참조.

21 사세요지 우에몬[佐瀬與次右衛門], 『회진농서(會津農書)』 권하 『일본농서전집』 제19권, 農文協, 2001, pp.195~196.

22 사세요지 우에몬, 『회진농서』 권상, p.45.

23 『백성전기(百姓傳記)』 제6권, 「不淨集」, 『일본농서전집』 제16권, 農文協, 2001, p.233.

24 사세요지 우에몬, 『회진농서』 권上, p.49.

25 사세요지 우에몬, 『회진농서』 권下, p.196.

26 사세요지 우에몬, 『회진농서』 권上, p.51, p.56; 『백성전기』 제6권, 「肥料」, 『일본농서전집(日本農書全集)』 제16권, 農文協, 2001, p.228에는 사람 똥에 재[灰]를 넣으면 빨리 부패한다고 한다.

여 벼가 닿으면 시들기 쉬우니 그 부분의 흙은 가래[鍬]로 떠내서 다른 곳에 버릴 것을 요구하고 있다.

『회진농서』와 비슷한 시기인 1680년부터 10년간 지방관리가 찬술한 『백성전기百姓傳記』에는 근세초기의 비료에 대해서 보다 구체적으로 지적하고 있다. 우선 〈표〉에서 보듯이 재[灰], 술지게미[酒粕], 볏모[稻苗], 녹비류綠肥類 등의 식물성비료, 어패류魚貝類, 기름을 짜고 난 마른 정어리[乾鰯][27] 및 각종 짐승똥[鳥獸糞]과 같이 이전에 볼 수 없었던 동물성비료가 다양하게 등장한다. 이 중 어비魚肥가 주목된다. 근세시기 일본의 농촌에 어비가 사용되기 시작한 것은 에도[江戶]시대 후반인 원록元祿(1688-1707년)과 향보享保(1716-1745년)시기로, 기내[畿內]지역의 면작지棉作地를 중심으로 시비되었다.[28] 당시 주로 사용된 것은 마른 정어리[乾鰯]였으며, 유박油粕은 속효성 비료로서 주목을 받았다. 마른 정어리 비료의 수요가 늘어나자 출어자出漁者가 증가하였으며, 그 생산과 유통의 과정도 급속히 분리되고 소매, 중매 상인과 도매[問屋] 상인이 등장하여 비료를 중개하면서 보급이 더욱 확대되었다.[29] 이 시점에 돈을 주고 구입하는 금비金肥가 목면과 과채 등 상업작물을 재배하는 농가에 유입되었던 것이다.[30]

---

27 다무라 요시시게[田村吉茂], 『농업자득(農業自得)』, 『일본농서전집』 제21권, 農文協, 1997, p.36에 의하면, 마른 정어리[乾鰯]에는 두 가지 종류가 있다고 한다. 하나는 기름을 짠 정어리[鰯]를 말린 것이고, 다른 하나는 정어리를 그대로 말린 것이다. 두 가지 다 사용되었으며, 특히 에도[江戶]시대부터 메이지[明治]시대 중기 무렵까지 사용되었다. 특히 에도시대의 중기 이래 신전개발의 진행에 따라 채초지(採草地)가 감소하자 도시근교를 중심으로 한 상품작물재배의 확대에 의한 수요가 증대하여 농업생산력의 상승에 큰 역할을 하였다고 한다.

28 면작(棉作)은 기내(畿內)와 그 부근의 오오미[近江], 이세[伊勢]에서 오와리[尾張], 미카와[三河]의 동해도(東海道) 및 중국(中國), 사국(四國)의 세토내해[瀨戶內海] 지역에도 근세 초기부터 원록(元祿), 향보(享保) 연간에 걸쳐 발전했다고 한다. 아라이 에이지[荒井英次], 「序章: 近世の物資流通と海産物」, 『近世海産物經濟史の研究』, 名著出版, 1988, p.12.

29 아라이 에이지[荒居英次], 앞의 논문, 「序章: 近世の物資流通と海産物」, pp.11-13.

30 오카 미츠오[岡光夫], 「幕末混迷期における家業傳」, 『近世農業の展開: 幕藩勸力と農民』, ミネルヴァ書房, 1991, p.189에는 에도시대 초기 상업적 농업이 전개되면서 어비(魚肥)나 유

그리고 『백성전기』에 등장하는 똥오줌의 또 다른 특징은 우선 그것을 수집하는 측간의 명칭이 다양해지고 있다는 점이다. 설은雪隱(북쪽에 있는 변소), 서정西淨(서쪽 변소), 동원東垣(동쪽 변소), 향향香香(남쪽 변소) 등이 설치되고, 토민土民은 곳곳에 변소를 구비하고 있었으며, 대소변의 명칭도 부정不淨 또는 하비下肥로 표현하면서 이를 소홀히 취급하여 함부로 버리면 수확량에 직접 영향을 미친다고[31] 하였다. 예컨대 하비는 작물의 결실과 뿌리를 좋게 하는 비료이며,[32] 그 시기를 잘못 판단하면 마르게 되고, 습기가 있는 토지에 사용해도 작물이 상한다고 하는 것을 보면 하비下肥가 작물에 미치는 영향에 대해 잘 이해하고 있었다.[33] 게다가 하비는 소금기가 많아 수분을 잘 보전하고, 작물의 뿌리를 잘 뻗게 하기 때문에 밭작물에 적합하다. 그렇지만 부숙하지 않은 채 시비하면 작물에 병이 생기거나 벌레가 발생한다고[34] 하여 하비가 작물에 미치는 영향에 대해 잘 이해하고 있었다. 흥미로운 것은 하비도 거친 음식을 먹는 자의 것보다 어류나 영양을 충분히 섭취한 자의 것이 비료의 효과도 좋다고[35] 한다. 그런가 하면 소변의 경우, 잎을 이용하는 채소의 비료에 효과적인데, 갓 받은 소변이 효력이 좋으며, 무엇보다 소변은 밭작물의 습기를 보전하며 병충해를 방지하였다. 다만 햇볕이 강하고 밭이 건조하여 작물의 뿌리까지 손상을 입을 상황에, 진한 소변을 시비하면 뿌리에 상처를 입히기 쉬우니 조심해야 한다고[36] 하

박(油粕) 등의 금비(金肥)가 농가에 도입되었으며, 논의 비료는 여전히 초엽(草葉)이나 두엄 [廐肥]이었으며, 간혹 논에 금비(金肥)를 사용한 지역도 밑거름으로 사용하는 것이 많았다고 한다.

31 『백성전기(百姓傳記)』 제6권, pp.227-228.

32 『백성전기』 제6권, 「不淨集」, 『일본농서전집』 제16권, 農文協, 2001, p.263; 청 장리상(張履祥) 집보(輯補), 「보농서후(補農書後)」, 『보농서교석(補農書校釋)』 增訂本, 農業出版社, 1983, p.114에도 맥류는 뿌리를 얕게 뻗기 때문에 재와 사람 똥을 시비하면 효과가 좋다고 한다.

33 『백성전기』 제6권, p.227.

34 『백성전기』 제6권, p.244.

35 『백성전기』 제6권, p.242.

36 『백성전기』 제6권, p.244.

였다. 이처럼 당시 농민들이 하비下肥와 소변에 대한 많은 경험을 축적했음은 물론이고, 이들에 대한 인식도 제고하였음을 알 수 있다.

또 주목할 점은 거름을 보관하는 변소와 회옥灰屋의 위치나 구조에 대해 명확히 규정하고 있다는 점이다. 이는 대소변과 재가 대량으로 이용되기 시작했음을 의미한다. 변소 위치는 응달보다 부패를 위해 햇볕이 잘 드는 모옥母屋 근처를 선택하며, 바닥을 잘 다져 거름기가 한 방울도 흙 속으로 배지 않도록 주의하였다.[37] 변소의 유통溜桶 역시 부패를 위해 햇볕이 잘 드는 곳에 설치하고, 여기저기 구석진 곳에 통이나 단지를 묻어 대소변을 받도록 하였다.[38] 그런가 하면 집 밖에 소옥을 설치할 경우도 동향 또는 남향을 선택하거나 논밭에도 단지를 묻어 비료가 될 만한 것을 운반하여 보관하도록 하였다.[39] 이처럼 당시 농민들은 하비를 효과적으로 활용하기 위해서는 부패가 중요하기 때문에 방향과 저장위치를 중시했으며, 계절적으로도 봄여름이 가을겨울보다 일찍 부패한다는 사실을 알고 있었다.[40]

게다가 17세기 비료의 중요한 특징 중의 하나는 어개류魚介類나 어류를 적극 비료로 활용하였다는 점이다. 어개류란 마른 생선이나 거북류[龜類], 조개류이다. 이것들은 기름이 많아 논농사[水田]에 사용하면 기름이 흙 속으로 스며들지 않고 수면으로 떠올라, 뿌리가 뻗거나 결실을 맺는 데 영향을 주지 못하고, 잎만 무성해진다. 하지만 이 비료를 밭작물에 사용하면 기름기가 흙 속에 스며들기 때문에 뿌리, 잎과 줄기에 영향을 미치며, 여름에도 벌레가 생기지 않는다고 한다. 때문에 어개류魚介類의 비료를 논농사에 사용할 경우 재와 섞어 부숙하여 시비하면 결실이 좋아지고 풍년을 기대할 수 있다고[41] 하는 경험적 사실도 제시하고 있다.

---

37 『백성전기』 제6권, pp.229-230.
38 『백성전기』 제6권, p.230.
39 『백성전기』 제6권, p.233.
40 『백성전기』 제6권, p.243.

17세기 어비魚肥로 주목되었던 재료가 바로 마른 정어리[乾鰯]였다. 정어리는 기름이 많은 가을 참정어리[眞鰯]를 최고로 취급했다.[42] 정어리는 날것[生鰯]일 때 기름을 취하고 그 뒤에 말려 비료를 만드는데, 마른 정어리는 퍼석퍼석하고 기름기가 없어 거름효과는 적었다. 때문에 『백성전기』에서는 마른 정어리의 거름효과를 높이기 위해 절구에 찧어 가루로 만들어 하비下肥와 밭벼의 재[旱稻灰]를 함께 섞어 용기에 넣고 발효시킬 것을 주문하고 있다. 만약 날정어리를 그대로 재에 섞어 시용하면 효과가 없으며, 잘 부숙하지 않은 정어리를 시비하면 짐승이 그것을 파내면서 농작물의 뿌리까지 황폐해지기 쉬우니 주의를 요한다고[43] 한다.

어패류 역시 말려 하비에 담가 시비하지 않으면 비료로 사용할 수 없다. 이들은 기름이 많아서 부패한 즙을 논농사에 비료로 줄 경우, 벼가 썩게 된다는 사실에 주의하고[44] 있다. 때문에 에도[江戶]시대의 논에는 풀과 나뭇잎과 가지[木葉枝]를 베서 모내기하기 전에 두엄과 함께 깔아 밑거름으로 사용했음을 알 수 있다.[45]

이 같은 어비魚肥의 발달은 근세 초기 발흥한 면작棉作의 어비 수요의 증대와 관련 있으며, 그 주된 소비지는 기내畿內의 면작지대였다.[46] 아라

---

41 『백성전기』 제6권, pp.245-246.
42 『백성전기』 제6권, p.246에는 정어리[鰯]에 대해 구체적으로 제시하고 있다. 즉, "봄 여름에 잡히는 정어리[鰯]에는 기름이 많다. 그리고 북국(北國)이나 서국(西國), 히타치[常陸] 근처의 해변가에서 잡는 정어리[鰯], 혹은 사가미[相模]나 아와[安房]에서 잡힌 정어리[鰯]는 살 찌고 기름이 많다. 한편 기이[紀伊], 이세[伊勢], 오와리[尾張], 미카와[三河], 도토미[遠江], 스루가[駿河] 지방에서 잡히는 정어리[鰯]는 기름이 적다. 그중에서도 참정어리[眞鰯]에는 기름이 많고, 등이 검은 정어리[鰯], 송사리 정어리[鰯]에는 기름이 적다. 또 소약(小鰯)에는 기름이 적고, 대약(大鰯)에는 기름이 많다고 하여 기름의 여부에 따라 정어리를 구분 짓고 있다. 마른 정어리[乾鰯]의 기름을 확인하는 방법으로 불에 구워 잘 구워지는 것이 기름이 많은 것이며, 잡아보아 너덜너덜한 것은 기름이 없는 것이다."라고 한다.
43 『백성전기』 제6권, pp.247-248.
44 『백성전기』 제6권, p.248.
45 두엄[廏肥]을 밑거름하면 토양 중의 미생물의 번식을 촉진하고, 어비(魚肥) 등을 분해시켜 작물에 잘 흡수케 하는 작용을 한다.

이 에이지[荒居英次]의 연구에 의하면, 일반 농촌에서 쌀과 맥 생산에서 마른 정어리를 사용하기 시작한 것은 그것의 비료 효과로 인해 생산량이 증가한다는 인식과 함께 기존 비료원인 풀의 채취가 신전新田 개발이 진행됨에 따라 부족해지면서부터라고 한다. 마른 정어리를 비료로 사용한 결과 생산량은 배로 증가했다. 그래서 관동關東 지방이나 동해 지역의 농촌에서는 마른 정어리를 구입하거나 똥을 사서 쌀과 맥에 비료하기 시작했으며,[47] 이 경우 냉한 기운을 중화하고 척박한 땅을 기름지게 했다. 때문에 원록, 향보 연간 이후 마른 정어리의 사용량은 급속히 증가했다.[48] 남송대와 명청대의 비료가 이러했던 것처럼 일본 역시 지역적 특성에 맞게 비료가 개발된 것으로 보인다.[49]

이와 같은 비료의 사용에서 특기할 점은 비료를 충분히 부숙시켜 사용할 것을 요구했으며, 또한 덧거름[追肥]과 밑거름[基肥]이 구체화되고 있다는 것이다. 특히 잡동사니, 즉 풀, 짚, 야지野芝, 도지道芝, 산지山芝, 쓰레기, 겨자 등을 비료로 만들 경우, 외양간에서 가축이 밟게 하여 부패시키는 것은 효과가 적기 때문에 사토砂土를 이 속에 넣어 50일이나 100일 정도 쌓

---

46 아라이 에이지[荒居英次], 앞의 논문, 「序章: 近世の物資流通と海産物」, pp.14-15.

47 이들 지역의 마른 정어리[乾鰯]는 근기(近畿) 지역의 출어민을 대신하여 관동(關東) 연안 어민의 손에 의해 생산된 것이다. 이 지역의 어민은 근기지역 출어민의 지예망(地曳網)을 개량 대형화하여 일거에 대량의 정어리[鰯]를 어획하였으며, 구주쿠리하마[九十九里濱]는 근세후기에는 전국 최대의 마른 정어리[乾鰯] 생산지대가 되었다고 한다. 관동(關東), 동해(東海)지역의 마른 정어리[乾鰯] 수요가 급증하면서 반면 근기에서의 출어감소로 기내(畿內) 면작(棉作)지대에 정어리 공급이 급감하였다. 대개 미맥작(米麥作)에 투입된 마른 정어리[乾鰯]의 시비량은 면작(棉作)이 1반[反=토지 면적단위로 1町의 1/10=300步(약10a)]당 건약 1섬[石]을 시비한 데 반해 약간 적은 반(反)당 0.5섬을 사용했지만, 19세기 이후에는 다비(多肥)재배로 인해 2섬까지 늘어났다고 한다. 아라이 에이지, 앞의 논문, 「序章: 近世の物資流通と海産物」, p.12, pp.16-17.

48 아라이 에이지, 앞의 논문, 「序章: 近世の物資流通と海産物」, pp.15-16.

49 최덕경, 「宋代 이후 南方지역 肥料의 형성과 糞田의 실태」, 『중국사연구(中國史研究)』 제91집, 2014. 남송대에 논의 똥시비를 위해 분옥(糞屋)을 설치하고, 명청대 동남 해안지역을 중심으로 조개껍질류[貝殼類] 비료가 등장한 것과 유사하다.

아 부숙하면 논밭의 밑거름이나 덧거름으로 사용할 수 있었다고[50] 했다. 전술한 하비下肥를 덧거름으로 사용할 경우, 고형물固形物에 의해 작물이 손상을 입지 않아야 하며, 밑거름[元肥]으로 시비할 경우에도 작물의 종자 등이 강한 고형물의 영향으로 발아되지 못하면 안 된다고[51] 하였다. 그리고 맥麥과 같은 월동작물은 뿌리가 흙 속에 있는 시간이 길기 때문에 밑거름의 중요성을 강조하고 있다. 왜냐하면 추운 지방의 경우 10월부터 이듬해 2월까지는 덧거름이 불가능하기 때문이다. 그러나 따뜻한 지방의 경우에는 눈이 없어 겨울에도 시비가 가능하다고[52] 하였다.

들깨찌꺼기[荏粕]나 술지게미 역시 재나 벼껍질[籾殼]과 혼합하여 부패시켜 밑거름이나 덧거름으로 사용하는데, 전자는 주로 밭작물에, 후자는 벼의 비료로 주로 사용되며, 이러한 거름은 뿌리를 강화시켜 이삭을 튼튼하게 하여 수확량을 높인다고[53] 하였다. 그리고 다양한 어린 잎[若葉]은 4월, 5월이 되어 햇볕에 말려 각종 쓰레기와 섞어 부숙하여 흙과 혼합하여 밑거름으로 사용하면 작물의 생육도 좋고 결실도 좋다고 한다. 하지만 6월, 7월의 나뭇잎은 잘 썩지 않기 때문에 햇볕에 말려 흙을 넣어 부패시켜 맥전麥田의 비료로 사용한다. 또한 상록수의 잎은 부패가 쉽지 않아 비료로는 부적합하다고[54] 하였다. 게다가 교통편이 나쁜 산지山地의 경우, 거름의 운반상 어려움이 있기 때문에 썩은 비료를 밑거름으로 사용할 것을 권하고 있다.[55] 그리고 흥미로운 점은 곡물의 껍질을 비료로 사용할 때는 논의 볏짚은 밭작물에 시비하고, 밭에서 재배한 작물의 껍질은 논에 시비할 것을 강조하고 있다는 점이다.[56]

---

50 『백성전기』 제6권, p.257.
51 『백성전기』 제6권, p.243.
52 『백성전기』 제6권, p.258.
53 『백성전기』 제6권, pp.263-264.
54 『백성전기』 제6권, p.249.
55 『백성전기』 제6권, p.258.

또 맥전에 두엄[廐肥]을 밑거름으로 사용할 경우에는, 쌓아 발효시킨 두엄을 뜰에 펴서 말려 이랑에 덮어 밟아 주고 그곳에 파종한다고 한다. 그런가 하면 하비를 맥전의 밑거름으로 사용할 경우는 흙이 마르고 난 후 시비해야 거름의 효과가 좋다고[57] 한다.

이처럼 17세기 후반의 『백성전기』의 특징은 각종 동물성비료 제조법과 함께 밑거름과 덧거름에 대해서 상당한 지식을 갖추었다는 것이다. 더하여 농민들이 논밭의 지력을 위해 1년에 1-2회 두엄에 진흙을 혼합한 토비土肥[58]를 만들어 시비하지 않으면, 선조에서부터 전래된 토지도 신전新田같이 척박하게 되어 버린다고[59] 경고하고 있는 것 또한 주목할 만하다. 이것은 다비多肥를 통해 지력을 지속적으로 유지하는 데 주력했음을 알 수 있다.[60]

이어서 17세기 말에는 일본을 대표하는 미야자키 야스사다[宮崎安貞]의 『농업전집農業全集』(1697년 찬)이 편찬된다.[61] 미야자키는 이 농서를 찬술한 동기를, "40년간 농촌에 살면서 직접 수족으로 농업을 경험했으며, 비록 천

---

56 『백성전기』제6권, pp.237-238.

57 『백성전기』제9권 「稻作」, pp.171-172.

58 쓰치야 마타사부로[土屋又三郎], 「糞」, 『경가춘추(耕稼春秋)』(1707년 찬), 『일본농서전집』제4권, 農文協, 1997, p.199에는 두 종류의 토비(土肥)를 제작, 시비방식을 제시하고 있는데, 하나는 도량의 물을 빼고 흙을 말려 부숙된 진흙을 이앙 전에 시비하는 것이고, 다른 하나는 전답의 흙을 마구간에 넣어 5, 6일-100일 정도 두어 말의 소변이 충분히 쓰며들면 꺼내 쌓아 두고 필요시 전답에 시비하는 것이다.

59 『백성전기』제6권, pp.257-258.

60 오카 미쓰오[岡光夫], 「『淸良記』と『百姓傳記』」, 『近世農業の展開: 幕藩勸力と農民』, ミネルヴァ書房, 1991, p.108에서 도작(稻作) 집약화의 상징은 벼 파종량의 감소라고 한다. 17세기 가가[加賀]농업에서 명력(明曆) 3년(1657)경에는 반(反)당 파종량이 1말 정도였는데, 연보(延寶) 6년(1678)에는 6되로 감소했다고 한다. 그리고 17세기 후기인 『회진농서』에서 1평(坪)에 120그루[株]를 이식했는데, 『백성전기』에는 100그루, 18세기 초 『경가춘추』단계에는 1평당 49그루로 감소했다고 한다. 같은 책, p.159에서는 『회진농서』에서 파종량을 1반(反)당 볍씨로 평지에는 8되, 산자락[山裾]은 9되[카]-1말[斗], 산전에는 1말-1말 3되 정도였다고 한다.

61 미야자키 야스사다[宮崎安貞], 『농업전서(農業全集)』, 『일본농서전집』제12권, 農文協, 2001.

학이지만 중국농서를 연구하여 그중에서 일본의 토지조건에 적합한 부분을 선별하되,[62] 기내畿內지역의 경험많은 농민의 폭넓은 조언을 받아 농서를 저술하여 농민과 함께 경작의 참고를 삼고자 했다."라고[63] 밝히고 있다.

〈표〉에 나타난 『농업전서農業全書』의 비료상황을 보면, 각종 유박油粕의 시비가 확대되고, 조개껍질[貝殼]이나 니분泥糞이 새로운 비료로 주목을 받고 있는 것을 알 수 있다. 그리고 『농업전서』가 명대 서광계의 『농정전서農政全書』(1639년 찬)를 참고한 까닭인지[64] 사람 똥오줌이 토지의 치료약으로서 황금만큼이나 가치 있는 것으로 평가되고 있다. 이처럼 에도시대 중기 이후 어비魚肥, 유박 및 사람의 똥오줌이 중시되었던 원인을 도시의 발달로 인한 채소 수요의 증가와 상품작물의 확대 및 막부의 연공年貢수탈에서 찾기도 한다.[65]

『농업전서』에 등장하는 똥오줌과 비료의 특징을 보면, 우선 거름간[糞屋]의 설치를 들 수 있다. 분옥은 『진부농서』「분전지의편糞田之宜篇」에서 보듯이 송대의 농가 거주지 곁에 비료소옥肥料小屋을 설치한 것을 처음 볼 수 있다. 이것은 똥오줌이나[66] 퇴비를 쌓아 저장한 곳으로, 수확물의 짚이

---

62 『농정전서(農政全書)』의 내용을 보면, 농본(農本) 3권, 전제(田制) 2권, 농사(農事) 6권, 수리(水利) 9권, 농기(農器) 4권, 수예(樹藝) 6권, 잠상(蠶桑) 4권, 잠상광류(蠶桑廣類) 2권, 종식(種植) 4권, 목양(牧養) 1권, 제조(製造) 1권, 황정(荒政) 18권인데, 『농업전서(農業全書)』의 편제는 「농사총론(農事總論)」, 「오곡지류(五穀之類)」, 「채지류(菜之類)」 2권, 「산야채지류(山野菜之類)」, 「삼초지류(三草之類)」, 「사목지류(四木之類)」, 「과목지류(菓木之類)」, 「제목지류(諸木之類)」, 「생류양법(生類養法)·약종지류(藥種之類)」, 「부녹(附錄)」 등 총 11권으로 구성되어 있다. 양자(兩者)의 편제를 보면 『농업전서(農業全書)』가 비록 『농정전서(農政全書)』를 참고했지만, 일본적 특성을 잘 반영하고 있음을 알 수 있다.

63 미야자키 야스사다[宮崎安貞], 『농업전서』, 「자서(自序)」, p.21.

64 미야자키 야스사다, 『농업전서』, 「범례(凡例)」, p.24. 참고로 15세기 조선 최초의 농서인 『농사직설(農事直說)』은 일본과는 달리 원대 『농상집요(農桑輯要)』의 체제를 많이 참고하고 있다.

65 다키가와 쓰토무[滝川勉], 앞의 논문, 「東アジア農業における地力再生産を考える」, p.62.

66 청초의 서진(徐震) 소설인 『굴신갱간귀성재주(掘新坑慳鬼成財主)』에서는 '貼在這糞屋壁上', '三間糞屋', '糞屋門', '糞屋邊', '糞屋鎖', '便將糞屋做了茶廳' 등으로 표현하여 분옥(糞屋)을 측간으로 이해하고 있다.

나 겨 등의 온갖 쓰레기를 모으거나 소와 말이 밟은 외양간 퇴비 등을 일정 시간이 지나면 분옥에 옮겨 부숙시킨다.[67] 당시 농민은 능력에 따라 분옥을 건립하였는데, 분옥이 없으면 비료를 비축할 수 없다고 할 정도로 중시했다. 이 분옥은 비바람을 잘 막고, 비료를 높게 쌓아 둘 수 있게 건축하였고, 소와 말의 수가 많은 농가에서는 작은 산과 같이 쌓아 두었다고[68] 한다. 송대 『진부농서』[69]에 보이는 분옥 구조는 "처마와 기둥을 낮게 하여서 바람이 휘날리고 비가 들이치는 것을 막아야 한다. 대체로 거름을 노천에 두어서 햇볕과 비를 맞게 되면 또한 거름기가 손실된다. 거름간 속에 깊은 구덩이를 파서 (그 주변에) 벽돌로 담을 쌓아, 물이 새거나 빠져나가지 못하게 해야 한다."라고[70] 하였다. 『농업전서』에 나오는 분옥의 모습 또한 이와 거의 유사하지만 분옥의 파낸 안쪽을 잘 다듬질하여 회비灰肥를 넣고, 한쪽 옆에는 통을 묻고 수비水肥를 채워 각기 필요에 따라 사용했다는 점은 차이가 있다. 이것을 『농업전서』에서 "좋은 의사[良醫]는 온갖 것을 버리지 않고 쌓아 두어 제각기의 효능에 따라 사용하여 병을 치료하는 것과 같이 경험 많은 노농老農도 니토泥土, 먼지 및 쓰레기 등 온갖 거름을 모아 두고 제각기 토질의 좋고 나쁨에 따라서 사용하면 비료가 되지 않는 것이 없다고[71] 하였다. 이처럼 잡동사니나 똥재[糞灰]를 저장하여 정미精米나 황금같

---

67 유기비료는 대개 새로운 것은 효과가 없기 때문에 부숙하여 시비하는 것이 좋다. 다만 지나치게 부숙하여 양기(陽氣)가 빠진 거름은 도리어 효과가 적다.

68 미야자키 야스사다[宮崎安貞], 『농업전서』「농사총론(農事總論)·분제육(糞第六)」, pp.92-93에는 한 마리의 소와 말이 밟은 비료는 대개 수전 5반(反)[五段] 정도를 충분히 거름할 양이 된다고 한다.

69 완궈딩[萬國鼎], 「陳旉農書評介」『진부농서교주(陳旉農書校注)』, 農業出版社, 1965에는 『진부농서(陳旉農書)』는 남송 초 소흥(紹興) 19년(1149)에 쓰였다고 했는데, 오사와 마사아키[大澤正昭], 『진부농서연구(陳旉農書の硏究)』, 農文協, 1993에서는 12세기 중반에 편찬되었다고 한다.

70 『진부농서』「분전지의편(糞田之宜篇)」, "凡農居之側, 必置糞屋, 低爲簷楹, 以避風雨飄浸. 且糞露星月, 亦不肥矣. 糞屋之中, 鑿爲深池, 甃以磚甓, 勿使滲漏."

71 미야자키 야스사다, 『농업전서』「농사총론·분제육」, p.100.

이 아끼면서[72] 농업생산에 임했다는 것은 송대 이후의 농민들에게서 볼 수 있다. 17세기말 근세 일본 역시 온갖 똥을 분옥에 집적하고 부숙하여 비료로 사용했다는 것은 비료 공급에 주목했음을 알 수 있다.

『농업전서』에서 제시하고 있는 비료의 종류에는 묘비苗肥; 綠肥, 초비草肥, 회비灰肥; 燒肥, 니비泥肥, 수비水肥, 어조수류비魚鳥獸類肥 등이 있다. 묘비는 녹두가 가장 좋고, 소두, 깨가 그 다음이며, 대두나 누에콩도 좋다. 초비草肥란 어린 잡목이나 풀을 비료로 한 것[刈敷]이며, 재거름[灰肥]은 태운 재를 똥오줌과 혼합하여 만든 비료로서 습전濕田이나 이전泥田에 효과가 있다고 한다. 교목[薙]의 가지와 낙엽 및 풀을 태운 재를 시비하면 토온土溫을 높여 모종의 발육을 촉진한다. 이와 같은 비효는 『진부농서』「경누지의편耕耨之宜篇」에서 강조한 것이며,[73] 원대 『왕정농서』「분양편糞壤篇」, 명대의 『보지권농서寶坻勸農書』에서도 주목했던 사실이다.[74] 니비泥肥 역시 송대 강남지역에서 못[池], 냇가[川], 도랑[溝]에서 걷어 올린 진흙을 건조시킨 비료로서 분옥에 장기간 저장했다가 똥이나 재와 혼합하여 사용하였다. 수비는 비료성분이 흘러내리기 때문에 맑은 날에 거름을 주는 것이 분기糞氣의 보존을 위해 효과적이다. 다만 연약한 채소에 시비할 경우에는 가는 비가 내릴 때가 좋다고[75] 한다. 이처럼 『농업전서』에서는 송대 이후의 다양한 비료와 비료제조법을 수용하고 있음을 알 수 있다.

한편 동물성비료인 어조수류비魚鳥獸類肥는 부패된 것을 사용하거나 껍질인 굴[蠣]이나 대합조개[蛤]류의 조개는 태워 재로 만들어 똥과 섞어서 사용하면 뚜렷하게 효과가 크다고[76] 한다. 만약 어조수류비가 잘 썩지 않을

---

72 미야자키 야스사다[宮崎安貞], 『농업전서』「농사총론·분제육」, p.101.

73 『진부농서』「경누지의편」, "當始春, 又徧布朽薙腐草敗葉以燒治之, 則土暖而苗易發作."

74 최덕경, 앞의 논문,「宋代 이후 南方지역 肥料의 형성과 糞田의 실태」, p.156 참조.

75 미야자키 야스사다, 『농업전서(農業全書)』「농사총론(農事總論)·분제육(糞第六)」, pp.93-97.

76 미야자키 야스사다, 『농업전서』「농사총론·분제육」, p.97.

때에는 통에 부추를 한 줌 넣어 두면 다음날 바로 부패된다는 사실도 기록하고 있다.

『농업전서』에서 상등의 비료로 깨, 순무[蕪菁] 및 면화씨[綿實]의 찌꺼기, 고래[鯨]를 삶고 남은 찌꺼기인 전박煎粕과 골유박骨油粕, 마른 정어리[乾鰯] 및 사람 똥 등을 제시하고 있는 것은 주목할 만한 부분이다. 이들 비료는 주로 동식물의 유박과 똥인데, 17세기 말엽 이후 이들 비료가 특히 주목받았다. 전술한 분옥에서 비료를 비축했던 것과 같이 유박은 다양하게 많이 입수하여 수비와 혼합하고 부숙시켜 비료로 사용했다. 다만 유박은 비록 상등의 비료이지만[77] 현금으로 구입하는 금비金肥는 비용 부담이 크기 때문에 잡비료와 잘 혼합하여 벼나 상업 작물에 거름을 주어 경제적 효과를 극대화하였다.[78] 이후 『경가춘추耕稼春秋』에도 직경 4자[尺]의 통에 유박 25짐[荷], 물 25짐, 사람 똥 5짐의 비율로 섞어 비료로 사용했으며, 가정에서 이 비료를 제조하기도 했다.[79] 이런 행위를 "의사가 인삼이나 감초 등의 좋은 약을 조금 가미하여 다른 약효를 끌고 가는 것과 동일하다."라고[80] 인식하였다. 실제로 비료도 한 종류만으로는 효과를 볼 수 없기 때문에 여러 가지를 복합해 사용하였던 것이 흥미롭다.

---

77 미야자키 야스사다[宮崎安貞], 『농업전서』 「농사총론·분제육」, p.98.

78 미야자키 야스사다, 『농업전서』 「농사총론·분제육」, p.101; 오카 미츠오[岡光夫], 앞의 논문, 「『淸良記』と『百姓傳記』」, p.109에 의하면 북륙(北陸)지방은 정어리[鰯]의 산지이기 때문에 마른 정어리[乾鰯]가 일찍부터 시비되었는데, 연보(延寶) 6년(1678)의 노미군[能美郡]에는 반[反은 1町의 1/10=약10a]당 사람 똥 50태[駄]에 두엄[厩肥] 15태(駄), 유박(油粕) 13관(貫)을 밑거름[元肥]으로 하고, 덧거름으로 유박(油粕) 10관, 마른 정어리[乾鰯] 1표(俵)를 시비했다. 당시 벼농사에 금비(金肥)를 실시하는 것은 일본에서도 빠른 시기에 해당한다고 한다.

79 쓰치야 마타사부로[土屋又三郎], 앞의 책, 「분(糞)」, 『경가춘추』, p.200 이때 유박(油粕)은 은(銀) 10문(匁)으로 11~12짐[荷]을 구입했으며, 사람 똥은 5짐[荷]에 은 3문 5푼[分]의 비용이 소요되었다. 이처럼 비료가격이 비싸기 때문에 유채종자를 짛어 기름을 짜낸 후에 소변과 혼합하여 비료로 사용하기도 했다. 당시 각지에서 이런 비료를 만들면서 유박 값이 하락했다고 한다.

80 미야자키 야스사다, 『농업전서(農業全書)』 「농사총론·분제육」, p.101.

『농업전서』에는 비료와 토양과의 관계에 대해서도 잘 지적하고 있다. 즉 흑토黑土, 적토赤土류에는 유박을 사용하는 것이 좋으며, 습기가 있고 차진 기운이 있는 흙에는 면화씨찌꺼기가 좋다. 토지가 모래땅으로 말라서 척박한 곳에는 마른 정어리 비료가 좋으며, 그 외 유박, 사람 똥 등 지력을 도와주는 비료를 사용한다. 그리고 기름기가 지나친 단단한 점토질 토지에는 모래뻘[砂泥]을 건조시켜 시비하는데, 흰모래[白砂]를 넣으면 강점토질에 따른 배수 불량을 바로잡을 수 있다고 한다. 습기가 많거나 한랭한 토양에는 재나 소비燒肥 등을 넣어서 따뜻하게 하는 것이 좋으며, 양기陽氣가 왕성할 때 베어 낸 잡목과 풀은 작물의 양기를 도와 잘 생육하게 하며,[81] 종일 햇볕이 좋은 곳이나 양기가 많은 곳에는 음기인 수비水肥를 사용하여 음양을 조화시키는 것이 좋다고[82] 하였다. 이처럼 토양의 성질에 따라 적합한 비료를 처방하여 음양을 조절했던 것은 일본 역시 오랜 경험이 뒷받침되었기에 가능한 일이다. 『농업전서』는 토지에 대한 비료처방을 의술과 유사하게 인식한 것은 600여 년 전 『진부농서』 「분전지의편」에서 똥이 마치 사람의 체질에 따라 처방하는 약처럼 토성土性에 따른다는 것을 받아들여, 일본의 특성에 적합하게 응용하고 있는 것이 주목할 만하다.[83]

『농업전서』에서는 이처럼 시비하는 이유에 대해, 인구증가로 인한 식량 소비의 증가를 들고 있다. 인구증가로 인하여 토지이용도가 증가하여 지력 소모가 많아지게 되고, 작물 생육의 힘도 약해졌다. 그러나 토지에 비료를 꾸준히 하면 지력이 회복되어 토지의 힘이 항상 왕성해진다는[84] 송

81　미야자키 야스사다[宮崎安貞], 『농업전서』 「농사총론·분제육」, p.96.
82　미야자키 야스사다, 『농업전서』 「농사총론·분제육」, pp.99-100. 이와 같은 토양과 비료 성질에 대한 음양론은 자연이치에 순응하는 일본 농업사의 고유한 특징인 듯하다.
83　미야자키 야스사다, 『농업전서』 「농사총론·분제육」, p.99에는 토지에는 허(虛), 실(實), 냉(冷), 열(熱)이 있고, 비료에는 보(補), 사(瀉), 온(溫), 양(凉)이 있으며, 이것을 잘 조합하는 것이 시비의 요령이라고 한다.
84　미야자키 야스사다, 『농업전서』 「농사총론·분제육」, p.92.

대 '지력상신장地力常新壯'[85]의 이론에 기반하여, 분옥糞屋의 건립이 필수적이며, 비료를 비축해 둘 분옥이 없으면 연공年貢 상납도 곤란해진다고 보았다.[86] 따라서 분옥에 비료[糞壤]를 저장해 두는 것은 바로 약실藥室에 약을 보관하는 것과 같은 것이라고 보았다.[87] 하지만 17세기에는 『농업전서』에서 보듯 사람 똥오줌이 18, 19세기보다는 폭넓게 활용되지는 않았다. 다만 중국의 경험을 수용하여 분옥의 중요성이 부각되었다는 점은 주목된다.

18세기의 비료는 종류에 있어서는 17세기와 큰 차이가 없지만, 사람 똥오줌에 대한 인식에서는 차이가 있다. 1707년 편찬된 『경가춘추』를 보면[88] 주된 비료로 똥오줌, 유박, 재, 마른 정어리, 초비草肥, 토비土肥를 들고 있으며, 1782년에 하야시 로쿠로사에몬[林六郎左衛門]이 저술한 『경작대요耕作大要』에는 대변, 소변, 토비, 유비留肥, 증비蒸肥(일종의 퇴비),[89] 두엄과 마른 정어리[乾鰯], 청어[鯡]와 유박(들깨찌꺼기[荏滓], 깨찌꺼기[胡麻滓], 유채찌꺼기[菜種滓]), 재 등으로 『농업전서』와 큰 차이는 없지만,[90] 사람의 똥오줌이 비료의 첫머리에 제시되고 있다. 이미 『농업전서』에도 비료와 토양과의 관계를 지적한 바 있지만, 18세기 초 『경가춘추』에는 이전과는 달리 사람의 똥오줌을 중심에 두고, 각종 비료를 일본의 경험을 토대로 제시하고 있다. 예컨대,

> 똥[大糞]은 토양를 풀고, 오줌은 토양을 죄는 작용을 한다. 유채찌거기

---

85 『진부농서』「분전지의편」, "若能時加新沃之土壤, 以糞治之, 則益精熟肥美, 其力常新壯矣, 抑何敝何衰之有."
86 미야자키 야스사다[宮崎安貞], 『농업전서』「농사총론·분제육」, p.92.
87 미야자키 야스사다, 『농업전서』「농사총론·분제육」, p.100.
88 쓰치야 마타사부로[土屋又三郎], 「분(糞)」, 『경가춘추(耕稼春秋)』, 『일본농서전집』 제4권, 農文協, 1997, p.197.
89 증비(蒸肥)는 추수가 끝난 후 낙엽, 짚, 똥오줌[廐屎] 그 외에도 겨[糠]나 티끌, 나뭇잎 등 여러 가지를 모아 전토(田土)와 혼합하여 집 앞에 쌓아 두고 오가면서 사람과 말이 밟아 부패 발효시켜 만드는 비료이다.
90 하야시 로쿠로사에몬[林六郎左衛門], 「양지대의(養之大意)」, 『경작대요(耕作大要)』, 『일본농서전집』 제39권, 農文協, 1997, p.297.

[菜種滓]나 참깨찌꺼기는 토지를 비옥하게 한다. 하지만 마른 정어리나 들깨찌꺼기[荏滓]는 단 한 번 효력이 있고 토지를 비옥하게 하지는 못한다. 재는 어떤 토지에도 최상의 비료이다. 그리고 토비土肥는 토양을 비옥하게 하는 근원이다. 모든 비료는 그 토양의 성질을 살펴 거름을 주기 때문에 정해진 것은 없다. 각 지역에 따라 차이가 있고 동일한 촌일지라도 경작자의 능력에 따라 다르다.[91]

라고 한 점을 보면, 비료의 성질, 특히 똥과 오줌이 토양에 어떤 작용을 하는지를 명백하게 제시하고 있으며, 나아가 비료는 토양의 성질, 지역여건과 경작자의 능력에 따라 비료의 효과가 다르다고 한다.[92] 이러한 지적은 이 무렵 똥오줌을 비롯한 각 비료에 대한 인식이 경험적으로 확고하게 자리 잡았음을 말해 주는 것이다.

3. 19세기 똥오줌 효용성의 확대와 금비金肥의 다양화

『농업전서農業全書』가 등장한 이후 제국諸國은 농업에 대한 자각과 함께 지역 차, 즉 토지의 비옥도, 기후조건, 곡물 파종시기, 시절의 차이가 있음을 알고, 농촌의 경험자[老農]를 탐문하여, 『농업전서』에 빠진 것을 보충하면서 지역 간의 특징을 깨닫게 된다. 18세기 후반이 되면 지역성에 대한 자각은 더욱 뚜렷해지게 된다. 이것은 『농업전서』를 거울로 삼으면서 제

---

91 하야시 로쿠로사에몬[林六郎左衛門], 「양지대의」, 『경작대요』, p.297.
92 쓰치야 마타사부로[土屋又三郎], 「분(糞)」, 『경가춘추』, p.204에는 올벼와 중도(中稻)의 시비량을 제시하고 있다. 올벼의 경우 모내기 때 1반(反)당 사람 똥 20짐[荷], 두엄[廐肥] 14-15짐, 사이갈이(中耕) 때 덧거름으로 유박(油粕) 또는 토비(土肥)를 20-30짐[荷]를 시비한다. 단 두엄[廐肥]만 하면 14-20짐 정도 한다. 그리고 사이갈이의 경우 밑거름[元肥]으로 1반(反)당 사람 똥 12-17짐, 두엄만으로는 10-25짐을 시비한다. 여름에 덧거름은 토비(土肥)가 14-20짐, 두엄만으로는 17-20짐으로 시비한다. 하지만 시비는 모내기 전에 밑거름과 덧거름은 농민의 경제력 및 장소에 따라 종류도 다양하다.

국諸國의 실지實地를 직접 답사한 성과였다. 비록 『농업전서』가 명대의 『농정전서農政全書』에 자극되어 성립되었지만, 결국 '토지상응土地相應'의 태도에 입각하여 재지在地 농법이 정리된 것이다.[93] 이런 기반 위에 19세기 농업을 설명해 보자.

도쿠가와[德川] 말기의 농학자 오쿠라 나가츠네[大藏永常]는 『농가비배론農稼肥培論』(1826년 찬)의 「총론惣論: 總論」에서 "농업에서 가장 중요한 것은 토양의 비료[糞壤]를 선택하는 것이다."라고 했으며, 비료야말로 만민의 삶을 윤택하게 하는 첫 번째로 중요한 것이라고 하였다.[94] 특히 그중에서도 사람 똥과 오줌을 중시했다.

사람 똥을 비료로 사용한다는 것은 농가에서 잘 알고 있어 자세히 설명할 필요가 없다. 오줌을 거르고 남은 찌꺼기인 사람 똥은 어떤 작물에 거름을 주어도 효과가 있어 비료 중의 제일이라고 평가하였다.[95]

고 한다. 당시 기내畿內의 농민들 역시 소변이 인체의 양조된 술이라면, 대변은 술의 찌꺼기라고 보기도 하였다. 흥미로운 것은 사람 똥을 시비할 때 월별로 똥과 물을 섞는 양을 달리하고 있다는 점이다. 대개 합한 것을 10이라 했을 때, 6월에는 똥 2푼[分], 물 8푼을 첨가하고, 반면 12월에는 똥 8푼, 물 2푼을 혼합하여 거름을 주었다. 이것은 겨울에는 똥을, 여름에는 물을 더 많이 넣는다는 중국 진부요陳扶搖의 견해가 삽입된 것이다.[96] 그 이유를 『농가비배론農稼肥培論』「인뇨뇨人尿屎」에서는 여름의 소변은 땀

---

93 도쿠나가 미쓰토시[德永光俊], 앞의 논문, 「近世農書における學藝: 農の仕組みを解く」, pp.10-11.
94 오쿠라 나가츠네[大藏永常], 『농가비배론(農稼肥培論)』 권上 「총론(惣論)」, 『일본농서전집』第 69권, 農文協, 1996, p.31.
95 오쿠라 나가츠네, 『농가비배론』 권上 「인시(人屎)」, p.49.
96 오쿠라 나가츠네, 『농가비배론』 권上 「인시」, p.54.

의 증발이 많기 때문에 오줌성분이 진하며, 다만 땀 흘려 노동하는 자의 소변은 겨울에도 일반인의 여름 소변과 마찬가지로 진하다고[97] 한다. 만약 진한 소변을 그대로 시비하면 대변보다 더 유해하여 채소나 작물의 잎이 금방 오그라들거나 마르게 되는데,[98] 이 때문에 대소변을 시비할 때는 계절에 따라 적당하게 물을 배합해야 한다는 사실을 적기하고 있는 것이다. 이때 소변은 주로 줄기와 잎에 효과가 좋으며, 대변은 뿌리 쪽에 좋은 효과가 있다. 하지만 관동 사람 중에는 기내畿內 지역과 같이 소변을 소중하게 여기지 않고, 전혀 비료효과가 없다거나 그 땅에는 적당하지도 않다고 하여 아예 사용하지 않는 사람도 있었다.[99] 이처럼 사람의 똥오줌을 바라보는 지역차도 적지 않았던 것으로 보인다.

뒤에 제시한 〈표〉에 의하면 17세기와 마찬가지로 『농가비배론』에도 동식물성과 광물성비료가 다양하게 나타난다. 이러한 것들은 생선 씻어 낸 물이나 부엌의 설거지물, 목욕물 등에서 얻어낸 수비水肥를 적극적으로 활용하거나 장유조醬油糟, 두부찌꺼기[豆腐粕], 술지게미[酒粕], 소주지게미[燒酎粕肥], 엿지게미[飴粕肥] 등 간장, 두부, 술 및 엿을 만들고 남는 찌꺼기 역시 비료로 사용했다. 아울러 청어찌꺼기[鯡肥], 송어찌꺼기[鱒糟], 다랑어찌꺼기[鮪糟], 마른 정어리 등 어패류의 찌꺼기도 비료로 많이 이용하였으며,[100] 생선의 장腸과 작은 물고기의 머리 등도 말려 정어리와 함께 비료로 사용하였다.[101]

이처럼 어비魚肥의 종류가 다양해진 것은 이전과는 다르게 증가된 관동

---

97 『농가비배론』「인뇨뇨(人尿屎)(溺)」, p.38에는 여름 6월과 7월의 두 달의 소변 1되[升]의 농도는 겨울 소변 4되에 필적하며, 5월과 8월 두 달의 소변 2되는 겨울 소변 3, 4되에 해당한다고 한다.

98 『농가비배론』 권上 「인뇨뇨」, p.38.

99 『농가비배론』 권上 「인뇨뇨」, p.37.

100 『농가비배론』 권下, pp.108~122에서 건비(乾鯡)는 마른 정어리[乾鰯]와 동시에 등장한다. 건비(乾鯡)는 청어(靑魚)로 해석하고 있다.

101 『농가비배론』 권中 「어비지사(魚肥之事)」, p.91.

關東지역의 출어민出漁民이 많은 마른 정어리를 잡아 그들의 쌀과 맥작 지대에 공급하여 생산력을 높이면서[102] 기내畿內 면작棉作 지대로의 공급이 차단되게 된다. 이런 이유 때문에 기내畿內 지역은 만성적인 정어리 비료의 부족이 야기되고 비료 값이 상승하면서 오히려 다른 어류의 비료에 관심을 가지게 된 것이다.[103] 그리고 벽토壁土, 조토竈土, 상하토床下土 등의 토비의 이용도 다양해졌던 것을 볼 수 있다.[104]

이처럼 19세기의 농서에는 계절과 지역에 따라 비료와 시비 방법을 달리한 것은 물론이고, 관동과 기내지역처럼 사회경제적인 변화로 인하여 비료에 대한 요구도 달랐음을 볼 수 있다. 19세기의 비료상황을 좀 더 구체적으로 확인하기 위해 1840년에 편찬된 『배양비록培養秘錄』에 천착해 보자.[105]

『배양비록』은 책 이름에서도 보듯 권1에서는 농정農政에 대해 기술하고, 권2에서는 비료의 원료 36가지를 동, 식물성 및 광물성으로 나누어 각 12가지씩 제시한 후, 권3에서는 동물성비료, 권4에서는 식물성비료, 그리고 권5에서는 광물성비료 등을 다양하게 제시하고 있다. 특히 권2에서는 똥오줌과 말똥오줌[馬糞尿]을 중시하고 있으며, 〈표〉에서 보이는 바와 같이 사람 똥을 섞어 다양한 복합비료를 만들었고, 이를 혼합하기 위해 소옥小屋을 만들었다는 것이 특징이다. 아울러 식물성비료에 수초비水草肥가 늘어나고, 동물성의 경우 생선찌꺼기[魚粕]와 건어를 만드는 어류가 증가했는가 하면, 짐승의 털[獸毛]이나 뼈재[骨灰]도 다양해졌다. 석회와 니토泥

---

102 오카 미츠오[岡光夫], 앞의 논문, 「幕末混迷期における『家業傳』」, p.192에서 19세기 초중기 『가업전(家業傳)』에 의하면, 에도시기 후기 관동(關東)의 반(反)당 수확량은 1-2섬[石] 내외, 우화도(宇和島)는 1섬 정도, 목하가(木下家)는 2섬 5말 7되었다고 한다. 이는 유기질비료에 의한 지력증진과 금비(金肥)의 결과였으며, 파종량은 근기(近畿)지역 평균의 절반에 해당하는 반(反)당 3되에 불과했다고 한다.

103 아라이 에이지[荒居英次], 앞의 논문, 「序章: 近世の物資流通と海産物」, p.17.

104 『농가비배론』 권中 「니비지사(泥肥之事)」, p.75.

105 사토 노부히로[佐藤信淵], 『배양비록(培養秘錄)』, 『일본농서전집』 제69권, 農文協, 1996.

그림 14_ 분뇨 시비 장면(일본농서전집 15권)

土는 예전보다 더욱 진일보하여 염초焰硝, 유황硫黃, 홍비석紅砒石, 홍비광紅砒鑛, 홍비회紅砒灰와 같은 광물성 복합비료가 증가되고 있는 것도 19세기 중기 비료의 특징이다.

이 속에 독성이 강한 석비石砒를 넣은 것은 명청시대 복합비료에서도 언급하였듯이, 비료를 통해 제초와 살충의 효과를 동시에 얻고자 했음을 알 수 있다.[106] 이것은 19세기 일본의 과학자들이 당시의 현실 농업의 어떠한 부분을 염려하고 있었는지를 알 수 있는 대목이다. 따라서 19세기 중엽 일본의 복합비료 역시 단순한 토화나 작물의 성장에 영향을 주는 비료는 아니었다는 점에서 주목할 만하다.

『배양비록』에서도 가장 중시했던 비료는 역시 사람 똥이었다.

사람 똥은 유기油氣와 휘발성이 있어 영양을 고루 미치게 하여 땅을 비옥하게 하고, 깊이 스며들게 하는 소금기를 함유하고 있다. 그래서 똥을 논밭에 시비하면 자양資養의 원기元氣가 강해져서 초목을 잘 자라게 한다. 이것은 불가사의하다. 그 때문에 똥이 작물의 열매를 잘 맺게 하는 작용을

---

106 崔德卿, 「明代江南地區的複合肥料: 糞丹的出現及其背景」, 『중국농사(中國農史)』 第2014年 4期, 2014, p.40.

한다는 점에서 세계 제일의 비료[肥養]라고 할 수 있다.[107]

고 하였다. 이런 사람 똥은 생똥을 그대로 거름을 주는 것이 아니라 빗물이나 흐르는 물과 1:1(또는 물을 약간 많이)로 혼합한 후 소옥小屋 속의 거름구덩이[糞窖]에 넣어 60일 정도 부숙시켜 똥이 물과 같이 녹아 짙은 청색으로 변할 때에 맞춰 거름 줄 것을 권하고 있다.[108] 사람 똥은 그 성질이 뜨거워 흙을 따뜻하게 하는 기운이 있기 때문에 차가운 땅[寒地]의 비료로 적합하다. 그래서 따뜻한 땅[暖地]에 함부로 강한 분즙을 시비하면 해가 될 수있다. 때문에 거름을 줄 경우 토양의 성질과 작물의 비료에 대한 강약을잘 고려할 것을 주의하고 있다.[109] 이 같은 현상은 인뇨의 경우도 마찬가지이다.

사람의 오줌은 똥처럼 자양滋養의 정기를 땅속에 고루 미치게 하는 유기油氣가 적지만, 휘발하는 소금기가 많아 효능은 똥보다 빠르다. 이것은 위로 향하는 오줌의 성질 때문에 그 기운이 표피와 잎과 꽃에 모이게 돼서그런 것이며, 그 정기가 뿌리와 줄기에 모이는 똥과는 대조적이다.[110] 사람의 오줌을 사용할 경우도 이를 목욕한 물(또는 구정물)을 5:2로 혼합하여 소옥의 구덩이[糞窖]에 넣고 60-70일 정도 부숙하여 사용할 것을 권하고 있다. 갓 나온 오줌은 효과는 빠르지만 오히려 작물에 유해할 경우가 있기때문에 부숙과정을 거칠 것을 주문하고 있다. 이런 이유 때문인지 중국인들은 소변을 윤회주輪廻酒라고 하여 초목을 취하게 할 수 있다고[111] 보았다. 사람 똥오줌의 이 같은 효과 때문에 똥오줌의 저장은 물론이고 풍성한 수

---

107 사토 노부히로[佐藤信淵], 『배양비록』 권2 『일본농서전집』 제69권, 農文協, 1996, pp.241-242.
108 사토 노부히로, 『배양비록』 권2, p.244.
109 사토 노부히로[佐藤信淵], 『배양비록』 권2, pp.250-252.
110 사토 노부히로, 『배양비록』 권2, pp.255-256.
111 사토 노부히로, 『배양비록』 권2, p.256.

확을 위해서는 다양한 비료를 비축해야 하며, 그러기 위해서는 반드시 비료 소옥을 만들 것을 권유하고 있다.[112]

『배양비록培養秘錄』에서는 역시 어비魚肥를 중시하고 있다. 어류의 육질[肉]은 따뜻하여 토양의 냉기를 중화하며 영양이 많고 휘발성이 있고 소금기도 함유하고 있다. 또 조개류의 육질에도 사람 똥오줌과 유사한 유기油氣와 소금기가 포함되어 있다. 정어리[鰯, 鰮]는 비록 작은 물고기이지만 벼와 목면木棉의 결실을 풍성하게 하는 데에는 생선 중에서 최고였다고[113] 한다.

건어乾魚와 유박油粕을 비료로 사용하는 방식은 잘게 부수어 다른 똥과 조합하여 사용하거나 또는 이 분말을 분교糞窖에 넣고 물을 부어 부숙시켜 사용한다. 목면의 경우에는 작물 곁에 막대기로 구멍을 뚫어 거기에 분말을 넣어 거름을 주어도 효과는 좋다고[114] 한다. 분말이 아닌 것은 작은 덩어리를 땅속에 묻어 거름을 줄 수도 있지만, 그 경우 17세기 『백성전기百姓傳記』에서도 보이듯이 새나 짐승이 땅을 파서 작물 자체를 해할 수도 있기 때문에 주의를 요한다.

마른 생선 중에서는 마른 정어리[乾海鰮; 乾鰯]가 가장 뛰어나고, 마른 전갱이[乾鯵]가 그다음이며, 그다음이 마른 청어[乾靑魚][115]였다. 정어리는 추울 때 어획하는 대배흑大背黑이라고 불리는 것이 최상의 상품이다. 다만 비가 계속되어 제대로 말리지 못한 것은 품질이 좋지 않다. 어유魚油를 취한 후의 찌꺼기도 건어와 마찬가지의 효과가 있다. 사람들은 대개 건어보다도 어박을 중시하였다.[116] 유박油粕으로는 정어리유박[鰯油粕]이 제일이고, 고

---

112 사토 노부히로, 『배양비록』 권2, p.252.

113 사토 노부히로, 『배양비록』 권3, p.298.

114 사토 노부히로[佐藤信淵], 『배양비록』 권3, p.302에는 막대기로 뚫어 그 속에 분말을 넣어 시비한 것을 봉비(棒肥)라고 하며, 마른 정어리[乾鰯]의 작은 덩어리를 뿌리 근처에 묻어 시비하는 것을 환비(丸肥)라고 한다.

115 이른바 마른 청어[乾靑魚]는 마쓰마에[松前]에서 우청어(羽靑魚; 骨鯡)라고 불리는 것이다.

116 사토 노부히로, 『배양비록』 권3, p.301에서 생선의 유박(油粕)은 정어리[海鰮]와 고래[海鰌; 鯨]의 것이 가장 최상이고, 다음은 꽁치[長鰮], 돌고래[海豚]이고, 송어[鱒], 고등어[鯖], 복어

래 유박[鯨油粕; 海曽油粕], 그 외 건어나 어박이 그다음이라고 한다.[117]

그런데 기내畿內 면작지대로 줄곧 공급되었던 관동산關東産 마른 정어리가 향보享保 20년 전후에 거의 단절되었다. 그래서 18세기 중기에 근기近畿 지역의 비료부족을 해결하기 위해 비록 비료효과는 약간 떨어지지만 정어리의 대체품으로 등장했던 것이 바로 청어비료[鰊魚肥]였다.[118] 18세기『경작대요耕作大要』에서 청어[鯡]는 주로 에조지[蝦夷地]의 마쓰마에[松前]에서 노획되는데, "청어는 도작稻作에 적합하지 못하고, 채소나 대근류大根類에 사용된다. 하지만 근년에는 도작에도 사용되고 있다. 그것은 마른 정어리나 유박의 품귀현상 때문이다. 하지만 청어를 사용하면 벼의 병을 증가시킨다."라는[119] 주석을 제시하고 있다. 아라이 에이지[荒居英次]의 연구에 의하면 청어 비료가 기내畿內를 중심으로 광범하게 확산된 것은 가격이 정어리유박보다 저렴하기 때문이라고 한다. 이런 이유 때문에 점차 근기近畿와 각 지역의 주곡지대에 보급되어 막부말 유신기[幕末維新期]에는 전국적으로 정어리 유박油粕을 압도하는 유력한 어비魚肥가 되었던 것이다.[120]

『농업자득農業自得』(1842년 찬)도『배양비록培養秘錄』과 비슷한 시기에 편찬된 농서로 〈표〉에서 보는 바와 같이 여전히 사람의 똥오줌, 어비魚肥, 유박 및 해초류가 중요한 비료였으며, 특징적인 것은 마른 정어리와 재를 섞어 모판[苗板]의 밑거름으로 사용하였다는 점이다.[121] 이것은 이미 18세기『경

[河豚] 등이 그 다음이라고 한다.

117 사토 노부히로,『배양비록』권3, p.303.

118 오카 미츠오[岡光夫], 앞의 논문,「幕末混迷期における家業傳」, pp.187-188에는 에도시대부터 면(綿)을 상품화하면서 마른 정어리[乾鰯]나 청어찌꺼기[鯡粕] 같은 어비(魚肥)를 주된 비료로 사용했다고 한다.

119 하야시 로쿠로사에몬[林六郎左衛門],「養之大意」,「경작대요(耕作大要)」, p.298.

120 아라이 에이지[荒居英次], 앞의 논문,「序章: 近世の物資流通と海産物」, pp.17-19에는 막부말기[幕末]에는 막부의 특권적인 마른 정어리[乾鰯] 도매상을 배제한 신유통기구가 성립하여 생산지[漁村]와 수요지[農村]를 직접 연결하는 합리적 유통형태가 출현하였다고 한다.

121 다무라 요시시게[田村吉茂],「농업자득(農業自得)」,「일본농서전집」제21권, 農文協, 1997.

작대요』에도 소개되어 있다. 그 「해제解題」에 따르면, 마른 정어리의 가루를 모판의 밑거름, 모내기 및 벼농사의 덧거름으로 폭넓게 이용하면서 점차 품귀현상이 빚어졌다고[122] 한다. 그래서 『농업자득』에서는 마른 정어리에 재를 섞어 벼모종의 비료효과를 더하고 있다.

『농업자득』은 농민이 직접 경험한 것을 바탕으로 기술한 '농민의 농서' 중 대표적인 것으로 평가받고 있다.[123] 여기서도 필자는 대소변의 가치를 강조하고 있다. 저자 다무라 요시시게[田村吉茂]는 비배肥培에 관한 첫머리에서 "비료 중에서는 똥오줌이 제일이다. 그리고 각종 찌꺼기[粕], 마른 정어리[乾鰯], 기름 찌꺼기[油粕], 쌀겨[米糠] 등도 모두 좋은 비료이지만, 똥오줌과 재를 혼합하여 사용하지 않으면 효과가 적다. 사람의 똥오줌은 곡물과 마찬가지로 잘 저장해야 하며, 시비방법에 따라 몇 배의 효과를 발휘할 수 있다."라고[124] 하여 사람 똥오줌의 가치를 선언적으로 제시하고 있다. 이것은 도쿠가와 말기에도 농민들 사이에서 똥오줌의 가치가 더욱 중시되고 있었음을 증명하는 것이다. 아울러 사람의 똥오줌을 다른 비료와 섞어 『배양비록』에서처럼 복합비료로 사용할 때 더욱 효과가 좋다는 지적은 이전보다 사람의 똥오줌의 용도가 다양해졌음을 의미하는 것으로, 주목할 만한 내용이다. 그 때문에 똥오줌의 비축이 곧 수확량과도 직결됨을 강조하고 있다. 이같이 가까이서 쉽게 구할 수 있는 사람 똥오줌을 비료의 중심에 둔 것은 자립영농의 기반확보와도 밀접하게 관련되었을 것으로 보인다.

『농업자득』에서 강조하고 있는 또 다른 점은 비료의 시기와 토양조건이

---

122 하야시 로쿠로사에몬[林六郎左衛門], 「해제(解題)」, 『경작대요』, p.313에서 구입비료[金肥]가 한 단계 상승한 것은 천명기(天明期; 1781-88)의 농업부터라고 한다. 이때 구입 비료가 벼뿐만 아니라 다른 작물에도 시비되면서 더욱 늘어났다고 한다.

123 도쿠나가 미쓰토시[德永光俊], 앞의 논문, 「近世農書における學藝: 農の仕組みを解く」, p.6.

124 다무라 요시시게[田村吉茂], 『농업자득』, p.29.

다. 우선 비료의 시기에 대해서는 비료량이 많으면 각종 병에 걸리고, 적으면 생육이 좋지 않다고 하여, 작물을 사람에게 생기는 현상과 동일시하여 10일 간격으로 거름을 줄 것을 권장하고 있다. 그리고 작물도 아기의 양육과 같이 갓 발아하는 곳은 부드러운 비료를 사용하고, 점차 성장함에 따라 강한 비료로 바꾸고, 차가운 땅에는 따뜻한 비료를 줄 것을 권장하고 있다. 따뜻한 비료 중 쉽게 얻을 수 있는 것이 재[灰]이다. 그런데 당시에는 논밭의 각종 쓰레기를 길에 버리는 경우가 많았는데, 바로 비료로 사용할 수 없는 것이라면 태워서 재를 만들면 논밭에 모두 사용할 수 있는 좋은 비료가 된다는 것을 강조하고 있다.[125]

그리고 토양조건도 모판[苗板]의 경우를 보면, 습전濕田에는 잡비雜肥보다 냉기에 효과적인 마른 정어리를 많이 사용하고, 건전乾田에는 두엄이나 풀을 사용할 것을 제시하고 있다. 본래 새로운 퇴비는 향기가 강하고 속효성이 있기 때문에 모판에서는 효과적이다. 벼 모판의 두엄은 오래된 것은 효과가 적다고[126] 한다. 만약 밭작물의 밑거름으로 새로운 퇴비를 대량으로 시비하면 오히려 발효가 늦어지기 때문에 시기와 파종여건에 따라 시비량을 조절해 줄 것을 요구하고 있다.[127] 또 흥미로운 것은 수비水肥의 시비 방식인데, 여름부터 가을까지는 한낮에 시비하면 벌레가 발생하기 때문에 아침저녁에 뿌리는 것이 좋으며, 특히 겨울에 서리가 내릴 때 수비해서는 안 된다는 것도 지적하고 있다.[128]

이상에서 보듯이 17세기를 지나면서 사람 똥오줌의 용도와 효용가치가 높아지면서 분옥糞屋과 같은 저류貯留시설이 확충되고, 나아가 다른 비료와 혼합되면서 비료의 가치가 높아진다. 19세기에 사람 똥오줌을 최고의

---

125 다무라 요시시게[田村吉茂], 『농업자득』, pp.30-31.
126 다무라 요시시게, 『농업자득』, p.43.
127 다무라 요시시게, 『농업자득』, p.30.
128 다무라 요시시게, 『농업자득』, pp.30-31.

비료로 인식하면서 똥오줌의 비축 여부가 곧 수확의 척도가 되는 단계에 이르게 된다. 이와 더불어 주목할 만한 비료는 바로 17세기 중기 이후 농서에 많이 등장하는 마른 정어리 등의 어패비魚貝肥와 유박油粕이다. 이후 19세기가 되면서 금비金肥로 여겨지던 어비魚肥의 종류가 다양해졌다는 것은 그만큼 비료의 수요증가와 함께 효과도 탁월했다는 것을 입증한다. 대개 소농민의 자급생산은 자기 집의 똥으로도 가능했지만, 연공年貢을 위한 생산은 농촌 내부의 자원만으로는 재생산이 불가능했다. 이를 위해 마른 정어리[乾鰯]나 유박 등의 금비를 구입하고, 보다 효과적인 방법으로 도시근교의 경우 도시의 똥을 수집했다는 것은[129] 농민층의 분해와 자립화가 이루어졌던 것을 잘 말해 준다. 더구나 후술하는 바와 같이 똥오줌의 거래를 둘러싼 도농都農 간의 갈등은 이러한 사정을 잘 대변한다.

〈표〉 일본 근세 농서에 등장하는 비료의 종류

구분 農書	편찬 연대(年)	식물성비료	동물성비료	광물성비료	근거	비고
淸良記	戰國末 1564	蕨草, 小萩, 蔓草, 蓬, 葛葉, 河東杉, 靑茅, 海草類, 觀音草, 烟草類, (桑, 柳, 雲早草, 櫨, 榎, 枌, 木槿, 桃, 藤, 萩)葉, 常綠樹의 부드러운 잎, 糠糟類, 厩肥, 油粕, 田地雜草, 木葉이나 草(刈肥)	腐熟한 鳥獸의 肉類, 사람이 먹다 남은 찌꺼기, 雪隱(人糞尿)	垣根, 壁 무너진 것	「糞草の事」	淸良(四國地方의 北西部에서 北中部에 위치한 縣) 栗, 柿, 樫, 櫟 등의 잎은 비료로써 부적합
會津農書	貞享元年 1684	靑草刈, 灰, 楢葉, 靑草敷, 厩肥, 燒酒粕	馬糞, 下糞(人糞), 人馬의 小便		권1 「水田部」 「圃田部」	會津(東北 福島縣)

129 다키가와 쓰토무[滝川勉], 「東アジア農業における地力再生産を考える」, 『아시아경제[アジア經濟]』 45(3), 2004, p.62. 청일전쟁 이후 대륙으로부터 콩깻묵[豆餅]이 대량 수입되어 유박(油粕)의 가격이 상대적으로 낮아지면서 벼농사에 널리 사용되게 된다. 데루오카 슈죠[暉峻衆三][전운성 역], 앞의 책, 『일본농업 150년사』, p.68.

百姓傳記	延寶 8년(1680)부터 10년간 지방관리 찬술	灰, 짚, 作物殼, 大豆殼, 콩깍지, 小豆莖와 葉, 胡麻나 들깨의 莖葉, 粟殼의 灰, 蕎麥殼, 芥類, 早稻灰, 若葉, 籾殼, 草, 野芝, 道芝, 山芝, 松葉, 油粕, 酒粕, 稻苗, 綠肥類	不淨(大小便;下肥), 魚介類, 乾鰯, 貝類, 魚類, 若葉, 厩肥(草, 짚, 野芝, 道芝, 山芝, 쓰레기, 芥 등을 밟은 것), 乾魚, 龜類, 鳥糞, 鵜糞, 鷹糞, 鳶糞, 燕糞, 鷄糞, 牛馬糞尿	煤, 壁土, 海水	「不淨集」(肥料)	溜桶, 灰屋, (糞尿)小屋, (乾, 眞, 大, 小, 生)鰯
農業全書	元祿 10년(1697)	苗肥(綠肥); 綠豆, 小豆, 胡麻, 大豆, 蠶豆, 草肥; 각종 草木燒肥; 잡동사니를 불태운 灰+糞尿水肥, 大豆殼, 胡麻, 蕪菁의 油粕, 木棉(綿實)油粕, 雜肥料, 蒸肥	魚, 鳥獸類 썩은 것, 乾鰯, 鯨煎粕, 鯨骨, 骨油粕, 人糞, 糞灰	蠣蛤灰+糞, 泥肥:乾泥+人糞(灰), 土肥, 人馬씻은 물	권1 「農事總論·肥料」	糞屋, 각종油粕, 蠣蛤灰, 人糞+灰. 陰陽을 조화시켜 施肥
耕稼春秋	寶永 4년(1707)	油粕, 灰, 草肥, 踏土, 菜種肥, 厩肥	人糞, 小便, 乾鰯, 生鰯, 鰯	土肥	권4 「農業時節地理用水種糞運氣田疾惡作」「糞」	土肥
耕作大要	天明元年(1781)	蒸肥, 留肥, 荏粕, 菜種粕, 灰, 油粕, 厩肥	大便, 小便, 乾鰯, 鯡	土肥		蒸肥, 留肥
農稼肥培論	文政 9년(1826)/天保年間		小便(溺), 人屎(人糞), 水肥(생선 씻은 물, 부엌의 식기 씻은 물, 목욕물, 발 씻은 물 등)		상권	인분뇨를 별도 제시
		苗肥(綠肥), 草肥, 油粕, 綿實粕肥	乾鰯肥, 魚肥	煤肥, 塵芥肥(먼지나 쓰레기), 泥肥, 土肥(壁土, 竈土, 床下土)	중권	油粕肥가 다양해짐
		厩肥, 糠肥, 醬油糟肥, 豆腐粕肥, 酒粕, 燒酎粕肥, 飴粕肥	牛馬糞, 毛爪革肥, 鯡肥(靑魚), 鱒糟, 鮪糟, 乾鰯, 鳥糞肥, 貝類肥	鹽竈肥	하권	毛爪革肥를 새롭게 제시

培養秘錄	天保 11년 (1840)	莖葉，綠肥，苗肥，草肥，青草，草木灰，米麥糠，穀秤，油粕，酒粕，醬油糟，海河藻	人糞,人尿,牛馬糞,牛馬尿，鷄糞，蠶糞，獸肉，魚貝肉，乾魚，魚油，羽毛，骨角殼 灰糞，水肥(熟糞汁+雨水)，下肥(熟糞汁+雨水)，淡水糞(熟糞汁+雨水)，小便灰	上煤，下芥，塵埃，炙日泥，焙消·海鹽，硫礬，紅砒石，砒礦灰，石炭灰，黃河泥，河砂，客土 臘土(土+人糞=土肥)，合肥(土+灰+人糞+米糠)，三和土(腐葉土+赤土+赤粘土+人糞)	권2 "人糞尿馬,糞尿"	複合肥料 糞窖에서 부숙-肥料 원료 36가지 제시 (動, 植, 鑛物 各 12가지) 人糞이 世界 第一의 비료라고 함
			鳥類糞，鷄糞，水鳥糞，蠶糞，馬糞，蟓(누에)，蠶蛾(개미누에)，獸肉水(肉+水)，魚肉水，海螺肥，干魚(乾魚+魚油粕+糞)，魚油粕，鯨油粕，油脂(熊，豚，猪)，魚油(海鰮:정어리，長鰮:꽁치，鱒:송어，鯖:고등어，河豚:복어)，人髮，獸毛(牛，馬，鹿，猪，猿等)，骨灰(鯨魚，牛，馬，猪，猿，大魚)，貝殼灰		권3 "動物性肥料"	蠶蛾，魚貝肥，鰮(정어리)
		莖葉，苗肥，芝草肥，埋肥(青草，枯草，小枝，木葉)，厩肥，腐肥(木小枝，草類)，草木灰(草木枝葉)，穀類藕(糠)，粉糠水肥(糠+流水)，油粕肥[松子，芸台子，들깨，芥子，麻子，綿子等]，油粕水肥，糟粕(酒，醬油，豆腐，麩)，水草肥(黑藻，滸苔，海蘊，海帶，裙帶菜，羊栖菜，鹿角菜，神馬草，水松，龍鬚菜，陟釐，蓴菜，荇菜，河藻，川藻 等)			권4 "植物性肥料"	糞苴小屋

				客土, 川砂, 詰石(礫石), 溝泥, 乾泥土, 竈上(天井)煤, 古家煤, (緣下)塵芥, 焰硝, 新石灰, 硫黃, 紅砒石, 紅砒鑛, 紅砒灰	권5 "鑛物性肥料"	糞窖 砒石 광물성비료의 다양화
農業自得	天保12년 (1841)	粕, 油粕, 米糠, 灰, 雜草類, 海草類, 廐肥, 灰, 雜草, 海草類, 綠肥(綠豆)	人糞尿 乾鰯, 垢洗流水, 水肥 모내기 3일 전에 乾鰯+灰를 섞어 基肥 馬糞	大小麥의 糞種 (灰+米糠+乾鰯)	『農業自得』	人糞尿가 비료 중 第一이라고 함, 苗板시비, 粕과 乾鰯을 많이 활용

III. 도농都農 간의 분뇨 급취권汲取權과 거래

1. 에도[江戸]시대 분뇨 수거와 매매실태

사람 똥을 이용해 부를 축적했다는 기록 역시 당송시대부터 등장한다. 당대 무측천을 전후한 시기의 조야유문朝野遺聞인 『조야첨재朝野僉載』에는 장안의 부민富民 나회羅會가 똥을 처리하여 많은 부를 축적했다고[130] 한다. 즉 "척분업剔糞業"을 통해 '거만巨萬'의 재산을 모은 것이다. 이 사료만으로 "척분업剔糞業"이 위생을 위한 행위[131]인지 비료제조를 위한 것인지는 분명하지 않다. 하지만 13세기 중엽의 남송 『몽량록夢梁錄』에는 도성 임안臨安

---

130 당(唐) 장작(張鷟), 『조야첨재(朝野僉載)』 권3, "長安富民羅會, 以剔糞爲業, 里中謂之鷄肆, 言若鷄之. 人剔糞, 而有所得也. 會世副其業, 家財巨萬."

131 『당률소의(唐律疏議)』 권 제26 「잡률(雜律)」 第404條, "其穿垣出穢汚者, 杖六十. 出水者, 勿論. 主司不禁, 與同罪."에서처럼 당대에 오물을 거리에 무단 투기자를 엄금한 것으로 보아 위생처리를 전담하는 자가 존재했을 가능성도 있다.

의 똥 푸는 사람인 경각두傾脚頭가 매일 소민小民의 집에 들어와 마통馬桶을 수거해 갔으며, 마통마다 단골 고객이 있어 간혹 똥의 급취권汲取權을 두고 소송을 벌였는가 하면,[132] 각종 쓰레기나 똥을 실은 운반선이 무리를 지어 강을 오르내렸다고[133] 한다. 이들 사료는 모두 도시의 똥을 이용하여 부를 축적한 경우이다.

이러한 사실을 미루어 볼 때, 똥오줌의 수거가 단순한 소제라기보다는 남송 이후 분비의 수요가 확대되면서[134] 나타난 거래 현상이라고 생각된다. 이러한 양상은 명말에 편찬된 『심씨농서』「운전지법運田地法」에서 구체화되어 "똥값이 비싸다.[糞價貴.]" "농번기에는 대개 똥값이 싸다.[農忙之時, 糞多價賤.]" "평망에서 재 섞은 돼지똥을 구입하고, 성정에서 재 섞은 똥을 구입했다.[平望買豬灰及城鉦買坑灰.]" 등의 구절이 보이고, 분선糞船을 이용하여 항주杭州로 가서 사람 똥을 구입하는 방식에 대해 자세하게 묘사되어 있다. 그리고 청초에도 후술하는 바와 같이 『굴신갱간귀성재주掘新坑慳鬼成財主』라는 소설 속에서 '치작당齒爵堂'이라는 화장실[糞屋]을 설치하여 광고까지 하면서 똥을 수집하여 막대한 부를 축적했다는 사실이 잘 그려지고 있다.[135]

이 같은 똥을 구입하는 행위는 조선에서도 볼 수 있는데, 18세기 박지원朴趾源은 엄행수嚴行首라는 똥 장수를 등장시켜, 그가 사람 똥을 비롯한 각

---

132 오자목(吳自牧), 『몽량록(夢梁錄)』「제색잡화(諸色雜貨)」, "杭城戶口繁夥, 街巷小民之家, 多無坑厠, 只用馬桶, 每日自有出糞人瀽去, 謂之傾脚頭, 各有主顧, 不敢侵奪. 或有侵奪, 糞主必與之爭, 甚至經府大訟, 勝而后已."

133 『몽량록』「하주(河舟)」, "大小船只往來河中, 搬運齋糧柴薪. 更有載拉圾糞土之船, 成群搬運而去."

134 최덕경, 앞의 논문, 「『齊民要術』과 『陳旉農書』에 나타난 糞과 糞田의 성격」, p.122; 최덕경, 「東아시아 糞尿시비의 전통과 生態農業의 屈折: 糞尿의 衛生과 寄生蟲을 중심으로」, 『역사민속학』 제35집, 2011, p.266.

135 순치말(順治末), 서진·순원정주인 등(徐震·酌元亭主人 等), 「掘新坑慳鬼成財主」, 『조세배(照世杯)』白話短篇小說集.

종 똥을 모아 서울 근교의 채소밭의 비료로 공급하여 한 해 6천 전錢을 벌어들였다고 한다.[136] 그리고 이러한 현상은 1910년대 경기도 수원에서 재에 똥오줌을 섞어 만든 똥재[糞灰]를 판매했다는 기록까지 이어진다.[137]

근세 일본에서도 똥오줌 비료에 대한 인식은 중국, 조선과 큰 차이가 없었다. 전술한 바와 같이 전국말 이후 똥오줌을 저장했다는 기록이 뚜렷한데, 다만 『청량기淸良記』에서 똥오줌의 가치를 알지 못하는 농민을 하농下農이라고 평가한 것으로 볼 때 아직까지는 똥오줌에 대한 인식이 보편화되지는 못한 것으로 보인다. 17세기가 되면 관동이나 동해의 농촌지역에서 마른 정어리[乾鰯]와 함께 사람 똥을 구매하는 현상이 등장했으며, 19세기에 이르면 사람의 똥오줌은 제일의 비료로 자리 잡게 된다. 이처럼 동아시아 각국에서 20세기 중기까지도 똥오줌이 계속 매매되었음이 북경 똥장수[138]나 1938년에 출판된 히노 아시헤이[火野葦平]의 『분뇨담糞尿譚』이란 소설 속에서도 확인할 수 있다.

『분뇨담』의 내용을 보면, 과거 마차를 이용해서 똥오줌을 수거한 것과는 달리 당시에는 트럭을 이용하여 똥오줌을 수거했는데,

그림 15_ 도시분뇨수거(일본농서전집 15권)

---

136 박지원[김혈조 역], 「똥 푸는 사람과의 우정[穢德先生傳]」, 『그렇다면 도로 눈을 감고 가시오』, 학고재, 1997, pp.275-279. 당시 주인공이 똥오줌으로 부를 축적했다면 한 사람이 집적, 운반을 다 하지는 않았을 것이며, 중간에 중개상인이 개입했을 가능성이 있다.

137 미우라 구사아키[三蒲若明], 『朝鮮肥料全書』, 日本園藝硏究會, 1914, p.173에서 당시 똥재[糞灰]는 상등품이 한 섬에 20전, 중등이 20전, 하등품은 10전에 거래되었다고 한다.

138 신규환, 『북경 똥장수』, 푸른역사, 2014.

트럭 한 대마다 리어카, 분통糞桶과 고용인부가 배치되었다. 이 트럭은 주로 시에서 관할하는 학교, 공동변소, 관청 및 직업소개소 등의 똥오줌을 수거했다. 당시 수거된 똥오줌은 똥배를 이용하여 강에 폐기하거나 강의 하류나 산속에 구덩이를 파고 묻었으며, 그중 30% 정도는 여전히 근교 농촌이나 분뇨선을 이용하여 원거리 농촌이나 개간지에 비료로 매각하였다고[139] 한다.

하지만 1930년대의 똥오줌 수입은 이전과는 달리 필요경비를 제하고 나면 수입이 그다지 좋지 않아,[140] 이후에는 분뇨 거래가 점차 쇠퇴하고 그 효용성도 감소했다. 메이지 시대 이후 도쿄와 같은 대도시에는 서양의 수세식 변기가 도입되면서 똥오줌이 바로 하수구로 배출되었다. 특히 다이쇼[大正]시대에 화학비료가 농촌에 도입되면서, 이전에는 마차를 끌고 와서 시내에서 똥오줌이나 금비를 구입했던 시외의 농민들이 더 이상 사람 똥을 수거하지 않게 되었다.[141] 그 결과 다이쇼시대 도쿄의 똥오줌[屎尿]은 점차 액물厄物로 변했으며 똥오줌을 판매했던 과거 시민과 농민의 관계는 역전되었던 것이다.[142] 비슷한 경우는 일본뿐 아니라 다른 나라에서도 보이는데 한국의 경성에서 1935년 6월부터 호별 과세 때 똥, 오줌 처리비용

---

139 히노 아시헤이[火野葦平], 『분뇨담(糞尿譚)』, 小山書店, 소화(昭和) 13년(1938), pp.90, 92, pp.108-109.

140 히노 아시헤이, 같은 책, 『분뇨담』, p.16, pp.90-92에 의하면, 분뇨처리 시예산이 연 600원(圓)(월 50원)으로 학교 6곳, 공동변소 5곳, 시관청, 직업소개소 등 모두 32개소를 수거하며, 차량 90대가 소요된다. 대개 차량 1대에 1회에 1.5원 소요되기 때문에 90대는 135원이 필요하다. 90대 차량 중 비료 이용가능 한 것이 30대 정도이며, 한 대당 분뇨 20짐[荷]이 실리며, 1짐의 수거가격은 10전(錢)이기에 한 대당 2원(圓)이 되며, 30대는 60원이 된다. 본래 30대의 차량비용은 45원이기에 15원의 수입이 남게 된다. 이것으로 1일 1원80전(불경기 1.3원; 평균 1.5원)의 근로자 4-6명을 고용할 경우 언제나 적자를 면치 못했다. 그로 인해 인부가 나태하게 되고 분뇨가 쌓일 수밖에 없었던 것이다.

141 야스다 도쿠타로[安田德太郎], 「肥料と女の風習」, 『인간의 역사(人間の歷史)』 3권, 光文社, 1953, p.94; 고이시카와 젠지[礫川全次] 編著, 『분뇨의 민속학(糞尿の民俗學)』, 批評社, 1996, p.233에도 게재.

142 고이시카와 젠지 編著, 「解說篇」 『분뇨의 민속학(糞尿の民俗學)』, 批評社, 1996, pp.32-33.

을 따로 받은 것이나[143] 1935년 11월과 이듬해 8월 북경 똥장수들이 똥을 매개로 시위를 벌인 것도[144] 이와 더불어 맥락을 같이한다. 이 같은 영향이 『분뇨담』이란 소설 속에 그대로 드러났던 것이 아닌가 한다.

그렇다면 메이지 이전의 근세 에도 시대의 분뇨거래는 어떠했을까? 똥오줌이 거래되기 위해서는 우선 똥오줌의 수요증가와 비료로서의 가치가 상승해야 하며, 그것을 명확하게 확인하기 위해서는 똥오줌을 거래했던 상인과 이와 관련된 기록을 살펴보는 것이 중요하다.

앞의 『아귀초지餓鬼草紙』에서 민가에 측간이 설치되지 않아 거리에서 똥오줌을 배설했다는 사실을 이미 지적한 바 있다. 비슷한 시기 원대 『왕정농서』 「분양편糞壤篇」에서는 "사람의 똥은 힘이 왕성하여 남방의 농가에서는 항상 밭머리에서 벽돌로 똥구덩이를 쌓아 그 속에서 오래 썩힌 이후에 사용했으며, 시비한 논은 매우 비옥했다. 북방 농가도 이를 모방하여 열 배의 이익을 거두었다."라고[145] 하는 것과 같이 북방에서는 이때 처음 남방의 분교糞窖를 모방하여 만들었다. 비록 명대 『오잡조五雜組』에서 "지금 강남 이북의 민가에서는 더 이상 측간을 짓지 않는다."라는[146] 것과 같이 북방에서는 강남지역과는 달리 측간이나 분옥을 만들지 않았다고 하지만, 이것은 당시 북방지역에서 똥오줌을 적극적으로 활용하지 않았을 뿐이지 남방과 같은 시설물이 전혀 없었다고 단언할 수 없을 것이다. 일본 역시 마찬가지로 민가에 측간이 없어 거리에서 탈분했다는 사실은 모든 지역의 일반적인 현상은 아니었을 것이다.

---

143 김광언, 『동아시아의 뒷간』, 민속원, 2002, p.260.

144 신규환, 앞의 책, 『북경 똥장수』, p.148, p.178.

145 『왕정농서(王禎農書)』 「糞壤篇」, "大糞力狀, 南方治田之家, 常於田頭置磚檻, 窖熟而後用之, 其田甚美. 北方農家, 亦宜效此, 利可十倍."

146 명(明) 사조제(謝肇淛), 『오잡조(五雜組)』 권3 「지부일(地部一)」, "今大江以北人家不復作廁矣."에서 이 '측(廁)'이 남방과 같이 똥이나 잡다한 쓰레기를 저장하는 분옥(糞屋)이나 소옥(小屋)시설인지 아니면 개별가정의 측간(廁間)인지는 분명하지 않다.

그림 16_ 에도시대 將軍의 대변(위),
소변(아래) 통상(樋箱)

일본에서 화장실이 출현한 시점은 분명하지 않다. 이미 8세기 헤이조쿄[平城京] 시기에 수세식화장실의 유구遺構(옛날 토목건축의 구조와 양식을 알 수 있는 실마리가 되는 자료)가 존재했다고 하는가 하면, 8세기 후기 나가오카쿄[長岡京] 유적에는 토갱식土坑式 화장실과 수세식 화장실이 동시에 확인되었다고 한다. 물론 이들에 대한 비판적 견해도 적지 않다.[147] 하지만 그 유적 속에 흑색토나 주목籌木과 같이 화장실 관련 유물이 출토된다는 점에서 그 존재를 전혀 무시할 수는 없다. 문헌상으로도 780년 나라[奈良]시대 말의 『서대사자재류기장西大寺資財流記帳』은 사

원의 자재를 기록한 것으로, 이 가운데 마옥방馬屋房의 시설 중 측厠이 등장하며, 9세기 말 우다천황宇多天皇시대의 거소 세이료전[淸凉殿] 근처에 측전厠殿이 보이고, 11세기 초의 귀족의 일기류 중 하나인 『소우기小右記』에서는 은소隱所, 즉 측간에서 돌아오면서 넘어져 다친 기록이 이따금씩 보인다.[148] 게다가 고대 변기의 명칭을 보면, 호자虎子: 小便壺, 조목彫木과 통樋 등 이동식뿐만 아니라 통전樋殿, 은소, 설은雪隱, 하옥河屋,[149] 어장물소御裝物所, 측厠 등과 같이 저류시설을 갖춘 화장실의 존재도 확인할 수 있다. 그

---

147 구로사키 다다시[黑崎直], 『수세화장실은 고대에도 있었다(水洗トイレは古代にもあった)』, 吉川弘文館, 2009, pp.47-52, 55-84.

148 구로사키 다다시, 위의 책, 『수세화장실은 고대에도 있었다(水洗トイレは古代にもあった)』, p.88, p.92, p.93.

149 『고사기전(古事記傳)』에 고측(古厠)은 도랑[溝流] 위에 지어져 똥[屎]은 그 물에 씻겨 가는 구조로 되어 있기 때문에 하옥(河屋)이라는 말이 생겼다고 한다.

외에도 14세기 중엽 「모귀회사慕歸繪詞」에는
사원의 정원에 지붕을 인 토갱土坑 화장실도
보인다.[150]

하지만 위의 화장실은 대부분 지배층의 수
도형首都型 화장실이나 사원寺院의 화장실이
다. 수도 이외의 화장실로 많이 언급되고 있
는 것이 후쿠오카 현[福岡縣] 후쿠오카 시[福岡
市]의 고로칸[鴻臚館] 유적이다. 이것은 8세기
부터 9세기 초의 유적으로 퇴적토 중에는 주
목籌木(종이 대용으로, 목간형태), 토기류, 목제
품, 기와파편, 열매, 파리 구더기 등의 곤충
류와 생선뼈 등이 다수가 발견되었다.[151] 문
제는 4m가 넘는 구덩이 깊이 때문에 배설장
소로서 의문시되면서 고로칸[鴻臚館] 유적이

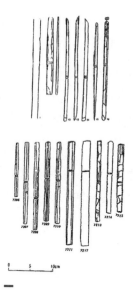

그림 17_ 등원궁(藤原宮)(위)과
평성경(平城京)(아래)의 측주[籌木]

'화장실' 시설이 아니고 똥오줌을 모아 버린 구덩이가 아닌가 하는 의문을
제기하기도 하였다. 그 외에도 8세기의 아키타 성[秋田城] 유적과 12-13세
기 가마쿠라무가[鎌倉武家]의 화장실 유적 등이 다수 출토되고 있다.[152] 특히
전자의 유구에서는 주목籌木이나 기생충알, 분충糞蟲과 각종의 열매 등이
출토되었으며, 후자의 경우 토갱의 퇴적토 내에는 외과[瓜科]의 종자가 포
함되어 있기 때문에 화장실일 개연성이 크다.

---

150 구로사키 다다시[黑崎直], 위의 책, 『수세화장실은 고대에도 있었다(水洗トイレは古代にもあ
った)』, p.107의 圖29-31 참조.
151 퇴적토를 대상으로 분석결과 대형 화장실에는 유(무)구조충란[有(無)鉤條蟲卵]이 높은 비율
로 존재했다는 것에서 돼지고기를 상식하는 생활자, 즉 일본인과는 식생활이 다른 사람,
외국사절 등이 사용한 화장실이었을 가능성을 시사하였다.
152 구로사키 다다시[黑崎直], 앞의 책, 『수세화장실은 고대에도 있었다(水洗トイレは古代にもあ
った)』, pp.126-128, pp.132-133, p.162, p.221.

비록 이 같은 화장실은 일정 신분층 이상이 사용하였거나 사원에 위치한 화장실이지만, 똥을 저류貯留했다는 것은 이를 이용하기 위한 조건을 갖추었음을 의미한다. 그런 의미에서 똥오줌을 비료로 사용하기 시작한 것은 8세기를 전후한 시기부터였을 가능성도 없지 않다. 그리고 기생충 알의 출현은 사람 똥이 채소 농사에 비료로 사용되었다는 증거가 된다. 다만 주목籌木을 더 이상 변기통에 버리지 않고 화장실의 별도 상자에 넣은 시점이 바로 똥오줌을 본격적으로 비료로 사용했던 시기로 본다면,[153] 이 시점을 가마쿠라[鎌倉](1185-1333년)시대로 보기도 한다.[154]

이러한 분뇨 비료가 구매되는 단계까지 발전하기 위해서는 생산력을 높이기 위한 외적 필요성이 요구되거나 똥오줌에 대한 효용과 수요가 확대되어야 할 것이다. 그 시점이 전술한 바와 같이 전국 말 1582년 정복지에서부터 실시하여 1598년까지 실시된 다이코겐지[太閤檢地]가 아니었을까 한다.

도요토미 히데요시[豊臣秀吉]는 전국 통일과 함께 봉건적 토지소유를 정리하고 백성에 대한 인적, 물적 지배권을 철저히 하기 위해 전국적인 토지조사[太閤檢地]를 실시하였다.[155] 이 다이코겐지[太閤檢地]는 직접 현지에 관리를 파견하여 실측했다는 점에서 이전에 실시했던 장부상 조사와는 차이가 있다. 1590년 도요토미 히데요시는 우선 백성들에게 토지조사의 취지를 잘 설명한 후 1594년에 통일된 기준으로 조사하여 전국에 걸쳐 철저하게 시행했다.[156] 법령에 의하면, 만약 이에 복종하지 않는 자가 있는

---

153 혹자는 대변 후 처리도구인 주목(籌木)이 출토되는 유구(遺構)를 화장실이라기보다 분뇨를 폐기하는 장소로 해석하기도 한다. 그리고 주목을 사용할 경우 똥오줌을 토지에 시비할 때 방해가 되기 때문에 주목의 출토로써 분뇨를 비료로 사용하지 않은 근거로 삼기도 한다.

154 구로사키 다다시, 앞의 책, 『수세화장실은 고대에도 있었다(水洗トイレは古代にもあった)』, pp.222-223.

155 토지 조사는 종래의 사방 6자[尺] 5치[寸]를 1보(步)로 하던 것을 사방 6자 3치로 하고, 360보가 1단(段)이었던 것을 300보를 1단으로 하는 제도로 통일하여 측량함으로써 명목상의 토지면적을 늘렸다.

156 후지이 죠지[藤井讓治] 외(박진한 외 역), 『소군 천황 국민: 에도시대부터 현재까지 일본의 역

경우, 성주城主라면 성에 가두고, 백성이 불복하면 경작할 백성百姓이 없어도 좋으니 모두 죽이라고 명했을 정도로 전국적으로 엄격하게 실시하였다.[157]

실제 1598년 토지조사를 통해 설정된 「서복사문서西福寺文書」 272호의 조항들을 보면, 마을단위로 논밭을 상, 중, 하로 확정하고 두대斗代[1段당 年貢量]를 정했는데, 1단(段; 反)별 표준수확고를 상, 중, 하 및 하하下下의 4등급으로 나누어 수확량을 정하고, 상전의 두대는 도미稻米 1섬 5말로 하고, 그 이하는 2말씩 감소하며, 연공 부가세인 구미口米는 섬당 2승을 거두었다.[158] 이러한 방식은 정해진 토지등급과 표준 수확량인 석고제石高制에 따라 연공량이 결정되었다는 의미이다. 당시 백성들은 필요 식량을 제외한 쌀 생산량의 거의 전부를 연공年貢으로 바쳤기 때문에[159] 이를 생산하기 위

사』, 서해문집, 2012, p.112에 따르면, 토지조사사업은 사업추진자에 따라 도요토미 가신이 직할령과 복속 다이묘[大名]의 영지를 직접 조사하거나 같은 방식으로 다이묘가 자신의 영지를 독자적으로도 실시했다고 한다. 이때 도요토미 히데요시[豊臣秀吉]는 토지조사의 반대와 반란을 탄압하기 위해 농민의 무기를 몰수하고, 1591년에는 신분통제령을 발하여 무사, 농민, 정인(町人) 간의 신분전환을 금지했으며, 나아가 인구조사를 통해 병농분리(兵農分離)정책을 진행하였다.

[157] 『아사노가문서[淺野家文書]』 59號; 유인선 외, 『사료로 보는 아시아사』, 위더스북, 2014, pp.345-346. 실제로 불복자를 어느 정도 죽였는지는 알 수 없으나 경장(慶長) 17년(1612)에 '도백성(徒百姓)'이 출현하자 양 귀와 코를 베라는 법령을 발포한 것을 보면 초기와는 달리 다소 타협적으로 변한 듯하다.

[158] 「서복사문서(西福寺文書)」에는 연공(年貢) 외의 역(役)은 일절 거두어서는 안 되며, 연공미(年貢米)는 5리(里) 이내인 경우 백성이 운반하여 납부해야 한다고 규정하고 있다. 그리고 연공을 납입하거나 매매할 때의 승은 경승(京枡)으로 하도록 규정하고 있다. 경승(京枡) 1되[升]는 오늘날의 1,800cc에 해당된다. 그리고 토지면적은 한 칸[間] 사방을 1보(步; 1坪: 3.3m²), 10보를 1무(畝; 30坪), 10무를 1반(反; 300坪), 10반을 1정(町)으로 정하고 있다.

[159] 오카 미츠오[岡光夫], 앞의 논문, 『『淸良記』と『百姓傳記』』, pp.118-119, p.121에 의하면, 『청량기(淸良記)』의 반(反)당 수확량은 현미(玄米) 1섬 2말 8되이며, 30년 후 관동(關東)의 경우 1섬 5말이었다고 한다. 왕하이옌[王海燕], 『일본고대사(日本古代史)』, 崑崙出版社, 2012에서도 1594년에 상등 논의 벼 수확량은 1반(反)당 평균 1섬 3말이었으며, 1686년에는 1섬 5말이었다고 한다. 이런 점에서 보면 당시 백성(百姓)은 필요 식량을 제외한 생산량의 거의 전부를 연공(年貢)으로 납입했음을 알 수 있다. 때문에 농민 자신의 식량확보를 위해 후작(後作)으로 보리, 조, 콩을 심었으며, 경도, 오사카 주변에서는 채소를 재배하기도 했다.

한 부담감은 엄청 컸을 것이다.[160] 막부는 일지일작一地一作의 원칙하에 영주가 직접 촌민村民에게 연공을 징수하는 관계를 만들고, 농민은 그 검지장檢地帳에 등록되어 경작권을 보장받는 반면, 토지에 긴박되어 연공의 부담을 졌던 것이다.[161]

1649년 2월의 『도쿠가와금령고[德川禁令考]』「농가農家」조를 보면,[162] 백성의 토지에서 1년간 필요한 식량을 계산하고 나머지를 연공으로 거두었으며, 백성은 항상 재물이 남지도 부족하지도 않도록 다스리는 것이 도道라고 할 정도로 농민에 대한 통제가 철저했음을 엿볼 수 있다. 심지어는 향촌에 명을 내려 농민들이 아침에 일어나 풀 베고, 낮에는 경작에 힘쓰고, 밤에는 새끼 꼬아 가마니를 짜는 것까지 임무에 소홀하지 않도록 주의하고 있다. 실제 도쿠가와금령[德川禁令]에서 촌락의 명주名主(촌장)와 그 보조인[村役人]을 부모라고 생각하고 생활하라고 한 점을 보면,[163] 일본 근세촌락의 행정조직이 상당히 결속되고 폐쇄적이었음을 말해 준다. 당시 영주는 백성을 촌 단위로 관리한 듯하며, 연공 역시 촌의 생산능력과 백성의 능력에 맞게 개별적으로 할당한 것 같다.[164] 촌락의 백성은 막번幕藩의 법도를 위반하지만 않는다면[165] 어떠한 경제외적 강제도 없고, 백성 간에 평등

---

160 나카무라 데쓰[中村哲], 『명치유신의 기초연구(明治維新の基礎硏究)』, 未來社, 1968에서 농경지의 예상 생산성을 나타낸 석고(石高)가 실수확과 차이가 생기면서 실질적인 공조율(貢租率)은 명목적인 공조보다 낮았다. 근세 초기에는 연공율 4-5할이었던 것이 19세기 말에는 실질 공조율이 25.6%로 떨어졌던 것이다.

161 이에나가 사부로[家永三郎] 외[강형중 역], 『신일본사(新日本史)』, 文苑閣, 1993, p.101의 다이코켄지 장부[太閤檢地帳]에는 토지등급, 경작면적과 수확량 및 경작자 등이 기록되어 있다.

162 유인선 외, 앞의 책, 『사료로 보는 아시아사』, pp.350-351.

163 후지이 죠지[藤井讓治] 외[박진한 외 역], 앞의 책, 『소군 천황 국민: 에도시대부터 현재까지 일본의 역사』, p.120에 의하면, 명주(名主)는 촌락의 관리자로서 연공징수나 법령 전달자 역할을 하는 대신 주거지에 대한 면세혜택을 누리거나, 급료로 쌀을 받았다고 한다.

164 이때 백성(百姓)의 몰락을 방지하기 위해 1643년 토지 전전영대(田畑永代) 매매금지령, 1673년 분지제한령(分地制限令) 등을 선포하여 이동과 세분화를 막아 농경에 전념할 것을 강요했다.

165 후지이 죠지[藤井讓治] 외[박진한 외 역], 위의 책, 『소군 천황 국민: 에도시대부터 현재까지

한 자치조직도 인정하였다.[166] 때문에 당시 백성들은 오직 연공을 납부하기 위해 온갖 노력을 다했던 것이다. 지력을 제고하기 위해 비료를 준비한 것도 이러한 절박한 사정 때문이고, 생산력을 증가시키기 위해 똥오줌이나 금비金肥를 구입한 것도 이러한 현실적인 고통 때문이었을 것으로 보인다.[167] 특히 18세기 초 막부의 재정이 악화되자 지대를 올려 징수하는 향보享保 개혁이 시행되었다. 이는 매년 수확량에 따라 징수했던 방식을 풍흉에 무관하게 안정된 조세를 취하면서 실제 조세부담률은 더욱 높아지게 된 것이다.[168]

전근대의 경우, 이런 상황에 조응하여 토지생산력을 높이는 방법은 대개 용지用地와 양지養地로 표현되는데,[169] 전자는 주로 작무법의 변화를 통한 토지이용도의 증가이며, 후자의 경우는 지력을 향상시키는 방법이다. 이 중 가장 일반적인 방식이 비료의 개발과 시비법을 통해 지력을 제고하는 방식이다.

일본의 역사』, pp.131-136.

166 김현영(金炫榮), 앞의 논문, 「古文書를 통해 본 日本의 近世村落」, pp.169-172; 하지만 후지이 죠지[藤井讓治] 외[박진한 외 역], 같은 책, 『소군 천황 국민: 에도시대부터 현재까지 일본의 역사』, pp.122-123에는 연공(年貢)의 추가징수나 검지(檢地)에서 누락한 토지를 사유화하는 등 백성(百姓)과 명주 사이의 촌락운영에 대한 인식차가 17세기 초중반에는 분쟁을 야기하기도 했다고 한다.

167 연공(年貢)은 막번(幕藩)체제를 지탱하는 기반이었기 때문에 만약 흉년이 들어 고정된 연공(年貢)을 납입하지 못하면 병농분리의 하급무사는 생존이 곤란해져 몰락의 길을 걷게 되며, 명주(名主) 역시 토지를 담보로 상인에게 금전을 차용할 수밖에 없다. 그 후 쌀값[米價] 하락이 지속되면 결국 연공 징수책임자인 명주(名主) 역시 점차 몰락의 길을 걷게 된다.

168 이헌창(李憲昶), 앞의 논문, 「朝鮮後期社會와 日本近世社會의 商品流通의 比較硏究」, p.63에서 근세초기 연공률(年貢率)은 4할[四公六民]이고, 주된 과세방법은 그해 작황을 조사하여 세율을 정하는 검견법(檢見法)을 채용하였다. 향보(享保) 개혁기(1716-1745년)부터 과거 수년간의 수확고를 기준으로 연공(年貢)을 정하는 정면법(定免法)을 채용하여 수입의 안정을 도모하는 동시에 세율을 다소 인상하여 오공오민(五公五民)이 보통이었다. 하지만 지대 인상의 결과는 물가상승과 농민투쟁을 야기하게 된다.

169 궈원타오[郭文韜], 『중국고대의 농작제와 경작법(中國古代的農作制和耕作法)』, 農業出版社, 1981.

에도시대 농민의 생활에서 가장 중시했던 비료 중의 하나는 사람 똥오줌이었다. 〈표〉에서 보는 것처럼 16세기의 『청량기淸良記』와 그 후에 출현한 농서에서 식물성비료의 재료는 큰 차이를 보이지 않는다. 하지만 동물성비료는 적지 않은 변화를 보이고 있는데, 그중에서 사람 똥오줌의 변화가 가장 뚜렷하다. 고바야시 시게루[小林茂]는 『일본 시뇨문제 원류고日本屎尿問題原流考』에서 오사카 주변 농촌이 시중의 하시下屎를 비료로 사용했던 시기를 관영寬永 6년(1629), 관영 11년(1634)이라고 보고 있다.[170] 실제 〈표〉의 『회진농서會津農書』(1684년 찬)에는 이미 사람 똥이 가축 똥과 더불어 비료로서 중시되었으며, 『백성전기』(1680년부터 10년간 찬)에 이르면, 사람 똥오줌과 함께 유박, 마른 정어리 등의 동물성비료 사용이 크게 확대되었던 사실을 볼 수 있다.

도시의 똥오줌을 공급받은 당시의 오사카[大阪]는 채소공급지였으며, 목면이나 담배 등 상업 작물의 산지였다. 그 때문에 17세기 중반부터 도시에서 하시 수거를 전담하는 급소제인急掃除人이 등장하게 된다. 이처럼 점차 똥오줌의 수요가 증대되면서 도농 간 습속의 변화도 볼 수 있다. 똥오줌이 상품화되면서 거리에서 함부로 배설하던 것이 에도 시대 중기에는 십설은辻雪隱이라는 이동식 공중변소나 유료 화장실인 대설은貸雪隱이 생기고, 거리의 모퉁이에는 단지[樽]나 통을 둔 간이 소변소가 등장했다.[171] 점차 고정된 화장실을 통해 똥오줌을 집적하고 그것을 이용했다는 것은 그 수요가 늘어났음을 말해 준다.

전설에 의하면 환무천황[桓武天皇](781-806년) 때 전교대사傳教大師가 법화경을 교토[京都]의 여러 곳에 나누어 매장했기 때문에 교토 사람들은 땅에 방뇨하는 행위를 불경스럽게 여겨 공동변소의 소변통을 이용했다고 한다.

170 고바야시 시게루[小林茂], 『일본시뇨문제원류고(日本屎尿問題原流考)』, 明石書店, 1983.
171 다키가와 쓰토무[滝川勉], 앞의 논문, 「東アジア農業における地力再生産を考える」, p.62.

그러나 에도에서는 도시면모와는 별개로 남녀가 밤이 되면 '소변무용小便無用'이란 소변금지 팻말이 무색할 정도로 거리에서 방뇨했으며, 이런 현상은 19세 초중기에도 여전히 그러했다고 한다.[172] 하지만 그렇다고 해서 에도시대에 시민의 똥오줌이 그대로 방류, 폐기된 것으로 보기는 어렵다. 왜냐하면 에도시민이 배출한 똥오줌은 초기에는 급취인이 천칭天秤에 비통肥桶을 매달고 운반했으나 점차 보다 편리한 각 하천을 이용하여 비선肥船; 糞船으로 각지로 운반했다. 각지의 하안河岸에는 분뇨 매도인이 있어 이들이 중간상인을 통해 관동關東의 각 촌으로 똥오줌을 공급했기 때문이다.[173]

흥미로운 것은 에도 부근의 백성이 똥오줌을 급취하고, 그 대가로 밭에서 나온 채소류를 제공했다는 점이다. 가주家主와 급취인 사이에 분뇨 급취 가격이 형성되고, 그에 따라 급취의 주株가 생겨났는데, 이것은 천보天保 2년(1831)의 다키자와 바킨[瀧澤馬琴]의 일기 속에서 살필 수 있다.[174] 이 일기에 의하면 똥오줌 수거의 대가로서 15세 이상이면, 한 사람당 연간 무[大根] 50개, 가지[茄子] 50개를 제공했으며, 유아 2인은 대인 1인으로 취급하

그림 18_ 똥과 채소교환

172 다나카 교쿠보[田中香窪], 「江戸と放尿」『의사잡고요이변(醫事雜考妖異變)』, 鳳鳴堂書店, 1940, p.154에서는 천보(天保) 4년(1833)판의 하타 긴케이[畑銀鷄]의 『남가의 꿈(南柯の夢)』이나 1875년의 『정헌치담(靜軒痴談)』 중에도 이런 '소변무용(小便無用)'의 팻말이 보인다고 한다.
173 18세기 중반의 에도지역 인구는 대략 100만에 달하였는데, 그 인구가 배설하는 똥오줌의 양은, 1인이 1일 약 1.2L를 배설한다 하면 연간 약 4억3천8백만L에 달하였고, 이것이 관동(關東) 주변 농촌에 있어서의 중요한 비료 공급원이 된다.
174 노무라 겐타로[野村兼太郎], 「江戸の下肥取引」, 『탐사여력(探史余瀝)』, ダイヤモンド社, 1943. pp.110-111. (고이시카와 젠지[礫川全次] 編著, 『분뇨의 민속학(糞尿の民俗學)』, 批評社, 1996, pp.204-205에도 게재.)

여 계산하였다고 한다. 이때 가주家主는 필요시 자신의 이익을 위해 소제인을 변경할 수도 있었다고 일기는 전하고 있다. 도시의 분뇨 급취는 처음에는 자유경쟁의 원칙 속에서 이루어져 고정된 권리는 아니었다. 하지만 점차 급취권으로 발전하면서 똥오줌이 일종의 저당되고 매매되는 대상으로 되었다.[175]

주목되는 것은 관서關西 지역에서는 급취할 때 대변과 소변의 권리가 구분되어 있었다는 것이다. 가주는 대변의 권리를 갖고, 세입자[借家人]는 소변의 권리를 가졌다는 점이 흥미롭다. 당시 소변은 대변보다 가치가 높지 않았기 때문에 급취인은 가주에게는 채소, 찹쌀, 콩[豆], 무 등을 제공했는데 반해, 세입자에게는 무나 순무를 지급하였다. 만약 관서 지역에 2-3채의 셋집[借家]을 가지고 있다면, 집세 이외 세입자의 대소변만으로도 수입이 적지 않았다.[176]

이처럼 대소변의 권리가 분리되었다는 점은 급취汲取할 때 이미 대변과 소변이 분리된 상태에 있었음을 의미한다. 여기서 교토나 관서지역의 입소변立小便방식이 주목되는데, 다나카 교쿠보[田中香窪]는 교테이 바킨[曲亭馬琴]의 여행기 『기여만록羈旅漫錄』을 인용하여 교토나 오사카에는 집집마다 소변통이 있어 부녀자가 서서 소변하는 것에 대해 웃거나 부끄러워하는 사람이 없었다고 한다. 다나카[田中]는 이런 입소변의 풍습은 농업사회의 전통적인 관습이고, 똥을 밑거름으로, 오줌은 덧거름으로 사용했던 습관에서 여성의 입소변立小便 습속이 생겨났다고 한다.[177] 소변은 똥, 마른

---

175 노무라 겐타로[野村兼太郎], 앞의 논문, 「江戸の下肥取引」, p.112.

176 야스다 도쿠타로[安田德太郎], 앞의 논문, 「肥料と女の風習」, p.93; 고이시카와 젠지[礫川全次] 編著, 앞의 책, 「분뇨의 민속학(糞尿の民俗學)」, p.232에도 게재.

177 야스다 도쿠타로[安田德太郎], 앞의 논문, 「肥料と女の風習」, p.91에서는 어떤 학자는 일본의 입소변(立小便) 현상을 모권제 혹은 여왕권(女王權)의 유제라고 하며, 혹자는 동물적인 모습이 남아 있는 현상으로 보기도 하였다. 또 pp.95-100에는 고대 이집트에서 남자가 소변 볼 때 성기를 꺼내는 것은 신(神)에 대한 모독으로 여겨 쭈그리고 앉는 습관이 자리 잡았으며, 여성은 입소변(立小便) 해도 앞쪽 신에 모독이 되지 않아 처벌하지 않았다고 한다.

정어리 및 유박 등과는 달리 주로 도시에서 1리 사방지역에 소비된 것을 보면 근교의 채소재배와 관련이 깊었을 것으로 보인다. 소변의 효용성에 대해 병리학자 다나카 교쿠보[田中香窪](1874-1944년)는 부녀가 배출하는 오줌에 함유되어 있는 여성호르몬은 곡류, 야채류의 생장발육을 촉진하고 그 수확량을 증대시킨다고[178] 한다.

대소변을 분리수거하면서 집주인이나 세입자는 급취할 때 상당한 권리를 가질 수 있었다. 이 권리를 일정기간 타인에게 현금을 받고 양도하는 경우도 생겨났던 것을 보면 채소를 받는 것과는 달리 똥오줌에 대한 화폐평가도 이루어졌음을 알 수 있다. 똥오줌을 급취한 후의 대가에 대해『경가춘추耕稼春秋』에서 잘 정리하고 있다. 이곳은 가나자와[金澤]에서 1리 떨어진 지역으로 소변을 효율적으로 활용하여 농사를 지었다. 여기에는

지금부터 7-8년 전까지는 대체로 소변을 짚과 교환했는데, 겨울에서 이듬해 봄까지는 소변 1짐[荷]에 짚 작은 움큼[小把]으로 2속束, 2월 말부터는 3-4속, 5, 6월 덧거름할 시기에는 6속束으로 했다. 그러나 6-7년 전부터는 도시에서 짚을 받지 않았기 때문에 백성들은 교환을 위해 채소, 무, 오이, 참외와 가지 등을 많이 재배하게 되면서 도리어 비료의 수요가 점점 늘어났다. 채소나 무는 4월까지, 1월과 2월은 순무로 소변을 교환했다. 밭이 없는 지역에서는 이들을 구입해서 교환했다. 초여름에는 소변 1짐에 오이나 가지 5-6개, 늦여름에는 15-20개로 교환할 정도로 시기에 따라 소변 값이

이러한 여성 입소변의 습속은 아일랜드, 호주, 뉴질랜드, 앙골라, 니카라가, 호메로스시대의 그리스와 태평양의 마오리족, 슬라브족 등에 남아 있으며, 독일과 폴란드의 농민화가의 그림 속에도 입소변(立小便)의 장면이 등장하는데, 근대자본주의로 접어들면서 사라졌다고 한다.

178 다나카 교쿠보[田中香窪], 「女性ホルモン關西婦人の立小便」, 『의사잡고요이변(醫事雜考妖異變)』, 鳳鳴堂書店, 1939, pp.151-152에는 4천 년 전 이집트에서는 임산부의 오줌이 식물의 발육을 촉진한다는 사실을 알았으며, 쌀의 경우 수확이 80% 증가했는데, 이 호르몬은 쥐의 성장발육도 촉진했음이 실험에서도 입증되었다고 한다.

달랐다. 그러다가 보영寶永 2년(1705)년부터 도시빈민은 소변의 대가로 금
전을 요구했다. 겨울에는 값이 싸 2월 말에는 1짐에 14-15문文, 비료가 많
이 필요한 7-8월에는 30문으로 뛰었다.[179]

고 한다. 대략 17세기까지는 소변의 급취에 대한 대가로 볏짚을 주다가
18세기에 들어서면서 채소로 해결했지만 곧 금전으로 대체되었으며, 그
것도 계절에 따라 가격차가 적지 않았다고 한다. 간혹 이 지역민들은 가나
자와의 도시민과 소변을 쌀로 교환하는 경우도 있었는데, 이때에는 가족
의 구성이 10인까지의 가家는 가을에 쌀 5말[斗], 4-5인 가에는 2말 5되[升]
를 지급하고 똥오줌을 모두 급취했으며,[180] 그 수입은 시옥부侍屋敷의 경우
중, 하급 봉공인奉公人이 차지했다. 여기에 유박과 어비魚肥 등의 금비金肥
구입비도 적지 않아 농민은 비료 값의 인상에 민감할 수밖에 없었다.

그러면 급취권을 얻은 대백성大百姓이 똥오줌을 운송하고 매각하여 이
윤을 얻었는가? 당시 농촌의 문서 중에는 지주가 종자 및 비료를 소작인
에게 공급하고 그 대금을 징수했던 장부가 전해진다. 이것은 지주가 자가
의 소작지에 공급하고 소작인에게 비료대금을 징수했음을 말해 준다. 촌
락 내 지주, 소작관계의 출현은 18세기부터 농촌에 상품화폐경제가 침투
하고 재해와 기근이 발생하여 농민 사이에 경영의 격차가 심화되고 유력
자에 토지가 집적되면서 생긴 현상이다.[181] 이런 상황에서 만약 지주가 분
뇨 급취권을 획득했을 경우, 똥오줌을 소작인에게 공급하고 그 이윤을 챙
겼을 것으로 생각된다. 그 방법은 급취권의 매매나 똥오줌에 물을 타는 방

---

179 쓰치야 마타사부로[土屋又三郎], 앞의 책, 「분(糞)」, 『경가춘추』, pp.201-202.
180 이시카와 군[石川郡]의 경우 50섬[石]을 수확하는 백성이라면 쌀 2섬의 분뇨수거 대금이 필
    요하게 된다. 쓰치야 마타사부로[土屋又三郎], 「분」, 『경가춘추』, pp.202-203.
181 18세기 중엽 이후 지주, 소작관계가 전국적으로 확대되면서 연공(年貢)징수의 기반인 백성
    의 경영이 해체되면서 막부(幕府)와 제번(諸藩)의 재정에 적지 않은 영향을 끼쳤으며, 무사
    (武士) 개인 역시 큰 영향을 받았다.

식으로 부정이익을 챙긴 듯하다.[182]

비료에 대한 수요가 증가하면서, 똥오줌이나 마른 정어리 등의 유입 가격이 상승하자 도시민과 농민 사이에 급취권이나 분뇨 가격을 둘러싸고 논쟁이 발생했다. 분뇨 가격은 월별 수요공급에 따라 결정되었는데, 특히 천명天明 연간에는 흉작과 역병, 아사마 산[淺間山]의 화산폭발과 냉해가 겹쳤고, 대기근의 해인 천명 7년(1787)에는 항쟁이 정점에 달했으며, 농민은 급소제인急掃除人; 下屎業者과 교섭하여 가격하락을 도모했다. 농촌민들은 이러한 위기의 원인이 급소제인이나 중간상인들에 의한 비료 값 상승에 있다고 보았다. 이듬해에는 오사카 미사토시[三鄕市] 중 200여 가家가 훼손되고, 8년에는 3군에서 22군 836촌으로 확대되어 국소國訴투쟁이 전개되었다. 그리고 관정寬政 2년(1790)에는 오사카마치부교소[大阪町奉行所]에 의한 마사토시 중 104명의 급소제인이 전폐全廢되기도 하였다. 이러한 현상은 막부 말기에도 재현되고, 천보天保 5년(1834)부터 천보 9년에 걸친 흉작과 기근으로 농촌이 궁핍해지면서 더욱 격화되었다. 특히 막부가 천보 개혁(1841-1843년)으로 도시 상인자본을 배제하면서까지 농촌의 상품유통을 장악하여, 막부 말부터 메이지 초기까지 궁핍화된 농민과 생활난에 처한 도시 주민 사이에 똥오줌을 둘러싸고 대립이 격화되었다. 오사카 주변의 이러한 농촌의 정세는 관동關東 농촌에서도 마찬가지였다.[183] 이처럼 비료 값을 둘러싼 항쟁 속에서 설상가상으로 자연재해가 더해져 연공 납입마저 곤란해지게 되었고, 농민을 둘러싼 촌락내부의 질서는 물론이고, 병농분리兵農分離 하의 무사 계급은 경제기반이 붕괴되면서 심각한 위기를 맞게 된다.

이상과 같이 중세 말 통일권력자의 절대적 지배의 수단으로 등장한 다이코겐지[太閤檢地]에 따른 연공의 압박은 생산력 증가를 필요불가결하게

---

182 노무라 겐타로[野村兼太郎], 앞의 논문, 「江戶の下肥取引」, pp.114-116.
183 다키가와 쓰토무[滝川勉], 앞의 논문, 「東アヅア農業における地力再生産を考える」, pp.62-63.

만들었다. 그 결과 일찍부터 사람 똥오줌을 비롯한 비료가 논밭에 적극적으로 활용되었으며, 마른 정어리와 같은 일본 특유의 금비金肥가 등장하면서 일본 근세농업의 생산성을 견인했고, 소농민은 다비多肥의 집약농업을 통해 연공을 넘어 점차 자립하는 계기를 마련했다. 일본은 근세 초기인 1620년대부터 오사카 주변 농촌이 도시의 똥오줌을 이용하기 시작했으며, 이 무렵부터 급취汲取를 전업으로 하는 급소제인急掃除人이 출현하였는데, 이후 점차 수요가 증가하면서 급취권이 형성되고 매매가 이루어졌으며, 도시의 똥오줌은 농업생산력의 제고에 결정적인 작용을 한 것이다. 이와 같은 현상은 앞의 1930년대 『분뇨담』의 소설에서도 보았듯이 적어도 메이지 이후에도 도농 간의 분뇨 거래는 지속되었음을 알 수 있다.[184]

2. 근세 일본과 관련해서 본 청대 소설 속의 분뇨 사업

이상과 같이 앞 절에서는 근세 일본의 분뇨 거래의 상황에 대해서 언급하였다. 그렇다면 비슷한 시기 중국의 분뇨 거래의 상황은 어떠했을까? 앞에서도 잠시 언급했듯이 17세기 청대의 분뇨 거래의 상황은 청대 서진徐震, 작원정주인酌元亭主人 등이 편찬한 백화단편소설집 『조세배照世杯』 권4에 등장하는 『굴신갱간귀성재주掘新坑慳鬼成財主』 속에 잘 묘사되어 있다. 이 소설은 중국문학사상 유일하게 측간을 소재로 한 작품이다. 이 소설 속의 분뇨 거래가 일본의 근세와는 어떤 상보相補관계가 있는지를 검토해 봄으로써 당시 일본의 특수성을 부각하고 나아가 동아시아 분뇨 실태를 살펴볼 수도 있을 것이다.

소설의 무대가 된 절강성 호주湖州 오정현烏程縣 의향촌義鄕村은 산속 분

---

184 입소변(立小便) 습속과 대, 소변의 권리가 분리되었던 것은 도쿠가와[德川]시대의 에도에서도 마찬가지였으며, 서양문화가 본격적으로 유입되면서 입소변(立小便) 풍습은 사라졌다고 한다.

지에 위치하여 성곽과 멀리 떨어져 있고 수로水路도 통하지 않아 산전에
서는 오직 사람 똥과 향촌의 도로상에 흩어진 잔분殘糞을 주워 해결할 수
밖에 없었다. 당시 호주는 장강하류지역의 축소판이라고 할 정도로 경제
가 번영하고 양잠, 비단[絲綢], 어업이 고루 발달하여 '극락국성極樂國城'이란
말을 듣기도 했다. 특히 오정현은 호주부湖州府의 부곽수현附郭首縣으로 전
란의 피해를 적게 입은 곳이며, 피난자들이 많이 몰려든 곳이기도 하다.[185]
오정현은 태호太湖와 인접하여 토양은 비옥하고 강우량도 풍부하여 강남
에서 경제적으로 가장 발달된 현 중의 하나였다. 숭정崇禎의 『오정현지烏程
縣志』에는 이곳은 "오곡과 견직 및 삼베가 생산되고, 마름, 연, 물고기 오리
그리고 돼지, 꿩 등을 수입원으로 삼았다."라고[186] 하여 뽕나무를 심어 양
잠이 발달한 지역이었으며, 또한 벼농사도 발달하여 송대 이후 "소호숙蘇
湖熟, 천하족天下足"의 고장이기도 하였다.[187] 다만 소설 속의 의향촌은 똥배
[糞船]도 다니지 못해 길에서 잔분을 주워 비료로 썼기 때문에 똥을 금자金
子보다 더 소중하게 여겼다고 한다.[188]

　이 의향촌에 살고 있는 주인공 목태공穆太公이 어느 날 도시로 나갔다가
도로 곁에서 공동화장실[糞坑]을 목격하였다. 그는 자신의 촌락에서는 볼
수 없었던 풍경을 보고, 지금까지 소중한 똥오줌[寶貝汁]을 아무렇게나 버
렸다는 사실에 자극받아 새로운 사업을 구상하게 되었다. 그래서 즉시 기
와장이[瓦匠]를 불러 문 앞의 3칸 집[屋]에 3개의 큰 구덩이를 파서 구덩이

---

185 여원관(黎元寬), 「淸容軒公讌序」, 『오정현지(烏程縣志)』(崇禎) 권12; 황셴량[馮賢亮], 「淸代浙
　　江湖州府的客民與地方社會」, 『사림(史林)』, 2004年 第2期에는 객민(客民)들의 유입이 많아
　　지면서 개간, 부세(賦稅), 호적등기와 치안 등에서 '토객모순(土客矛盾)'이 발생하기도 했다
　　고 한다.
186 숭정(崇禎), 『오정현지(烏程縣志)』 권4, "五穀二絲疏枲之所出, 菱芡蓮狗雉魚鳧之所入."
187 천쉬에원[陳學文], 「明代中葉湖州府烏程縣的社會經濟結構: 明淸江南典型份個案硏究之三」,
　　『중국사회경제사연구(中國社會經濟史硏究)』 1993年 第2期, pp.50-51.
188 『굴신갱간귀성재주(掘新坑慳鬼成財主)』, "又因離城遙遠, 沒有水路通得糞船, 只好在遠近鄕村
　　田埂路上拾地殘糞. 這糞倒比金子還値錢."

마다 모두 벽돌로 작은 담을 쌓아 분리시켜 담장을 단장하였다. 또한 흥미롭게도 읍내의 친척에게 가서 시화와 그림을 구해서 그 측간벽[糞屋壁]에 붙여 아름답게 장식하고, 진鎭의 숙사塾師에게 부탁하여 '치작당齒爵堂'[189]이란 이름까지 달았다. 모든 장식을 마치자 태공은 사람들이 알지 못할까 걱정이 되어 훈몽訓蒙선생에게 다시 부탁하여 붉은 종이 110장에 광고를 부탁하고 그 포스터를 사방에 붙였다. 광고의 문구는 "목가穆家의 향기를 내뿜는 새로운 화장실[新坑], 원근 군자들의 관심을 구한다. 본 측간에는 휴지[草紙]를 공짜로 제공한다."라고[190] 하였다.

이 같은 소식이 전해지자 처음에는 젊은이와 늙은이들이 와서 신갱新坑을 감상하고 소변만 보고 갔다. 그런데 향촌사람들은 눈앞의 작은 이익에 관심을 보이기 시작했다. 그때까지 그들은 대변 후 뒤처리를 깨끗하지 못한 볏짚이나 기와 조각[瓦片]을 사용했는데, 초지草紙를 제공한다는 사실에 마음이 움직였던 것이다.[191] 그리고 화장실 벽은 알록달록하게 장식하여 사람들의 시선을 끌었고, 신갱新坑(측간의 변기)에 올라서면 마치 자연의 좋은 경치를 보는 것과 같고, 신비스런 설동雪洞과 같아 마을의 와실臥室과는 또 다른 느낌을 주었던 것이다. 변을 보고 나올 때, 받은 휴지 한 장은 대부분 집으로 가져갔다. 신갱을 세운 지 얼마 후 여성용 화장실[女糞坑]도 요구하여 특별히 여성전용 화장실을 만들었는데, 흥미롭게 여성의 이용률이 남성보다 더 많았다.

목태공은 매일 아침 5경(3-5시)에 일어나 초지草紙를 넣어 두고 밥 먹는

---

189 치작당(齒爵堂)은 훈몽(訓蒙) 선생이 성내(城內) 서상서(徐尚書) 패방의 글자를 도용하여 쓴 것으로 그 구체적인 내용은 설명하지 않고 얼버무렸다. 이 간판 때문에 주인공은 이후 엄청난 낭패를 당하게 된다.
190 『굴신갱간귀성재주』, "穆家噴香新坑, 奉求遠近君子下顧. 本宅願貼草紙."라는 20자(字)의 광고였다.
191 『굴신갱간귀성재주(掘新坑慳鬼成財主)』, "他從來揹不淨的所在, 用慣了稻草瓦片, 見有現成草紙, 怎麼不動火."

것조차 잊을 정도였다. 항상 신갱을 관리하였기 때문에 당상堂上에서 손님을 맞을 수가 없어 측간[糞屋]을 차청茶廳으로 이용하였다. 그리고 밤이 되어야 측간의 문을 잠갔는데, 항상 다른 사람이 몰래 똥을 훔쳐 가서 팔지 않을까를 걱정하였다. 똥이 있으면, 파종이 가능하여 장호莊戶는 직접 와서 똥을 구입했는데, 이때 대개 담擔: 1石마다 은銀 1전錢을 지급하였다. 현금이 없을 경우 땔나무[挑柴], 쌀[運米]과 기름[油]을 가지고 와서 똥과 바꾸기도 하였다.[192]

당시 신갱을 통해 저장한 똥을 어떤 경로로 매매하여 얼마만큼 돈을 벌 수 있었는가에 대한 구체적인 사실은 알 수 없다. 다만 소설 속에 "똥을 운송하는 배를 만난다."거나 "똥을 짊어지는 사람을 만난다."라는 내용으로 미루어 수집된 분변은 마차나 인력으로 현장까지 운반하거나 분선이 도착하는 곳으로 옮겨졌을 가능성이 있으며, 그 역할도 일본과 같은 중개상인이 했을 가능성도 없지 않다.

명대『심씨농서沈氏農書』에는 똥배를 이용해 사람 똥을 구입하기 위해 항주杭州로 가는 장면이 묘사되어 있다. 배가 통과하는 곳에는 크고 작은 방죽이 있었다. 그 때문에 처음부터 배에 가득 실어서는 안 되고, 반쯤 구입해서 싣고 오다 다음날 일찍 갑문 밖으로 밀어내어 방죽을 통과해도 5-6할 정도 차게 되는데,[193] 여기에 신선한 똥을 더 채우면 비료효과가 더욱 좋다고 한다. 그리고 마로磨路와 돼지똥재[猪灰] 역시 논의 비료로 적합하다. 4월, 10월 농번기에는 그 값이 싸기 때문에 이때 평망진平望鎭 일대에 가서 많이 사들일 것을 제시하고 있다.[194] 구입한 사람 똥의 용처用處는 분명하지 않지만 해당지역의 경작여건으로 보아 주로 뽕밭[桑田], 채소

---

192 『굴신갱간귀성재주』, "每擔是價銀一錢, 更有挑柴, 運米, 擔油來兌換的."
193 청(淸) 장리상(張履祥) 집보, 『보농서교석(補農書校釋)』(증정본)「운전지법」, 農業出版社, 1983, "過壩也有五六成糞."
194 『보농서교석』「운전지법」, p.56.

밭[菜田]과 논밭의 시비에 이용되었을 것이다. 다만 이 경우 사료에서 "5월 하순은 누에치기에 바쁜 시기이기 때문에 오전에 가까운 진鎭에 가서 똥을 구매하여 오후에 뿌린다."라고 했는데, 이때는 한창 누에는 고치를 치기 시작하고 맥은 이미 수확한 시기이기 때문에 주로 수전이나 뽕잎 따기를 끝낸 뽕밭 및 과수원에 청수분淸水糞을 시비한 듯하다. 뽕잎을 먹는 시기에 뽕밭에 분뇨를 시비하면 분기糞氣가 잎에 도달하여 누에가 똥독에 중독될 우려가 있기 때문에 피하는 것이 좋다고[195] 한다. 이처럼 명청 시대 근교 농촌에서는 똥배를 이용하여 근처의 읍에 가서 농민이 직접 똥오줌을 구입하여 거름을 주었는데, 대개 당일 혹은 이틀 정도 걸리는 거리에서 똥을 구입한 듯하다.[196]

소설에서는 농가에서 현금이나 섶[柴], 쌀[米], 기름[油] 등의 실물을 이용하여 신갱新坑의 똥오줌을 구입했지만, 『심씨농서』에는 어디에도 똥오줌을 구입한 대가가 무엇인지에 대한 구체적인 기록이 없다. 다만 비슷한 시기의 휘주徽州 휴녕休寧 여씨餘氏의 장복문약莊僕文約에는 주인이 측소厠所에 대해 조租를 장복莊僕에게서 받았는데, 당시 측옥厠屋은 "연와구전椽瓦俱全"의 구조로 되어 있었으며, 매년 대가로 '채소와 무 200근[菜蔔頭二秤]'[197]을

---

195 진개지(陳開沚), 『비농최요(裨農最要)』 권2, 「요법(澆法)」에는 뽕나무 모종은 숙분에 8할, 큰 나무는 5할의 물을 타서 초봄에 잎이 나기 전이나 여름에 잎을 딴 후에 뿌려 주는 것이 좋다고 한다.
196 똥배[糞船]가 도착하는 근처에 분뇨저장고가 존재하고, 그곳에 중개상(仲介商)이 있었는지는 사료상 분명하지 않다. 오전에 구입해서 오후에 시비한 것을 보면 가가호호 방문하여 분뇨를 구매했다기 보다 최소한 이 소설의 주인공처럼 고정된 급취장소에서 구입한 부숙한 똥이었을 가능성이 크다.
197 고이즈미 게사카쓰[小泉袈裟勝], 『칭(秤)』, 法政大學出版局, 1982, pp.73-74에는 『청회전(淸會典)』에 근거하여 청대 권형(權衡)의 종류는 천평(天平), 겁마(砝碼), 등(戥)과 칭(秤)으로 구분하는데, '칭(秤)'은 천칭(大秤)으로 칭량(秤量)이 100근(斤), 소칭(小秤)은 10-50근, 소반칭(小盤秤) 즉 명칭(皿秤)은 2-16근이라고 한다. 치우쾅밍[丘光明] 편저, 『중국역대도량형고(中國歷代度量衡考)』, 科學出版社, 1992, p.520에 의하면, 청대 한 근이 대략 597g이다. 이것이 1년간 조세였던 것을 감안하면 채소나 무를 대칭(大秤)으로 납입했을 가능성이 크다. 그렇다면 2칭(秤)의 양은 200근, 즉 119.4kg이 된다. 이것은 일본의 경우 앞에서 천보(天保) 2년

납부했다고 한다. 건륭 36년(1771)에도 '측소에 과세[租廁所]'한 기록이 전해지며, 건륭 38년에는 장복이 매년 측소[廁所] 1개에 세금[租]으로 전錢 140문文을 납입했다는 흥미로운 기록이 전하고 있다. 이것은 18세기 휘주 지역에 한정된 기록이기는 하지만, 일본과 마찬가지로 초기에는 분뇨를 이용한 대가로 채소나 무를 조租로 납부했으며,[198] 건륭 38년에는 연간 측소의 세금을 전납錢納하고 있다.[199] 이것은 측소가 수익의 원천임을 인정했다는 의미이다. 다만 일본처럼 도시민에 급취권汲取權을 가진 상인의 존재는 보이지 않고, 지주[또는 측간주인]의 측소廁所에 집적된 똥오줌을 이용한 대가로 전납하고 있다. 이때 측소를 빌린 자의 신분이 자영농의 장복莊僕[200]이었던 점으로 보아 상인은 아닌 듯하다. 『심씨농서』에서 똥배를 이용하여 강남의 똥오줌을 구입한 자 역시 상인인지 직접 생산자인지 분명하지 않다. 하지만 소설 속의 태공太公은 휘주 문서상의 주인과 장복莊僕 관계와는 다르다. 태공은 촌락의 주민으로 분갱을 파서 분뇨 비료를 집적한 후 측소 자체를 위의 휘주장복문약徽州莊僕文約에서와 같이 직접생산자(또는 소작인[佃戶])나 분선에 제공하고 대가를 받았다는 점에서 중간 상인 역할을 했다고도 볼 수 있다. 비록 일본과는 사업방식이 다르고 상인활동이 분명하지

(1831)에 분뇨수거의 대가로서 한 사람당 연간 대근(大根) 50개를 지급했다는 것과 유사한 양이다.

198 최덕경, 「朝鮮시대 糞尿施肥와 人糞: 古代中國의 糞尿利用과 관련하여」, 『역사학연구(歷史學研究)』 제40집, 2010, pp.88-89에는 한반도 조선에서도 1970년도까지 영산강하류의 촌락에서는 똥배를 이용하여 목포에서 똥오줌을 얻은 답례로 자신이 수확한 고구마나 담배를 선물하기도 하였다고 한다.

199 짱요우이[章有義], 「徽州莊僕文約和紀事輯存」, 『명청 및 근대농업사논집(明淸及近代農業史論集)』, 中國農業出版社, 1997, p.364.

200 장복(莊僕)은 소작인[佃人]으로 모두 자기의 독립경제를 가졌으며 전택을 구입할 수 있다. 조전(租佃)관계는 일반적인 소작농[佃戶]과 동일하다. 그들은 조약(租約)을 만들어 지주에게 집과 전답[屋田]을 빌린 대가를 지불해야 하고, 빌린 집과 전답을 반납하는 것[退屋退田]도 가능하며, 다른 주인의 토지를 경작할 수도 있다. 짱요우이, 같은 논문, 「徽州莊僕文約和紀事輯存」, p.358.

는 않지만 분뇨업에 중개상인이 개입했을 가능성도 없지 않다.

태공이 이 사업을 통해 적지 않은 부를 축적했다는 흔적이 소설의 도처에서 확인된다. 예컨대 시골에서 '제일재주第一財主'라든지 협잡꾼들이 "태공의 재산을 노린다."거나 심지어 "외출하였다가 자신이 탈분한 것을 돈벌이를 위해 연잎에 싸서 집으로 가져왔을 정도로 인색했던 이야기"나 태공이 전 재산을 팔아 500냥을 준비하여 아들의 소송비용으로 사용했던 것을 보면 매분買糞을 통해 상당한 부를 축적했음을 알 수 있다. 물론 그의 재산 전부가 매분을 통해 이루어졌다고는 볼 수 없지만, 어쨌든 이 사업을 통해 마을 최고의 부자가 된 것을 보면 청초 역시 똥의 수요가 적지 않았음을 말해 준다.

이런 재산이 축적되기까지 신갱新坑의 영업이 어느 정도였나를 파악하기란 용이하지가 않다. 다만 태공이 사돈댁을 방문하기 전에 며느리에게 밤새 준비한 300장의 초지草紙를 주고 간 것이나 대남大男, 소부小婦들이 출근하는 것처럼 줄줄이 측간에 들어가 초지草紙를 가져갔던 것을 보면 마을 주민이 매일 최대한 300명 정도가 측간[糞屋]에 드나들었다는 것이 된다. 하루에 1-2회 출입했다면 150명에서 300명 정도가 이용했음을 알 수 있다. 가족 인원 중 2-3명(평균 2.5명)이 들어왔다고 하면 적어도 60-120의 가정에서 이 신갱을 이용했다는 말이 된다. 만약 앞에서와 같이 한 사람이 하루에 1.2L를 배설한다고 가정하고, 이용자를 300명으로 가정하면, 하루에 집적되는 분뇨량은 360L이며, 한 달이면 10,800L이고, 이는 104.34섬[石]에 해당된다.[201] 똥 1섬의 값이 은銀 1전錢이었으니 한 달에 104.34은전銀錢의 소득을 올렸으며, 1년이면 1,252은전의 수입을 올린 셈이 된다.[202]

---

201 치우꽝밍[丘光明] 편저, 앞의 책, 『중국역대도량형고(中國歷代度量衡考)』, p.276에는 청대 호부(戶部) 청방승(鐵方升)의 표준용적은 1,035ml이므로 한 섬[石]의 양은 103.5L이다.
202 청대 전(錢)과 은(銀)의 비가(比價)는 시기와 지역에 따라 차이가 적지 않으며, 대개 전천문(錢千文)이 은일량(銀一兩)이다. 청초의 쌀값[米價] 역시 순치(順治) 3년에는 전국에 기근이

목태공이 마을에서 매분업買糞業을 하여 많은 부를 축적했지만, 잃은 것도 적지 않았다. 우선 측간[糞坑]을 지키느라 아침부터 밤까지 세수도 하지 않고 식사도 거르는 등 "양생 보양은 하지 않고 자신의 생명을 경시"했으며, 매일 분갱을 관리하고, 그곳이 곧 손님을 맞는 차청茶廳이기 때문에 "향기와 악취를 구별하지 못했으며", "재산을 중시하고 사람을 경시"한 결과 결국 하나뿐인 아들도 도박에 빠지게 된다. 그런가 하면 도박꾼까지 그의 아들 문광文光에게 "너의 집은 분변糞便을 먹고, 분변을 입고 너의 뱃속에는 모두 분변뿐이지!"라고 하면서 "마조경馬弔經도 들고 분갱에 가서 읽어라!"라고 비아냥거렸다.

뿐만 아니라 마을 사람들이 줄지어 다투어 초지草紙를 들고 가 버리자, 태공은 "장사를 망친다!"라고 소리쳤다. 이에 주민들은 "우리는 힘들게 우리집 밥을 먹고 날이 밝기가 무섭게 이곳에 와서 보패[糞尿]를 생산하는데, 주인은 고마움도 모르네. 우리는 당신 자손도 아닌데 왜 당신을 위해 돈을 벌게 해야 하는가?"라고 항변하면서 "나중에 여러 사람들이 돈을 모아 많은 공동변소[官坑]를 파게 된다면, 아마 당신은 몰락할 것이오."라고 응수하자 태공은 너그럽게 용서를 구하며, "그대들은 나의 시주이고, 만약 문도가 끊기면 저는 굶어죽을 것이오."라며 물러서고 있다. 실제 목태공의 사업이 잘되자 다른 사람이 공동변소를 파서 사업을 가로채면서 곤란을 겪게 되는 사실을 소설의 후반부에서 자세하게 묘사하고 있다.

이 소설에서 보듯 청대 강남의 인민들은 똥 수집을 중시했으며, 목태공

들자 1말에 은(銀) 20-30냥(兩)이었는데 옹정제 때는 1섬에 3전(錢)으로 떨어졌다가 건륭(乾隆) 20년 소흥(紹興)에 흉년이 들자 1말이 300전으로 다시 뛰어 가격 변동이 걷잡을 수 없었다. 탄원시[譚文熙], 『중국물가사(中國物價史)』, 湖北人民出版社, 1994, p.257는 그 변화를 표로써 잘 보여 주고 있다. 북경 항공항천(航空航天)대학의 쨩리[張麗] 교수는 2014년 남경(南京)에서 개최된 국제학술대회에서 이 은(銀)은 분명 은자(銀子)로서 중량으로 계량하며, 10전(錢) = 1냥(兩) = 31.25g(10qian = one tael), 16냥(兩) = 1근(斤) = 500g일 것이며, 만약 동전이라면 한 꾸러미였을 것이라고 조언한 바 있다.

같은 이는 스스로 측간을 설치하여 광고까지 하면서 사람 똥을 집적하고 있다. 이러한 모습은 건륭말기의 방화訪華견문록인 『영사알현건륭기실英使謁見乾隆紀實』에서도 잘 드러나, 도로가에 버려진 똥오줌을 노인과 아이들이 모으는 장면을 묘사하고 있다.[203] 특히 똥오줌을 땅속에 넣어 햇볕에 말려 덩어리지게 만들어 상품으로 농민에게 제공했다고[204] 한다. 비슷한 내용은 18세기 후기 조선에서 쓴 『북학의』에도 보이는데, 즉 "중국에서는 똥을 황금처럼 아껴서 길에는 버려진 재가 없다. 말이 가면 삼태기를 들고 그 꽁무니를 따라가서 말똥을 거둬들인다. 심지어는 노새와 말이 오줌을 싸고 지나간 땅의 흙을 파서 가져가기까지 한다. 길옆에 사는 백성들은 날마다 광주리를 가지고 작은 쇠스랑[小耙]을 끌고 다니며 모래 틈에서 말똥을 가려 줍는다. 모두들 주워 가므로 많이 얻을 리가 없었다."라고[205] 한다.

이런 현상은 전술한 바와 같이 『진부농서』에도 이미 중국의 남방지역에 분옥이 설치되었으며, 남송 『몽량록』에는 도성 임안臨安에 경각두傾脚頭라는 똥을 급취하는 사람을 소개했는데, 청대에는 촌락에까지 확대되어 "분변을 짊어지는 사람들은 매일 남의 집의 부녀에게 변기[馬桶]를 비워 갈 때 조금도 싫어하는 기색이 없다. 항상 변기 안에 똥오줌이 적은 것을 아쉬워한다."라는[206] 것을 보면 『굴신갱간귀성재주掘新坑慳鬼成財主』라는 소설 속의 모습은 현실과 큰 차이가 없을 뿐 아니라 도시의 분뇨 급취의 방법에 착안하여 농촌의 똥오줌까지 수거했던 청초淸初의 상황을 잘 보여 준다.

이상에서는 청초에 등장한 향촌의 분뇨 중개상이 부를 축적한 방법을

---

203 스땅동[斯當東]·이에두이[葉篤義] 譯, 『영사알현건륭기실(英使謁見乾隆紀實)』, 上海書店出版社, 2005.
204 박제가[안대회 역주], 『북학의』, 돌베개, 2013, p.312에서는 이런 똥을 천병(茜餠)이라고 하며, 옹기에 담은 사람 똥을 잘 저어 여름철에 모래밭에 뒤집어 놓으면 모래가 뜨거워 바로 말라서 떡처럼 되는데, 이것을 가루로 내어 채소밭에 시비했다고 한다.
205 박제가[안대회 역주], 같은 책, p.311.
206 『굴신갱간귀성재주(掘新坑慳鬼成財主)』, "挑糞擔的, 每日替人家婦女倒馬桶, 再不曾有半點憎嫌, 只恨那馬桶內少貨."

소개하였다. 이들은 도시의 급취자汲取者와는 달리 초지草紙 이외에는 그 대가를 지급하지도 않았고 또 급취권도 없었다. 물론 소설 속 촌락의 위치가 양잠, 마과麻果 등 상업 작물이 많이 재배되는 인근지역에 위치하여[207] 사업성이 있었던 것으로 보인다. 촌락 내에서 직접 신갱新坑을 만들어 손님을 끌어들여 분뇨상을 했지만 사업의 규모는 도시처럼 대형은 아니었다. 그것도 일본의 근세처럼 사람의 오줌과 똥을 분리하여 수거하지도 않았다. 그리고 당시 촌민은 초지草紙에 끌려 자신의 집이 아닌 신갱에서 똥을 누었던 것을 보면, 의향촌義鄕村에 객민客民들이 많아 농업에 똥오줌을 이용한 정도가 일본 근세보다 적극적이지 않았던 것 같다. 이것은 명청시대의 경우, 토지등급에 따라 백성의 연공年貢을 결정한 일본보다 국가의 농민에 대한 장악력이 약했고, 의향촌에서 보듯 객민의 출입이 개방적이라 토착민과 이주민 사이의 갈등[土客矛盾]이 다양하게 발생했을 정도로 농촌질서의 결속력도 강하지 못하였다.[208] 이것은 명 중기 이후 이갑제가 붕괴되고 특권화된 신사층紳士層이 향촌을 장악하면서 소농민은 자립적인 기반이 약해졌으며, 향촌 내부의 결속력도 강하지 못했던 것과도 맥을 같이한다. 아울러 강남의 촌민은 연공을 바쳐야 하는 일본 농민과는 달리 절박함이 적어 현실 타개능력 또한 느슨했다고 볼 수 있다. 그 속에서 분뇨상이 새로운 사업을 시작할 수 있었고, 이를 통해 적지 않은 부를 축적한 것을 보면, 의향촌은 당시 변화의 중심 근처에 위치한 강남 촌락의 일면을 잘 보여 주는 것 같다. 다만 비록 농업환경은 다소 달랐지만 그들 역시 일

---

207 천쉬에원[陳學文], 앞의 논문, 「明代中葉湖州府烏程縣的社會經濟結構: 明淸江南典型份個案研究之三」, p.52에는 오정현(烏程縣)의 경우 뽕를 재배하여 누에를 키운 수입이 농부가 논을 관리하여 곡식을 심는 등의 수입의 2-3배가 되었다고 한다.

208 펑셴량[馮賢亮], 앞의 논문,「淸代浙江湖州府的客民與地方社會」, p.51; 김현영, 앞의 논문, 「古文書를 통해 본 日本의 近世村落」, p.169에서 한일(韓日) 간의 촌락을 비교하였는데, 한국은 일본 근세촌락보다 개방성이 강하면서 신분에 의해 계층이 분화되어 있고, 가문 중심이라고 한다. 중국도 그 점에서는 한국과 유사하다고 한다.

본 근세농민과 마찬가지로 똥오줌을 농업의 가장 일반적인 비료로 인식하였다는 점은 당시 동아시아 농업에서의 공동된 특징이었다.

IV. 맺음말

일본 근세 농서 속에 등장하는 비료, 특히 똥오줌을 통해 일본 근세 농업이 어떻게 변천해 갔는가를 살펴보았다. 우선 중세 말 근세 초에 토지조사인 다이코겐지[太閤檢地]를 실시하여 직접 농민의 연공年貢을 요구하고, 농민들은 연공납입을 준비하는 과정에서 생산력을 제고하기 위해 지력향상과 비료에 대한 관심이 고조되었으며, 그로 인해 똥오줌에 대한 인식도 변하였다. 17세기에 분옥糞屋이 건립되면서 똥오줌을 비료로 이용하는 단계로 접어들게 된다. 이는 강남 지역의 농업방식을 모방한 것이지만, 일본의 경험과 토양과 초본에 음양교체의 논리가 가미되면서 독자적인 비료와 시비법을 만들었다는 점은 주목된다. 점차 비료의 가치가 상승하고 그 효능이 구체화되면서 18세기에는 토양성질과 지역여건에 따라 비료의 효능이 보다 구체화되었다. 19세기 농서에는 '사람 똥이 제일의 비료'라든지 '세계 최고의 비료'라는 평가를 내리고 있다. 게다가 사람 똥을 각종 광물성비료와 섞어 복합비료를 만들어 비료효과뿐 아니라 제초와 살충의 효과까지 얻고자 했다. 또 마른 정어리[乾鰯]의 공급이 부족해지자 가격이 저렴한 청어[鯡]가 이에 대신하면서 이후 유력한 어비魚肥로 자리 잡게 되었다는 점도 흥미롭다.

이처럼 비료수요가 확대되자 17세기 초기부터 생산지와 소비지 사이에 분뇨 공급을 위해 중개 상인이 등장하고, 똥오줌을 급취한 대가로 도시민에게 채소와 같은 현물이나 금전을 지불하고 매입하는 단계로 접어든다는 점은 한중일이 동일하다. 다만 일본의 분뇨 상인들은 생산자에게서 급취권을 획득하여 수급량需給量과 가격을 조절했으며, 그 상인의 조직과 활동이 매우 체계적이고 적극적이었다는 것이다. 이런 측면은 17세기 중기 이후의 정어리 비료의 유통에서도 볼 수 있다. 이에 반해 청초의 『굴신갱간귀성재주掘新坑慳鬼成財主』라는 소설에서 보면 중간상인과 분뇨 거래에 대한 구체성이 결여되어 있음을 살필 수 있다.

이처럼 일본 근세 농업에서 비료의 발달, 특히 똥오줌의 이용과 그 가치는 나날이 높아졌다. 하지만 당시 유럽의 경우는 그렇지 못하였다. 18세기 파리에서는 부엌이나 화장실의 배수가 하수도를 통해 하천으로 버려졌으며, 런던에서는 450만의 똥을 템스강에 막대한 비용을 들여 흘려보냈고, 1850년대 말 런던이 대규모 하수계획을 발족하기까지 매일 약 250t의 분변이 템스강으로 흘러들어가 전염병의 발원지 역할을 했다.[209] 독일인은 20세기 초 일본에 와서야 논이나 채소밭에 사람의 똥오줌을 뿌리는 것을 알고 위생상 실로 위험하다고 했던 것을 보면, 똥오줌 이용방법을 몰랐다는 것을 알 수 있다. 이들 국가는 20세기 초까지 토지에 사람 똥을 시비하는 것을 불가사의하게 여기거나 위험하다고까지 하였다.[210] 게다가 유럽에서는 17세기 수세식 변기가 등장하면서 똥오줌의 처리는 무책임하였다.[211] 이에 반해 당시 일본인은 오물을 폐기하기는커녕 오히려 쌀이나 돈으로 구매하여 이를 농업자원으로 활용했던 것이다.

---

209 다키가와 쓰토무[滝川勉], 앞의 논문, 「東アヅア農業における地力再生産を考える」, p.65.

210 리노이에 마사후미[李家正文], 『분뇨생활문화(糞尿生活文化)』, 三報社印刷, 1989, pp.219-225에서는 이 때문에 사람의 똥오줌을 이용하여 재배한 채소를 먹지 않고, 수경(水耕) 재배한 생채소를 장병들에게 공급했다고 한다.

211 이러한 전통은 이미 고대 로마에서부터 비롯되었다. 화장실 이외에 계단이나 식당에서까지 변기를 사용했으며, 왕궁(王宮)의 여자들은 밤이면 창밖으로 오물을 던져 통행인들은 어디서 내리는지 알 수 없는 황금비를 맞을 수밖에 없었다. 그리고 거리에는 아침이면 변기나 오줌통을 들고나가 거리 위에 아무렇게나 버렸다. 그래서 고대 로마인들은 머리를 덮어쓰고, 긴 망토를 걸쳤으며, 남자, 여자들 모두 하이힐을 신고 분뇨를 피해 다녔다. 그리고 이런 습관은 18세기까지 계속되었다고 한다. 리노이에 마사후미[李家正文], 같은 책, 『분뇨생활문화(糞尿生活文化)』, p.224.

명말청초 장리상張履祥은 『보농서補農書』「총론總論」에서 동아시아 비료가 지닌 의미를 단순히 논밭의 수익을 높이는 것을 넘어 각종 쓸모없는 사물을 쓸모 있게 재생 순환시키는 행위라고 했으며,[212] 이런 재순환이 비록 규모는 적지만 지속적인 농업을 가능하게 했던 것이다. 일본 근세농업도 이런 과정을 통해 독자적인 발전의 길을 걸었으며, 이는 아시아농업의 특징이기도 하다.

요컨대 근세 일본농업의 특징은 중세 말 국가는 백성의 통일적 지배를 위해 연공을 강제하고, 농민은 이에 조응하여 농업생산력의 제고에 필요한 똥오줌 등의 다비多肥 농업에 관심을 갖게 되었다. 다만 18세기 이후 상인이 농촌 비료의 수급에 관여한 후 흉년으로 인해 농민들의 연공납입이 곤란해지면서 촌락의 내적 질서와 이에 의존한 무사들의 경제기반이 무너지고, 유력 백성百姓에 의한 토지집적으로 인한 지주화 내지 소작인으로 전락하고, 한편 노동자층이 나타나고 수공업이 발달되면서 사회체제가 이완되기 시작한다. 하지만 당시 중국은 호주湖州 의향촌義鄕村에서 보듯 촌민 중 유랑민이 많고, 막번幕藩과 같은 강제력도 철저하지 못하였으며, 게다가 신사층紳士層의 향촌지배로 대다수의 소농민은 노동과 활동 면에서 적지 않게 제약을 받았으며, 신분적인 규제도 강하였다. 이러한 점들이 양국의 근대화의 과정에 다르게 반영되었던 것이 아니었는가 하는 견해를 조심스럽게 제시해 본다.

---

212 『보농서교석(補農書校釋)』(증정본),「보농서후·총론」, p.147.

제10장

동아시아 측간구조의
변화와 측신

I. 머리말

측간厠間은 일상의 은밀한 공간이면서 전근대 아시아 농업을 주도한 비료의 공급처였다. 당시 측간에서 저류된 똥오줌은 그 자체로, 또는 다른 것과 결합되어 다양한 비료의 재료로 사용되었다. 하지만 근대화가 이루어진 이후 수세식 변기의 등장으로 인해 똥오줌은 환경오염의 주범으로 인식되며 기피 대상이 되었다. 똥오줌이 농업자원에서 오염 폐기물로 전락한 것이다. 최근에는 똥오줌이 생명자원으로서 다시 주목받기 시작했는데, 이에 따라 전통시대의 측간과 똥오줌에 대한 지혜를 생태문화학적 관점에서 새롭게 부각시켜 볼 필요성을 느낀다.

본고에서는 똥오줌의 집적공간인 측간이 생활 속에서 어떻게 인식되었는가를 살펴보고자 한다. 비록 똥오줌은 경제적으로 매우 중요한 것이지만, 이를 저장하는 역할을 하는 측간은 더럽고 냄새나고 무서워 사람들이 꺼리는 공간이었다. 이처럼 일상의 필요불가결한 공간에서 측신厠神이 존재한다는 인식은 『형초세시기荊楚歲時記』에 잘 나타난다. 측신은 두려움의 대상이면서도 한편으로는 생산 및 재부財富 등 가족의 염원과 결부되어 있었다. 특히 송대 이후 수전水田 농업의 발달로 비료의 수요가 증대되면서 똥오줌을 집적하는 측간구조 역시 이전보다 공간이 더욱 깊고 넓어져 접근하기가 쉽지 않고, 오랫동안 머물기에도 곤란한 장소가 되었다. 이곳에 존재하는 측신의 이중적인 인식은 어떠한 이유 때문에 생겨난 것일까? 흥미롭게도 측간과 측신에 대한 고사는 오랜 전통을 지니고 있고, 농업생산과도 밀접한 연관성이 있으나 이에 대한 역사적인 접근과 연구는 거의 시도되지 않았다.

측간과 측신에 대한 기존의 연구는 주로 민속학자들에 의해 주도되어 왔다. 중국에서는 최근 『형초세시기』에 등장하는 자고紫姑에 대한 전설이나 그 기원을 비롯하여, 자고신앙이 이후 다양한 형태로 변한 모습을 검토하고 있다.[01] 최근에는 『설은심종雪隱尋踪』이라는 측소厠所에 관한 역사 풍속의 자료를 정리한 연구서가 출판되어[02] 이후의 연구가 주목되기도 한다. 한국의 측간관련 연구는 김광언의 『동아시아의 뒷간』이 대표된다고 할 수 있다. 이 책은 측간의 어원, 건축양식, 호자虎子, 처리도구와 민담 등으로 구성되어 한중일의 뒷간을 그림 자료와 함께 비교 정리하고 있는 것이 특징이다.[03] 비록 측신에 대한 자료는 소략하지만 한중일 측간의 민속자료를 정리하고 있다는 점에서 흥미롭다.

한중 양국과는 달리 일본의 측간문화는 이미 1930년대부터 민속학자들

---

01 꽁웨이잉[龔維英], 「厠神源流衍變探索」, 『귀주문사총간(貴州文史叢刊)』, 1997年 3期; 리우 친[劉勤], 「中國厠神神格演變發微: 從母親神到女兒神」, 『학술계(學術界)』(月刊) 總第182期, 2013; 황징춘[黃景春], 「紫姑信仰的起源衍生及特徵」, 『민간문학논단(民間文學論壇)』 1996年 第2期; 장샤오슈[張曉舒], 「迎紫姑習俗起源新論」, 『중국민족학원학보[中國民族學院學報(人文 社會科學版)]』 제21권 第4期, 2001; 쉬하이옌[徐海燕], 「紫姑信仰的形成及其傳統流變中的文化 思考」, 『요녕대학학보[遼寧大學學報(哲學社會科學版)]』, 제33권 第5期, 2002.
02 저우리엔춘[周連春], 『설은심종(雪隱尋踪: 厠所的歷史經濟風俗)』, 安徽人民出版社, 2005.
03 김광언, 『동아시아의 뒷간』, 민속원, 2002, p.471. 소개한 자료를 보면 중국과 일본의 경우 측간에 관한 고대 문헌 및 출토자료가 적지 않게 남아 있는 데 반해, 한국은 호자(虎子) 등을 제외하면 대부분 근대 민속자료가 대부분이다. 하지만 한국의 경우 분뇨에 관한 속담은 매우 풍부한 것이 특징이다.

에 의해 주도되어 왔다. 리노이에 마사후미[李家正文]는 『측고厠考』를 통해 측厠의 건축양식에서부터 측신, 위생과 소제掃除 및 미신의 구전에 이르기까지 방대한 자료를 바탕으로 종합적으로 검토했다.[04] 그의 또 다른 책인 『분뇨와 생활문화[糞尿と生活文化]』에서는 똥오줌의 과학, 처리기구 등을 각국의 사례를 들어 검토하였다.[05] 그런가하면 히노 아시헤이[火野葦平]는 『분뇨담糞尿譚』에서 소설형식을 빌려 1930년대의 도시 분뇨상糞尿商의 활동과 분뇨처리에 대해 지적하였으며,[06] 고이시카와 젠지[礫川全次] 편저編著, 『분뇨의 민속학[糞尿の民俗學]』은 측신과 분뇨관을 통해 똥오줌을 민속학적으로 정리했으며, 해당 서적의 자료편에서는 1909년에서 1979년까지의 분뇨민속에 관련된 25편의 논문을 소개하고 있다. 이 중에는 한국과 중국에서는 상상하기도 어려운 여성의 입소변立小便과 같은 습관과 함께 배설 후 뒤처리 도구 등이 다양하게 소개되고 있다.[07]

본고는 이 같은 기존 연구를 토대로 측간의 출현에[08] 따른 측신의 등장배경에 주목하였다. 기본적으로 측간은 유목문화와는 거리가 먼 전형적인 농업문화의 한 형태이다. 때문에 측신은 똥오줌 저류貯留의 공간인 측간이 주곡생산에 점차 직접적인 영향을 끼치면서 규모가 확대되고, 측간을 두렵고 위험하게 인식하게 되면서 그 속에 측신이 존재한다는 민간신앙으로 발전했을 것이다. 이러한 가정 아래 본고는 송대 강남 수전농업의 발달과 분뇨수요의 증대에 주목하였으며, 그 측간구조의 변화를 통해 측신의 전파과정을 역사적인 관점에서 살펴보고자 하였다.

---

04 리노이에 마사후미[李家正文], 『측고(厠考)』, 六文館, 1932.
05 리노이에 마사후미, 『분뇨와 생활문화(糞尿と生活文化)』, 三報社印刷, 1989.
06 히노 아시헤이[火野葦平], 『분뇨담(糞尿譚)』, 小山書店, 1938.
07 고이시카와 젠지[礫川全次] 편저, 『분뇨의 민속학(糞尿の民俗學)』, 批評社, 1996.
08 측간의 출현은 분뇨를 처리하는 방법 속에서 나왔을 것이다. 더럽고 냄새나는 것을 주거지 근처에 둘 수 없었기 때문에 땅을 파서 묻거나 물에 떠내려 보내고, 또는 쓰레기와 섞어 불에 태우거나 노천에서 바람에 말렸을 것인데, 이런 지혜가 측간을 만들었을 것으로 생각된다.

II. 측간의 변천과 측신厠神의 등장

1. 고대 중국의 '혼溷'·'측厠'의 구조

초기 측간에 대한 실마리를 알 수 있는 기록으로 『춘추좌전春秋左傳』「성공10년成公十年」에 진후晉侯; 景公가 측간에서 빠져 죽었다는 사실이 있다.[09] 또 『주례周禮』「천관天官·궁인宮人」편의 "위기정언爲其井匽"의 '언匽'에 대해 한대의 정사농鄭司農은 '노측路厠', 즉 길가에 세워진 공중변소로 주석하고[10] 있다. 그런가 하면 전국 진대秦代의 간독자료에는 측간[圂]의 위치에 따른 길함과 불길함의 여부를 명시하고 있으며,[11] 한대 명기明器나 화상석에서도 당시 화장실과 관련된 유물이 발견되고 있다. 이처럼 선진시대부터 측간이 등장했다는 사실을 통해 똥오줌을 한곳에 집적했다는 것과 이를 2차적으로 활용했을 가능성 또한 추측해 볼 수가 있다. 실제 춘추전국시대의 제자서諸子書에는 분糞의 용례가 적지 않게 보인다. 비록 그 분의 실체가 퇴비인지 가축 똥인지 사람 똥인지는 분명하지 않지만,[12] 분뇨의 저류시설

---

09 양보쥔[楊伯峻] 編, 『춘추좌전주(春秋左傳注)』, 中華書局, 1983, p.850, "如厠, 陷而卒."에 대해 "跌入糞坑而死."라고 주석하고 있다.

10 샹빙허[尙秉和], 「厠溷」, 『중국역대사회풍속사물고(歷代社會風俗事物考)』, 岳麓書社, 1991, p.285에서 "노측(路厠)"은 곧 관측(官厠)으로 파악하고, 오늘날 공중변소로 인식하고 있다.

11 최덕경, 「東아시아에서의 糞의 의미와 人糞의 實效性」, 『중국사연구(中國史研究)』第68輯, 2010, pp.85-86.

12 『맹자(孟子)』「등문공상(滕文公上)」, "凶年, 糞其田而不足, 則必取盈焉.";『순자(荀子)』「富國」, "刺草殖穀, 多糞肥田, 是農夫衆庶之事也.";『논형(論衡)』「솔성(率性)」, "夫肥沃墝埆, 土地之本性也. 肥而沃墝者性美, 樹稼豐茂. 墝而埆者性惡, 深耕細鋤, 厚加糞壤, 勉致人功, 以助地力, 其樹稼與彼肥沃者相似類也."와 같이 토지의 비력을 높인 분(糞)이 어떤 종류의 것인지 분명하지 않다. 하지만 『장자(莊子)』「인간세」, "以筐盛矢, 以蜃盛溺."이나 섬서 미지현(米脂縣) 관장촌(官莊村), 수덕현(綏德縣)과 산동 등현(滕縣) 용양점(龍陽店) 등에서 출토된 "습분화상석(拾糞畵像石)"과 같이 가축 똥을 수거했던 사례는 흔히 볼 수 있다. 중국농업박물관편(中國農業博物館編), 『한대농업화상전석(漢代農業畵像磚石)』, 中國農業出版社, 1996, pp.34-39 참조.

이 존재했다는 사실로 미루어 한정된 지역에서나마 분과 흙을 섞은 토분土糞을 이용했을 가능성을 부인할 수가 없다. 게다가 한대 화상석에 등장하는 돼지우리[猪圈]는 상하로 측간[圂]과 결합되어 있다. 이런 형태의 측간이 퇴비생산을 위한 것인지 돼지를 기르

그림 19_ 산동 후한묘 猪圈

기 위한 목적인지 분명하지는 않다. 그런데 전한말 『범승지서氾勝之書』에 등장하는 "돼지우리 속 숙분을 거름 준다.[圂中熟糞之.]"라는 구절에서, '혼圂' 안의 숙분은 순수한 사람 똥도, 순수한 돼지똥[猪糞]도 아니다. 그것은 이 두 가지의 똥에 사료 또는 짚이나 각종 생활쓰레기가 섞인 거름이었을 것이다. 어쨌든 식물食物의 원초적인 형태인 사람 똥을 돼지에게 제공하고,[13] 돼지똥이 섞인 숙분을 '시비'하였다는 말이다. 사람과 가축의 똥오줌을 돼지우리[猪圈]에 저장하여 일정기간 부숙 처리하여 다시 밑거름[基肥]으로 사용했던 것을 보면 한대의 측간[圂]은 다목적으로 이용되었음을 알 수 있다.

그렇다면 이런 화북 지역의 측간구조는 어떤 형태였을까? 구체적으로 살펴보자. 우선 생각해 볼 수 있는 것이 기원전 6세기 진후晉侯가 빠져 죽었다는 측간과 돼지우리와 측간이 결합된 혼圂이다. 전자의 경우는 돼지우리와 무관한 독립된 측간이다. 과연 진후가 이 측간이 깊어 사고를 당한 것인지 아닌지가 측간의 구조와 관련하여 중요하다. 샹빙허[尙秉和]의 견해

---

13 최근 일본의 한 연구원은 똥 속에 단백질 63%, 탄수화물 25%가 들어 있는 것을 이용하여 햄버거를 만들어 실용화단계를 밟고 있다고 한다. 이것은 똥 속에 영양가 좋은 음식물이 들어 있음을 말해 준다.

에 의하면 오늘날 산서성 측간의 폭과 깊이는 대개 6-7자[尺]라고[14] 한다. 당시에도 그 정도의 깊이였다면 사고가 발생할 수 있다. 하지만 당대 이전의 화북지역의 비료에는 주로 쇠두엄[踏糞]이나 가축 똥이 이용되고, 사람의 똥오줌은 사료상 거의 발견되지 않는다. 이것은 똥오줌이 집적되어 전지의 비료로 적극적으로 활용되지 않았다는 것을 의미한다. 이런 상황에서 측간의 저류 공간이 크고 깊을 필요가 있었을까? 게다가 건조한 화북지역의 경우, 후술하는 남방지역에서처럼 측간에 물을 채워 분변을 희석시킬 여건도 아니었다.

그렇다면 진후晉侯는 어떻게 하여 사망했을까? 양보쥔[楊伯峻]은 "넘어져 측간 속에 빠져 죽었다."라고 주석했다. 진후가 사망하기 직전의 기록을 보면, 성공 10년(기원전 569년) 5월에 병이 들어 큰아들에게 임금의 자리를 양위했으며, 꿈속에 악귀가 출현하여 불안을 느낄 정도로 심신의 상태가 좋지 않았다. 게다가 6월 병오丙午일, 측간에 빠져 죽은 날에도 음식을 잘못 먹고 배탈이 났다. 이런 사실을 미루어 보면 진후의 사인은 심신이 약하고, 기력마저 없는 상태로 측간에서 발을 헛디뎌 넘어지면서 머리 등에 충격을 받고 변기에 신체의 일부가 빠진 것이 아닌가 한다. 소신小臣이 새벽에 공을 짊어지고 등천登天한 꿈을 꾸고, 한낮이 되어서야 측간에 쓰러져 있는 진후晉侯를 측간에서 짊어지고 나왔다는 것을 보아도 진후가 측간 밖에서 이미 졸도한 듯하다.[15] 따라서 진후는 혼식溷式의 측간이 깊어서라기보다 심신의 쇠약으로 인하여 측간에서 불의의 사고를 당해 죽은 것

---

14 샹빙허[尚秉和], 앞의 책, 『역대사회풍속사물고(歷代社會風俗事物考)』, pp.285-286에서 고대의 측간에는 깊은 구덩이[坑坎]가 있는데, 진후(晉侯)가 병이 심하여 넘어져 구덩이 속에 빠져 죽었다고 한다. 기원전 6세기의 1자[尺]는 구체적으로 알 수 없지만 은대(殷代) 1자가 16cm, 전국시대에는 23.1cm이다. 1자를 20cm로 계산하면, 7자는 1.4m 정도가 된다.

15 양보쥔[楊伯峻] 편, 앞의 책, 『춘추좌전주(春秋左傳注)』, pp.848-850. "晉侯有疾, 五月, 晉立大子州蒲以爲君 … 晉侯夢大厲(惡鬼曰厲鬼) … 六月丙午, 晉侯欲麥, 使甸人獻麥 … 將食, 張(張, 今作脹, 肚子發脹.) 如厠, 陷而卒. 小臣有晨夢負公以登天, 及日中, 負晉侯出諸厠, 遂以爲殉." ( )는 注文임.

이라고 볼 수 있다.

　저우리엔춘[周連春]의 『설은심종雪隱尋踪』에 의하면 북방과 남방의 측소厠所는 큰 차이가 있으며, 북방 농가의 측갱厠坑은 일반적으로 길이 3자 전후, 폭 2자 전후, 깊이 2-3자의 긴 장방형이거나 방형이라고 한다. 그리고 측갱은 후술하는 바와 같이 벽돌이나 돌을 쌓아 만들되 물기가 새는지 아닌지는 그다지 문제가 되지 않았으며, 단지 발을 딛는 부분이 평평하기만 하면 된다고 하였다.[16] 이것은 북방의 측간이 분뇨 저류에는 크게 주의하지 않았고, 깊이와 폭도 1m 이내로 깊고 넓지 않았음을 말해 준다.[17] 고대 동북 지역에서도 이와 비슷한 사례가 발견된다.[18] 이 정도 깊이의 측간에서 성인이 빠져 죽는다는 것은 이상하다.

　중국고대 측간의 구조를 암시하는 또 다른 사료가 바로 측간과 돼지우리가 결합된 혼(溷: 圂)이다. 『설문해자說文解字』에는 환圂을 "돼지 뒷간이다.[豬厠也.]"라고 해석하고, 『광아廣雅』「석궁釋宮」에는 "환은 뒷간이다.[圂, 厠

그림 20_ 호자(虎子)

16　저우리엔춘[周連春], 앞의 책, 『설은심종(雪隱尋踪: 厠所的歷史經济風俗)』, p.292.
17　그리고 한대와 남북조시대 고묘(古墓) 중에는 소변기인 호자(虎子)가 많이 출토되고 있으며, 실제 『서경잡기(西京雜記)』 권4에는 "漢朝以玉爲虎子, 以爲便器."라는 것과 같이 이동식 변기(便器)를 많이 이용한 듯하다. 당대(唐代) 이래 이 호자가 마자(馬子)로 개칭되었으며, 마통(馬桶)은 마자에서 비롯된 듯하다. 이 경우 별도로 이동식 변기를 모아 두거나 처리하는 공간이 존재했을 가능성이 있다.
18　『후한서(後漢書)』 권85 「동이열전(東夷列傳)·읍루(挹婁)」, "土地多山險 … 處於山林之間, 土氣極寒, 常爲穴居 … 好養豕, 食其肉, 衣其皮, 冬以豕膏塗身, 厚數分, 以禦風寒 … 其人臭穢不絜, 作厠於中, 圜之而居.";『삼국지(三國志)』 「위서(魏書)·동이전(東夷傳)」에도 읍루의 풍습과 측간이 소개되어 있는데, 읍루인은 "돼지 키우기를 좋아하였으며[好養猪]", "그들은 불결하여 집 가운데 측간[溷]을 두고 그 주변에 둘러 모여 살았다. 활 길이는 4자이고 힘은 노쇠와 같았다. … 옛 숙신씨(肅愼氏)의 국가이다. 활쏘기를 좋아했고 사람을 쏘면 어김없이 명중했다."라고 한다. 이 측간[溷]이 사료만으로 중원지역처럼 돼지우리[猪圈]과 측간[人厠]의 겸용인 것은 알 수 없지만, 수렵인의 성격이 강하고, 혈거나 이동생활의 습속이 남아있어 측간은 깊지 않았을 것이다.

也.]" 혹은 "(측간의 방언인) 청위圂이 곧 측이다.[圂, 厠也.]"라고 하여 환圂, 청위圂이 모두 측간의 의미로 해석되고 있다.[19] 당대 안사고顔師古도 『한서漢書』를 주석하면서 "뒷간이라는 것은 양과 돼지의 우리이다.[圂者, 養豕之牢也.]"[20]라고 해석하였다.[21] 실제 『국어國語』에는 "문왕文王의 어머니가 돼지우리[豕牢: 측간]에서 소변을 보는 중에 문왕을 낳았다."라고[22] 한다. 그런가 하면 『한서』 「연자왕유단전燕刺王劉旦傳」에서는 "측간 속에서 돼지 무리가 나와 관청의 부뚜막을 부수었다."라고[23] 하면서, 돼지들이 측간 속에서 나왔다."라는 사실에 대해 "측厠은 양과 돼지의 우리이다.[養豕圂也.]"라고 주석하여, 측[厠]을 돼지를 키우는 우리[養豕圂]로 보고 있다. 이런 점에서 보면 최소한 한대 이전의 측간은 집의 은폐된 공간에 위치하면서[厠, 屛] 깨끗하게 관리되어야 할 공간[圂]으로 인식되었는가 하면, 측간을 통해 돼지도 키우고 식량을 생산하는 순환의 공간[圂, 溷]으로 이해하여 돼지우리[猪圈]와 연결되어 있었음을 확인할 수 있다.[24]

이런 측간의 모습은 『묵자墨子』 「비성문備城門」에서도 볼 수 있다. 즉 "성상城上 50보步마다 한 개의 측간을 두되, (이것은) 성하城下의 측간과 더불어 분갱糞坑이 같았다."라고[25] 하였다. 청대 손이양孫詒讓은 『묵자한고墨子閑詁』에서 이 측간에 대해 "위의 측간은 성상城上의 측간이고, 환圂은 성하城下의 불결한 것이 쌓이는 곳"이라고[26] 해석하여 사람의 측간은 담 위에 설치하고, 환圂은 담장 아래에 배치했기 때문에 측간의 온갖 오물이 내려와 아

---

19 『옥편(玉篇)』 「광부(廣部)」에서도 "厠, 圂溷也."라고 한다.
20 『한서(漢書)』 권27 「五行志第七中之下」.
21 안사고(顔師古)는 『한서』 권50 「장풍급정전(張馮汲鄭傳)·장석지전(張釋之傳)」에서 "圂, 養獸之所在"라고 주석하여 '환(圂)'과 달리 보고 있다.
22 『국어(國語)』 「진어사(晉語四)」, "臣聞昔者大任娠文王不變, 少溲於豕牢而得文王不加疾焉."
23 『한서』 권63 「무오자전(武五子傳)·연자왕유단(燕刺王劉旦)」, "厠中群豕出, 壞大官竈."
24 리링[李零], 「天不生蔡倫: 說中國的厠所和厠所用紙」, 『만상(万象)』 2005. 3.
25 『묵자(墨子)』 「비성문(備城門)」, "五十步一厠, 與下同圂."
26 손이양(孫詒讓), 『묵자한고(墨子閑詁)』, "上厠爲城上之厠, 圂則城下積不潔之處."

래에 쌓였다고 해석하고 있다. 이것은 중국고대에 측간과 돼지우리가 서로 상하로 배치되어 존재했음을 말해 준다. 이러한 형태의 측간이 한대 섬서, 호북, 하남, 강소와 광동 등 남, 북방에서 모두 명기明器: 陶厠圈, 陶溷厠로 출토되고 있다.[27] 그 모형을 살펴보면, 돼지우리의 한쪽 모퉁이 상단 담 위에 측간이 있어 양자가 상하로 구분되어 있는 것 같지만, 구조상으로는 상하가 트여 사람의 배설물이나 생활폐기물이 바로 혹은 비탈지게 아래의 돼지우리로 떨어지도록 설계되어 있다.[28]

이 측간은 돼지를 기를 정도로 규모가 작지 않고, 탈분할 때에는 돼지 우는 소리로 시끄러웠을 것이다. 하지만 이곳은 집안에서 가장 은밀하고 구석진 장소였다. 게다가 측간이 주로 위치한 서북쪽은 흉한 기운이 서린 곳으로 밝은 것을 싫어하는 백귀百鬼가 은신하기에 적합한 곳이었다. 이처럼 무섭고 꺼릴 만한 장소에 굳이 냄새나는 측간을 설치한 것은 '악취로써 나쁜 기운[凶]을 다스리기' 위해서였다고[29] 한다. 그렇지만 측간에 들어서면 올려놓은 판자나 바닥돌이 불안정하여 더러운 오물이 묻지나 않을

---

27 공리앙[龔良], 「"圂"考釋: 兼論漢代的積肥與施肥」, 『중국농사(中國農史)』, 1995年 제14권 第1
     期, pp.91-92. 주목되는 것은 하남 남양(南陽) 양관사(楊官寺)의 후한시대의 묘에서 출토된
     측저권(厠猪圈)으로 뒤쪽으로는 여측(女厠), 전원(前院) 쪽은 남측(男厠)으로 구분되고 아래
     쪽은 모두 돼지우리[猪圈]와 통하고 있는 구조이다.
28 간혹 돼지우리를 약간 경사지게 하고 그 아래에 구덩이를 만들어 오줌이 빠질 수 있도록 장
     치를 만들기도 한다. 이 경우 구덩이의 위치는 대개 구유[또는 인측구(人厠口)]와 멀리 떨어
     진 구석진 곳에 설치하여 외부에서 그 오줌을 걷어 낼 수 있도록 만드는 것이 대부분이다.
29 저우리엔춘[周連春], 앞의 책, 『설은심종(雪隱尋踪: 厠所的歷史經濟風俗)』, pp.287-291에 의하
     면, 측간의 위치는 지역, 풍수 및 심리현상과 밀접하게 관련되는데, 측간은 집의 서북쪽 모
     퉁이 대흉(大凶)의 장소에 주로 설치하였다. 그것은 '以惡治惡', '以臭治凶', '以汚穢治妖邪'
     라는 이론의 실천이라고 한다. 또 남방은 남풍이 많고, 북방은 북풍이 많아 북쪽은 주옥(主
     屋)의 남쪽이 좋고, 북방은 그 반대이다. 이처럼 측간의 냄새를 피하기 위해서는 풍수도 충
     분히 고려하였다.
         이러한 인식은 청대에도 마찬가지였다. 청(淸) 장종법(張宗法), 『삼농기(三農紀)』 권21 「택
     사(宅舍)·작측(作厠)」에 의하면, "作厠者忌當前門後門及屋棟柱, 不可近竈近井, 在來龍外僻
     之爲吉. 須厠分內外, 出入當諱, 掃治潔淨, 亦宅之美兆也."라고 하여 정후문(正後門)과 안채
     나 정면 및 주방 및 우물에서 가능한 먼 후미진 장소에 설치하고 있다.

까 하는 걱정과 더불어 돼지우리로 빠질지 모른다는 두려움이 항상 존재
했을 것이다. 특히 야간에는 후미진 이곳에 영성靈性이 존재한다고 여겨
가기를 더욱 꺼렸을 수도 있다.

　이처럼 당시의 측간구조는 돼지소리로 항상 시끄럽고 아래가 훤히 들
여다보여 측신이 상주하는 이계異界의 세계로 규정하기에는 다소 부족하
다. 게다가 산동 기남沂南 북채촌北寨村의 실내 측간같이 단지 똥오줌만 외
부로 빠지도록 구멍만 나 있는 측간구조에서는 더욱 그러하다.[30] 또한 후
술하는 것처럼 대보름에 한 번 측신인 자고紫姑를 불러내었다는 것은 측신
이 측간에 항상 거주하고 있다는 인식이 없었다는 말이 된다. 이것은 당시
측간이 이계異界의 공간으로 생각되지 않았음을 의미한다. 이러한 인식은
사람의 똥오줌이 덧거름[追肥]으로서 농업생산에 비로소 활용되기 시작했
던 당말 『사시찬요四時纂要』까지는 계속되었을 것이다.[31] 게다가 북조시기
유목민인 선비족鮮卑族 역시 이 같은 측간구조를 크게 변화시키지는 않았
을 것이다. 이런 측면에서 보면 당대 이전의 측간은 돼지우리와 연결되어
시끄럽고, 또 독립된 측간은 깊고 넓지도 않아 측신의 신앙이 자리 잡는
데에는 일정한 한계가 있었다고 봐야 할 것이다.[32]

　한편 한국과 일본의 측간구조를 처음 확인할 수 있는 것은 7-8세기 무
렵이다.[33] 하지만 이 같은 측간시설들은 대부분 왕궁 내의 시설이거나 수

30　하야시 미나오[林巳奈夫][김민수, 윤창숙 역], 『돌에 새겨진 동양의 생활과 사상』, 두남, 1996,
　　pp.65-69에 의하면, 이는 한대의 거실(居室) 중의 측간으로 이런 경우 측신의 출현을 생각
　　하기란 더욱 곤란할 것이다.
31　『사시찬요(四時纂要)』, "二月初, 取出便種. 忌人糞." 외에도 『사시찬요』에는 2월에 소변과
　　똥에 물을 타 차나무를 파종했으며, 8월조에는 종산(種蒜)에도 똥물을 시비한 것을 볼 수
　　있다.
32　탄린[譚麟] 역주, 『형초세시기역주(荊楚歲時記譯注)』, 湖北人民出版社, 1999, p.43에는 혼측
　　(溷厠)이 조용해야만 자고(紫姑)가 출현한다고 한다. 특히 『이원(異苑)』에서 측신이 도간(陶
　　侃)에게 "3년간 말하지 않아야만 부귀를 이야기할 수 있다."라고 한 점은 혼측이 측신(厠神)
　　이 상주하기에 적합하지 않은 곳임을 알 수 있다.
33　국립부여문화재연구소 학술연구총서, 『왕궁리 발굴중간보고(王宮里發掘中間報告)』V, 국립

도권에 거주하는 지배층의 것이었기 때문에 민간사회에까지 일반화시키기는 곤란하다. 이후의 형태로 미루어 민간의 측간은 중국과 큰 차이가 없었다고 생각된다.

고대 측간이 이후 어떤 변화를 거쳤는가에 대한 기록은 분명하지 않다. 다만 16세기 말 명말의 사조제謝肇淛(1567-1624년)가 편찬한 『오잡조五雜組』에 의하면, 춘추시대의 진晉 경공景公, 한 무제는 물론 북제 문선제文宣帝도 측간에서 볼 일을 보면서 당시 승상인 양음楊愔에게 뒤처리 도구인 측주廁籌를 요청한 것을 보면 측간을 활용했음을 알 수 있다. 하지만 명대에 이르면 군주는 측간을 이용하지 않고 집안의 이동식 '정기淨器'를 이용하여 변을 보게 된다. 원인은 측간이 더럽고 냄새나며 무섭기 때문이다. 하지만 당시 남방지역에서는 이와는 달리 송대 이후 측간을 적극적으로 건립했다. 그것은 바로 똥오줌이 논농사의 비료로 사용되어 농부들의 교역의

부여문화재연구소, 2006, pp.251-260, pp.293-297에 의하면 백제 7세기 초 무왕(武王) 때의 왕궁리(王宮里) 유적에서 측간유구가 발굴되었다. 왕궁리 측간의 특징은 한 구덩이에 3-5개의 측간을 동시에 설치했는데, 측간의 깊이는 3.1m이며, 바닥에서 2-2.3m 지점에 측간의 배설물을 흘려보내는 배수로를 설치하여 10m 이상 떨어진 동서의 석축 밖의 배수로로 내보냈다는 점이다. 따라서 실제 분뇨가 집적된 측간의 깊이는 1m 전후였다.
구로사시 다다시[黑崎直], 『수세화장실은 고대에도 있었다(水洗トィレは古代にもあった)』, 吉川弘文館, 2009, pp.29-30, pp.45-55; 니시야마 료헤이[西山良平], 『도시헤이안쿄[都市平安京]』, 京都大學出版會, 2004, p.160에는 8세기부터 분뇨를 비료로 이용했다고 한다. 일본의 경우 7세기 일본의 후지와라쿄[藤原京]의 측간유구에는 기생충알이 출토되었으며, 8세기 헤이조쿄[平城京] 유적은 도랑[溝]물을 끌어들인 반원형(半圓形) 수세식 측간이었다고 한다. 그 외에도 8세기 후반 나가오카쿄[長岡京] 유적에서도 토갱식(土坑式)과 수세식 화장실이 출토되고 있다. 주목할 측간은 8세기 후쿠오카현[福岡縣]의 고로칸[鴻臚館] 유적이다. 중국과 한반도의 외교사절을 위한 시설이라고 알려지고 있는 이 유적은 퇴적토에서 대변 후 뒤처리기구인 주목(籌木)과 기생충알이 검출되었다. 흥미로운 것은 토갱(土坑)의 깊이가 4m가 넘는다는 사실이다. 일본 고중세시대 측간연구의 논쟁점은 바로 이러한 측간이 수세식인가 아니면 통(桶)에 배설한 후 투기한 시설인가이다. 그리고 토갱식 역시 다른 곳에 배설한 분뇨를 일시 저류한 시설인가 아니면 매설하는 투기혈(投棄穴)인가는 여전히 분명하지 않다. 고중세시기의 한국과 일본의 측간시설은 대부분 왕궁 내의 시설이거나 수도의 지배층의 것이었기 때문에 일반화시키기는 곤란하다. 다만 8세기 말 이후 사원 건물의 외측에도 측(厠)이 세워지기 시작하였다.

대상이었기 때문이다. 반면 북방의 경우 논이 없어 똥오줌을 저장할 필요가 없었다. 때문에 냄새나는 측간을 구태여 옆에 두고 싶지 않았기 때문에 더 이상 측간을 건립하지 않았다고 한다.[34] 그 결과 북방의 측간에 대한 필요성이 이전시대보다 또 남방보다 상대적으로 줄어들게 된 것이다.

2. 남송 이후 논농사의 발달과 측간구조의 변화

북방의 경우, 당말의 『사시찬요』 단계에 이르면 가축 똥과 함께 사람의 똥이 점차 과채류나 깨류[胡麻類]의 덧거름으로 사용되기 시작한다. 이런 현상은 저류한 똥오줌을 물을 타서 주거지 근처 채소밭의 비료로 사용했음을 뜻한다. 주곡작물에까지 분뇨 시비가 미치지 않은 것은 당시 측간의 크기나 신중히 사용했던 점과도 관련이 있었을 것이다.[35]

사람 똥이 주곡작물에 사용되기 시작한 것은 남송의 『진부농서陳旉農書』에 보인다. 이 속에는 직접 대분大糞과 소변을 비료로 사용할 때의 주의사항을 비롯하여 농가 곁에 설치된 분옥糞屋이 등장한다. 또 송판 『경직도耕織圖』에서는 수전에 청수분淸水糞을 뿌리는 장면이 묘사되어 있다. 이들은 송대 이후 똥오줌의 이용이 이전보다 적극적이었음을 말해 준다. 대표적인 예로 남송 소흥紹興 19년(1149) 양주洋州(섬서 양현洋縣)의 지주知州 송신宋莘의 「권농문勸農文」 비碑에는 "지금 양민洋民은 여력을 다해 촌시村市에 정측井厠[36]을 건립하여 사람의 똥이 모이면 논에 거름 주기를 권유한다."라고

---

34 『오잡조(五雜組)』 권3 「지부일(地部一)」, "厠雖穢濁之所, 而古人重之. 今大江以北人家, 不復作厠矣. 古之人君, 便必如廟, 如晉景公如厠陷而卒, 漢武帝如厠見衛青, 北齊文宣令宰相楊愔進厠籌, 非如今淨器之便也. 但江南作厠, 皆以與農夫交易. 江北無水田, 故糞無所用, 俟其地上乾, 然後和土以溉田."

35 증승성[曾雄生], 『중국농업통사(송요하금원권)[中國農業通史(宋遼夏金元卷)]』, 中國農業出版社, 2014, p.520에는 송원시대 이전 사람 똥오줌의 사용이 광범하지 않고, 송대에 사용할 때도 매우 신중했다고 한다.

36 "정측(井厠)"의 '정(井)'은 물이 나올 때까지 깊이 판 구덩이였던 것을 보면 정측은 깊이가 상

하였는데, 이것은 남송 때에는 민가를 지을 때 먼저 측간의 배치를 권유한 것이다. 그리고 "촌민이 기존의 습관을 바꾸어 그곳에서 모아 둔 똥오줌을 전지에 시비하게 되면 무畝당 2-3섬[石]의 생산을 증대시킬 수 있다."라고 하여 측간 건립의 필요성이 가정경제의 향상과 직결됨을 역설하고 있다.[37] 남송 주희朱熹도 「권농문勸農文」에서 똥을 밑거름하여 파종할 것을 강조하고 있다.[38] 같은 시기의 진부陳旉는 인체의 질병을 치료하기 위해서는 약이 필요하듯, 분糞은 토양을 치료하는 분약糞藥으로서 지력을 지속적으로 유지할 수 있는[地力常新壯] 중요 수단이 된다는 이론에 도달하게 된다.

게다가 흥미로운 것은 『진부농서』의 중심무대인 남방지역의 경우 북방의 건조기후대와 달리 강우량이 많다는 점으로, 사용하는 비료 역시 북방의 재거름[灰肥] 등과는 달리 속효성비료인 수비水肥, 즉 덧거름[追肥]의 사용이 확대되었다.[39] 분비糞肥 역시 수비 중심으로 변하였다. 남방지역에서는 분뇨 이용이 확대되면서 측간의 구조도 자연 변하게 되었다. 발아와 지력보전을 위한 밑거름과 생장을 제고하기 위한 분뇨 덧거름의 수요가 늘어났기 때문이다. 측간은 원주식圓柱式이나 원고식圓鼓式으로 만들고, 똥오줌을 바닥까지 깨끗하게 퍼내기 쉽게 구덩이 밑바닥은 거꾸로 된 원추형 圓錐形으로 만들었다. 아울러 구덩이의 측면은 벽돌과 석회를 이용하여 물

당했음을 알 수 있다.

37 천시엔웬[陳顯遠], 「陝西洋縣南宋勸農文再考釋」, 『농업고고(農業考古)』, 1990年 2期, pp.168-169, (碑上段序文) "今欲洋民各盡乃心, 悉乃力, 村市幷建井厠, 男女皆如□(厠), □□(積糞)稼, 糞稼以肥其田.", "安有不可使糞者. 此乃村民循習使然, 亦間有能糞其田者, 一畝可增二三石." (碑下端勸農文) "凡建屋先問井厠, 今洋人置厠而不問, 不惟無以肥其田, 又穢臭不可言, 暑月災疫, □(多)起于此." 참조.

38 『주문공문집(朱文公文集)』 권99 四部叢刊初編.

39 화북지역은 주로 건성(乾性)비료를 사용하는데, 가령 사람과 가축 똥의 경우 말린 후에 빻아 가루를 내서 밭에 뿌렸다고 한다. 최덕경, 「『齊民要術』과 『陳旉農書』에 나타난 糞과 糞田의 성격」, 『중국사연구(中國史研究)』 제81輯, 2012, p.106에서 『제민요술(齊民要術)』 단계까지의 덧거름은 채소류에 국한되었지만, 『진부농서(陳旉農書)』에는 벼, 맥(麥)에까지 확대되었다고 한다.

이 새거나 스며들지 않게 기술적으로 쌓았다.[40]

이처럼 수비를 보전하기 위한 건축구조는 『진부농서』 「분전지의편糞田之宜篇」의 분옥糞屋에도 등장한다. 즉 농가 곁에 설치한 "분옥 속에는 깊은 구덩이를 파서 (그 주변에) 돌로 담을 쌓아서 물이 새거나 빠져나가지 못하게 해야 한다."라는[41] 것에서도 확인할 수 있다. 이 축조방식은 기본적으로 원대의 『왕정농서王禎農書』 「분양편糞壤篇」과 명대의 『보지권농서寶坻勸農書』 「분양糞壤」편에도 계승되고 있다.[42] 송대 수비水肥를 만드는 또 다른 방법이 있는데, "부엌바닥 모퉁이에 깊고 넓은 웅덩이를 파서 벽돌을 쌓아서 물이 스며들거나 빠지지 못하게 하여, 쌀을 찧을 때마다 체로 쳐서 생긴 곡식 껍질과 썩은 짚과 썩은 나뭇잎을 모아 그 웅덩이 속에 넣는다. 식기를 씻은 구정물과 쌀뜨물을 역시 구덩이 속에 넣어서 오래 두면 자연스럽게 부패된다."라고 하여 수비법을 제시하고 있다.[43] 앞서 언급한 송대 『경직도』에서 보았듯이 논두렁에서 사람의 똥오줌을 묽게 만든 청수분을 볏모[稻苗]에 뿌리는 것도 남방지역의 비료에 속효성비료인 덧거름[水肥]이 필요했고, 또 이런 용도가 많았음을 보여 준다.

송대 이후 이러한 남방의 덧거름 습관은 분뇨 비료의 비축량을 증가시켰고, 이 때문에 비로소 주곡작물인 논벼에 똥오줌을 시비할 수 있었으며, 그 결과 비료를 생산하는 측간의 구조도 넓어질 수밖에 없었다. 측간의 공간이 깊고 넓게 변하고, 깊은 측간에는 기본적으로 물을 절반 이상 항상 채워 두었다. 똥오줌이 일정 정도 측간에 차면 손잡이가 긴 똥바가지[糞勺]

---

40 저우리엔춘[周連春], 『설은심종(雪隱尋踪: 厠所的歷史經濟風俗)』, 安徽人民出版社, 2005, p.290.
41 『진부농서』 「분전지의편」, "糞屋之中, 鑿爲深池, 甃以磚甓, 勿使滲漏."
42 최덕경, 「宋代 이후 南方지역 肥料의 형성과 糞田의 실태: 水田을 중심으로」, 『중국사연구(中國史硏究)』第91輯, 2014, pp.163-166.
43 『진부농서』 「종상지법편(種桑之法篇)」, "於廚棧下深闊鑿一池, 結甃使不滲漏, 每春米卽聚礱簸穀殼, 及腐棄敗葉, 漚漬其中, 以收滌器肥水, 與滲漉泔淀, 漚久自然腐爛浮泛."

로써 상하로 잘 저어 아래, 위쪽이 고르게 섞어야만 깨끗하게 퍼내기에 용이하였다. 그 결과 기존의 돼지우리와 연결된 측간구조는 점차 논농사가 보급되면서 그에 조응하여 변화되었을 것이다.

측간의 똥은 『진부농서』의 지적처럼 이것을 바로 비료로 사용하면, 그 독성으로 인해 작물이 썩고 손발도 손상되기 때문에 신중히 고려하여 화분火糞[44] 등과 섞거나 숙성시켜 사용할 것을 권하고[45] 있다. 하지만 측간에 물을 부으면 똥오줌이 자연 희석되어 그런 위험이 약해지게 된다. 실제 물을 부어 둔 측간은 일정시간이 지나면 똥오줌이 자체 발효하게 되는데 여름에는 발효 속도가 더욱 빨라진다.[46] 발효 후에는 구덩이 윗면에 두껍게 부물층浮物層이 생기게 된다. 이렇게 되면 오히려 부물층의 아래에서 냄새가 올라오는 것을 막아 준다.[47] 그러면 대량의 똥오줌을 비교적 안전하게 사용할 수 있다. 게다가 이때 부물층 위와 아래는 양분되면서 깊이를 알 수 없는 분면糞面 아래의 지하세계가 형성된다.

그렇다면 왜 당말 이후, 특히 남송대에 이르러 이와 같은 측간의 변화가 초래되었을까? 남송시기 똥오줌에 대한 이 같은 인식의 변화는 남방의 지역적인 습속뿐만 아니라 일정 부분 여진, 몽골의 강한 대외적인 압박에서 기인한 것으로 보인다. 북방민족의 침략과 수탈이 지속되면서 화북지역의 "농상農桑이 폐업되고 마을이 텅 비게 되는"[48] 현상이 발생하여 결국 정

---

44 화분(火糞)을 『왕정농서(王禎農書)』에서는 흙을 초목과 함께 태운 거름이라고 하였으며, 묘치위[繆啓愉], 『진부농서선독(陳旉農書選讀)』, 農業出版社, 1981에서는 화분을 초니회(焦泥灰)로 해석하고 있으며, 오사와 마사아키[大澤正昭], 『진부농서의 연구(陳旉農書の硏究: 12世紀東アジア稻作の到達點)』, 東京: 農文協, 1993, pp.54~57에서는 쌀은 흙과 초목을 함께 섞어 불 질러서 만든 거름이라고 해석하고 있다.

45 『진부농서』 「선기근묘편」, "切勿用大糞, 以其瓮腐芽蘗, 又損人脚手, 成瘡痍難療. 唯火糞與燋豬毛及窑爛齷齪糓最佳."

46 W. Wagner[다카야마 요키치[高山洋吉] 역], 『중국농서(中國農書)』(下), 刀江書院, 1972, p.51에는 목통(木桶)을 이용하여 분옥(糞屋)으로 옮긴 배설물을 2-3배 정도 물을 타서 희석하고, 사용 전에 약 10-20일 정도 분해 작용을 거쳤다고 한다.

47 저우리엔춘[周連春], 앞의 책, 『설은심종(雪隱尋踪: 厠所的歷史經濟風俗)』, pp.290~291.

치중심지가 강남지역으로 이동할 수밖에 없었다. 이주민들은 최후의 보루인 강남지역의 경제적 기초를 공고히 하고, 북방민족에 대한 국방비를 충당하기 위해서는[49] 저습지나 산지山地 개간을 통한 농경지 확보와 생산력의 제고가 불가피했다. 금·원金元에 대항하기 위해 국경지대에는 영전營田과 둔전屯田을 설치하고 군마를 증강시켰으며, 농업생산에 주력하여 강남지역에 맥류麥類를 재배하기까지 하였다.[50] 강남을 통일한 이후에도 원은 정치·사회적 안정을 위해 무엇보다 촌락의 농민은 물론 유민을 토지에 정착시켜 생산력을 제고해야만 했다. 이 때문에 권농에 힘쓰고 이를 위한 새로운 비료와 농정農政이 필요했던 것이다.[51]

사실 송대 이전의 화북지역에는 유목적, 북방적 속성이 적지 않았다. 하지만 남쪽으로 천도한 남송은 북방민족과 대항하고 이주민의 정착과 체제의 안정을 위해서는 농업 생산에 주력하는 것이 불가피했다. '친경적전親耕藉田의 예'를 거행한다거나 권농문勸農文이 남송 때 유독 많이 발표된 것도 이 같은 배경과 무관하지 않을 것이다. 또한 국가의 안정을 도모하기 위해 표방한 것이 바로 군왕의 애민지심愛民之心이었다.[52] 이는 중민重民, 민본民本을 통해 국가사회의 안정을 도모하고자 했던 것이다.

---

48 『송회요(宋會要)』「번이(番夷)」一之十二, "農桑廢業, 閭里爲墟."

49 Valerie Hansen[신성곤 옮김], 『열린 제국: 중국고대-1600』, 까치, 2005, p.322에는 1065년 국방비의 지출이 정부 1년 재정수입의 83%였다고 한다.

50 스도 요시유키[周藤吉之], 『송대경제사연구(宋代經濟史研究)』, 東京大學出版會, 1962, pp.237-251에는 남송의 논벼지역에 맥을 파종하게 된 것은 면식(麵食)에 익숙했던 화북민(華北民)의 남하, 도시의 발달에 따른 양조(釀造) 수요의 증가 및 남북이 대치하면서 군마(軍馬) 양성을 위한 사료확보 때문이었다고 한다.

51 최덕경, 「元代의 農政과 屯田策: 쿠빌라이期를 중심으로」, 『중국사연구(中國史研究)』 제103집, 2016.

52 당시 주희(朱熹)의 민본(民本)사상의 핵심도 "愛民如子", "取信于民", "與民同樂", "富民爲本" 등으로 통치자는 농민을 통해 생산력을 끌어내려 했다. 쟝핀둔[張品端], 「朱熹的民本思想」, 『영파대학학보(寧波大學學報(人文科學版)]』 17권 5期, 2004, pp.87-89; 천증후이[陳增輝], 「論南宋時期的民本思想」, 『중국문화연구(中國文化研究)』 6期, 1994年 冬之卷, pp.48-49 참조.

당시 도미稻米와 각종 잡량雜糧의 생산력을 높이는 것이 권농의 주요 내용이었으며, 그러기 위해서는 풍년, 부귀와 관련된 비료의 개발이 중요했다. 특히 앞에서 언급한 지주知州 송신宋莘의 「권농문」에서 보듯이 측간의 건립과 분뇨 시비에 주목하였다. 『진부농서』와 원대元代의 『왕정농서』에 비료에 관한 독립적인 편명이 처음으로 등장한 것도 이와 무관하지 않을 것이다. 그리고 분비糞肥의 확보와 저장을 위해 농촌에 측간과 분옥糞屋이 본격적으로 건립되기 시작했던 것은 바로 똥오줌의 집적과 시비 방법에 주목했음을 보여 준다. 특히 원대의 『왕정농서』 시기가 되면 분력糞力의 가치를 알게 되면서[53] 남송의 『진부농서』보다 똥오줌의 사용이 더욱 적극적이었다. 이후 명청시대가 되면 『보농서』에 보이듯이 강남의 농촌에는 분뇨상들이 크게 늘어났다. 그리하여 남방 농촌의 측간 건립과 똥오줌의 이용은 일반화되었으며, 북방의 농가에서도 이 영향을 받아 분뇨 비료의 보급이 점차 확대되었던 것이다.[54]

하지만 이런 농촌의 분위기와는 다르게 송대의 도시에서는 그 양상을 달리한다. 오자목吳自牧의 『몽량록夢梁錄』(1274년 찬)에 의하면, 항주성杭州城의 인구는 많았지만, 거리 백성들의 집에는 대부분 측간이 없고, 단지 마통馬桶만 있었다고 하는 것이 이를 말해 준다. 마통은 대개 목재로 제작되었다. 주목할 점은 매일 아침 경각두傾脚頭가 문 앞에 둔 마통을 수거하여 근교의 과채를 재배하는 농민에 팔아 수익으로 삼았다는 것이다. 당시 경각두는 단골고객[主顧]이 있어 만약 이를 침범하게 되면 다툼이 일고 심지어 관부에 소송까지 제기하여 해결하였다고[55] 한다. 이는 분뇨 수요의 증

<hr />

53 최덕경, 「元代 農書편찬과 農桑輯要」, 『중국학보(中國學報)』 제77집, 2016.

54 『왕정농서(王禎農書)』 「분양편」, "然糞田之法, 得其中則可, 若驟用生糞, 及布糞過多, 糞力峻熱, 卽燒殺物, 反爲害矣. 大糞力狀, 南方治田之家, 常於田頭置磚檻, 窖熟而後用之, 其田甚美. 北方農家, 亦宜效此, 利可十倍."

55 『몽량록(夢梁錄)』 「제색잡화(諸色雜貨)」, "杭城戶口繁夥, 街巷小民之家, 多無坑厠, 只用馬桶, 每日自有出糞人瀽去, 謂之傾脚頭, 各有主顧, 不敢侵奪. 或有侵奪, 糞主必與之爭, 甚者經府

가에 따라 근교의 농민이 성내의 똥오줌에 관심을 갖고 대가를 지불하면서까지 마통을 수거했음을 말해 준다. 다만 당시 항주의 시민은 측간건립보다 분뇨 수익에 관심이 더욱 많았던 것 같다. 명 만력萬曆 연간의『보지권농서』「분양」편에서도 비슷한 상황이 연출되었고, 명대의『오잡조五雜組』에도 강북江北은 논이 많지 않았기 때문에 강남지역과 같이 측간을 지어 똥을 농부에게 판매할 정도의 쓰임새가 없었다고 한다.[56] 반면 남방의 농촌지역에서는 북방보다 적극적으로 분뇨 저류구貯留區를 만들어 활용했다. 그들은 북방지역에서 여전히 똥오줌을 아무 곳에나 버리고 수거하지 않는 점에 대해 애석해 하였다.[57] 심지어 명대의 성시城市는 송대와 비교하여도 위생상태가 깨끗하지 못했다는 것을 보면, 명대의 도시는 지역 간의 차이는 있겠지만 아직 측간이 보편화되지 않았음을 알 수 있다.

이와 비슷한 현상은 일본 도시의 풍경에서도 볼 수 있다.『아귀초지餓鬼草紙』의「식분아귀食糞餓鬼」를 보면, 11-12세기경 헤이안[平安] 말기의 교토 시민이 문밖의 거리에서 굽 높은 나막신을 신고 남녀노소가 탈분脫糞하고, 처리한 종이가 주변에 흩어져 있는 장면을 사실적으로 볼 수 있다. 특히 헤이안쿄[平安京], 즉 교토 지역의 경우 노천에 탈분하거나 개가 이를 처리하기 위해 노리고 있는 장면이 그림에 잘 묘사되어 있다.[58] 이와는 달리 가마쿠라[鎌倉] 시대 고승 도겐[道元]의『왕법안장正法眼藏』에 이르면, "사용한 주목籌木을 사용 전의 것과 구별하여 상자에 넣었다."라고 하는 사실도 볼수 있다. 이것은 주목을 변기통에 버리지 않았다는 것인데, 혹자는 이 시점부터 똥오줌을 비료로 사용했다고 지적하기도 한다.[59] 이는 민가의 측간

大訟, 勝已后已."

56 『오잡조(五雜組)』권3「지부일(地部一)」, "今大江以北人家, 不復作厠矣. 古之人君, 便必如廟, 如晉景公如厠陷而卒, 漢武帝如厠見衛青, 北齊文宣令宰相楊愔進廁籌, 非如今淨器之便也. 但江南作厠, 皆以興農夫交易. 江北無水田, 故糞無所用, 俟其地上乾, 然後和土以漑田."

57 『보지권농서(寶坻勸農書)』「분양(糞壤)」, "北方猪羊皆散放, 棄糞不收, 殊爲可惜."

58 니시야마 료헤이[西山良平], 위의 책,『도시헤이안쿄[都市平安京]』, pp.147-152.

528　제4부 동아시아 각국의 분뇨이용실태와 측신

보급과 분뇨 이용을 간접적으로 시사하는 것인데, 무로마치[室町]시대까지는 집안 안팎의 노천에서 탈분한 것을 보면 똥오줌이 농업자원으로도 적극적으로 활용되지는 않았음을 말해 준다. 이처럼 측간이 건립되지 않은 상황에서는 측신 설화 역시 성립되기 곤란하다.

이상과 같이 북송 말까지는 강남지역 도시의 경우, 농촌과 달리 측간이 일반화되지 않았으며, 기존의 측간구조에도 큰 변화가 없었음을 알 수 있다. 이런 상황을 보면 농업자원으로 똥오줌을 본격적으로 수비水肥의 형태로 덧거름으로 활용하기 시작한 것은 생산력의 압박을 받은 송대 남방의 농촌에서부터 비롯되었으며, 이때 측간은 분뇨 저류를 위해 깊고 넓어져 두려운 공간으로 변했음을 알 수 있다. 똥오줌이 황금과 같다는 애착이 생기게 된 것은 그 수요가 급증하는 송대 이후부터였다. 이때 측간은 생리적 공간을 넘어 주곡작물을 생산하기 위한 생존의 공간이고, 측신이 상주하여 기원祈願과 두려움을 동시에 해결하는 장소로 자리 잡게 된다. 측신을 둘러싼 민간신앙은 이 같은 경제적 배경과 이계異界의 관념이 생겨나면서부터 출현했던 것이다.

Ⅲ. 측신의 출현과 측간의 의미

1. 『형초세시기』의 측신과 측신신앙의 전파

중국에서 측간에 귀신이 출현한 최초의 기록은 『형초세시기荊楚歲時記』

---

59 구로사키 다다시[黑崎直], 앞의 책, 『수세화장실은 고대에도 있었다(水洗トイレは古代にもあった)』, p.223. 일본의 똥오줌시비의 시작을 혹자는 8세기 헤이안[平安]시대, 혹은 12세기 가마쿠라시대라 보고 있으나 아직도 당시의 똥[糞]이 가축 똥인지 사람 똥인지가 분명하지 않아 명확한 결론을 내리지 못하고 있다.

이다. 『형초세시기』는 6세기 초중기의 양梁 종름宗懍(501~565년)의 작품으로 남방 초楚지역의 풍습을 잘 전하고 있다. 초나라 사람의 풍습은 이미 『여씨춘추』「이보異寶」에서 보듯 "초나라 사람들은 귀신을 믿는다.[楚人信鬼.]"라고 하였다. 이처럼 남방 초나라 사람들이 다양한 귀신의 존재를 믿고 있었는데, 당시 남방 형주荊州 지역의 농언農言에 "정월 미일未日 밤에 횃불을 측간에 밝혀 온갖 귀신을 쫓아내었다."라고[60] 하여 측간[井厠]에 머물고 있는 악귀를 정월 미일에 밝음의 상징인 횃불로써 몰아내고 있는 것을 『형초세시기』를 통해 살필 수 있다. 또한 이 외에도 집안을 귀신으로부터 보호하기 위해 문에 복숭아 나무판을 걸어 백귀百鬼를 쫓았다거나 송백松柏 가지로 역병을 물리친 기록 등이 보인다.

『형초세시기』에는 측간과 관련한 두 개의 기록이 보이는데, 먼저 여원如願의 고사이다. 이 기록과 관련하여 수대隋代 두공첨杜公瞻이 제시한 안按을 보면, 상인 구명區明이 무엇이든 들어 주는 여원을 얻어 큰 부자가 되었는데, 후에 원단[正旦]에 여원이 늦잠을 잤다고 여원을 때리니 여원이 분糞 속으로 도망쳤고, 구명이 막대기로 거름더미[糞堆]를 두드리며 여원을 불렀지만 그녀는 끝내 돌아오지 않았다는 내용이다. 오늘날에도 북방인들은 정월 15일 밤이 되면 분소糞掃 가에서 거름더미를 두드리고, 여원如願의 거짓 통증을 표시하며 대응한다. 그러면서 여원에게 부귀의 소원성취를 빌고 있다.[61]

또 다른 기록은 정월 보름날 본처[大婦]의 질투로 억울하게 죽은 첩, 즉 자고紫姑를 측간 곁[厠邊]이나 돼지우리 측근[猪欄邊]에서 여원의 인형을 만들어 맞이한다는 고사이다. 해당 고사에 대해 수대 두공첨杜公瞻은 정월

---

60 탄린[譚麟] 역주, 앞의 책, 『형초세시기역주(荊楚歲時記譯注)』, p.49, "正月未日夜, 蘆苣火, 照井厠中, 則百鬼走."와 주석 참조.
61 탄린[譚麟] 역주, 앞의 책, 『형초세시기역주』, p.29의 "又, 以錢貫系杖脚, 回以投糞掃上, 云令如願."에 대한 안(按).

보름날에 측간[溷厠]을 깨끗하게 청소하고, 자고의 인형을 만들어 생전에 좋아했던 음악을 연주하여 그녀를 영접했으며, 그를 통해 잠상蠶桑을 점치고 부귀를 소원하였다고 한다. 『형초세시기』에 자고가 등장하는 이 고사는 두공첨의 견해에 따르면, 두 가지의 고사가 서로 결합되어 나타나고 있다고 한다. 한 고사는 생전에 음악을 좋아했던 제곡帝嚳의 딸[胥]이 죽어 보름날 자고를 맞이했다는 사실이다. 또 다른 하나는 『잡오행서雜五行書』의 지적처럼 당시 측신이 점복을 좋아했던 후제后帝였다는 것이다. 남조 송대 유경숙劉敬叔의 『이원異苑』을 보면, 당시 후제의 영靈이 자고에 기대어 표현되고 있으며, 당대唐代 『현이록顯異錄』에 따르면, 내양인萊陽人 자고가 수양인壽陽人의 첩이 되었으나 대부大婦의 질투를 받아 보름날 측간에서 억울하게 살해되었는데, 천제天帝가 이를 불쌍히 여겨 이 비극적인 여인을 측신으로 명하였다. 때문에 세상 사람들이 그날 그의 형상을 만들어 측간에서 맞이했다고[62] 한다. 이것은 자고가 당대唐代에 비로소 후제后帝에 이어[63] 여자로서 귀신에서 측신이 된 셈이다.[64] 자고신앙이 출현한 배경은 측간에서 죽은 비운의 여인의 혼을 달래고 그 여인을 통해 현실세계의 바람

---

62 탄린 역주, 앞의 책, 『형초세시기역주』, p.43, "其夕, 迎紫姑, 以卜將來蠶桑, 幷占衆事."의 주석에 의하면, 자고(紫姑)는 중국 신화 속의 측신으로 '자고(子姑)' 혹은 '갱삼고(坑三姑)'라고도 쓴다. 당대 『현이록(顯異錄)』에는 자고(紫姑)는 내양인(萊陽人)으로 성(姓)은 하(何)고 이름은 미(媚)이며, 자(字)는 여경(麗卿)이다. 수양(壽陽) 이경납(李景納)의 첩(妾)이었다고 한다. 그런데 대부(大婦) 조씨(曹氏)의 질투를 받아 정월 15일 밤에 측간에서 암살되자 상제(上帝)가 그를 가엽게 여겨 측신으로 삼았다고 한다.

63 꽁웨이잉[龔維英], 앞의 논문, 「厠神源流衍變探索」, 『귀주문사총간(貴州文史叢刊)』, p.85에서는 민간에서 유전되는 남자의 측신은 후제(后帝) 이외, 『유안별전(劉安別傳)』에는 회남왕(淮南王) 유안(劉安)과 불교도들이 외부에서 왔다고 하는 오추사마명왕(烏芻沙摩明王)이 있다고 한다. 그러나 남자 측신은 여자인 자고신(紫姑神)보다 크게 유행하지 않았다.

64 치엔꽝성[錢光勝], 「唐代的郭登信仰考述」, 『민속연구(民俗研究)』, 2014年 第6期(總第118期)에는 당말오대시기에도 이미 민간에 곽등(郭登)이라는 여자 측신이 존재했는데, 이 측신은 악신(惡神)으로 매월 6일, 16일, 26일에 출현하며, 보통사람이 그 신을 보게 되면 죽거나 질병에 걸렸다고 하여 자고(紫姑)와는 다른 신이었음을 알 수 있다. 이 곽등신(郭登神)은 명대가 되면 측(厠)의 금기로 변하게 된다.

을 기원하고자 한 것이다.

남송 홍매洪邁의 『이견삼지夷堅三志』에는 "자고선紫姑仙의 이름은 이전에는 없었는데, 당대唐代에 이르러 조금씩 드러났다."라고[65] 하여 그 발전상을 보여 주고 있다. 그러나 북송 심괄沈括의 『몽계필담夢溪筆談』에는 악기와 문장에도 다재다능한 측신 자고가 등장하였고, 소식蘇軾의 『자고신기子姑神記』에도 수양壽陽의 자고신이 등장하고 있다. 이런 사실을 보면, 자고신의 신앙은 남조부터 있었지만, 당대에는 일부 시구詩句에만 등장하고, 송대 이후 널리 보급되면서 관료, 문인에게까지 영향을 미쳤음을 알 수 있다.[66] 이 같은 자고신앙의 확산은 여신女神이 지닌 번식, 풍년[食物]에 대한 기원과 밀접하게 관련되어 있었다.[67] 비슷한 상황은 일본의 경우에서도 찾아볼 수 있는데, 칠복신七福神 중 유독 변재천弁才天: 弁財天만 여신이며, 그녀는 음악, 재부財福를 관장하는 신이자 측간을 지키는 신이라는 것이다. 여자, 측간, 음악 등의 면에서 변재천弁才天은 중국의 자고紫姑와 닮아 있다. 8세기 나라[奈郞]시대의 『고사기古事記』의 설화에도 측신이 생육의 수호신임을 보여 주고, 그래서 임산부는 항상 측간을 깨끗하게 청소했다고 한다. 이처럼 중국 자고의 고사와 같이 일본에서의 측신 역시 여성이었다는 점은 중일中日 간 측간문화의 유사성을 엿볼 수 있는 대목이다.

측신이 된 자고紫姑는 정월 미일未日에 횃불로 쫓겨난 악귀들과는 달리 『형초세시기』에서 보듯 대보름날 한 차례 영접되어 기원의 대상이 되었다는 점에서 차이가 있다. 그렇다면 당송시대에 들어 측신이 크게 성행한 요인은 무엇일까? 그것은 농업생산력의 향상과 그에 부응하는 분뇨 수요의

---

65 송(宋) 홍매(洪邁), 『이견삼지(夷堅三志)』 壬 권3, "紫姑仙之名, 古所未有, 至唐乃稍見之."

66 꿍웨이잉[龔維英], 앞의 논문, 「厠神源流衍變探索」, p.86; 추이샤오징[崔小敬] 외, 「紫姑信仰考」, 『세계종교연구(世界宗教研究)』, 2005년 2期, p.145.

67 리우친[劉勤], 「中國厠神神格演變發微: 從母親神到女兒神」, 『학술계(學術界)』(月刊) 總第182期, 2013, p.194.

증가와 밀접하게 관련되었을 것으로 가정할 수 있다. 우선 이를 입증하기에 앞서 자고신앙의 보급실태부터 알아보자.

지역별 자고의 호칭을 보면 측신이 어느 지역으로 전파되었는지를 살필 수 있다. 흥미롭게 송대 이후 자고에 대한 숭배와 효험은 신비적, 상업적 특징을 지니면서[68] 남방지역으로 급속히 확대발전하였다. 지역별 자고의 호칭을 보면, 산동 추현鄒縣에서는 '요측고邀厠姑'라 불렸으며, 광동에는 '청측갱고請厠坑姑', 항주에서는 '소측고召厠姑', 소주蘇州와 소흥紹興에서는 '갱삼고랑坑三姑娘'으로 불렸다. 그런가 하면 소흥紹興의 어떤 지역에서는 '회접고랑灰接姑娘'으로 부르고, 소주의 일부지역에는 '문각고랑門角姑娘'이라고도 불렸다. 또 형상에 따라 호칭을 달리하기도 했다. 예컨대 강서江西에서는 '과표고랑瓜瓢姑娘', 절강 영파寧波에서는 '소기고랑筲箕姑娘', 절강 해녕海寧에서는 '나두고랑羅頭姑娘'으로 불렸으며, 또한 명대 절강성의 세시풍속기인 『희조악사熙朝樂事』에 따르면, '소추고筲帚姑', '침고針姑', '위고葦姑' 등의 호칭도 보인다. 그런가 하면 호북 감리監利와 섬서 봉상鳳翔 등지에서는 『형초세시기』와 마찬가지로 '자고紫姑'라고 하였다. 남방인들의 경우 흔히 "무속과 귀신을 믿으며, 음사淫祀를 중히 여긴다."라고[69] 하지만, 자고신이 남방 전역으로 확대된 것은 주목할 만하다.[70]

이들 자고에 대한 명칭을 보면 자고子姑, 척고戚姑, 갱삼고랑坑三姑娘, 전삼고랑田三姑娘 혹은 삼고랑三姑娘, 칠고랑七姑娘, 측고厠姑, 모고茅姑, 구랑신

---

68 황징춘[黃景春], 「紫姑信仰的起源衍生及特徵」, 『민간문학논단(民間文學論壇)』 1996年 第2期, pp.50–51에서 자고신앙의 점복술은 각 계층의 많은 신도를 얻게 하였으며, 신앙 속에 신비성, 봉건성, 실용성과 예술성을 지녔다고 한다.

69 『한서』 권28 「지리지하(地理志下)」, "(楚人)信巫鬼, 重淫祀."

70 세시기(歲時記)를 담고 있는 당대(唐代) 이전의 세시풍습을 기록한 『초학기(初學記)』, 북송 궁중(宮中)의 세시풍속을 다룬 『동경몽화록(東京夢華錄)』, 원대의 성도(成都)지역의 세시풍속이 기록된 『세화기려보(歲華紀麗譜)』에는 자고신의 풍습이 전해지지 않으며, 또한 청대 연경(燕京)지역의 세시풍속을 다룬 『제경세시기승(帝京歲時紀勝)』과 1900년경 북경의 세시풍속을 기록한 『연경세시기(燕京歲時記)』에는 자고의 측신이 전혀 보이지 않는다.

九娘神, 잠고蠶姑, 표고瓢姑, 소고掃姑, 도라두낭자淘籮頭娘子, 쾌선고랑筷仙姑娘 등 다양하다. 아마 민간에서 신앙으로 자리 잡으면서 지역마다 그 작용이 다양하게 나타났기 때문일 것이다. 예컨대 호칭 중 측고厠姑, 모고茅姑는 측간과 직접 관련되어 있고, 갱삼고랑坑三姑娘은 도가道家의 탄생, 번식을 주관하는 삼선도三仙島의 선고仙姑 세 자매와 연결된 것으로 남방지역에서 섣달 그믐밤[除夕]에 제사하는 가신의 하나이다. 『형초세시기』에서 볼 수 있듯이 자고는 잠상과 생식신生殖神과 관련된다. 고랑姑娘이라 한 것은 보름날 부녀들이 인형에 화장을 하고 머리띠도 하고 치마도 입혀[71] 자고를 그 속으로 맞아들여 잠상의 풍수豊收를 기원했기 때문이다. 그리고 척고戚姑는[72] 한초 유방劉邦의 비妃로서 여후呂后의 시기를 받아 비참하게 죽어 측간에 던져졌던 척부인戚夫人의 유래와 관련되어 있다. 이는 자고의 기원이 이경납李景納의 첩에서 비롯되었다는 견해와 다르지만 모두 여성이란 점은 동일하다. 그리고 도라두낭자淘籮頭娘子, 쾌선고랑筷仙姑娘 및 전삼고랑田三姑娘 등의 호칭은 잠고蠶姑와는 또 다른 모습을 보여 주고 있다. 이들은 쌀을 일고 까불어 밥을 담고, 수저로 밥을 먹는 등 수전水田의 의미와 연결되어 있다.

이런 사실을 볼 때, 자고는 송대 이후 강남지역에 이주민이 증가하면서 개간과 수전이 확대되고, 앞서 제시한 생산력 제고의 압력에 따라 속효성 덧거름의 수요가 증가되면서 농업생산을 좌우하는 측신으로 변모되었던 것이 아닌가 한다.[73] 즉 번식[生育]과 풍년의 측신이 농·상農桑업과 함께 했

71 『중국대세시기II』「제경경물약(帝京京物略)」, 국립민속박물관, 2006, p.85. 이 책의 정월에서 섣달까지 풍속을 적은 춘장(春場)의 내용은 수향(水鄉) 소주(蘇州) 호현(吳縣)의 장관을 역임한 개인의 견해와 이전의 풍속 및 연경(燕京)의 풍속이 뒤섞여 있다고 한다.

72 척고(戚姑)는 음이 같아 칠고(七姑)라고도 부른다. 위 일본의 칠복신(七福神)과 어떤 관련이 있는지는 더 검토가 필요하다.

73 리우친[劉勤], 앞의 논문, 「中國厠神神格演變發微: 從母親神到女兒神」, p.195; baike.baidu. com '측신(厠神)' 참조.

던 것이다.

주지하듯이 농업과 양잠은 상고시대 이래 중국농업의 주된 특징인데, 국가주도로 농상을 보급하기 위해 농서를 편찬한 것은 원대 『농상집요農桑輯要』가 처음이다. 하지만 농·상 중심 경제체제는 이미 남송의 『진부농서』를 통해 찾아볼 수 있다. 이 농서의 주된 키워드는 농農, 상桑과 소[牛]인데, 이런 현상이 출현한 배경은 전술한 바와 같이 송대의 시대적 상황과 밀접한 관련이 있다. 실제 『진부농서』「종상지법편種桑之法篇」에는 뽕나무 재배에 사람의 똥오줌 시비를 중히 여기고 있다. 이 중 토분土糞을 보면, "움푹 파인 분교糞窖에서 태운 토분을 뽕밭에 시비하면, 오랫동안 비가 내리더라도 흙의 기운이 잘 소통되어서, 진흙탕이 되거나 물이 고이지 않게 된다. 장시간 가뭄이 들어도 땅이 굳거나 메마르지 않고, 비록 서리와 눈이 많이 내리더라도 또한 얼어붙지 않는다."라는[74] 것이다. 토분이 어떤 비료인지는 구체적이지 않지만,[75] 분교에서 제조한 비료였다는 것을 미루어 볼 때, 흙과 각종 쓰레기에 똥오줌을 끼얹어 함께 태워 만든 비료로서 뽕나무의 재배에 반드시 필요했던 것 같다. 그리고 명대 『심씨농서』「운전지법運田地法」에는 "가까운 진鎭에서 사람 똥을 사서 모으는데, 오전에 사러 가서 오후에 똥오줌을 뿌려 주는 것이 가장 좋다." "뽕나무 가지치기를 마치면 다시 사람 똥을 시비한다."라고 하여 강남지역에서 사람 똥을 직접 뽕밭에 시비하는 것을 흔히 볼 수 있다. 자고의 또 다른 명칭인 표고瓢姑는 바가지로 똥오줌을 퍼내는 여측신의 모습을 표현한 것으로 이는 전술한 남방지역의 수비의 측간구조에서 볼 수 있는 현상이다.

이처럼 농·상農桑의 측간신이 된 자고가 이후 각 지역에 전파되고 다양

---

74 『진부농서』「종상지법편」, "以肥窖燒過土糞以糞之, 則雖久雨, 亦疎爽不作泥淤沮洳. 久乾亦不致堅硬礋埆坮也, 雖甚霜雪, 亦不凝凜凍冱."
75 오사와 마사아키[大澤正昭], 『진부농서의 연구(陳旉農書の硏究)』, 農文協, 1993, pp.54-59에는 토분(土糞)과 화분(火糞)은 쌓은 흙에 초목(草木)을 섞어 불질러 만든 거름이라고 한다.

한 요구에 부응하면서 그 역할도 복합해졌다. 특히 송대의 「선고문답仙姑問答」[76]에서는 자고를 당대의 『현이록顯異錄』과는 달리 묘사하였는데, 즉 수학修學한 총명한 여자이나 시대에 희생된 불우한 여자로 묘사되어 문인묵객文人墨客의 송사宋詞나 문집에도 자주 등장하였다. 그리고 자고는 후대에 유전流傳하면서 그 형상이 박학, 풍만하다는 등 다채로운 묘사가 더해져 민간의 전설로 전해지게 되었다.[77] 이상과 같은 자고에 대한 지역적 호칭의 차이에서 볼 때, 강남의 수전지역에서 측신이 생자生子, 귀복貴福, 농상, 길흉, 후사後嗣 등의 생산과 생활을 점복하는 기능에서 다른 세속적인 도교, 제사 등의 신앙과 융합하면서[78] 다양한 기원의 신앙을 가지게 되었음을 알 수 있다. 그리고 일부는 동북과 감숙 등지에도 영향을 미치게 된 것이다.[79]

그리고 청대 황비묵黃斐默의 『집설전진集說詮眞』에 의하면 측신에 대한 의례도 구체화되고 있다는 것을 알 수 있다. 즉 "정월 보름날 마을 부녀들이 측신을 영접하는 방식은 하루 전날 분기糞箕를 가져다가 아름답게 장식하고 꽃으로 비녀를 꽂고, 또 은비녀 하나를 분기에 꽂아 측간[坑厠] 옆에 둔다. 별도로 제사상[祭床]을 마련하여 촛불과 향을 피우고, 아이들이 그 앞에

---

76 『차향실독초(茶香室讀鈔)』 권19 「동파집(東坡集)·선고문답(仙姑問答)」.

77 쉬하이앤[徐海燕], 「紫姑信仰的形成及其傳統流變中的文化思考」, 『요녕대학학보[遼寧大學學報(哲學社會科學版)]』 제33권 제5期, 2002, p.121.

78 쟝샤오슈[張曉舒], 「迎紫姑習俗起源新論」, 『중국민족학원학보[中國民族學院學報(人文社會科學版)]』 제21권 第4期, 2001, p.80에서는 측신이 세속화되면서 제의(祭儀)도 엄숙해지고 제품(祭品)도 풍성해지면서 농업의 풍흉을 좌우하는 등 여러 신과 결합하면서 점차 사회신(社會神)으로 변모했다고 한다. 그리고 쉬하이앤[徐海燕], 앞의 논문, 「紫姑信仰的形成及其傳統流變中的文化思考」, p.122에서 자고신(紫姑神)이 세속화되면서 점복의 내용이 과거, 혼인, 무역, 전쟁과 국사(國事)에 이르기까지 확대되고, 조상신을 비롯해 사원의 신령 등과도 다양하게 융합되었다고 한다.

79 추이샤오징[崔小敬] 외, 앞의 논문, 「자고신앙고(紫姑信仰考)」, p.144에는 북방에는 크게 유행하지 않았지만 요녕성(遼寧省)의 경우 정월 11, 13, 15일에 행했으며, 젓가락[箸]이나 쌀을 이는 조리(笊籬)를 이용해서 영접했다. 그리고 감숙(甘肅)의 경우 보름날 자고(紫姑)에게 한 해의 풍흉을 점치게 했을 정도로 미미했다고 한다.

서 예를 행하였다."라는[80] 내용이다. 이것을 볼 때 측신에 대한 인식은 의례적인 민간 풍속으로서 정형화되었다는 것을 확인할 수 있다.[81]

그 결과 점차 자고를 맞이하는 장소, 시점 및 방법까지도 변하였다. 예컨대 남방지역의 각 풍속에 따라 내실과 달 아래에서 측신을 맞기도 하고, 맞이하는 날짜도 정월 3일, 7일, 8일, 11일, 13일, 15일, 16일, 7월 7일, 8월 15일, 9월 9일, 10월 10일, 12월 16일, 24일, 31일 등이며, 준비하는 물건도 과일엿[果餤], 키[箕], 젓가락[箸], 촛불[香燭], 조리[笊籬], 볏짚[稻草], 쌀[米] 등으로 매우 다양하다. 심지어 송대 심괄沈括의 『몽계필담夢溪筆談』에 의하면, "이전의 풍습에는 정월 보름날 밤에만 측신, 자고를 맞이했는데, 지금은 정월이 아니라도 항상 부를 수 있게 되었다."라고[82] 한다. 이것은 송대 이후에는 보름날의 의식뿐만 아니라 평소에도 항상 측신의 도움을 청할 수 있었음을 말해 준다. 또한 측신은 분뇨 시비가 중시되고 측간의 구조가 바뀌면서 측간에 항시 존재하는 신으로서 자리 잡고 있었다는 것을 알 수 있다.

2. 민담 속에 등장하는 측신과 측간

측신이 어떻게 국외로 전파되었는지를 파악하는 것은 쉽지 않다. 분뇨 시비가 동아시아 농업의 중요한 특징이고, 자고의 출현과 관련이 있는 보름에 약밥[香飯, 藥飯]이나 찰밥[秔飯]을 먹었다는 조선의 풍습이나[83] 측신과

80　청(淸) 황비묵(黃斐默), 『집설전진(集說詮眞)』, "今俗每届上元節, 居民婦女迎請厠神. 其法, 槪於前一日取糞箕一具, 飾以釵環, 簪以花朵, 另用銀釵一支揷箕口, 供坑厠側. 另設供案, 點燭焚香, 小兒輩對之行禮."

81　이런 자고(紫姑)의 신앙은 청대에도 『고금도서집성(古今圖書集成)』 권40 「신이전(神異典)」에서 『이원(異苑)』을 인용한 곳에도 자고신앙과 흡사한 고사가 등장하고 있다.

82　송(宋) 심괄(沈括), 『몽계필담(夢溪筆談)』 권21, "舊俗, 正月望夜迎厠神, 謂之紫姑. 亦不必正月, 常時皆可召."

83　조선전기문집편, 『한국세시풍속자료집성』, 국립민속박물관, 2004, pp.166-170. 『조선대세

관련된 민담이 논농사지역인 전라도에 집중적으로 분포하고 있는 것으로 볼 때[84] 강남의 수전 농업기술이 인접국가에도 영향을 주었을 것으로 보인다. 또한 농업에서 빼놓을 수 없는 비료인 똥오줌과 이를 저장하고 생산하는 공간인 측간을 중시하게 되면서 측신 숭배와 같은 신앙도 자연스럽게 전파되었을 것으로 보인다.

그런데 한반도의 경우 다양한 측간의 귀신과 이에 대한 민담民譚은 적지 않지만, 뚜렷한 측신의 모습은 오직 제주도에서만 등장한다. 일본의 경우도 지역별로 다양한 측간 요괴妖怪가 존재하지만 중국과 같은 일치된 측신의 모습은 볼 수 없다. 그것은 전술한 것처럼 어쩌면 자고신이 세속화되고 지역의 다양한 신과 결합하면서 전혀 다른 모습을 띠었던 것이 아닐까 한다.

우선 한반도 측신의 모습을 살펴보자면, 제주도 무당의 노래를 통해서 확인할 수가 있다. 그 내용을 보면, 남편(남선비)을 가로채고 본처 여산부인까지 죽이고, 자식들까지 죽이려고 한 첩의 계략을 자식들이 미리 알아채고 부모의 원수를 갚고 억울하게 죽은 부모를 다시 신으로 환생시킨다. 그리하여 모친은 조왕신竈王神, 부친은 정살신[柱木之神]으로 받들고, 계모[妾]는 더럽고 냄새나는 뒷간 지킴이 측도부인厠道夫人이 되게 하였다는 내용이다.[85] 이 경우 첩이 죗값으로 부엌신과 상반된 의미의 측신이 되었는

시기」 II, 국립민속박물관, 2005, p.207의 「농제속담(弄題俗談)」에 의하면, 보름의 약밥전설은 신라시대부터 구전(口傳)되기 시작되었다고 하며, 제물로 사용되었다고도 한다.

84 국립문화재연구소에서 2005년에서 2008년간 발행한 『한국의 가정신앙』을 보면 전라남북도가 측신의 민담이 가장 구체적으로 남아 있고, 경상도에도 일부지역에도 비슷한 현상이 남아 있다. 이곳은 일찍부터 논이 발달된 지역이다. 물론 기타지역에도 측신의 흔적은 보이지만 구체성이 없는 것을 보면 간접적으로 흘러들어온 것 같다. 특이한 것은 충남지역의 일부 무당은 측신을 남자로서 장군신으로 받들고 있다는 점이다. 하지만 내용상으로는 전라도 지역과 큰 차이가 없다.

85 이 내용은 현용준(玄容駿), 『제주도무속자료사전(濟州道巫俗資料事典)』, 新丘文化社, 1980의 「문전본풀이」를 간단하게 정리한 것이다.

데 반해, 중국의 고사에서는 본처에게 억울하게 죽은 첩[紫姑]을 불쌍히 여겨 측신으로 삼았던 것이다. 같은 봉건사회의 희생물인 첩妾이 측신이 된 배경에서 양국 간에 차이가 있다.[86] 게다가 한국의 경우 부엌과 측간의 모티브를 대립적으로 설정하여 신이 된 후에도 본처와 첩의 관계를 명확히 하여 일정한 거리를 두고 있다.[87] 흥미로운 것은 측신이 된 계모의 몸이 바닷가의 유익한 해산물과 생존도구로 바뀌었다는 점에서 농업과 관련된 중국의 자고신과는 다른 도서 지역 특유의 측신의 모습을 발견할 수 있다.

이 밖에 『동아시아의 뒷간』에서 살펴볼 수 있는 나머지 대부분의 자료는 측간의 귀신 이야기나 관련 속담들이거나 이와 관련된 행위로서 구체적인 측신의 실체에 대해서는 찾아볼 수가 없다.[88] 굳이 사료를 통해 그 흔적을 찾는다면, 측신과 관련된 시점인 정월 보름날의 다리 밟기 행사에서 그 실마리를 찾아보자. 조선후기 이천보李天輔의 "보름날 밤 다리 밟기"[89]라는 시詩 제목과 어유봉魚有鳳의 『기원집杞園集』의 '상원上元'이란 시 속에 "곳곳에서 다리 밟기 놀이요, 집집마다 한 해 농사를 살핀다."라는 내용을 살필 수 있다. 시 속에 담긴 풍속과 그 원인은 생략되어 있지만, 보름날 다리밟기[橋] 놀이가 왕복 과정을 통해 후술하는 '교환[爻]', '되돌림[回]' 및 새로운 세계로의 진입의 의미를 담고 있다고 볼 수 있다.[90]

---

86 김광언, 앞의 책, 『동아시아의 뒷간』, pp.180-181, p.472에서 당시 젓값으로 첩을 더럽고 냄새나는 측간으로 보낸 제주도인의 생각이 중국보다 격이 낮고 위협적이라고 표현하고 있다.

87 이 같은 대립관계는 처첩(妻妾)의 정실과 소실의 갈등 대립관계를 넘어 위생관념으로 확대되어 가능한 멀리 떨어지거나 상호 마주보지 않는 관계로 발전하였으며, 결국 "떡을 찌다 변소에 가면 부정 탄다."와 같이 적대적인 관계로 발전한다.

88 김명자 외, 『한국의 가정신앙(상)』, 민속원, 2005, p.203에서 한국의 무속신화 가운데 측신(厠神)이 제한적인 이유에 대해, 흔히 몸의 배설기관에 대해 말하기를 꺼리는 것처럼, 측신 역시 각별하게 신앙대상으로 여기지 않았기 때문이라고 한다.

89 이천보(李天輔), 『진엄집(晉菴集)』 권3, "上元夜, 得橋字."

90 어유봉(魚有鳳), 『기원집(杞園集)』 권3 '上元', "處處踏橋戲, 家家望歲情"에서 '교(橋)'의 의미는 '교(爻)', 즉 교환한다. 새것을 얻는다는 의미가 아닐까 한다. 당(唐)나라 풍습에서 연유하였다

그리고 반복과정을 통해 '한 해 농사를 기원했다.'는 사실 속에는 배설을 통해 측신에게 '되돌려[回]' 줌으로써 새로운 생명의 탄생을 기원하는 측신 신앙과 닮아 있다. 이것은 똥오줌을 이용한 자연순환적인 재생산 농업과도 부합된다. 흥미로운 것은 『면암집勉庵集』「세시기속歲時記俗」에 등장하는 보름날의 풍속 중, "무당이 처용-직성處容直星이 들었다고 겁을 주며 짚을 묶어 사람의 형상을 만들어 이를 처용이라 하고 인형을 치며 처용 내놓으라고 소리치며 액막이 하였다."라는[91] 내용이 있다는 것이다. 이것은 시점이나 기본 모티브가 앞에서 서술한 자고신 혹은 여원의 모습과 매우 닮아 있다. 다만 제주도의 예에서 보듯 해당 지역의 특징을 담아 처용의 모습을 띠고 있는 것이 다르다.

반면 측신에 대한 일본의 예식은 중국이나 한국보다 다양하다. 지역마다 측신을 받드는 민속자료도 많이 남아 있다. 주로 꽃을 바치거나 향을 피우고, 측신의 인형을 들고 측간에서 순산과 아기 건강을 기원하는 자료가 많다.[92] 앞에서 칠복신七福神 중 측간, 예사藝事와 재부財福를 담당한 여신 변재천弁財天에 대해서 지적한 바 있다. 이지마 요시하루[飯島吉晴]는 그의 책에서 하동河童의 전설을 포함하여 측신에 대해 9가지 사례를 제시하고 있다.[93] 하동의 내용을 간단히 살펴보면, 니가타현[新潟縣] 간바라군[蒲原郡]의 어느 마을에서 우치가와 젠에몬[內川善右衛門]이라는 자의 처가 측간에 들어갔는데, 차가운 손이 올라와 처의 엉덩이를 만졌다. 일이 반복되자 그

고 하는 다리밟기를 통해 재앙이나 병을 치유한다는 해석도 역시 측신의 모티브와 닮아 있다.

91 이창희·최순권 역주,『조선대세시기』I , 국립민속박물관, 2003, pp.96-97. 게다가 대보름의 "더위 파는 풍속"도 강남의 오나라지역의 풍습과 비슷하다고 한다.

92 김광언, 앞의 책,『동아시아의 뒷간』, pp.411-418.

93 이지마 요시하루[飯島吉晴],『조신과 측신(竈神と厠神: 異界と此の世の境)』, 講談社, 2010, pp.146-147, pp.186-189에는 하동전설을 비롯하여 여러 이야기가 수록되어 있는데, 귀파(鬼婆)와 화상(和尚), 귀파와 아들 삼형제의 이야기, 계모와 세 딸의 이야기, 맹인이 측간에 빠진 이야기, 호녀(狐女)가 화상(和尚)을 꾀는 이야기, 갓난아기 측간 참배이야기, 측신의 질병치료, 측간에 밥상을 올리는 의식과 청소 문제 등이 그것이다.

후 주인이 대신 여장을 하고 들어가 요괴 하동의 팔을 잘랐다는 고사이다. 다음날 밤에 남자[河童]가 팔을 돌려달라며 매일 생선 한 통을 가져왔다. 그러던 어느 날 하동이 초라한 모습으로 나타나 연못의 생선이 적어 그 대신에 수신약水神藥을 처방해 주었다는 이야기이다. 같은 전설이 규슈에도 전해진다고 한다.

이 고사는 내용구성에 있어서 중국과는 차이가 있다. 고사에 등장하는 중심 모티브는 엉덩이, 팔과 물고기 및 측간과 연결된 물 등이다. 이지마 요시하루는 하동의 본질은 되돌림과 교환, 즉 교차에 있으며, 하동河童과 약藥이 결합한 것도 절단과 분리와 동시에 결합, 교환의 의미를 담고 있다고[94] 한다. 고사에 등장하는 엉덩이는 육체의 끝으로 경계의 영역에 있는 측간을 만남으로써 일체화하여 다시 새로운 것을 생겨나게 하는 것으로 해석하고 있다. 이는 측간이 배출의 공간이면서 새로운 것이 생겨나는 장소로 보는 것이다. 안팎이 상호 교체되는 경계의 지점에 있는 엉덩이는 소통과 해산, 그리고 곧 새로운 것의 탄생을 의미한다. 아울러 물고기, 약과 잘린 팔을 교환한다는 것은 원래대로 되돌리는 순환, 재생의 행위로 볼 수 있다. 주목되는 것은 측간이 연못의 물과 연결되어 있다는 점이다. 초기 일본의 경우 측간이 설치되는 장소는 물가 근처, 강 위의 천옥川屋이거나 혹은 도랑물을 집으로 끌어들여 그 위에서 해결하였다. 하동은 측간과 연못을 연결하고 있으며, 배설물을 물 위로 떠나보내면서 새로운 만남을 도모한 것이다. 이는 중국 강남의 측간구조와도 닮아 있는데, 이 같은 측간구조는 오늘날 여러 동남아시아 벼농사 국가에서도 흔히 볼 수 있다.

이처럼 하동河童의 모티브가 자고와 전혀 관계없는 것처럼 보이지만, 하동 고사의 내용에서도 배설물이 곧 생산의 자원으로 이용되어 재생산된

---

[94] 이것은 앞서 제시한 조선후기 이천보(李天輔)의 "上元夜, 得橋字"에서 '교(橋)'가 하동 전설의 '교(交)'와 같은 의미로 사용되었다면 동일한 모티브라고 볼 수 있지 않을까.

다는 순환논리와 물에 연결된 측간구조는 중국 남방의 벼농사지역과도 흡사하다. 게다가 자고의 측신을 향해 아이들에게 예禮를 행하게 했다거나 측간의 분뇨 생산이 곧 재부 및 교환과 연결된다는 것은 중국의 남방지역 풍습과의 일정한 상관관계를 볼 수 있다. 이지만 요시하루의 사례 중 계모의 모티브나 측간에 빠진 맹인을 구해 부자가 된 사례와 원수 갚는 이야기와 밥을 지어 측간에서 행하는 의식 등은 중국과 한국의 각 지역 풍습에서 발견할 수 있는 내용이다.

일본은 16세기 후기 근세사회로 진입하는 과정에서 생산력의 향상을 위해 분뇨 비료에 주목하였다. 17세기에는 『농업전서農業全書』를 발간하여 중국의 다양한 분뇨 이용과 수전 농업기술을 일본의 여건에 적합하게 수용하게 된다.[95] 일본 측간 의례 중에는 아기가 갓 출생하면 건강과 재복을 관장하는 측신으로부터 최초의 먹을 것[食物]을 받기 위해 측간을 참배하는 의식이 있는데, 이러한 것도 자고 신앙의 경우와 유사하다. 이처럼 측간의 모티브가 유사한 것을 볼 때 자고신의 모티브가 어느 시점에 벼농사기술과 함께 유입되었던 것 같다. 다만 『농업전서』와 마찬가지로 일본의 상황에 맞게 변형되었을 가능성이 크며, 이때 요괴의 형태를 하고 보상補償과 해害의 양면성을 띠었던 것이 아닌가 한다.

주지하듯이 당시 일본은 대륙문화를 선택적으로 수용했지만, 백성의 연공年貢 납입을 위한 농업생산력의 제고와 관련된 분뇨 이용 기술의 수용은 매우 적극적이었다. 전국 말에서 근세 초기 일본의 대표적인 농서인 『청량기淸良記』를 보면, 16세기의 대표적인 비료에 초목류뿐만 아니라 두엄이나 사람 똥오줌의 보급도 상당했다. 특히 똥오줌을 저장, 이용하지 못하는 농민을 하농下農으로 간주할 정도로 분뇨 저류시설의 보급을 살필 수

---

95 최덕경, 「近世 일본의 肥料와 糞土施肥: 糞尿를 中心으로」, 『역사학보(歷史學報)』 第226輯, 2015, pp.381-382.

있다.[96] 이것은 중국과 마찬가지로 초기에는 똥오줌이 주로 일부 채소재배에 이용되었지만, 전국말 이후 특히 17세기 일본을 대표하는 농서인 『농업전집農業全集』에서 분옥糞屋의 설치를 강조하고 있었던 것을 보면, 논벼와 같은 주곡에도 널리 이용되었음을 말해 준다. 똥오줌이 비료로서 생산력의 향상에 어떻게 작용했는가에 대한 연구는 이미 지적한 바 있다.[97] 그리고 앞에서 측간의 민간신앙이 잠상蠶桑의 기원에서 비롯되어 점차 농農, 상桑과 길흉으로, 이후에는 다양한 지역의 신앙과 결합하고 또 세속화되어 측신이 재부, 죽음, 출생, 건강 등과 다양한 영역에까지 미쳤다는 점 또한 지적한 바 있다.

이런 측신의 민간신앙이 최근까지 민담民譚 속에 어떻게 남아 있는지를 살펴보자.

첫째, 가장 많이 지적되는 부분은 측간이 죽음과 재생再生의 공간이라는 점이다. 중국의 속담 속에 "저승과 뒷간은 대신 못 간다."든지[98] "뒷간에서 잠잔다.(죽을 날이 가깝다.)"라든지, 일본의 "이를 뽑고 윗니는 측간의 낙숫물 떨어지는 곳에 아랫니는 측간 지붕에 던지면 좋은 이가 난다." "측간에서 넘어져 상처를 입으면 죽음의 세계로 직결된다."라는 것과, 한국의 "뒷간에 세 번 빠지면 죽는다." "뒷간에 넘어지는 것은 귀신이 화를 낸 결과이다." "뒷간에 넘어져 생긴 병은 고칠 수 없다." 등과 같은 속담은 뒷간을 이

---

96 최덕경, 위의 논문, 「近世 일본의 肥料와 糞土施肥: 糞尿를 中心으로」, p.371.

97 최덕경, 「東아시아 糞尿시비의 전통과 生態農業의 屈折: 糞尿의 衛生과 寄生蟲을 중심으로」, 『역사민속학』 제35집, 2011; 최덕경, 「『齊民要術』과 『陳旉農書』에 나타난 糞과 糞田의 성격」, 『중국사연구(中國史研究)』 第81輯, 2012; 최덕경, 「宋代 이후 南方지역 肥料의 형성과 糞田의 실태」, 『중국사연구(中國史研究)』 제91집, 2014.

98 본고에서 인용한 속담의 출처는 일일이 밝히지 아니했는데, 대부분 김광언, 앞의 책, 『동아시아의 뒷간』과 이지마 요시하루[飯島吉晴], 앞의 책, 『竈神と厠神: 異界と此の世の境』; 오토 요키히코[大藤時彦], 「厠神考」, 『국학원잡지(國學院雜誌)』 47(10) 566號, 1941; 구라이시 아쓰코[倉石あつ子], 「便所神と家の神」 民俗特輯號, 『신농(信濃)』 31(1), 349호, 1971 등을 참고했음을 밝혀 둔다.

계異界로서 인정한다거나 측신이 생사生死와 재생再生의 경계를 관장하고 있다는 말이다. 특히 측신은 질투도 많고 성질 또한 나빠서, 측신이 한번 샘을 내면 가족에게 심각한 해코지를 한다고 믿었던 것이 주목된다. 그리고 앞서 하동의 예에서도 보았듯이 측간은 교환과 되돌림의 행위가 일어나는 공간이다. 그 잘린 손의 대가로 받은 수신약水神藥은 분리와 동시에 결합과 재생의 의미를 담고 있다. 이런 점에서 보면 측간 속의 엉덩이는 이 계異界와 접신接神하는 하단부이며, 그 배설물은 분리와 동시에 폐기되는 것이 아니라 측신과의 만남을 통해 다른 형태로 변해, 작물의 성장과 생명을 유지하는 자원이 된다. 이처럼 측간은 삶과 죽음의 경계에 위치했기 때문에 측신은 쉽게 다른 신과 결합하여 세속화되었던 것이 아닌가 한다.

둘째, 측간은 황금을 배출하는 장소로 인식되고 있다. 똥을 황금과 일치시켰던 것은 원대의『왕정농서』「분양편糞壤篇」에서 남방의 분교糞窖시설이 등장하면서 처음으로 똥을 황금처럼 여겼는데, 이러한 인식은 명대의『보지권농서寶坻勸農書』에도 그대로 이어지고 있다.[99] 서광계徐光啓의『농정전서農政全書』(1639년 찬)를 참고한 미야자키 야스사다[宮崎安貞]의『농업전서』에도 이런 인식이 이어져 똥오줌은 토지의 치료약으로서 황금만큼이나 가치 있는 것으로 평가하고 있다. 그 요인은 바로 송대 이후 똥오줌이 수전의 비료로 활용되기 시작한 이후의 현상이다. 관개, 배수기술의 향상으로 강남의 저습지가 개발되고 벼농사가 중시되면서 똥오줌은 지력을 치료하고, 작물을 배양하여 부귀를 가져다주는 가치 있는 것으로 인식되었다. 중국 속담에 "똥오줌을 누는 것도 달력을 보아야 한다."든지 "오줌도 자기 밭에서 눈다."는 것도 그 소중함을 담은 말이다. 이런 현상은 "뒷간과 사돈집은 멀수록 좋다."라는 일본 속담처럼 측간은 비록 냄새나고 혐오스러운

---

[99] 『왕정농서』「분양편」, "惜糞如惜金"; 『보지권농서(寶坻勸農書)』「糞壤第七」, "窖糞者, 南方皆積糞于窖, 愛惜如金." 『형초세시기』의 여원(如愿)의 고사에서도 부정적인 거름더미[糞堆]를 막대기로 두드리면서 소원성취를 빌었던 것도 유사행위로 보기도 한다.

비위생적인 공간이지만, 그곳에서 생산된 물건이 곧 황금으로 연결되고, 재생을 통해 부귀를 가져온다는 이중적인 인식을 경험으로 체득하였던 것이다.

셋째, 측간은 또 다른 세계로 들어가는 통로이다. 다른 세계로 들어가기 위해서는 경계에서 준비를 해야 하는데, 그것이 곧 화장化粧이다. 이지마 요시하루[飯島吉晴]는 측간에서 화장을 고치는 행위가 곧 스스로 타인이 되려고 하는 화생化生, 전생轉生의 의지로서 이계의 세계로 들어가기 위한 준비행위라고[100] 한다. 측간 곁에서 화장을 하는 것은 측신을 만나기 위해 변신을 자연스럽게 수용한다는 행위가 되는 것이다. 측간 안 어두운 곳에 위치한 이계는 변화와 생성의 장소이다. 그런 점에서 측간은 곧 본래 모습이 아닌 변화된 모습을 통해 접신해야 한다. 일본에서 "측간에 들어간 사람을 부르지 않는다."거나 "측간에 들어가기 전에 기침을 한다."라는 등의 민담은 측간에서의 이계와의 교감을 인정하며 안쪽 세계를 존중한다는 태도라고 볼 수 있다. 때문에 "발가벗고 측간에 들어가서는 안 된다."[101]거나 "감은 머리 상태로 들어가는 것을 싫어한다."라는 것은 변신하지 않고 본래의 상태로 이계로 들어가면 다시 어둠의 상태로 되돌아갈 수 있기 때문이다.

마지막으로 측신은 출생과 건강과도 밀접하게 관련된다. 일본의 도치기현[櫔木縣] 가미스카군[上都賀郡] 아와노마치[粟野町]의 사례에서 잘 드러난다. 즉, "여자아기가 태어나 7일째가 되면 칠야축七夜祝이라 하여 적반赤飯: 찹쌀팥밥을 지어 친척, 친구, 이웃사람들을 초대하여 연회를 베푼다. 그 방식은 먼저 측간에 가서 아이의 이마에 홍색 또는 흑색으로 견犬 자를 쓰고 배냇저고리[産衣]를 입혀 산파가 아이를 안고 이웃 부녀 아이들과 함께 측

---

100 이지마 요시하루[飯島吉晴], 앞의 책, 『조신과 측신(竈神と厠神: 異界と此の世の境)』, p.193.
101 오토 요키히코[大藤時彦], 「厠神考」, 『국학원잡지(國學院雜誌)』 47(10) 566號, 1941, p.206에는 측신 역시 나체로 지내므로 갑자기 들어와 그 모습을 보이게 되면 부끄러워하기 때문에 변소에 들어가기 전에 반드시 기침을 하여 알리면 모습을 감춘다고 한다.

간에서 긴 부지깽이로 아이에게 대변을 먹이는 시늉을 한다(어떤 지역에는 실제 대변 한 덩어리를 집는데, 보통은 단지 집는 시늉만 한다). 변소 앞에 찹쌀팥밥을 펴고 축배를 든 후에 오른쪽 건물에 들어가 축연祝宴에 참가한다. 그 유래는 지역사람들에게 물어도 알지 못했다."라고[102] 한다. 이것은 측신이 순산順産에도 관련있다는 좋은 사례이다. 이런 일본의 민간신앙은 독毒으로써 독을 제어하는 방식으로, 아이에게 가장 위험한 장소인 변소에서 배설된 오물을 먹이는 모방행위는 배설한 사람보다도 더 강한 생명력을 갓난아기에게 주기 위해서라고[103] 한다. 그 보답으로 측신에게 출생한 아이를 안고 가장 먼저 참배하여 신고함으로써 영혼의 안정을 기도했다.[104] 이와 비슷한 측신의 사례는 한국의 국립문화재연구소가 편찬한 『한국의 가정신앙』에서도 볼 수 있다. 주목되는 점은 측신의 민담이 강원도나 충북지역과 같이 산간이나 내륙지역에는 거의 출현하지 않고, 주로 논농사지역인 삼남三南지역, 그중에서도 전라남북도에서 구체적으로 등장한다는 점이다. 가장 많이 등장하는 내용은 갓난아이를 출산하여 외출할 때는 본가나 외가의 측신에 신고를 하여 질투가 많은 여신의 해코지를 사전에 막았다는 것이다. 또 어떤 곳에서는 측간 지붕의 짚을 태운 숯검정을 아이의 이마에 찍기도 하였다. 그리고 측간에 들어가기 전에 세 번 기침하여 측신에 예의를 표한다든지, 초상집 등 부정한 곳에 다녀왔을 경우 측간을 들리거나 그곳에서 세 번 침을 뱉어 액땜을 하기도 하였다. 측신은 또 다른 집에서 얻어온 옷도 용납지 않아 액을 면하려면 며칠간 측간에 두어야만 했다. 그런가 하면 측간에서 넘어지게 되면 반드시 시루떡[똥떡이라 칭함]을 만들어 측신에게 신고함으로써 죽거나 해코지를 당하지 않기를 기원했

---

102 『民族と歷史』 4권 3호 「下野雜記十三則」.
103 구라이시 아쓰코[倉石あつ子], 「便所神と家の神」 民俗特輯號, 『신농(信濃)』 31(1), 349호, 1971, p.56.
104 차이주어[蔡卓] 외, 「淺談日本厠所文化及其原因」, 『상업문화(商業文化)』, 2011年 5月.

다.[105] 이러한 행위 역시 측신이 아기의 출산과 가족의 건강은 물론 가정사도 상당부분 관장했음을 말해 준다.

때문에 일본에서는 임산부가 측간을 깨끗하게 청소하면 출생을 주관하는 측신의 도움을 받아 예쁜 아이를 순산한다거나 그 집에 복을 준다는 것도 측신의 세계를 인정한다는 이 같은 속설과 관련이 있다. 실제 여러 지역에서 변소의 빗자루[箒]로 임산부의 배를 쓸어 주면 순산한다고 알고 있으며, 사이타마현[埼玉縣]의 이루마[入間]와 히키[比企]의 두 군에는 변소추便所箒를 산신産神으로 모셔 3월 19일과 11월 19일에 제사를 지낼 정도로 신생아와 임산부가 측신과 깊은 관련을 맺고 있다. 일본의 삭슈[作州] 쓰야마[津山]에서는 측간 모퉁이에 신붕神棚을 설치하여 매월 삭망朔望 일에 등불을 밝혀 측신에게 제사했으며,[106] 그 속에 가족의 건강, 출산, 질병, 번영, 풍흉 등이 포함된 것을 보면 측신이 가족신의 성격까지 지녔던 것을 알 수 있다.[107]

이처럼 오늘날까지 전해지는 측간과 측신의 민담은 한중일의 국가와 지역에 따라 다소 차이는 있지만 모두 비슷한 모티브를 지녔고, 그를 통해 염원하는 것도 비슷하다는 것을 확인할 수 있다. 똥오줌이 수전 농업에 적극적으로 이용되면서 측간구조가 변하고 그에 따라 이를 주재하는 측신 신앙이 들어왔다. 그 측신이 가정 경제는 물론이고 부귀와 출산에까지 관여하여 쌀농사를 짓는 동아시아의 주요한 민간신앙으로 자리 잡았다는 것 또한 알 수 있다. 흉측한 공간에 머무는 측신이 자원과 생명의 순환을 주관하고 동아시아 가정사의 주요한 부분에 영향력을 끼쳤다는 것은 흥미로운 대목이다.

---

105 국립문화재연구소, 『한국의 가정신앙』 2005-2008년에 출간한 경기도, 강원도, 충청도, 전라도, 경상도, 제주도편 참조.

106 오토 요키히코[大藤時彦], 앞의 논문, 「厠神考」, p.202, 212에서는 측신은 정호신(井戶神)이나 가신(家神)과도 유사한 성격을 지녔다고 한다.

107 구라이시 아쓰코[倉石あつ子], 앞의 논문, 「便所神と家の神」 民俗特輯號, 『신농(信濃)』, pp.53-58에서 일본 지역별 측신의 제사사례 22개를 열거하여 설명하고 있다.

IV. 맺음말

본 장은 똥오줌의 시비를 저류貯留하는 측간과 분리해서는 생각할 수 없으며, 송대 논농사의 발달은 이전의 화북농법과는 달리 측간구조의 변화를 불가피하게 했으며, 그것은 측신 신앙의 확산을 초래했을 것이라는 가정 하에, 측간의 구조, 똥오줌 비료의 형태변화를 살핀 것이다.

당송시기를 분기점으로 똥오줌의 수요가 확대되면서 이를 저류하여 효과적으로 이용하기 위해서는 측간의 설치가 불가피했다. 특히 강남의 개발이 본격화되고, 수전 농업이 발달하면서 기존의 비료와 시비법으로는 생산을 증가시킬 수가 없었다. 게다가 수비水肥를 중시한 남방의 경우 측간에 물을 채울 수밖에 없었는데, 이 때문에 측간은 보다 깊어지고 넓어졌다. 이러한 측간구조의 변화 속에서 이전에 경험하지 못했던 분糞 수면 아래의 깊은 세계에 대한 관념, 즉 두려움과 신비함이 동시에 생겨나게 된 것이다.

일반적으로 고대 사회의 측간은 대개 구덩이식이거나 측간[人廁]과 돼지우리[猪圈]가 결합된 형태였다. 주로 주택의 서북방의 구석지고 비밀스러운 흉처凶處에 냄새나는 측간을 설치하여 악한 기운을 제거하려고 했던 것이다. 진후晉侯가 그곳에 빠져 한낮이 되어서야 발견되었다는 고사나 『형초세시기』에서 자고紫姑가 본처의 미움을 사 죽임을 당했던 장소 또한 측간이었다. 하지만 당시 화북지역의 경우 당말의 『사시찬요四時纂要』 시기 이전에는 사람 똥을 비료로 사용한 것이 일반화되지 않은 상태였고, 아직 민간에서는 측간시설도 보편화되지 않았다. 또한 송대의 도시민들은 밤에도 두렵지 않은 깨끗한 마통馬桶을 이용하여 집안에서 해결하고 아침에 이를 처리했기 때문에 측간의 필요성이 크게 제기되지 않은 듯하다. 11-12세기 일본 교토의 경우에도 거리에서 남녀노소가 자연스럽게 탈분脫糞하는 모습을 볼 수 있었다. 이러한 현상은 이후 명대에도 도시나 화북지역에는 큰 변화가 없었다.

당시 화북의 측간은 구덩이[糞坑]가 얕고, 돼지우리와 결합된 혼圂의 경우 돼지 울음소리로 항상 시끄러워 측신이 머무르기에는 부적합했다. 측간의 구조변화를 가져온 당송의 전환기에는 인구의 비중이 화북 중심에서 강남지역으로 역전되었으며,[108] 경제구조 역시 밭농사에서 논농사 위주로 변하면서 수비水肥, 즉 덧거름의 수요가 확대되었다. 특히 송대에는 북방민족의 침입에 대비하고 증가된 인구를 부양하며 안정된 국가를 건설하기 위해 민본정책과 권농정책을 끊임없이 발표하였다. 당시 권농책 중 주목되는 것이 바로 지주知州 송신宋莘의 권농문勸農文에서 나타난 바와 같은 측간건립과 저류된 똥오줌으로 시비하는 것이다. 측간과 별도로 똥과 각종 쓰레기를 부숙시키는 분옥의 건설도 이때 추진하였다. 『진부농서』에는 이러한 측간과 분옥을 통해 생산된 비료로써 지력을 보완하고 생산력을 제고했던 노력이 잘 표현되어 있다.

이런 상황으로 측간의 보급이 확대되고 남방의 특색에 맞게 측간의 구조가 깊고 신비스러워지면서 측신의 신앙과 그를 통한 부귀, 농상農桑의 풍요를 기원하는 것이 본격화되었던 것이다. 물론 측신의 등장이 6세기 『형초세시기』부터 나타나고, 당시 형초 지역 측간구조 역시 구체적으로 알 수는 없지만 북쪽과는 달리 물가 근처에 위치하면서 물을 이용하여 탈분脫糞하고 처리하는 방식을 취했을 가능성이 있다. 측간이 건립되면서 이런 물을 측간 내부로 끌어들여 측간구조가 변화되면서 측신이 머물 수 있는 환경이 조성되었던 것이다. 이후 측신은 자원과 생명의 순환을 주관하는 신으로 자리 잡게 된다.

송대 이후 측신인 자고신紫姑神이 존재하는 지역을 보면 신앙의 보급 실태를 살펴볼 수 있다. 자고신앙이 남방지역 전역에 걸쳐 있고, 북쪽의 경

---

[108] Valerie Hansen[신성곤 옮김], 앞의 책, 『열린 제국: 중국고대-1600』, p.316에 의하면 742년 총인구의 60%가 황하유역의 맥작(麥作)지대에 거주했는데, 980년이 되면 반대로 장강의 논농사지대에 총인구의 62%의 인구가 거주했다고 한다.

우 일부 지역에 국한되거나 그것도 미미한 편이었는데, 이것은 바로 측신이 벼농사의 보급과 밀접하게 관련되어 있다는 것을 알 수 있게 해 주는 부분이다. 실제 측신의 도라두낭자淘羅頭娘子, 쾌선고랑筷仙姑娘 및 전삼고랑田三姑娘과 같은 호칭은 쌀 및 논농사지역과 직접 관련되어 있다.

또 주목할 만한 것은 측신 신앙이 귀신을 섬기기를 좋아하는 남방지역으로 보급되어 해당지역의 도교 등 다양한 신앙과 결합하면서 세속화되었다는 점이다. 초기에는 측신 본래의 출생, 잠상, 귀복貴福, 농업 등을 기원하는 신이었지만, 점차 과거科擧, 혼인, 무역, 국사, 전쟁에 이르기까지 다양한 신령과 결합되고, 자고 설화까지 윤색되면서 사대부의 시부詩賦에도 자주 등장하게 된다. 그 때문에 초기 측신은 모티브만 남게 된 것이다. 특히 국외로 전파되면서 해당 지역의 특수한 신앙과 결합하게 되는데, 한국과 일본의 측신이 중국의 자고신과 다른 모습을 보이는 것도 그 때문일 것이다.

측신의 모습은 오늘날에도 민간의 풍속에 그대로 남아 아직도 금기의 일부로 또는 언어 속에서도 자리 잡고 있다. 곧 측간을 현실과 이계의 경계로 인식하고, 이계로 들어가기 위해 변신, 즉 화장化粧을 한다거나, 침을 뱉으면 안 되는 금기를 지키거나, 측간 앞에서 기침을 함으로써 타자에 대해 숭배의 뜻을 표하기도 한다.

이상과 같은 분뇨, 측간과 측신의 문제는 동아시아 농업만이 지닌 또 다른 주요한 특징이다.[109] 똥오줌을 황금만큼이나 소중히 여긴 인식이 있었기 때문에 많은 인구를 부양할 수 있었고 동아시아에 강력한 왕권과 고유한 문화를 창조할 수도 있었다. 또한 측신신앙의 출현은 생산과 농업에 대한 소중함과 더불어 남방의 수도水稻 전파를 확인하는 중요한 모티브가 된다.

---

[109] W. Wagner[다카야마 요키치[高山洋吉] 역], 『중국농서(中國農書)』(下), 刀江書院, 1972, p.44 에서 유럽은 가축분이 비료의 기초를 이루지만, 중국은 사람의 똥오줌이 중심이었다고 한다.

결론

동아시아 분뇨시비의
변천사

분뇨연구의 배경

비료는 토양의 지력을 제고하여 농업 생산력을 높이는 가장 중요한 요소이다. 동아시아 전통농업에 있어 가장 특징적인 비료는 똥오줌이며, 본서는 이러한 똥오줌의 이용과 보급 및 그 변용과정을 통해 사회경제적인 변화와 문명형성의 토대를 살핀 것이다. 특히 고대 이래 똥오줌은 농업자원으로 활용되어 많은 인구를 부양하고 생태환경을 보전해왔던 동아시아인의 창의적인 지혜의 결정체였지만, 이에 대한 평가가 제대로 이루어지지 못했다. 그 결과 근대 이후 농약과 화학약품이 유기비료를 대체하면서 생태계의 파괴와 생명의 위험에까지 직면하게 되었는데, 본서는 이러한 과정을 역사적으로 검토한 것이다.

이 같은 연구를 하게 된 배경은 20세기 초까지만 해도 똥오줌을 농업자원으로 활용했던 아시아인들의 모습을 이상한 눈으로 바라보았는데, 최근 점차 생활속에서 이를 실천하고 있는 미국인들에게서 자극받은 바 크다.

이런 문제에 접근하기 위해 우선 분糞의 역사적 의미와 똥오줌을 저장하는 측간시설의 변천과 그 이용실태를 살폈다. 흥미롭게도 『제민요술』 이전단계의 분糞은 대부분 가축의 똥을 지칭하며, 한대 화상석畵像石에 자주 등장하는 측간의 형태도 돼지우리 위에 얹힌 모습을 하고 있다. 그리고 소를 이용한 두엄 제조법도 『제민요술』에 구체적으로 언급되고 있다. 이것은 적어도 당대唐代 이전에는 가축의 똥오줌이 시비로 적극 이용되었음을 말해 준다. 문헌에서 사람의 똥오줌이 비료로 사용된 것은 전한말 『범승지서』와 당말의 『사시찬요』에서 볼 수 있다. 특히 경제중심지가 강남으로 이동하여 농업환경이 변화되는 남송대에 똥오줌 시비 또한 확대되었다.

남송 때 남방지역에는 집의 안팎에서 똥오줌을 저장하는 분옥糞屋이 설치되고, 똥오줌이야말로 지력회복을 처방하는 분약糞藥으로 인식하여 황금과 같은 존재로 여겼다. 이로 인해 측간의 규모도 확대되고 구조도 변하게 된다. 명청시대에는 이러한 강남의 농업기술이 주변으로 확산됨에 따라 해당 지역 역시 여건에 적합한 다양한 비료가 출현하여 토지생산력을 제고하였다. 특히 명 중기 이후에는 상품작물의 생산과 사회경제의 변화가 심화됨에 따라 고용노동이 곤란해지면서 취급이 간편하고 시간과 노동을 절약할 수 있는 융복합 비료인 분단糞丹과 금비인 콩깻묵 비료가 등장하였다.

하지만 똥오줌 비료가 지닌 문제점도 적지 않았다. 똥독이나 주거위생 및 기생충감염과 함께 냄새와 역겨움 때문에 접근을 꺼려하였을 뿐만 아니라, 근대화과정에서 타자의 눈에 비친 똥오줌은 질병과 위생문제의 온상으로 인식되면서 똥오줌을 이용한 시비는 변용이 불가피하게 되었다. 그 결과 수천 년 지속되었던 동아시아인의 지혜는 위생과 청결의 이름으로 사라지게 된다.

이 같은 똥오줌의 이용실태는 조선과 일본 에도시대의 예에서도 잘 드러난다. 게다가 분뇨의 확산과정에서 나타난 측간구조의 변화와 그로 인한 측신廁神의 등장도 수전농업의 보급과 궤를 같이했다는 가설을 민속학적 관점에서 살폈다.

똥거름의 보급

동아시아인들은 왜 하필 가장 더럽고 냄새가 나며, 혐오스러운 똥오줌을 농업의 시비로서 자원화할 수 있었던 것일까? 사람들은 오랜 시간 개나 돼지가 인분을 먹고, 그 인분 속의 종자가 다른 곳보다 더 잘 자란다는 사실을 깨달으면서 인분이 동식물의 생명을 연장할 수 있는 에너지원을 가지고 있다는 사실을 경험적으로 인식했던 것 같다.[01] 이것이 곧 사람 똥을 토지의 비료로 활용하게 된 계기가 되었던 것이다. 그 외에도 『여씨춘추』 「심시審時」편에는 농업은 천지인의 조화에 이루어지는 산업임을 역설하면서 인간이 땅에 모든 것을 되돌려 줄 때 땅은 식물을 싹트게 하고, 하늘은 이를 자라게 한다고 하였는데, 이는 땅을 위한 인간의 노력이 비료를 만들어 내고, 사람의 똥오줌도 거름으로 사용하게 되었다는 것이다. 이것은 선진先秦시대 이래 음양과 기氣의 순환사상에 모든 똥오줌과 폐기물질조차 지기地氣의 운행과 음양의 균형에 영향을 끼치는 분기糞氣물질이 존재했다는 데 근거하고 있다. 그 때문에 이후 인분人糞 역시 자연스럽게 토양의 비료로 사용되게 된 것이다.

농업에 비료가 사용되기 시작한 것은 상주시대부터였으며, 춘추전국시대에는 구체적인 양상을 띠기 시작했다. 하지만 이때에 사용된 '분糞'의 의미는 단순한 비료의 의미뿐 아니라 '소제', '더럽다'는 등 다양한 의미가 있어 시비의 실태를 파악하기가 곤란하다. 『제민요술』 단계를 거쳐 남송의 『진부농서』에 이르면 거름을 주는 방법에 변화가 보인다. 우선 가축분을 주로 분종糞種, 구전법區田法의 형태로 파종처나 종자에 직접 거름으로 주던 방식에서, 『제민요술』 시대에는 점차 퇴비를 이용하여 토지의 전면에 거름을 주는 형태로 발전하였다. 송대 제분법製糞法의 특징은 바로 거름이나 거름구덩이 속에서 거름을 부숙하여 제조했다는 점이다. 남송시대에 집집마다 쇠두엄이 산더미처럼 쌓여 있었다는 것은 월동작물의 재배가 확대되면서 쇠두엄 비료의 가치와 효용성이 증대되었음을 의미한다.

아울러 덧거름[追肥]은 『범승지서』에 처음 등장하지만, 『제민요술』 단계에서는 과일채소류에 국한되고 곡류에는 잘 사용되지 않았다. 그러다 『사시찬요』 단계에서 덧거름이 수목樹木에까지 폭넓게 사용되다가 『진부농

---

01 최근 일본 과학자 Mitsuyuki Ikeda(池田光行)는 사람 똥 속의 단백질 에너지원을 이용하여 똥햄버거[Turd Burger]를 만들었다.

서」단계에 이르면 맥麥, 벼에까지 덧거름이 자연스럽게 확대되었다. 덧거름은 건강한 작물을 지속적으로 보전하는 것이 주목적이었기 때문에 흡수력이 빠른 거름물 형태로 주는 경우가 많았다. 그런 점에서 똥오줌을 많이 생산했던 『진부농서』시대에 덧거름이 일반화되었다고 볼 수 있다.

송대 이후 비료에 대한 인식변화는 비료를 토양의 지력을 회복하는 약藥으로 이해했다는 점인데, 분약糞藥을 적시에 처방하기만 하면, 토양의 비력을 높여 휴한을 극복하게 됨으로써 많은 인구를 부양할 수 있게 되었으며, 더군다나 똥오줌을 거주지 주변이나 도로가에 마음대로 폐기 처리하여 악취를 풍기는 현상을 크게 줄여 주었다. 명청시대 강남지역의 비료는 송대에 그 기반을 두고 있으며, 송대의 비료는 화북지역 밭농사와 밀접하게 관련되어 있다.

분뇨사업

『진부농서』에는 가축의 똥거름과 더불어 인분의 시비가 보다 구체화되고 있다. 『진부농서』에서는 거주지 옆에 별도의 거름간을 지어 바람과 비가 들어오지 못하도록 하고, 담을 쌓아 옆으로 새는 것도 방지하였고, 각종 쓰레기를 똥오줌을 끼얹어 썩혀 발효하였다. 『왕정농서王禎農書』에도 "남방의 농가에서는 항상 밭머리[田頭]에 벽돌로 똥구덩이[糞窖]를 만들어 그곳에서 똥오줌을 썩힌 후에 논밭에 거름을 주어 토지를 기름지게 하였다. 북방에서도 이를 모방하여 10배의 이익을 거두었다."라는[02] 기록이 있다. 때문에 남송의 「권농문」의 비석에는 남녀의 똥을 모아 논에 시비하고, 그것을 위해 민가를 지을 때 먼저 측간을 배치할 것을 권유하고 있다. 그리고 "촌락민이 기존의 습관을 바꾸어 측간에 모아 둔 똥오줌을 토지에 시

---

02 『왕정농서(王禎農書)』「糞壤篇」.

비하게 되면 1무당 2-3섬의 생산을 증대시킬 수 있다."라고 하여 측간 건립의 필요성은 가정경제의 향상과 직결됨을 역설하고 있다.

똥오줌은 직접 작물에 시비하거나 각종 쓰레기더미에 끼얹어 미생물의 작용을 촉진시켜 썩혀 사용하기도 한다. 비료가 토양을 분해하여 지력을 높이고 수확량을 증대하면서 "똥을 황금처럼 아끼는" 인식이 자리 잡게 된 것이다. 이러한 인식이 각종 폐기물이나 배설물을 폐기하지 않고 농업자원으로 환원시킨 소중한 계기가 되었다. 그러한 지혜가 바로 "땅을 구입하여 면적을 늘리는 것보다 땅에 거름 주어 수확량을 늘리는 것이 낫다."라는 것을 깨닫게 해 준 것이다.[03]

당시 비료는 분약糞藥이라고 하여 마치 인간의 몸의 상태에 따라 치료약을 사용하는 것 같이 분을 토양의 약으로 인식하였다. 아마도 이러한 분약의 인식 속에서 똥거름이야말로 토지의 지력을 항상적으로 보전하는 명약이라는 관념이 생겨났던 것이다. 그 결과 토지는 소모되는 것이 아니라 비료에 의해 지력을 왕성하게 하면 회복시킬 수 있다는 흉한 극복의 논리가 나오게 된 것이다.

17세기 분뇨거래의 상황은 청대 서진徐震 등이 편찬한 『굴신갱간귀성재주掘新坑慳鬼成財主』란 소설 속에 잘 묘사되어 있다. 이 소설은 주인공 목태공穆太公이 도시의 공동화장실을 보고, 지금까지 소중한 보물을 아무렇게나 버렸다는 사실에 자극받아 절강성 의향촌義鄉村에 측간을 지어 똥오줌의 수집과 거래를 구상하게 된 것이다. 목태공은 매일 아침 4시에 일어나 공짜로 휴지[草紙]를 제공하는 것으로 손님을 유인하여 영업하였고, 밤이 되어서야 화장실의 문을 잠갔다. 수집한 똥을 팔 때는 대개 1담擔마다 은전 한 전을 요구하였다.[04] 현금이 없을 경우 땔나무, 쌀과 기름을 가지고

---

03 『왕정농서』「분양편」.
04 『굴신갱간귀성재주(掘新坑慳鬼成財主)』 "每擔是價銀一錢, 更有挑柴, 運米, 擔油來兌換的."
　　이때 은(銀)은 분명 은자(銀子)로서 중량으로 계량하며, 10전(錢)=1냥(兩)=31.25g(10qian=

와서 인분과 바꾸게 하기도 하였다. 비슷한 시기의 『심씨농서』에서도 똥을 싣고 나르는 배를 이용해 똥을 구입하기 위해 항주杭州로 가는 장면이 묘사되어 있고, 구입한 똥의 용도는 분명하지 않지만 해당지역의 경작 여건으로 보아 주로 뽕나무밭이나 채소밭과 논에 이용되었을 것으로 보인다. 같은 시기의 휘주문서徽州文書에는 똥오줌을 이용한 대가로 채소나 무를 납부했으며, 건륭38년에는 연간 측간세금[厠所租]을 납부하고 있다. 비록 일본 에도시대처럼 사업방식이 다르고 상인의 활동이 분명하지는 않지만, 청대 분뇨업에도 중개상인이 개입했을 가능성이 없지 않다. 그의 재산 전부가 똥의 매매를 통해 이루어졌다고는 볼 수 없지만, 어쨌든 이 사업을 통해 마을 최고의 부자가 된 것을 보면 청대 초기에도 똥의 수요가 적지 않았음을 말해 준다. 이 같은 분뇨상업은 이미 『몽량록夢梁錄』의 남송 임안臨安의 똥오줌 수거인에서도 볼 수 있었으며,[05] 18세기 조선의 똥장수 엄행수嚴行首도 서울 근교 야채농업에 비료를 제공하여 부를 축적한 것을 볼 수 있다. 이런 사실을 보면 동아시아 모두 똥오줌을 농업의 가장 중요한 비료로 인식하였으며, 동아시아 생산력 향상의 토대였다는 점이 공통된 특징이다.

분단糞丹의 출현과 사회경제적 변화

실제 청초의 『지본제강知本提綱』과 19세기 일본의 『배양비록培養秘錄』 및 『농가비배론農稼肥培論』에서는 사람 똥을 비료 중 최고라고 인식하였다.[06]

---

one tael)에 해당한다. 만약 동전이라면 한 꾸러미였을 것이라고 한다.

05 오자목(吳自牧), 『몽양록(夢梁錄)』 「諸色雜貨」.

06 『지본제강(知本提綱)』 「수업장(修業章)·농칙경가일조(農則耕稼一條)」; 오쿠라 나가쓰네[大藏永常], 『농가비배론』 권上 「인시(人屎)」; 사토 노부히로[佐藤信淵], 『배양비록(培養秘錄)』 권2 『일본농서전집』 제69권.

다만 전통적인 순환농업에 입각한 비료는 보관과 취급이 곤란하고 시비하는 데 노력과 시간과 노력이 많이 소요된다는 점이 문제였다. 때문에 농민은 이들의 고용비용이 적지 않았다. 특히 명청시대에는 상품생산이 증가하면서 고용 노동자들은 임금인상과 함께 힘든 노동을 기피하였다. 특히 명말청초가 되면서 임노동자의 요구조건이 늘어나고, 태업이 자행되면서 비료확보에 많은 어려움을 겪어야만 했다. 이런 상황에서 분단糞丹과 같은 고농축 융합비료가 등장하게 된 것이다.

명대에 발명한 분단을 종자와 함께 무당 5말[斗]을 시비하면 "가뭄에 잘 견디고 살충효과도 있으며 두 배의 수확을 올렸다."라는 점을 보면 분단은 명대 이전의 비료와는 확연하게 구별된다. 분단은 운반과 보관이 간단하고 적은 시비를 통해 고수확을 올릴 수 있을 뿐만 아니라 제초와 살충까지도 가능한 비료를 발명한다는 것은 당시 농업에 관심을 가진 지식인들의 염원하던 바였을 것이다. 분단과 더불어 주목받은 대표적인 비료가 바로 콩깻묵과 같은 깻묵류였다.

『제민요술』에 의하면, 1무당 시비량은 5수레의 퇴비가 소요되었다. 게다가 명청시대에는 적지 않은 노동력을 동원하여 강에서 건져 올린 진흙을 햇볕에 말려 논과 뽕나무밭에 0.4ha당 50-60t의 비율로 시비하였다고[07] 한다. 그런데 서광계가 제조한 분단의 효능은 분단 1말이 똥 10섬에 해당한다고 하였다. 그것은 기존 거름량보다 1/100이 줄어든다는 셈이 된다. 이 같은 복합비료인 분단을 사용할 경우, 비록 다소 비용이 들고 제조과정이 복잡할지라도 많은 중간과정에서의 인력과 시간 낭비를 줄일 수 있어 생산과정에서 발생한 유휴시간과 잉여노동을 상업 작물이나 도시노동에 투여할 수 있게 되었다는 데 의의가 있다. 하지만 제조방식이 복잡하고 번거로워 널리 보급되지 못한 채 근대화를 맞았던 것이다.

---

07   L. E. Eastman[이승휘(李昇輝) 역], 『중국사회의 지속과 변화』, 돌베개, 1999, p.104.

근대화와 똥오줌의 변용

18세기 이후에는 도시화가 진전되면서 분뇨배출물이 적지 않은 문젯거리로 등장한다. 반면 농촌에서는 여전히 비료원이 부족하여 도시와 농촌 간에 똥오줌 처리에 있어 불균형이 발생하게 되었다. 특히 도로와 상하수도 같은 도시기반시설이 전무한 상태에서 무계획적으로 근대화가 진행되면서 똥오줌 처리가 더욱 곤란했다. 이러한 상황은 한국과 일본의 도시에서도 마찬가지였다. 비숍Bishop 여사가 "나는 북경을 보기 전까지 서울이 세상에서 가장 더러운 도시가 아닐까 생각하였다."라는 것처럼 서구인이 비친 서울과 북경의 거리와 하천의 모습은 똥오줌과 쓰레기로 인한 더러움 그 자체였던 것이다. 근대화가 진행되면서 비위생적이고 청결하지 못한 모습들은 1차적인 청산의 대상이었다. 농촌 역시 도시화가 진행되면서 점차 후진적, 정체적, 비합리적인 문화공간으로 인식되었으며, 당시 똥오줌은 점차 비근대성의 상징이며, 혐오의 대상으로 전락하게 된 것이다. 결국 똥오줌을 유기비료로 활용하여 많은 인구를 부양하고 환경을 보전할 수 있었던 선조들의 훌륭한 지혜는 청결과 위생의 이름아래 농민들의 뜻과는 무관하게 폐기 대상이 된 것이다. 게다가 수세식으로 화장실구조가 변하면서 똥오줌은 자원에서 폐기물로 바뀔 수밖에 없었다. 그리고 이러한 도시의 구조의 변모는 이어서 농촌개조의 모델이 되었던 것이다.

물론 그로 인해 많은 것들이 긍정적으로 변한 것은 사실이다. 즉 1897년 조선의 경우, 도로는 넓어지고 포장되었으며, 도로 주변과 개천이 정비되었고, 민가는 기와집으로 바뀌었으며, 도로 이면도 정리되어 위생문제가 많이 개선되었다. 하지만 유기농산물의 생산과 지속가능한 생태농업은 점차 퇴색되었다. 농약과 화학비료 사용으로 인해 각종 자연생태계는 오염되었으며, 최근에는 유전자조작과 성장촉진제로 인해 신체의 기능은 더욱 약화되고, 성 조숙성을 불러와 인간신체에 대한 근본적인 변화까지 일으켜 건강과 생명을 더욱 위협하고 있다. 그리고 자원의 집적 공간이었던 측간도 그 구조가 바뀌면서 단순히 생리현상을 해소하는 공간으로 변해 버리게 되었던 것이다. 수세식변소는 여과과정을 거치기는 하지만 상당부분 하수구를 거쳐 강, 바다로 흘러들어가면서 수질오염의 주범이 되고 있다.

따라서 근대화과정에 떠밀려 해결하지 못했던 똥오줌처리와 측간위생문제를 오늘날 과학기술의 힘을 통해 자원으로 재생시켜야 할 것이다. 모든 인간은 하루에 일정량을 반드시 배설한다. 이것을 자원으로 활용하느냐 폐기물로 인식하느냐는 인류의 미래에 매우 중요하다. 최근 수세식 변기개조를 통해 물의 낭비를 방지하고 똥오줌을 재생하는 기술이 개발되고 있다는 소식을 접할 수 있어 매우 고무적이다. 사실 똥오줌을 농업자원으로 재활용한다는 것은 단순한 경제적, 전통적인 가치의 차원을 넘어 인류의 생명을 보전하고 지속적인 환경을 보존하는 데도 꼭 필요한 길임을 유념했으면 좋겠다. 폐기물을 재순환하여 환경과의 조화를 이루는 새로운 경제발전의 모델이 요청된다.

Contents

565

567

ABSTRACT

The Changing History of
East Asian Human manure Fertilization

Background: research of manure. Fertilizer is the most important factor that raises agricultural productivity by enhancing the fertility of soil. And the most common fertilizer in East Asian traditional agriculture was Human feces and urine. In this study, Iinvestigate the socio-economic conditions in the use of human feces and urine and changes in their use in East Asian civilizations. The people of East Asian have historically supported a large population by utilizing this natural means of fertilization since ancient times, although eventually this practice was replaced by agricultural pesticides and chemicals, all of which have jeopardized the health of the ecosystem and risked human life.

While there has been research on the agricultural use of Human feces and urine from an anthropological viewpoint, a broader agenda of research can be rarely found in Chinese and Japanese academic circles. Not since studies of the toilet shed (廁間) which began to be built in private houses has there has there been significant consideration on the value of feces and urine as well as the socioeconomic background to their use.

I first began to study this subject when I read some Western research on this topic. A few western researchers of the 20th century had learned that Asian people traditionally recycled human waste in their home, marveling the wisdom of this practice. But over time, Asian people gradually abandoned such eco-friendly agriculture practices, abandoning the creative wisdom that they had found. It was ironic that it was Western scholars who rediscovered a new value in this traditional practice of East Asia. Based almost on a sense of guilt, I began my own quest to understand the value of human manure in traditional Asian agricultural practices.

In my research, I investigate the historical significance of fen (糞) and changes in the toilet shed in which feces and urine (糞尿) were stored. Interestingly, before the period of *Qimimyaoshu* (『齊民要術』), feces used in agricultural practice were mostly dung of livestock, and the shape of the toilet shed which frequently appeared in Huaxiangshi (畫像石) of Han Dynasty is in the form of a pig pen. Also, the manufacturing method of manure (踏糞法) utilizing cow dung was concretely mentioned in *Qimimyaoshu*. This tells us that feces and urine were actively utilized as fertilizer at least before the Tang Dynasty (唐代).

One of the first indications of human feces and urine utilized as fertilizer can be found in late Tang (唐末) *Sishizuanyao* (『四時纂要』). Particularly, during the South Song Dynasty (南宋) when the agricultural environment changed due to the relocation of the economic center to Jiangnan (江南), fertilization by Human feces and urine was also expanded. During this same time, a barn (糞屋) was instilled in which feces and urine were stored in and out of the house; they were highly valued as a kind of dung medicine (糞藥) for the fertility of soil. Accordingly, the scale and structure of the toilet shed was expanded. During the Ming Qing (明淸) Dynasty, as such agricultural techniques of Jiangnan spread out toward the surrounding area, the relevant regions also enhanced land productivity by producing various fertilizers proper for the soil condition. This was particularly so as production of crops and change of socio-economic change became severe during late Ming and early Qing periods. Fendan (糞丹), synthesis (複合) fertilizer was easy to treat saving time and labor, and artificial manure such as soybean oil-cake fertilizer appeared, all the while as hired labor became difficult.

However, there arose many problems using feces and urine as fertilizer. Due to its foul smell along with issues of excrement poison, along with the perception that it was a breeding ground of disease, parasite infection, and it was unhygienic, fertilization using feces and urine faced inevitable pressure. As the result, a practice that had continued unabated for thousands of years soon disappeared. By the time of the Joseon and Japanese Edo (江戶) periods, the use of human feces and urine ceased as a mainstay of agricultural practice. In addition, I investigated changes in the toilet shed structure and the recognition of the toilet spirits (廁神) from an anthropological viewpoint and analyzed their relation to developments in paddy field agriculture.

Uses of dung fertilizer. How did it come about that the East Asian people recycled feces and urine, something held to be the most dirty, foul, and repellant residue, as a fertilizer of agriculture? People seemed to have empirically sensed that human waste was a source of energy that can be recycled to enhance the life of animals and plants. It had long been observed that dogs and pigs eat human manure, and seeds found in those feces grew better than those without such fertilization.[01] This became the stimulus to utilize human feces as the fertilizer of the land. Besides, "Shenshi" (「審時」) in *Lushichunqiu* (『呂氏春秋』) insisted that agriculture is the industry based on the harmony of heaven, earth, and man (天地人), observing that the land

---

01   Recently a Japanese scientist named Mitsuyuki Ikeda credited Turd Burger for utilizing the protein energy source from human feces.

in which seeds are sowed produces plants blessed by Heaven. Thus the human returns everything to the land in an eternal cycle. In the circular thought of Yin-yang(陰陽) and of Qi(氣) after the pre-Qin period, the qi(糞氣) of feces and urine material affects the Earth's Qi(地氣) and the Balance of Yin and Yang. Naturally, Human feces were also used as fertilizers for soils.

Fertilizer began to be utilized in agriculture since the Shangzhou (商周) period, which culminated during the warring states period. However, the meaning of 'fen (糞)' as used during this period included various meanings such as 'sweep out(掃除)', 'dirty', etc., besides the meaning of mere fertilizer. Accordingly, it is difficult to comprehend the actual state of fertilization. When we come to the South Song Chunfunongshu (『陳旉農書』) going through the Qimimyaoshu (『齊民要術』) stage, a change appeared in the method of fertilizing. Above all, livestock feces had been applied as fertilizer mainly in the type of Fenjong (糞種), Qutianfa (區田法). However during the 『Qimimyaoshu』 period, there was a gradual shift by fertilizing the whole land utilizing compost. The characteristic of Song Dynasty (宋代) fertilizer production methods (製糞法) was to decompose the fertilizer in the barn or the fertilizer pit. The fact that each house had a large pile of cow manure during the South Song Dynasty implies that the value and usefulness of cow manure as a fertilizer expanded along with expansion of production of the winter relief crop.

Nevertheless supplementary fertilizer (追肥) began to appear in Fanshengzhishu (『氾勝之書』), although it was limited to fruits and vegetables in the Qimimyaoshu stage, and was not utilized for grains. Meanwhile, supplementary fertilizer was widely utilized for the woods in the Sishizuanyao stage. However in the Chunfunongshu stage, it was naturally extended to barley (麥) and rice. Supplementary fertilizer was used mainly to preserve healthy crops. Accordingly, it was frequently utilized in the form of fertilizer for fast absorption. In this regard, supplementary fertilizer generalized in the *Chunfunongshu* period when feces and urine was produced in quantity.

A psychological change of perception of fertilizer in the Song Dynasty took place when fertilizer started to be perceived as medicinal (藥) to enhance the fertility of soil. Hence dung was prescribed as a kind of medicine (糞藥) and in time could support a large population by raising the productiveness of soil. Furthermore, the repugnant smell was greatly decreased by drying feces and urine along roadsides. Fertilizer in the Jiangnan (江南) region during the Ming Qing Dynasty was based on Song Dynasty practices, while the fertilizer of Song Dynasty was closely related to the dry-field farming of the Huabei (華北) region.

Manure business. In the *Chunfunongshu* period, fertilization with Human manure was used along with dung fertilizer of livestock. In *Chunfunongshu*, additional manure barns were built beside residences to protect from the wind and rain, or leaking on the side of a building wall. Decomposition was achieved by fermenting the compost with feces and urine that were poured over it. In *Wangzhennongshu* (「王禎農書」), it was noted that "Farm houses in the south always made a dung pit (糞窖) with bricks on the head land (田頭), where they decomposed feces and urine to fertilize the land by spreading it over the farmland. The northern region also imitated this and gained 10 times the profit."[02] On the tombstone of South Song Dynasty's "Documents to encourage agriculture" (「勸農文」) it was recommended that the rice paddy be fermented by collecting male and female's feces in a toilet shed when building private houses. Also, it instructed that "When village people change their habit and fertilize the land with feces and urine collected in the toilet shed, production of 2-3 dan (石) per 1 mu (畝) could increase," emphasizing the beneficial connection between the construction of a toilet shed building with improvement in a home economy.

---

02 "Fenrangpian" (「糞壤篇」) in *Wangzhennongshu*.

Manure could be directly spread over the crop or used after it was decomposed by microorganisms added to the wastes. As the fertilizer raised the fertility of soil and increased crop production, the maxim "treasure feces as the gold" was coined. Such recognition became a spur to recycle various wastes and manure as agricultural resources without wasting them. The practice also inspired the adage: "It is better to increase crop by fertilizing the soil rather than increasing the area by purchasing the land."[03]

During that time, manure was perceived as the medicine of the land just as medicine was used to improve the health of the human body; hence fertilizer was sometimes referred to as "dung medicine" (糞藥). In such a view, dung manure was considered to be the best medicine to improve the health and fertility of the soil. As a result, it was thought that soil would recover quickly when the nutrients of dung fertilizer were applied to the land.

The state of manure commerce in the 17th century was well described in the story *Becoming rich by digging the toilet shed* (「掘新坑慳鬼成財主」), compiled in the Qing Dynasty (清代) by Xuzhen (徐震), etc. The story concerns the collection and sale of feces and urine by building a toilet shed in Zhejiangsheng (浙江省) Yixiangcun (義鄉村) when the leading character of the novel Mutaigong (穆太公) was inspired by seeing the public toilet of that city while also noting with chagrin how the village people wasted their precious treasure. Mutaigong operated his business by rising at 4 in the morning and attracted guests by providing toilet paper (草紙) for free. Then at night, he closed the door of the toilet. When selling the collected feces, he requested a silver coin of one qian (錢) per 1 dan (担).[04] When

---

03 "Fenrangpian" (「糞壤篇」) in *Wangzhennongshu* (「王禎農書」).

04 「*Becoming rich by digging the toilet shed* (掘新坑慳鬼成財主)」 "每擔是價銀一錢，更有挑柴運米，擔油來兌換的." According to professor Zhang Ri (張麗)of Beihang (Beijing 航空航天) University, silver (銀) was measured according to the weight of yinzi (银子), wherein 10 qian(錢) = 1 liang(兩) = 31.25g (10 qian = one tael), 16 liang(兩) = 1 jin(斤) = 500g. In the case

they had no cash, he allowed customers to exchange firewood, rice, and oil for manure. In *Shenshinongshu* (『沈氏農書』), of the same period, there was a scene where a visitor to Hangzhou (杭州) purchased human manure from the boat that carried feces. It seems that the manure might have been utilized for the mulberry field, vegetable field, and rice paddy considering the cultivation practice of the relevant region.

Nevertheless the use of purchased human manure varied. In a Huizhu (徽州) document (文書) of the same period, vegetables or radishes were paid for by feces and urine, and in the 38th year of rule of Qinnlong(乾隆), a toilet shed tax (厠所租) was paid annually. Nevertheless business methods were different during the Japanese Edo (江戶) period, and the activity of merchants then cannot be determined with certainty. But there's a possibility that brokers were involved in the manure business during the Qing Dynasty, where demand for manure was huge. The success some merchants attained in the manure business could be seen in the example of a collector of South Song's Linan (臨安) in *Menglianglu* (『夢粱錄』),[05] as well as the case of a manure merchant of Joseon in the 18th century, Eom, Emhengsoo (嚴行首), who acquired wealth by providing fertilizer to the vegetable growers in the suburbs of Seoul. To summarize, all East Asian countries perceived feces and urine as the most important fertilizer; it proved to be the foundation of improved productivity of crops throughout Asia.

Appearance of Fendan (糞丹) and Socio-Economic Changes. In the *Zhibebtigang* (『知本提綱』) of early the Qing period and the 19th century Japanese *Peiyangmilu* (『培養秘錄』) and *Nongjiafeipeilun* (『農稼肥培論』), human feces were considered as the best fertilizer.[06] However, the problem was it

---

of coins, it might be a pack.

05 Wuzimu (吳自牧), "Zusezahuo" (『諸色雜貨』) in *Menglianglu* (『夢粱錄』)』.

06 "Xiuyezhang" (『修業章』)·"Nongzegengjiayitiao" (『農則耕稼一條』) in *Zhibebtigang* (『知本提綱』)；Ookura Nagatzune(大藏永常), "Human manure" (『人屎』) in *Nongjiafeipeilun* (『農稼肥培論』) volume 1 (上)；Satou Nobuhiro(佐藤信淵), *Peiyangmilu* (『培養秘錄』) volume 2 in

took great amounts of time and effort to save, treat and spread it based on traditions of rotational farming. Accordingly, labor costs were high. Particularly during the Ming Qing Dynasty, as production increased, hired hands tried to evade hard work while still demanding increases in wages. Even in the late Ming and early Qing dynasties, demand for laborers increased as regular workers engaged in a slowdown (怠業). In this situation, highly enriched synthesis fertilizer called Fendan (糞丹) was developed.

When Fendan was applied as fertilizer to Mudang 5 dou (斗) during the Ming Dynasty, it proved highly efficacious, as the seed, "well stood the drought with insecticidal effect, doubling productivity." Not only was Fendan simpler to deliver and store, it was also highly productive and could kill weeds and insects, long-held wish of the intellectuals who were interested in agriculture during that period. The representative fertilizers that received attention along with Fendan were oil cakes (餅肥類) such as soybean oil-cake(豆餅).

According to *Qimimyaoshu*, the quantity of fertilizer per 1 mu was 5 wagons. Furthermore, it's said that much labor was utilized during the Ming Qing Dynasty to fertilize rice paddies and mulberry fields with the rate of 50-60t per 0.4ha by drying the mud under the sunlight, after dredging the mud from the river.[07] However, the effectiveness of Fendan, manufactured by Xuguangqi (徐光啟), was equal to 10 dan (石) of feces per 1 dou (斗) of Fendan. That was an astounding decrease by a factor of 100 compared to the existing manure quantity. When using such synthesized fertilizers, despite the complex manufacturing process at a somewhat higher cost, it could save manpower and time. Accordingly, the free time (遊休) that was opened up in the process of production or the reduction in labor could be

---

Japanese Agricultural Book Collection (『日本農書全集』) Volume 69.

[07] L. E. Eastman, *Constancy and Change in China's Social and Economic History, 1550-1949*, Oxford University Press, 1988.

utilized for commercial crops or as city labor. However, there were other costs to modernization due to complex manufacturing method and other vexations.

Modernization in the transformation of feces and urine. Around the late 18th century, as urbanization progressed, manure waste became a bigger and bigger problem, most notably in the growing number of large cities. Little thought was given during this period of modernization with infrastructures for the treatment of sewage. This was true across Asia in all the cities of Korea and Japan. Wrote one Western observer of the time (Mrs. Bishop), "I thought Seoul was the dirtiest city in the world before I saw Beijing." The streets of Seoul and Beijing and their rivers in the western eye (and nose!) were considered rancid and filthy due to the quantities of feces and urine wastes. As modernization progressed, such unsanitary and unclean conditions began primary targets for improvement in the urban environment. An ironic consequence of this was that farm villages were gradually perceived as backward and stagnant in comparison to the modernizing cities, as they continued to utilize the recycling of human waste for their agricultural needs. What was once a wise and ecologically sound practice of recycling became a symbol of backwardness in modern eyes, and there were soon concerted attempts to abolish the practice under the name of cleanliness and public hygiene. By the time flush toilets began to be introduced, the change was complete; what was once seen as a precious resource for recycling now became a disgusting waste to be flushed away. Eventually, the modern "model" of the city became imposed on the farm villages.

Of course, modernization had its benefits. For example, in 1897, substantial improvements in infrastructure could be observed: roads began to be widened and paved, while gullets along roads and brooks were dug. As private houses changed to tiled-roofed houses, sanitary matters were improved further. However, the production of organic agricultural products

576

and sustainable ecological agriculture gradually faded. Due to the increased use of agricultural pesticides and chemical fertilizers, various natural ecosystems were contaminated. Most recently, the effects of these pesticides and man-made chemicals have been shown to have negative effects in human genes, leading to alterations in growth, disruptions in the onset of puberty, and other pernicious changes in the human organism, threatening our overall health and life. The toilet shed, which had been a resource collecting natural resources for recycling, became instead a space for disposing of them. And the result as we know has been the contamination of our rivers, lakes and seas into which the waste flows.

We now can see the baleful consequences of modernization when it comes to human waste. Today we are recognizing the important of recycling products that we consume. But human manure has usually not been considered in this regard. Perhaps the ancient agricultural practices of the past have a lesson to teach us. Perceiving the process of defication and urination as natural and not something shameful is the first step. Recently, it's encouraging to hear news that a flush toilet is being developed that will reprocess feces and urine. This is an important step in recognizing that the recycling of feces and urine is an essential way to preserve human life and maintain a sustainable environment. It is a lesson that was taught to us thousands of years ago by our ancestors in Asia who toiled in the fields and farms. Thus a new model for economic development in harmony with the environment is urgently demanded.

摘要

东亚粪尿施肥的变迁史

研究粪尿的背景 肥料是为土壤提供地力，提高农业生产力的最重要因素。东亚传统农业中最具特征性的肥料是粪尿，本文将通过对粪尿的使用和普及以及变迁过程进行研究，从而探讨社会经济变化和文明的形成。从古代以来，粪尿作为农业资源被加以活用，从而养育了众多人口，它是东亚人民的创造性智慧。后世，在农药和化学物品代替粪尿的同时，也对农业生态界造成了破坏，并且危害到了人类生命。本文将对此过程进行研究。

以前的粪尿相关研究中，是将它作为各种肥料中的一种来进行研究或者从人类学的观点来进行研究，但是从历史的角度来对粪尿进行研究，在中国和日本的历史学界都无从查找。民间的厕间从何时被建立，存储的粪尿从何时开始被使用，具有这样智慧的社会经济背景是什么，粪尿的价值和效用性是什么，诸如此类的研究寥若晨星。

本文中以人粪为研究主体，在研究过程中很大程度的受到西洋学者们的理解启发。20世纪西欧某些研究者们最先发现亚洲人把粪尿作为资源进行利用的智慧，并且得知了这些家庭中已经将人粪作为资源加以活用的信息。当时亚洲人反而逐渐放弃了使用人粪施肥的自然亲和型生态农业。东亚人自己发现的创造性智慧已经废弃，西方人反而在东亚的传统中找到新的价值并应用在生活中。据此带着自愧感，开始了关于人粪尿的真相研究。

本文为了解粪尿首先对粪的历史意义并且以储藏人粪的厕间设施的变迁以及使用情况为中心进行研究。有趣的是『齐民要术』出版以前的阶段，粪大多数指的是家畜的粪便。汉代画像石中经常登场的厕间形态图是建在猪圈的上方。另外利用牛粪的畜肥制作法[踏粪法]在『齐民要术』中也有具体的谈及。这说明至少在唐代以前家畜的粪尿就被积极地用于施肥。文献记载人粪尿被当做肥料使用，可以从西汉末的『氾胜之书』，以及唐末的『四时纂要』中得知。尤其是随着经济中心向江南转移，农业环境发生变化的南宋时代，粪尿施肥得到推广。

南宋时期，南方地区家里家外都有储藏粪便的粪屋，这样一来，人粪便作为粪药，成为地力恢复的处方，它被认同为是和黄金一样的存在。由此厕间的规模得到扩大，构造也发生了变化。明清时代江南的农业技术向周围扩散，根据地域的不同进行条件适合的多样化施肥，提高土地的生产力。特别是明朝中期以后，根据商品作物的生产和社会经济的变化逐渐深化，雇佣劳动变得困难，获取简便并且可以节约劳力和时间的复合肥料粪丹和金肥豆粕等肥料登场。

人粪作为肥料也存在不小的问题。因为粪毒以及居住卫生以及寄生虫感染细菌和恶臭让人难以接近，而且在近代化过程中，人们将人粪作为疾病和卫生问题的温床，所以人粪施肥的现象发生变革也是不可避免的。因为卫生和清洁的问题导致数千年来东亚人的智慧消失不见。

人粪利用的实态，朝鲜和日本江户时代都有很好的展现。并且在粪尿扩散的过程中出现的厕间构造的变化以及厕神的登场，水田农业普及和櫃的使用的假说在民俗学的观点中有过探讨。

粪尿肥料的传播　东亚人为何要使用臭不可闻令人嫌恶的粪尿作为农业施肥的资源呢？人们通过观察狗和猪吃人粪；人粪中的种子比起其他地方长得更好，由此得知人粪中具有延长动植物生命的物质。[01] 这正是人粪为何被作为土地肥料的原因。除此之外『吕氏春秋』「审时」篇有提到农业中强调天地人的造化。人类在土地上辛勤的付出才使得植物发芽，庄稼，种它的是人，生它的是地，养它的是天。为了提高土地产量人们努力创造了肥料，并使用人类粪尿进行施肥。先秦时代以来阴阳和气的

01　最近日本科学家 Mitsuyuki Ikeda利用人粪便中的蛋白质能源制作成了汉堡包[Turd Burger].

循环原理中，所有废弃物质以至于粪尿也影响着地气的运行和阴阳的均衡，正因如此，后来人粪也自然而然的被使用于土壤的肥料。

农业肥料从商周时代起被使用，在春秋战国时代则更具体。但是在当时"粪"的含义不仅仅是单纯的肥料，还有'扫除'，'肮脏'等多种含义，所以施肥实态很难把握。经过『齐民要术』阶段的南宋『陈旉农书』中出现了施肥方法的变化。首先以家畜粪为主，将粪种以区田法的形态进行播种或者对种子直接施肥，『齐民要术』时代逐渐使用堆肥，对土地进行全面的施肥。宋代制粪法的特征是在草堆或者肥堆中腐熟制作。南宋时代每家每户将牛粪堆积成小山包进行储存，使得越冬作物的栽培规模扩大，牛粪作为肥料的价值和效用性得以增大。

虽然追肥一词在『氾胜之书』中最先登场，但在『齐民要术』阶段，提到它对瓜果蔬菜有一定的局限性，对于谷类也并不常施用。在『四时纂要』阶段追肥甚至连树木都广泛施用，到『陈旉农书』阶段，扩大到麦和稻谷类也开始进行追肥。追肥以保障作物持续健康生长为目的，施用吸收力更好的肥水的情况更多。从这个观点来看粪尿大量生产的『陈旉农书』时代，追肥普遍可见。

宋代以后对肥料的认识发生变化，肥料被认为是恢复土壤地力的药。粪药被当做及时的处方在土地休种期提升土壤肥力，以养活更多人口。况且改善了恶臭的粪尿被随意的丢弃在居住地周围的风气。明清时代江南地区的肥料以宋代为基础，宋代的肥料与华北地区农事有着紧密的联系。

粪尿买卖　在『陈旉农书』中，使用家畜的粪尿比人粪施肥有更加具体的描写。『陈旉农书』中居住地周围另外建造了粪屋，防止被风吹雨淋，避免了在围墙周围随意堆放，使其与其他垃圾混合发酵。『王祯农书』中有写到"在南方农家田头经常建造粪窖，土壤与粪尿混合后变得更加肥沃。北方也模仿这种模式从而获取十倍的收获。"[02] 南宋『劝农书』的碑石上有记载男女的粪便被收集用在田地上，为方便收集，房屋在建筑初期会先规划厕间的位置。另外"村民们改变了已有的习惯，将厕间储存的粪尿在土地上进行施肥的话，每亩可以增产2-3石。"强调了厕间建造的必要性与家庭经济的发展有着直接的关系。

---

02 『王祯農書』「糞壤篇」。

粪尿被直接在作物上进行施肥或者与各种物质混合之后产生微生物后进行施用。肥料在土壤里分解后，地力提升从而增加产量。"粪像黄金一样被珍惜"被人们普遍认知。有了这种认识之后，各种废水以及排泄物不再被废弃，而是作为农业资源活用在农业生产中。这种智慧正是"比起增加耕地面积，提升土地肥力提高生产量更为重要"。[03]

当时肥料被称作粪药就好比根据人类的身体状态不同，使用的药也不一样。肥料被视为土地的补药。大概正是这样的认知，产生了粪尿是土地地力增长最好的名药的观念。结果，产生了肥料不是对土地的消耗，而是在休种期恢复地力，提高肥力的论理。

17世纪粪尿买卖的实况在清代徐震等编纂的小说『掘新坑悭鬼成财主』中有很好的描写。这部小说的主人公穆太公看到了城市的公共厕所中珍贵的排泄物还在被随意丢弃处理，便回到家乡浙江省义乡村建起厕间开始了买卖粪尿的生意。穆太公每天早晨4点钟起床开始营业，并且免费为客人们提供草纸，一直到晚上才关门。收集的粪便以每担一银钱的价格出售。[04]没有现金的情况下则可以用劈柴，米，油等物品交换。在相同时期的『沈氏农书』中也有描写粪船前往杭州购买粪便的场面。买入的粪便虽然没有说明具体的用途，但根据相关地区耕作条件可以知道，这些粪便通常被用于桑树园和菜园的施肥。相同时期的徽州文书，使用粪尿的代价是用蔬菜或者木材换取。乾隆38年开始征收全年厕所税。虽然与江户时代日本的商业买卖方式不同，并没有明确的商人活动，但是也不排除清代粪尿业中介商人介入的存在。虽然无从得知穆太公的所有财产是否全部通过粪尿买卖获取，但是通过这个买卖，他成为村里最富有的财主。由此可知清代初期粪尿买卖的收入不可小觑。早在『梦梁录』中就有描写南宋临安收粪人的场面。[05]18世纪朝鲜粪尿商人严行首为首尔近郊的菜园提供肥料从而赚取钱财。通过这些事实表明粪尿是农业生产中最重要的肥

---

03 『王禎農書』「糞壤篇」。

04 『掘新坑悭鬼成財主』"每擔是價銀一錢，更有挑柴，運米，擔油來兌換的。"根据北京航空航天大学的张丽教授的研究，当时银是以银子的重量进行计量的，10钱=1两=31.25克，16两=1斤=500克。换成铜钱的话是1贯铜钱。

05 吴自牧，『夢梁錄』「諸色雜貨」。

料, 也是东亚生产力提升的基础, 是整个东亚的共同特征。

粪丹的出现和社会经济性的变化 实际上在清初的『知本提纲』和19世纪日本的『培养秘录』以及『农稼肥培论』中可以认识到人类的粪便是最好的肥料。[06] 立足于传统循环农业的肥料单单保管和收集就很困难了, 施肥时更是需要大量的时间和付出以及劳力。因为这些问题, 农民的雇佣费用不是小数。特别是明清时代商品生产的增加, 雇佣劳动者的雇佣费用也随之上涨, 出现了逃避重累劳动的现象。尤其是明末清初时劳动者的要求条件增多, 怠业的情况肆行, 导致人粪施肥变得越来越困难。在这种情况下出现了像粪丹这种高浓缩融合肥料。

明代发明的粪丹与种子一起, 以每亩五斗进行施肥的话"不仅可以抵御干旱而且具有杀虫效果, 可以提高两倍产量。"从这个角度可以清楚的看出粪丹与明代之前肥料的区别。粪丹的运输和保管方法简单, 少量的施肥就可以获得高收获。并且当时的农业学者希望发明兼具除草和杀虫效果的粪丹。与粪丹一起被关注的代表肥料还有豆饼等饼类肥。

『齐民要术』中提到每亩需要5车的堆肥。明清时期动员大量的劳动力在江河中打捞泥土摊在田间和桑树下, 以0.4ha对50-60t的比例进行施肥。[07] 徐光启制造的粪丹1斗相当于10石粪便的施肥效果。相当于之前基本施肥量的百分之一。粪丹这样的复合肥料使用情况, 虽然需要更多的制作费用与复杂的制作程序, 但是减少了中间过程中的人力, 时间的浪费。并且可以将在生产过程中发生的游休时间和剩余劳动力投入于商业作物生产或者都市劳动中。但是粪丹制作方式复杂, 难以大范围普及, 反映了近代化的特点。

近代化和粪尿的变容 18世纪以后都市化进程中粪尿排出物成为了不小的问题。另一方面, 农村肥料不足的情况依然存在。城市和农村之间存在着粪尿处理的不均衡现象。尤其是道路和下水道这种城市基础设施在近代化进程中毫无规划的被建设, 导致粪尿的处理变得更加困难。这种情况在韩国和日本的城市中也是普遍

---

06 『知本提纲』「修业章·农则耕稼一条」; 大藏永常, 『农稼肥培论』上卷「人屎」; 佐藤信渊, 『培养秘录』卷2『日本农书全集』第69卷.

07 L. E. Eastman, *Constancy and Change in China's Social and Economic History, 1550-1949*, Oxford University Press, 1988.

存在的。伊莎贝拉·露西·伯德·毕晓普女士曾经说过"在我去北京之前我曾经以为首尔是世界上最脏的城市。"在西方人看来首尔和北京的道路和河流充斥着垃圾和粪便。在近代化的进程中清洁卫生是必须先解决的问题。农村作为城市化进程中具有相对后进,停滞,不合理性的认知,粪便也自然地沦为被嫌恶的对象。结果,曾经作为有机肥料并且提高土地产量的粪尿,这个古代人民了不起的智慧发明,在清洁和卫生的名义下开始被农民所抛弃。再加上水洗式厕所构造的变化,粪尿不得不从资源变为废弃物。城市的构造改变也作为农村改造的模板加以实施。

当然更多人对此变化是持肯定态度的。以1897年朝鲜的情况为例,道路逐渐变宽,道路周边和溪流被整理,破旧的民居变为瓦房,道路也被整理,卫生问题得到很大的改善。但是有机农产物的生产和可持续性生态农业渐渐衰退。农药和化学肥料的使用导致各种自然生态环境遭到污染,最近转基因和生长促进剂的使用则更削弱了人类体质,引发性早熟等人类体质的根本性变化,以至健康和生命受到威胁。用于资源收集的厕间也因构造的改变其根本性质变为了单纯解决生理问题的场所。水洗式便所虽然有过滤的过程,但是相当一部分的下水道连接江,海,是造成水质污染的元凶。

因此在近代化发展的进程中,我们应该充分利用当今先进的科学手段来解决粪尿的处理和厕所卫生的问题。每个人每天都要进行排泄。这些排泄物是作为资源进行活用,还是作为废弃物,这是关乎人类未来发展的事情。最近得知通过水洗式便器改造可以防止水资源的浪费,并且粪尿再生技术的开发也在积极进行中,这是相当鼓舞人心的消息。事实上,粪尿的农业资源化再利用不仅仅需要单纯的从经济,传统的价值角度看待,这关系到人类生命以及环境可持续发展。希望通过人与环境的和谐相处,创造新的经济发展模式。这需要得到更广泛的关注。

참고문헌

1. 사료, 자료집

1) 국내

『고려사(高麗史)』, 『광해실록(光海實錄)』, 『단종실록(端宗實錄)』, 『비변사등록(備邊司謄錄)』, 『삼국사기(三國史記)』, 『선조실록(宣祖實錄)』, 『성종실록(成宗實錄)』, 『세조실록(世祖實錄)』, 『숙종실록(肅宗實錄)』, 『연산실록(燕山實錄)』, 『영조실록(英祖實錄)』, 『위빈명농기(渭濱明農記)』, 『잠곡유고(潛谷遺稿)』, 『중종실록(中宗實錄)』, 『증보문헌비고(增補文獻備考)』, 『진북학의(進北學議)』, 『천일록(千一錄)』, 『태조실록(太祖實錄)』, 『태종실록(太宗實錄)』, 『한정록(閑情錄)』.

『과농소초(課農小抄)』, 『농가월령(農家月令)』, 『농가집성(農家集成)』, 『농사직설(農事直說)』, 『농서집요(農書輯要)』, 『농정신편(農政新編)』, 『색경(穡經)』, 『양화소록(養花小錄)』, 『임원경제지(林園經濟志)』, 『증보산림경제(增補山林經濟)』, 『행포지(杏蒲志)』.

2) 중국

『강남최경과도편(江南催耕課稻編)』, 『강남통지(江南通志)』, 『고금도서집성(古今圖書集成)』, 『관자(管子)』, 『광동신어(廣東新語)』, 『광동현지(廣東縣志)』, 『검남식략(黔南識略)』, 『검양현지(黔陽縣志)』, 『계양직예주지(桂陽直隷州志)』, 『교가서(教稼書)』, 『구오대사(舊五代史)』, 『구용현지(句容縣志)』, 『국맥민천(國脈民天)』, 『국어(國語)』, 『군경보의오(群經補義五)』, 『군방보(群芳譜)』, 『굴신갱간귀성재주(掘新坑慳鬼成財主)』, 『귀주통지(貴州通志)』, 『근문양공주소(靳文襄公奏疏)』, 『금저전습록(金藷傳習錄)』, 『급취편(急就篇)』, 『기원집(杞園集)』, 『남송군현소집(南宋群賢小集)』, 『낭잠기문(郎潛紀聞)』, 『노자(老子)』, 『논어(論語)』, 『논형(論衡)』, 『남사(南史)』, 『단종실록(端宗實錄)』, 『당률소의(唐律疏議)』, 『덕양현신지(德陽縣新志)』, 『덕청현지(德清縣志)』, 『동경몽화록(東京夢華錄)』, 『류산잉고(鑢山剩稿)』, 『류양현지(瀏陽縣志)』, 『맹자(孟子)』, 『명수집(洛水集)』, 『명종실록(明宗實錄)』, 『몽량록(夢梁錄)』, 『몽계필담(夢溪筆談)』, 『무군농산고략(撫郡農産考略)』, 『묵자(墨子)』, 『묵자한고(墨子閑詁)』, 『문속록(問俗錄)』, 『무군농산고략(撫郡農産考略)』,

『문선(文選)』, 『물류상감지(物類相感志)』, 『민부소(閩部疏)』, 『민서(閩書)』, 『백월풍토기(百粤風土記)』, 『북사(北史)』, 『보임소경서(報任少卿書)』, 『봉화현지(奉化縣志)』, 『배원당우존고(培遠堂偶存稿)』, 『비농최요(裨農最要)』, 『비목어(比目魚)』, 『사기(史記)』, 『사우재총설(四友齋叢說)』, 『산해관각정편람(山海關権政便覧)』, 『삼국지(三國志)』, 『상담현지(湘潭縣志)』, 『상해현속지(上海縣續志)』, 『석명(釋名)』, 『세설신어(世說新語)』, 『소방호재여지총초(小方壺齋輿地叢鈔)』, 『송강부속지(松江府續志)』, 『사천통지(四川通志)』, 『산양풍속물산지(山陽風俗物産志)』, 『송서(宋書)』, 『송회요(宋會要)』, 『숙원잡기(菽園雜記)』, 『순자(荀子)』, 『서주부지(瑞州府志)』, 『서광계수적(徐光啓手跡)』, 『서광계전집(徐光啓全集)』, 『수서(隋書)』, 『수제직지(修齊直指)』, 『수호지진간일서(睡虎地秦簡日書)』, 『숙원잡기(菽園雜記)』, 『순자(荀子)』, 『시경(詩經)』, 『안오사종(安吳四種)』, 『양원선생전집(楊園先生全集)』, 『양서(梁書)』, 『여씨춘추(呂氏春秋)』, 『영능현지(零陵縣志)』, 『영덕현지(寧德縣志)』, 『영수청지(永綏廳志)』, 『예기(禮記)』, 『오강현지(吳江縣志)』, 『오성구혁도설(五省溝洫圖說)』, 『오정현지(烏程縣志)』, 『오월춘추(吳越春秋)』, 『오잡조(五雜組)』, 『오현지(吳縣志)』, 『오흥장고집(吳興掌故集)』, 『오흥현지(吳興縣志)』, 『옥편(玉篇)』, 『운몽수호지진간(雲夢睡虎地秦簡)』, 『왕선산유서(王船山遺書)』, 『용남현지(龍南縣志)』, 『원강현지(沅江縣志)』, 『원사(元史)』, 『원주부지(沅州府志)』, 『위서(魏書)』, 『욱리자(郁離子)』, 『자치통감(資治通鑑)』, 『유풍광의(幽風廣義)』, 『이견삼지(夷堅三志)』, 『익문록(益聞錄)』, 『예기(禮記)』, 『일지록(日知錄)』, 『자야(子夜)』, 『장원선생전집(張園先生全集)』, 『장자(莊子)』, 『장흥현지(長興縣志)』, 『저구경(杵臼經)』, 『전국책(戰國策)』, 『정돈농무유(整頓農務論)』, 『조야첨재(朝野僉載)』, 『좌전(左傳)』, 『주례(周禮)』, 『주문공문집(朱文公文集)』, 『중국농학유산선집도(中國農學遺産選集稻)』, 『중간잠상도설합편(重刊蠶桑圖說合編)』, 『증왕시어계사십운(贈王侍御契四十韻)』, 『지나성별전지(支那省別全誌)』, 『지본제강(知本提綱)』, 『지재집(止齋集)』, 『진서(晉書)』, 『진엄집(晉菴集)』, 『진웅주지(鎮雄州志)』, 『집설전진(集說詮眞)』, 『차향실독초(茶香室讀鈔)』, 『천수방마탄진간갑종(天水放馬灘秦簡甲種)』, 『청사고(清史稿)』, 『청선종실록(清宣宗實錄)』, 『평망속지(平望續志)』, 『팽현지(彭縣志)』, 『풍토기(風俗通)』, 『한비자(韓非子)』, 『한서(漢書)』, 『해염현지(海鹽縣志)』, 『형양부지(衡陽府志)』, 『형주부지(荊州府志)』, 『호주부지(湖州府志)』, 『후한서(後漢書)』, 『황매현지(黃梅縣志)』, 『황조경세문편(皇朝經世文編)』, 『황제서(皇帝書)』, 『회남자(淮南子)』, 『회녕현지(懷寧縣志)』, 『흠주지(欽州志)』.

『권농시(勸農詩)』, 『농가술점경험요결(農家述占經驗要訣)』, 『농상의식촬요(農桑衣食撮要)』, 『농상집요(農桑輯要)』, 『농서초고(農書草稿)』, 『농설(農說)』, 『농잠경(農蠶經)』, 『농정전서(農政全書)』, 『범승지서(氾勝之書)』, 『보농서(補農書)』, 『보농서교석(補農書校釋)』, 『보지권농서(寶坻勸

農書)』,『사시찬요(四時纂要)』,『산거요술(山居要術)』,『삼농기(三農紀)』,『수시통고(授時通考)』, 『심씨농서(沈氏農書)』,『왕정농서(王禎農書)』,『제민사술(齊民四術)』,『제민요술(齊民要術)』,『진 부농서(陳旉農書)』,『천공개물(天工開物)』,『편민도찬(便民圖纂)』. 『한어대사전(漢語大詞典)』.

3) 일 본

『경가춘추(耕稼春秋)』,『경작대요(耕作大要)』,『농가비배론(農稼肥培論)』,『농업자득(農業自得)』, 『농업전서(農業全集)』,『배양비록(培養秘錄)』,『백성전기(百姓傳記)』,『청량기(清良記)』,『회진농 서(會津農書)』.

2. 연구서

1) 국 문

국립문화재연구소,『한국의 가정신앙』2005-2008년 발행.

국립부여문화재연구소,『왕궁리 발굴중간보고Ⅴ』, 2006.

김명자 외,『한국의 가정신앙(상)』, 민속원, 2005.

김광언,『동아시아의 뒷간』, 民俗苑, 2002.

김영자 편,『100년전 유럽인이 유럽에 전한 조선왕국 이야기』, 서문당, 1997.

김형대(金瑩大) 역,『역주 병자일기(譯註 丙子日記)』, 예전사, 1991.

남미혜(南美惠),『조선시대양잠업연구』, 지식산업사, 2009.

농업계전문대학교재편찬위원회(農業系專門大學敎材編纂委員會),『비료학(肥料學)』, 學文社,
    1986.

류순호,『토양사전』, 서울대학교출판부, 2001.

박지원,『그렇다면 도로 눈을 감고 가시오』, 학고재, 1977.

박제가(안대회 역주),『북학의(北學議)』, 돌베개, 2013.

신규환,『북경 똥장수』, 푸른역사, 2014.

신동원,『한국근대보건의료사』, 한울아카데미, 1997.

염정섭,『조선시대농법발달연구』, 태학사, 2002.

유인선 외,『사료로 보는 아시아사』, 위더스북, 2014.

유진(柳袗), 『위빈명농기(渭濱明農記)』, 농촌진흥청, 2004.

윤창주, 『화학용어사전』, 일진사, 2011.

이근명, 『남송시대 복건 사회의 변화와 식량 수급』, 신서원, 2013.

이창희 · 최순권 역주, 『조선대세시기』 I, 국립민속박물관, 2003.

임선욱(林善旭), 『비료학(肥料學)』, 日新社, 2006.

전경수, 『똥이 자원이다: 인류학자의 환경론』, 통나무, 1992.

정연식, 『일상으로 본 조선시대 이야기2』, 청년사, 2002.

조경만, 「거름을 통해 본 농민의 생활사」, 『녹색평론』 6, 1992.

조백현(趙伯顯), 『토양비료』, 수도문화사, 1964.

조백현, 『신고 비료학(新稿 肥料學)』, 鄕文社, 1978.

조선전기문집편, 『한국세시풍속자료집성』, 국립민속박물관, 2004.

조성진, 『신제 비료학(新制 肥料學)』, 鄕文社, 1969.

『중국대세시기 II』, 국립민속박물관, 2006.

최덕경, 『중국고대농업사연구(中國古代農業史硏究)』, 백산서당, 1994.

최덕경 역주, 『보농서역주』, 세창출판사, 2013.

현용준(玄容駿), 『제주도무속자료사전(濟州道巫俗資料事典)』, 新丘文化社, 1980.

2) 중문

꿔원타오[郭文韜], 『中國古代的農作制和耕作法』, 農業出版社, 1981.

꿔원타오[郭文韜], 『중국경작제도사연구(中國耕作制度史研究)』, 河海大學出版社, 1994.

동카이천[董愷忱] 등 주편, 『중국과학기술사(中國科學技術史)』(農學卷), 科學出版社, 2000.

량쟈미엔[梁家勉] 주편, 『중국농업과학기술사고(中國農業科學技術史稿)』, 農業出版社, 1989.

류러씨엔[劉樂賢], 『수호지진간일서연구(睡虎地秦簡日書研究)』, 文津出版社, 1994.

류자오민[劉昭民], 『중국역사상기후지변천(中國歷史上氣候之變遷)』, 臺灣商務印書館, 1992.

리건판[李根蟠] 외, 『중국경제사상적천인관계(中國經濟思想的天人關係)』, 農業出版社, 2002.

리보쫑[李伯重], 『중국동북농업사(中國東北農業史)』, 吉林文史出版社, 1995.

리보쫑[李伯重][이화승 역], 『중국경제사연구의 새로운 모색』, 책세상, 2006.

리보쫑[李伯重][王湘雲 譯], 『강남농업적발전(江南農業的發展)(1620-1850)』, 上海古籍出版社, 2007.

리보쫑[李伯重], 「糞土重于萬戶侯: 中國古代糞肥史」, 망이역사(網易歷史), 2009.

리지[李季]·펑성핑[彭生平] 주편, 『퇴비공정실용수책(堆肥工程實用手冊)』(제2판), 化學工業出版社, 2011.

묘치위[繆啓愉], 『진부농서선독(陳旉農書選讀)』, 農業出版社, 1981.

묘치위[繆啓愉] 교석, 『원각농상집요교석(元刻農桑輯要校釋)』, 농업출판사, 1988.

민쭝디엔[閔宗殿], 『중국고대농경사략(中國古代農耕史略)』, 河北科學技術出版社, 1992.

샹빙허[尙秉和], 『역대사회풍속사물고(歷代社會風俗事物考)』, 岳麓書社, 1991.

서광계(徐光啓), 스성한[石聲漢] 교주, 『농정전서교주(農政全書校注)』(中), 臺北: 明文書局印行, 1990.

성청위엔[盛澄淵], 『비료학(肥料学)』, 正中書局, 1956.

쑨지[孫機], 『한대물질자료도설(漢代物質資料圖說)』, 文物出版社, 1991.

쉬샤오왕[徐曉望], 『명청동남산구사회경제전형(明淸東南山區社會經濟轉型)』, 中國文史出版社, 2014.

스성한[石聲漢] 교석(校釋), 『제민요술금석(齊民要術今釋)』(상), 中華書局, 2009.

스땅둥[斯當東]·이에두이[葉篤義] 譯, 『英使謁見乾隆紀實』, 上海書店出版社, 2005.

양보쥔[楊伯峻] 編, 『춘추좌전주(春秋左傳注)』, 中華書局, 1983.

양정타이[楊正泰], 『명대역참고(明代驛站考)』(增訂本), 上海古籍, 2006.

완궈딩[萬國鼎] 집석, 『범승지서집석(氾勝之書輯釋)』, 農業出版社, 1980.

완궈딩[萬國鼎], 『진부농서교주(陳旉農書校注)』, 農業出版社, 1965.

왕정이[王正儀], 『구충병(鉤蟲病)』, 人民衛生出版社, 1956.

왕하이옌[王海燕], 『일본고대사(日本古代史)』, 崑崙出版社, 2012.

요우슈링[游修齡], 『중국도작사(中國稻作史)』, 中國農業出版社, 1995.

우춘하오[吳存浩], 『중국농업사(中國農業史)』, 警官敎育出版社, 1996.

우훼이[吳慧], 『중국역대양식무산연구(中國歷代糧食畝産研究)』, 農業出版社, 1985.

저우광시[周廣西], 『명청시기 중국전통 비료기술연구(明淸時期中國傳統肥料技術硏究)』, 南京農業大學博士學位論文, 2006.

저우리엔춘[周連春], 『설은심종(雪隱尋踪: 廁所的歷史經濟風俗)』, 安徽人民出版社, 2005.

중국농업박물관편(中國農業博物館編), 『한대농업화상전석(漢代農業畫像磚石)』, 中國農業出版社, 1996.

중국농업과학원(中國農業科學院)편, 『중국농학사(中國農學史)』하(下), 科學出版社, 1948.

중국농업과학원(中國農業科學院), 『태호지구농업사고(太湖地區農業史稿)』, 農業出版社, 1990.

중국화상석전집편집위원회편(中國畫像石全集編輯委員會編), 『중국화상석전집(中國畫像石全集)』 1, 山東畫像石, 山東美術出版社, 2000.

줘꿰이더[卓貴德], 『소흥농업사(紹興農業史)』, 中華書局, 2004.

증승성[曾雄生], 『중국농업통사(송요하금원권)[中國農業通史(宋遼夏金元卷)]』, 農業出版社, 2014.

지앙춘윈[薑春雲] 주편, 『중국생태연변여치리방략(中國生態演變與治理方略)』, 中國農業出版社, 2005.

쨩요우이[章有義], 「徽州莊僕文約和紀事輯存」 『明淸及近代農業史論集』, 中國農業出版社, 1997.

쨩카이[章楷], 『중국식면간사(中國植棉簡史)』, 中國三淶出版社, 2007.

천슈핑[陳樹平] 주편, 『명청농업사자료[明淸農業史資料(1368-1911)]』 第2冊, 社會科學文獻出版社, 2013.

천헝리[陳恒力] 교석, 『보농서교석(補農書校釋)』 증정본, 農業出版社, 1983.

치우꽝밍[丘光明], 『중국역대도량형고(中國歷代度量衡考)』, 科學出版社, 1992.

치우꽝밍[丘光明] 편저, 『중국역대도량형고(中國歷代度量衡考)』, 科學出版社, 1992.

탄린[譚麟] 역주, 『형초세시기역주(荊楚歲時記譯注)』, 湖北人民出版社, 1999.

탄원시[譚文熙], 『중국물가사(中國物價史)』, 湖北人民出版社, 1994.

탕치위[唐啓宇] 편저, 『중국작물재배사고(中國作物栽培史稿)』, 農業出版社, 1986.

3) 일문

고바야시 시게루[小林茂], 『일본시뇨문제원류고[日本屎尿問題原流考]』, 明石書店, 1983.

고이시카와 젠지[礫川全次] 編著, 『糞尿の民俗學』, 批評社, 1996.

고이즈미 게사카츠[小泉袈裟勝], 『칭(秤)』, 法政大學出版局, 1982.

『고지마 도시오 저작집[古島敏雄著作集]』 제9권, 『근대농학사연구(近代農學史研究)』, 東大出版會, 1983.

구로사키 다다시[黑崎直], 『水洗トイレは古代にもあった』, 吉川弘文館, 2009.

나가타 요시오[永井義男], 『에도의 분뇨학[江戸の糞尿學]』, 作品社, 2016.

나카무라 데쓰[中村哲], 『명치유신의 기초연구[明治維新の基礎研究]』, 未來社, 1968.

니시야마 료헤이[西山良平], 『도시헤이안쿄[都市平安京]』, 京都大學出版會, 2004.

다무라 요시시게[田村吉茂], 『농업자득(農業自得)』, 『일본농서전집』제21권, 農文協, 1997.

데루오카 슈죠[暉峻衆三][전운성 역], 『일본농업 150년사』(1850-2000), 한울아카데미, 2004.

도이 스이야[土居水也], 『청량기(淸良記)』, 『일본농서전집』제10권, 農文協, 1998.

도쿠나가 미쓰도시[德永光俊], 『日本農法史研究』, 農文協, 1997.

리노이에 마사후미[李家正文], 『측고(厠考)』, 六文館, 1932.

리노이에 마사후미[李家正文], 『糞尿と生活文化』, 三報社印刷, 1989.

마에다 마사오[前田正男] 外, 『비료편람[肥料便覽]』, 農文協, 1975.

미야자키 야스사다[宮崎安貞], 『농업전서(農業全集)』, 『일본농서전집』제12권, 農文協, 2001.

미우라 구사아키[三浦茗明], 『조선비료전서[朝鮮肥料全書]』, 日本園藝研究會, 1914.

사세요지 우에몬[佐瀨與次右衞門], 『회진농서(會津農書)』권下, 『일본농서전집(日本農書全集)』
    제19권, 農文協, 2001.

사토 노부히로[佐藤信淵], 『배양비록(培養秘錄)』, 『일본농서전집』제69권, 農文協, 1996.

스도 요시유키[周藤吉之], 『송대경제사연구(宋代經濟史研究)』, 東京大學出版會, 1962.

시부사와 게이조[澁澤敬三] 外, 『新版繪卷物による日本常民生活繪引』(제1-5권), 平凡社,
    1984.

아마노 모토노스케[天野元之助], 『중국농업사연구[中國農業史研究]』, 禦茶の水書房, 1979.

오노 모리오[大野盛雄] 외1 編, 『アジア厠考』, 勁草書房, 1994.

오사와 마사아키[大澤正昭], 『陳旉農書の研究: 12世紀東アジア稻作の到達點』, 農山漁村文
    化協會, 1993.

오쿠라 나가쓰네[大藏永常], 『농가비배론(農稼肥培論)』권上 「총론(惣論)」, 『일본농서전집』第
    69권, 農文協, 1996.

와타베 다케시[渡部武], 『사시찬요역주고(四時纂要譯注稿)』, 安田學園, 1882.

이에나가 사부로[家永三郎] 외 4人[강형중 역], 『新日本史』, 文苑閣, 1993.

이지마 요시하루[飯島吉晴], 『竈神と厠神: 異界と此の世の境』, 講談社, 2007.

이지마 요시하루[飯島吉晴], 『竈神と厠神: 異界と此の世の境』, 講談社, 2010.

中國史研究會 編, 『中國史像の再構成—國家と農民』, 文理閣, 1983.

호리 가즈오[堀和生], 『동아시아자본주의사론(I·II)[東アジア資本主義史論(I·II)]』, ミネヴァ書
    房, 2009.

후지 죠지[藤井讓治] 외(박진한 외 역), 『소군 천황 국민: 에도시대부터 현재까지 일본의 역사』, 서해문집, 2012.

히노 아시헤이[火野葦平], 『분뇨담(糞尿譚)』, 小山書店, 소화(昭和) 13년(1938).

4) 영문

Bishop, Isabella. B. [이인화 역], 『한국과 그 이웃나라들』, 살림, 1994.

Blume, Jacob[박정미 역], 『화장실의 역사(*Von Donnerbalken und Innerer Einrehr*)』, 이룸, 2005.

Bray, F., "*Science and Civilisation in China*," Vol. 6, part II: *Agriculture*, Cambridge Univ. Press, 1986.

Burkman, H. O.[조백현(趙伯顯) 역], 『토양비료학원론(土壤肥料學原論)』, 文敎部, 1962.

Eastman, L. E.[이승휘(李昇輝) 역], 『중국사회의 지속과 변화』, 돌베개, 1999.

Gilmore, G. W.[신복룡 역], 『서울풍물지』, 집문당, 1999.

Hansen, Valerie[신성곤 옮김], 『열린 제국: 중국고대-1600』, 까지, 2005.

Jenkins, J.[이재성 역], 『똥 살리기 땅 살리기』, 녹색평론사, 2005.

King, Franklin Hiram[곽민영 역], 『사천년의 농부(*Farmers of Forty Centuries: Organic Farming in China, Korea, and Japan*)』, 들녘, 2006.

Perkins, D. H.[양필승(梁必承) 역], 『중국경제사(1368-1968)』, 신서원, 1997.

Wagner, Wilhelm[다카야마 요키치[高山洋吉] 譯], 『중국농서(中國農書)』 하(下), 刀江書院, 1972.

3. 연구논문

1) 국문

김상용·김희정, 「한국의 분뇨처리 발전사(2)」, 『대한토목학회지』 제38권 1호, 1990.

김영진·김이교, 「조선시대의 시비기술과 분뇨이용」, 『농업사연구』 7-1, 2008.

김웅기·정문호, 「일부 농촌지역의 기생충난 토양 오염도에 관한 조사연구」, 『한국환경위생학회지』 Vol.10-1, 1984.

김현영, 「古文書를 통해 본 日本의 近世村落: 比較史的 觀點에서」, 『고문서연구(古文書研

究)』12, 1998.

미츠이 아키오[三井晃男],「人糞尿에 對하야」,『실생활(實生活)』4권 8호, 1932.

민성기(閔成基),「朝鮮時代의 施肥技術 硏究」,『부산대인문논총(釜山大人文論叢)』24, 1983.

민경준,「청대 강남사선의 북양무역」,『명청사연구』제17집, 2002.

서울대학교동양사연구실 편,『강좌 중국사Ⅵ』, 知識産業社, 1989.

안득수,「간흡충(肝吸蟲)에 대하여」,『대한내과학회잡지』제21권 6호, 1978.

염정섭,『조선시대농법발달연구』, 태학사, 2002.

오금성,「명말청초의 사회변화」,『강좌 중국사Ⅳ』, 知識産業社, 1989.

이원배,「서울 근교에서 수집된 채소류의 기생충 검출상」,『한국환경위생학회지』Vol.9-2,
        1983.

이태진,「18-19세기 서울의 근대적 도시발달 양상」,『서울학연구』4, 1995.

이헌창,「朝鮮後期社會와 日本近世社會의 商品流通의 比較硏究: 前近代財政과 市場形成
        의 관련성을 중심으로」,『재정정책논집(財政政策論集)』창간호, 한국재정정책학회,
        1999.

장호웅,「한국 통시문화의 지역적 연구」,『대한지리학회지』30-3, 1995.

전용호,「益山 王宮里유적의 화장실에 대한 일고찰」,『백제학보』2권, 2010.

정문식·정문호,「질병전파 방지를 위한 농촌변소 개량에 관한 연구」,『한국환경위생학회
        지』Vol.6-1.

정연학(鄭然鶴),「厠所與民俗」,『민간문화(民間文化)』1997-1.

정진영,「친환경 유기농업 실천의 필연성」,『식품과학과 산업』Vol.39-3, 한국식품과학회,
        2006.

최덕경,「中國의 大豆 加工食品史에 대한 一考察」,『中國史硏究』25, 2003.

최덕경,「戰國·秦漢시대 음식물의 調理와 食生活」,『부산사학(釜山史學)』31, 1996.

최덕경,「中國古代의 物候와 農時豫告」,『중국사연구(中國史硏究)』제18집, 2002.

최덕경,「古代韓國의 旱田 耕作法과 農作制에 대한 一考察」,『한국상고사학보』37, 한국상
        고사학회, 2002.

최덕경,「占候를 通해 본 17·18세기 東아시아의 農業 읽기」,『비교민속학(比較民俗學)』32,
        2006.

최덕경,「온돌의 구조 및 보급과 생활문화에 끼친 영향」,『농업사연구』7-2, 2008.

최덕경, 「전근대 농업문화의 유산과 지속가능한 발전의 모색―조선시대 농업을 중심으로―」,
  『역사학연구(歷史學硏究)』 37, 2009.

최덕경, 「大豆의 기원과 醬·豉 및 豆腐의 보급에 대한 재검토: 중국고대 文獻과 그 出土자
  료를 중심으로」, 『역사민속학』 제30호, 2009.

최덕경, 「중국 환경사 연구의 현황과 과제」, 『농업사연구』 Vol.8-3, 한국농업사학회, 2009.

최덕경, 「東아시아에서의 糞의 의미와 人糞의 實效性」, 『중국사연구(中國史硏究)』 68, 2010.

최덕경, 「朝鮮시대 糞尿施肥와 人糞: 古代中國의 糞尿利用과 관련하여」, 『역사학연구(歷史
  學硏究)』 40, 2010.

최덕경, 「漢唐期 大豆 가공기술의 발달과 製粉業」, 『중국사연구(中國史硏究)』 69, 2010.

최덕경, 「『補農書』를 통해 본 明末淸初 江南農業의 施肥法」, 『중국사연구(中國史硏究)』 74,
  2011.

최덕경, 「東아시아 糞尿시비의 전통과 生態農業의 屈折」, 『역사민속학』 35, 2011.

최덕경, 「播種期 農作物에 대한 農民의 生態 認識: 『齊民要術』과 『農桑輯要』를 中心으로」,
  『중국사연구』 제73집, 2011.

최덕경, 「韓半島 쇠스랑[鐵搭]을 통해 본 明淸시대 江南의 水田농업」, 『비교민속학』 제37호,
  한국역사민속학회, 2011.

최덕경, 「『齊民要術』과 『陳旉農書』에 나타난 糞과 糞田의 성격」, 『중국사연구(中國史硏究)』
  81, 2012.

최덕경, 「中國古代 농작물의 害蟲觀과 蝗蟲 防除기술의 變遷」, 『역사민속학』 39, 2012.

최덕경, 「東아시아 젓갈의 出現과 월남의 느억 맘(NuOC MAM): 韓國과 베트남의 젓갈 起源
  과 普及을 중심으로」, 『비교민속학』 제48집, 2012.

최덕경, 「明末淸初 江南지역 豆餅의 利用과 보급: 飼料와 肥料의 이용을 중심으로」, 『중국
  사연구(中國史硏究)』 84, 2013.

최덕경, 「宋代 이후 南方지역 肥料의 형성과 糞田의 실태」, 『중국사연구(中國史硏究)』 제91
  집, 2014.

최덕경, 「近世 일본의 肥料와 糞土施肥: 糞尿를 中心으로」, 『역사학보』 제226집, 2015.

최덕경, 「元代의 農政과 屯田策: 쿠빌라이期를 중심으로」, 『중국사연구(中國史硏究)』 제103
  집, 2016.

최덕경, 「元代 農書편찬과 農桑輯要」, 『중국학보(中國學報)』 제77집, 2016.

2) 중문

공리앙[龔良], 「"圂"考釋: 兼論漢代的積肥與施肥」, 『중국농사(中國農史)』 14-1, 1995.

꽁웨이잉[龔維英], 「厠神源流衍變探索」, 『귀주문사총간(貴州文史叢刊)』, 1997年 3期.

꿔원타오[郭文韜], 「試論『知本提綱』中的傳統農業哲學」, 『남경농업대학학보(南京農業大學學報(社會科學版)』, 2001.

꿔원타오[郭文韜], 「中國古代保護生物資源和合理利用資源的歷史經驗」, 『중국전통농업여현대농업(中國傳統農業與現代農業)』, 中國農業科學技術出版社, 1986.

덩이빙[鄧亦兵], 「淸代前期全國商貿罔絡形成」, 『절강학간(浙江學刊)』 2010年 4期.

두신하오[杜新豪], 「明季的農業煉丹術: 以徐光啓著迪中"糞丹"爲中心」 발표문, 남창(南昌): 明淸以來農業農村農民學術硏討會·江西社會科學院 주관, 2013년 11월 28일.

리건판[李根蟠], 「長江下流稻麥復種制的形成和發展: 以唐宋時代爲中心的討論」, 『역사연구(歷史硏究)』 2002-5.

리건판[李根蟠], 「天人合一與三才理論」, 『중국경제상적천인관계(中國經濟上的天人關係)』, 中國農業出版社, 2002.

리건판[李根蟠], 「再論宋代南方稻麥復種制的形成和發展: 兼與曾雄生先生商榷」, 『역사연구(歷史硏究)』 2006-2.

리링[李零], 「天不生蔡倫: 說中國的厠所和厠所用紙」, 『만상(万象)』 2005. 3.

리보쫑[李伯重], 「"桑爭稻田"與明淸江南農業生産集約程度的提高: 明淸江南農業經濟發展特點探討之二」, 『중국농사(中國農史)』 1985-1.

리보쫑[李伯重], 「宋末至明初江南農業技術的變化: 十三, 十四世紀江南農業變化探討之二」, 『중국농사(中國農史)』 1998-1.

리보쫑[李伯重], 「明淸江南肥料需求的數量分析」, 『청사연구(淸史硏究)』 1999-1.

리보쫑[李伯重], 「明淸時期江南水稻生産集約程度的提高」, 『중국농사(中國農史)』 1984年 第1期.

리보쫑[李伯重], 「"人耕十畝"與明淸江南農民的經營規模」, 『중국농사(中國農史)』 1996年 15卷 1期.

리보쫑[李伯重], 「糞土重于萬戶侯: 中國古代糞肥史」, 망이역사(網易歷史), 2009.

리샤오딩[李孝定], 「甲骨文字集釋」, 『역사언어연구소전간(歷史言語硏究所專刊)』 50, 臺北: 中央硏究院, 1970.

594

리언쥔[李恩軍], 「中國古代城鄕糞肥收集與處理的若干啓示」, 『고금농업(古今農業)』, 2009-2.

리우옌웨[劉彦威], 「我國古代水稻土的培肥措施」, 『고금농업(古今農業)』, 1992年 2期.

리우싱린[劉興林], 「河南內黃三楊莊農田遺跡與兩漢鐵犁」, 『북경사범대학학보(北京師範大學
學報)』 第5期, 2011.

리우친[劉勤], 「中國厠神神格演變發微: 從母親神到女兒神」, 『학술계(學術界)』(月刊) 總第182
期, 2013.

리위샹[李玉尙], 「明初以降江南農業結構轉變與疾病變遷: 以鉤蟲病爲中心」, 『자연여인위와
동(自然與人爲瓦動): 환경사연구적시각(環境史研究的視角)』, 中央研究院, 2008.

리훼이[李慧], 『논청대산동농부산품적외소(論淸代山東農副産品的外銷)』, 2012.

쉬하이얜[徐海燕], 「紫姑信仰的形成及其傳統流變中的文化思考」, 『요녕대학학보[遼寧大學學
報(哲學社會科學版)]』, 제33권 第5期, 2002.

스성한[石聲漢], 「從齊民要術看中國古代的農業科學知識: 整理齊民要術的初步總結」, 科學
出版社, 1957.

쓰치야 마타사부로[土屋又三郎], 「糞」, 『경가춘추(耕稼春秋)』, 『일본농서전집』 제4권, 農文協,
1997.

완궈딩[萬國鼎], 「陳旉農書評介」, 『진부농서교주(陳旉農書校注)』, 農業出版社, 1965.

요우슈링[游修齡], 「明淸東南地區的農業技術: 成就和局限」, 『중국동남지역사국제학술연토
회논문(中國東南地域史國際學術研討會論文)』, 1998.

쟝샤오슈[張曉舒], 「迎紫姑習俗起源新論」, 『중국민족학원학보[中國民族學院學報(人文社會科學
版)]』 제21권 第4期, 2001.

장지엔린[張建林] 외 1인, 「淺談漢代的厠」, 『문박(文博)』 1987-4.

쟝핀둔[張品端], 「朱熹的民本思想」, 『영파대학학보[寧波大學學報(人文科學版)]』 17권 5期,
2004.

저우광시[周廣西], 「論徐光啓在肥料科技方面的貢獻」, 『중국농사(中國農史)』 2005-4.

저우광시[周廣西], 「『沈氏農書』所載水稻施肥技術研究」, 『남경농업대학학보[南京農業大學學
報(社會科學版)]』 제6권 1期, 2006.

저우빵쥔[周邦君], 「『補農書』所見肥料技術與生態農業」, 『장강대학학보(자연과학판)[長江大學
學報(自然科學版)]』 2009-3.

증슝셩[曾雄生], 「適應和改造: 中國傳統農學中的天人關係略論」, 『중국경제사상적천인관계

(中國經濟思想的天人關係)」, 農業出版社, 2002.

증슝성[曾雄生], 「"却走馬以糞"解」, 『중국농사(中國農史)』 2003-1.

증슝성[曾雄生], 「析宋代'稻麥二熟'說」, 『역사연구(歷史硏究)』 2005-1.

증슝성[曾雄生], 「試論占城稻對中國古代稻作之影響」, 『自然科學史硏究』, 1991年 第1期.

쉬왕성[徐旺生], 「農業文化遺産和農業的可持續發展: 以稻田養魚爲例」, 『*AASA Beijing workshop on agricultural culture and sustainable development in Asia 2009*』, 中國科學院, 2009.

천량줘[陳良佐], 「我國歷代農田之施肥法」, 『사학·선진사연구논집(『史學·先秦史硏究論集)』, 大陸雜誌史學叢書 제5집 제1책, 大陸雜誌社, 1976.

천량줘[陳良佐], 「我國農田施用之堆廏肥」, 『대륙잡지(大陸雜誌)』 52-4, 1976.

천쉬에원[陳學文], 「明代中葉湖州府烏程縣的社會經濟結構: 明清江南典型份個案硏究之三」, 『중국사회경제사연구(中國社會經濟史硏究)』 1993年 第2期.

천쉔웬[陳顯遠], 「陝西洋縣南宋勸農文碑再考釋」, 『농업고고(農業考古)』 1990年 2期.

천주꾸이[陳祖槼], 「中國文獻上的水稻栽培」, 『농사연구집간(農史硏究集刊)』 第二策, 1960.

천증후이[陳增輝], 「論南宋時期的民本思想」, 『중국문화연구(中國文化硏究)』 6期, 1994年 冬之卷.

최덕경(崔德卿), 「明代江南地區的復合肥料: 糞丹的出現及其背景」, 『농사연구(農史硏究)』 2014年 第4期.

최덕경(崔德卿), 「通過韓半島鐵搭看明清時代江南的水田農業」, 『중국농서(中國農史)』 제31권 第3期, 中國農業史學會, 2012.

최덕경(崔德卿), 「通過韓半島看到的明清時代江南的水田農業」, 『暨第二屆中國農業文化遺産保護論壇發表要旨』, 南京農業大學, 2011.

추이샤오징[崔小敬] 外, 「紫姑信仰考」, 『世界宗敎研究』 2005年 2期.

치엔꽝성[錢光勝], 「唐代的郭登信仰考述」, 『민속연구(民俗研究)』 2014年 第6期(總第118期).

펑웨이[彭韋], 「秦漢時期厠所及相關的衛生設施」, 『심근(尋根)』, 1999-2.

하남성문물고고연구소등(河南省文物考古研究所等), 「河南內黃縣三楊莊漢代庭院遺址」, 『고고(考古)』 第7期, 2004.

한통챠오[韓同超], 「漢代華北的耕作与環境:關於三楊莊遺址內農田壟作的探討」, 『중국역사지리논총(中國歷史地理論叢)』 제25권, 2010.

황셴량[馮賢亮], 「清代浙江湖州府的客民與地方社會」, 『사림(史林)』 2004年 第2期.

황징춘[黃景春], 「紫姑信仰的起源衍生及特徵」, 『민간문학논단(民間文學論壇)』 1996年 第2期.

후시원[胡錫文], 「中國小麥栽培技術簡史」, 『농업유산연구집간(農業遺産研究集刊)』 제1책(第1冊), 中華書局, 1958.

후호쉔[胡厚宣], 「殷代農作施肥說」, 『역사연구(歷史研究)』 1955-1.

후호쉔[胡厚宣], 「殷代農作施肥說補證」, 『문물(文物)』 1963-5.

3) 일문

가토 시게루[加藤繁], 「支那に於ける稻作特にその品種の發達に就いて」, 『支那經濟史考證』(下), 東洋文庫, 1974.

가토 시게루[加藤繁], 「康熙乾隆時代に於ける滿洲と支那本土と通商について」, 『支那經濟史考證(下)』, 東洋文庫, 1953.

가토 시게루[加藤繁], 「滿洲に於ける大豆豆餅生産の由來に就いて」, 『支那經濟史考證(下)』, 東洋文庫, 1953.

기타 도시오[北見俊夫], 「日本便所考」 [오노 모리오[大野盛雄] 외1 編], 『アジア厠考』, 勁草書房, 1994.

구라이시 아쓰코[倉石あつ子], 「便所神と家の神」, 民俗特輯號 『신농(信濃)』 31(1), 349호, 1971.

나가쿠라 다모쓰[長倉保], 「解題(1): 田村吉茂生涯思想: 『農業自得』成立普及」, 『일본농서전집』 제21권, 農文協, 1997.

노무라 겐타로[野村兼太郎], 「江戸の下肥取引」, 『탐사여력(探史余瀝)』, ダイヤモンド社, 1943.

니시야마 료헤이[西山良平], 「平安京・中世京都のトイレと排泄: とくに都市住人の場合」, 『도시헤이안쿄』, 京都大學出版會, 2004.

다나카 교쿠보[田中香窪], 「江戸と放尿」, 『醫事雜考妖異變』, 鳳鳴堂書店, 1940.

다나카 교쿠보[田中香窪], 「女性ホルモン關西婦人の立小便」, 『의사잡고요이변(醫事雜考妖異變)』, 鳳鳴堂書店, 1939.

다키가와 쓰토무[滝川勉], 「東アヅア農業における地力再生産を考える: 糞尿利用の歴史的考察」, 『아시아경제[アヅア經濟]』 45(3), 2004.

도쿠나가 미쓰토시[德永光俊], 「近世農書における學藝: 農の仕組みを解く」, 『일본농서전집(日本農書全集)』 제69권, 農文協, 1996.

마쓰자키 도시히데[松崎敏英], 「人糞尿が甦る日」, 『歷史評論』 通號590, 1990.

미우라 도메이[三浦碒明], 「南朝鮮の人糞尿及犬糞」, 『朝鮮農會報』 8-7, 1919.

쓰치야 마타사부로[土屋又三郎], 「糞」, 『경가춘추(耕稼春秋)』, 『일본농서전집』 제4권, 農文協, 1997.

아다치 게이지[足立啓二], 「宋代以降の江南稻作」, 『アッア稻作文化の發展: 多樣と統一』, 小學館, 1987.

아다치 게이지[足立啓二], 「明末淸初の一農業經營: 『沈氏農書』の再評價」, 『史林』 1961-1.

아라이 에이지[荒居英次], 「序章: 近世の物資流通と海産物」, 『近世海産物經濟史の研究』, 名著出版, 1988.

야마구치 미치코[山口迪子], 「淸代の漕運と船商」, 『東洋史研究』 17-2, 1958.

야스다 도쿠타로[安田德太郎], 「肥料と女の風習」, 『人間の歷史』 3권, 光文社, 1953.

오사와 마사아키[大澤正昭], 『陳旉農書の研究』, 農文協, 1993, pp.74-78.

오토우 요키히코[大藤時彦], 「厠神考」, 『국학원잡지(國學院雜誌)』 47(10) 566號, 1941.

오카 미쓰오[岡光夫], 「幕末混迷期における家業傳」, 『近世農業の展開: 幕藩勸力と農民』, ミネルヴァ書房, 1991.

오카 미쓰오[岡光夫], 「『淸良記』と『百姓傳記』」, 『近世農業の展開: 幕藩勸力と農民』, ミネルヴァ書房, 1991.

차이주어[蔡卓] 외, 「淺談日本厠所文化及其原因」, 『상업문화(商業文化)』, 2011年 5月.

하야시 로쿠로사에몬[林六郎左衛門], 「양지대의(養之大意)」, 『경작대요(耕作大要)』 『일본농서전집』 제39권, 農文協, 1997.

하야시 미나오[林巳奈夫], 김민수, 윤창숙 역, 『돌에 새겨진 동양의 생활과 사상』, 두남, 1996.

혼마 미야코[本間都], 「屎尿はどう扱われで來たか」, 『日本トイレ博物誌』, INAX, 1990.

598

604

618

620

저자 소개

최덕경崔德卿

문학박사. 주된 연구방향은 중국고대 농업사이며, 생태환경사 및 농민생활사로 연구영역을 확대하고 있다.

현재 부산대학교 사학과 교수이며, 중국사회과학원 역사연구소 객원교수 및 북경대학 사학과 초빙교수로서 중국 고대사 강의와 생태환경사 공동연구를 수행한 바 있다. 2001년에는 한국대표로 한중일 동아시아 농업사학회를 북경에서 창립하였으며, 2002년에는 3명의 교수와 함께 베트남관련 NGO단체인 VESAMO를 창립했고, 부산대 중국연구소의 창립(2006)과 함께 초대 소장을 역임했으며, 효원사학회 회장도 역임한 바 있다.

저서로는 『중국고대농업사연구』(1994), 『중국고대 산림보호와 생태환경사연구』(2009)가 있으며, 역서로는 『중국고대사회성격논의』(2인 공역: 1991), 『중국사(진한사)』(2인 공역: 2004)가 있고, 역주서로는 『농상집요 역주』(2012), 『보농서 역주』(2013)와 『진부농서 역주』(2016)가 있다. 그 외에 한국과 중국에서 발간한 공동저서가 적지 않으며, 중국농업사 생태환경사 및 생활문화사 관련 단독논문이 90여 편 있다.

–
e-mail : dkhistory@hanmail.net